U0909142

朔方文庫

明清時期寧夏文書檔案彙編

胡玉冰◎主編

黄河出版傳媒集團
寧夏人民出版社

國家社會科學基金重大項目
“《朔方文庫》編纂”（批準號: 17ZDA268）經費資助出版

寧夏回族自治區“十四五”重點培育學科
“中國語言文學”學科建設經費資助出版

諭著照岳鍾琪所舉命巨有德等五員前往陝甘署理中衛營副將等職

雍正八年十一月十二日①

上諭：陝甘二省副將、參將等官派令出征者甚多，其所有印務乏員署理，朕令大將軍岳鍾琪于直隸、山西武弁内，有平日所知者，舉出請旨。據岳鍾琪舉出直隸昌平營參將巨有德，山西新平路參將任春雷、平魯營參將汪榮、靈邱營參將王成相、盂壽營游擊馬進德，共五員，著照所舉，將巨有德等五員命往陝甘地方。巨有德，著署理寧夏鎮屬中衛營副將印務。任春雷，著署理寧夏鎮屬花馬池營副將印務。汪榮，著署理延綏鎮屬波羅營副將印務。王成相，著署理肅州鎮屬永固營副將印務。馬進德，著署理大通鎮屬白塔川營參將印務。部文到日，著該員即起身前往。其所有各員缺，著該上司遴行委員署理。特諭。

【《雍正朝漢文諭旨匯編》第5冊《上諭底冊》，第212頁第264條】

陝西寧夏總兵李繩武奏陳各汛塘兵宜由營員酌添弁目按月出巡輪訓管見摺

雍正八年十二月初二日

鎮守陝西寧夏總兵官臣李繩武奏：爲敬抒管見，仰祈睿鑒事。

竊臣駑鈍下質，至微極賤，叨沐皇上天恩，授臣寧夏總兵。受命以來，夙夜孜孜，罔敢少懈。凡于營制兵馬一切事宜，無不悉心料理、次第舉行，以期勉供職守，庶幾無負高深。該臣看得，寧夏鎮屬大小營堡以及所轄汛地幅幀遼闊，營伍之操練，固當嚴堅，而塘汛之巡防，尤難偏廢。臣是以嚴飭

①“雍正八年十一月十二日”爲諭旨擬出時間。

標屬將備等官，操演兵丁，務令按月依期，勤加訓練，不致稍有疏懈，以期實效。惟是分撥防守塘汛兵丁，嚮來俱係該管營員按其汛地派撥，兵丁咸令携家偕往，在于分派該汛塘房内居住，俾其長川守望，防範道路，巡查奸宄，是其專責。必須技藝嫻熟，營規諳練，于防汛始有裨益。但此項兵丁既經長守防汛，自不能隨伍操演，日滋怠玩，歷久弊生。技藝每多生疏，營規毫不知諳，甚或私離汛守，疏防匪類，均未可定，恐不免遺誤之虞。臣再四思維，難容疏懈。

伏查各營設有千把、經制、外委等弁，均有操練兵丁、巡查營汛之責，必令時加查照，寓操于防，方屬有益。臣隨嚴飭所屬各營將備等官，各將該管邊隘、墩臺、塘汛處所，壹月之中，即于該營酌派千把壹員，于上半月，令其出巡壹次。凡該營所管塘汛，一一查點，驗其塘房、烟墩有無破損，兵丁果否足額，器械果否鮮明，地方果否寧謐，以及有無邊情、謡言、匪類，逐一確查。再，將防汛兵丁習弓矢者，考其射箭，執鳥槍者，驗其打槍，務令巡防必加敬謹，技藝俱各嫻熟，方稱實濟。下半月，則令派撥經制、外委壹員，挨次查閲，必加操演營兵，一樣驗試，每月兩次，輪流查點。壹營塘汛，不過數日，可以遍及。仍令查點之後，按次具文呈報，以備查考。臣又不時專差員弁，密加查驗，俾營汛内外，技藝體制，俱令畫一，庶營汛不致偏廢、操防均有裨益。

臣已一一嚴飭營員，務令實力奉行訖。然此特臣職分所宜，又何敢率混瀆奏。但臣伏查沿邊一帶營路，俱係衝、繁重地，番彝雜處，塘汛巡防，最關緊要。各汛塘兵，皆因久居汛地，不及操演，多致技藝生疏，營規罔諳，粗鄙庸陋，不啻鄉愚，此臣于委署永昌副將及署凉州總兵印務之時，皆所目睹。該營大員未嘗不時加誡飭，但專管營員，目無一定，章程未免視爲具文。不過出一文書，報一遵依，以致防汛兵丁均失查閲教演之實。微臣愚見，似應均令統轄大員斟酌定規，嚴飭該管營員酌派弁目，按月出巡，輪流查點，操演技藝，教習營規，務令各汛塘兵俱各諳練嫻熟，方于岩疆重地，防範有裨。臣愚陋管見，不揣冒昧，具摺奏請，是否合宜，伏祈皇上睿鑒，敕部議覆，遵飭施行。謹具摺奏聞。

雍正捌年拾貳月初二日

與督、提商酌。

【《雍正朝漢文硃批奏摺匯編》第19册，第563頁第389條】

陝西寧夏總兵李繩武奏請陛見摺

雍正八年十二月初二日

鎮守陝西軍總兵官臣李繩武奏：爲微臣戀主情殷，恭請陛見，跪聆聖訓事。

竊臣一介庸愚，至微極陋。叠荷天恩，洊陞參領。又蒙恩補授黄州副將，寸長未報，愆尤居多。昨歲復蒙恩旨，命往陝西，著大將軍臣岳鍾琪以派往軍前總兵員缺，署理委用。臣于今歲貳月内，荷沐皇上天恩，署理凉州總兵。臣自顧何人，屢膺天眷，毫無報稱，捫心難安。今復叨沐特恩，授臣寧夏總兵。受命以來，益滋兢惕，敢不竭厥駑駘，以供職守。但臣自揣愚鈍，識淺才疏，當兹封疆重任，惟仰賴我皇上天語訓誨，庶幾勉效驅策。且臣自雍正伍年柒月内陛辭聖顔，迄今叁載有餘，犬馬戀主之心，寤寐弗釋，仰懇聖恩，鑒臣依戀情殷，准臣趨赴闕廷，恭覲天顔，跪聆聖訓，不惟犬馬微忱得以少伸，而邊疆重任始克有所遵循。伏祈皇上睿鑒，臣無任引領待命之至。謹具摺奏聞。

雍正捌年拾貳月初貳日。

此奏甚屬煩多不實，似此套規，非名公□盡誠之道，何必訪□俗習。

【《雍正朝漢文硃批奏摺匯編》第19册，第565頁第390條】

陝西寧夏總兵李繩武奏請賞給鎮署附近湖道以作喂馬炊爨之用摺

雍正八年十二月初二日

鎮守陝西寧夏總兵官臣李繩武奏：爲奏明事。

竊臣才本庸愚，質復駑鈍，叠蒙皇上天恩，數年屢加優擢。今又畀臣以總兵重任，既荷俸禄而資身，復給親丁以養廉，聖恩篤厚若斯，微臣報稱未能。惟期盡心供職，不敢稍有欺隱，致負皇上隆恩。但臣抵任以來，查得鎮臣衙署嚮來舊有湖道拾處，相去寧夏府城，或拾數里，以至叁肆拾里不等。其湖大小不一，内有草湖壹處，所産茅草有細茸者，可以添喂馬匹，其餘所生，俱係蘆葦、蒲柴，堪作燒柴應用，不知始于何年。臣細加詢查，相傳自設立鎮臣以來，即係鎮署供用炊爨之需。鎮臣按年仍交納王賦、地丁、火耗等銀共壹拾玖兩貳錢柒分有零。其湖如遇雨澤調匀、豐稔之年，柴草茂盛，臨冬采穫，可得茅草捌玖千束，甚至萬束。雜柴壹萬柒捌千束不等。除雇覓人夫及搬運車輛工價而外，若鎮臣家口數衆，足供炊爨之用。若鎮臣家口無多，尚可餘剩，照時估價。其柴草高低相搭，牽扯合算，每束可值銀貳分有零。如年歲雨澤愆期，以致亢旱，或陰雨過甚，水深浸漫，則柴草稀少，通共所得不過貳萬有餘。此係嚮來湖灘所出原委如此。

臣既經查明，本應即爲奏請，但臣歷任數月，尚未確知果否情形及每年所得柴草實數。今值隆冬采穫之時，經臣雇夫打穫，足敷豐年所得之數。除人工車脚絞費而外，足備壹年添喂馬匹及燒用之需，尚有餘裕。然此湖雖非可耕之區，亦并無妨礙渠道之處，但臣受恩深重，斷不敢因循擅用，欺隱聖明，即捫心，亦難自安。相應具情奏請，合無仰懇皇上天恩，將此湖道討賞臣署，以作添喂馬匹及燒柴之用。不惟臣炊爨有資，仰邀格外之天恩，即後之鎮臣，藉此爲養廉之一助，無不均沾浩蕩之皇仁矣。臣不揣冒昧，據實奏明，可否准允，弘恩出自聖裁，伏祈皇上睿鑒施行。謹具摺奏聞。

雍正捌年拾貳月初貳日。

與督撫商酌。既任伊等打穫柴草，復懇朕賞給，朕實不解汝所奏，亦不詳從來何因、從何批諭。

【《雍正朝漢文硃批奏摺匯編》第19册，第566頁第391條】

欽差兵部右侍郎通智等奏報寧夏地方冬季停工日期及采辦修理唐渠物料緣由摺

雍正八年十二月初八日

臣通智、臣史在甲謹奏：爲奏聞事。

竊臣等奉命辦理寧夏查漢托護地方工務，于雍正八年四月初八日放水之後，率領在工文武官弁，分頭辦理新渠、寶豐、定遠營、柔遠市堡四處城工，所有新築縣城池、廟宇、衙署、兵房俱已告竣，柔遠市堡亦已全竣。臣等即遵照前奏，咨行管理彝情郎中三達禮、寧夏總兵官李繩武、寧夏道鄂昌，將平羅暗門市口移至石嘴新建柔遠市堡訖。新設村堡内地百餘里，免彝人往來雜踏，商民貿易甚便。聖恩廣被，莫不載道歡呼。

至寶豐縣城，三面包磚，俱已完工，祇餘東面女墻海墁未完。其城樓、敵樓、瓮樓、角樓，以及衙署、祠廟、兵房，已蓋造十分之七八。賀蘭山後定遠營城工三面女墻，并通頂海墁、城樓、角樓、敵樓俱竣，祇餘南面女墻，并兵房十聯未完。因九月二十八日立冬以後，早晚寒冷，恐經冰凍，難以堅久，臣等于十月初七日停工，即率領在工文武官弁，分頭及時備辦唐渠需用石塊、石灰、紅柳、白茨、苦芗等項，并過河采取紅柳大桩，及查收唐渠受水户民應納草束、桩料，乘冬間車牛閑暇，雇覓轉運，分布堆積應用地方，以爲明春修理唐渠之用。爲此謹將停工日期，并采辦物料緣由，繕摺具奏，仰祈皇上睿鑒施行。謹奏。

雍正八年十二月初八日。

覽。

【《雍正朝漢文硃批奏摺匯編》第19册，第636頁第441條】

署陝西總督查郎阿揭報雍正七年撫提鎮標清查兵馬數目

雍正八年十二月二十日

【注一】

太子少保、吏部尚書、署理陝西總督印務、加二級查：爲請查各省額兵等事。

案照前准兵部咨，職方清吏司案呈，奉本部送，兵科抄出該本部覆户科副理官徐必進題前事。等因。順治十一年正月二十八日，奉旨：“該部知道。欽此欽遵。”抄出到部送司。奉此，案呈到部。該臣等看得，科臣徐必進疏稱：各省標營將領，坐名冒糧，虚糜額餉，應徹底清算，造册報部，永爲定規，題請前來。案查順治十年六月内，題覆本部尚書王永言題爲遵奉上傳等事一疏，内議：各營兵馬，沿襲陋規，不無虚冒。屢催册報，往往稽遲。間有報到，又復不實。應敕各督撫徹底清查，汰老弱，清隱占，備將汰過虚兵、清出虚糧若干，年底造册奏報。等因。本有“依議”之旨，臣部欽遵通行在案。今科臣所奏，與臣部所見相同，仍應敕下各該督撫徹底清查，作速奏報。等因。順治十一年三月十五日，奉旨：“是。欽此欽遵。”抄部移咨前來。准此，又于康熙元年正月初四日，准兵部咨，爲遵奉上諭事。職方清吏司案呈，奉本部准延綏巡撫張中第咨前事。等因。到部。奉批。方司查照，説堂送司。奉此，查點汰兵馬咨送經制千把文册，均係武官之事，應遵照會議内事理，聽總督、提督管理，仍咨回該撫可也。等因。呈堂，奉批：照咨送司。奉此，相應通行，案呈到部，移咨前來。准此，節經移行通查遵照在案。

所有雍正七年分陝省各標營清查兵馬，節準據陝西巡撫武，蘭州巡撫許，署理陝提印務、原任安西總兵官潘之善，甘州提督宋可進，署理延綏鎮總兵官印務、花馬池副將惠延祖，署理興漢鎮總兵官印務、西鳳協副將董紹祖，護理凉州鎮總兵官印務、鎮番營參將張志浩，寧夏鎮總兵官李繩武，管理西寧鎮總兵官印務、提督馮允中，署理肅州鎮總兵官印務、照前辦理軍餉馬，管理大通鎮總兵官印務、提督馮允中，原任安西鎮總兵官張善，署督標中軍副將事、火器營參將王友詢，并據火器營參將王友詢等各造送經制原額、調撥缺額、增添實在馬步戰守兵丁馬駝數目，及并無隱占虛冒文册到臣。

準據此，該臣看得，督撫、提鎮各標協、營清查兵馬一案，例應年底彙題。兹準據撫、提鎮等臣各將雍正七年分經制原額、調撥缺額、增添實在兵丁馬匹駝隻數目，造具清册前來。臣覆核無异。除册彙送兵部外，臣謹會同陝撫臣武、蘭州撫臣許、署理陝提印務原任安西鎮臣潘之善、甘提臣宋可進合詞具題，伏祈皇上睿鑒，敕部查核施行。爲此除具題外，理合具揭。須至揭帖者。

雍正捌年拾貳月貳拾日。

正月廿三日到。【注二】

【注一】本面餘紙之背紅色小簽。

【注二】本底餘紙記注。

【《明清檔案》A46—73，B26313—B26315】

諭著調撥凉州肅州等處駐防兵丁及委署總兵管職等事[①]

雍正八年十二月二十三日

雍正八年十二月二十三日，奉上諭："凉州駐防滿洲兵丁一千名，著哈爾紀鄂善帶領前往肅州。再，著秦布將西安駐防滿洲兵丁預備三千名之内挑選一千名，交與副都統僧保、張正文帶領前往凉州駐札。再，撥凉州緑旗兵丁一千名，令山西太原總兵王緒級馳驛前往帶領赴肅。太原總兵印務，著宣化總兵李如柏前往署理。宣化總兵印務，著三屯營副將高弘榮署理。其三屯營副將員缺，著范時捷委員署理。固原提標兵丁，或撥一千名，或二千名，令大將軍岳鍾琪酌量調撥。將京營副將張存孝，著加總兵銜，馳驛前往肅州，聽大將軍委署統理。寧夏將軍印務，著侍郎常賚前往署理。寧夏兵丁，著預備一千名，若有調撥之處，著卓鼐統領前往。此各路所派弁兵及統領之員，俱聽大將軍岳鍾琪調度節制。其辦理軍需，署肅州印務馬會伯。若大將軍有欲派委兵丁之處，亦聽大將軍派委。欽此。"

以上二件，滿中書金泰交來。兵學習董三錫抄出。

【《雍正朝漢文諭旨匯編》第5册《上諭底册》，第233頁第302條。亦見同書第2册《諭旨》，第88頁第139條】

諭著揀選江寧河南太原滿洲駐防兵丁派往西安寧夏駐防等情[②]

雍正八年十二月二十四日

二十六日，鮑斐英、劉炘。

---

①《雍正朝漢文諭旨匯編》第2册《諭旨》第139條題作《諭命哈爾紀鄂善帶領凉州駐防滿洲兵丁前往肅州等官兵調撥事》。

②《雍正朝漢文諭旨匯編》第2册《諭旨》第140條題作《諭命江寧將軍鄂彌達揀選滿洲駐防兵丁著阿克山帶往西安駐防》。

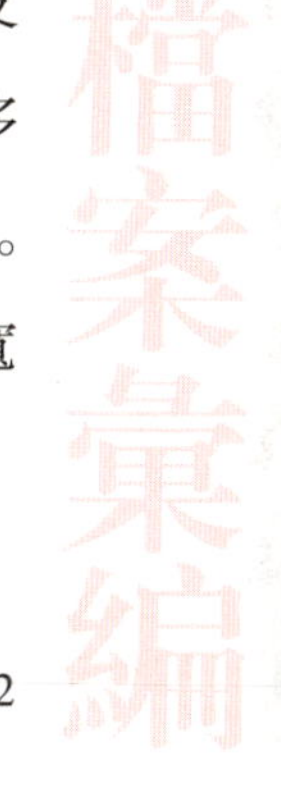

雍正八年十二月二十四日，奉上諭："著江寧將軍鄂米達將滿洲駐防兵丁内揀選一千名，著副都統阿克山帶領前往西安駐防。再，著副都御史二格由京師前往西安統領。此派出官兵，著該督撫動支公用銀，每人賞銀三十兩。其應派官員，著鄂米達酌量派出，每員各賞給一年俸銀，于司庫動用銀兩支給。二格，著賞内庫銀三千兩。阿克山，著該省督撫于公用銀兩内各行寬裕幫給。再，撥河南滿洲駐防兵五百名，著副都統白清額帶領前往西安駐防。撥山西太原滿洲駐防兵三百名，著城守尉察庫帶領前往寧夏駐防。此二省派出官員，每員各賞給一年俸銀。其兵丁，各賞給銀三十兩，于司庫支給。官員等照例給與馬匹，兵丁等于每人給三馬之外，該督撫酌量富餘，多給馬匹。其河南城守尉印務，著總督田文鏡帶管，另派參領一員管理兵丁。太原城守尉印務，著巡撫石麟兼管。白清額、察庫起身時，著該督撫各行寬裕幫給。欽此。"

滿中書明善交來。户學習劉辰駿、兵學習董三錫各抄出。

【《雍正朝漢文諭旨匯編》第5册《上諭底册》，第234頁第303條。亦見同書第2册《諭旨》，第88頁第140條】

諭著范時捷署理固原提督即速來京請訓等武員任用事①

雍正八年十二月二十四日

雍正八年十二月二十四日，奉上諭："范時捷，著署理固原提督印務，即速來京請訓，馳驛前往古北口。提督印務，著鑾儀使路振揚前往署理。福建陸路提督石雲倬、廣東潮州總兵馬紀勛，著前往陜西肅州，到大將軍岳鍾琪處有辦理之事。福建陸路提督印務，著南澳總兵張起雲署理。南澳總兵印

①《雍正朝漢文諭旨匯編》第2册《諭旨》第141條題作《諭命范時捷署理固原提督等武官任用事（殘）》。

務，著金門鎮總兵康陵署理。金門鎮印務，著總督劉世明、將軍阿爾賽、提督許良彬商酌，遞行委署。潮州總兵印務，著總督郝玉麟于通省總兵、副將内酌量揀調，遞行委署。欽此。”

滿中書明善交來。兵學習董三錫抄出。

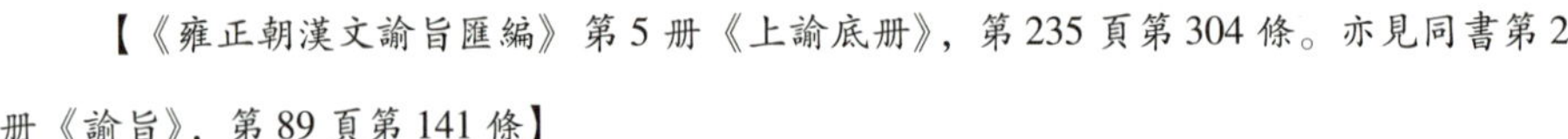

【《雍正朝漢文諭旨匯編》第5册《上諭底册》，第235頁第304條。亦見同書第2册《諭旨》，第89頁第141條】

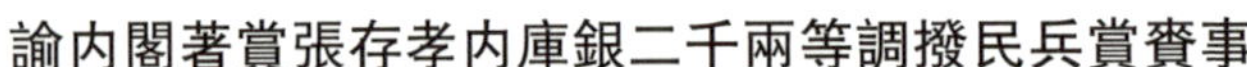

諭内閣著賞張存孝内庫銀二千兩等調撥民兵賞賚事

雍正八年十二月二十四日

雍正八年十二月二十四日，内閣奉上諭：“張存孝，著賞内庫銀二千兩，西安副都統僧保、張正文，每人各賞銀一千兩，著西安巡撫武格于藩庫内動支賞給。寧夏副都統卓鼐，賞銀一千兩，著甘肅巡撫許容于軍需銀内動支賞給。太原總兵王緒級，賞銀一千兩，著山西巡撫石麟于藩庫内動支賞給。其調撥西安、凉州滿洲官兵，及固原提標、凉州鎮標官兵官弁，照例賞給二年俸銀。馬兵每名賞銀三十兩，步兵每名賞銀二十兩。寧夏官兵，若有調撥之處，亦照例賞給。欽此。”

【《雍正朝漢文諭旨匯編》第2册《諭旨》，第90頁第142條】

※雍正帝上諭一紙

雍正八年

雍正八年。

朕委爾署理寧夏總兵印務，需嚴加管理滿洲兵丁，諸項遵循緑旗原則辦理，不得稍有更改，唯以官兵感激爲重。此任乃暫行署理而已，雖則實有匡正之項，亦湊手不及。倘有此等事宜，李盛伍乃旗人，有心圖好，可告知伊，著伊從容辦理。特此降旨，詳加訓諭。

【《雍正朝滿文硃批奏摺全譯》第 2013 頁第 3812 條】

雍正九年（1731）

署陝西總督查郎阿奏報移行各鎮官兵防守哈吉兒卡倫及寧夏官兵改駐肅州緣由摺

雍正九年正月初三日

署理陝西總督臣查郎阿謹奏：爲奏聞事。

…………

再，查從前調撥涼州鎮標馬兵五百名移駐肅州，今因大營牧放之駝、馬、騾頭趕回布隆吉一帶牧放，隨時調到之涼州馬兵分撥三百名移駐布隆吉，其餘二百名移駐四道柳溝一帶，俱令其協同各營防護駝隻、馬、騾。臣已另摺奏聞在案。今臣復將從前調撥移駐甘州之寧夏馬步兵丁一千五百名，俱令其移駐肅州，既可以資彈壓。如遇有行走，更可就近調遣策應。至所需糧料、草束，現在飭令布政司孔毓璞會同肅州道齊式詳議辦理，就近供支。除駐防各官兵應支口糧、料草及鹽菜等項，俟查明定數，再爲咨部存案外，所有據報賊人侵犯哈吉兒卡倫及移行各鎮官兵准備防範，并寧夏官兵改駐肅州各緣由，臣謹繕摺奏聞，伏祈皇上睿鑒。爲此謹奏。

雍正九年正月初三日具。

【《雍正朝漢文硃批奏摺匯編》第 19 冊，第 780 頁第 521 條】

陝西寧夏總兵官李繩武揭報交印并領兵赴凉日期

雍正九年正月十五日

揭帖

鎮守陝西寧夏等處地方總兵官署都督同知、兼拜他喇布勒哈番、又壹拖沙喇哈番李繩武：爲恭報微臣統領官兵起程赴凉日期事。

竊臣于雍正玖年正月初拾日辰時，奉寧遠大將軍、暫□撫遠大將軍印臣岳札付，内開：即于鎮□□選馬叁步柒兵叁千名，限文到伍日内起□□□□州駐札。其所需馬匹，除本兵騎馬外，□□□□□□□□□摘給馱馬壹匹。再，總兵□□等官照例支給貳年俸銀，千把每員賞給貳年俸薪，馬兵每名賞銀貳拾兩，步兵每名賞銀拾兩，即于寧夏道府庫内照數支領。其各兵自寧赴凉口糧，按日于寧朔等縣倉貯内支給。軍裝器械，一并置辦齊全。兵丁務期挑選壯健，該鎮親行統領，赴凉駐札。至領兵將備，以每員管領兵丁伍百名，其應需管領兵丁之千把，亦照駐防之例，按兵壹千名派撥。千把拾員管領□該鎮印務，即交副都統卓鼐暫行署理。事關□□軍務，均毋違錯。等因。到臣。

奉此，繼于本年□□□□□未時，奉寧遠大將軍、挂撫遠大將軍□□□□□札付，内開：照得凉州鎮屬兵丁□□□□□軍檄令，就近移調，前赴西寧駐防。□以派令該鎮標屬派兵叁千名，赴凉州駐札。今查該鎮標營已經署督查朗阿派撥壹千伍百名，則該鎮標營似難再派，如許令行飭知。爲此仰該鎮查照，即將前派馬步兵叁千名内，即減派壹千伍百名。署督查朗阿所派之兵，該鎮一并統領，前赴凉州駐札。其官兵賞銀，今應照進勦之例，馬兵賞銀叁拾兩，步兵賞銀貳拾兩，餘丁賞銀貳兩。將備支給貳年俸銀，千把賞給貳年俸薪，并照每年貳名合給馱馬。□□□□□鎮標屬營馬内摘給，一切軍裝、器械、炮位□□□□□前派出師兵丁之例，速爲預備，均毋違錯。□□□□□此，案照前于雍正捌年拾貳月貳拾捌日□□□□□札，肅州辦理軍需，署川陝督臣查朗阿照會□□，即于寧夏選派精健馬兵壹千名，步兵伍百名，限文到次日，□即速料理起程。等因。臣當經照數選派，遴委署靈州參將米彪管領官兵，于雍正捌年拾貳月貳拾玖、叁拾等日續接起程，兼馳赴甘，駐札聽調緣由，并起程日期，前已恭疏題報在案。

竊查臣屬標協營路，額設馬兵□千玖百捌拾名，内除進剿安塘、駐甘并出師各官親丁馬兵外，實在存營馬□壹千叁百陸拾肆名。又，額設步兵貳千陸拾叁名，内除進□□□□各官親丁并公費步兵外，實在存營步兵叁百□□□□□□□存營馬步兵丁壹千柒百貳拾伍名。除寧鎮□□□□□塘汛處所哨瞭巡防兵丁外，實不敷派壹千伍百□□□□，于所存馬兵内選派捌百名，内弓箭手叁百名，鳥槍手伍百名。步兵内選派貳百名，内鳥槍手壹百名，炮手壹百名。共馬步兵丁壹千名，酌給子母炮壹拾伍，并一切軍器、鍋帳等項，料理齊全。合前所派共兵貳千伍百名之數，先爲速即赴凉州。即將不敷兵丁緣由，除申詳大將軍臣岳請示遵行外，再查額設兵丁營馬叁千玖百捌拾匹，内除安塘進剿、駐甘并出師各官親丁馬匹外，實在存營兵丁營馬壹百壹拾陸匹，各官親丁馬玖拾捌匹，貳項共馬貳百壹拾肆匹。以上兵丁馬匹，實不敷摘配。

今查馬步兵丁壹千名，共需騎馱馬壹千捌百匹，□項撥給。且事關緊急軍務，若具文呈請，恐致遲誤。是以先將鍋帳□□□□□□兵丁營馬并各官親丁馬貳百壹拾肆匹，儘數配給馱□□□□□□□再四思維，飭令各營就本處動用營中額設公費銀□□□□□□運送凉州。除申詳大將軍，臣聽候摘撥馬匹至凉□□□□□□□同將備等官，照例支給貳年俸銀，千把每員賞給貳年俸薪，馬兵每名賞給銀叁拾兩，步兵每名賞銀貳拾兩，在于寧夏道庫照數支領裹帶口糧。臣遵即派出參、游、千、把壹拾貳員。先委平羅營參將高雄管領附近營路官兵于本年正月拾□日起程前往，臣隨將寧夏總兵官銀印壹

顆，王命旗牌伍杆面、未用火牌拾張、蒙古勘合拾道、上諭清漢各書，并一切事宜，于雍正玖年正月拾伍日交明□□卓鼐暫行署理外，臣即于是日親身統領官兵自寧起程，速赴中衛，將兵馬會□合成隊，【注一】分爲兩起行走，馳赴凉州駐札去訖。除將官兵姓名、馬匹、炮位□□□奉領并支賞過銀兩數目，俟各營報齊，彙册咨呈署督臣□□□□□□部外，今將微臣交代□務，起程赴送凉日期，理合恭疏。□□□□□□□□□派馬步兵丁壹千伍百名□赴甘州駐札，聽候□□□□軍務緊急。除彼時有差，弁員未及派撥，是以就近先派千把拾員管領前往。今臣遵照今次派兵壹千名，應需管領千把拾員之例，復在標屬千把内，續派陸員，隨臣一同赴凉駐札，相應一并題報，伏乞皇上睿鑒施行。再，查印信例應遵封，但事關軍情，題報照常開用，合并陳明。除具題外，理合具揭。須至揭帖者。

雍正玖年正月拾伍日。

正月廿九日到。【注二】

【注一】此處原文爲："營路官兵于本年正月拾〔殘〕日起程前往臣隨……身統領官兵自寧起程速赴中衛將兵馬會。"

【注二】本底餘紙記注。

【《明清檔案》A46—81，B26333—B26336】

※寧夏副都統卓鼐奏請處置違紀官員摺

雍正九年正月二十二日

寧夏副都統奴才卓鼐謹奏：爲請旨事。

奴才遵大將軍岳鍾琪調兵之令，遣派寧夏一千兵，揀選協領内雅喇阿委任副都統，率兵于雍正九年正月十二日啓程入西寧之處，本月十三日業已奏聞。竊查雍正八年九月十三日，審理原將軍席伯之子吉利等賭博一案，將原

訟協領雅哈阿一并參劾。本年十二月初二日，爲正黄旗雅喇阿佐領防禦常保借兵丁銀兩未還，將該協領雅喇阿亦一并參劾。既然協領雅喇阿涉及此二案，理應不差遣。惟現有三協領内，協領劉金嗣正值病中，不可遣往軍中。協領貢額不足以督率急促所調遣之兵丁。雅喇阿雖現係候罪之人，而才技優長，能够管理，已在藏軍中行走，而能率此兵行走，故奴才以速調兵士爲要，揀選雅喇阿委任副都統，督管兵丁，正月十八日抵至。由刑部爲審理吉利等賭博案，協領雅喇阿飲酒、賭博之處，雖係自首，惟自身數次飲酒、賭博，乃玷辱官員之道，經審革職，具奏奉旨："依准。"欽奉諭旨前來。雅喇阿前既然揀選委以副都統，遣派督管兵丁，俟奴才抵達兵營後，請將雅喇阿暫留兵營，于閑散章京、驍騎校銜上效力，俟戰事結束，視其功過，再另行具奏。將雅喇阿留于軍營，在閑散章京、驍騎校銜上效力，或遵部文退回之處，奴才非敢擅便。爲此謹奏請旨。

寧夏副都統奴才卓鼐。

硃批：著雅喇阿在軍營效力贖罪。報部知照。

【《雍正朝滿文硃批奏摺全譯》第 2015 頁第 3819 條】

※寧夏副都統卓鼐奏謝恕罪留任賞銀之恩摺

雍正九年正月二十二日

寧夏副都統奴才卓鼐謹奏：爲叩謝天恩事。

雍正八年十二月二十七日，由兵部爲著奴才撥給達爾達阿等錢糧事。因未詳查，照例罰俸六月。撥給達爾達阿等錢糧，由該將軍席伯之家産、副都統卓鼐名下催還。等因。具奏奉旨："寬免卓鼐罰俸。席伯、卓鼐名下應償還達爾達阿等家口錢糧，俱寬免催收。欽此欽遵。"等情。九年正月十八日，因由刑部爲協領雅喇阿所訴訟吉利賭博案件，降奴才三級調用，革所加二級，抵銷所降二級，仍降一級調用。等因。具奏奉旨："革卓鼐所加二級，抵所降二級，寬恕留任。欽此。"復由兵部奉旨："備寧夏兵丁一千，倘有調遣，由卓鼐率往，賞與副都統卓鼐銀一千兩。欽此欽遵。"一并解至後，奴才恭設香案，望闕叩謝天恩。欽惟奴才係荷蒙聖主任用殊恩之人，并未能詳查任内之事，將奴才即應治罪，且俱寬恕外，率兵丁一千前往，仍賞千兩銀，差遣督管兵丁。仰蒙聖主迭降無疆之恩，奴才本人實不能受，既然有幸此番得往軍中，奴才竭能效力，一圖酬報聖主鴻恩于萬一。爲此叩謝天恩，繕摺謹奏。

寧夏副都統奴才卓鼐。

硃批：知道了。

【《雍正朝滿文硃批奏摺全譯》第2016頁第3820條】

※寧夏副都統卓鼐奏報軍伍調遣及揀派筆帖式摺

雍正九年正月二十二日

寧夏副都統奴才卓鼐謹奏：爲奏聞請旨事。

奴才遵大將軍岳鍾琪調兵行文，遣派我寧夏兵丁一千，將協領雅喇阿委任副都統督管，于雍正九年正月十二日起程情由，本月十三日業已奏聞。本月十三日，寧夏總兵官李繩〔勝〕武轉來漢文書内稱，據暫掌撫遠大將軍印務、寧遠大將軍岳鍾琪札付内稱，現寧夏將軍印務既然遵旨由刑部侍郎常賚署理，署理將軍到任時，送交署理總兵官印務將軍後，副都統卓鼐即前往西寧，督管滿洲兵丁駐防。等因。前來。趕往軍營情形，奴才理應預先奏聞。本月十六日，署將軍印務侍郎常賚到任，奴才將將軍印務、總兵官印務俱送交常賚，明白交付寧夏事務之際，本月十八日，奉旨："由兵部備寧夏兵一千，倘有行走、調遣之處，由副都統卓鼐統帥前往。欽此。"前來。二十二日，據委副都統雅喇阿禀報，寧遠大將軍公札付内稱，奉旨："西寧地方不應遣滿洲兵丁。欽此欽遵。"相應寧夏滿洲兵丁理應一體停止遣派，該委副都統爾率兵前往甘州，候我調遣，由爾處轉報知照寧夏將軍。等情。雅喇阿遵大將軍交付，停止率兵往西寧，向甘州前往。等情。報來。故此奴才于本日自寧夏啓程，速往甘州。

伏請奴才甚年幼，荷蒙聖主逾格擢用之鴻恩，臣到任，今又逢緊急軍機事務，既然督管聖主之一千兵丁抵達軍營後，奴才僅知若有另行具奏之事，奴才本人不能書寫，仍需辦理書寫之人。我寧夏筆帖式班杰識滿漢文，且辦事尚可。請將班杰帶往軍營，再由印務當差之領催等内揀選二人率往。對所率二領催照給前往寧夏兵丁之例，各發給銀四十兩，暫借給筆帖式班杰二年俸禄，經訓練率往。倘照奴才請求施行，抵達甘州後，報告大將軍岳鍾琪，依照發給在軍中筆帖式例發給筆帖式班杰。率伊等時理應候旨率往。惟因奴才啓程日期緊急，禀報署將軍印務、侍郎常賚，將借給伊等俸禄、賞銀予以發給。奴才啓程時，一并帶往。爲此謹奏請旨。

寧夏副都統奴才卓鼐。

硃批：知道了。

【《雍正朝滿文硃批奏摺全譯》第2016頁第3821條】

辦理寧夏渠工事務史在甲奏謝恩補大理寺卿摺

雍正九年正月二十七日

大理寺卿臣史在甲謹奏：爲恭謝天恩事。

雍正九年正月十一日，准署陝西總督臣查郎阿咨。雍正八年十二月二十三日，准吏部咨。雍正八年十一月十六日，奉旨："史在甲，補授大理寺卿。欽此。"查史在甲，出差寧夏，相應行文該督轉行知照可也。等因。到署部

院准此，擬合就移，爲此合咨前去，查照部文内奉旨事理，欽遵施行。等因。到臣工所。

竊臣一介庸愚，至微至陋，荷蒙皇上天恩，由通政使司右通政命往寧夏辦理渠工等事。到工以來，涓埃未報，復蒙聖恩，不次遷擢，補授光禄寺卿，陞授太常寺卿。方慮識淺才疏，報稱維艱，今又蒙聖恩，補授大理寺卿。聞命自天，感愧無地，惟有勉盡駑駘，辦理工務，仰報高厚弘恩于萬一耳。臣恭設香案，望闕叩頭謝恩外。爲此繕摺具奏，恭謝天恩，仰祈皇上睿鑒施行。臣曷勝感激恐惶之至。謹奏。

雍正九年正月二十七日

覽。

【《雍正朝漢文硃批奏摺匯編》第19册，第874頁第588條】

※寧夏副都統卓鼐奏報自寧夏率兵啓程抵至甘州日期摺

雍正九年二月初十日

率兵往駐甘州之寧夏副都統奴才卓鼐謹奏：爲奏聞軍伍抵達甘州日期事。

先寧夏派遣一千兵，委任協領雅喇阿爲副都統督管，雍正九年正月十二日啓程。今年正月二十二日，奴才自寧夏啓程速往甘州情由，漸次具奏。今年二月初四日，委副都統雅喇阿率寧夏軍，抵至甘州。本月初八日，奴才抵至軍營。仰副聖主盈賞之恩，官員以至兵丁、跟役，毫未勞苦，馬畜并無損失，沿途毫未滋事，妥善抵至甘州。遵大將軍岳鍾琪交付，道員岳利辦理，著官兵俱駐扎甘州城外南關廂。奴才時刻訓導官兵，在地方絲毫不准滋事，妥善喂養馬、駝，修整武器，以備調遣外，軍伍抵至甘州、奴才抵至軍營日期，理應奏聞。爲此謹奏。

率兵往駐甘州之寧夏副都統奴才卓鼐。

硃批：好。

【《雍正朝滿文硃批奏摺全譯》第 2022 頁第 3833 條】

諭著北路寧夏兵丁一千名于六月初旬起身回去等情

雍正九年二月十六日

內閣交出雍正九年二月十六日，奉清字上諭："北路寧夏兵丁一千名，著令回去。伊等在外日久，近經又調寧夏兵丁前赴肅州。現在寧夏兵丁亦少，應俟盛京、黑龍江等處兵丁全至軍營時，令伊等于六月初旬，趁青草時，起身回去，統領此兵。現在副都統赫色圖克善來京，應即令伊等緩緩帶至寧夏再來。爾等行文赫色圖克善，如在途遇見，則令伊等即緩緩回至軍營等候，如至京城，亦著緩緩回去。寧夏副都統蘇圖，著仍留軍營，伊如欲將寧夏官兵內留用二十名，即令留用。蘇圖，仍照舊著在參贊大臣上行走，令伊管轄何處兵丁之處，著大將軍傅爾丹酌量辦理。欽此。"

【《雍正朝漢文諭旨匯編》第 4 冊《兵部造送上諭檔冊》，第 44 頁第 39 條】

諭著岳鍾琪將去冬隨樊廷迎戰準噶爾有功將弁兵丁查明更換休息等事

雍正九年二月二十九日

雍正九年二月二十九日，內閣抄出，奉上諭："國家教養將士，加恩于平時，原欲其有勇知，方緩急可恃，以備干城之選。果能臨戎遇敵，奮勇先登，勞績戰功，卓然可紀，尤當沛以殊恩，優加體恤，以獎忠誠而褒壯略也。上年冬底，準噶爾之事，出于不備。總兵官樊廷等，率領兵弁，鼓勇星馳，以寡敵衆，轉戰十餘晝夜，壯三軍之威，破賊人之膽，此等功績，實在平時剿寇平戎之上。朕心嘉悦，以頒諭旨，厚加爵賞，以表忠勤。

“又念國家之所望于弁兵，與弁兵之報效國家者，惟在奮力行間耳。今弁兵之奮力至于如此，從來罕聞者，是伊等之力，以效伊等之職，已無忝矣。雖義勇之士口不言勞，未嘗遽有耽逸求安之念，然朕揆情度理，應令戰陣有功之弁兵更换休息，朕心始安。若將已經致身竭力之人仍留戎行，以待大軍凱旋之後，朕不忍也。况兵丁中有侵冒冰雪、觸犯鋒鏑而損傷手足者，尤可憫惻。已降諭旨，令軍營加意調治，務俾速痊，給與馱載口糧，送回本汛，想署大將軍等已遵旨料理矣。著大將軍岳鍾琪，將此次隨樊廷、張朝良等禦賊有功之將弁兵丁，皆一一查明，應令各回本營本汛者，著另選撥以代之，并將此旨曉諭軍營，俾悉朕褒嘉勇壯、篤念勤勞之至意。

“朕又思川陝二省，地方數千里，甚爲遼闊。今西邊有辦理軍需之事，總督一員，難以控制。嚮來川省曾設總督，今仍著添設四川總督一員，即以提督黄廷桂補授。其四川提督員缺，著將固原提督紀成斌調補。固原提督員缺，著將肅州總兵官樊廷補授。肅州總兵官員缺，著將重慶總兵官張朝良調補。重慶總兵官員缺，著將漕標副將馬義補授。漕標副將員缺，著將浙江提標參將王邦寧補授。直隸山永協副將員缺，著將莊浪營參將冶大雄補授。石雲倬、馬紀勛等到軍營之後，著樊廷等再各回新任。紀成斌未回四川之先，其提督印務，仍著黄廷桂兼管。特諭。欽此。”

【《雍正朝漢文諭旨匯編》第 4 册《兵部造送上諭檔册》，第 45 頁第 40 條】

諭内閣著德成協司提督馮允中辦理西寧總兵官事務等事

雍正九年四月十四日

雍正九年四月十四日，内閣抄出，奉上諭：“提督馮允中，熟悉邊情，老成練達，但聞近患目疾，行走須人扶掖，于訓練操防，稍覺未便。西寧五鎮，關係緊要，其總兵官事務，著德成協同辦理。固原提督樊廷，現在軍前，已降旨，令回固原之任。俟樊廷到任後，范時捷，著協同馮允中辦理西寧總兵官事務。欽此。”

【《雍正朝漢文諭旨匯編》第4册《兵部造送上諭檔册》，第49頁第45條】

諭内閣著給與駐防太原各旗閑散兵丁酌加餉銀務令勤謹當差向上

雍正九年五月初一日

雍正九年五月初一日，内閣抄出，奉上諭：“據山西巡撫石麟奏稱，太原駐防兵丁五百名内，派出三百名前往寧夏，所有留營兵丁，不敷本地輪流差委之用。據各旗閑散丁壯塞爾泰等呈稱，自祖父以及本身，俱受國家豢養之恩，未能仰報萬一，今情願不領錢糧，當差效力。臣隨親行考驗，選得年力精壯、技藝可觀者一百名，照伊等所請，不給錢糧，令其承應差使、看守地方，將來俟有兵丁缺，即將伊等揀選頂補，等語。太原各旗閑散兵丁等，雖稱不領錢糧，情願效力，但伊等既令當差、學習行走，亦當酌加恩澤，以示鼓勵。著每名每月給與餉銀一兩、兵米三斗，以資其食用。著該石麟時加教訓，務令勤謹當差，黽勉向上。若有名糧缺出，即將伊等揀選頂補，以副朕教養兵丁之至意。特諭。欽此。”

【《雍正朝漢文諭旨匯編》第4册《兵部造送上諭檔册》，第50頁第47條。亦見同書第8册《上諭内閣》，第204頁“雍正九年五月初二日”條】

△諭著趙之垣前赴軍營與馬龍公同商酌運送軍糧之法

雍正九年五月初九日

初九日，奉上諭：“用兵以籌餉爲先，而挽運以得人爲要。果得其人，則民力不致煩勞，國帑不致糜費，而兵食饒裕，士飽馬騰，其裨益于公事，良非淺鮮也。年來西、北兩路用兵，籌餉事宜，朕心甚費區畫。北路軍糧，范毓馪承領運送，諸事諳練，措置得宜，能爲國家節省錢糧，而彼身亦未嘗不沾利益，實公私兩便之道，朕深嘉獎，已加優叙。西路軍糧，嚮來俱係官運，今行之日久，難保無侵帑累民之處。因思通政使趙之垣、副將馬龍，乃三秦世族，且官至大員，于本地土俗民情，素所熟悉，若照范毓馪之例領取帑銀，轉輸挽運，似屬可行之事。朕昨將此詢問趙之垣，據稱情願效力。查内地軍糧運送巴爾庫爾軍營者，年來經理，已有頭緒，但自軍營進剿之糧，尚無轉運之善策。著趙之垣前赴軍營，與馬龍公同商酌如何運送之法，聽其自行定議，酌量舉行。每石運價若干，朕悉照數給與，不令絲毫賠墊。祇用其力，不用其財，但無浮冒侵蝕之弊，便是伊等之功，總與地方有司毫無干涉。其間遲速機宜，及道途防護等情，則與大將軍、該督撫等計議而行。俟趙之垣到彼，與馬龍商酌定議，果能承領辦理，具奏到日，給與欽差關防。”

【《雍正朝漢文諭旨匯編》第8册《上諭内閣》，第204頁“雍正九年五月初九日”條】

諭内閣著傅泰補授寧夏將軍海旺補授户部左侍郎

雍正九年七月十三日

雍正九年七月十三日，内閣奉上諭：“户部侍郎傅泰，著補授寧夏將軍。海旺，著補授户部左侍郎。欽此。”此條旨意已改登記在後。滿中書博寬交來。吏學習徐炳文、兵學習魏綰各抄出。

【《雍正朝漢文諭旨匯編》第5册《上諭底册》，第241頁第314條】

署固原提督范時捷奏報固原附近地方雨水沾透安静無事摺

雍正九年八月十二日

散秩大臣、署理固原提督印務、革職留任臣范時捷謹奏。

竊固原附近地方，自夏徂秋，雨澤均匀，二麥有七八分收成。現在小米、蕎麥、豆子俱皆長茂，其西安、鳳翔、慶陽等處，據報于六月十三、十四及七月初六、初七等日得雨沾透，延綏于六月初四、十八、二十九及七月十二、十六等日得雨沾透。其興漢所屬，尚未報到。再，西安府屬之高陵縣于六月初九日有百姓封閉城門，臣據西鳳協禀報，即差人前往查訪，係爲署令高豫不將軍糈脚價清發緣由，隨有西安府知府王紹文到縣，解散衆民。前任撫臣武格將高豫調回，爲首之里，長枷責結案訖。此外各地方俱安静無事。謹此奏聞。

雍正九年八月十二日。

覽。

【《雍正朝漢文硃批奏摺匯編》第21册，第41頁第36條】

署固原提督范時捷奏覆料理養贍進剿西海凍壞手脚兵丁情由摺

雍正九年八月十二日

散秩大臣、署理固原提督印務、革職留任臣范時捷謹奏。

竊軍前禦賊有功，及侵冒、冰雪凍傷手足兵丁，俱奉旨送回本汛，陝提標回營有功兵丁二百二十八名，内帶傷兵丁三十三名，又患病及凍傷手足兵丁二百五十八名。仰荷皇恩，回營之後，安心調養，俱漸次痊愈，可以照常差操。其受傷稍重，及凍損已成廢疾不能行走者，止十一人。

臣查雍正二年四月二十九日，奉上諭："聞此番進剿西海，兵丁有凍壞手脚，竟成廢疾者，殊爲可憫，著從優給賞。并查其子弟一人入伍食糧，仍行地方官每月給米三斗，養贍終身，以示朕軫恤之意。”欽遵在案。今臣查驗各兵内有子弟者三人，飭令將備將該兵子弟加意教導，收伍食糧，以資養贍。尚有并無子弟者八人，若竟去其名糧，則伊等因公事差遣，致成廢疾，無人贍養，情在可憫。若仍聽支食馬步原糧，似覺虚糜。可否每名給與守糧一分，養贍終身。洪恩出自聖主，臣未敢擅便。謹奏。

雍正九年八月十二日。

所奏是，另有旨諭。

【《雍正朝漢文硃批奏摺匯編》第21册，第42頁第37條】

署固原提督范時捷奏請援例恤賞進藏病故之固原延綏弁兵丁摺

雍正九年八月十二日

散秩大臣、署理固原提督印務、革職留任臣范時捷謹奏：爲奏聞事。

竊查雍正六年，進藏兵丁荷蒙恩旨，動帑銀十萬兩，分别等次賞給。經督臣岳鍾琪咨，令將兵丁進藏者爲一等，留駐河清插漢哈達者爲二等，并臺站兵丁，照依遠近，分一、二、三等，將兵丁等第姓名造册領賞。原文内并未議及領兵官弁暨病故恤賞，是以陝屬各鎮營止照兵丁等第姓名造册，其官弁姓名及病故兵丁，俱未登注。惟督標、甘撫標凉州鎮所造之册有官弁姓名并病故兵丁，俱注明其下。此造册不符之由也。嗣准署督臣查朗阿咨令各兵照等第領賞，其病故官兵一百二員名，查取確册，照雲貴之例，請領恤賞。隨經延綏鎮查報孤山堡守備潘士熙、鎮標把總田大才，固原平凉營查報把總范成功，潼關等營查報兵丁姚天振等，俱係進藏病故，請領恤賞。准署督臣咨陝省病故官兵一百二員名，係照督標、甘撫標凉州鎮造送等第册内查數奏明之案，各官兵從前既未造入，不便請領，行令扣除。臣署任後，復據平凉

營署游擊陳如雄詳，據已故把總范成功家屬呈辯，乞均沾皇恩。而署延綏鎮臣惠延祖亦以原奉督臣岳鍾琪文内并無“開查病故官兵”字樣，且守備潘士熙、把總田大才病故日期，俱呈報有案，應照例領恤。臣復咨商署臣確查取結，補行咨部，一體給領。而署督臣以原未奏明，不便轉咨咨覆。臣思陝甘進藏病故官兵蒙皇恩，照雲貴之例恤賞，原以軫恤勤事人員，固原、延綏兩鎮官兵從前雖未查奏，但既經續行查出，自應一例恤賞。今督撫等標已照例請領，而固原、延綏備弁三員，兵丁三十餘名，不得均沾，恩例似未畫一。可否仰邀皇恩，一例取結，均予恤賞，伏乞聖慈鑒照施行。謹奏。

雍正九年八月十二日。

【《雍正朝漢文硃批奏摺匯編》第 21 冊，第 42 頁第 38 條】

署固原提督范時捷奏謝恩命署理大通總兵印務摺

雍正九年八月十二日

散秩大臣、署理固原提督印務、革職留任臣范時捷謹奏：爲恭謝天恩事。

竊臣荷蒙皇上天恩，不次簡擢，毫無報效。先奉上諭，著臣俟樊廷到任後，前往西寧，協同辦理總兵官事務。嗣奉上諭，以署大通鎮總兵官管承澤帶兵駐札柴達木地方，著臣署理大通總兵官印務。臣之庸愚，叠蒙委用邊疆重任，恩命頻頒，悚惶彌甚，隨望闕叩謝天恩，并恭疏具奏在案。兹提臣樊廷已于雍正九年八月十二日到固，臣欽遵交代，起程前往署理大通鎮印務。臣惟凛遵聖訓，勤督操防，輯寧邊境，以期涓埃之報稱。至西寧總兵官事務，應俟管承澤回署任之日，臣再往協辦。謹恭摺奏聞，伏乞睿鑒。

雍正九年八月十二日。

【《雍正朝漢文硃批奏摺匯編》第 21 冊，第 44 頁第 39 條】

諭著伊禮布前往北路馬爾賽軍營在參贊内行走等情

雍正九年八月十五日

十七日、十八日，鮑斐英、劉炘。

雍正九年八月十五日，奉旨："伊禮布，著往北路撫遠大將軍馬爾賽軍營，在參贊内行走。常賚，著授爲副將軍。卓鼐，著補授寧夏將軍，署理鎮安將軍印務。其寧夏將軍印務，仍著此。"滿中書博寬交來。兵學習戴聞鸞抄出。

【《雍正朝漢文諭旨匯編》第5册《上諭底册》，第255頁第339條】

署固原提督范時捷奏報辦理調赴安西兵丁馬匹情形并預備起程摺

雍正九年八月二十一日

散秩大臣、署理固原提督印務、革職留任臣范時捷謹奏。

竊臣准署督臣查朗阿咨，承准大學士公馬爾賽等字寄奏稿，内開：固原預備兵二千名，俱調赴安西，預先知會，俟大將軍調撥到日，立即起程。等因。臣隨照依本年召募兵數暨應帶餘丁，并酌派領兵官弁，飛飭各營，將一切軍裝、器械、鉛藥，俱備辦齊全，候調撥文到，即行起程。至馬匹，若照馬兵二兵五馬、步兵二兵三馬、餘丁二名合馬一匹之例，并馱炮馬匹，共需馬四千五百三十匹。查標屬存營新舊馬兵額，馬止三千九百六十五匹。雖俱經買足，而提標在歸化城購買之馬，尚有二百二十六匹未經趕到。再，通省要路塘撥，亦應酌留馬匹，以備遞送緊要文移。今臣遵照本年正月大將軍臣岳鍾琪派撥之例，除馬兵騎馬外，每馬步兵一名，先給馱馬一匹，又馱炮馬一百匹，共派騎馱馬三千三百匹，預備起程。其餘不敷馬匹，臣咨移署督臣，俟兵丁到肅之日，酌量添給。臣謹奏聞。

雍正九年八月十二日。

【《雍正朝漢文硃批奏摺匯編》第30册，第446頁第310條】

諭内閣著鄂爾多斯之札薩克王等將立界之事各抒意見商酌具奏

雍正九年九月初一日

雍正九年九月初一日①，内閣抄出，奉旨：“寧夏横城口，及黄甫川邊外間地，與鄂爾多斯接壤，内地民人越界耕種，而蒙古等私索租價，每致生事互争。經該部堂官奏請照例定界，朕遂降旨，交與該督撫確查定議。今據該地方官派員與鄂爾多斯之扎薩克等會勘，請照原定之例分界。等因。具奏前來，經大學士、議政大臣等議覆准行。朕爲天下主，薄海内外，一視同仁，若照廷議立界，俾民人、蒙古各守界址，彼此無争，看來似屬有益之事。著行文與鄂爾多斯之扎薩克王等，再加詳悉詢問，如此立界，于伊等有無裨益之處，各抒意見，公同商酌，具奏到日，再降諭旨。欽此。”

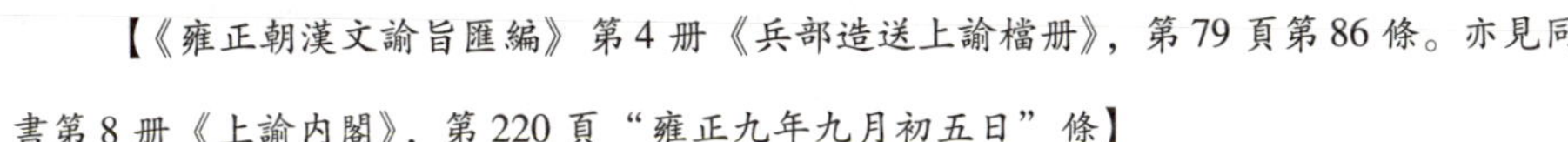
【《雍正朝漢文諭旨匯編》第4册《兵部造送上諭檔册》，第79頁第86條。亦見同書第8册《上諭内閣》，第220頁“雍正九年九月初五日”條】

※署理鎮安將軍印務卓鼐奏請訓諭摺

雍正九年九月十五日

署理鎮安將軍印務、鎮守寧夏等處將軍奴才卓鼐謹奏：爲請訓諭事。

由兵部傳旨：“命奴才卓鼐補放寧夏將軍，辦理鎮安將軍印務。欽此欽遵。”文書送來後，奴才叩謝天恩之處，另奏文外，欽惟奴才甚年少，且秉性愚昧。今在軍地，聖主擢拔任用之恩，奴才實不能受，惟因未承受訓諭，

---

①《雍正朝漢文諭旨匯編》第8册《上諭内閣》“雍正九年九月初五日”條載，奉上諭事在九月初五日。

爲不能勝任，甚惶恐。請聖主睿鑒，下旨訓教。奴才欽遵，奮勉效力。爲此謹奏。

署理鎮安將軍印務、鎮守寧夏等處將軍奴才卓鼐。

硃批：諸事按大將軍指教，誠懇奮勉。爾回任後，再另有訓旨。

【《雍正朝滿文硃批奏摺全譯》第 2062 頁第 3930 條】

諭著確查上年西路兵丁擊賊致殘者俱給守糧一分養贍

雍正九年九月十七日①

十七日，劉琰、李清雲。

上諭："上年西路擊賊有功及帶傷患病之兵丁，前已降旨，令其各回内地營汛休息調理，以示恩恤。其凍壞手足，致成殘疾者，舊例查其子弟一人入伍食糧，仍令地方官每月給米三斗，以養贍其終身。今聞帶傷患病之兵丁回營調治，已陸續痊愈。據署固原提督范時捷奏稱，本標患病回營兵丁二百五十八名，内僅有十一人受傷稍重，已成殘廢，難以照常差操。等語。朕思本兵若成廢疾，而家無可以入伍食糧之子弟，恐月給官米三斗，不敷其糊口之用，實爲可憫，著該管大臣確查上年西路兵丁因擊賊而傷損手足、致成廢疾，其家又無子弟可以入伍者，俱著給與守糧一分養贍，以終其身，示朕加恩優恤之至意。特諭。"滿中書圖桑阿交來。兵學習靳樹藻抄出。

【《雍正朝漢文諭旨匯編》第 5 册《上諭底册》，第 269 頁第 364 條。亦見第 8 册《上諭内閣》，第 220 頁"雍正九年九月十七日"條】

---

①"雍正九年九月十七日"爲諭旨抄出時間。

陝西提督樊廷奏謝恩賞銅冠等物摺

雍正九年九月二十日

提督陝西固原總兵官臣樊廷謹奏：爲恭謝天恩事。

竊臣于雍正玖年陸月初捌日，據臣前差賫摺肅州中營隨征外委把總王忠恭捧硃批奏摺，賫到恩賞臣翎冠壹頂，五爪龍緞朝衣料壹卷，五爪龍緞袍料壹卷，羽毛緞貳卷，漢府紗貳卷，寧綢貳卷，絲布貳匹，人參肆斤，克食貳匣，内造錠子藥壹匣。臣隨恭設香案，望闕九叩，謝恩祗領訖。

伏念臣兩載軍營，寸功未立，猥蒙上賞，感愧難名。即今賊彝待誅，暫稽鈇鉞，此正臣枕戈待旦之時也。乃天恩眷注，遂使休息，申之以非常之天語，重之以無數之恩賚。臣無功懋賞，何勞敢安。惟當永矢捐糜，仰答天高地厚之恩于萬一耳。所有微臣感激下情，謹繕摺奏謝，并繳原奉硃批諭旨壹件，伏祈皇上睿鑒。爲此謹奏。

雍正玖年玖月貳拾日。

提督陝西固原總兵官臣樊廷。

覽。

【《雍正朝漢文硃批奏摺匯編》第21册，第227頁第184條】

陝西提督樊廷奏繳御賜寶石摺

雍正九年九月二十日

提督陝西固原總兵官臣樊廷謹奏：爲遵旨恭繳御賜寶石，叩謝天恩事。

雍正柒年捌月貳拾肆日，師次德古里忒，臣賫摺差回，捧到硃批諭旨："賜來寶石壹塊，可佩帶軍中。上天賜佑，凱旋時，仍送進。内荷包帶舊無妨。欽此。"所有欽遵佩帶緣由，業經恭謝訖。臣敬謹體驗佩帶以來，精力加倍，灾疾不生。如上年冬，臣應援科什圖、峨崙磯等處卡倫，勦殺賊彝，晝夜轉戰。臣左右親隨，及乘騎馬匹遇鋒鏑而被槍箭者頗衆，獨臣壹身如有神護，是皆訓誡凛奉天言，寶物出自上賜，明故確驗，而臣得絲毫無恙者，皆我皇上成全之恩也。今臣奉命已回固原新任所，領御賜寶石并原裝荷包，理合遵旨恭繳，叩謝天恩，俟將來協力勦賊，臣請旨前往時，仍祈聖恩再賞頒發。伏祈睿鑒，敕下察收，爲此具摺奏聞。

雍正玖年玖月貳拾日。

提督陝西固原總兵官臣樊廷。

此皆汝之忠誠所感，仰邀天地神明之慈護，與寶石何涉？仍存留汝處備用可也。

【《雍正朝漢文硃批奏摺匯編》第 21 册，第 227 頁第 185 條】

陝西提督樊廷奏請陛見摺

雍正九年九月二十日

提督陝西固原總兵官臣樊廷謹奏：爲恭請陛見，以慰濡慕，跪聆聖訓，以重封疆事。

竊臣于雍正肆年拾貳月内入覲之後，至今已足伍載，瞻望闕廷，寤寐依馳，即拮据軍戎，經營戰陣，未嘗一刻稍釋。念臣一介駑駘，毫無知識，荷蒙恩遇，補授固原提督，任重責大，常慮不克勝任。先奉諭旨，命臣到任後，來驛赴京陛見，犬馬私衷，歡忭無既。迨臣自軍營行至赤金，于本年柒月拾肆日，接蒙部文，奉上諭："固原提督事務緊要，樊廷至任，且不必來京陛見，候旨諭行。若有應奏事宜，具摺陳奏。欽此。"臣欽遵。到任日期，業經題報在案。一切應行事體，次第粗畢。天顔咫尺，寢食依戀者，今又月餘。伏祈我皇上俯鑒下情，恩賜俞允，准臣輕騎減從，迅速入朝，少慰戀主稽誠。且將封疆事宜，經請聖明指授，庶臣謭陋愚拙，知所遵守矣。臣謹恭繕奏摺，選差外委把總王忠賫捧奏聞，臣可得瞻依待命之至。爲此謹奏。

雍正玖年玖月貳拾日。

提督陝西固原總兵官臣樊廷。

且不必。候旨再來。

【《雍正朝漢文硃批奏摺匯編》第21册，第228頁第186條】

陝西提督樊廷奏請賞賜曾祖父三代封典摺

雍正九年九月二十日

提督陝西固原總兵官臣樊廷謹奏：爲聖恩教孝作忠，臣瀆披瀝陳情，叩祈睿鑒事。

竊惟錫類爲熙朝之令典，顯親實人子之至榮。伏念臣門祚寒微，欣逢盛世，臣曾祖父、祖父及臣父，世代效力行間。臣父智亮于聖祖仁皇帝朝康熙拾玖年内隨征收復四川、雲南等處，蒙恩議叙，功加參將，未仕而卒，報國血誠，淪落于荒烟蔓草者，伍拾肆年。臣本譾劣，不堪負荷，猥承殊遇，叨任封疆。自我皇上御極以來，臣凡遇恩詔，先則身屬微員，格于成例，後皆奉文調遣，遠出征行。不遑自顧其私者，實緣在任之日少也。臣爲人子孫，受高爵、享厚禄，而臣曾、祖、父三代未邀華衮之褒，不想臣烏烏私情，義虧報本，亦非我皇上教孝作忠之盛心也。臣輾轉籌思，不敢遽請，而主恩如天，無欺無隱，理合據實陳情于君父之前，可否照臣見任品級，賞賜封典。事在天心鑒憐者也。臣謹具摺叩請，伏祈我皇上恩賜，睿鑒施行。爲此謹奏。

雍正玖年玖月貳拾日。

提督陝西固原總兵官臣樊廷。

俟汝來京見朕時提奏，自然加恩有日。

【《雍正朝漢文硃批奏摺匯編》第21册，第229頁第187條】

陝西提督樊廷奏報經理營運生息忠濟兵丁銀兩情形摺

雍正九年九月二十日

提督陝西固原總兵官臣樊廷謹奏：爲奏聞事。

竊臣到任，接署提臣范時捷交代生息銀兩款項數目，業經題報在案。查得弘濟當鋪内本銀叁千伍百叁拾兩，見存銀肆千伍百伍拾兩。臣又陸續收到商民交還本銀肆百貳拾兩。竊思此項見存并續收共銀肆千玖百柒拾兩，此乃皇恩賞發，營運生息，惠濟兵丁之項，自應隨時生息，不宜存貯耽延。見今弘濟鋪内本銀俱經當出，臣于本年捌月拾叁、拾捌等日，又將前貳項見存銀肆千玖百柒拾兩，發交題明經管生息銀兩之臣標署左營游擊鄭廷試，令其交入弘濟當鋪内接續營運生息。據有發銀之中營參將賀鼎臣、預銀之署左營游擊鄭廷試報明印文附卷訖。所有商民未交本銀柒千伍百兩，臣見在行，僅固原州知州陳恭、中營參將賀鼎臣陸續催收，俟到日，另行酌量，再問壹當分手營運，庶免壅滯，理合逐細奏明，伏祈皇上睿鑒。爲此謹奏。

雍正玖年玖月貳拾日。

提督陝西固原總兵官臣樊廷。

覽。但酌量永遠與兵丁爲益處辦理。操守甚爲要緊，你若再能勉此，可成一全人矣，不以美歟？勉之勉之。

【《雍正朝漢文硃批奏摺匯編》第 21 冊，第 230 頁第 188 條】

陝西提督樊廷奏報兵額歲餉權宜抵補摺

雍正九年九月二十日

提督陝西固原總兵官臣樊廷謹奏：爲奏聞事。

竊查臣標原額步戰兵壹千名。雍正柒年，于欽奉上諭事案内，召募步戰

兵貳百貳拾壹名。雍正玖年，于欽奉上諭事案内，召募步戰兵肆百貳拾肆名。以上原額新募兵步、戰兵壹千陸百肆拾伍名，内雍正柒年奉派出征步戰兵柒百名，雍正玖年正月内奉派出征步戰兵肆百貳拾肆名。今秋又奉文派調預備駐札安西布隆吉步戰兵肆百貳拾肆名。查臣標，除前兩次出征步戰兵外，存營者僅有步兵伍百貳拾壹名，合之巴爾庫爾軍營本年發回患病步兵陸拾陸名，貳項共步兵伍百捌拾柒名。内有營員養廉親丁步戰名糧貳百零貳分，額設公費步戰名糧壹百貳拾分，則見存實在之數，較今次奉調之數不敷者，壹百伍拾玖名，勢不得不爲變通之計，以符調撥之數。而變通之法，務期兵能合數，餉不溢額。

今臣酌議，以馬易步，將額設公費步戰名糧壹百貳拾分，支于各員養廉親丁内撥出步戰名糧叁拾玖分，共足奉派，不敷步兵壹百伍拾玖名之數，臣將標營守兵及餘丁内親加考驗，挑選如數，拔募補伍訖。但營中公費及各員養廉名糧，俱難虚懸，以馬步糧餉數目合算，計得馬糧壹百壹拾玖分，可抵公費親丁步糧之數。臣到任後，點驗兵馬時，内有年老患病行走遲鈍者，共革退捌拾伍名，以補親丁公費懸缺之項，其餘不敷馬糧叁拾肆分，統俟陸續事故出缺，仍爲補足。

再，查馬兵歲額乾糧、料草，應俱歸馬匹項下，以資喂養外，所有歲餉馬兵，每名每年額得銀貳拾肆兩，步兵每名每年額得銀壹拾捌兩。以馬較步，每名每年多銀陸兩。通盤合算，馬兵玖拾名額，得歲餉銀貳千壹百陸拾兩，可抵公費步兵壹百貳拾名額得歲餉之數。又，馬兵貳拾玖名額得歲餉銀陸百玖拾陸兩，較之各員親丁步兵叁拾玖名額得歲餉柒百零貳兩，雖少陸兩，爲數無多，可以抵補臣所謂兵能合數、餉不溢額者，此也。事關營制，暫從權宜，理合據實奏明，伏祈皇上睿鑒。爲此謹奏。

雍正玖年玖月貳拾日。

提督陝西固原總兵官臣樊廷。

凡似此等事之奏，應達部者，照例行。

【《雍正朝漢文硃批奏摺匯編》第21册，第230頁第189條】

督理寧夏查漢托護工務通智等奏請于新渠寶豐各設訓導取進童生肄業摺

雍正九年十月初六日

臣通智、臣史在甲謹奏：爲恭請天恩事。

竊臣等奉命督理查漢托護地方工務，渠堤城工陸續告竣。皇恩浩蕩，招徠户口領過執票者，計有一萬一千八百餘户，已經受田者，計有一萬一百餘户。上托皇上天福，渠水充暢，共慶豐年。恒産既足，恒心愈生。臣等往來督工，宣布聖恩，勉以耕讀。户口日增，人文日盛。今年七月間，學臣潘允敏到寧考試，新渠縣赴考文武童生四百四十五名，寶豐縣赴考文武童生四百九十五名。歲、科兩試，新渠縣取進文生十三名，武生五名，寶豐縣取進文生十二名，武生七名。聖德所周，淪肌浹髓，合邑士子，共慶彈冠。

伏查雍正五年，臣等設縣原題經督臣岳鍾琪議奏，欽奉諭旨："此本内建立學校一條，岳鍾琪所奏亦是。但據單疇書等奏稱，招徠人民已有四千餘户，其中亦多讀書之人。等語。朕思若必俟人文蔚起，始行考取，恐遠方士子目前阻其上進之階，應將兩縣中現在讀書願就考試者，許其附入鄰近州縣内考試，酌量加額，收録入學。俟兩縣人文漸盛，建學設官之日，仍行撥入本學，庶爲妥協。著該部再議具奏。欽此。"部臣議覆，奉旨："依議。欽此欽遵。"在案。今新渠、寶豐兩縣童生附在平羅縣考試。查今歲平羅縣赴考文武童生共一百六十九名，按小學例，歲、科兩試，取進文生十六名，武生八名。新渠、寶豐現在童生之數已三倍于平羅，且目下城工告竣，建造學宫，廟貌巍峨，制度咸備，教官衙署，亦已建設。臣等復捐立義學，交于地方官，令其延師教課。聖朝作人雅化，郁郁彬彬。恭請皇上天恩，每縣設立訓導一員，照中學例取進，送學肄業。至于招徠户口内所有各州縣生員，現在受田立業者，各有數十名，若令仍赴本籍學内課試，道里遼遠，來往艱難。并請俱撥兩縣學内，一同肄業，俾免跋涉之勞，士子愈知鼓勵。天恩出自聖裁，爲此繕摺具奏，仰祈皇上睿鑒施行。謹奏。

雍正九年十月初六日。

此亦非汝等應奏之事，言之督撫。

【《雍正朝漢文硃批奏摺匯編》第 21 册，第 299 頁第 235 條】

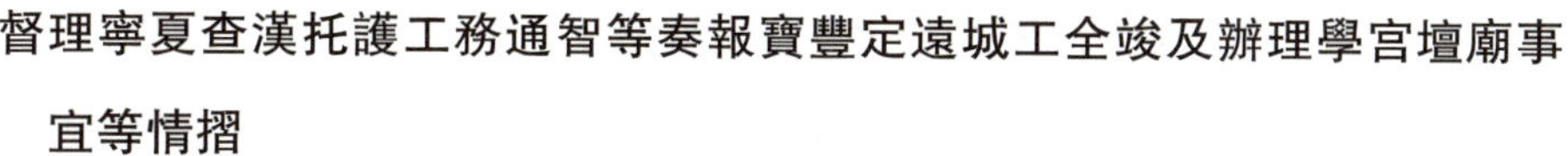

督理寧夏查漢托護工務通智等奏報寶豐定遠城工全竣及辦理學宫壇廟事宜等情摺

雍正九年十月初六日

臣通智、臣史在甲謹奏：爲奏聞事。

竊臣等于本年四月開浚修唐渠放水之後，即率領官弁分赴寶豐、定遠二處城工，凡城垣、廟宇、衙署、兵房陸續修築。九月間，大工全竣，擇于九月十八、二十二吉日，率領在工文武官弁，并寧夏道、府、廳、縣，赴新渠、寶豐兩縣，恭進學宫先聖先賢，以及各壇廟神牌，并各廟神像，慶贊開光，懸挂匾對，兩縣士民，扶老携幼，夾道歡呼，共慶安居樂土，焚香頂祝，感頌聖德之高深。其各壇廟祭祀，臣等令地方官每年照例備辦，敬謹致祭。又照原奏移咨寧夏總兵官臣李繩武，各按數移撥兵丁駐防，其塘汛隘口，亦撥兵防守訖。臣等分布官弁采辦明春修理大清渠、漢渠各項材料，俟冬間冰凍農閑，分撥起運，來春易于興工。爲此繕摺具奏，仰祈皇上睿鑒施行。臣等恭繳硃批奏摺九件。謹奏。

雍正九年十月初六日。

覽。

【《雍正朝漢文硃批奏摺匯編》第 21 册，第 300 頁第 236 條】

督理寧夏查漢托護工務通智等奏報寶豐定遠所需守備把總交署督查郎阿挑選摺

雍正九年十月初六日

臣通智、臣史在甲謹奏：爲敬陳管見事。

竊臣通智前會同督臣岳鍾琪查勘查漢托護地方，原奏于新渠縣移撥就近李剛堡把總一員、兵一百名駐防，寶豐縣移撥平羅營守備一員、把總一員、兵一百五十名駐防，定遠營移撥寧鎮標下守備一員、把總一員、兵一百名駐防。今城工告竣，自應移咨寧夏總兵官臣李繩武，遵照原議，分撥弁兵。

查李剛堡把總，原係另駐分防之弁，近在新渠縣治，宜于移駐縣内。其新渠、寶豐、定遠三處駐防兵丁，亦宜照前奏派撥，毋庸再議。惟寶豐、定遠二處移撥守備、把總之處，臣通智前會同該督撫議奏之時，未甚諳練營伍事務。今在寧夏五載，往來督工，相度地勢，留心營務。凡守備，俱係營内經管錢糧之員，即把總，亦各有分防地方之責。如寧鎮標下四營，每營止守備一員，若撥駐定遠營，則此一營即少經管錢糧之中軍矣。平羅營參將標下，亦止守備一員，又係路營中軍經管錢糧，其把總一員，亦係分防城外四至汛地，今撥駐寶豐，則平羅營又少經管錢糧之中軍，而城外汛地，亦少分防之把總矣。臣等再四思維，難以移動。

仰懇皇上天恩，于寶豐縣并賀蘭山後定遠營所需守備二員、把總二員，交于署督臣查郎阿并該鎮另行挑選添設，庶營務不致乏員，新舊邊地，俱大有裨益矣。臣通智從前未諳營務，未經奏請添設守備、把總之處，不敢隱瞞。前非朦混從事，除一面移咨寧夏總兵官臣李繩武就近暫委官弁率兵駐防外，謹將前後情由，備細奏聞，仰祈皇上睿鑒施行。謹奏。

雍正九年十月初六日。

言之督臣，并詳議具奏。

【《雍正朝漢文硃批奏摺匯編》第21册，第301頁第237條】

督理寧夏查漢托護工務通智等奏報唐渠疏通田禾豐收米價甚平摺

雍正九年十月初六日

臣通智、臣史在甲謹奏：爲奏聞事。

竊臣等奉旨修浚唐渠，改建閘座，疏通渠身。水流所注，兩岸田疇，無不灌溉，數十年不得水之田，與各枝渠尾梢水不到之地，優渥沾足，悉成腴壤，遍植稻糧。惠農、昌潤二渠加布渠口，滚水埽壩渠内添建揚水閘座，水勢十分充暢。夏秋田禾，俱慶豐年，兩岸各堡試種稻苗，盡皆收穫，明年種者倍多。目下寧郡諸色米糧價值甚平，其閘座枝渠或有未周之處，明春修浚大清渠、漢渠之時，再加補葺，益爲堅固矣。爲此繕摺具奏，仰祈皇上睿鑒施行。謹奏。

雍正九年十月初六日。

覽。

【《雍正朝漢文硃批奏摺匯編》第21册，第302頁第238條】

蘭州巡撫許容奏陳安插防範邊外彝人情形請旨遵行摺

雍正九年十二月十一日

蘭州巡撫臣許容謹奏：爲密請聖裁事。

竊惟内外之防，宜密不宜疏，非我族類，宜遠不宜近。臣前以時屆隆冬，恐沿邊或有蠢動，蚤密飭各道、府，督率地方官，加意防範，并密咨各提鎮，一體留心。十月二十六日，據凉州道、府詳報，彝人公錯台吉等進邊賣鹽，人、駝衆多，帶有鳥槍火器，并無文書執照，形踪可疑，不便放行。臣一面密飭好生防範，一面咨會甘提。嗣據該道録報署督臣查郎阿批，令聽其賣鹽貿易，復准甘提、凉鎮咨覆，在山丹賣鹽，并賣畢回巢去訖。十一月內，又准甘提、凉鎮各咨稱，准署督臣知會，容令貝勒丹忠在阿拉克山、阿爾坦特布什等處住牧，并准其部下人等至山丹、硤口、水泉邊口内貿易買賣。

又據肅州報稱，遵奉署督臣牌，安插公巴濟旗下喀扎羅克族間領催喀賫等五户人口于古魯鼐地方，給以米、麵、茶封。又據寧夏道、府禀報，奏署督臣牌，飭會同寧夏鎮遵旨，安插公托木克、公巴濟人衆，于賀蘭山後，并將喀爾喀部落鄂木布濟扎薩克、多爾濟扎薩克、巴爾濟公、慕勒克牙、木鄙爾王、喇旺公、萬楚克公等一體安插，支給米、麵、茶封。臣復密囑鎮臣李繩武，務須措置妥協，俾遠人感佩皇仁、邊疆益慶寧謐。更宜常常巡視，或演武觀兵，或沿山較獵，時刻密備而不露形迹。近又據地方官禀報，鎮彝口内紅市湖地方住有彝帳，云是巴吉公部落，爲賊衆迫脅，逃入内地躲避。臣竊聞鎮彝口外之巴吉公及坤都魯住居之六家彝人叛歸準噶爾，而伊等部落言稱避賊，豈可深信。殺之，固似殘刻，寬之，更易藏奸。臣復密咨宋可進，應嚴行收管，毋致滋弊。

臣復熟思深計，輾轉躊躇，寧夏地土平漫，僅隔一賀蘭山，并無險扼。凉之鎮番孤懸塞北，自凉抵肅，徑竇繁多，在在外通邊墻，不足爲固。而諸彝漸次逼處，人心難測，殊懷隱憂。查臣前奉大學士等遵旨寄信，若賊人來犯，青海之人有投至邊地者，一概不許進口。若額駙阿寶貝勒丹忠屬下人等，仍遵旨准其進口，善爲安插慎密。欽遵在案。今未確見賊人侵犯何處，而紛紛投托，竊恐賢愚不等，致生事端。在查郎阿、宋可進，自必悉心籌畫、防範嚴密，而臣䰟䰟過慮，又復密咨查郎阿、宋可進妥協辦理。伏願我皇上密敕督提鎮臣，恪遵前旨，毋致疏虞。凡未奉有旨意安插，而伊等口稱避賊内徙者，非惟不許縱令入口，并不許容留近邊，實足以防未然而絶禍胎。

抑臣愚，更有請者。塞外附屬諸彝，原爲國家外垣，果能輸誠不貳，正當宣力保障。即有力量單弱、不足禦賊，而理當援者，寧可遣兵遠護，不宜拔帳近移。伏惟聖明裁鑒。再，甘、涼一帶城堡之在邊外者，止有永昌之寧遠一堡完固整齊，他如肅州之金塔寺城堡，已經密遵諭旨，修葺完固。而沙州安西、赤靖柳等處，又經署督臣就近差員查修，散處人畜，虿令收入堡内。至沿邊鄉勇，惟寧夏向未設有團練，艱于創始，未議舉行。其西寧、甘州、涼州、肅州及沙州衛等處，皆已隨地團練，酌給火藥、鉛彈，勤加操練，以資協護。而河州之二十四關，鄉勇衆多，防守尤爲得力，合并奏聞。臣謹奏。

雍正九年十二月十一日。

【《雍正朝漢文硃批奏摺匯編》第21册，第604頁第494條】

諭著將甘省辦理軍需誠實盡職之趙挺元等八員分别加銜加級（殘）

雍正九年十二月十三日①

十三日，鮑斐英。

上諭："甘肅巡撫許容奏稱，甘省年來辦理軍需，有署布政司西安驛傳道趙挺元，操守廉潔，辦事誠實，雖年近七旬，而精力壯健，委署藩篆，盡心經理，數千百萬之軍餉，悉能辦理妥協。寧夏道鄂昌，少年老成，任事將及三年，殫心籌畫，無怠無欺。肅州齊式，人似蒼滑，然當軍需，總匯要

①"雍正九年十二月十三日"爲諭旨抄出時間。

地，日夜經營，克勤克慎。寧夏府知府鈕廷彩，矢□急公，委辦一切軍需，從無諉誤。凉州府知府菩薩保，貌似遲鈍，辦事以實，地承各路之衝，軍需最爲繁劇，未見叢脞。鞏昌府知府高夢龍，明白練達，以身率屬，調度悉能如法。河州知州顧爾昌，辦理軍需，勤敏踴躍，兼能撫馭番彝。平番縣知縣張夢水，精細明白，于衝途劇邑，經理裕如。此數員效力之處，乃臣深知灼見者，不敢壅于上聞。等語。巡撫許容既稱趙挺元等八員急公供職，克殫厥心，經理有方，裨益軍務，應恩獎以勵賢員。驛傳道趙挺元、肅州道齊式，俱著加按察使銜。寧夏道鄂昌，著加參政道銜。知府鈕廷彩、菩薩保、高夢龍，俱著加副使道銜。知州顧爾昌，著加同知銜。知縣張夢水，著加知州銜。俱仍留各原任，以後照新銜陞轉外，每人再著加一級。欽此。"滿中書齊克坦交來。吏學習蕭泳抄出。

【《雍正朝漢文諭旨匯編》第 5 册《上諭底册》，第 301 頁第 420 條】

雍正十年（1732）

△諭著將惠昌唐三渠未竣之工交與寧夏水利同知陸續修理再令寧夏道鄂昌勤加督率

雍正十年正月二十一日

二十一日，奉上諭："寧夏爲甘省要地，渠工乃水利攸關。萬姓資生之策，莫先于此。是以朕特遣大臣督率官員等開浚惠農、昌潤二渠，又命修理大清、漢、唐三渠，以溥萬民之利。年來惠、昌二渠及唐渠工程漸次告竣，于民田大有裨益。其大清渠、漢渠，雖未竣工，然聞連年加謹堵疊、極力挑浚，已足以資灌溉，不過湃岸、閘座有應行修補之處，可以從容經理，非比唐渠之必應及時速成也。目今甘省軍興之際，挽運兵糧正需車輛，若因修理渠工，有欽差官員在彼催趲工程，又復雇車運送物料，恐小民承應一切，力難兼顧，有誤春耕，所當酌量變通，以體恤民隱者。

“查寧夏有專司水利之同知，著將未竣之渠工，交與該員，照通智、史在甲等所料估之處，于每歲春工内，分年陸續修理。再，令寧夏道鄂昌勤加督率，不時稽查，務期工程堅固，利濟有資，使民田永沾膏澤。通智、史在甲將各件與鄂昌交代清楚，即行回京。其在工效力之文武官弁，交與該署督查郎阿，計其在工之久暫，察其奉職之勤惰，量其辦事之能否，應留陝題補委用者，留陝題補委用，應咨部請旨者，咨部請旨，應發回本地者，發回本地。其現任武弁及兵丁等派撥渠工效力者，俱令各歸營汛，在工夫役等，交與鄂昌，將附近者，令歸南畝，遠來者，酌量遣回。”

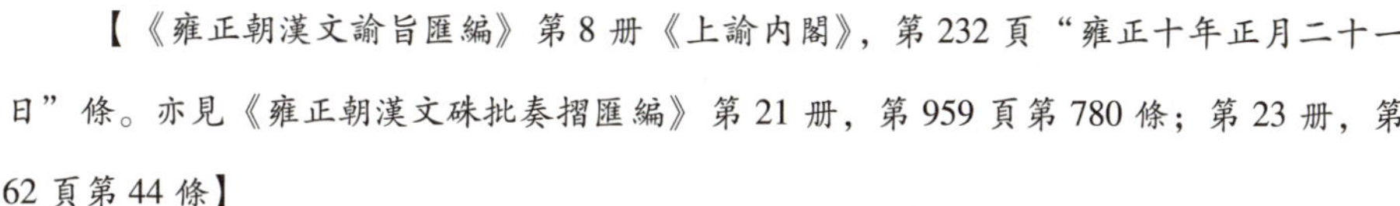
【《雍正朝漢文諭旨匯編》第 8 冊《上諭内閣》，第 232 頁“雍正十年正月二十一日”條。亦見《雍正朝漢文硃批奏摺匯編》第 21 冊，第 959 頁第 780 條；第 23 冊，第 62 頁第 44 條】

欽差散秩大臣范時捷奏請敕部派發筆貼式一員來寧辦理清字文稿摺

雍正十年二月十九日

散秩大臣、革職留任臣范時捷謹奏。

竊查都統德成原帶來寧之司官筆帖式，俱已前往歸化城，今臣現在辦理軍需事件，遇有清字文稿，乏人抄謄。伏乞皇上天恩，敕部派撥筆帖式一員來寧，隨臣辦事，則文移來往書寫，得以便易。謹奏。

雍正十年二月十九日。

【《雍正朝漢文硃批奏摺匯編》第 21 冊，第 900 頁第 733 條】

署陝西總督查郎阿奏報遵旨酌議召募固原兵丁一千名勤加操演備用摺

雍正十年二月十九日

臣查郎阿、二格謹奏：爲遵旨詳議事。

竊臣等前接領侍衛内大臣、英誠公豐勝額等議奏稿，内開：固原與西安相近，皆係車行坦道，糧運尚易，應令查郎阿、二格量行酌補，或一千名，或二千名，既可彈壓地方，亦可留備調遣。但本省鎮標難以抽調，鄰省如山東、河南、直隸兵額無多，湖廣又半係苗疆，皆不可輕調，惟有召募一法較爲近便。而固原已經召募二千名，未知此時尚有精健壯勇可以應募之人否？行令查郎阿等確查妥議具奏之日再定。等因。奉旨："依議。欽此欽遵。"嗣經臣等以密陳末議等事，以口外之兵如議酌撤，則固原鎮屬兵力裕如，似可毋庸再爲召募。等因。一并奏聞。嗣于雍正九年十二月初六日，密奉上諭："撤兵、進兵之説，均非此時之要務。欽此欽遵。"在案。

查固原地方，一切糧餉，尚易于支應。現今用兵之際，或有不時調遣，則口内可以召募之處，似應遵旨量行酌補，多爲備用。查固原標屬雖于雍正九年業經召募兵二千名，但固原兵丁素稱雄健，且地方寬廣，人民稠密，臣等留心查察，其精健壯勇可以應募者，尚不乏人。若令召募馬六步四，兵一千名，交與陝提臣樊廷親加挑選，須擇其人材、漢仗俱各精壯者召募，不得以老弱充數，致糜糧餉。仍飭令設將弁，勤加操演，務使技藝嫻熟。既可以彈壓地方，如遇調撥，莫不一以當十，則緩急行走，更爲足恃。臣等謹繕摺恭奏，伏乞皇上訓示遵行。爲此謹奏請旨。

雍正十年二月十九日具。

【《雍正朝漢文硃批奏摺匯編》第21册，第902頁第736條】

署陝西總督查郎阿奏報遵旨商酌辦理邊營塘汛務令加意巡緝實力操演摺

雍正十年二月二十七日

署理陝西總督臣查郎阿謹奏：爲敬抒管見，仰祈睿鑒事。

竊臣前據寧夏鎮臣李繩武咨呈前事，抄録摺稿一件，内開：沿邊一帶營路，俱係衝繁重地，番彝雜處，塘汛巡防，最關緊要。各汛塘兵，皆因久居汛地，不及操演，多致技藝生疏，營規罔諳，粗鄙庸陋，不啻鄉愚。此臣于委署永昌副將及署凉州總兵印務之時，皆所目睹。該管大員未嘗不時加誡飭，但專管營員因無一定章程，未免視爲具文。不過出一文書，報一遵依，以致防汛兵丁均失查閲教演之實。似應均令統轄大員斟酌定規，嚴飭該管營員酌派弁目，按月出巡，輪流查點，操演技藝，教習營規，務令各汛塘兵俱各諳練嫻熟，方于岩疆重地，防範有裨。等因。奉硃批諭旨："與督、提商酌。欽此。"又准甘提臣宋可進咨商前來。

臣查安設塘房墩鋪，專司巡緝奸宄、盤查匪類、寧輯地方，其塘汛兵丁所習弓箭、鳥槍、器械，例應隨時操演，而設管弁員，例應勤加查閲，此係一定之營制，亦屬武職大員分内應辦之事。臣因邊汛關重，防範宜嚴，節次移行各提鎮，嚴飭各塘汛加謹巡防，將應設塘鋪，飭令地方官，按數修整完備，使各兵携帶家小，分住汛地，以專責成。又因軍興之際，差務殷繁，軍需餉鞘、軍裝等類，往來如織。塘汛巡查，尤宜慎重。復屢次嚴行通飭，不時差查在案。

至甘提臣宋可進，整理營務，重念邊塘，歷歷差查，更爲詳慎。兹寧夏鎮臣李繩武奏請定爲章程，令設管營員，酌派弁目，按月出巡，輪流查點，則邊營塘汛，益能整齊嚴密，實于汛防有益。臣復移行各提鎮，通飭所屬，一體遵照。均令各營酌派弁目，按月巡查一遍，驗其兵丁果否足額，器械果否鮮明，弓箭、鳥槍果否嫻熟，塘房、烟墩有無破損，務令加意巡緝，實力操演，使地方寧謐、邊防嚴謹，以收實效。如有技藝生疏、汛防懈怠者，即嚴加責革。如有弁目徇隱不報，以及該管營員怠玩疏忽者，即指名參處。仍令陝甘提臣隨時委員查察，稽其勤惰，以定勸懲。庶塘汛益覺森嚴，而兵丁皆爲精練矣。除再行通飭外，所有遵旨商酌辦理緣由，臣謹會同甘提臣宋可進繕摺奏聞，伏祈皇上睿鑒。爲此謹奏。

雍正十年二月二十七日具。

【《雍正朝漢文硃批奏摺匯編》第 21 册，第 945 頁第 767 條】

署陝西總督查郎阿等奏陳遵旨商酌寧夏柴湖茅草似應仍歸鎮臣李繩武經收摺

雍正十年二月二十七日

臣查郎阿、許容謹奏：爲奏明事。

竊查寧夏向有柴湖十處，每年收割茅草、蘆葦、蒲柴，以爲鎮臣衙門添喂馬匹及炊爨之用，歷來已久。經鎮臣李繩武繕摺奏請，仰懇天恩賞給，欽奉硃批諭旨："與督撫商酌。既任伊等打獲柴草，復懇朕賞給，朕實不解汝所奏，亦不詳從來何因、從何批諭。欽此。"鎮臣李繩武欽遵備録原摺咨呈前來，臣等隨備細行查去後。

兹據寧夏道鄂昌詳稱，查柴湖十座，内二座坐落寧夏縣地方，八座坐落寧朔縣地方。各湖所出柴草，水足之年，約計可割二萬四五千束不等；水少之年，約計可割一萬四五千束不等。皆係寧夏鎮衙門采取，其起自何年，并無案卷可查。内除隸寧夏縣之塔下湖、黑渠湖二座，暨隸寧朔縣膠泥湖一座，向未起科，其餘七座，每年在寧朔縣完納正項糧銀一十五兩八錢二分有零，耗羨銀三兩一錢六分零，正項、耗羨共銀一十八兩九錢八分有零。與民田渠道并無妨礙。今可否仍歸寧夏鎮衙門采取輸賦，應候裁奪。惟是向未起科之塔下等三湖，似應照例升科銀六兩一錢五分，耗羡亦按數徵收，統于壬子[①]年起科，歸入地丁項下，一體奏銷。

再，查各湖内不無淤漲之處，應令就近居民開墾，俟有成效，按年起科。等情。臣等復查李繩武原奏内稱，按年交地丁、火耗等銀一十九兩二錢七分有零。今據查明，每年納銀一十捌兩九錢八分零，數目互异。復經批查去後。兹據鄂昌詳稱，正項攤丁耗羡，共銀一十八兩九錢八分零，係節年完納之確數，其原奏數目，據寧夏鎮覆稱，查聞原委實未確核，自應以現在納銀之數爲憑，理合報明。等情。

據此，臣等伏查此項柴湖，既係鎮臣衙門完納錢糧，歷有年所，其茅草、蘆葦、蒲柴，似應仍歸鎮臣經收，以供喂馬及炊爨之用。其未起科之三湖，雖應科之銀甚屬微細，然身爲鎮臣，不便隱漏正賦，自應一例起科。至于湖旁如有淤漲之地，近水膏沃，地利頗饒，未便弃爲曠土。凡可以開墾者，應令就近居民報墾，照例按年陞科。其不可開墾者，仍聽鎮臣衙門收割柴薪，庶地無弃利。緣奉諭旨，令與臣等商酌事理，臣等謹會摺恭奏，伏祈皇上睿鑒。爲此謹奏請旨。

雍正十年二月二十七日具。

【《雍正朝漢文硃批奏摺匯編》第21册，第948頁第769條】

欽差督理寧查漢托護工務通智等奏報遵將渠工存庫銀兩等交寧夏道牧管摺

雍正十年三月初二日

臣通智、臣史在甲謹奏：爲欽奉上諭事。

①壬子：雍正十年（1732）。

雍正十年二月二十三日，准甘肅巡撫臣許容咨開。雍正十年二月十六日，准吏部咨。雍正十年正月二十日，内閣交出奉上諭："寧夏爲甘省要地，渠工乃水利攸關，萬姓資生之策，莫先于此，是以朕特遣大臣督率官員等開浚惠農、昌潤二渠，又命修理大清、漢、唐三渠，以溥萬民之利。年來惠、昌二渠及唐渠工程漸次告竣，于民田大有裨益。其大清渠、漢渠雖未竣工，然聞連年加謹堵疊、極力挑浚，水澤已可敷用。不過湃岸閘座有應行修補之處，可以從容經理，非比唐渠之必應及時速成也。目今甘省軍興之際，挽運兵糧，正需車輛，若因修理渠工，有欽差官員在彼催趕工程，又復雇車運送物料，恐小民承應公事，力難兼顧，有誤春耕，所當酌量變通，以體恤民隱者。查寧夏有專司水利之同知，著將未竣之渠工，交與該員，照通智、史在甲等所料估之處，于每歲春工内，分年陸續修理。再，令寧夏道鄂昌勤加督率，不時稽查，務期工程堅固，利濟有資，使民田永沾膏澤。通智、史在甲將各件與鄂昌交代清楚，即行回京。其在工效力之文武官弁，交與該署督查郎阿，計其在工之久暫，訪其奉職之勤惰，量其辦事之能否，應留陝題補委用者，留陝題補委用，應咨部請旨者，咨部請旨，應發回本地者，發回本地。其現任武弁及兵丁等派撥渠工效力者，俱令各歸營汛。在工夫役等，交與鄂昌，將附近者，令歸南畝，遠來者，酌量遣回。特諭。欽此。"爲此合咨前去，欽遵查照施行。等因。准此，相應移咨，煩請查照部文内奉上諭事理欽遵施行。等因。到臣等工所。

臣等伏讀上諭，仰見我皇上愛養民生之意，有加無已。所有修理大清渠、漢渠需用各項物料，臣等于上冬農閑之時，陸續采辦十之八九。至唐渠未完石工，俟修理漢渠之時，帶爲修補。等因。臣等已經具奏在案。所用石塊、石灰等料，上冬亦已采運齊全。今奉上諭，未竣渠工，交于水利同知，于每歲春工内，分年陸續修理。并令臣等將各件，與寧夏道鄂昌交代清楚，即行回京。臣等欽遵諭旨，將存庫銀兩，并各工堆貯物料，交于寧夏道收管。令經手各員造册申送，臣等彙造交代清册，行知寧夏道，并移咨督撫，送部查核外，查臣等所辦惠農、昌潤二渠，新渠、寶豐兩縣城工，以及西河、長堤、賀蘭山後定遠營城工，修浚唐渠，八項工程，俱已全竣。所有采辦物料、雇覓人夫，用過銀兩項款甚多，在工效力之文武官弁，俱有經手錢糧之責。現在逐件清查銷算，俟圖册造完之日，臣等即欽遵諭旨，赴京具奏，恭呈御覽，將應咨送文武官弁，移交署督臣查郎阿。其現任武弁及兵丁等，派撥渠工效力者，臣等遵旨，現在移咨寧夏總兵官臣李繩武，令其各歸營汛訖。至今春，尚未動工，并無在工夫役，合并聲明。爲此繕摺具奏，仰祈皇上睿鑒施行。謹奏。

雍正十年三月初二日。

覽。

【《雍正朝漢文硃批奏摺匯編》第21册，第959頁第780條】

欽差督理寧查漢托護工務通智等奏請將在渠工著有勞績官弁各賞銀三十兩摺

雍正十年三月初二日

臣通智、臣史在甲謹奏：爲恭請天恩事。

竊臣等奉旨辦理查漢托護渠工事務，荷蒙聖恩，揀選候補道、府、州、縣等官，并候推守備、千把，功加武舉等弁，到工效力，渠工告竣，該官弁等情願接辦城工。雍正八年，奉旨修理三渠，又復具呈，情願效力，在工六載，實心辦事，不辭勞瘁。今仰賴皇上天福，惠、昌二渠，水勢充足，新、寶兩縣，安插萬户，永沐鴻恩。此等工務，雖係臣等朝夕督率，皆衆官弁竭力辦理之所致也。其第二次揀選文武官弁到工，雖止一年，亦皆踴躍從事。荷蒙聖恩，文員每月賞給月費銀五兩，武弁每月賞給月費銀四兩。天恩高厚，莫不感激無地。所有惠農、昌潤二渠，新渠、寶豐二城，長堤、西河、賀蘭山後定遠營城工，并修浚唐渠，八項工程，俱已全竣。欽奉諭旨："在工效力文武官弁，交于署督查郎阿，計其在工之久暫，訪其奉職之勤惰，量其辦事之能否，應留陝題補委用者，留陝題補委用，應咨部請旨者，咨部請旨，應發回本地者，發回本地。欽此欽遵。"臣等將開銷錢糧清册查造完日，即行咨送。但各員弁在工數載，所給月費僅資日用，今自寧至肅，長途路費，實難措辦。且陝、甘二省辦理軍需，候補員多，開缺甚少，必需守候。臣等深悉其艱，不敢不據實具奏。懇祈皇上天恩，憐其辦工著有勞績，可否于餘平銀兩内，每人酌賞給銀三十兩。弘恩出自聖裁，爲此繕摺具奏，仰祈皇上睿鑒施行。謹奏。

雍正十年三月初二日。

是。應賞與者。

【《雍正朝漢文硃批奏摺匯編》第 21 册，第 961 頁第 781 條】

蘭州巡撫許容奏報各處民情踴躍糧運無誤情形摺

雍正十年三月初九日

蘭州巡撫臣許容謹奏：爲撥運料豆事。

臣前准户部咨，内大臣英誠公豐勝額等議覆，署督臣查郎阿等奏，撥豌豆二萬五千石運肅，預期備辦。令臣查明各屬倉貯多寡，酌量分派。或附近可以采買，即照時價購買運送。等因。雍正九年十二月二十一日，奉旨："依議。欽此。"行文到臣。臣以駝隻分派肅、高兩處，肅州已有運到之豆，而高臺則路過截留。且凉、甘、肅，于酌議采買案内，買有豌豆二萬石，尤可就近撥供，無虞缺乏。又以各屬正在辦運米、麵，存凉之豆，正在運肅。擬俟臨、鞏、秦各府州米、麵將竣，再爲派運。節經奏聞，兩奉廷議，令臣酌量派運，并令俟存涼豆運完日，即將續撥豆石挽運肅州備用。等因。先後接准部咨在案。

今存涼豆一萬九千六百二十八石，百姓争先接遞，已經起發全完。而續撥豆石，又准副都御史孔毓璞移催，自應恪遵廷議，酌量即撥。查臨、鞏米麵方興，礙難再派，則惟于甘、涼現有料豆，就近撥供，足以濟軍需而便民力。臣查酌議采買案内，甘州有存剩豌豆八千石，涼州有存剩豌豆二千七百二十九石一斗五升。再，拴馬案内，甘州估至今歲四月底，止有存剩豌豆五千三百六十五石七斗六升，均可派撥，尚少豆八千九百五石九升。查涼州預備供支湖廣官兵料豆，因兵馬到遲，采買富餘，在于此内凑撥，以足京斗豌豆二萬五千石之數。其應需口袋，即將肅州存貯舊袋，由所車遞，發該府裝盛，無庸製備，以滋糜費。臣隨咨商查郎阿、二格、孔毓璞等，已准以所議妥協咨覆，當即行司飭發脚價，并飭各該府遵照挽運所有，就近撥運料豆緣由，理合繕摺恭奏，伏祈皇上敕交軍需大人查核存案，以便將來報銷。

再，查涼州以西，現在遵奉廷議，安設臺站，查郎阿檄委署臨洮道李元前往分安，臣亦飭其作速辦理，并飭涼、甘、肅道、府、州會同料理妥協。其各處派定糧運，寧夏粟米二萬石已經到，涼、涇、秦粟米二萬八千四百二十七石已大半到，蘭、臨、鞏麵四百五十五萬斤，亦正在起運。其寧夏到涼粟米，百姓以臺站尚在安設，乘空先爲轉運，俟臺站一定，凡涼州以東運到米、麵，同僻地直運涼州之米，俱遵奉廷議，交與臺站遞運肅州。所有各處民情踴躍，糧運無誤情形，合并奏聞，臣謹奏。

雍正十年三月初九日。

【《雍正朝漢文硃批奏摺匯編》第21册，第996頁第811條】

陝西提督樊廷奏報屬地雨雪情形摺

雍正十年四月初一日

提督陝西固原總兵官臣樊廷謹奏：爲恭報臣屬雨雪，仰祈睿鑒事。

欽惟我皇上敬天勤民，重農貴本。各直省雨雪，再廑宸衷。今臣因屬地方自上年玖拾冬月至今春正貳叁月，雨雪頻仍，甚爲沾足。冬春根苗茂盛，春種麥、豆先時，城鄉田野，靡不舉手加額，預慶豐年。目前米糧時價，類稱平和，所有雨雪情形，理合具奏，伏祈皇上睿鑒。爲此謹奏。

雍正拾年肆月初壹日。

提督陝西固原總兵官臣樊廷。

以手加額，覽焉。

【《雍正朝漢文硃批奏摺匯編》第22册，第80頁第77條】

陝西提督樊廷奏請陛見摺

雍正十年四月初一日

提督陝西固原總兵官臣樊廷謹奏：爲再陳下悃，恭懇主恩，准臣趨赴闕廷，跪聆聖訓，以便出口料理兵馬、少盡臣心事。

竊臣于雍正玖年拾壹月初貳日，接到臣恭請陛見奏摺，奉硃批："且不必。候旨再來。欽此。"臣理應欽遵祇候，曷敢復爲瀆陳。但自冬及春，已將半載，不惟戀主愚誠，寤寐恒殷。且今正月底，逆彝窺犯哈密一帶，被我各路官兵四面堵殺，遂復抱頭鼠竄，狼狽逃歸。雖云未得狂逞，然狡彝爲鬼爲蜮，出没不常，備禦固不可不嚴，討滅亦不宜久稽。臣每念及此，寢不貼席，食不知味。逆賊待誅之日，豈臣子休息之時。況臣之蒙恩休息者，已八九月矣，早作夜思，何如速請方略，迅赴軍營，仰仗天威，滅此朝食。享太平雨沐，休養者爲日甚長。且臣固屬官兵駐札軍營者，現陸十人，兵未嘗素習臣之訓練，臣不能各諳兵之性行，猝然統率臨戎，兵將不習，恐難應手。臣受殊恩，實逾常格，俯仰衾影，刻不自安，因此不避冒昧，伏祈我皇上鑒臣迫切赤誠，恩賜俞允，臣即輕騎减從，星赴彤廷，瞻覲天顔，跪聆訓旨，束裝出口，庶犬馬戀主之心，既可稍慰，而犁庭掃穴之計，亦得預辦矣。爲此恭繕奏摺，謹差臣家丁賀大慶賫捧具奏，臣可得瞻天仰聖、激切屏營待命之至。

雍正拾年肆月初壹日。

提督陝西固原總兵官臣樊廷。

軍營且不用汝，來京陛見，使得另有旨諭。

【《雍正朝漢文硃批奏摺匯編》第22册，第81頁第78條】

署陝西總督查郎阿奏請賞給寧夏滿兵禦寒衣物摺

雍正十年四月二十六日

署理陝西總督臣查郎阿謹奏：爲密摺奏聞事。

竊查巴爾庫爾出征之西安滿兵三千名、寧夏滿兵一千名，從前奉派隨征之時，俱領有恩賞銀兩，人人豐裕，莫不勇往争先，疆場效力。伊等自調撥出口，幾及兩年，冬衣等類，不無破損，應需添補者。臣又聞寧夏滿兵九百名，從前知有春天撤回寧夏之信，衹圖空身輕便，有將隨身冬夏衣服私自賣去者。今又奉文，仍留軍營，則禦寒之具，尤爲緊要。

伏查西路出師緑旗兵丁，于雍正八年間，領夏秋二季一半餉銀，添製衣、鞋等項，俱蒙聖恩賞給。又于雍正八年十一月内，經大學士公馬爾賽等議奏，每兵一名，添製老羊皮袍褂各一件、狐皮帽一頂，于陝甘司庫動軍需銀兩製造，解送軍營。又于雍正九年接奉廷議，將兵丁所需衣、襪、鞋、帽等項，商酌周到，總以齊全爲要。等因。復經添製秋帽、棉袍、棉馬褂、白布大小衫夾、套褲、棉襪、靿鞋等項，是緑旗兵丁等業經節次添補齊全，而各標營中尚有在本營添製馱送軍營者。至于滿洲兵丁，并未見有委員進口製辦。

查上年奉旨製造皮袍、皮褂五千件，狐皮帽五千頂，内遵旨撥給調駐西寧之四川兵丁皮袍褂二千套、皮帽二千頂，尚存皮袍褂三千套、皮帽三千頂，現在莊浪存貯，即再于蘭州添製皮衣一千套、皮帽一千頂，亦易于備辦。伏念我皇上軫念征兵，體恤備至，倘蒙聖恩賞給，則西安、寧夏滿兵各得添補齊全，禦寒足用矣。臣荷蒙聖主知遇之恩，有加無已。今身在邊陲，凡有見聞，自當密行奏聞。惟是此等事件，必使塞外征兵，咸知出自聖主特恩，則伊等感戴益深，勇力加備。仰懇我皇上俯鑒愚忱，不以臣之所奏宣示于外，特頒諭旨，欽遵辦理，俾軍營統兵大臣得以宣布皇仁，鼓勵衆志，則于軍營大有裨益矣。臣謹繕摺密奏，伏祈皇上睿鑒。爲此謹奏。

雍正十年四月二十六日具。

【《雍正朝漢文硃批奏摺匯編》第22册，第209頁第196條】

陝西寧夏總兵李繩武奏謝恩准賞給寧夏築明草束以供喂馬炊爨并繳硃批摺

雍正十年五月初一日

鎮守陝西寧夏總兵官臣李繩武奏：爲恭謝天恩事。

雍正拾年肆月貳拾捌日，承准署陝西總督臣查朗阿照會，爲奏明事，准户部咨，内開：交出大學士鄂爾泰等奏稱，據署陝西總督查朗阿等奏稱，寧夏鎮臣李繩武摺奏，寧夏柴湖拾處，每年收割草束，以爲鎮臣衙門喂馬、炊爨之用，歷年已久，仰懇賞給。等情。奉旨："與督撫商酌。欽此。"臣查此臣柴湖内糧，寧夏之塔下湖、黑渠湖暨寧朔縣之膠泥湖，向未起科，其餘柒座，每年係鎮臣衙門在寧朔縣完納錢糧。其未起科之塔下等叁湖，應照例科銀陸兩壹錢伍分，統于壬子年起科，其茅草、蘆葦、蒲柴，俱應仍歸鎮臣經收供用。至湖旁如有淤漲之地可以開墾，應令就近居民報墾，照例陞科。等語。應如所請，將柒湖拾處仍歸寧夏鎮衙門經收完糧，其未經起科之塔下等叁湖，應照例科糧按數徵收，統于雍正拾年起科，歸入地丁項下奏請。至湖旁如有可墾之地，應令查朗阿查明，曉諭就近居民報墾，照例按年陞科。其不可開墾之處，仍聽鎮臣衙門割草備用可也。雍正拾年叁月拾壹日，奉旨："依議。欽此。"等因。照會該鎮欽遵施行。等因。到臣。

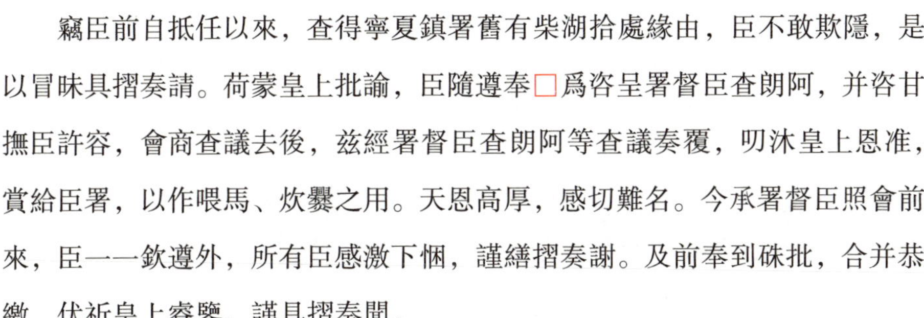

竊臣前自抵任以來，查得寧夏鎮署舊有柴湖拾處緣由，臣不敢欺隱，是以冒昧具摺奏請。荷蒙皇上批諭，臣隨遵奉□爲咨呈署督臣查朗阿，并咨甘撫臣許容，會商查議去後，玆經署督臣查朗阿等查議奏覆，叨沐皇上恩准，賞給臣署，以作喂馬、炊爨之用。天恩高厚，感切難名。今承署督臣照會前來，臣一一欽遵外，所有臣感激下悃，謹繕摺奏謝。及前奉到硃批，合并恭繳，伏祈皇上睿鑒。謹具摺奏聞。

雍正拾年伍月初拾日。

覽。

【《雍正朝漢文硃批奏摺匯編》第22册，第266頁第242條】

諭軍機大臣等著查郎阿等添製皮衣皮帽賞給出征之西安寧夏滿洲兵丁

雍正十年五月十二日

雍正十年五月戊辰諭："辦理軍機大臣等，巴爾庫爾出征之西安滿洲兵三千名、寧夏兵一千名出口已將二年[①]，冬衣不無敝損，應行加恩添補。查莊浪現有存貯皮袍褂三千套，皮帽三千頂，著署督查郎阿、巡撫許容再于蘭州添製皮衣一千套、皮帽一千頂，俱于秋間解送軍營，賞給西安、寧夏滿洲兵，以示朕格外加恩之至意。”

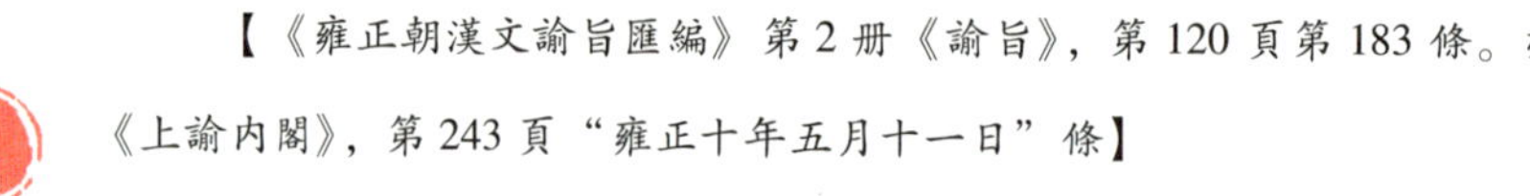
【《雍正朝漢文諭旨匯編》第2册《諭旨》，第120頁第183條。亦見同書第8册《上諭内閣》，第243頁“雍正十年五月十一日”條】

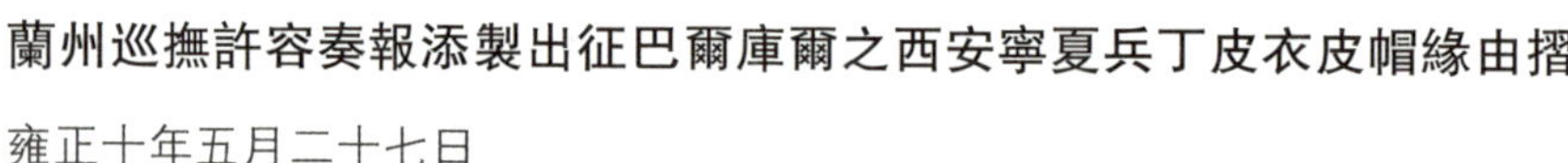
蘭州巡撫許容奏報添製出征巴爾庫爾之西安寧夏兵丁皮衣皮帽緣由摺

雍正十年五月二十七日

蘭州巡撫臣許容謹奏：爲奏明添製皮衣、皮帽事。

雍正十年五月二十日，准户部咨，爲欽奉上諭事。雍正十年五月初十日，内閣抄出，奉上諭：“巴爾庫爾出征之西安滿洲兵三千名、寧夏兵一千名，出口已將二年，冬衣不無敝損，應行加恩添補。查莊浪現有存貯皮袍褂三千套、皮帽三千頂，著署督查郎阿、巡撫許容，再于蘭州添製皮衣一千套、皮帽一千頂，俱于秋間解送軍營，賞給西安、寧夏滿兵，以示朕格外加恩之至意。特諭。欽此欽遵。”行文到臣。除咨會署督臣查郎阿外，臣查時值仲夏，正收熟皮張之時，隨行署布政司趙挺元速議辦理。

當據詳稱，從前製造皮衣、皮帽，係分派蘭州、河州、西寧、寧夏、凉州、鞏昌等處公辦，以各處報銷價值核算。寧夏、凉州、鞏昌每皮衣一套、皮帽一頂，俱在四兩以外，蘭州、河州、西寧，每皮衣一套、皮帽一頂，總在四兩以内。今添製爲數無多，應令蘭州、河州、西寧三處辦理。已酌定蘭州分辦皮衣三百五十套、皮帽三百五十頂，河州分辦皮衣三百五十套、皮帽

---

①二年：原作“十年”，據《雍正朝漢文硃批奏摺彙編》第22册第320條、《雍正朝漢文諭旨匯編》第2册《諭旨》第183條、第8册《上諭内閣》“雍正十年五月十一日”條等改。

三百五十頂，西寧分辦皮衣三百套、皮帽三百頂。各令據實請領軍需銀兩製造，務于六月内解到肅州，以便依期轉解軍營。等語。臣查所議妥協，業經批令，轉飭遵辦。

再，查前製皮衣、皮帽所需包裹什物，每五百斤，給銀三兩二錢四分五厘，在于公項内動支報銷，今次需用包裹，亦應照例給發，俟運送完竣，核實銷算。所有添製皮衣、皮帽緣由，理合繕摺奏明，伏祈皇上敕交辦理軍需大人查核，存案飭知，以便將來報銷。爲此謹奏。

雍正十年五月二十七日。

【《雍正朝漢文硃批奏摺匯編》第22冊，第364頁第320條。亦見《雍正朝漢文諭旨匯編》第2冊《諭旨》，第120頁第183條；第8冊《上諭内閣》，第243頁“雍正十年五月十一日”條】

諭内閣著給與固原提督樊廷應得封典

雍正十年閏五月十二日

雍正十年閏五月十二日，内閣奉上諭：“固原提督樊廷，著照提督品級，給與應得封典。欽此。”

【《雍正朝漢文諭旨匯編》第2冊《諭旨》，第125頁第191條】

陝西提督樊廷奏請准將熟悉地理軍務之武弁九員馬兵百名帶赴軍營等情摺

雍正十年閏五月十九日

提督陝西固原總兵官臣樊廷謹奏：爲叩懇聖恩事。

竊臣荷蒙皇上天恩，准臣出口，隨師進剿，臣聞命踴躍，歡忻無既。伏

思口外地方領兵差遣，必須熟悉地理、歷練軍務之員，方克有濟。查上年隨師戰陣回營見隨臣來京之固屬盩厔營把總、署慶陽營千總王忠，延綏鎮標中營把總馬進，陝提標經制外委千總、委署蘆溝堡守備馬天龍，并在本營之陝提標經制外委把總、委署盩厔營守備張玉成，隨征外委把總、委署提標前營守備王選仁，甘州提標千總文君甫，肅州鎮標經制外委千總馬奇，俱各年力精壯，諳練戎務，熟悉地理，于軍營領兵差遣，實屬有益。再，見署鄜州營守備王福教演藤牌，堪稱熟練，軍營教習甚爲緊要。陝提標後營把總、委署前營千總江機，熟練營務，頗堪驅策。又，臣于臣標新舊馬兵内，挑選年力精壯、膽氣超衆者壹百名，并前項守備、千把玖員，叩懇聖恩，准臣帶赴軍營，隨師行走。如蒙俞允，請將委署守備之外委千把馬天龍、張玉成、王選仁、馬奇肆弁口糧、鹽菜等項，可否准照見任千把總支領。弘恩出自聖裁。臣謹繕摺奏請，伏祈皇上睿鑒施行。謹奏。

雍正拾年閏伍月拾玖日。

提督陝西固原總兵官臣樊廷。

雍正十年閏五月十九日，奉旨："提督樊廷奏請帶往軍營之武弁九員、馬兵一百名，俱照所請，准其帶往。其所請口糧、鹽菜等項，亦著照所請支領。再，從前出征之弁兵等，俱有賞給俸薪銀兩之例，此次樊廷所帶之弁兵，著署督查郎阿等遵照舊便，一體賞給。欽此。"

【《雍正朝漢文硃批奏摺匯編》第22册，第536頁第448條】

陝西提督樊廷奏請將固原兵丁製造盔甲銀兩作正開銷摺

雍正十年閏五月十九日

提督陝西固原總兵官臣樊廷謹奏：爲叩懇聖裁事。

竊臣卷查雍正柒年内，固原奉文召募新兵，除分給所屬各協營外，提標共添馬步守兵捌百肆拾陸名，應製鐵棉盔甲捌百肆拾陸頂副。時值軍興，事關重務，急公趨事，文武同心。藩司詳請于前署督臣批行于後，營員具領核挂，到司借領庫銀。當時開局，查馬步肆百名，製成鐵盔甲肆百頂副，每頂副領銀叁兩貳錢，共領銀壹千貳百捌拾兩。步守兵肆百肆拾陸名，製成棉盔甲肆百肆拾陸頂副，每頂副領銀壹兩陸錢伍分，共領銀柒百叁拾伍兩玖錢。以上貳項，共銀貳千零壹拾伍兩玖錢。出之公帑，有此實在數目，已成軍器，有此實在盔甲，在督臣公忠體國，慎重錢糧，檄飭暫停，且聽後示。乃營員奉到之日，已全局將竣之時，而藩司奉行分季扣還者，仍是新兵月餉，此雍正捌年間事也。臣雖到任在後，然翻查舊案，詳考始末，盔甲見爲征防之公用，錢糧尚懸新兵之本餉，殊非我皇上優渥征人、體恤寒卒之至意。但經費攸關，弘恩出自聖裁。臣謹繕摺奏聞，伏祈睿鑒施行。謹奏。

雍正拾年閏伍月拾玖日，提督陝西、固原總後官臣樊廷。

雍正十年閏五月十九日，奉旨："提督樊廷所奏固原兵丁製造盔甲銀兩，俱准作正開銷。欽此。"

【《雍正朝漢文硃批奏摺匯編》第 22 册，第 537 頁第 449 條】

諭内閣著將工部尚書馬臘革退以武格補授等官員任事

雍正十年七月初一日

雍正十年七月初一日，内閣奉上諭："馬臘部務，全然不曉，辦理該旗事件，昏憒率意，著革退。其尚書員缺，著武格補授。托特調補左侍郎，覺和托補授刑部右侍郎，仍著協理旗務。正紅旗都統員缺，著傅泰補授，仍署理寧夏將軍印務。其都統印務，著世子熙良署理。長有，著補授户部右侍郎，仍兼理副都統任。欽此。"

【《雍正朝漢文諭旨匯編》第 2 册《諭旨》，第 128 頁第 200 條。亦見同書第 3 册

《無年月硃諭》，第 6 頁第 20 條】

署陝西總督查郎阿奏議動支米麥顧濟王葛勒克牙木鄙爾公托木克等屬下蒙人摺

雍正十年七月初四日

署理陝西總督臣查郎阿謹奏：爲遵旨議奏事。

竊查王葛勒克牙木鄙爾、公托木克屬下人等，重荷聖恩，賞給銀兩、牲畜，以爲産業，其未經孳生之先，令臣飭令寧夏官員，將一年吃食口糧并炒麵、茶葉等物料理賞給。等因。臣接到廷議，奉旨欽遵，隨即飭行寧夏鎮道等官，刻速料理，製辦運送在案。嗣據寧夏道鄂昌詳稱，王葛勒克牙木鄙爾、公托木克等所需一年之米、麵、茶封等項，一面飭行寧夏府將米、麵刻期備辦，將茶封詳請于莊浪廳庫貯茶封内撥解，一面移查大小人口確數，以便分别估辦。仍移辦理彝漢事務郎中卓鼐會同寧夏鎮派撥通事兵丁前赴古爾班賽堪踏看道路，即便起運。今准卓鼐移稱，准郎中偏圖、侍衛常明等咨稱，奉理藩院來文，内開：大學士伯鄂爾泰等奏，爲請旨事。據郎中偏圖等報稱，王葛勒克牙木鄙爾、公托木克俱在古爾班賽堪等處住牧，伊等呈稱“若令在賀蘭山哈魯納住牧，于支取米、麵、茶封甚近，我們度日，甚屬有益”等語。查賀蘭山，原係額駙阿寶旗下人等居住，若將喀爾喀等俱令在賀蘭山後住牧，其地方狹窄，不能容留如許人衆，應將賀蘭山地方存留，令在哈魯納等處地方住牧。偏圖等又呈稱，巴濟旗下濟克濟扎布屬下人六户共二十八口，現今在古爾班賽堪地方，與人家雇工度日，應歸與何扎薩克之處，亦請裁示。等語。

查台吉濟克濟扎布，應行文與偏圖等，令其與王葛勒克牙木鄙爾公同明白訊問，若情願歸并喀爾喀何扎薩克旗下，即交與該扎薩克加謹管束住牧，勿令其走失。仍行文與署督查郎阿酌量料理，給與伊等産業牲畜可也。奉旨："依議。欽此欽遵。"今會同王葛勒克牙木鄙爾等台吉濟克濟扎布屬下人二十八名口傳唤訊問，伊等情願在王葛勒克牙木鄙爾旗下居住。等語。已將伊等歸并居住訖。查台吉濟克濟扎布屬下二十八名口，内大口一十八名口，小口十名，應作何料理，給與産業、牲畜之處，煩轉呈總督知照。等因。相應備録呈報。等情。臣隨飭令將台吉濟克濟扎布并屬下人二十八名口，俱照王葛勒克牙木鄙爾户下人等之例應需口糧、牛、羊等項，作速辦理供支在案。

今又據鄂昌詳稱，准郎中卓鼐咨，准郎中偏圖等清咨，内開：據王葛勒克牙木鄙爾、公托木克等各呈稱，古爾班賽堪地方亢旱，缺乏水草，牲畜甚是疲瘦，暫且不能那移哈魯納，懇將米、麵、茶封等物作速運送前來，方可接濟。等語。查今年口外雨水缺少，牲畜疲瘦，蒙古等暫且不能移至哈魯納是實。等因。轉移前來。查王葛勒克牙木鄙爾、公托木克等原稱在哈魯納等處住牧，于支取米、麵、茶封甚近。既奉廷議，准其在哈魯納等處住牧。今若將米、麵、茶封仍運至古爾班賽堪，不特與就近支取之原議有違，且距寧二千餘里，運送脚價繁重，徒滋糜費。目下賀蘭山後，大沛甘霖，青草茂盛，可資馬匹飽騰，相應詳請，飭令伊等那至哈魯納地方支取。等情。呈詳到臣。

臣查王葛勒克牙木鄙爾、公托木克等，係奉旨，准令在哈魯納等處住牧，但既據呈稱，牲畜疲瘦，暫且不能那移，而口食缺乏，急需接濟。等語。若必欲令其移至哈魯納地方就近支取，誠恐伊等牲畜甚疲，多未稱便，自應仰體聖主柔遠深仁，酌量先爲顧濟，隨飛飭寧夏道鄂昌轉飭地方官，動支兩個月之米、麵、茶封，刻速運至古爾班賽堪，以資蒙古等口食之用，不致缺乏。但查哈魯納離寧夏甚近，若運古爾班賽堪，遠去二千餘里，運價不無糜費。且原議本係哈魯納住牧，今除已運兩月之外，其餘應運十個月之米、麵、茶封，可否俟伊等移至哈魯納之後，再照數補運，抑或全運至古爾班賽堪之處。臣未敢擅便，伏候訓旨遵行，謹繕摺恭奏，伏祈皇上睿鑒。爲此謹奏請旨。

雍正十年七月初四日具。

【《雍正朝漢文硃批奏摺匯編》第22册，第898頁第685條】

甘肅巡撫許容揭報縣官丁憂

雍正十年七月六日

【注】

巡撫甘肅寧夏臨、鞏等處地方贊理軍務兼理[①]茶馬、都察院右副都御史、加五級紀録一次許：爲聞訃丁艱事。

雍正拾年陸月貳拾捌日，據署甘肅布政司事按察使、仍留西安驛傳道任趙挺元呈，准寧夏道參政鄂昌移，據寧夏府知府鈕廷彩申，據署平羅縣知縣吴瑗申：雍正拾年陸月初貳日，准原任平羅縣知縣楊振麟移稱，竊照敝縣原籍四川直隸瀘州江安縣人，由康熙肆拾肆年中式，乙酉[②]科舉人。丙戌[③]科揀選知縣，于雍正元年截取赴部，于雍正叁年玖月内引見，發往陝西補用。于雍正叁年拾貳月内，蒙川陝總督岳部院在于遵旨請補官員事案内，簽掣平羅縣缺，于雍正肆年貳月初捌日到任。于雍正柒年伍月初柒日聞訃，丁父晋憂，蒙撫憲題留在任守制。于雍正拾年春間染患痰症，調治不愈，于肆月初壹日詳請休致，于本年伍月拾伍日離任。今不幸親母劉氏于雍正拾年肆月貳拾貳日戌時在籍病故，于閏伍月貳拾陸日聞訃，取有原籍地方官印甘結前

①兼理：此二字原漫漶不清，據前後文補。
②乙酉：康熙四十四年（1705）。
③丙戌：康熙四十五年（1706）。

來。例應報明丁艱，煩爲查照轉詳。等情。到縣。申報到府，轉報到道，牒移到司。准此，查原任平羅縣知縣楊振麟，係前經本署司詳，蒙題請告病離任之員，然尚未奉有部覆。該員現在平羅，未經起程回籍。兹准該道、府移報，該員丁親母劉氏憂，聞訃日期并送原籍印、甘結前來，相應轉呈會題。等情。呈詳到臣。

該臣看得，原任平羅縣知縣楊振麟，前因染患痰症，手足麻木，不能供職，經臣題請照例准其回籍調理。現候部覆，尚未起程。兹據署布政司趙挺元詳稱，該員親母劉氏于雍正拾年肆月貳拾貳日，在原籍四川江安縣病故。該員于本年閏伍月貳拾陸日在平羅聞訃，例應丁憂。等情。并取具原籍地方官印、甘各結，呈賫前來。除印甘結送部外，所有楊振麟丁憂日期，臣謹會同署督臣查郎阿合詞題報，伏祈皇上敕部施行。爲此除具題外，理合具揭。須至揭帖者。

雍正拾年柒月初陸日。

【注】此前有闕幅。

【《明清檔案》A53—4，B30021—B30022】

諭内閣著將甘肅布政使諾穆圖解任等官員任用事

雍正十年七月初八日

雍正十年七月初八日，内閣奉上諭："諾穆圖原係司員，朕加特恩擢用至甘肅布政使，乃伊自陞任以來，所奏事件，多屬孟浪。近日聞其居官行事甚不檢點，是朕待伊父子格外之恩，伊心竟不知感，不可令居甘肅蕃司之職。諾穆圖，著解任，與殷扎納一同辦理柴達木事務。甘肅布政使員缺，著寧夏道鄂昌補授，其諾穆圖所辦事務，悉交與鄂昌辦理。寧夏道員缺，著御史兼内閣侍讀常保補授。内閣侍讀員缺，著中書雅爾哈善補授。欽此。"

【《雍正朝漢文諭旨匯編》第 2 册《諭旨》，第 129 頁第 203 條】

諭内閣著寧夏西安官員迎候鄂爾泰等情

雍正十年七月十五日

雍正十年七月十五日，内閣奉上諭："命大學士鄂爾泰前赴肅州，計議軍務。于七月二十五日，由京師馳驛起程。署將軍傅泰，著即在寧夏等候。西安將軍秦布侍郎，著巡撫事務。馬爾泰，著于八月内到肅等候，大學士有面傳之諭旨。秦布起身時，將軍印務，著侍郎杭奕禄暫行署理。欽此。"

【《雍正朝漢文諭旨匯編》第 2 册《諭旨》，第 133 頁第 214 條】

諭内閣著杭奕禄由西安前赴寧夏等候鄂爾泰面傳諭旨

雍正十年七月二十三日

雍正十年七月二十三日，内閣奉上諭："朕命大學士鄂爾泰赴肅，計議軍務，路經寧夏，著侍郎杭奕禄由西安前赴寧夏等候，大學士有面傳之諭旨。杭奕禄在西安所辦理軍需事件，著内閣學士德齡前赴西安協同史貽直辦理。欽此。"

【《雍正朝漢文諭旨匯編》第 2 册《諭旨》，第 139 頁第 231 條】

甘肅布政使鄂昌奏覆新任寧夏道到日即將渠工事宜及物料銀錢交付明白摺

雍正十年八月初一日

甘肅布政使臣鄂昌謹奏：爲欽奉上諭事。

竊臣蒙署督臣查郎阿牌開，准吏、兵、工三部咨，奉上諭：“寧夏爲甘省要地，渠工乃水利攸關，萬姓資生之策，莫先于此，是以朕特遣大臣督率官員等開浚惠農、昌潤二渠，又命修理大清、漢、唐三渠，以溥萬民之利。年來，惠、昌二渠，及唐渠工程，漸次告竣，于民田大有裨益。其大清渠、漢渠雖未竣工，然聞連年加謹堵疊，極力挑浚，水澤已可敷用。不過湃岸、閘座有應行修補之處，可以從容經理，非比唐渠之必應及時速成也。目今甘省軍興之際，挽運兵糧，正需車輛，若因修理渠工有欽差官員在彼催儹工程，又復雇車運送物料，恐小民承應公事，力難兼顧，有誤春耕，所當酌量變通，以體恤民隱者。是。

查寧夏有專司水利之同知，著將未竣之渠工，交與該員，照通智、史在甲等所料估之處，于每歲春工内，分年陸續修理。再，令寧夏道鄂昌勤加督率，不時稽查，務期工程堅固、利濟有資，使民田永沾膏澤。通智、史在甲將各件與鄂昌交代清楚，即行回京。其在工效力之文武官弁，交與該署督查郎阿，計其在工之久暫，訪其奉職之勤惰，量其辦事之能否，應留陝題補委用者，留陝題補委用，應咨部請旨者，咨部請旨，應發回本地方者，發回本地。其現任武弁及兵丁等派撥渠工效力者，俱令各歸營汛。在工夫役等，交與鄂昌，將附近者，令歸南畝，遠來者，酌量遣回。特諭。欽此。”飭行到臣。遵奉在案。

查侍郎臣通智、左副都御史臣史在甲原估計之物料，多不敷用，原勘定之工程，復另行增減，飭臣酌量采辦修理，其銀錢工價各數目，俱已交代清楚。臣現在造册，詳請督撫咨部存案。其在工夫役，俱是附近之民，已早散歸田里，各務農事。今臣荷蒙聖恩，授爲甘肅布政使，前往西寧辦理軍需。所有寧夏渠工一切事宜，并物料銀錢，俟新任寧夏道常保到日，臣逐細交付明白，令其督率水利同知，于每歲春工内，分年陸續修理，務期工程堅固，利濟有資，以仰副我皇上惠養黎元之至意。爲此具奏謹奏。

雍正拾年捌月初壹日。

好。

【《雍正朝漢文硃批奏摺匯編》第23册，第62頁第44條】

甘肅布政使鄂昌奏報寧郡夏秋作物收成長勢及小民踴躍急公情形摺

雍正十年八月初一日

甘肅布政使臣鄂昌謹奏：爲奏聞事。

竊查寧郡今歲夏田所收麥子、莞豆已得九分，秋田所種稻穀、青豆、糜子之類，現在滋長茂盛，大半成熟，足望十分收獲。兼之渠工即緩，農務愈勤，小民仰沐皇上天恩，家家衣食豐裕。凡屬轉運軍需，俱各踴躍爭先，急公努力。臣目睹情形，曷勝歡忭之至。謹奏。

雍正拾年捌月有初壹日

深慰朕懷。

【《雍正朝漢文硃批奏摺匯編》第23册，第64頁第45條】

署陝西總督查郎阿奏請隨帶同知王佩璁等五員出征摺

雍正十年八月初五日

署理陝西總督臣查郎阿謹奏：爲奏請隨帶軍營各員，仰祈聖鑒事。

竊查原任寧夏府水利同知王佩璁前在臣署辦事，業經繕摺奏聞，俟回京之日，帶領引見，奉旨："交吏部存案。欽此欽遵。"在案。又有城工效力考職州同丁菜，自上年延至署中辦事，亦經奏明，俟軍需事竣，一同帶領引見。伏查王佩璁在臣署數載，實心出力，甚屬勤勞。而丁菜在署一年，辦理勤慎。此二員者，實係敏幹練達，才識兼優，臣所深信者。因念人材難得，似此有用之才，置之閑散，深爲可惜。本擬進京時，帶領引見，據實特加保薦，仰懇聖主鑒定。今臣奉命膺兹領兵臣任，軍務關係重大，需人更殷，是以帶赴軍營辦事，庶可駕輕就熟，以收臂指之益。第王佩璁係原任同知，而丁菜止係考職州同，可否嘉其已往之勤勞，量加與獎勵，以策後效。出自聖主特恩，非臣所敢擅請者也。

抑臣更有請者。有捐職州同阮景咸者，自臣署督篆以來，即在署經管一切事宜，爲人明白，辦事小心。臣隨事驅使，誠實可信。又有功加署守備譚永芳，從前隨征青海，以軍功議叙，向在臣署專司繕寫奏摺之事，頗見詳慎。又有江南陽湖縣俊秀監生孫宗翰，爲人端謹，在臣署辦事，亦復精細實心。此三員者，應請一并帶赴軍營效力，俟凱旋之日，帶領引見。至于王佩璁、丁菜、阮景咸、譚永芳、孫宗翰等五員，俱隨臣行營内一同辦事，其員役人等口糧、鹽菜，以及整裝各項，臣即自行料理，毋庸再爲議估，合并聲明。所有隨帶各員，臣謹繕摺恭奏，伏祈皇上睿鑒。爲此謹奏請旨。

雍正十年八月初五日具。

【《雍正朝漢文硃批奏摺匯編》第23册，第117頁第82條】

署陝西總督查郎阿奏報隨帶赴往軍營效力人員

雍正十年八月五日

奏。

署理陝西總督臣查郎阿謹奏：爲奏請隨帶軍營各員，仰祈聖鑒事。

竊查原任寧夏府水利同知王佩璁前在臣署辦事，業經繕摺奏聞，俟回京之日，帶領引見，奉旨："交吏部存案。欽此欽遵。"在案。又有城工效力考職州同丁菜，自上年延至署中辦事，亦經奏明，俟軍需事竣，一同帶領引見。伏查王佩璁在臣署數載，實心出力，甚屬勤勞，而丁菜在署一年，辦理勤慎。此二員者，實係敏幹練達，才識兼優，臣所深信者。因念人材難得，似此有用之才，置之閑散，深爲可惜。本擬進京時，帶領引見，據實特加保薦，仰懇聖主鑒定。今臣奉命膺兹領兵臣任，軍務關係重大，需人更殷，是以帶赴軍營辦事，庶可駕輕就熟，以收臂指之益。第王佩璁係原任同知，而丁棻係考職州同，可否嘉其已往之勤勞，量加與奬勵，以策後效，出自聖主特恩，非臣所敢擅請者也。

抑臣更有請。所有捐職州同阮景咸者，自臣署督篆以來，即在署經管一切事宜，爲人明白，辦事小心。臣隨事驅使，誠實可信。又有功加署守備譚永芳，從前隨征青海，以軍功議叙，向在臣署專司繕寫奏摺之事，頗見詳慎。又有江南陽湖縣俊秀監生孫宗翰，爲人端謹，在臣署辦事，亦復精細實心。此三員者，應請一并帶軍營效力，俟凱旋之日，帶領引見。至于王佩璁、丁棻、阮景咸、譚永芳、孫宗翰等五員，俱隨臣往營内一同辦事。其員役人等口糧、鹽菜以及整裝各項，臣即自行料理，毋庸再爲議估。合并聲明。所有隨帶各員，臣謹繕摺恭奏，伏祈皇上睿鑒。爲此謹奏請旨。

雍正十年八月初五日具。

雍正十年八月十一日奉旨："王佩璁、丁棻、阮景咸、譚永芳、孫宗翰，俱著照署大將軍查郎阿所請帶往軍營效力，俟大兵凱旋之日，帶領引見。欽此。"

【《明清檔案》A53—25，B30141—B30142】

協辦肅州軍需二格等奏報存貯并製造皮袍褂帽全行解送巴爾庫爾軍營摺

雍正十年八月十二日

臣二格、孔毓璞謹奏：爲欽奉上諭事。

竊查前准户部咨，奉上諭："巴爾庫爾出征之西安滿洲兵三千名、寧夏兵一千名出口已將二年，冬衣不無敝損，應行加恩添補。查莊浪現有存貯皮袍褂三千套、皮帽三千頂，著署督查郎阿、巡撫許容，再于蘭州添製皮衣一千套、皮帽一千頂，俱于秋間解送軍營，賞給西安、寧夏滿兵，以示朕格外加恩之至意。特諭。欽此。”行文欽遵。隨即行令分派製造，并存貯衣帽，飭令起解在案。嗣據莊浪廳解到存貯皮袍褂三千套、皮帽三千頂。又據西寧府屬之西寧縣、碾伯縣、大通衛并蘭、河二州解到製造皮袍褂共一千套、皮帽共一千頂，于六月十七日起，至八月初六日止，陸續委員解送軍營訖。其製造價值并運送脚價銀兩，應聽甘撫臣統于軍需案内報銷外，所有存貯并製造皮袍褂共四千套，皮帽共四千頂，全行解送軍營緣由，臣等謹繕摺奏聞，伏祈皇上睿鑒。爲此謹奏。

雍正十年八月十二日具。

【《雍正朝漢文硃批奏摺匯編》第23册，第141頁第110條】

寄諭大學士鄂爾泰不宜將杭奕禄帶往軍營等情

雍正十年八月二十一日

大學士張等字寄大學士伯鄂。

雍正十年八月二十一日，奉上諭：“據大學士鄂爾泰奏稱，杭奕禄于巴爾庫爾情形軍務，頗爲明晰，伊情願前往軍營效力。情詞諄切，臣已將伊帶至肅州，與查郎阿商酌，再定去留。等語。杭奕禄爲朕深知爲人言談之間，雖似通達事情，而中無定見，表裏不能如一。祇可留于内地辦理尋常事件，尚可以。不宜命往軍營者。若軍營有用人之處，或可將傅泰帶往，而以杭奕禄署理寧夏將軍印務。著寄信與大學士鄂爾泰，令其與查郎阿酌量而行。至于軍營，現在大員甚多，若將無用之人一概留營，轉多瞻顧，于事無益。大學士鄂爾泰所奏甚是，可與查郎阿悉心商酌，分別奏明遣回。或俟查郎阿到營後，確加看定，具奏亦可。再者薩穆哈已别有差遣之處，西寧辦事，當遣馬爾泰、納延泰前去。納延泰于九月初由京起程，馬爾泰可到莊浪等候同往。欽此。”遵旨寄信前來。

【《雍正朝漢文諭旨匯編》第2册《諭旨》，第146頁第244條】

署寧遠大將軍查郎阿等奏請恩准鈕廷彩補授寧夏道及顧爾昌補授寧夏知府摺

雍正十年九月初六日

臣查郎阿、許容謹奏：爲請旨事。

竊查臨洮道員缺，臣等遴選得加銜副使道、寧夏府知府鈕廷彩，勤慎明幹，練達老成，克勝道員之任。而寧夏一應軍需，以及滿兵糧餉及渠工事宜，有寧夏道鄂昌，老成練達，在任數年，辦理熟諳，可以倚任。是以會摺奏請，將鈕廷彩署理臨洮道，以河州知州顧爾昌署理寧夏府。等因。具奏在案。今寧夏道鄂昌已奉旨，升授蘭州布政司，辦理噶斯軍需，而寧夏道員缺，奉旨以御史常保補授，是寧夏道、府俱更新任。

伏思寧夏爲臨邊衝要，且駐札滿兵，軍需、滿餉，俱關緊重，而新舊渠務，尤須諳員經理。現在賀蘭山後又有王葛勒克牙木鄙爾、公托木克等部下人衆安插駐牧，辦運口糧、吃食等項事務，更屬殷繁。前因未奉鄂昌陞任之旨，是以具奏，將鈕廷彩委署臨洮道。今若道、府俱更生手，未免諸事不能熟練，所關匪細。可否仰邀聖恩，將鈕廷彩補授寧夏道。其臨洮道一缺，管理通省驛傳，亦須熟諳之員，方能剔厘振刷。查有洮岷道吴廷偉，久任甘省，事俱諳練，實力奉公。若以之調補臨洮道，而以新補寧夏道之常保調補洮岷道，一轉移間，則寧夏可以駕輕就熟，而臨洮、洮岷俱得其人，地方軍需，均有裨益矣。至于河州知州顧爾昌，雖係加銜同知，而其才具，實堪表率州邑。寧夏一府，尤爲衝繁要缺，必得實授之員，以董僚屬而任庶務。可否并懇聖恩，准其補授寧夏府知府，則該員感戴高厚，益當淬勵，以圖報稱矣。是否可行，伏惟聖明鑒定。再，查此案前經臣查郎阿，在總督任内，會同臣許容，于七月二十三日會奏，尚未奉到諭旨。今在肅，公同商酌，不敢仍執前議，相應會同署督臣劉於義合詞恭奏，伏祈皇上睿鑒。爲此謹奏請旨。

雍正十年九月初六日具。

照該督等所請補授。該部知道。

【《雍正朝漢文硃批奏摺匯編》第23册，第249頁第199條】

（奉旨）（署寧遠大將軍）查郎阿等奏請補授道府官員

雍正十年九月十六日

奏。

臣查郎阿、許容謹奏：爲請旨事。

竊查臨洮道員缺，臣等遴選得加銜副使道寧夏府知府鈕廷彩，勤慎明幹，練達老成，克勝道員至任。而寧夏一應軍需，以及滿員糧餉及渠工事宜，有寧夏道鄂昌，老成練達，在任數年，辦理熟諳，可以倚任。是以會摺奏請，將鈕廷彩署理臨洮道，以河州知州顧爾昌署理寧夏府。等因。具奏在案。今寧夏道鄂昌已奉旨陞授蘭州布政司，辦理噶斯軍需。而寧夏道員缺，奉旨以御史常保補授，是寧夏道、府俱更新任。

伏思寧夏爲臨邊衝要，且駐札滿員，軍需滿餉，俱關緊重。爲新舊渠務，尤須請員經理。現在賀蘭山後，又有王葛勒克牙木都爾、公托木克等部下人衆安插駐牧，辦運口糧、吃食等項事務，更屬殷繁。前因未奉鄂昌陞任之旨，是以具奏將鈕廷彩委署臨洮道。今若道、府俱更生手，未免諸事不能熟練，所關匪細。可否仰邀聖恩，將鈕廷彩補授寧夏道。其臨洮道一缺，管理通省驛傳，必須熟諳之員，方能剔厘振刷。查有洮岷道吴廷偉，久任甘省，事俱諳練，實力奉公，若以之調補臨洮道，而以新補寧夏道之常保調補洮岷道，一轉移間，則寧夏可以駕輕就熟，而臨洮、洮岷俱得其人，地方軍需，均有裨益矣。至于河州知州顧爾昌，確係加銜同知，而其才具，實堪表率州邑。寧夏一府，尤爲衝、繁要缺，必得實授之員，以董僚屬而任庶務。可否仰懇聖恩，准其補授寧夏府知府，則該員感戴高厚，益當淬勵，以圖報稱矣。是否可行，伏惟聖明鑒。令再查此案，前經臣查郎阿在總督任内，會同臣許容于七月二十三日會奏，方未奉到諭旨。今與肅公同商酌，不敢仍執前議。相應會同署督臣劉於義合詞恭奏，伏祈皇上睿鑒。爲此謹奏請旨。

雍正十年九月十六日，奉旨："照該摺等所請補據。該部知道。"

【《明清檔案》A54—2，B30597—B30598】

諭内閣陝西鄉試主考吴文焕、李天寵策問秦省水利一條有誤者著交部察議

雍正十年九月十七日

雍正十年九月十七日，内閣奉上諭："今科陝西鄉試主考吴文焕、李天寵策問秦省水利一條内稱，秦中沃野千里，水泉灌漑之利爲多，歷代名臣官陝土者，類無不以浚渠、築堰、導流、尋泉爲要務，若倪寬之在漢，葉清臣之在宋，耿炳文、項忠、張鎣、石永之在明，其措施何地，奏績何功，能一一詳指否。又稱，京畿之間大建營田，興修水利，多士亦聞之熟矣，秦省爲桑梓之邦，尤所深悉，其明切陳之無隱。等語。

"朕思秦中，素稱天府，水泉隨在，皆可疏蓄，以資耕種。其最著者，西安等處則有鄭白、龍洞諸渠，寧夏則有漢、唐、大清等渠，歷年久遠，漸

致淤塞，堤堰大半傾圮，水田僅存其名。雍正五年，朕敕令該督撫將鄭白、龍洞諸渠動用國帑，加意興修，務期渠道深通、堤堰堅固，現今農田得其利益。至于漢、唐、大清等渠，朕特命大臣等親往經理，專司其事。居住數年，庀材鳩工，悉心修築。年來水泉充裕，禾稼有收。此秦中興修水利之大概也。吴文焕等，若以水利策問考試士子，即當就該省所現行者，令其敷陳條對，或可備采擇之資，或可爲善後之計。乃捨今而援古，去近而求遠，摭拾往事，泛爲鋪張。并遠引京畿，以爲近日興修水利之一證，而于本省工程關係利弊者，無一言提及，想以秦中疏浚諸渠爲無裨于民生耶？抑或以該省工程爲不足置論者耶？務虛文而無實際，乃爲政、爲學之大患。吴文焕等識見卑鄙如此，不可不加懲儆。著交部察議具奏。嗣後各省鄉試題目，俱著報部。如有支離迂闊、草率弇陋之處，該部即行指出題參。欽此。”

【《雍正朝漢文諭旨匯編》第 2 册《諭旨》，第 158 頁第 260 條。亦見同書第 8 册《上諭内閣》，第 259 頁“雍正十年九月十七日”條】

督巡陝甘經略一應軍務鄂爾泰奏請陳弼可勝花馬池副將及卓靈阿堪署靈州参將摺

雍正十年九月二十八日

大學士、一等伯、督巡陝甘經略一應軍務臣鄂爾泰謹奏：爲敬舉所知，以備采擇事。

竊照寧夏鎮屬之花馬池營，貼近邊垣，爲寧夏之藩籬，靈州、固原之門户，川原平曠，無險可憑。副將一官，最關緊要。臣于八月内，行次寧界，訪聞該署副將任春雷，自到任之日，即卧病至今，諸多廢弛，一無料理。該署將既并未告請，該提鎮亦并無覺察。總兵蕭生岱到任未久，情猶可原，提督宋可進莅任五載，豈無差調。乃曲事姑容，殊干徇庇。除面飭總兵蕭生岱將任春雷揭報，隨即照會署督臣劉於義據揭題參外，惟是甘省將弁，習氣相仍，營伍不講，花馬池地方，非得勤能之員，難資整頓。據臣所見，靈州營參將陳弼，精壯明晰，人亦老練，似可勝副將之任。其靈州遺缺，查有興武營游擊卓靈阿，質實强明，官聲最著，亦堪遞署參將。是否有當，伏祈皇上睿鑒，采擇施行。謹奏。

雍正十年九月二十八日。

【《雍正朝漢文硃批奏摺匯編》第23册，第358頁第296條】

署陝西固原提督李繩武揭報赴蘭考試武舉外場日期

雍正十年九月二十八日

署陝西固原提督總兵官、兼拜他喇布勒哈番、又一拖沙喇哈番李揭：爲恭報微臣赴蘭考試武舉外場日期事。

竊臣于雍正拾年玖月拾捌日，准蘭州撫臣許容咨，開：案照前准部咨，奉上諭："各省每科考試武舉，例用該省巡撫爲主考官。其閲有文字，則用屬下舉人、進士出身之同知、州縣等爲同考官。朕思各省巡撫中，多有平日未曾學習騎射拔勇者，忽司衡鑒之任，何以評定舉子外場之優劣？從今科爲始，各省巡撫考試武舉時，著就近省城之提督、總兵壹員同考外場，秉公拔取，務令得人，以光大典。若提鎮駐札路遠，或因公他出，則令總督或提鎮派委副將壹員代之。"等因。欽遵在案。

查今歲正值武闈鄉試，例應監同考拔。但甘、凉、寧、西、肅，均係沿邊重地，提鎮未便輕離。除商明署總督部院外，相應咨會，希即束裝，務于拾月初陸日到蘭，以便公同較閲。等因。咨移到臣。准此，即于雍正拾年玖月貳拾玖日起程赴蘭，會同撫臣許容考試武舉外場。至臣衙門應行事件，帶印沿途照常辦理。所有微臣起程日期，理合恭疏題報，伏祈皇上睿鑒施行。

爲此除具題外，理合具揭。須至揭帖者。

右具揭帖。

雍正拾年玖月貳拾捌日。

十月十一日。【注】

【注】本底之背記注。

【《明清檔案》A54—28，B30695—B30696】

陝西寧夏總兵官蕭生岱揭爲自陳不職請旨罷斥

雍正十年十月二日

鎮守陝西寧夏等處地方總兵官蕭生岱：爲遵例自陳不職，仰祈睿鑒，俯賜罷斥，以重邊疆事。

案照雍正拾年肆月初壹日，蒙兵部札付，爲題明考選軍政事。内開：該臣等查得，定例内武職官員伍年壹次考選。查雍正伍年拾月起，至雍正拾年拾月止，伍年已滿。所有内外各省武職官員例應軍政，除提督、總兵官，仍照例具疏自陳。等因。具題奉旨："依議。欽此欽遵。"在案。

臣于雍正拾年閏伍月初捌日到寧任事，于柒月貳拾肆日准甘提臣宋可進咨開：查陝甘兩省軍政舉劾，業經署陝西總督臣查郎阿會疏，題請暫行停止，提督、總兵官例應自陳。等因。到臣。竊臣見年伍拾壹歲，係陝西延安府膚施縣人，由行伍，于康熙伍拾叁年拾壹月内，蒙川陝督臣鄂海拔補本標前營把總。于康熙伍拾陸年捌月内，蒙川陝督臣鄂海拔補中營千總。于康熙伍拾玖年貳月内，跟隨將軍貝子臣延信送達賴喇嘛進藏。黑夜逆賊叁次侵犯我營，與賊打仗叁次，俱奮勇争先，殺敗賊衆。又進山追賊，防禦嚴密，不曾傷損我兵壹人。安置達賴喇嘛至藏，于康熙伍拾玖年拾月貳拾伍日，從藏起身回汛。蒙統領緑旗官兵固原提督臣馬見伯揀選得年力精健，技藝優嫻，進藏以來，果敢敏練，咨會川陜督臣鄂海題補固原中營守備。于康熙陸拾壹年伍月内，蒙陜西提臣李麟摺奏，拔補黄南營游擊。

于雍正叁年肆月内，奉文爲奏聞安藏事，蒙聖恩，將陜西、四川、雲南進藏緑旗官兵從優議叙，于本年柒月内，奉兵部議叙，頒給功加拾等、副將札付壹張，欽遵領受。于雍正肆年，蒙陜西固原提臣路振聲遵旨保送，于拾月拾玖日引見。荷蒙聖恩，屢賜克食，恩授貳等侍衛，于本月貳拾伍日特放江西廣信營參將。于拾壹月拾伍日跪聆聖訓，蒙聖恩賜飯，又賜貂皮貳張、紫金錠貳拾枚、香鐲壹串，墨刻《朋黨論》壹張，墨刻上諭壹道，硃筆上諭壹道。于雍正陸年拾月内，奉特旨："福建將軍標中軍副將員缺，著蕭生岱補授。欽此。"于雍正拾年貳月内，蒙暫理福州將軍印務，臣准泰令牌，内開：奉上諭："寧夏總兵官員缺，著福州將軍標中軍副將蕭生岱補授。欽此。"遵于本年閏伍月初捌日，到寧任事訖。

伏念臣邊鄙庸愚，至微極陋，荷蒙聖祖仁皇帝隆恩豢養，以末弁而洊拔游擊。又蒙我皇上殊恩，歷擢副將，弘恩優渥，未有涓埃之報。復蒙聖主特恩，補授寧夏總兵官。臣于抵任後，凡訓練士卒、整頓營伍、嚴飭汛守、寧謐地方，雖盡心竭力，實未能以報高厚于萬一。况寧夏乃邊疆要地，以臣才識短淺，不克勝兹重任，中心悚惕，夙夜靡寧。今當軍政，謹遵例自陳。伏乞皇上俯賜罷斥，另簡賢能，庶岩疆有賴，而臣分稍安矣。緣係自陳事理，字多逾格，貼黄難盡，統祈睿鑒施行。除具奏外，理合具揭。須至揭帖者。

雍正拾年拾日初貳日。

十月十九日揭帖。

【《明清檔案》A54—32，B30705—B30708】

蘭州巡撫許容奏報全省各屬收成分數摺

雍正十年十月十六日

蘭州巡撫臣許容謹奏：爲恭報全省收成分數事。

竊照甘省連年收成豐稔，今歲亦慶有年。兹據署布政司趙挺元呈報……平凉府屬夏田收成六分者居十之五，五分者居十之五；秋田收成八分者居十之一，七分者居十之三，六分者居十之四，五分者居十之二。……寧夏府屬夏田收成九分者居十之六，八分者居十之三，七分者居十之一；秋田收成十分者居十之一，九分者居十之五，八分者居十之一，七分者居十之二，六分者居十之一。……等情。臣查邊塞重地，軍務正殷。兵糧民食，全資收獲。今歲夏秋兩禾，雖有稍歉之蘭州、靖遠、平番三處，而合計通省，仍屬好收。仰蒙聖恩，銀糧、草束，一概蠲除。又復諭旨頻頒，令臣多方撫恤。臣仰體聖心，非但歉收之地，或減價平糶，或發倉借賑，俱已隨時安頓，即大收地方，于禾稼未登之時，間有缺乏口糧、籽種者，亦皆酌量借發，俾得從容。現在民情悦豫，地方寧謐。所有收成分數，及地方情形，理合繕摺奏聞，仰慰聖懷。臣謹奏。

雍正十年十月十六日。

實慰朕念。

【《雍正朝漢文硃批奏摺匯編》第23册，第452頁第374條】

△諭自榆林延綏寧夏沿邊一帶至凉州等各路驛馬准報倒斃三分領銀買補

雍正十年十月十七日

十七日，奉上諭："直隸、河南等省驛馬有每年准報倒斃三成、四成之例，而陜甘兩省向因地僻差少，不在准報之中。今西路軍興，羽書絡繹，差遣繁多，地方有司不無賠補之苦。朕心軫念，除偏僻州縣仍照舊例外，其自潼關至西安一路，自西安由秦鞏南路一帶，由平凉北路一帶至蘭州，又自蘭州由凉甘一帶至肅州、嘉峪關，又自蘭州由莊浪一帶至西寧，又自榆林、延綏、寧夏沿邊一帶至凉州，各路驛遞馬匹，俱照直隸、河南等省之例，十分之内，准報倒斃三分，領銀買補，作正項開銷。如有過三分之數者，勒令賠補。倘恃恩旨，或剋扣草料，不加謹飼喂者，著該道、府查明詳揭，該督撫即行題參。其准報三分之數，俟軍務告竣，仍照舊例停止。”

【《雍正朝漢文諭旨匯編》第8册《上諭内閣》，第265頁“雍正十年十月十七日”條】

甘肅巡撫許容揭呈雍正四年已未完鹽課黄册

雍正十年十月二十一日

巡撫甘肅寧夏臨鞏等處地方贊理軍務兼理茶馬、都察院右副都御史、加五級紀録一次許：爲請就近責成，以便行催事。

雍正拾年玖月叁拾日，據署甘肅布政司事按察使、仍留西安驛傳道任趙挺元呈，蒙前任巡撫甘肅石都院牌開，案照雍正叁年拾月貳拾日，准户部咨，令將花馬小池并臨、鞏貳府鹽課錢糧，仍歸甘肅巡撫奏銷。等因。行司。蒙此，除雍正叁年鹽課奏銷册籍業已造賫奏報外，兹准署臨洮道事按察使李世倬移稱：臨洮府屬雍正肆年土鹽税銀，并按丁加引及加增税銀，共銀伍百柒拾肆兩玖錢捌分伍厘貳毫伍絲，俱已通完。又，鞏昌府屬雍正肆年鹽課，并按丁加引及加增課銀，共銀伍千叁百捌兩肆錢肆分壹厘捌毫柒絲陸忽，俱已通完。内漳縣被參知縣黄錦虧空銀陸拾兩，文縣被參知縣王國柱虧空銀壹百陸拾陸兩玖錢伍厘陸毫捌絲肆忽，兩當縣被參知縣孫芳虧空銀貳拾陸兩貳分陸毫肆絲，應聽各審案歸結，實止解交司庫銀伍千伍拾伍兩伍錢壹分伍厘伍毫伍絲貳忽。

又准寧夏道僉事鄂昌移稱，雍正肆年花馬小池鹽課并加增，共銀壹萬叁千貳百肆拾兩叁錢貳分，俱已通完。内華亭縣革職知縣陳珣虧空銀壹百肆拾伍兩貳錢玖分肆厘貳毫伍絲，平凉衛參革守備吴欽虧空銀伍拾壹兩陸錢叁分柒厘肆毫，應聽各審案歸結。又，存留祭祀等項銀叁拾貳兩玖錢玖分玖厘，實止解交司庫銀壹萬叁千壹拾兩叁錢捌分玖厘叁毫伍絲。等因。開具已完并虧空册籍前來，本署司覆加查核，照例彙造清册，同實收一并呈賫，合候核題。等情。呈詳到臣。

該臣看得，鹽課錢糧，例應按年題報。除雍正叁年鹽課錢糧，經臣奏報外，兹據署布政司事按察使、仍留西安驛傳道任趙挺元詳稱：准署臨洮道事按察使李世倬移稱，臨洮府屬雍正肆年土鹽税銀，并按丁加引及加增課銀，共銀伍百柒拾肆兩玖錢捌分零，俱已通完。鞏昌府屬雍正肆年鹽課，并按丁加引及加增課銀，共銀伍千叁百捌兩肆錢肆分零，俱已通完。内漳縣被參知縣黄錦虧空銀陸拾兩，文縣被參知縣王國柱虧空銀壹百陸拾陸兩玖錢零兩，當縣被參知縣孫芳虧空銀貳拾陸兩貳分零。應聽各審案歸結，實止解交司庫銀伍千伍拾伍兩伍錢壹分零。又准寧夏道僉事鄂昌移稱：雍正肆年花馬小池鹽課并加增，共銀壹萬叁千貳百肆拾兩叁錢零，俱已通完。内華亭縣革職知縣陳珣虧空銀壹百肆拾伍兩貳錢玖分零，平凉衛參革守備吴欽虧空銀伍拾壹兩陸錢叁分零，應聽各審案歸結。又，存留祭祀等項銀叁拾貳兩玖錢玖分零，實止解交司庫銀壹萬叁千壹拾兩叁錢捌分零。等情。造具清册、實收詳賫前來，臣覆核無异。相應備造清册，同實收送部外，理合繕造黄册，進呈御覽，伏祈皇上睿鑒施行。爲此除具題外，理合具揭。須至揭帖者。

雍正拾年拾月貳拾日。

鹽課虧空已完未完數目。【注二】

【注一】本面餘紙之背紅色小簽書：“［殘］館。”

【注二】本底餘紙之背記注。

【《明清檔案》A54—57，B30859—B30861】

甘肅巡撫許容揭呈雍正五年已未完鹽課黄册

雍正十年十月二十一日

巡撫甘肅寧夏臨鞏等處地方贊理軍務兼理茶馬、都察院右副都御史、加五級紀録一次許：爲請就近責成，以便行催事。

雍正拾年拾月初陸日，據署甘肅布政司事按察使、仍留西安驛傳道任趙挺元呈，蒙前任巡撫甘肅石都院牌開，案照雍正叁年拾月貳拾日，准户部咨，令將花馬小池并臨鞏二府鹽課錢糧仍歸甘肅巡撫奏銷。等因。到司。蒙此，除雍正肆年鹽課奏銷册籍業已造賫奏報外，兹准署臨洮道事按察使李世倬移稱：臨洮府屬雍正伍年土鹽税銀，并按丁加引及加增税銀，共銀伍百柒拾肆兩玖錢捌分伍厘貳毫伍絲，俱已通完。又，鞏昌府屬雍正伍年鹽課，并按丁加引及加增課銀，共銀伍千柒百伍拾兩捌錢壹分壹厘玖毫肆絲捌忽叁微陸織貳漠，俱已通完。

又准寧夏道僉事鄂昌移稱：雍正伍年，花馬小池鹽課并加增，共銀壹萬叁千貳百肆拾兩叁錢貳分，俱已通完。内固原州革職病故知州孫承臯虧空接徵固原衛銀叁拾捌兩柒錢捌分。又，在于本案内續揭固原州任内銀肆百玖拾柒兩陸錢玖分柒厘，應聽審案歸結。又，存留祭祀等項銀叁拾貳兩玖錢玖分玖厘，實止解交司庫銀壹萬貳千陸百柒拾兩捌錢肆分肆厘。等因。開具已完并虧空册籍前來，本署司覆加查核，照例彙造清册，同實收一并呈賫，合候核題。等情。呈詳到臣。

該臣看得，鹽課錢糧，例應按年題報。除雍正肆年鹽課錢糧經臣奏報外，兹據署布政司事按察使、仍留西安驛傳道任趙挺元詳稱，准署臨洮道事按察使李世倬移稱：臨洮府屬雍正伍年土鹽税銀，并按丁加引及加增課鹽，共銀伍百柒拾肆兩玖錢捌分零，俱已通完。又，鞏昌府屬雍正伍年鹽課，并按丁加引及加增課銀，共銀伍千柒百伍拾兩捌錢壹分零，俱已通完。又准寧夏道僉事鄂昌移稱：雍正伍年花馬小池鹽課并加增，共銀壹萬叁千貳百肆拾兩叁錢貳分，俱已通完。内固原州革職病故知州孫承皋虧空接徵固原衛銀叁拾捌兩柒錢捌分。又，本案内續揭固原州任内銀肆百玖拾柒兩陸錢玖分零，應聽審案歸結。又，存留祭祀等項銀叁拾貳兩玖錢玖分零，實止解交四庫銀壹萬貳千陸百柒拾兩捌錢肆分零。等情。造具清册、實收，詳賫前來，臣覆核無异。相應備造清册，同實收送部外，理合繕造黄册，進呈御覽，伏祈皇上睿鑒施行。爲此除具題外，理合具揭。須至揭帖者。

雍正拾年拾月貳拾壹日。

鹽課虧空數目。【注】

【注】本底餘紙記注。

【《明清檔案》A54—58，B30863—B30865】

（官銜不詳）通智等奏報撥派渠工效力人員等第

雍正十年十月二十五日

奏。

臣通智、臣史在甲謹奏：爲恭請天恩事。

竊臣等于雍正八年八月内摺奏：工程告竣之時，揀選工所效力現任千把外委臣等另行分别等次，具奏兵部議覆：“應如所請，工程告竣之日，該侍郎通智等將各效力人員分别等次具奏可也。”等因。具題奉旨：“依議。欽此欽遵。”在案。今工程全竣，臣等領遵諭旨，將撥派渠工效力武弁俱全各歸營汛訖，所有分别等次，開列清單具奏，仰祈皇上睿鑒施行。謹奏。十月二十七日，奉旨：“該部議奏。”

雍正十年十月二十七日。

【《明清檔案》A54—64，B30881—B30882】

（官銜不詳）通智等奏呈辦理渠工用過并剩餘銀兩清册

雍正十年十月二十五日

奏。

臣通智、臣史在甲謹奏：爲欽奉上諭事。

竊臣等欽奉諭旨："未竣渠工，交與水利同知，于每歲春工内，分年陸續修理各件，與鄂昌交代清楚，即行回京。欽此欽遵。"臣等辦過惠農、昌潤二渠，并長堤、西河，新渠、寶豐二縣，定遠一營，以及修浚唐渠所用錢糧，現在繕册，恭請御覽。又遵旨賞給原任户部侍郎單疇書銀一千兩，文武員弁月費銀五千五百四十二兩外，所有餘剩銀一萬三千九百一十五兩四錢五分，交貯寧夏道庫。采辦過渠工、石塊、石灰、木植、椿茨、紅柳、麥秸、芀苫等項，共用銀五千五百六十七兩三分九厘三毫二絲四忽，俱與寧夏道鄂昌交代明白，取有印結在案。其前後料估渠工事宜，亦開單行知訖。又，城渠各工餘剩物料，共用銀二百五十三兩一錢五分八厘二毫八絲八忽。恐新招户口，二三年間，力難措辦，留與水利通判牟允斌，以備歲修之用。又，定遠營城工存剩木植等項，共銀二十兩四錢二分五厘八毫五絲。因在賀蘭山後，難以轉運，交與該營守備張樞收貯，以備後用。俱取有印結在案。所有交代過緣由，謹繕清册一本具奏，仰祈皇上睿鑒施行。謹奏。

雍正十年十月二十五日。本月二十七日，奉旨："交該部。欽此。"

工部主事色白黑。【注】

【注】浮簽。

【《明清檔案》A54—65，B30883—B30884】

（官銜不詳）通智等奏報采辦過渠工物料緣由

雍正十年十月二十五日

奏。

臣通智、臣史在甲謹奏：爲奏聞事。

竊臣等奉命辦理寧夏查漢托護地方城渠工務。到工之始，踏看估計，因思辦工必先備料，建閘造橋、鋪釘底塘、加叠湃岸、擰繩扎把，必須采買辦柳樁、紅柳、白茨、芀菩。燒造磚瓦，必須采辦柴草、煤炭。包裹城門，必須鐵葉釘絆。但各工所用樁橛甚多，不但采買錢糧浩繁，即寧夏闔郡民間柳木亦不足充用。詳細踏看，見昌潤渠對過鄂爾多斯沿河一帶多産紅柳，其木堅于柳樁，于每歲河凍之時，就近雇覓車輛人民，委文武員弁督率過河采打，堆貯工所，共用過紅柳大小樁一千一百四十八萬一百餘根，紅柳一十五萬七千一百餘束。又在灘内采打白茨一十八萬四千一百餘束，芀菩七萬八千二百餘束，布堆工所，就近調用。又在石嘴山内踏出炭窑、煤窑、鐵礦、石礦、燒灰石塊，新渠、寶豐兩縣城工采運過燒造磚瓦石灰共三萬二千餘車。昌潤渠并兩縣城工采運過大石、條石二萬二百餘塊，在山立爐煅煉，折打鐵葉釘絆。兩縣并定縣營城工共用過二萬二千二百餘斤，立窑燒造運赴兩縣城工石灰共一百六十八萬四百餘斤。臣等就近采取應用，上省國帑，下舒民力，城渠大工，俱已全竣。至今新渠、寶豐兩縣百姓采買煤炭，置辦器皿，往來絡繹。新招户口，含哺鼓腹，感頌皇仁之高厚。臣等謹將采辦過物料緣由繕摺具奏，仰祈皇上睿鑒施行。謹奏。

雍正十年十月二十五日奏，本月二十七日奉旨："交該部。欽此。"

工主事色白黑。【注】

【注】浮簽。

【《明清檔案》A54—66，B30885—B30886】

（官銜不詳）通智等奏報渠工效力人員發過月費緣由

雍正十年十月二十五日

奏。

臣通智、臣史在甲謹奏爲：恭請天恩事。

雍正四年六月内，臣通智摺奏揀選守備、千把、武舉十三員渠工奔走效力，每月賞給月費銀四兩，以資食用。等因。具奏奉旨："與督撫商酌辦理。欽此。"雍正六年三月内，臣通智等摺奏渠工效力通判牟允斌等十一員接辦城工，每月賞給月費銀五兩。等因。具奏奉旨："甚是，咨商督撫。欽此欽遵。"臣等俱行，移咨督臣岳鍾琪，轉咨撫臣，酌量咨覆。隨准督臣岳鍾琪咨開：各員需用月費，在于渠工銀内暫爲給發，但月費銀兩不便作正開銷，應在公費銀兩内動支，俟公費解送至日，歸還原項。等因。咨覆前來。臣等隨于渠工銀兩内，按月給發訖。

雍正八年八月内，臣等摺奏修理三渠，需員實多，恭請皇上天恩，再遴選文職五員、武弁八員，分工辦理，照前給與月費銀兩。等因。具奏。吏、兵二部議覆："揀選渠工效力文武員弁，著督撫照前給與月費銀兩。"等因。具奏奉旨："依議。欽此欽遵。"臣等移咨署督臣查郎阿，隨准覆咨，月費銀兩照例暫在渠工銀兩内給發，俟奏銷之時，入于公費項下。造册撥還各緣由，現在咨明户部。等因。前來。臣等亦于渠工銀内按月給發訖，共發過月費銀五千五百四十二兩。臣等造册送部，并移咨署督臣劉於義、撫臣許容，飭令布政司在公費銀兩内撥還正項，存貯蘭州司庫，咨部撥用外，謹將發過月費緣由，繕摺具奏，仰祈皇上睿鑒施行。謹奏。

雍正十年十月二十五日奏，本月二十七日奉旨："交該部。欽此。"

工部主事色白黑。原摺俱交去該會户部之處，并交册，九本并交。【注】

【注】浮簽。

【《明清檔案》A54—67，B30887—B30888】

（官銜不詳）通智等奏報八項工程完竣繕册繪圖進呈

雍正十年十月二十五日

奏。

臣通智、臣史在甲謹奏：爲欽奉上諭事。

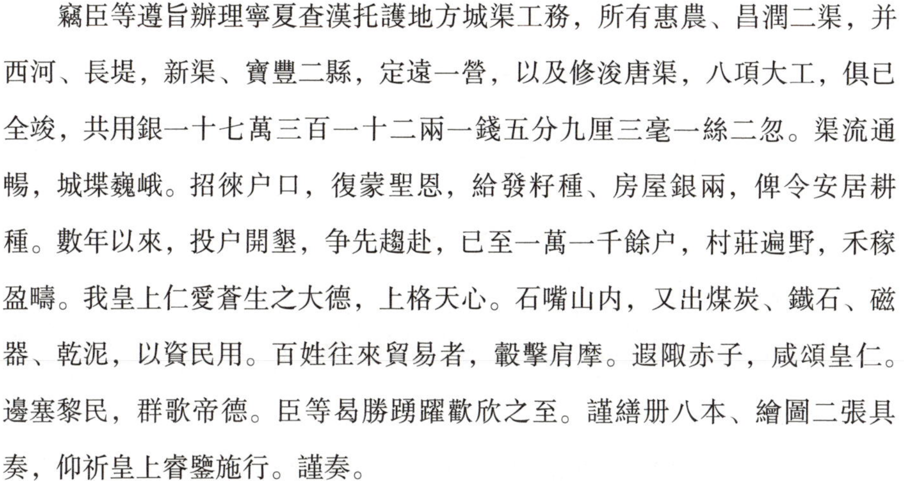

竊臣等遵旨辦理寧夏查漢托護地方城渠工務，所有惠農、昌潤二渠，并西河、長堤，新渠、寶豐二縣，定遠一營，以及修浚唐渠，八項大工，俱已全竣，共用銀一十七萬三百一十二兩一錢五分九厘三毫一絲二忽。渠流通暢，城堞巍峨。招徠户口，復蒙聖恩，給發籽種、房屋銀兩，俾令安居耕種。數年以來，投户開墾，争先趨赴，已至一萬一千餘户，村莊遍野，禾稼盈疇。我皇上仁愛蒼生之大德，上格天心。石嘴山内，又出煤炭、鐵石、磁器、乾泥，以資民用。百姓往來貿易者，轂擊肩摩。遐陬赤子，咸頌皇仁。邊塞黎民，群歌帝德。臣等曷勝踴躍歡欣之至。謹繕册八本、繪圖二張具奏，仰祈皇上睿鑒施行。謹奏。

雍正十年十月二十五日奏，本月二十七日奉旨："交該部。欽此。"

工部主事色白黑。【注】

【注】浮簽。

【《明清檔案》A54—68，B30889—B30890】

（官銜不詳）通智等奏報采辦渠工器物并給賞用過銀兩

雍正十年十月二十五日

奏。

臣通智、臣史在甲謹奏：爲奏聞事。

雍正七年五月，内臣通智摺奏，辦理城渠工務，采買物料，給發工價，俱係市戥，較之庫平羨餘，約有二千五百餘兩，以備采辦工程器具、渠堤兩岸布種柳樹，并城渠各工零星使用。等因。具奏在案。查工所餘平銀三千一百七十六兩三錢五絲九厘五毫。城渠各工采辦各鍬、钁、錘、斧、石杵等項器具，共用銀一百九十七兩八錢三絲二厘四毫。各工動土啓閘、放水開光諸色祭品，共用銀七十三兩四錢二絲八毫。開挑惠農渠等一座房，有礙水路，酌量那移，給還價值，共用銀七十五兩零九分七厘一毫二絲。渠堤搿岸布種柳樹，根可固搿，枝可供渠工之用。□□河各橋兩旁，新渠、寶豐二縣城壕兩岸，先農壇周圍，共采買運種四萬二千七百餘棵，用銀五百九十三兩。各工押運物料，并各項差使、兵丁書辦衙役，若不給與飯食之費，難以枵腹辦事，必致擾累地方。因量其路之遠近，酌給二三十文，以致一百五六十文不等。七年之内，共給過銀三百九兩三錢二分二厘四毫二絲。

開浚惠農、昌潤二渠，建選新渠、寶豐二縣，定遠一營，兼修繕唐渠，皆我皇上愛養生民，至優至渥。臣等于各工告竣之日，即行勒石，頌揚聖德，但垂永久，共用銀二百廿七兩八錢三分一厘二毫。城渠廟宇置辦各色供器，共用銀七十五兩三錢二分五厘五毫。廟宇、衙署、城樓□樓匾對，共用銀九十八兩六錢四分六厘一毫五絲。

□開渠以來，夏麥秋禾，歲登大有，新集各堡百姓嘆□費建造賽樓，以答神休。臣等仰體皇上撫恤斯民之意，禁其私派撥餘年銀兩，在新渠、寶豐二縣關帝廟、城隍祠前，各建賽樓八座。惠農、昌潤二渠秋神廟前各建賽樓一座，以慰輿情，共用銀二百七十五兩一錢九分八厘。遵旨賞給效力知縣劉庶銀一百兩，效力知縣童鎮夏銀一百兩。又遵旨賞給效力文武員弁候補道樊天游等二十員，每員盤費銀三十兩，共用銀六百兩。惠農渠内暗關上下交流，原係階險工，若有滲漏，應以漢、唐渠例，俱在歲修帶爲補修。

□□□□新集户口，一二年間，尚難措辦，得餘銀□□□剩銀四百四十九兩三錢四分八厘六毫，貯寧夏等庫，飭令水利通判牟允斌，若有抽换粘補之處，辦料修補，暫紓民力，使其成家立業，得以永沐皇恩。又撥貯城工、渠工□下碎小無用木頭皮板、木渣，窑内□出磚□，并舊鐵鍬、鐵钁、磚模、灰斗等項，交解銀三百二十三兩四錢五分。

臣等伏思此銀原非正項，即交與護理寧夏等事。寧夏府知府鈕廷彩查收，飭發水利通判牟允斌、新渠縣知縣盧建中銀一百五十三兩四錢五分，在惠農渠中股并漢渠尾梢各加添退水石閘一座。昌潤渠大飛槽四座，飭發寶豐縣知費楷銀一百七十兩，接惠農渠尾至西河大飛槽一座，并在昌潤渠永屏閘添□大枝渠一座，使灌溉得以周遍。至渠堤□□善後事宜，詳細開册，移咨督撫轉行寧夏等府廳縣永查定行□。爲此繕摺具奏，仰祈皇上睿鑒施行。謹奏。

雍正十年十月廿五日奏，本月廿七日奉旨："交該部。欽此。"

工部主事色白黑。【注】

【注】浮簽。

【《明清檔案》A54—69，B30891—B30893】

（奉旨）通智等奏報工竣帶領效力人員赴京引見

雍正十年十月二十七日

奏。

臣通智、臣史在甲謹奏：爲遵旨帶領引見事。

竊臣通智于雍正七年七月内，據原任侍郎單疇書之子，癸卯①科舉人揀

①癸卯：雍正元年（1723）。

選知縣單鐸具呈，情願在工效力，以全伊父辦工之志。臣繕摺具奏，欽奉硃批諭旨：“好！著他在工效力行走。事畢，你親帶來京引見。欽此。”又，臣等于雍正八年八月内摺奏，原任寶豐縣知縣童鎮夏，原係在工諳練人員，仍留工所，俟工竣工之日，將童鎮夏帶領引見，候旨補用。等因。具奏。吏部議覆：“應如所請。工竣之日，該侍郎通智等將童鎮夏帶領引見可也。”等因。具題奉旨：“依議。欽此。”又，候推守備胡鎮遠，揀選武舉、候推守禦所千總沈鴻俊、李國材，判從文武舉張文藻、李大伸等，在工五載，竭悉心力，勤勞辦事。至胡鎮遠又隨臣通智往返安西、沙州城工二次，踏看城堡基址，尤屬急公之員。俟工竣之日，一并帶領引見，候旨補用。等因。具奏。兵部議覆：“應如所請。工竣之日，該侍郎通智等帶領引見，請旨補用可也。”等因。具題奉旨：“依議。欽此欽遵。”俱在案。

今工程全竣，臣等欽遵諭旨，將單鐸、童鎮夏、胡鎮遠等帶領來京，請旨引見。武舉李大伸因腿疼留寧，俟到京之日，令其赴部另行請旨外，至第一次命往工所效力候補道樊天游等六員，第二次命往工所效力通判楊聖鑒等五員，臣等欽遵諭旨，于各員經手錢糧清算明白後，陸續給咨，移交署督臣劉於義訖。爲此繕摺具奏，仰祈皇上睿鑒施行。謹奏。

雍正十年十月二十七日奉旨：“俟吏部引見人員之日，著通智、史在甲將各員弁帶領引見。欽此。”

頭等實心辦事人員：寧夏鎮標署守備江林在工效力六年，興武營署守備王□在工效力四年，鎮標署千總周之夏在工效力四年。二等勤勞辦事人員：寧夏鎮標署千總馬進玉在工效力六年；興武營署守備馬友德在工效力五年；平羌堡署把總、功加副將徐鍾在工效力三年；鎮標署千總李自玉在工效力四年；平羅營外委把總張天禄在工效力六年；原係撥派工所兵丁、後補經制外委把總鎮標、功加副將王永德在工效力二年，平羅營功加守備周之弼在工效力二年；陝西鎮標外委把總胡天禄在工效力六年；寧夏鎮標、功加副將羅儒在工效力一年；鎮北堡署把總閆杰在工效力四年；原係撥派工所兵丁，後補經制外委千總、委□把總、三等照常供職人員、平羅營外委把總王弘勛在工效力六年；原係撥派工所兵丁、後補經制外委把總武舉葉應聘在工效力一年；大壩堡外委把總劉漢興在工效力一年；洪廣營把總、功加守備劉炳在工效力一年。

兵部駕司學習行走嚴繼陵，吏部功司學習行走謝洵。

原摺交吏部。【注】

【注】浮簽。

【《明清檔案》A54—71，B30899—B30902】

署陝西總督劉於義奏報甘省本年各屬收成分數及地方寧謐情形摺

雍正十年十一月初九日

刑部尚書、署理陝西總督印務并辦理軍需事件臣劉於義謹奏：爲恭報甘省收成分數事。

據署布政司趙挺元呈報……寧夏府屬夏田收成九分者居十之六，八分者居十之三，七分者居十之一；秋田收成十分者居十之一，九分者居十之五，八分者居十之一，七分者居十之二，六分者居十之一。……臣查甘省數年以來年穀豐收，今歲又蒙皇上天恩，將銀、糧、草束一概蠲免，百姓家室寬餘，安居樂業，止有蘭州、靖遠、平番三處收成稍歉。現今百姓，亦甚安堵。誠恐來歲青黄不接時，米糧或至缺乏，臣已密令布政司查明蘭州、靖遠倉貯穀石，俟來年缺乏時，或行平糶，或行借給，以便隨時接濟。惟平番一縣，并無倉貯穀石，倘來年青黄不接時，百姓不能自給，亦當于就近州縣有倉貯穀石地方，搬運借糶，總當悉心料理，務使黎庶安然，以仰副我皇上軫念邊民至意。所有甘省今歲收成分數，及地方寧謐情形，合繕摺奏聞。謹奏。

雍正十年十一月初九日。

覽。

【《雍正朝漢文硃批奏摺匯編》第 23 册，第 557 頁第 453 條】

署寧遠大將軍查郎阿奏請于大同總兵張朝良等四員中欽定二人來營領兵摺

雍正十年十二月十二日

署寧遠大將軍臣查郎阿謹奏：爲請旨事。

竊查興漢鎮總兵官曹勷縱賊失機、臨陣退縮之處，臣已會摺糾參在案。又有太原鎮總兵官王緒級，苛虐兵丁，竊取官駝、官馬，營私肥己，款迹多端。現在飭令參贊大臣穆克登等調集證佐，按款究審，應俟審明之日，另行參奏。是曹勷、王緒級二員，已當按以軍法，從重定擬，則西路令兵鎮臣缺員，所當亟請簡補。伏查山西大同鎮臣張朝良、陝西肅州鎮臣沈力學、凉州鎮臣楊琺、寧夏鎮臣蕭生岱，此四員者，皆係久歷戎行、熟諳軍務之人，仰懇聖恩，于此四員中，欽定二員，敕令來營領兵，實于軍務有益。臣謹繕摺恭奏，伏祈皇上睿鑒。爲此謹奏請旨。

雍正十年十二月十二日具。

【《雍正朝漢文硃批奏摺匯編》第 23 册，第 750 頁第 612 條】

雍正十一年（1733）

署陝西總督劉於義奏報地方各屬得雪情形摺

雍正十一年正月初九日

刑部尚書、署理陝西總督印務并辦理軍需事件臣劉於義謹奏：爲恭報瑞雪事。

雍正十年十二月初三日，將甘省各屬報到得當日期分寸，業經奏聞在案。……又據平凉府屬之固原廳州各報，十二月十一日得雪一寸；平凉縣具報，十二月初十至十一日得雪一寸；崇信縣具報，十二月十一日得雪二寸；華亭縣具報，十一月初一日得雪二寸，十二月十一至十二日得雪六寸；鎮原縣具報，十二月十一至十二日得雪四寸；靈臺縣具報，十二月十一至十二日得雪一寸；隆德縣具報，十二月初二日得雪一寸，初五日得雪一寸，初十日得雪二寸，十一日得雪一寸；静寧州具報，十二月初一日得雪一寸五分，初五日得雪二寸，初十日得雪一寸五分；莊浪縣具報，十一月三十日至十二月初一日得雪二寸，十二月初十至十一日得雪二寸。……又據寧夏府屬之中衛縣具報，十一月二十八日得有瑞雪，十二月十一至十二日得雪五分；靈州具報，十二月初十日得有瑞雪。……理合奏聞。謹奏。

雍正十一年正月初九日。

覽。去歲之冬，北六省雪皆稀少，朕甚憂念。

【《雍正朝漢文硃批奏摺匯編》第23册，第842頁第685條】

署寧遠大將軍查郎阿奏請將副都統僧保調回由統領阿思海管領西安滿兵等情摺

雍正十一年正月二十五日

署寧遠大將軍臣查郎阿謹奏：爲請旨事。

竊查大學士臣鄂爾泰，上年在肅時，欽奉上諭：“軍營大員甚多，若將無用之人一概留營，轉多瞻顧，于事無益。大學士鄂爾泰所奏甚是。可與查郎阿悉心商酌，分别奏明遣回。或俟查郎阿到營後，確加看定，具奏亦可。欽此。”隨經大學士臣鄂爾泰，以軍營大員，雖不少庸劣，然俱得之訪聞，應俟署大將軍查郎阿到營逐一查是，親加看定，再具奏請旨，庶更妥協。等因。奏明在案。今臣抵營以來，詳加查看。如管領西安滿兵之寧夏副都統僧保，爲人狡詐不實，又不安分于兵馬事宜，任意懈怠，并不實心料理，即平時操演，亦漫不經心，一味苟且塞責。且語言不謹，每多造無稽之言，惑人聽聞。似此庸劣妄誕之人，留在軍營，甚屬無益。臣既查看確切，相應據實奏聞請旨，將副都統僧保調回，以重軍務者也。至僧保原領之西安滿兵，查前鋒統領阿思海，係奉旨來營管領滿兵之員，臣見其諳練操防、行走勤慎、辦事實心，即可交與阿思海管理，實于官兵有益。又查管領驍勇兵一百名之侍衛喀拉，甚屬勤謹誠實，差委得用，現在放卡之處，率領兵丁晝夜悉心稽查，更見勤勞，管兵亦復歷練。其副都統敦巴止管驍勇兵五十名，即可交與喀拉統爲管理，甚有裨益。副都統敦巴在營，亦無所辦之事，應請調令回京。臣謹一并繕摺奏請，伏祈皇上睿鑒。爲此謹奏請旨。

雍正十一年正月二十五日具。

雍正十一年二月初九日，奉旨："寧夏副都統僧保，原係微賤不堪之人，朕因其人尚明白，補用副都統，未料如此負朕之恩用，著革職，仍留軍營，當苦差效力行走。如仍不知愧勉，或造言生事，著該將軍，一面正法，一面奏聞。其員缺，著侍衛喀拉補授。西安滿兵，照署大將軍查郎阿所請，令前鋒統領阿思海管領。副都統敦巴在西路軍營，無用伊之處，著前往洪郭爾額隆駐兵之處，聽公豊盛額調遣，效力行走。其所領之驍勇兵五十名，亦著喀拉管領。欽此。"

【《雍正朝漢文硃批奏摺匯編》第23册，第895頁第728條】

署陝西總督劉於義等奏議寧延二鎮分喂軍需馬匹摘換解營并請免賠倒斃餘馬摺

雍正十一年正月二十六日

刑部尚書、署理陝西總督印務并辦理軍需事件臣劉於義等謹奏：爲遵旨議奏事。

雍正十年十月二十日，准户部咨開：副都統黑色等管解馬一萬匹解送寧夏。等因。經略臣鄂爾泰會同臣等商定，委前署臨洮道、今實授寧夏道鈕廷彩驗收，内派榆林之延綏鎮分喂五千匹，寧夏鎮分喂五千匹。嗣因將駐札甘州之勇健兵馱馬二千四百九十匹就近解肅，欲行趕赴軍營，因將派撥延綏鎮標喂養之五千馬内，令挑選二千四百九十匹由寧解甘，以補勇健營馱馬之數。後承准署大將軍臣查郎阿移咨，内地馬匹停止解送，而凉、甘、肅等處已有解到之督撫、提鎮各標營軍需馬匹喂養，若再將撥補勇健營之馱馬二千四百九十匹解甘，不惟草料騰貴，且恐采買維艱。

查寧夏地方廣闊，連歲豐收，草料價賤，而黑色等已將撥補勇健營馱馬及所有餘馬俱解至寧，臣等因飭寧夏鎮道一并收喂在案。今據延綏鎮報稱，雍正十年十一月初二等日，收過黑色等解交分喂馬二千五百一十匹，内騸馬二千一百九十三匹，騍馬三百一十七匹。又據寧夏鎮道報稱，雍正十年十一月十九等日，收過黑色等正馬七千四百九十匹，内堪以喂養騸馬四千五百六十匹，騍馬六百九十三匹；疲瘦有精神稍可喂養騸馬五百三十九匹，騍馬七十六匹；口老碎小騸馬一千四百四匹，碎小騍馬二百一十八匹。又報稱，收過餘馬六百九十二匹，内有疲瘦稍可喂養及口齒甚老、身材甚小、不任搭鞍騸騍馬四百一十五匹，疲瘦不堪喂養及瞎一眼、鼻濕、勞傷、病瘸馬共二百七十七匹内。連日已倒斃三十八匹，將來陸續必多倒斃。此項餘馬，實甚疲乏。若照每年每百匹准倒四匹之例，營員力難賠補。餘馬非正馬可比，應請奏明免賠。等情。除現在嚴飭延綏、寧夏二鎮將解到馬匹一體加意喂養外，查延綏分喂之騸馬二千一百九十三匹，騍馬三百一十七匹，及寧夏分喂之騸馬五千九十九匹，騍馬七百六十九匹，共騸騍馬八千三百七十八匹。除撥給勇健營馱馬二千四百九十匹外，實存馬五千八百八十八匹。遵照原奉部咨，騸馬及不下駒騍馬挑送軍營，將來喂養膘壯，可資軍營之用。其寧夏分喂之口老碎小騸馬一千四百四匹，并碎小騍馬二百一十八匹，共騸騍馬一千六百二十二匹，雖不足供軍營之用，但目今陝甘二省購買馬匹甚難，此項馬匹原可以供差操。除甘、凉、肅標營馬匹已屢經摘撥，現今多係新馬，應聽喂養外，臣等請將此項口老碎小馬一千六百二十二匹于寧夏鎮本標及各協營路摘换膘壯騸馬八百匹，再于陝提本標及各協營路摘换膘壯騸馬八百二十二匹。其陝提及各協營路摘换之馬，不必辭赴寧夏，即留本營拴養，俟將來檄調之日，一并解送軍營，殊爲有益。至寧夏鎮收到之餘馬六百九十二匹，除倒斃過馬三十八匹外，實存馬六百五十四匹。臣等應俟喂養月餘，將内中可以挑出之馬撥發西寧鎮屬之臨、鞏、秦、蘭等營摘换膘壯騸馬，一并解營。其實在不堪喂養及眼瞎、鼻濕、勞傷、病瘸之馬徒費料草無益，應請變價。至將來陸續倒斃之餘馬，據該鎮道申稱，此項餘馬實係疲乏，若照每年每百匹准倒四匹之例，營員力難賠補，應否免其賠補之處，出自皇上格外鴻恩，臣等未敢擅便。謹奏請旨。

雍正十一年正月十六日。

刑部尚書、署理陝西總督印務、并辦理軍需事件臣劉於義，副都御史臣二格，協助陝西總督辦理軍需侍郎臣蔣洞。

【《雍正朝漢文硃批奏摺匯編》第23册，第903頁第733條】

諭著將寧夏副都統僧保革職并著侍衛喀拉補授其缺等官員任免事

雍正十一年二月初九日

雍正十一年二月初九日，奉旨："寧夏副都統僧保，原係微賤不堪之人，朕因其人尚明白，補用副都統，未料如此負朕之恩用。著革職，仍留軍營當苦差，效力行走。如仍不知愧勉，或造言生事，著該將軍，一面正法，一面奏聞。其員缺，著侍衛喀拉補授。西安滿兵照署大將軍查郎阿所請，令前鋒統領阿思海管領。副都統敦巴在西路軍營無用伊之處，著前往洪郭爾額隆駐兵之處，聽公豐勝額調遣效力行走。具所領之驍勇兵五十名，亦著喀拉管領。欽此。"

【《雍正朝漢文諭旨匯編》第2冊《諭旨》，第178頁第296條】

署陝西總督劉於義等奏報雍正八年分耗羨銀兩舊管新收及于地方事務動用細數折

雍正十一年二月十三日

刑部尚書、署理陝西總督印務并辦理軍需事件臣劉於義等謹奏：今將陝省雍正八年分額徵耗羨銀兩分晰收支數目，除軍需動支公用銀數另摺開造外，所有地方事務動用銀數逐一登明，理合繕摺，恭呈御覽，計開：……

一，支固原提督潘之善雍正八年養廉銀二千兩。……

一，支署凉州鎮、寧夏總兵官李繩武雍正八年養廉銀三百六十八兩八錢八分八厘七毫二絲。……

一，支管理寧夏插漢拖護渠工事務欽差侍郎臣通智歲需盤費銀六百兩。查此項盤費銀兩係准欽差侍郎臣通智等咨稱，已經奏明，請給之項在于陝甘公用銀内，每年各動支銀六百兩。……

雍正十一年二月十三日。

刑部尚書、署理陝西總督印務、并辦理軍需事件臣劉於義，兵部尚書、署理陝西巡撫臣史貽直。

【《雍正朝漢文硃批奏摺匯編》第 30 册，第 574 頁第 367 條】

署陝西提督李繩武奏請借支司庫銀兩製補軍裝以資營伍實用摺

雍正十一年四月初十日

署陝西固原提督總兵官臣李繩武謹奏：爲請借庫銀添製軍裝，以實營伍事。

竊臣謭劣庸材，荷蒙聖恩，特畀署理提督印務。惟有操練兵馬，整頓營伍，以期無負職守。伏查臣據雍正拾年欽奉諭旨，召募馬陸步肆新兵壹千名，所需弓箭、腰刀已在司庫請借銀兩製造，其所借之項，仍于新兵餉内扣還。至所需盔甲、鳥槍、鍋帳、旗幟，無項可動，經提臣樊廷咨商督臣去後。嗣臣到任，准署督臣查郎阿咨覆，鳥槍一項，固原兵丁俱有换存舊鳥槍留存安西，遇便帶解肅州收貯，無庸即行製造。或有調遣，即可就近携帶。目下操演，應于營内通融那用。再，盔甲、旗幟、鍋帳，應動公費製辦。等因。臣查營中公費不敷製造，復行咨請署督臣劉於義酌覆，繼准咨開：前署督查郎阿原令在于存營盔甲内通融應用，但存營盔甲可否通融，抑或于雍正拾年所需盔甲、鍋帳、旗幟等項，俱令于存營公費内製造，其營中公費果否足敷製造，抑或暫緩製造，遇有調遣之處，即于存營盔甲、鍋帳等項内，通融那用。再，此項兵丁，大兵凱旋之後，自是充作餘丁。其盔甲等項，應否亦無庸製造之處，相應咨商。等因。前來。

臣思國家設兵以資戰守，軍裝自不可缺。但此項兵丁將來充作餘丁，則盔甲等項，似亦無庸製造，統令在于營中見存軍裝内，通融應用。惟是存營軍裝，自軍興以來，除節次派調出征兵丁帶去外，臣細加點驗見存鳥槍、盔甲、鍋帳、旗幟，以存營陳兵合算，尚缺鳥槍貳百捌拾肆杆，鑼鍋壹百貳拾捌口，帳房壹百陸拾柒頂，鐵盔甲柒拾肆頂副，棉盔甲貳百伍拾玖頂副，旗幟貳拾套。以上所缺之項，均關軍務急需，即宜修整齊全，庶新舊兵丁皆可通融。惟旗幟一項，乃軍中眼目，無論在營操演及派調行走，皆所必需，難以通融。應與新兵外製旗貳拾套，以壯軍威。臣隨飭令中軍公同將備，據實確估前項價值，共需銀貳千陸百捌拾肆兩陸錢零。是此項銀兩，本應出之標營公費，但查公費一項，從前照依經制原額叁千玖百玖拾名兵數扣留步糧壹百貳拾分，嗣因玖年奉調征防，因步兵不敷調撥之數，經提臣樊廷奏明，將此壹百貳拾分公費步糧召募遣發訖，并奏明扣留馬糧玖拾分，以糧餉充作公費之用。而草籽乾銀俱歸馬匹項下，以資喂養。查馬兵玖拾名，歲該額餉除朋合小建之外，實領銀貳千伍拾壹兩玖錢零，以抵步糧壹百貳拾分所得之數。此項銀兩內，除每年肆季在于陝西、甘肅兩司請領新舊馬步戰守、車兵柒千肆百壹拾貳名餉銀應需脚價盤費之外，所剩無幾。尚有營中添製操演槍炮、火藥、火繩、鉛丸等項之費，實難及時補造前項軍裝。臣再四思維，欲期軍裝及早齊全，莫若在于西安司庫公用項下，請借銀貳千陸百捌拾伍兩，以資製造。其所借之銀，即在臣標公費餉內統作貳年分季扣還，爲軍裝可得隨時完備。

臣正在繕摺奏請間，又于肆月初捌日，准署督臣劉於義協辦軍需，副都御史臣二格咨承准署寧遠大將軍臣查郎阿咨，據固原提督樊廷呈稱，各營柒、玖、拾年公製旗幟、鍋帳、銅鑼、戰鼓等項，應請在于本標營公費項下動用製補，懇請飭行內地照册確估，借銀製造解送。等因。并發製補軍裝股項數目册前來。臣隨飭行標下中軍估計，遵照在于司庫借銀即爲製造，以本標公費按季扣還外，但思軍營所製器具，固屬急需，而存營見缺軍裝，亦係要務。且提標有應援之責，均難緩視。臣愚以爲，將此添補存營軍裝所需銀貳千陸百捌拾伍兩，統請在于司庫借領製造，俟臣標公費扣完軍營借項後，即將此項銀兩于貳年内按季扣還，則内外軍裝皆得完備，而戰守可資實用矣。事關借支庫項製補軍裝，臣謹繕摺奏請，伏祈皇上睿鑒。爲此謹奏。

雍正拾壹年肆月初拾日。

署陝西固原提督總兵官臣李繩武。

是。

【《雍正朝漢文硃批奏摺匯編》第 24 册，第 303 頁第 243 條】

署陝西提督李繩武奏請將開山營改歸西鳳協副將統轄以便稽查營汛摺

雍正十一年四月初十日

署陝西固原提督總兵官臣李繩武謹奏：爲奏請改歸營制，以便考察，以速公務事。

竊惟陝省營汛均有附近協將以作統轄者，原以汛界相連，一切公務，便于查考，以專責成，誠爲至善。如其相距寫遠，則有鞭長莫及之虞，似未妥協。伏查臣屬靖遠協副將統轄關山游擊一營，彼此相去則百肆拾里。關山營在臣駐札之固鎮西南，而靖遠營在固鎮西北。舉凡應行事件，皆由臣衙門行至靖遠，復由靖遠轉行關山，往回紆繞，動輒月餘。不惟公務每多稽遲，抑且營汛事宜考察非易。細加思維，誠有未便。惟查西鳳一協，亦在固鎮西南，相去關山貳百壹拾里，較之靖遠，甚屬近便。臣愚以爲，可將關山營改歸西鳳協副將統轄，則營汛事務，既能就便稽查，一切案件，亦可依期早結。一轉移間，并無紛更之繁，而實有捷便之益。臣以營制起見，是否可采，伏祈聖鑒。倘蒙俞允，臣另會同督撫合詞具題。爲此謹具奏請，伏候敕旨。

雍正拾壹年肆月初拾日。

署西固原提督總兵官臣李繩武。

言之督撫，意見若同，具題奏請。

【《雍正朝漢文硃批奏摺匯編》第24冊，第305頁第244條】

署寧夏將軍傅泰題報被革舉人發往寧夏安置并無妄事生端

雍正十一年四月二十八日

題。

該部議奏。

【注一】

廿四。

十一年十一月十六日下刑。

瑚松額。【注二】

署理寧夏將軍印務、正紅旗都統、加貳級仍降叁級臣傅泰等謹題：爲請旨事。

雍正伍年肆月初貳日，准刑部咨，現審司案呈，内閣九卿等會審得，王廷僖向查嗣庭處遞呈壹案。審據王廷僖供：我係江西吉安府安福縣已革舉人。我哥子王廷儼，于康熙伍拾捌年被縣令胡承贇以衿、棍、婪、贜等事，酷刑夾死。我因進京告狀，有哥子的家人王用，扶著我嫂子到處伸冤，刻有冤帖。縣令說是我指使，遂以擅刊揭帖等事詳參，將我舉人革去。後巡撫司道審明，揭帖係我嫂子著家人王用所爲。我在京，實不知情。兩次題請開復，部議未允。雍正貳年會試時，我到禮部遞過呈子，部内大人說：‘你要開復，須有地方官的文書來。”我回到江西巡撫處具呈，轉發按察司，批府縣查議。後經府縣查案，憐念無辜，詳請開復。按察司未經轉詳。去年江西鄉試放榜之後，江西巡撫驗看本省舉人，適主考亦在那裏，我抄白府縣詳文，去巡撫處遞呈，并到主考處遞呈。是實。我與查嗣庭并非年家世誼，又非平素相識，并没有銀子買賄開復的事。但我到查嗣庭處冒昧遞呈，就是我的罪了。所供是實。等語。除大逆不道之查嗣庭，俟其兄弟子侄俱到，另行繕本具題外，王廷僖因刊帖鳴冤，革退舉人，仍不悛改。又向查嗣庭處朦混具呈，妄稱冤枉，希冀開復，甚屬不法。王廷僖，應照事無冤枉、朦朧辯明者，杖壹百，徒叁年律，應徒叁年，至配所杖壹百，折責肆拾板。等因。

雍正伍年貳月叁拾日摺奏，本日面奉上諭："湯永寬，妄投書啓，冀圖通謁，必係積年多事之人，不可留在本籍居住。著免其折贖，發往滄州滿洲兵丁駐札之處安置。伊侄孫舉人湯奕瑞、副榜湯琮，俱行斥革，以爲逢迎奔競者之戒。王廷僖，著免其杖徒，發往寧夏安置。彭景曾、曹樞亦，著免其杖徒，發往右衛安置。以上肆人，俱著該管將軍等嚴加約束，不許交接生事，通鄉里親友書札來往。如伊等知罪改悔，安静守分，數年之後，著該管將軍等題奏，朕另下諭旨。倘怙惡不悛，則永遠安置。欽此。"相應將王廷僖咨送兵部，轉發寧夏安置，仍知照該管將軍嚴行約束可也。爲此合咨前去，欽遵查照施行。等因。經前任將軍臣席伯，隨將王廷僖發交步營官員安置公所去處，嚴加約束，毋致交接生事。每年歲底，將發來披甲安置，以及爲奴之人，具題奏聞在案。

臣于雍正玖年叁月間，到寧署理將軍印務，揀閲案卷，查看得，王廷僖因向查嗣庭處朦混具呈，希冀開復，部擬杖壹百，徒叁年，至配所折責肆拾板。等因。于雍正伍年貳月叁拾日摺奏，面奉上諭："王廷僖，著免其杖徒，發往寧夏安置。著該將軍等嚴加約束，不許交接生事。如伊知罪改悔，安静守分，數年之後，著該管將軍等題奏，朕另下諭旨。倘怙惡不悛，則永遠安置。欽此欽遵。"在案。臣到任之後，詢據該管官回稱，王廷僖自抵寧夏，恪遵功令，安静守分，并無事故。彼時臣因莅任未久，且未親見的確，是以不敢冒昧具奏。今臣等署事以來，已歷貳載有餘，細加查察，王廷僖自雍正伍年肆月初貳日發到寧夏，以至于今，陸年有餘，自知己罪，痛加改悔，安静守分，并無通鄉里親友書札來往、妄生事端之處。理合遵奉原旨恭疏，具題奏聞，伏乞皇上睿鑒施行。爲此具本，謹具題聞。

雍正拾壹年肆月貳拾捌日。

署理寧夏將軍印務、正紅旗都統、加貳級仍降叁級臣傅泰，署理寧夏副都統事務、參領、加壹級臣佟善。

【貼黄】

署理寧夏將軍印務、正紅旗都統、加貳級仍降叁級臣傅泰等謹題：爲請旨事。

該臣等看得，雍正伍年肆月初貳日，准刑部咨開：内閣九卿等會審得，王廷僖向查嗣庭處遞呈壹案，擬杖壹百，徒叁年，至配所折責肆拾板。等因。摺奏，面奉上諭："王廷僖，著免其杖徒，發往寧夏安置。如伊知罪改悔，安静守分，數年之後，著該管將軍等題奏，朕另下諭旨。倘怙惡不悛，則永遠安置。欽此。"轉發到寧，經前任將軍臣席伯隨將王廷僖發交步營官員安置公所去處，嚴加約束在案。臣等到寧署理印務以來，細察王廷僖自雍正伍年肆月初貳日發到寧夏，以至于今，陸年有餘，自知己罪，痛加改悔，安静守分，并無妄生事端之處。理合遵奉原旨，恭疏具題，伏乞皇上睿鑒施行。謹具題聞。

【注一】本面餘紙之背書："五月初九日。"

【注二】本面餘紙記注。

【《明清檔案》A56—17，B31823—B31826】

蘭州巡撫許容奏聞各屬普降雨水情形摺

雍正十一年五月初六日

蘭州巡撫臣許容謹奏：爲奏得應時普雨，仰慰聖懷事。

竊照城省本年二三兩月雨水，業經繕摺奏聞。查三月之雨，不及二月入夏以後，漸覺亢暘。臣于四月十五日，躬率文武，虔誠祈禱，并切諭各屬齊一心志，冀獲甘霖。十五、二十三雖得雨澤，未遍未足。至二十五日，接閱邸抄得，三月二十四日，我皇上因京師雨雪稀少，特命五城齋僧道萬衆，即于二十六日澍雨滂沛，四野均沾之。諭旨，臣當即商同司道，于四月二十六日起，在蘭城大佛寺，不論住家、游方番漢僧道，齋飯三日，而二十六七，即甘霖普降，至五月初二，更稠雨優渥。……寧夏府屬之寧夏、寧朔、靈州、中衛、平羅、新渠、寶豐，西寧府屬之西寧、碾伯，俱報沾足。又，平凉府屬之固原廳州，鞏昌府屬之寧遠、伏羌、通渭、西固、洮州，臨洮府屬之狄道、渭源，歸德所，秦州屬之徽縣，甘州府屬之張掖、山丹，凉州府屬之武威，西寧府屬之大通衛，亦各報先後得雨二三四五寸不等。……臣緣雨水爲日前第一要務，差賫恐稽時日，是以由塘奏報，伏惟聖鑒。臣謹奏。

雍正十一年五月初六日。

實慰朕懷。

【《雍正朝漢文硃批奏摺匯編》第24册，第470頁第385條】

陝西寧夏總兵蕭生岱奏請陛見摺

雍正十一年六月初三日

陝西寧夏總兵臣蕭生岱跪奏：爲恭請陛見，以抒臣悃事。

竊臣邊鄙庸材，受聖祖仁皇帝、我皇上豢養深仁，致身行伍，歷職偏裨，廩禄虚縻，寸長未效。雍正四年十月内，謬以保送赴京，恭覲天顔，欽承訓諭。重荷特恩，賞給孔雀翎，授臣二等侍衛。臣自分何人，得與侍從諸臣，同隨班列，恩榮逾格，感戴難名。正在竭駑行走，乃十日之間，即奉旨授臣江西廣信營參將。任事未及二載，復蒙聖恩，擢授福建將軍標中軍副將。雍正十年正月内，欽奉特旨，畀臣寧夏總兵。六載之中，屢沐隆恩，至優至渥。且臣母年逾八十，今得就近迎養，烏鳥私情，又上荷洪仁，錫類之所及也。母子銜恩，曷其有極。

臣奉命之日，適因西陲時值用兵，軍務殷繁。臣遵旨，即赴新任，犬馬微忱，依戀彌切。及抵寧夏，凡承辦之軍需，與拴喂各案之馬匹，均關緊要。而臣瞻天仰聖之誠，未敢遽行陳請。今查拴喂馬八千餘匹，内已撥解甘肅固原等處共馬五千餘匹，其餘三千餘匹，臣選擇水草豐足處所，遴委員弁，經理牧放。臣于下廠之後，親往查驗，膘息尚好。至于承辦軍營應需之弓箭、腰刀、旗幟、鍋帳、號衣、皮衣，以及一切軍裝等項，俱已督製齊全，現在陸續解送。計七月間，尚在稍暇之時。且寧夏爲朔方要鎮，邊防重務，地利民情，凡臣所見知者，亦非摺奏可以備陳。仰懇聖恩，准臣于七月間，自備脚力，由沿邊兼程赴京，既得上覲天顔，以遂犬馬瞻依之悃，又能恭請訓旨，以伸駑駘報效之忱，庶臣職臣心得以兼副，而邊機庶務均有遵循矣。臣謹繕摺，專差家人謝文陞恭賫具奏，伏祈皇上睿鑒。爲此謹奏請旨。

雍正十一年六月初三日。

來京陛見，且不必，竭力勉爲之。

【《雍正朝漢文硃批奏摺匯編》第24册，第636頁第525條】

署陝西總督劉於義奏報陝甘二省普降雨水情形摺

雍正十一年六月十一日

吏部尚書、署理陝西總督印務并辦理軍需事件臣劉於義謹奏：爲恭報及時普雨，仰慰聖懷事。

本年三月以前雨澤，業經繕摺奏報在案。查陝甘二省，惟四、五兩月需雨最急。……又據平凉府屬之平凉、崇信、華亭、鎮原、固原州、涇州、靈臺、隆德、静寧州、莊浪，自四月十三日起，至五月初十日，各報得雨一二三四寸，以至五六七寸、八九寸、尺餘。……又據寧夏府屬之寧夏、寧朔、平羅、中衛、靈州、新渠、寶豐，自四月二十四日起，至五月初十日，各報得雨一二三寸，以至四五六寸。……現在陝甘兩省各州縣四月、五月俱已普遍得雨，雖陝屬之清澗、米脂，甘屬之安化、固原州等處得雨少遲，夏麥收成未免稍減，然秋苗正在播種，得此及時甘雨，無不發榮滋長。至口外各衛所四五月間，亦時有雨澤，渠水暢流，灌溉充足。瓜州開墾地畝，泉水尤屬富餘，禾苗極其茂盛。此皆我皇上至誠感召，靈雨應期，邊省民情踴躍歡忭。若六月中再沛甘霖，秋成定獲豐稔。理合繕摺奏報，上慰聖懷。謹奏。

雍正十一年六月十一日。

覽。

【《雍正朝漢文硃批奏摺匯編》第24册，第666頁第550條】

署陝西總督劉於義等奏議令延固凉甘肅各提鎮分别派飼馬匹解送西路軍營摺

雍正十一年八月二十一日

吏部尚書、署理陝西總督印務并辦理軍需事件臣劉於義等謹奏：爲酌議撥解馬匹事。

雍正十一年八月十九日，准户部咨開：大學士伯鄂爾泰等奏稱，查各蒙古王台吉等進貢及德爾芬等采買之馬，共存五千九百七十一匹。西路預備馬匹尚屬不敷，請將此項馬匹，再于歸化城都統丹津處現存馬内，挑出一千二百二十九匹，共湊七千二百匹，派員趕送赤金等處牧放，過冬備調。令管領解送之員，隨時酌量，如邊外冬月尚可行走，即由邊外送至赤金等處，倘或下雪甚早，難于行走，再于所至之處就近，或進寧夏之横城口，或進中衛縣口，由内地凉、甘一帶趕送。令沿途地方官支給草料，交趕送之人飼喂。令署督劉於義等先期酌量，或應令送至肅州查收，另派弁兵轉送赤金等處牧放過冬，抑或應分令甘、凉、肅標營喂養過冬，即委員于甘、凉地方查收之處，奏聞辦理。等因。雍正十一年八月初二日，奉旨："依議。"欽遵行知。等因。

查邊地下霜甚早，即如甘、凉牧廠各提、鎮牧放軍需馬匹，見以天氣早寒，請于八月十六等日收槽喂養在案。又，前上都達布孫訥爾牧群挑選，及歸化城、鄂爾多斯采買駝隻，并署大將軍臣查郎阿鄂爾多斯六旗購買馬匹，已經數月，至今尚未報到赤金、達里土等處，可見口外中途紆遠，解送需時。今此項七千二百匹馬，于八月内起程，若再由口外趕送赤金，正遇霜雪之時，恐不能保全膘力，似應于寧夏等處進口趕送，方爲有益。至應送至赤金等處牧放過冬，抑或應分令甘、凉、肅標營喂養過冬之處，臣等急心籌畫。赤金等處，雖云青草豐茂，已有上都達布孫訥爾牧群等處挑選及采買駝三千隻，又有鄂爾多斯六旗購買之馬九千七百匹，俱在赤金等處牧放過冬，是牧放駝、馬已不爲少。此項馬匹遠涉而來，膘息自必减損。若令牧放，適值冰雪在地，口外草枯，未免不能上膘。見今口内、口外購買馬匹甚難，雖欲節省錢糧，尤宜慎重馬匹，似應仍分各標營拴槽喂養，始可以收實用。臣等查甘提、凉鎮二標營見在各喂存剩軍需馬二千餘匹，若將此項馬七千二百匹多派分喂，不特料草艱于供支，即弁兵亦難于照管。

除寧夏鎮標亦有存剩軍需馬三千餘匹見在喂養外，唯延綏、固原二提鎮并無喂養馬匹，二處料草價值，亦尚平賤。臣等本年撥解大營馬一萬五千匹，内有延綏鎮喂養馬一千五百匹，固原標喂養馬七百餘匹。臣等嚴飭解官沿途用心喂飼，緩緩趕送，到肅之日，膘息并不瘦减。内有膘力稍次者，在肅喂養數日，復行膘壯，俱即解送軍營。可見延綏、固原雖較甘、凉稍遠，止須解送得法，膘息并不减退。臣等愚見，似應將此七千二百匹馬派延綏鎮標分喂二千匹，固原提標分喂二千匹，其餘三千二百匹派凉州鎮標再喂一千匹，甘州提標再喂一千匹，肅州鎮標派喂一千二百匹，俱照例支給草料，加意喂飼。臣等咨明署大將軍臣查郎阿，于軍營需用時，先期移知檄調各提、鎮、營緩緩解肅，趕送軍營，似于軍需馬匹，實存裨益。倘蒙皇上采擇，并懇敕部知會解馬之副都統、侍衛等，將馬二千匹進榆林之紅山市口，以便交延綏鎮接收，其餘馬匹，或進寧夏之横城口，或進中衛縣口，臣等當派撥弁員分頭領送，各提、鎮驗收可也。是否允協，伏祈皇上睿鑒訓示施行。謹奏請旨。

雍正十一年八月二十一日。

吏部尚書、署理陝西總督印務并辦理軍需事件臣劉於義，副都御史臣二格。

【《雍正朝漢文硃批奏摺匯編》第24册，第958頁第782條】

蘭州巡撫許容奏報飭令寧夏等府分派各縣照收穫分數及時價采買粟米以供軍需摺

雍正十一年九月初六日

蘭州巡撫臣許容謹奏：爲采買粟米，以供軍需事。

竊照甘省，今歲收成，較勝往年。前于麥、豆登場之時，經臣奏請，動發軍需銀兩，照依現行時價，在于臨洮、鞏昌、寧夏三府屬采買小麥六萬京石，豌豆四萬京石，并聲明粟米一項，俟秋穀登場，再行議買，已經奉有廷議，轉飭遵辦在案。今時已九月，秋成已定。臣查照收穫分數，斟酌應買多寡。寧夏府屬可買粟米二萬四千石，内分派寧夏縣五千石，寧朔縣五千石，靈州五千石，中衛縣六千石，平羅縣三千石。鞏昌府屬可買粟米一萬四千石，内分派隴西縣二千五百石，寧遠縣二千石，伏羌縣二千石，通渭縣一千石，會寧縣二千石，安定縣二千石，靖遠縣一千五百石，西和縣一千石。平

凉府屬可買粟米一萬石，内分派涇州二千石，靈臺縣二千石，鎮原縣一千二百石，崇信縣八百石，平凉縣一千石，静寧州一千石，固原廳一千石，固原州一千石。臨洮府屬可買粟米一萬二千石，内分派狄道縣三千石，河州三千石，蘭州四千石，金縣二千石。以上共買京斗粟米六萬石。除一面飭司酌發寧夏府銀二萬四千兩，鞏昌府銀一萬四千兩，平凉府銀一萬兩，臨洮府銀一萬二千兩，各今照依現行時價，上緊采買，俟買完之日，有餘申繳，不足找領核實，在于軍需項下報銷。仍嚴查侵冒扣短，期于帑項、民生兩無虧累。爲此繕摺具奏，伏祈皇上敕交辦理軍需大臣查核存案飭知，以便將來報銷。臣謹奏。

雍正十一年九月初六日。

【《雍正朝漢文硃批奏摺匯編》第25册，第64頁第54條】

蘭州巡撫許容奏報告各屬收成分數摺

雍正十一年十月初四日

蘭州巡撫臣許容謹奏：爲奏報全省收成分數事。

竊照甘省，今歲收成，勝于往年。兹據署布政司趙挺元呈報……寧夏府屬夏田收成十分者居十之五，九分者居十之四，八分者居十之一；秋田收成十分者居十之二，九分者居十之六，八分者居十之一，七分者居十之一。……臣查甘省正值用兵，全賴收成豐稔，今兩禾俱登，軍需有資，民食不匱，臣身在地方，實深慶幸，理合繕摺奏報，仰慰聖懷。臣謹奏。

雍正十一年十月初四日。

以手加額覽焉。

【《雍正朝漢文硃批奏摺匯編》第25册，第201頁第160條】

署陝西總督劉於義奏報甘省各屬收成分數摺

雍正十一年十一月初四日

吏部尚書、署理陝西總督印務并辦理軍需事件臣劉於義謹奏：爲恭報收成分數事。

查陝省收成分數，各屬稟報稍遲，由撫臣就近確查會臣具奏外，所有甘省各府州屬及口外各衛所，今歲俱獲豐登，收成分數，較勝往年。據署布政趙挺元呈報……寧夏府屬夏田收成十分者居十之五，九分者居十之四，八分者居十之一；秋田收成十分者居十之二，九分者居十之六，八分者居十之一，七分者居十之一。……臣查甘省爲軍需總滙，兵民輻輳，全賴米糧充足。今歲河東、河西，以及口外各衛所，兩禾豐登，軍糈民食，俱得寬裕。所有收成分數，理合繕摺奏聞。謹奏。

雍正十一年十一月初四日。

深感上天慈恩實嘉卿等忠誠之所召致，欣幸之懷，筆難批諭。

【《雍正朝漢文硃批奏摺匯編》第25册，第342頁第269條】

署陝西總督劉於義奏報甘陝得雪情形摺

雍正十一年十一月初四日

吏部尚書、署理陝西總督印務并辦理軍需事件臣劉於義謹奏：爲恭報瑞雪事。

……又據寧夏府屬之寧夏、寧朔二縣各報，十月初五日得雪五寸；靈州具報，十月初四日得雪四寸；新渠縣具報，十月初四、初五等日得雪四寸；寶豐縣具報，十月初四、初五等日得雪一寸。……又據平凉府屬鹽茶同知具報，十月初五日得雪三寸，初七日得雪二寸；平凉縣具報，十月初七、初八等日得雪三寸；崇信縣具報，十月初七日得雪三寸；華亭縣具報，十月初七、初八等日得雪四寸；鎮原縣具報，十月初七日得雪四寸；固原州具報，十月初五日得雪三寸，初七日得雪二寸；涇州具報，十月初七、初八等日得雪三寸；靈臺縣具報，十月初七、初八等日得雪二寸；隆德縣具報，九月十六、二十等日得有瑞雪，十月初五日得雪二寸，初七、初八等日得雪三寸；静寧州具報，十月初七日得雪一寸。……據各屬呈報前來，又可卜來歲豐年之兆。理合繕摺奏聞。謹奏。

雍正十一年十一月初四日。

手加額，覽焉。

【《雍正朝漢文硃批奏摺匯編》第25册，第344頁第270條】

署寧遠大將軍查郎阿等奏報本年屯田收成數目并請將監屯員弁分别勸懲折

雍正十一年十一月十八日

署寧遠大將軍臣查郎阿等謹奏：爲恭報雍正十一年分屯田收成數目事。

……伏查臣等原奏收穫十分以上者，兵丁量賞一個月鹽菜銀兩，監屯弁員，准予紀録一次。收至十五分以上者，兵丁賞給兩個月鹽菜銀兩，監屯弁員，准其加一級。收至二十分者，兵丁賞給三個月鹽菜銀兩，監屯弁員，准其以應陞之缺補用。若有懶惰侵蝕者，兵則按其輕重捆責示懲，監屯弁員，參革追賠。總理之員，果能勤謹查察，收穫數多，題請酌量議叙。等因。奏明在案。今各鎮收成分數多寡不等，自應照依原奏，分别賞罰。除收十分以上、十五分以上、二十分之兵丁，俟查明給賞，另行造册送部，作正開銷外……收成十分以上之監屯弁員：固原城守營參將盧度瑾，固原提標後營游擊楊玉……固原提標前營把總郅宗……固原提標左營委署把總屈必伸，固原提標右營委署把總張鳳……固原提標中營經制外委把總王成，固原提標右營經制外委把總張耀才。以上各弁員，應聽部議。……所有雍正十一年分收成數目，謹繕摺恭奏，伏祈皇上睿鑒，敕部施行。爲此謹奏。

雍正十一年十一月十八日。

署寧遠大將軍臣查郎阿、副將軍臣張廣泗、副將軍臣常賚。

【《雍正朝漢文硃批奏摺匯編》第 25 册，第 454 頁第 357 條】

蘭州巡撫許容奏請改于寧夏采買粳米運供大營官員口糧摺

雍正十一年十一月二十一日

蘭州巡撫臣許容謹奏：爲奏請改撥粳米，以免貽誤軍需事。

竊照籌撥甲寅[①]年八月以後大營官兵口糧案内，經臣奏請，在于陝省收到湖廣粳米内撥運五千石。業蒙聖恩俞允，今准陝撫來咨，湖廣運到，係梭子米，且自楚運陝，多受潮濕，不堪運營供支，已議改運粟米。繕摺具奏，知會到臣。臣查前項粳米，原備大營官員口糧，楚米既不堪用，已經改運粟米，應俟運到肅州之日，留備别項供支，另于甘省派辦粳米五千石運肅轉運。第查甘省出産粳米，衹有甘州府屬之張掖、肅州屬之高臺，以及寧夏府所屬州縣，而張、高兩縣出産原少，價值甚昂，前案派辦者，尚未買足運完，自不得不派之寧夏所屬。而寧夏現在辦運粳粟米麵已有五萬餘石，爲數繁多，又不難于買而難于運。臣同署布政司趙挺元商議，令該管道、府酌量所屬出産多寡，從公分派，趁時采買完備，明歲春月，先運一半至凉，交卸轉運肅州，其餘一半，緩俟秋後，再行起運，與供支尚可無誤，而民力亦不至十分拮据矣。除飭司轉行遵照，并令將應需買價以及應製口袋價銀，同運

①甲寅：雍正十二年（1734）。

送脚價，均照例在于軍需銀内動發外，所有改辦粳米緣由，理合繕摺奏明，伏祈皇上敕交辦理軍需大臣查核飭知，以便將來報銷。爲此謹奏。

雍正十一年十一月二十一日。

【《雍正朝漢文硃批奏摺匯編》第25册，第471頁第368條】

署陝西總督劉於義等奏報于寧西肅三處停止采買駝隻原由并請竊銷已經采買之項摺

雍正十一年十二月初四日

吏部尚書、署理陝西總督印務并辦理軍需事件臣劉於義等謹奏：爲欽奉上諭事。

雍正十年十月初三日，准户部咨，雍正十年九月二十一日，奉上諭："據張廣泗奏稱，軍營之駝僅有二千餘隻。朕思軍營駝隻甚屬緊要，僅二千餘駝，實不敷用。爾等可行文與署總督劉於義、巡撫許容等于青海西寧、肅州附近處，將蒙古番子等駝隻儘力購買，照官買馬匹一例喂養。欽此。"等因。移咨前來。臣等即飛檄西寧、肅州及素産駝隻之寧夏、榆林、神木各鎮道官，并知會管理夷情侍郎馬爾泰、部郎卓鼐等儘力購買去後。嗣因各該處報稱，駝隻短少，價值昂貴。臣等繕摺奏聞，于雍正十一年正月二十一日，准户部咨開：大學士伯鄂爾泰等奏，據劉於義等奏稱，遵旨采買駝隻，現今駝隻短少，價值昂貴，可以稱用者，頭號六十兩，二號五十兩，三號四十兩，自難執定從前報銷之例。致有勉强勒買，苦累夷民，固飭于五十兩以内揀選采買。等語。查西寧等處從前采買駝隻，每隻定價自十五兩至三十兩報銷在案。今每隻五六十兩，較定價增至一倍，不特所費浮多，且恐不肖之徒販賣圖利，必致産駝各處價值俱昂，應令該督劉於義等仍照報銷定價儘力采買，如不能多得，即奏明停止。等因。奉旨："依議。欽此。"行文到臣，隨

檄行西安、甘肅布政司轉移各該處遵照去後。

今據西安布政司碩色詳稱，榆林、神木、定邊、懷遠等處共采買駝九十三隻，每隻價銀二十五六兩以至三十四五兩不等，共用銀二千七百五兩，遵照定價三十兩核算，計買駝九十三隻，該價銀二千七百九十兩，今止用銀二千七百五兩，尚節省銀八十五兩。俱在未奉部文定價以前買獲之駝，至奉文定價以後，并無買獲，無憑開報。再，榆、神等處駝隻，除挑買之外，竟無堪以適用者，似應停止采買。等情。又據署甘肅布政司趙挺元詳稱，查寧夏各州縣共采買駝一百一十九隻，内除靈州采買駝六十隻，照三十兩定價，節省銀二百二十五兩，中衛縣采買駝一十一隻，照三十兩定價，節省銀二十二兩外，其寧夏、寧朔、平羅三縣共采買駝四十八隻，照三十兩定價，長用銀一百九十一兩。内除寧夏縣采買駝四隻，節省銀八兩外，止長用銀一百八十三兩。西寧采買駝二百七隻，照三十兩定價，長用銀六百九十一兩。肅州采買駝二十一隻，照三十兩定價，長用銀一百兩。以上采買駝隻，共長用過價銀九百七十四兩。原係未奉部文以前采買之駝，可否將此先買駝隻長用過價銀以公用銀兩撥補造銷。再，各處既稱駝隻缺少，價值昂貴，似應停其采買。至此案，寧、西、肅三處，共買獲駝三百四十七隻，已經收喂年餘。或應于明年三四月間，青草滋長，撥解軍營之處，一并詳議，統候裁奪。等情。各呈詳前來。

查此案采買駝隻，前奉廷議，令臣等照從前定價，每隻自十五兩至三十兩報銷，如不能多得，即奏明停止。等因。臣等檄行各處儘力采買去後。今據榆林、神木及寧夏、西寧、肅州等處共采買駝四百四十隻。此外據稱駝隻缺少，價值昂貴，難于購覓，自應遵照廷議，停其采買。至寧、西、肅三處，共采買駝三百四十七隻，内除靈州等處采買駝七十五隻，照三十兩定價，節省銀二百五十五兩外，共餘采買駝二百七十二隻，共長用過價銀九百七十四兩。據署布政司趙挺元詳稱，係未奉部文以前采買之駝，請將長用價銀以公用銀兩撥補。等語。伏查此項長用駝價銀兩，前以駝隻缺少，價值昂貴，臣等奏明飭辦之後、未奉廷議之先采買之項，令據呈請以公用銀兩撥補前來，仰懇聖恩，可否准其以公用銀兩撥補報銷之處，相應具奏請旨。再，趙挺元詳稱，買獲駝隻收喂年餘，請于明年三、四月間撥解軍營。等語。臣等已咨詢署大將軍臣查郎阿軍營何時需用駝隻，俟調撥至日，即行趕解赴營。除陝甘各屬所買駝隻銀數，另册送部外，理合繕摺具奏，伏祈皇上睿鑒施行。謹奏請旨。

雍正十一年十二月初四日。

吏部尚書、署理陝西總督印務并辦理軍需事件臣劉於義，副都御史臣二格，蘭州巡撫臣許容。

【《雍正朝漢文硃批奏摺匯編》第25册，第586頁第454條】

署陝西總督劉於義等奏報武生石屏藩懇請用爲間諜説合準彝處用事喇嘛内應摺

雍正十一年十二月十五日

吏部尚書、署理陝西總督印務并辦理軍需事件臣劉於義等謹奏：爲據稟密奏事。

雍正十一年十二月十四日，據護理寧夏鎮總兵官印務、署平羅營參將劉順稟稱，本年十一月二十九日，有武生石屏藩往該鎮衙門投書一封，内稱有賊夷處用事喇嘛李洪鍾係伊交好，今有機會，欲充内應。等語。該鎮會同寧夏府知府顧爾昌詢，據石屏藩稱係西寧人，有幼時同學攻書之臨洮府屬河州人李洪鍾，于康熙五十九年在西寧哆壩地方相遇，彼時洪鍾已出家爲喇嘛。據洪鍾自稱，在丹津羅卜藏處爲宰僧，番名額爾特尼倬爾濟，彼時即有招致屏藩、同侍番王之語，屏藩未允而别。今于本年八月初十日，屏藩赴寶豐市

口夷漢交易之處，于衆夷人内，遇一喇嘛名托布拉，乃李洪鍾手下辦事之人，即係在哆壩相遇時跟隨者。彼言大喇嘛現在伊里，時常想你，使人尋你不著。等語。并欲令屏藩改扮喇嘛服色同行，屏藩又托言父母有疾，約以來年于西寧哆壩相候，以三月二十頭爲期。等語。屏藩生居聖世，頗知順逆，懇請用爲間諜，當説合李洪鍾共效忠義，以報國恩。等語。除通知寧夏道鈕廷彩，將石屏藩密發地方官小心收管外，相應將原書一并密稟。等情。又據署甘提臣劉世明亦據稟寄信前來。臣等伏思間諜一事，雖兵法所有，武生石屏藩現在寧夏，臣等未見其人。稟内有喇嘛托布拉約于明年三月在西寧哆壩相候之語，其應作何辦理之處，臣等不敢擅便，理合據稟奏聞。所有署寧夏總兵劉順原稟及石屏藩原書二件，一并恭呈御覽，伏祈皇上睿鑒訓示施行。謹奏請旨。

雍正十一年十二月十五日。

吏部尚書、署理陝西總督印務并辦理軍需事件臣劉於義，副都御史臣二格。

【《雍正朝漢文硃批奏摺匯編》第25册，第620頁第477條】

署陝西總督劉於義等奏報寧夏肅州各營顧覓夫役協同兵丁飼喂軍需馬匹摺

雍正十一年十二月十六日

吏部尚書、署理陝西總督印務并辦理軍需事件臣劉於義等謹奏：爲奏聞事。

查喂養軍需馬匹，各州縣分喂之馬，俱係雇夫飼喂，各標營分喂馬匹，即派撥兵丁飼喂。雍正十年十一月，内都統黑色管解馬一萬匹、餘馬六百匹，臣等分撥榆林、寧夏兩處喂養。寧夏鎮分喂馬五千匹。又因甘州已經喂

馬五千餘匹，草料昂貴，采買維艱，將分派榆林馬内應解甘州之撥補勇健營馱馬二千四百九十匹，并黑色所解餘馬六百匹，一并留寧喂養。隨據原任寧夏鎮總兵官蕭生岱呈稱，寧夏鎮屬各營原額馬步守兵九千五百四十六名，又新募馬步兵一十五百名，共馬步守兵一萬一千四十六名。内除兩次進剿馬步兵二千六百九十三名，各官親丁馬步守兵七百九名。甘蘭省塘并轉送文報馬步守兵三百一十一名，公費步守兵二百九十五名，委署把總并安站運糧馬步兵六十六名，分防各堡墩臺隘口道路汛守兵丁二千四百九十六名，貼防衝險要隘以及游巡馬步兵九百八十名，鎮屬各衙門辦理軍需文册字識馬步守兵三百八十九名，又標路營堡守門巡城坐堆馬步守兵七百八十名外，實在存營馬步守兵二千三百二十七名。現在攢槽拴喂營馬二千六百六十九匹，又分喂陝省各州縣馬四百九十五匹，太原府馬三百匹，備賞馬三百匹，副都統黑色解來留寧喂養馬五千匹，共馬八千七百六十四匹。每馬四匹，需兵一名，共用兵二千一百九十一名外，止剩兵一百三十六名，實不敷分喂。請將挑解勇健營馬二千四百九十匹，并餘馬六百匹，共馬三千九十匹，遵照四馬一夫之例，共需夫七百七十二名。除前剩兵一百三十六名外，雇覓强壯夫役六百三十六名鍘草拌料，協同兵丁經喂，庶于軍需馬匹大有裨益。等情。

又據肅州鎮總兵官沈力學呈稱，肅標收喂甘標解到軍需馬一千七十七匹，乃係明春調解軍營之馬，最關緊要。查本標三營，原額設馬步守兵二千九百三十六名，内除先後出征口外安站，并各官親丁公費馬步守兵一千六百四十六名，守把三城并東關大梢門馬步守兵四十二名，城内、城外并巡城及東關二梢門馬步守兵一百二名，遠近差遣及經喂營馬馬步守兵二百六十三名，各官書識、跟役、馬步守兵三百四十九名，委署千把并經制外委、功加跟役及看守當鋪、綢鋪、磨房馬步守兵五十七名，坐墩守兵一百二十五名，碾造火藥馬步守兵五十三名，看達子步守兵三名，看守軍需銀庫及監獄馬步守兵二十二名，三次赴京送達子馬兵一十名，三岔河巡哨放卡馬兵五十名，預備橋灣護送銀兩馬步兵六十名外，三營止存馬步守兵一百五十四名。以所喂馬數合算，每兵一名喂馬四匹，共該兵二百六十九名。除現存馬步守兵一百五十四名，尚不敷喂馬兵一百一十五名，請飭令地方官雇覓民夫，分撥三營，與肅標現在兵丁協同加意喂養，實于軍務有益。等情。各呈詳前來。

查寧夏鎮喂馬衆多，肅州鎮，差繁兵少，存營兵丁不敷分喂軍需馬匹之用。據各該鎮詳請雇覓民夫，協同經喂。臣等以軍需馬匹關係緊要，喂馬兵丁不敷，自應雇覓夫役，協同飼喂。隨飭令各該地方官照依鎮營所需夫役名數，雇覓强壯民夫，移送各營，協同兵丁，加意經喂在案。理合奏聞，伏祈皇上飭部存案施行。謹奏。

雍正十一年十二月十六日。

吏部尚書、署理陝西總督印務并辦理軍需事件臣劉於義，副都御史臣二格，侍郎臣蔣洞。

【《雍正朝漢文硃批奏摺匯編》第25册，第640頁第484條】

雍正十二年（1734）

署陝西總督劉於義奏報察看插漢鄂羅東難以開墾情形摺

雍正十二年正月二十六日

吏部尚書、署理陝西總督印務并辦理軍需事件臣劉於義謹奏：爲采訪糧運道路等事。

雍正十一年三月十七日，准户部咨開：英誠公豐勝額等奏，據杭奕禄爲北路軍糧籌算，請派員赴哈爾哈奈地方踏看運道，意欲以寧夏之米辦運北路。臣等思寧郡米石既供西路，若又協辦北路，沿邊如甘、凉、肅諸處，勢必糧價愈昂。即令廣爲屯田，糧石富餘，而挽運脚力，亦屬非易。况北路軍糧取給于直隸、山西二省，糧價亦不至如甘省之貴。正無藉甘省協辦，應將杭奕禄所請差員前往哈爾哈奈地方踏看運道之處，毋庸議。至請于寧夏新渠之北插漢鄂羅木地方開墾之處，查杭奕禄請于該地屯田，原爲兩路軍糧起見，而該地離兩路軍營俱遠。且招募客民屯種，緩不濟事，似非目前要務。或開墾至數年後，于邊地積儲稍有裨益，亦未可定。應行令署督劉於義從容訪察，委員前往，確看情形，將開墾有無裨益、于蒙古游牧有無妨礙之處，詳悉妥議，具奏到日再議。等因。雍正十一年三月初二日，奉旨："依議。欽此。"等因。移咨到臣。臣隨檄飭寧夏道鈕廷彩遴選熟習夷地幹員，并令寧夏鎮委派武職一員，會同前往插漢鄂羅木確看情形去後。

今據鈕廷彩詳稱，遵即遴選寶豐縣知縣費楷，會同寧夏鎮標左營守備李源銘親往插漢鄂羅木踏看。玆據費楷等詳稱，查看得插漢鄂羅木在寧夏之東北，自寧夏府城北行二百里，至野馬川喀爾喀温布吉托薩駐牧，又四十里至鐵墨勒托魯賀冒衚衕達王公管下官生讀駐牧，又四十里至石頭槽達王公駐牧，又二十里至噠喇叭咳達王公管下班第駐牧，又二十里至紅柳樹并達王公管下散夷駐牧，又三十里至吊溝爲鄂爾多斯地方，又三十里至呢氣工鄂爾多斯吐布加台吉部落駐牧，又二十里至屋浪木渡，又一百四十里至白塔，又四十里至插漢鄂羅木。自寧夏府城至插漢鄂羅木，共五百八十里，一路逾山越嶺，無水草之處甚多，此陸路也。若從大河舟行，自寧夏府横城渡口起，二百里至寶豐縣市口堡，河水稍平，迤北則黄流湍急，波濤汹涌，舟楫難行。至細勘插漢鄂羅木地方，係黄河沿邊灘地，現今水落之時，大半尚在水中，與食喇木渡灘、卜拜納他蘇灘三灘相連，延長六十餘里，廣闊不過七八里，係鄂爾多斯部落杭蓋貝子喏爾、掌目蘇貝勒二家散夷駐牧之地。每遇春夏水發，人畜不能住站。夷人皆遷入山中，冬間以此地所産紅柳甚多，可以燒烤，又復駐牧于此。若欲于此地屯田，形勢低窪，每年春夏之交，河水長發，大半淹泡，必須築堤障水，工費浩大。又離寧夏寫遠，若從内地招民往彼開墾，勢必先運糧石，充作口糧，并蓋房築堡，給與籽種、牛具等項，道路崎嶇，搬運更覺費力。兼之常有夷人住牧，恐未便夷漢雜居。似此情形，實有難于開墾。等情。由寧夏道鈕廷彩核轉前來。

臣查插漢鄂羅木雖離寧夏不過五百八十餘里，但陸路則逾山越嶺，難以行車，水路則黄流急湍，難用舟楫。若欲招民屯墾，口糧、籽種、牛具、農器，以及建屋木植等項，恐難運送。至插漢鄂羅木，俱係灘地，若不築堤障水，春夏之交，河水長發，灘地不能涸出，難施耕種。若欲築堤，工費甚大，恐屯種所出，不償所費。况原係夷人駐牧之地，夷漢雜處，恐生事端，屯墾一事，似難舉行。所有確看過插漢鄂羅木難以開墾情形，理合奏聞，伏祈皇上睿鑒。謹奏。

雍正十二年正月二十六日。

【《雍正朝漢文硃批奏摺匯編》第25册，第811頁第622條】

署陜西總督劉於義奏報平羅寶豐二縣地勢情形及應行移調營汛緣由摺

雍正十二年正月二十六日

吏部尚書、署理陜西總督印務并辦理軍需事件臣劉於義謹奏：爲遵旨商辦事。

前革職侍郎杭奕禄請將平羅管將弁兵丁改爲寶豐營移駐寶豐一案。臣查寧夏之平羅縣地方，前因逼近邊墻，最爲要汛，駐扎參將一員，守備、千把各一員，馬步守兵四百五十六名防守。自新開新渠、寶豐二縣，又在邊墻之外，而寶豐縣東臨黄河，西接賀蘭山，離寶豐三十里之柔遠堡，即爲夷人貿易之地，則寶豐爲極邊要地，而平羅又居腹内。寶豐縣新設守備一員、把總一員，抽撥平羅兵一百五十名分汛防守。今杭奕禄請將平羅舊設之參將、守備、千把及存營兵丁改爲寶豐營，移寶豐縣駐扎，即將寶豐縣之守備一員、把總一員、兵一百五十名于平羅營分汛防守，仍歸于改設之寶豐營參將管轄，于邊方要地，亦有裨益。等語。似屬可行。臣檄令寧夏道鈕廷彩親往平羅、寶豐二縣相度地勢情形，果否有益，并于寶豐縣地方作何添蓋衙署、兵房之處，詳審明確，俟申覆至日，再行具奏。經部覆，俟臣另議具奏到日再議。等因。奉旨："依議。欽遵。"行知在案。

今據寧夏道鈕廷彩申稱，職道前往平羅、寶豐兩縣地方親加相度。查平羅一營，居寧鎮之北，西接賀蘭，北鄰沙漠，東與濱河灘地相連，向設參將弁兵駐扎防守。自新開新渠、寶豐二縣，而寶豐又在平羅之北，出邊墻四十里，方至縣治。其地北近石嘴子、鎮遠關等處，俱爲衝要隘口。西面賀蘭山環繞，通夷之隘口甚多。東北一帶，俱係鄂爾多斯住牧。三面環夷，孤懸在外。又，從前在平羅暗門外夷漢互市，今改在寶豐縣北三十里之柔遠堡，一月三次。商販聚集，漢夷錯雜，較之平羅，更屬險要。止設守備、把總并防兵一百五十名，不足以資防禦。此杭奕禄所以有移改平羅營爲寶豐營之條議也。

但查平羅地方遼闊，自西迤南，逼近賀蘭山，通夷之隘口亦多。且沿途有墩臺塘汛，處處須兵防守。若僅以原設寶豐營一百五十名之兵移駐，又慮汛廣兵單，彈壓匪易，似寶豐固爲臨邊之重地，而平羅又屬扼要之咽喉。再四詳審，寶豐屹處極邊，防範宜密，請將舊設之平羅營參將一員，守備、千把各一員，馬步兵丁四百五十六名移駐寶豐，改爲寶豐營。其平羅縣地方，亦屬緊要。查從前設立定遠營，在于寧夏鎮標四營内，抽撥馬步兵丁一百名，派往駐防，雍正十年，遵奉廷議，將原派駐防之官兵掣回，仍令各歸原營差操。今應將此掣回兵丁一百名同原設寶豐之兵丁一百五十名，共二百五十名移駐平羅。其向在寶豐之守備一員、把總一員，請照專城之例，守備改爲都司，把總改爲千總，令其在平羅分汛防守，仍隸寶豐營參將管轄，庶爲妥備。

再，查前欽工大人建築柔遠堡爲漢夷交易之處，原因堡之東北無户民墾種田畝，地方寬廣，可以容納。今陸續招徠，柔遠堡四面俱已開墾，夷人從石嘴子進口，或自東渡河西來，民間田禾，難免蹂踏。請將漢夷交易移在石嘴子塘汛附近處所，另築一堡，以爲集場。即在寶豐營撥兵二十名，駐于堡内，再抽調千總一員，帶兵五十名，駐于柔遠堡，聲勢聯絡，呼應即靈，更爲有益。

至于添蓋衙署、兵房之處，除平羅無庸添設外，寶豐縣舊有守備衙署一所，把總衙署一所，并原設兵房七十五連。每四間爲一連，共三百間。應添蓋參將衙署一所，兵房一百一十八連，共四百七十二間。柔遠堡添蓋千總衙署一所，兵房二十五連，共一百間。石嘴新築堡内，添蓋兵房十連，共四十間。已飭該縣確估房屋間架廣闊、木石磚瓦、人工價值細數清册，另文詳報。再，將來移調之時，兵丁不必俱令搬换。請于平羅留兵二百五十名，其餘兵二百六名，同鎮標抽調之兵一百名，令赴寶豐，與原設之兵一百五十名，共足四百五十六名之數，并可免跋涉之勞。等情。呈詳前來。

臣查寶豐縣既出邊墻四十里，三面環夷，孤懸在外，自應將平羅營之參將、守備、千把，并馬步兵四百五十六名，移駐寶豐，以重邊防。但據鈕廷彩詳稱，平羅地方遼闊，逼近賀蘭山，通夷隘口亦多，且沿途墩臺、塘汛，處處須兵防守，若僅以原設寶豐營一百五十名之兵移駐，汛廣兵單，彈壓匪易。似應如該道所請，將前設定遠營在于寧鎮四營抽撥未用之馬步兵一百名，同原設寶豐營之兵丁一百五十名，共二百五十名移駐平羅。其專城守備請改爲都司，把總請改爲千總，以資彈壓之處，亦屬妥協。至柔遠堡，向爲漢夷交易之地，今既四面開墾，恐田禾蹂踏，似亦應如該道所請，移在石嘴子塘汛附近之處，另築新堡，聽漢夷貿易。至所稱即在寶豐營撥兵二十名駐于堡内，再抽調千總一員，帶兵五十名，駐于柔遠堡，聲勢聯絡，更爲有益。等語。查漢夷交易，最易藏奸，况現值軍興之時，尤宜稽查嚴密。駐兵二十名，恐不敷用，應請于寶豐營撥兵四十名，駐于石嘴子新堡。其抽調千總一員，帶兵五十名，駐于柔遠堡之處，似應如該道所請，行并令抽調之千總，每逢漢夷交易集期，親至石嘴子新堡，悉心查察，如遇踪迹可疑之人，擒拿究治，以靖邊疆。倘蒙聖恩俞允，其移調之時，請于平羅即留舊兵二百五十名，其餘兵丁二百六名，同抽調鎮標四營兵一百名，令赴寶豐，與原設之兵丁一百五十名，以足四百五十六名原數，不必彼此更换，以滋跋涉。其寶豐應添設參將衙署、兵房，柔遠堡應添設千總衙署、兵房，石嘴子新堡應添設兵房，俟核定估計細數清册，另咨送部。

所有相度平羅、寶豐二縣地勢情形，及應行移調營汛緣由，理合奏聞，伏祈皇上睿鑒訓示施行。謹奏請旨。

雍正十二年正月二十六日。

【《雍正朝漢文硃批奏摺匯編》第25册，第813頁第623條】

欽差内閣學士索柱奏報傳旨申飭提督李繩武不能考察屬員撫馭兵丁摺

雍正十二年二月十六日

臣索柱謹奏：爲奏聞事。

臣于正月初六日起程赴肅，路經甘屬之瓦亭驛，距固原七十餘里，係提督所屬汛界。因預行知會李繩武，于正月二十四日，至瓦亭驛，面傳諭旨："李繩武，受朕深恩，不次陞擢，用至總兵，命署沿邊緊要提督之任。而所屬之神木營兵丁，竟有嘩聚之事，則平日不能考察屬員，督令撫馭兵丁，整飭營伍，顯然易見。爾應深知愧悔，加意黽勉，以贖前愆。倘仍然玩忽，不行約束稽察，再致稍生事端，必將爾加倍治罪。欽此。"據李繩武跪奏云："臣身受聖恩，署理提督以來，每遇屬員，必諄諄訓飭。副將尚相，人材、弓馬，雖屬可觀，而舉止粗率，亦曾嚴切訓飭。乃駕馭乏術，以致兵嘩。雖尚相之不職，實臣之疏于查察，負咎難辭，愧悔無地。惟有竭盡駑力，砥礪黽勉，以贖前愆。”等語。謹此奏聞。

雍正十二年二月十六日。

【《雍正朝漢文硃批奏摺匯編》第25册，第868頁第674條】

署陝西總督劉於義等奏報酌議撥解馬匹喂養變價買補事宜摺

雍正十二年二月十六日

吏部尚書、署理陝西總督印務并辦理軍需事件臣劉於義等謹奏：爲酌議撥解馬匹事。

雍正十一年九月二十二日，准户部咨開：令副都統郭多渾于侍衛三員内派出一員，管解馬二千匹，進榆林之紅山市口，交延綏鎮接收。其餘馬五千二百匹，或進寧夏横城口，或進中衛縣口，令劉於義等派出大員接收，分發標營收喂。等因。又，十月初八日，准户部咨開：據歸化城都統丹津等報稱，解送赤金，尚少馬一百四十匹，從前必里克土諾門汗等所進馬二百匹，并無應用之處，應將此項馬交與郭多渾等解送。等因。查此項馬二百匹，除去應補缺少馬一百四十匹，尚多餘馬六十匹，是延綏鎮應收馬二千匹，寧夏共應收馬五千二百六十匹。臣等即檄飭榆葭道王凝，會同署延綏鎮總兵惠廷祖接收榆林馬二千匹，寧夏道鈕廷彩會同護寧夏鎮總兵劉順接收寧夏馬五千二百六十匹。其分發標營，陝提標檄平慶道佟鋆會同驗收，凉鎮標檄凉莊道菩薩保會同驗收，甘提標檄甘山道岳禮會同驗收，肅鎮標檄肅州道齊式會同驗收，各在案。

嗣據惠延祖會同王凝報稱，十月十五等日，收過侍衛黑雅圖解到堪以喂養馬一千四百四十五匹，疲瘦尚可緩息喂養馬一百六十九匹，不堪喂養口老馬三百四十匹，碎小馬四十五匹，兒馬一匹，共收馬二千匹，内分發延安營喂養，沿途急症倒斃馬一匹，實存馬一千九百九十九匹。等情。據劉順會同鈕廷彩報稱，十一月二十七等日，收過郭多渾解到略有膘分馬二千八百一匹，疲瘦馬六百九十匹，疲瘦不堪馬三百四十三匹，眼瞎、瘡瘸、鼻濕、勞傷等症馬一百四十匹，奄奄待斃馬一百六十一匹。詢據郭多渾咨稱，解送馬內有六十匹未經解來，業已報明辦理軍機大人處在案，實解來寧馬五千二百匹。十月二十九，十一月初一、初三等日，天降大雪，沿途牧馬之草，俱被雪壓。又值朔風嚴寒，陸續倒斃馬一千六十五匹。今現交馬四千一百三十五匹，不無疲瘦。等語。職等即買備籠繮，沿途雇募短夫，緩緩牽送。其乏弱之馬，并令各州縣留喂數日，俟稍稍休息，再令牽送。今分給肅州鎮馬九百匹，甘提標馬八百匹，涼州鎮馬九百匹，陝提標馬一千五百三十五匹。等情。

又據肅州鎮總兵沈力學會同肅州道齊式報稱，從寧夏領馬九百匹，內沿途及寄留乏弱馬內共倒斃馬九十五匹，現驗收馬八百五匹，內精神稍好、堪以喂養馬四百八十五匹，疲瘦碎小馬一百一十三匹，病肺、瘡瘸、奄奄待斃不堪喂養馬二百七匹，相應報明。等情。又據署甘提劉世明會同甘山道岳禮報稱，從寧夏領馬八百匹，內沿途及寄留之弱馬內共倒斃馬五十九匹，到營收喂日起至二月初六日止，又倒斃馬一百二十五匹，實存馬六百一十六匹，內微有精神馬五匹，餘皆僅存皮骨，奄奄待斃，相應咨明。等因。又據署涼州鎮總兵陳弼會同署涼莊道菩薩保報稱，從寧夏領馬九百匹，內沿途及到營收喂後共倒斃馬六十一匹，今實存馬八百三十九匹，內三分膘馬三十二匹，二分膘馬一百二十匹，一分膘馬二百二十一匹，疲瘦馬一百三十七匹，碎小馬四十三匹，肺氣、勞傷等症，及奄奄待斃馬，共二百八十六匹，相應報明。等情。又據署陝提李繩武會同平慶道佟鋆報稱，從寧夏領馬一千五百三十五匹，內沿途及收槽喂養後共倒斃馬一百五十匹，現存馬一千三百八十五匹，內堪喂養馬九百六匹，有病齒老稍堪喂養馬二百五十二匹，勞傷、鼻濕等症實不堪調喂馬二百二十七匹，此項馬二百二十七匹，俱係髓竭血枯、奄奄待斃，若一例拴喂，不惟無濟軍需，實徒糜費草料，相應咨商。等因。

臣等查解送延綏馬二千匹，路比寧夏較近，又係九月進口，雖有口老碎小之馬，尚未至于倒斃。其解送寧夏分與各提、鎮、營喂養馬五千二百六十匹，直至十一月二十七等日，始得進口。除必爾克土諾門汗所進馬内多餘馬六十匹并未解送，據郭多渾已咨明辦理軍機大人外，其解送馬五千二百匹，未到寧夏之先，已于口外倒斃馬一千六十五匹。及到寧驗收馬四千一百三十五匹，俱疲瘦不堪，該鎮道劉順、鈕廷彩製備籠繮，雇夫緩緩牽送。其乏弱之馬，又檄各州縣留喂數日，俟有精神，再行牽解。雖如此竭力調護，而疲乏過甚之馬，各提、鎮收領之後，沿途及到槽又共倒斃馬四百九十匹，今止實存馬三千六百四十五匹。現在署大將軍臣查郎阿咨調馬匹，此項新到之馬，斷難濟用，臣等已檄各標將膘肥營馬摘換解送，另摺奏聞外，但此項馬内，除堪以牧養及稍堪牧養之馬，臣等嚴飭各標營加意用心經喂，漸漸自有起色。其奄奄待斃及勞傷過甚之馬，徒然糜費草料，留營亦屬無益，似應令地方官會同營員，再加確實，驗明變價。其變價所缺之馬，仍令領價照數買補，是否允協，伏祈皇上睿鑒訓示施行。謹奏請旨。

雍正十二年二月十六日。

吏部尚書、署理陝西總督印務并辦理軍需事件臣劉於義，副都御史臣二格。

【《雍正朝漢文硃批奏摺匯編》第25册，第878頁第680條】

署陝西總督劉於義等奏報借給西安寧夏出征滿兵製辦馬匹軍需銀兩摺

雍正十二年三月初六日

吏部尚書、署理陝西總督印務并辦理軍需事件臣劉於義等謹奏：爲奏聞事。

承准署寧遠大將軍臣查郎阿咨稱，准署鎮安將軍印務卓鼐咨呈，内開：

西安、寧夏滿兵出征已經數載，又在梯子泉、木壘哈拉烏素等處屢次進兵，軍器、鍋帳等項，多有損壞，衣服等物，亦皆破敝，應及時添補，以備差遣行走。懇祈官員每員借支一年俸銀，兵丁每名借支一年錢糧。自軍營派出官兵前赴西安、寧夏，製辦軍器、鍋帳、什物并衣服等項，其所借銀兩在于官員應支俸銀内，分作四季扣還，兵丁應支錢糧内，分作二年扣還。等因。相應移咨查照，轉飭西安、鞏昌布政司，按數借支銀兩，以資製辦。等因。臣等隨行西安、鞏昌布政司借支製辦去後。今據西安布政司碩色等詳稱，西安滿洲出征官兵所借俸餉共銀八萬七千六百七兩，請在于雍正十一年地丁銀内動支。内官員借支一年俸銀八千九十五兩，自雍正十二年春季起，分作四季扣還，兵丁借支一年餉銀七萬九千五百一十二兩，自雍正十一年十月起，分作二十四個月扣還。等情。又據署鞏昌布政司趙挺元詳稱，寧夏出征滿洲官兵所借俸餉共銀二萬四千九十六兩，請在寧夏道庫貯軍需銀内動支。内官員借支一年俸銀一千八百四十八兩，于雍正十二年二月坐扣起，分作四季扣還。兵丁借支一年餉銀二萬二千二百四十八兩，于雍正十一年九月坐扣起，分作二十四個月扣還。等情。

又承准署寧遠大將軍臣查郎阿咨稱，西安、寧夏滿洲領兵各員原有額設之馬，隨帶軍營。自隨征以來，俱已傷損，倒斃無存。今滿洲官兵已于籌畫預備事宜事案内奏明，撥給馬匹，惟領兵之員所需之馬，急宜買補。兹據各員稟請借支銀兩，委員赴西寧購買解營，即于應領本身俸餉内，陸續扣除，相應移咨查照，轉飭西寧道，俟差員到日，將買馬需價若干，每員該領若干，即于道庫，按數借給采買，仍將所借銀數，飭令西安、鞏昌布政司，在各員應領俸餉内，每季扣存一半，仍支一半，以養家口，陸續扣還原項。等因。臣等隨行西寧道借支采買去後。今據西寧道楊應琚詳稱，西安、寧夏滿營借支買馬銀兩，西安借支銀八千三十五兩，寧夏借支銀一千六百六十三兩，共銀九千六百九十八兩，在于庫貯預備軍需項下，照數借發。等情。臣等除檄飭西安、鞏昌布政司，各將所借銀兩扣解還項外，所有借給西安、寧夏出征滿洲官兵製辦軍器及購買馬匹銀兩緣由，理合奏聞。謹奏。

雍正十二年三月初六日。

吏部尚書、署理陝西總督印務并辦理軍需事件臣劉於義，副都御史臣二格。

【《雍正朝漢文硃批奏摺匯編》第25册，第991頁第766條】

蘭州巡撫許容奏報撥運接濟肅州運户口糧粟米緣由摺

雍正十二年三月十九日

蘭州巡撫臣許容謹奏：爲奏撥接濟肅州運户口糧粟米事。

竊照肅州領運大營官兵口糧，運户應需裹帶料豆，向係動用軍需銀兩，在于内地各屬辦運赴肅，按運支給。其動用過豆價、脚價銀兩，即在運户領運出口糧石脚價内，扣貯肅州軍需道庫。上年，署督臣劉於義以肅州食物昂貴，運户采辦維艱，于向例接濟料豆之外，復議接濟口糧，并將今年應需口糧粟米，議于上年臣奏采買粟米以供軍需事案内，寧夏府屬寧夏、寧朔、中衛等縣采買米内，動撥運肅支給，奏奉廷議允准。第查今年運户應需口糧粟米該一萬三千京石，上年寧夏所屬止買粟米二萬四千石，内已撥二萬石抵補雍正十二年八月以前大營官兵口糧炒麵，久經奏蒙俞允，隨即運肅交收在案。所剩存倉米四千石，不敷前項運户口糧之需。且寧夏所屬，今歲派辦已多，亦難再爲撥運。前據陞任肅州道齊式會同軍需道沈青崖詳請，隨經行司查明，移令該道等另議在案。嗣據新任肅州道黄文煒會同沈青崖以接濟運户，惟寧夏上年采買粟米米價、脚價每京石合銀四兩七錢一分一厘零，較爲平賤，且已照此辦理數月，若另議改撥別屬，勢必增添價銀、苦累運户。請將臨、鞏等府屬粟米，酌撥一萬三千京石運肅，以抵炒麵，將寧夏原運之米，仍以一萬三千京石作爲接濟運户之需。等情。復詳請示到臣。

臣查臨、鞏等屬米石運送肅州，核算米價、脚價，與寧夏所屬撥運不甚相遠。今以久經奏准撥運大營之兵糧，請令輾轉更易，賣給運户，致將來奏銷，糾纏不清，何如竟于臨、鞏等屬米石内，擇其價脚與寧夏相等者，作正撥給之爲捷便，隨行司遵照查明派撥去後。兹據署布政司趙挺元詳議，在于臨洮府屬之狄道縣派撥二千石，鞏昌府屬之隴西縣派撥二千五百石，通渭縣派撥一千石，靖遠縣派撥一千五百石，安定縣派撥二千石，會寧縣派撥五百石，俱在上年采買粟米以供軍需事案内，照數動運。再，派慶陽府屬之寧州八百石，真寧八百石，安化八百石，合水八百石，環縣三百石，俱在舊日倉貯米内動運。以上三府屬，共派運粟米一萬三千京石，每石糧價、脚價共合四兩七錢一分零。既已稍均勞逸，亦與該道等議扣四兩七錢一分一厘零之數，并無加多。應令各屬即照此派定數目，酌量本地農事之緩急，趁空運送，大路接遞轉運，赴肅交收，作正賣給運户。其袋價、脚價，俱照例動用軍需銀兩事竣，統于蘭州軍需項下報銷。其該道等已動肅倉賣給運户米石，俟前項粟米運到，即歸還原項。至應扣糧價、脚價，即照該道等所詳四兩七錢一分一厘零之數，扣貯軍需道庫，報部撥充肅州軍需應用。等情。前來。臣查該司派撥，似屬妥協，除批令照詳辦理外，所有撥運接濟運户粟米一萬三千石緣由，理合繕摺具奏，伏祈皇上敕交辦理軍需大臣查核飭知，以便將來報銷。爲此謹奏。

雍正十二年三月十九日。

【《雍正朝漢文硃批奏摺匯編》第26册，第44頁第34條】

總理陝西巡撫史貽直奏報駐防旗員及督撫鎮協各營武員官箴折

雍正十二年三月二十六日

臣史貽直謹奏：爲密陳陝省武職人材，仰祈睿鑒事。

竊臣奉命署理西安巡撫，三年以來，無時不以察吏安民爲念。至于通省武員，雖非臣所統轄，然臣荷蒙聖恩高厚，迥越尋常，既已身任封疆，則武臣之優劣，亦不敢不留心體訪。謹將臣所知者，爲我皇上陳之。……現署延綏總兵印務、花馬池副將惠延祖，雖應酬世務，亦小有才幹，而其實操守平常，行止浮動，署任數載，不得兵心。凡所行爲，俱不協于人望。以臣觀之，似不稱延綏總兵之任。以上各員，止就臣所知者，據實奏聞。是否有當，伏乞聖明睿鑒。爲此謹奏。

雍正十二年三月二十六日。

斟酌之奏，甚朕意相合。

【《雍正朝漢文硃批奏摺匯編》第26册，第74頁第60條】

陝西寧夏總兵邱名揚奏謝恩賜訓示摺

雍正十二年四月初四日

鎮守陝西寧夏總兵官臣邱名揚謹奏：爲欽奉上諭事。

竊臣前在松潘鎮任内同郎中鼐潘岱公辦出口理番事件，于雍正拾壹年拾月拾叁日，將理過番情，公同繕摺，專差臣家人朱文賫進奏聞。嗣于本年拾貳月貳拾玖日，據臣前差之家人朱文賫回奏摺，到寧夏鎮屬大壩營地方，臣于寓所恭設香案，望闕叩頭謝恩祇領訖。隨即跪讀皇上硃批：“覽。”又蒙批：“此案據理，不應寬，當即執法。今既緣情寬釋，又何必將其子爲質？小哉。懦哉。欽此。”臣跪讀之下，不勝惶悚。蒙皇上天恩寬宥，不加嚴譴，指訓周詳，應仰繕摺謝恩。緣此案事屬公辦，臣已離川到陝，未奉部文。而郎中鼐潘岱駐札松潘，未睹硃批，臣是以不敢遽先奏謝，隨即遣差賫捧硃批奏摺，會商鼐潘岱去後。

兹于雍正拾貳年叁月貳拾肆日，准郎中鼐潘岱咨，爲欽奉上諭事内開：

雍正拾壹年拾貳月拾叁日，准四川總督咨，准兵部咨開：雍正拾壹年拾壹月拾捌日，内閣抄出，奉上論："松潘口外，各番野性未馴，時聞竊奪，是以降旨。令每歲于適中之地，宣諭化導，俾兵知法紀，庶漸革愚頑。惟誠惟信，所以服人，疑慮優柔，固未有能馭衆者。兹鼐潘岱、邱名揚奏稱，自上年化導之後，十二部落番人并無爲非等事。惟占架、擦戎亞二名，係有名慣賊，拿到研訊，贓款明確，因各將伊子爲質，求賞生路。臣等因事在未經化導之前，將二犯釋放，將占架之子酸太、擦戎亞之子松布，交營收管，俟二犯竣改之日，再給領團聚。等語。占架、擦戎亞，如果係慣賊，料不能竣改，即以子爲質，亦不可姑寬，以貽番民害。既已原情釋放，後若有犯，再擒治無難，又何必留伊子在營，以爲牽制。計鼐潘岱、邱名揚如此料理，識見殊屬鄙陋，著來旨到日，即將酸太、松布釋放，合二犯各領回巢。若能悔過，即是良民，毋得記伊舊惡，倘復爲非，實乃醜類立應置諸嚴刑，將朕此旨并諭各番目人等知之。欽此。"相應行文，該督即轉行該鎮并鼐潘岱可也。等因。移咨到郎中，准此，隨會同松潘鎮行令漳□營游擊臧紹文將酸太、松布釋放，敬將上諭遍傳土目番人，欽遵并行。調占架、擦戎亞赴松，各領伊子回巢去後。

嗣于本年拾貳月貳拾柒日，該貳犯齊至松潘，郎中等宣揚皇上恩旨，又復推誠化導，該貳犯俱各感戴天恩，望闕叩頭，即于本日帶令伊子回巢訖。除將各緣由繕摺恭奏，并原本硃批賫繳及咨四川總督外，理合移咨。等因。咨移到臣。准此，臣恭讀上論，推誠示訓，愧悔智識短淺。前此料理庸愚，實屬鄙陋。仰蒙皇上誥誡，開示愚迷，臣欽遵聖訓，敬謹奉持，凡遇事機，益加審度，務求妥當，以期仰報天恩于萬一耳。所有感激微忱，理合繕摺，專差臣標署把總張文通賫進，奏謝天恩。再照原奉硃批，郎中鼐潘岱業已專差賫繳，合并聲明，伏乞皇上睿鑒。謹奏。

雍正拾貳年肆月初肆日。

覼潘岱已奏聞矣。

【《雍正朝漢文硃批奏摺匯編》第 26 册，第 103 頁第 86 條】

陝西寧夏總兵邱名揚奏繳硃批摺

雍正十二年四月初四日

鎮守陝西寧夏總兵官臣邱名揚謹奏：爲奏檄硃批事。

竊臣前于雍正拾壹年拾月拾叁日，專差家人朱文賚進奏摺，恭謝天恩。嗣于拾貳月貳拾玖日，賚捧硃批奏摺，回到寧夏鎮屬之大壩營地方，臣即于寓所恭設香案，望闕叩頭謝恩訖。跪讀硃批："覽。因吴正□，係寧夏人，所以復調汝此任也。三任皆係要鎮，一例勉爲之，不可因近内而少存輕懈之念也。欽此。"伏念臣質本凡庸，草茅微賤，受恩深厚，感激難名，盥誦天語，煌煌不勝，驚心動魄，惟有恪遵聖訓，事事敬謹，黽勉圖維，不敢輕忽懈弛，以仰報皇上天恩于萬一耳。所有原奉硃批，理合恭繳，伏乞皇上睿鑒。謹奏。

雍正拾貳年肆月初肆日。

覽。

【《雍正朝漢文硃批奏摺匯編》第 26 册，第 104 頁第 87 條】

陝西寧夏總兵邱名揚奏請陛見摺

雍正十二年四月初四日

鎮守陝西寧夏總兵官臣邱名揚謹奏：爲籲懇聖恩賞准陛見，以慰犬馬微忱事。

竊臣一介庸愚，至微極陋。仰蒙皇上天恩，由千總微員，歷拔守、游、參、副，以至總兵，俱以軍務，未經引見。臣受恩深厚，感激難名，一腔犬馬戀主之心，欲瞻覲天顏而不能，至今徒懷赤誠耿耿。前任雲南臨元總兵因剿撫橄欖壩逆夷，接連彈壓，料理善後，甫經事竣，又蒙皇上天恩，調補普洱總兵。新設夷疆，諸在創始。方將一切料理就緒，蒙前任總督、雲貴、廣西臣鄂爾泰保奏，將臣咨送四川。復蒙皇上天恩，著臣署理松潘總兵印務。西蜀極邊重地，兼值黃勝關口外駐札官兵貳千餘員名，臣有總統兵馬、控制夷番之責，一切操防、約束、彈壓、撫綏，時恐疏虞，有負簡命，故在滇在蜀，叁任總兵，不敢冒昧奏請陛見。

今蒙皇上天恩，調補寧夏總兵。臣受任叁月以來，清厘軍伍，稽核錢糧，查驗兵馬、甲械、什物等項，臣標肆營及城守營，臣親身點驗，所轄外路，委員逐營點驗，兵馬足數，器械齊全，兵丁俱知紀律，技藝尚無生疏。惟盔甲一項，間有塵舊損壞者，蓋因節次派撥征防日久所致，統俟候大兵凱旋之後，臣自需酌請督臣料理修製。至于寧轄地方，仰荷聖恩，遠届内地，兵民安堵，樂享太平。山後諸夷各安，住牧無擾。寧夏標營喂養軍需馬匹，俱已奉調解送赴肅，前往軍營去訖。乘此小有餘暇之時，期遂微臣久積瞻天之願，用敢不揣冒昧，籲叩天恩，賞准陛見，俾臣得以仰覲天顏，跪聆聖訓，則犬馬戀主之心獲遂，感戴其數于畢生世世矣。倘蒙聖恩俯准臣請，其有軍鎮印務，臣當詳請陝西督臣本員暫署。爲此繕摺，專差臣標署把總張文通賫進請旨，伏乞皇上睿鑒。謹奏。

雍正拾貳年肆月初肆日。

甫方到任，正需整理，且不必來。

【《雍正朝漢文硃批奏摺匯編》第26册，第105頁第88條】

諭内閣鳳翔副將遺缺著米國正補授

雍正十二年四月十二日

雍正十二年四月十二日，内閣奉上諭："花馬池副將惠延祖，人本輕浮，近聞署理延綏總兵印務，亦不甚妥協，著調補鳳翔協副。將其花馬池副將員缺，著米國正調補，即署理延綏總兵印務。惠延祖此任若仍不知悔過改勉，必加重處。欽此。"

【《雍正朝漢文諭旨匯編》第2冊《諭旨》，第220頁第365條】

署寧遠大將軍查郎阿等奏報收貯革職將軍卓鼐原鎮安將軍印信摺

雍正十二年五月十七日

署寧遠大將軍臣查郎阿等謹奏：爲欽奉上諭事。

雍正十二年四月十二日，接奉上諭："卓鼐，已降旨革職，寧夏將軍員缺，著阿魯補授，前往巴爾庫爾軍營統領西安、寧夏滿洲兵丁。天津都統印務，著邁禄前往署理。欽此。"除將卓鼐傳至大營，敬謹宣讀上諭，令其當苦差效力贖罪外，查卓鼐原署鎮安將軍印信，前于雍正十年十月内，臣查郎阿抵營之後，曾繕摺奏請，與揚武將軍印信一并收貯。遇有調遣，隨時派員掌管。因未奉有訓旨，是以未經收貯。但查大營一應軍務，統用大將軍印信，其餘滿洲、蒙古緑旗各營大臣，俱無獨掌之印。今卓鼐既經革職，則鎮安將軍印信亦應收貯，俟有調遣，再行派員掌管，理合一并奏聞，伏祈皇上聖鑒。爲此謹奏。

雍正十二年五月十七日。

署寧遠大將軍臣查郎阿、副將軍臣張廣泗、副將軍臣常賚。

【《雍正朝漢文硃批奏摺匯編》第26冊，第346頁第296條】

署陝西固原提督李繩武奏陳查巡營伍事宜摺

雍正十二年六月初八日

該部議奏。

奏。

署陝西固原提督總兵官臣李繩武謹奏：爲欽奉上諭事。

竊臣于雍正拾壹年拾月貳拾貳日，蒙兵部札付，職方清吏司案呈，雍正拾壹年捌月拾貳日，内閣奉上諭："各省營伍，必須武職大員平時親身查察無可，以除怠惰廢弛之弊。提督一官，節制全省，統轄之地甚遠，難以親身遍歷。至于總兵，分轄地方，道里不甚遼闊，巡察尚易周遍。嗣後各鎮臣有應行巡察之處，著先期具摺奏聞請旨，候聯批示遵行。不必拘定期限，免各營預備供應，致滋擾累。倘有絲毫苛累所屬弁兵者，經朕察出，定行從重議處。欽此欽遵。"抄出到部。相應通行直隸各省提鎮，一體欽遵可也。爲此咨行該提督轉行各提鎮欽遵施行。等因。札行到臣，"欽此欽遵"。隨即移行鎮協營將一體欽遵在案。

竊思營伍乃武員之專司，巡查實整飭之首務。平日無事之時，固已難容懈怠，今當軍興之際，猶宜更加嚴謹。我皇上聖明洞鑒，持諭武職大員親身查察，此誠推源立本之至意。伏查固原提督節制陝省，除延綏、興漢貳鎮分轄營汛外，尚有固鎮所屬慶陽、靖遠、西鳳、潼關、西安城守等貳拾肆營堡，延袤數千餘里，皆係提督統轄。臣自蒙聖恩，委署提督印務以來，惟慮地方遼闊，既不能親身遍歷，又竊恐耳目難周，除屢加嚴飭整頓之外，臣仍不時差委標員前赴各營考察兵丁技藝、點驗軍需營馬，稽查軍火器械，密訪屬員賢否。臣任事貳載，仰沐皇上訓誨，悉心體察，不敢率稱齊全，亦尚未見有廢弛。

兹欽奉上諭："提督一官，節制全省，統轄之地甚遠，難以親身遍歷。

至于總兵，分轄地方，道里不甚遼闊，巡察尚易周遍。”仰見我皇上睿慮周詳，無微不至，微臣竊思固鎮所屬營制既廣，年來製辦軍需、拴喂馬匹，事務殷繁，臣固難以親身遍歷。在屬員，恪供職守者，固不乏人，然或間生怠惰廢弛之念者，勢難期其必無，則是查案之法，誠不可不加變通。查固鎮肆協，副將肆員，所屬營汛，俱各聯絡。臣愚以爲，每年不必拘定期限，亦不拘定何員稽查何營，即以肆協副將并參游之中，量其營汛接連者，飭委轉相查察，下次則又更换稽查。臣于假委之日，嚴飭該協將等輕騎減從，不得稍有擾累。如果查驗得兵丁技藝純熟，馬匹膘壯，軍裝齊全，即令出具并無徇隱印結，呈報存案。如何營有廢弛之處，俱令據實詳報，臣即咨會參究。俟該協將等查報之後，臣仍不時密訪，或再委標員查察，如此，同有徇隱之員，具報不實者，查出一并咨參。從此定爲章程，循環稽查，則巡查既易周遍，亦無擾累瞻徇之弊。各員愈加儆惕，營伍可望整肅矣。微臣愚昧管見，是否有當，伏祈皇上睿鑒，訓示遵行。爲此謹奏。

雍正拾貳年陸月初捌日。

署陝西固原提督總兵官臣李繩武。

【《雍正朝漢文硃批奏摺匯編》第26册，第510頁第427條】

署陝西固原提督李繩武奏請將委署游記都司守備之千總俸滿暫停送部摺

雍正十二年六月初八日

該部議奏。

奏。

署陝西固原提督總兵官臣李繩武謹奏：爲請將委署游都守之千總，俸滿暫停送部，仰祈睿裁事。

竊查千總陸年俸滿，保舉送部引見，成例已久。陝省西路出征千總，當俸滿之年，因見在軍營不能保送，俱經咨明兵部存案，俟軍務事竣，再行照例送部。至存營之千總，陸年俸滿，理應遵例保送。但陝省自軍興以來，派調領兵副、參、游、守遺缺，多藉簡發人員署理。嗣因缺多人少，經前署督臣查郎阿奏請委署之員，仍准遵行委署。荷蒙俞允，是以臣屬見任千總内有技藝優嫻、曉習營伍者，多係委署守備，亦有遞委。至游、都各缺，此等員弁，身任營汛，已經熟練。若遇年滿，仍違例保送，勢必另行委員署理。以久經熟諳之員，一旦離任，不惟選拔維艱，亦且續委之員難冀駕輕就熟之效。況一官去任，兩缺待人。臣愚以年滿千總送部引見，固得仰沐聖恩録用，然見今委署游、都、守各缺，早已叨食俸禄，誠與見任無异。可否將陝省千總見在署任者，當俸滿之期，照依軍營之例，咨明兵部存案，暫停保送，仍令署理各缺。其材技優長者，使有分撥，守備缺出，揀選轉送督臣驗試請補。所遺千總員缺，仍聽部分撥拔補。若有庸劣不職之員，臣即隨時咨參。統俟軍務事竣，已補者，送部引見，未補者，仍照年滿千總之例保送。既不久礙成例，而員缺亦無壅滯之虞，實于營伍有裨。臣因軍興需員起見，不揣冒昧，謬抒管見，是否允協，伏祈皇上睿鑒。爲此謹奏。

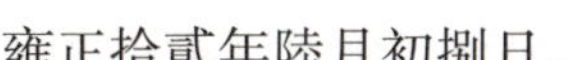
雍正拾貳年陸月初捌日。

署陝西固原提督總兵官臣李繩武。

【《雍正朝漢文硃批奏摺匯編》第26冊，第512頁第428條】

蘭州巡撫許容奏續報地方雨水田禾情形摺

雍正十二年六月初十日

蘭州巡撫臣許容謹奏：爲再奏雨水田禾情形事。

……再，河東北路各屬，五月初一得雨之後，十四、十九、二十一、二十三、二十八等日先後得雨一二三四寸不等。土脉乾燥，多未沾足。夏秋兩禾，不及臨、鞏南路内。……平凉府屬之隆德、静寧、莊浪、固原，慶陽府屬之環縣，氣候較遲，麥、豆尚未收割，夏秋均望雨水。再，河西寧夏府屬寧夏、寧朔、平羅、新渠、寶豐，全藉渠流，取資黄河，雖雨水稀少，并不苦旱。夏秋兩禾，俱極茂盛。靈州、中衛水田，與夏、朔等縣無异，旱田望雨頗殷，而靈州所屬花馬池一帶六水頭旱地，五月十八九偏得雨五六寸，極爲應時。至口外安、靖兩廳屬各衛所未據報到，所有望雨各地方，臣現在率同司道文武各官虔誠祈禱，俟得有透雨，另摺奏報外，合將現在情形，繕摺奏聞。臣謹奏。

雍正十二年六月初十日。

【《雍正朝漢文硃批奏摺匯編》第 26 册，第 527 頁第 442 條】

蘭州巡撫許容奏報蘭州等地雨水及時摺

雍正十二年六月二十七日

蘭州巡撫臣許容謹奏：爲奏得應急雨水事。

竊照甘省六月初十以前，河西北邊一帶，及河東、蘭州以東北路州縣盼望雨水，并河西、西寧及河東南路臨、鞏、秦、階所屬雨澤不缺各情形，前經臣于六月初十日繕摺奏聞。是時正值暑熱，雨水未能遍及，雖夏收麥、豆大局已定，而秋禾糜穀正在長養。至蕎麥、燕麥等類，又當播種之期，乃狂風時發，烈日甚炎。臣早夜傍徨，不勝恐懼。……又，平凉府屬平凉、隆德、静寧、莊浪、固原廳、固原州雖二十三四之雨尚未報到，而十七八九、二十等日俱已得雨沾足。再，平凉以東所屬涇州鎮原靈臺、崇信、華亭、慶陽，所屬安化、合水、寧州、真寧、環縣，及寧夏靈州、中衛所屬之旱田，十七八九等日各得雨一二三寸不等，而二十三四之雨猶未報到。然綢雨綿密，雲氣寬廣，諒必均沾。……再，寧夏府屬水田渠流甚充，灌溉有餘，約計兩河夏田收成尚有五六七八分不等，而將來秋穫，亦豐稔可期。公私有賴，官民胥悦。合亟繕摺奏報，仰慰聖懷。臣謹奏。

雍正十二年六月二十七日。

深慰朕念。

【《雍正朝漢文硃批奏摺匯編》第26册，第624頁第523條】

蘭州巡撫許容奏報各屬得雨沾足及秋禾茂盛情形摺

雍正十二年七月十一日

蘭州巡撫臣許容謹奏：爲再摺奏聞事。

竊照甘省六月二十七日以前各屬報到雨水情形，業經臣繕摺奏聞。查前奏未報沾足，臨洮屬之金縣、鞏昌屬之靖遠、平凉屬之涇州鎮，原靈臺、崇信、華亭，慶陽屬之安化、合水、寧州、真寧、環縣，并寧夏屬靈州、中衛之旱田，近據陸續報到，六月二十四五、二十九及七月初一二、初四五，先後得雨沾足，雖其中不免有稍遲之處，而在地秋苗，現在發榮滋長，未種晚禾，亦皆及時趕種，可冀有秋。至其餘河東、河西南北兩路，則又透雨頻降，前之沾足者，更加優渥矣。秋禾茂盛，豐稔可期，合再繕摺奏聞。爲此謹奏。

雍正十二年七月十一日。

深慰朕念。

【《雍正朝漢文硃批奏摺匯編》第26册，第676頁第570條】

甘肅巡撫許容揭報水利通判患病請准休致并委補員缺

雍正十二年七月二十一日

巡撫甘肅寧夏臨鞏等處地方贊理印務督理茶馬、都察院右副都御史、加五級紀録三次許：爲渠務關重病員實難卧理事。

雍正拾貳年陸月貳拾肆日，據署甘肅布政司事按察使趙挺元、按察使齊式呈，雍正拾貳年陸月初拾日，蒙巡撫甘肅許都院批，據寧夏道副使鈕廷彩詳稱，據寧夏府知府顧爾昌申，准水利通判牟允斌牒稱：竊照敝廳自雍正肆年赴查漢托護效力，至雍正柒年柒月初貳日補授水利通判。自任事以來，已經伍載。料理渠堤事務，奔馳灘中，終歲無暇。常帶帳房露處野宿，被濕氣侵入骨裏，兩腿不時疼痛。挨至于今，痛難舉步。兼之耳聾眼花，聽視不清。現今卧病署内，惟恐貽誤渠務，理合具文報明。伏乞俯念渠務關重，轉詳委員料理，令敝廳休致離任，庶于渠務不致貽誤。等情。到府。准此，除一面飭委新渠縣盧令驗視外，合先詳明等情。到道。

據此，查惠農、昌潤貳渠，現值封淺水利之時，最關緊要，不可乏員料理。今職道暫委新渠縣知縣盧建中就近管理外，相應詳請，飭委署理，以專責成。蒙批，據詳，牟允斌患病，是否確實？仰布政司速飭查驗明確，照例取結，并即遴員委署，一并通詳呈請，以憑核題。仍候署督部院，批示繳。等因。到司。蒙此，隨即備移寧夏道，作速查驗明確，取結移報去後。今准該道移，據寧夏府知府顧爾昌申稱，奉此，隨即轉飭新渠縣查驗去後。今據新渠縣知縣盧建中詳稱，蒙此，隨即帶同醫生親至水利廳署驗視得，本官實患兩腿疼痛病症，不能動履，兼之耳聾眼花，聽視不清，并無虚捏之處。相應取具醫生甘結，并本官自結，卑職加具印結，一并申賫。再，蒙本官面稱，本廳現年實係伍拾叁歲，兩腿疼痛，病深入骨，難以痊愈。兼以精神早衰，耳聾眼花，情願休致，不能赴補。等語。相應詳報，伏候核轉。等情。到府。

據此，查得水利通判牟允斌，現年伍拾叁歲，係山東青州府日照縣人，由監生，考職州同，捐納應陞即用。于雍正肆年陸月内，挑選引見，發往查漢托護渠工效力。于雍正柒年肆月内，題補寧夏府水利通判，于本年柒月初貳日到任。今准核廳牒稱，現患兩腿疼痛病症，步履維艱，兼之耳聾眼花，不能聽視。渠務關係重大，難以卧理，乞請休致。等情。到府。隨經詳明飭委新渠縣知縣盧建中親往驗視，據該縣驗明，患病是實，取具印甘各結，詳報前來。卑府覆查無异，相應轉詳，伏候核轉。

再，查欽定例載：道、府、州、縣等官，除實在老病者，督撫于疏内聲明，准其休致。如有一時患病，而平日居官尚好，于地方有益者，將該員才具尚堪辦事之處聲明，准其回籍，俟病愈，令原籍咨部引見，仍以原缺補用。等因。遵行在案。該通判牟允斌管理惠農、昌潤貳渠，封淺及時，修浚得法，伍載以來，并無貽誤，允屬實心任事、勤勞供職之員。但現患腿疾，已難步履，兼以精力早衰，耳聾眼花，應准其休致，毋庸俟病愈之日送部補用。合并聲明。等情。到道。

據此，查水利通判牟允斌在任伍載，修浚昌潤、惠農貳渠，經理水利，勤慎供職，并無貽誤。今據該員以患病乞休，隨行令寧夏府委員驗看。據稱，該員現患腿疾，步履已屬艱難，而且精力衰憊，耳聾眼花，應准其休致，毋庸俟病愈之日送部補用。等情。取具驗視官印結及醫生甘結前來，本道核查無异。相應轉移。等情。到司。准此，該本署司等查得，欽定例載，道、府、州、縣等官，除實在老病者，督撫于疏内聲明，准其休致。如有一時患病，而平日居官尚好，于地方有益者，將該員才具尚堪辦事之處聲明，准其回籍調理，俟病愈，令原籍咨部引見，仍以原缺補用。等因。遵奉在案。今寧夏水利通判牟允斌在任伍年，經理渠務，頗屬勤慎，既準據該道府委員驗視，該員現患兩腿疼痛病症，步履維艱，兼之耳聾眼花，不能聽視，非一時患病者可比，似應請照例准其休致。其所遺水利通判員缺，有經理渠務之責，最關緊要。本署司等伏查寶豐縣知縣費楷，係浙江歸安縣舉人，揀選知縣，于雍正肆年引見，奉旨命往寧夏府查漢托護效力。工程完竣，于雍正捌年經督理工務兵部通侍郎、大理寺史正卿奏請，遵照原議，咨陝以應陞題補。至雍正玖年，借補寶豐縣知縣。該員在工有年，諳練渠務，若以之補授水利通判，不但駕輕就熟，銜缺亦復相當。所遺寶豐一缺，查有鞏昌府通渭縣知縣楊逢吉在任陸年，謹飭練達。以之調補寶豐，似與新設地方有益。至通渭縣員缺，查又噶斯軍需效力蔭生、候補光禄寺署正汪國琮辦差已逾叁年，可以委署試用。如能稱職，年滿再請實授。是否允協，本署司等未敢擅便，相應一并呈請，合候核題。等情。呈詳到臣。

該臣看得，寧夏府水利通判牟允斌患病請休。前據寧夏道鈕廷彩詳報，臣隨批司查驗取結，并令遴員委署去後。兹據署布政司趙挺元、按察使齊式詳稱：牟允斌實係兩腿疼痛，步履維艱，且耳聾眼花，不能聽視。委員驗視明確，取結賫報。并請將寶豐縣知縣費楷陞補水利通判，通渭縣知縣楊逢吉調補寶豐，效力蔭生汪國琮委署通渭。等情。一并呈詳前來。臣查牟允斌所患病症，非一時猝能料理，自應准其休致。至所遺員缺，有封淺水利、督率修浚之責，甚關緊要。查費楷原係浙江舉人，揀選知縣引見，命往查漢托護渠工效力。雍正捌年，經督理工務侍郎臣通智等以該員實心效力，著有勞績，奏請咨送，臣等以應陞之缺題補。嗣于雍正玖年，經臣題請，借補寶豐縣知縣。該員到任以來，經理户口，安頓地方，頗知敏勉。且渠務是其熟悉，以之補授水利通判，不但銜缺相當，抑且駕輕就熟。至寶豐爲新設縣治，亦須妥員更换。楊逢吉久任通渭，老成諳練，以之調補寶豐，自必不負委用。至所遺通渭員缺，查辦理噶斯軍需蔭生汪國琮叁年差遣，尚無貽誤。通渭地僻事簡，可以委署，試看果能稱職，另請實授。是否？伏候聖訓。臣未敢擅便，相應會同署督臣劉合詞具題。除署督臣移到印結，并驗視過牟允斌患病情實印甘結送部外，伏祈皇上敕部議覆施行。再，查費楷引見已過叁年，但原係以知縣應陞借補寶豐，今請補水利通判，應否俟軍需事竣之日，給咨赴部引見，應聽部議。合并聲明。爲此除具題外，理合具揭須。至揭帖者。

雍正拾貳年柒月二十一日。

【《明清檔案》A60—11，B34133—B34138】

署陝西總督劉於義奏請裁汰寧鎮新募餘丁之劣兵以省糜費摺

雍正十二年八月初三日

吏部尚書、署理陝西總督印務并辦理軍需事件臣劉於義謹奏：爲請裁無益之兵，以省糜費事。

據寧夏總兵官邱名揚禀稱，寧鎮標路共額設及新募馬步戰守兵丁一萬一千四十六名，内除出征馬步兵丁二千一百九名，各官親丁及公費兵九百七十五名，尚存營馬步戰守兵七千九百六十二名，内有新募馬戰兵一千名步兵五百名，此項兵丁原爲額兵出征，恐營汛單弱，故于原額之外，另行召募，以備防守之用。查新募一千五百名兵内，類多隻身流寓，非若舊額兵丁父子、兄弟同營根深蒂固者可比。且技藝生疏，性情游蕩，動輒潛逃，與其留營糜費錢糧，不若酌量裁汰，以省國帑，相應禀請酌示。等情。

臣查各鎮營新兵原因額兵調派出征，恐營汛單弱，不足資防守之用，故于額外召募，將來凱旋之後，將新兵暫作餘丁，俟本營有事故缺出，即將此項餘丁頂補。今寧夏鎮新兵内既有隻身流寓及性情游蕩、技藝生疏之人，自不應聽其虛糜糧餉。但實在充數無益，應行挑汰之兵果有若干名。隨密行寄字總兵官邱名揚，令查確數去後。今據邱名揚覆稱，各營摺報老弱不堪、隻身游蕩、技藝生疏之兵，共有四百六十餘名應行裁汰。等語。似應如所議，將此四百六十餘名兵丁即行裁汰，并請遇有事故缺出，再裁汰四十名，共裁五百名，庶錢糧不致糜費，而營制亦得肅清。理合繕摺具奏，伏祈皇上睿鑒訓示施行。謹奏請旨。

雍正十二年八月初三日。

【《雍正朝漢文硃批奏摺匯編》第26册，第781頁第653條】

陝西寧夏總兵邱名揚奏陳更移營制整頓營伍管見摺

雍正十二年八月初十日

鎮守陝西寧夏總兵官臣邱名揚謹奏：爲仰籲聖恩，更移營制，以肅軍伍，以重城守事。

竊惟設立營制，貴位置之得宜，捍禦邊疆，賴城守之專責。伏查寧夏一鎮，界在極邊，逼壤口外蒙古地方，東接延綏交界叁百餘里，南接固原交界叁百餘里，西接凉州交界肆百餘里，北至鎮遠關蒙古界貳百肆拾餘里，誠西北重鎮也。鎮標舊制，原設中、左、右、前、後伍營官兵，駐札彈壓，以備策應。嗣于雍正伍年内奉旨，新設西大通鎮，將寧夏鎮標後營一營官兵裁撥大通，寧夏鎮標改爲中、左、右、前肆營，相沿至于今日。在昔列營爲伍，體統布置，丕壯軍容。今之肆營，似覺有前無後，未免于體制規模有所缺略。臣愚請仍立中、左、右、前、後名色，以中營改爲左營，左營改爲右營，右營改爲前營，前營改爲後營。查鎮標中軍策管中營，舊頒關防係“寧夏鎮標中軍游擊”字樣，勿庸另换，今請换給“中軍游擊兼管左營事”札付。其中營守備、千把换給左營守備、千把札付，左、右、前叁營守備、千把，亦各遞换右、前、後營守備、千把札付。至兵丁制册，亦隨營遞改造入季册送部。如此一轉移間，不須添設官兵，而左、右、前、後位置合宜，營制規模壯觀復舊矣。復查直省營制，有設肆營者，俱係中軍兼管左營職銜，合并聲明。

臣再有請者。寧夏鎮城周匝壹拾肆里叁分，地當衝要，人烟輳集。舊制原設城守壹營，都司壹員，把總貳員，守兵伍員名。一切城池門禁、堆卡、栅欄把守巡望，是其專司，且有稽查奸匪、護餉解逃之責。查自該鎮即設城守，營制規模，洵稱美備，嗣于康熙肆拾壹年内奉旨，寧夏補放審事官壹員，將城守兵伍百名内，撥貳百名歸審事官衙門，以供差遣。裁去都司壹員，止留把總貳員，管轄守兵叁百名，以司城守，歸鎮標中軍游擊兼轄。後審軍官改爲管理夷漢衙門，其官兵貳百名，仍隨夷漢衙門，聽其差遣。此貳百名兵丁相沿已久，今勿庸置議外，惟是鎮標之中軍游擊一官，總滙肆營兵馬錢糧，整頓營伍，操練兵馬，兼理鎮標轄營一切事務，責任甚爲繁劇，難以兼顧城守。

况城守乃金湯重任，必得大員專司。庶免防範疏虞，臣愚請將鎮轄大壩堡守備，今現改設都司之員，改爲寧夏城守都司，頒給寧夏城守營都司關防，統轄把總貳員，守兵叁百名，駐札鎮城，專司城守，足資防範。查大壩堡雖當寧夏孔道，而汛地無多。東至黄河僅貳拾里，西至賀蘭山邊墻僅叁拾里，南至廣武營交界僅貳拾里，北至玉泉營交界僅叁拾里。四維周匝，不過彈丸之地。至介在廣武、玉泉二大營之内，乃腹裏事簡之地，安設都司，似屬大員公用，以之移爲城守，則名分相稱，任使合宜。至大壩堡原設爲守兵壹百伍拾叁名，請添設千總壹員，儘足彈壓防守，仍歸玉泉營游擊統轄。其添設之千總，應請于鎮標轄現任千總内揀選幹員調補，如此則輕重得宜，繁簡適當，于營伍地方，實有裨益。查舊制，都司衙署久已沿爲□□衙門，今復設都司，必給衙署。查鎮城尚有空隙餘地，可資以建設衙署。合先陳明。此臣庸愚淺識，爲營伍地方因地制宜起見，不揣冒昧陳奏。爲此繕摺，專差臣家人朱文賁進請旨，伏乞皇上睿鑒。謹奏。

雍正拾貳年捌月初拾日。

言之督、提，酌奪具奏。

【《雍正朝漢文硃批奏摺匯編》第 26 册，第 828 頁第 690 條】

陝西提督樊廷奏謝恩賜丹藥摺

雍正十二年九月十九日

提督陝西固原總兵官臣樊廷謹奏：爲恭謝天恩事。

雍正拾貳年玖月拾捌日，署寧遠大將軍臣查郎阿數營恭賫到欽賜臣如如丹伍百丸，臣當即恭設香案，望闕叩頭謝恩祗領訖。伏念臣仰荷高厚深恩，未效涓埃之報。今復蒙聖主洪慈，念臣微疾，賜以寶丹。竊臣以草茅賤質，犬馬微□，上厪宸衷，叠加寵賜。自揣何人，遭際恩榮，至于此極。臣惟有竭蹶駑鈍，奮力疆埸，仰報皇上浩蕩洪恩于萬一耳。所有臣感激微忱，理合繕摺，恭謝天恩，伏祈皇上睿鑒。爲此謹奏。

雍正拾貳年玖月拾玖日。

【《雍正朝漢文硃批奏摺匯編》第26册，第1027頁第848條】

署陝西總督劉於義奏請准駐寧夏理藩院郎中卓鼐再留任三年摺

雍正十二年九月二十四日

吏部尚書、署理陝西總督印務并辦理軍需事件臣劉於義謹奏：爲請留熟諳邊方部員事。

據寧夏道鈕廷彩稟稱，寧夏地處邊隅，界連蒙古，荷蒙皇上選差部員駐札管理，一應夷漢事宜，例應三載更换。查現在駐寧理藩院郎中卓鼐，和平安静，撫馭得宜，即如百姓，出口樵采，稽查出入，寬嚴有方。又，渠工桩木俱需紅柳，每年約用數百萬根，皆産鄂爾多斯地方，必須出口采辦。卓鼐曉諭蒙古，約束民人，從未生事。兼又操守謹飭，實心辦公，蒙古百姓，俱皆悦服。今扣至本年六月，三年差滿，例應更换。應請奏懇聖恩，再留三年，實于邊方有益。等情。又據寧夏總兵官邱名揚密禀無异。臣查寧夏辦理夷漢部郎一缺，最爲緊要，今據寧夏鎮道鈕廷彩、邱名揚俱稱，現在理藩院郎中卓鼐，和平安静，撫馭得宜，蒙古百姓，俱皆悦服，似應如該鎮道所請，再留寧夏三年，于地方實有裨益。爲此據情繕摺具奏，伏祈皇上睿鑒訓示施行。謹奏請旨。

雍正十二年九月二十四日。

【《雍正朝漢文硃批奏摺匯編》第27册，第34頁第32條】

署陝西總督劉於義等奏請將豫直兩省兵丁交留馬匹分發固原標協營路喂養摺

雍正十二年九月二十四日

吏部尚書、署理陝西總督印務并辦理軍需事件臣劉於義等謹奏：爲遵旨議奏事。

雍正十二年八月二十九日，奉到廷議，將調備貼防駐凉州之直隸兵五百名，駐肅州之河南兵五百名，駐凉州之河南滿洲兵五百名，駐寧夏之太原滿洲兵三百名，駐靖逆之固原兵五百名，駐沙州之甘州兵一千五百名、凉州兵一千名，應本年即撤，内除滿洲兵丁若有自帶之馬，許其乘騎回汛外，所有官馬，俱令交納備用，不得私行騎回。等因。奉旨："依議。"欽遵移行。各駐防統兵官現在陸續統領約束起程在案。查凉州鎮原喂保德等所解之馬及舊案存剩軍需馬共三千餘匹，令駐凉河南滿兵應留馬一千七百餘匹，駐凉直隸兵應留馬一千四百餘匹。若俱令凉州鎮喂養，合計原喂之馬共有六千餘匹。加以本標營馬所有兵丁，恐不敷喂飼之用。又，甘、凉所産穀草、豌豆甚少，價值昂貴，若于河東撥運，多費脚價。固原鎮屬分喂鄂爾多斯馬五千餘匹，已經奉旨暫停解赴口内，是固原現無分喂馬匹。臣等請將凉州河南滿兵及直隸兵丁交留馬三千餘匹分發固原標協營路喂養。河東豆草平賤，較之凉州喂養，錢糧節省甚多，似屬有益。

臣等更有請者。現在陝甘購買馬匹甚難，將各處防兵馬匹留甘備用，最爲得策。但甘省現喂保德等所解馬一萬匹，又存喂舊案軍需馬二千匹。今統計西寧、涼州、肅州、寧夏各處防兵交存馬七千餘匹，若俱用料草喂飼，所費未免繁多。今甘、涼、固原所撤回汛之兵，應給馬匹，并各標營有應買補馬匹，可否停其買給，即以此項防兵交留之馬撥補，再嚴飭各提、鎮、標、營，將兵丁一半攢槽喂養之馬，加意喂飼膘壯，以備需用，似錢糧不至糜費，而馬匹仍可備用。是否可行，伏乞皇上睿鑒，訓示施行。謹奏請旨。

雍正十二年九月二十四日。

吏部尚書、署理陝西總督印務并辦理軍需事件臣劉於義，湖北巡撫臣德齡。

【《雍正朝漢文硃批奏摺匯編》第27册，第40頁第36條】

署陝西總督劉於義奏覆借調駐防滿漢官兵起程回汛日期摺

雍正十二年十月二十五日

吏部尚書、署理陝西總督印務并辦理軍需事件臣劉於義謹奏：爲遵旨議奏事。

雍正十二年八月二十九日，承准廷寄，内開：大學士伯鄂爾泰等議得，備調貼防官兵，似屬無用，徒費錢糧。查直隸、河南兵一千名，現駐涼州五百名，駐肅州五百名。河南滿洲兵五百名，現駐涼州。太原滿洲兵三百名，現駐寧夏。安西鎮屬靖逆地方，現駐固原兵五百名。沙州現駐甘州兵一千五百名，涼州兵一千名。以上共兵四千八百名，似應本年即撤，内除滿洲兵丁若有自帶之馬，許其乘騎回汛外，所有官馬，俱令交納備用，不得私行騎回。應行文署督劉於義等斟酌道途遠近，或雇車輛，或覓騾頭，酌量料理。

仍行支給口糧，并嚴飭各該管弁員，沿途加意約束，各回本汛。如有生事騷擾之人，一經查出，務將該管弁員一并重加懲治。等因。雍正十二年八月十三日，奉旨："依議。欽此。"抄發前來。臣隨按照程途遠近，酌定先後日期，使撤回滿漢官兵，不至前途擁擠。

先令駐寧夏之太原滿兵三百名分作三起。頭起派章京一員，驍騎校一員，管押兵一百名，苦獨力一百名，于九月二十二日，自寧夏起程。二起派章京一員，驍騎校一員，管押兵一百名，苦獨力一百名，于九月二十四日，自寧夏起程。三起派城守尉一員，管押兵一百名，苦獨力一百名，于九月二十六日，自寧夏起程，俱由固原、西安一路回太原本汛。

又咨河南領兵副都統白清額，將駐涼州之河南滿兵五百名分作三起。頭起派夸蘭大二員、章京二員、驍騎校委章京一員、領催委驍騎校三員、管押兵一百六十四名、苦獨力一百六十四名，于十月初一日，自涼州起程。二起派夸蘭大一員、章京三員、驍騎校委章京一員、領催委驍騎校三員、管押兵一百六十四名、苦獨力一百六十四名，于十月初三日，自涼州起程。三起派夸蘭大一員、章京二員、驍騎校委章京一員、領催委驍騎校二員，并副都統白清額親身管押兵一百六十四名、苦獨力一百六十四名，于十月初五日，自涼州起程。俱由蘭州、西安回河南本汛。

又飭直隸領兵參將趙偉，將直隸駐涼綠旗兵五百名分作二起。頭起派守備一員、千總一員、管押兵二百五十名，于十月初七日，自涼州起程。二起派參將趙偉親身管押兵二百五十名，于十月初九日，自涼州起程。俱由蘭州、西安回直隸本汛。

又飭河南領兵參將楊玉先，將河南駐肅綠旗兵五百名分作二起。頭起派守備一員、千總一員、管押兵二百五十名，由肅州起程。二起派參將楊玉先親身管押兵二百五十名，由肅州起程。俱由蘭州、西安回河南本汛。

又飭安西鎮總兵官張嘉翰，令將駐防赤金、靖逆、卜隆吉①、安西、沙州之固原兵五百名，并凉州、甘州駐防兵内，除欽奉上諭事案内，瓜州請添設兵六百名，踏實堡請添設兵一百名，以口外召募乏人，臣請于甘、凉駐防兵内有願行留駐者，即令頂補。等因。奉旨："依議。"欽遵在案。凉州原駐防兵一千名，除留撥瓜州、踏實堡兵二百八十名外，實應撤兵七百二十名。甘州原駐防兵一千五百名，除留撥瓜州、踏實堡兵四百二十名外，實應撤兵一千八十名。俱計算程途，于九月二十五日爲始，分定起數，各派將弁，管押回汛。

以上滿漢官兵，臣俱再三申飭，倘有沿途生事騷擾，一經查出，定行嚴參，將該管將弁重加懲治。至官兵馬匹，除滿洲兵丁，若有自帶之馬，許其乘騎回汛外，其餘滿漢官兵所有官馬，俱令交納備用，不得私行騎回。臣檄飭各地方官，俱照哈爾海圖撤回京師滿洲官兵之例，副都統、城守尉、夸蘭大、章京、驍騎校等官，每員雇給騾一頭，以便前後照管約束兵丁。其兵丁盔甲、器械，及官員行李，俱雇給車輛來載。查甘肅至西安，俱係小車，僅裝米三京石，附坐一人外，止堪放兩人行李。每兵一名，連本身盔甲、軍器、行李，并苦獨力行李，給車一輛。副都統連跟役一十八名，給行李車九輛。城守尉連跟役七名，給行李車三輛。夸蘭大連跟役五名，亦給行李車三輛。章京連跟役四名，給行李車二輛。驍騎校連跟役三名，亦給行李車二輛。領催委驍騎校連跟役一名，給行李車一輛。官員應需騾頭，令寧夏、凉州雇至西安，再由西安轉雇回汛。應需車輛，令沿途州縣按起雇覓，接替遞送，俟至西安之日，令地方官雇覓長行騾車，分送河南、太原。

查西安係屬大車，亦照奏定量爲酌減之例。每兵二名，連本身盔甲、軍器、行李，并跟役行李，合給車一輛。副都統連跟役十八名，給行李車六

①卜隆吉：前文又作"布隆吉"。

輛。城守尉連跟役七名，給行李車二輛。夸蘭大連跟役五名，亦給行李車二輛。章京連跟役四名，給行李車一輛。驍騎校委章京連跟役三名，亦給行李車一輛。領催委驍騎校每二員連跟役二名，合給行李車一輛。

所雇騾頭，照例河西每頭每百里給銀三錢，河東每頭每百里給銀二錢六分。所雇車輛，每輛每百里給銀四錢五分。西安雇覓長車，照例每輛每百里給銀六錢。沿途口糧，官每員日支京升粳米八合三勺，兵役、苦獨力每名日支京升粟米八合三勺。太原滿洲官兵自寧夏起程之日，支給十二日口糧至平涼，平涼再支十日口糧至西安，西安酌定應需至太原口糧，按數支給。應需行餉，在寧夏支給一個月，令其裹帶前往，有餘不足，俟到太原之日，再行找繳。河南滿洲官兵自涼州起程之日，支給十日口糧至蘭州，蘭州再支十日口糧至平涼，平涼再支十日口糧至西安。西安酌定應需至河南口糧，按數支給。應需行餉，在涼州支給一個月，令其裹帶前往，有餘不足，俟到河南之日，再行找繳。

至各處備調駐防緑旗官兵，亦照哈爾海圖撤回緑旗官兵之例，參、游、守備、千、把等官，每員雇給騎騾一頭，令其前後照看約束兵丁。其兵丁盔甲、器械及官員行李，俱雇車輛乘載。馬兵每三名，合給裝載盔甲、器械、馬鞍、行李車一輛。步兵每四名，合給車一輛。參、游連跟役，各給行李車三輛。守備連跟役，給行李車二輛。千把總連跟役，各給行李車一輛。官兵帶回炮位、鍋帳，核明斤兩，照例給車運送。其騾價照例分别河西、河東給發，車價總以每輛每百里四錢五分給發口糧，俱照官粳役粟，各從起程地方裹帶，俟過肅州、甘州、涼州、蘭州、平涼等處，按日接支。内惟直隸、河南緑旗官兵至西安雇給長行大車，照例量爲酌減。馬兵每四名，合給車一輛，步兵每五名，合給車一輛，參將連跟役十名，給行李車二輛，守備連跟役六名，給行李車一輛，千把每二員連跟役，合給行李車一輛。每輛每百里，給銀六錢。内直隸緑旗官兵口糧，自西安支至山西，自山西支至直隸。

鹽菜銀兩，令涼州支給五十日，令其裹帶前往，有餘不足，俟至直隸之日，接算找繳。河南綠旗官兵口糧，自西安支至河南。鹽菜銀兩，令肅州支給五十日裹帶前往，有餘不足，俟到河南之日，接算找繳。

臣又飭寧夏鎮道、涼州鎮道、肅州鎮道、安西鎮道，將滿漢官兵交納備用馬匹會同驗收，令照哈爾海圖存留馬匹之例，騸馬俱照軍需馬匹，加意喂養，兒騍馬匹，俱就近撥給各廠牧放，孳生騾頭，解肅撥給運户運糧，于脚價内扣還價值。其有勞傷病發、實在不堪喂養之馬、騾，飭鎮道驗看明確，令營員會同地方官變價。今駐寧夏之太原滿洲官兵已報于九月二十二、二十四、二十六等日起程。駐涼州之河南滿洲官兵已報，于十月初一、初三、初五等日起程。駐涼州之直隸綠旗官兵已報，于十月初七、初九等日起程。駐肅州之河南綠旗官兵已報，于九月二十五、二十七等日起程。駐防靖逆之固原綠旗官兵已報，于九月二十五、十二六等日起程。駐防卜隆吉、安西等處之甘州綠旗官兵已報，于九月二十九、三十，十月初一、初二等日起程。駐防赤金、沙州等處之涼州綠旗官兵已報，于十月初四、初七、初十等日起程，俱已各回原汛訖。除滿漢各官兵存留備用馬匹，應俟各鎮道查造清册呈送，洲官兵已報于九月二十二、二十四、二十六等日起程。駐涼州之河南滿洲官兵已報于十月初一、初三、初五等日起程，駐涼州之直隸綠旗官兵已報于十月初七、初九等日起程，駐肅州之河南綠旗官兵已報于九月二十五、二十七等日起程，駐防靖逆之固原綠旗官兵已報于九月二十五、二十六等日起程，駐防卜隆吉、安西等處之甘州綠旗官兵已報于九月二十九、三十，十月初一、初二等日起程，駐防赤金、沙州等處之涼州綠旗官兵已報于十月初四、初七、初十等日起程，俱已各回原汛訖。除滿漢各官兵存留備用馬匹，應俟備鎮道查造清册呈送到日另行具奏外，所有備調貼防滿漢各官兵起程回汛日期，理合奏聞。謹奏。

雍正十二年十月二十五日。

【《雍正朝漢文硃批奏摺匯編》第27冊，第181頁第160條】

陝西學政王蘭生奏報考試所到地方雨雪收成等情并繳硃批摺

雍正十二年十一月二十四日

内閣學士、兼禮部侍郎、提督陝西學政臣王蘭生謹奏：爲敬陳數月以來雨雪應時、萬民安樂事。

臣于七月初九日到涼州府，二麥已熟，復得時雨，秋苗茂盛，天氣極暖，人服葛紗。二十八日，到甘州府，天氣亦暖。于八月初五、六等日，得大雨，秋禾俱結粒堅實。甘、涼一帶，雖山嶺之上，全無霜氣，俱得豐熟。甘州穀價，比去歲秋收時，更較平减，但因得雨稍遲，草束略短。二十四日到西寧府。九月初三、四等日，復大雨，極其沾足，于秋耕春種，甚有裨益。西寧屬，麥穀俱盛，比去歲更豐。

九月十七日，到寧夏府路，見各渠疏通流暢，一渠之勢，可比南方一河。堤閘橋壩，修築得法，溝塍畦畔，經界井然。稻穀秸槁，充盈原野。詢之土人，皆言秦、漢、唐、宋以來，諸渠至今，益得疏暢，本朝所開各渠，利益比前更多。目下中衛地方，復開一渠，又將成功。闔郡之人，無論智愚老幼，皆感戴皇上隆恩，頌揚朝廷洪福，盈街滿路，萬口一詞。夫寧夏，地本斥鹵，今歲又值寧屬缺雨，乃水田所收，倍于他郡。由此以觀，渠功所養者，實不僅億萬人，況所歷又不止億萬世，皆由聖朝多用帑金、經畫深遠之所致。皇上至聖至誠，贊化育參天地之功用，此尤爲彰明較著者也。

十月十五日，到平涼。聞平、慶二府所收有五六分至七八分不等。惟環縣北界與鞏昌所屬靖遠縣、臨洮所屬金縣所收較歉。總計甘省秋收，就臣所聞，較歉者三四處，餘俱大概豐盛。又九月二十八九日，平涼府得透雨。十月十一至二十等日，平涼所屬俱得雪，自三四寸至七八寸不等。

十一月十二日，臣自平凉起身，赴三原縣，于十三、十四、十五等日，在涇州并邠州所屬地方，復遇大雪，自三四寸至七八寸不等。十八日，到三原，聞西安府并同州所屬共有數縣九月二十以前缺雨，秋禾分數較減，自二十以後，接連得雨，至二十八九及十月初一二等日，復得大雨，十一日以後，復得雨，十一月十四五日，又得雪。種麥甚多，且麥苗青壯。目下米價甚平，人民安樂。又聞延安府以北，秋亦缺雨，嗣俱得雨雪。至鳳、漢二府，乾、邠、耀、華、興、商、鄜七州所屬，大概豐盛。

臣于兩省各屬所收分數之詳，不能悉知，但就考試所到、見聞所及者具奏。又，臣所奉硃批原摺，即付臣家人趙忠賫進恭繳，合并聲明。謹奏。

雍正十二年十一月二十四日。

覽。凡百一一據實爲要，不可存寬慰聖懷之念，少爲隱諱也。

【《雍正朝漢文硃批奏摺匯編》第27册，第352頁第291條】

署陝西總督劉於義奏報陝甘各屬得雪日期分寸摺

雍正十二年十一月二十五日

吏部尚書、署理陝西總督印務并辦理軍需事件臣劉於義謹奏：爲恭報瑞雪事。

據甘省直隸肅州稟稱，十一月十六、十七等日得有瑞雪，積地三寸。……寧夏府屬寧夏、寧朔二縣報稱，十月十六、十七等日得有瑞雪；靈州報稱，十月十一至十七日得雪三寸。……平凉府屬平凉縣報稱，十月十七、十八等日得雪二寸。崇信縣報稱，十月十一、十二等日得雪一寸五分。華亭縣報稱，十月十一日得有瑞雪。鎮原縣報稱，十月十一日得雪三寸，十八日得雪五寸。固原州報稱，十月十一、十二等日得雪一寸，十九、二十等日得雪一寸。涇州報稱，十月十一、十二等日得雪五寸。靈臺縣報稱，十月十六、十七等日得雪二寸。隆德縣報稱，九月二十九日得有瑞雪。……據各屬呈報前來，可卜來歲豐登之兆。理合繕摺奏聞。謹奏。

雍正十二年十一月二十五日。

得雪甚微，何得輕言卜來歲豐登之兆也。當存敬慎之心，以□上天慈佑可也。

【《雍正朝漢文硃批奏摺匯編》第 27 册，第 353 頁第 292 條】

署陝西總督劉於義奏報陝甘各屬得雪日期分寸摺

雍正十二年十二月初六日

吏部尚書、署理陝西總督印務并辦理軍需事件臣劉於義謹奏：爲恭報瑞雪事。

竊照陝甘二省雍正十二年十一月二十五日以前各屬報到得雪分寸、日期，業經臣繕摺奏聞在案。兹復據甘省直隸肅州稟稱，十一月二十八、二十九等日得有瑞雪，積地五寸。……寧夏府屬寧夏、寧朔二縣報稱，十一月十三日得雪二寸。寶豐縣報稱，十一月十三日得雪五分。靈州報稱，十一月十三、十四等日得雪八寸。……平凉府屬平凉縣報稱，十一月十三、十四等日得雪一寸五分。固原州報稱，十一月十三、十四等日得雪三寸。涇州報稱，十一月十三、十四等日得雪五分。靈臺縣報稱，十一月十三、十四等日得雪二寸。隆德縣報稱，十一月十三、十四等日得雪三寸。……據各屬呈報前來，可卜來歲豐登之兆，理合繕摺奏聞。謹奏。

雍正十二年十二月初六日。

深慰朕懷。但尚微少，何輕言卜來歲之豐登也。

【《雍正朝漢文硃批奏摺匯編》第 27 册，第 415 頁第 349 條】

△諭著將下馬關等處本年未完錢糧一體蠲免其乏食貧民所借口糧亦一體賞給

雍正十二年十二月二十日

二十日，奉上諭："前據署陝督劉於義、巡撫許容奏報，甘省之階州、靖遠、環縣三處秋收稍歉，朕特頒諭旨，將該州縣乏食人民所借口糧，俱著賞給，本年未完錢糧，亦著蠲免矣。今又據劉於義、許容奏稱，固原廳州所屬之平原所下馬關一帶，及靈州所屬之花馬池、中衛縣所屬之香山，又接壤階州之禮縣所屬大潭，一里各就一隅，而論收成分數，實有不足，應徵錢糧，請酌量寬緩，其乏食之民，亦酌量借動倉糧，加意安頓。等語。下馬關等處，秋收既屬稍歉，著將該村堡本年未完錢糧一體蠲免。其乏食貧民所借口糧，亦一體賞給。至其餘州縣，如來春有應行接濟之處，著劉於義、許容隨時酌量，加意撫綏。……"

【《雍正朝漢文諭旨匯編》第 8 冊《上諭内閣》，第 384 頁"雍正十二年十二月二十日"條】

雍正十三年（1735）

陝西巡撫碩色等揭報雍正七年收支兵馬錢糧數目

雍正十三年正月二十七日

康熙伍拾柒捌兩年，扣貯督標原估并防寧馬乾火器營官員俸薪，固、延、興叁鎮屬出防甘寧官兵馬乾等項，共銀捌百叁拾兩肆錢肆厘零。解交鞏司訖。

【《明清檔案》A61—18，B34722】

除固原鎮屬未扣糧料捌拾陸石叁斗陸陞壹合零，每斗折扣銀壹錢，共扣原估銀捌拾陸兩叁錢陸分壹厘零，收入建曠銀兩開除項下，已于司總册内登明。……除固原鎮屬未扣草貳千伍百叁拾捌束捌分，每束折扣銀壹分，共扣原估銀貳拾伍兩叁錢捌分捌厘，收入建曠銀兩開除項下，已于司總册内登明。

【《明清檔案》A61—18，B34728】

蘭州巡撫許容奏報商辦西路軍營本年八月以後應需口糧采買起運緣由摺

雍正十三年二月初五日

蘭州巡撫臣許容謹奏：爲確查軍營官兵等事。

雍正十三年正月十九日，承准領侍衛内大臣、英誠公豐盛額等抄發奏稿，内開：查西路軍營雍正十三年八月以後應需口糧，先經許容約略估撥，需用粳米四千三百石，粟米六萬五千石，炒白麵各八百萬斤。臣等議令劉於義等咨查軍營官兵實數確估。等因。奏准在案。今劉於義等咨，呈查郎阿確查估撥，據稱實在官兵、跟役、餘丁共該糧十六萬八千三百三十一石零，内除軍營屯種收穫青稞米局續買糧石及挑退撤回官兵存剩口糧外，實止應運糧九萬七千一十一石四斗四升二合，内需粳米三千八百三十二石六斗八合，粟米四萬七百九十五石六斗八升六合，白麵六百一十四萬九千三百七十九斤，炒麵二十八萬九千八百九十一斤八兩，俱照數估撥。等語。查西路軍營雍正十三年八月以後應需口糧，既經劉於義等查明確估，其應需粳米，劉於義等請于許容約派寧夏采買粳米内撥運。……臣查本年八月以後，大營官兵應需一歲口糧，先經臣約略估計，議令各府州屬先辦粳米四千三百石，粟米六萬五千石，炒麵一百六十八萬斤，白麵四百三十二萬斤，其餘炒白麵一千萬斤，緩俟各處屯種收穫有數，再行湊撥。奏奉廷議，准行之後，正在陸續辦運間，准署督臣劉於義將減運確數知會到臣。隨查粳米一項，原派寧夏府屬采買運送，當即行令該府止照實需之三千八百三十二石六斗八合買運，其餘停止采辦。……再，查未運麵斤内有寧夏府屬新、寶兩縣運交夏、朔等州縣小麥六千石，因停止起運，尚未辦磨。此項麥石，應令夏、朔等州縣收貯，聽候另案撥用。其自新、寶運送夏、朔等處動過脚價，隨案報銷。等情。一并詳覆前來。臣當即如詳批飭，并咨覆劉於義在案。今奉廷議，合將已經商辦緣由繕摺具奏，伏祈皇上敕交辦理軍需大臣查核飭知，以便將來報銷。爲此謹奏。

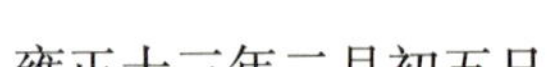

雍正十三年二月初五日。

【《雍正朝漢文硃批奏摺匯編》第27册，第632頁第517條】

※寧夏副都統貢格奏報率兵由烏里雅蘇臺返回寧夏摺

雍正十三年二月初九日

寧夏副都統奴才貢格謹奏：爲奏聞率官兵抵達汛地日期事。

奴才照定邊打將軍、多羅平郡王等交付之行文，寧夏之一千兵丁内，相續裁汰、退回之官兵外，餘官員二十六人，計委官員在内，兵丁共爲五百五十九人。于雍正十二年十一月十九日，自烏里雅蘇臺軍營率領啓程，仍由原路古爾班賽堪路入平羅營口邊，于雍正十三年二月初七日，好生抵達寧夏。爲此謹具奏聞。

寧夏副都統奴才貢格。

硃批：欣覽。

【《雍正朝滿文硃批奏摺全譯》第2334頁第4650條】

※署理寧夏副都統通善奏謝革職留任摺

雍正十三年二月二十一日

署理寧夏副都統、革職留任效力奴才通善謹奏：爲叩謝天恩事。

雍正十三年二月十六日，竊准兵部來文，内稱：甘肅巡撫許容爲寧夏派往京城之官員，沿途擾害地方而參奏後，奉旨："著將富泰革職，解送審辦。通善在任地方，竟不制止富泰等人，如此懈弛，又未敷奏，甚負重任，著革職，仍准署理副都統，效力贖罪。欽此欽遵。"奴才我誠惶誠恐，恭設香案，望闕叩謝天恩。伏思奴才係一末秩之奴，承襲官職後，屢蒙聖主鴻恩，委以參領署理寧夏副都統事務，所轄官兵目無法紀，擾害地方，奴才未能約束，且未制止富泰，又未敷奏，實屬有負聖主重任。爲此本應照富泰之例將奴才亦治罪，然又蒙聖主如天地桩恩，將奴才革職，仍准署理副都統事務，效力贖罪，賜以自信效力之路，奴才感懼之情，實難以言辭表達。嗣後奴才竭力黽勉，以圖仰報聖主之恩于萬一耳。爲此叩謝天恩，誠惶奏聞。

署理寧夏副都統、革職留任效力奴才通善。

硃批：如此若再不感激、懼怕、改正，則試試罷。

【《雍正朝滿文硃批奏摺全譯》第2337頁第4659條】

署陝西延綏總兵米國正奏報查明原侍郎杭奕禄存營衣晝箱物并無絲毫銀兩等情摺

雍正十三年二月二十二日

署理陝西延綏總兵官印務、花馬池副將、降職一級在任守制臣米國正謹奏：爲奏明事。

臣署印以來，訪問原侍郎杭奕禄于上年巡察營伍之時，曾有箱籠等物付前鎮惠延祖收貯，後惠延祖離任，復將箱籠等物轉付鎮標營官收存。臣竊思杭奕禄係巡察沿邊營伍之大臣，于初次經過榆林，即有寄貯物件，則沿邊經過寧夏、甘、凉等處，或所在俱有，倘内中寄領贓私纍纍，是非義之財，不但當于杭奕禄直窮到底，且恐不肖卑鄙官員以爲杭奕禄事已敗露，即有各處存貯贓私，諒亦隱忍不敢聲張，竟爾乘人之厄，入己侵吞，亦未可定。臣是以細查訪知，杭奕禄有箱子、皮包存寄臣標署左營守備高希聖處，詢稱有惠延祖所留開列清單一紙。臣止飭取原單閲看，其單内所開大皮箱壹個，係貂皮、狐皮袍褂伍件，餘皆領帽雜物。又單開皮包壹個，内係氆氌褥子、鞍轡零星物件。又單開大箱壹個，内係書籍、銅爐。臣查單開皮衣、書籍等件，乃係杭奕禄隨身穿用携帶之物，因長途難以馱載，就便寄放，亦屬常情。且并無絲毫銀兩，實與寄頓贓私者不同。臣已飭令該營，將原收衣書箱物存貯，俟杭奕禄有人來取，照單發還，毋得借端掯留。但杭奕禄係從前巡察營伍大人，今奉旨永遠枷號之犯，既有衣服、書籍存在營中，雖非贓私，但臣既已查出，亦不敢不據實奏明，爲此具摺謹遣家人趙玉賫奏以聞。

雍正拾叁年貳月貳拾貳日。

此奏可嘉。如此存心，方不負朕之任用。

將此情由報明劉於義。

【《雍正朝漢文硃批奏摺匯編》第 27 册，第 747 頁第 605 條】

署陝西固原提督李繩武揭賀嘉禾獻瑞

雍正十三年三月七日

揭帖。

署陝西固原提督總兵官、兼拜他喇布勒哈番、又一拖沙喇哈番李揭：爲聖德覃敷，嘉禾瑞應，恭疏慶賀事。

准署陝西總督臣劉咨爲知會事。雍正拾叁年正月初貳日，准禮部咨，祠祭清吏司案呈，禮科抄出。由内閣抄出。拾月貳拾陸日，奉上諭："朕從來不言祥瑞，屢頒諭旨，曉諭天下臣民。是以數年來，凡以嘉祥入告者，朕皆屏拒弗納，而各省之瑞穀嘉禾誕降者甚多，悉令停其進獻。蓋欲天下臣民共敦實行，不尚儀文，以爲敬天勤民之本也。

"今據總兵官楊凱奏報：鎮筸紅苗，甫經嚮化。今年苗民所種之山田水地，黍、稷、稻、粱盈疇遍野。及至秋成，則皆雙穗、三穗、四五六穗不等，萬畝皆然，如同一轍。苗民額手歡呼，以爲從來未有之奇瑞。等語。

"有據侍郎蔣洞奏報：高臺縣屬雙樹墩地方，在鎮夷堡口外。自開墾以來，人烟日盛。今歲秋成，粟穀挺秀，有一本之内枝抽十餘穗者，有一穗之上叢生五六穗者，屯農共訝爲奇觀，司墾咸稱爲盛事。等語。

"朕思苗疆播種，乃夷民務本之先資，遠徼屯田，關邊塞軍儲之重計。今值經營伊始，欣逢瑞穀呈祥，且地廣穗多，超越于見聞紀載之外。仰見天心眷佑，錫福方來。苗民之樂利可期，軍旅之糗糧有賴。此非空言祥瑞而無濟于實用者可比，朕心爲此不勝感慶。在廷臣工，莫不有撫綏苗衆、籌邊足食之同心，聞之定爲色喜。是以將楊凱、蔣洞奏摺及穀本圖樣發出，共觀之。欽此。"

又，内閣抄出諸王、貝勒、貝子公、滿漢文武大臣、和碩康親王等奏稱："欽惟我皇上德大，生成功隆，參贊敷太，和于宇宙，動植咸熙。錫瀸澤于黔黎，遐邇遍德。普天率土，皆知就日瞻雲。鑿井耕田，共樂含哺鼓腹。百昌協應，萬寶告成。惟聖德之感孚，無遠弗届；斯天心之昭鑒，有瑞悉呈。大有頻書，瑞禾叠獻。宸衷邃遠，普美利而不言；睿慮謙冲，致祥徵而多讓。顧兹苗民歸化，方革面以革心。矧彼邊地營屯，期足兵而足食，懷遠存乎樂業，籌邊全在多儲。誕降嘉禾，千枝擢秀，篤主瑞穀，萬畝呈奇。隸我版圖，即迓天庥之洊至；率彼耕作，忍陳地脉之膏腴。嘉祥并奏于一

時，上瑞同昭于兩地。扶疏連穗，儷璧合而珠聯；錯落攢柯，類金雖而玉琢。

“聖澤與天和同溥，共沐陽春；人工與地利交孚，均沾膏雨。烏□斑服，額手稱奇。蔀屋柳營，銜恩致慶。同騰歡于萬姓，隨獻瑞于九重。和氣萃苗疆，非復尋常之多黍；庥徵協邊徼，更【注一】逾圻甸之有年。既適用以稱珍，復應時而見寶。軍旅之粮糧倍足，苗民之樂利無疆。誠史册所罕傳，爲古今之未見。臣等對嘉種以心傾，慶屢豐于丹陛，捧瑞圖而色喜，想多稼于青疇。敬效嵩呼，曷勝雀躍。臣等不勝踴躍歡忭之至，恭繕摺奏賀，爲此謹奏。”

雍正拾貳年拾壹月初伍日奏。奉旨：“知道了。欽此。”抄出到部。相應行文陝西總督，轉行將軍、提鎮、學政、文武大小各衙門可也。等因。到部院。准此，擬合就移。爲此合咨，前去查照，移行鎮協、營路、大小各衙門一體欽遵施行。等因。咨移到臣。臣即移行所屬鎮協、營路、大小各衙門一體欽遵外。欽惟我皇上德溥堯天，功敷禹甸。廣生民未有之恩，普天沾日月光華；施乾行不息之政，薄海受雨暘時若。體中和而建極，聲教達乎南朔東西；勤宵旰以敷猷，膏澤逮乎飛潜動植。是以民物咸熙，符應叠臻，五風十雨，遍地歡呼，豐登千倉，萬箱群黎，咸歌大有。在聖德謙冲，雖景星慶雲，諸祥頻集，并不輕言符瑞。而天眷昭著，則奇草嘉禾，百昌協應，固已顯示休徵。兹者筸峒苗疆初闢，已深嚮化之誠，紫塞屯務方興，正資邊儲之本。乃嘉禾獻瑞，輒异地而同時。良卉呈祥，即連枝而殊穗。珠芒繁茂，恍睹萬頃，黄雲玉粒，紛披欣瞻。千疇緑野，峒民猺户額手稱奇，屯士邊氓交口致慶。是由常德感召，故見奇禾于遐方。益徵天心眷佑，斯呈嘉種于殊俗。苗疆之樂利無窮，邊徼之倉箱乃積。洵史册未有之奇徵，實千古罕逢之上瑞。從此多黍多稌，長占豐稔于率土。來王來享，永抒丹誠于八荒。臣曷勝踴躍歡忭之至，謹恭疏慶賀，伏祈皇上睿鑒施行。爲此除具題外，理合具揭。須至揭帖者。

右具揭帖。

雍正拾叁年叁月初柒日。

三月廿四日到。【注二】

【注一】此處原文爲："尋常之多黍庥黴協邊黴吏。"

【注二】本底餘紙之背記注。

【《明清檔案》A61—79，B35111—B35115】

署陝西固原提督李繩武揭賀景陵瑞芝呈祥

雍正十三年三月七日

揭帖。

署陝西固原提督總兵官、兼拜他喇布勒哈番、又一拖沙喇哈番李揭：爲聖主純孝感昭，景陵瑞芝四見，敬抒賀悃，仰祈睿鑒事。

准署陝西總督臣劉咨爲至德格天，嘉符應地，景陵之瑞芝四見等事。雍正拾貳年拾貳月拾玖日，准禮部咨，祠祭清吏司案呈，禮科抄出。諸王、貝勒、貝子、公、滿漢文武大臣、和碩康親王等參賀景陵寶城山上所産靈芝九本，允宜付史館，昭示中外壹疏。相應抄録粘單，移咨陝西總督，轉行將軍、提鎮、學政、文武大小各衙門可也。計粘單壹紙，内開：奉旨："今歲元旦、立春，喜遇四寅。仰蒙上天特賜盈尺之瑞雪，朕心感慶，期與臣民，共加敬勉。自春及秋，直省地方，雨暘時若。除北直、江南近水數縣河流有漲溢之處，陝西數縣得雨稍遲外，其餘則甘霖應候，禾稼豐登。雖不敢遽稱大有之年，而各省年穀順成，大率相類，誠爲罕覯。此上天聖祖賜佑國家、顯然昭著者。今當萬寶告成之候，西師報捷之時，欣睹瑞芝九本，産于景陵寶城最近之山上。屈指數年以來，三秀之瑞，已經四見。實乃上天恩賜，以表彰我皇考之聖德神功，欲使中外臣民咸知樂利養恬，共享昇平之福者，皆我皇考之所留貽，非偶然也。據此則諸王、大臣等奏請，宣付史館，昭示中外，于理應行。至謂朕‘純孝’所感，朕實愧不克當。并曉諭天下臣民共知之。欽此。”移咨到臣。

臣隨即通行所屬，一體欽遵外。欽惟聖祖仁皇帝功隆羲皡，德邁勛華，建極用中，覃聲教于萬邦，體天行健，洽政治于九有。厚澤深仁，沛六十餘載恩膏；文謨武烈，垂億萬斯年之景運。我皇上孝隆述繼，道合敬承。法天心而出治，克慎克誠；本祖德以綏猷，丕承丕顯。太和翔洽，兩閩悉荷生成，愷惠昭宣，率土咸歆樂育，是以大有頻書，膚功疊奏。當萬寶告成之候，正西師大捷之日，玉莖金英，復産景陵，异質仙葩，再生福地。彩色繽紛九本，彰九伐之勛。霞光燦爛三秀，表三登之瑞。斯固聖以傳聖，聖祖之靈爽有在，仁復承仁，皇上之孝感必通。載諸史册，洵千春不易之弘庥；昭示臣民，實萬國歡欣之上瑞。臣幸際景運，快睹昌期。仰見山陬海澨，群沐聖澤之洋溢；天寶物華，永昭帝德之浩蕩矣。臣曷任踴躍歡忭之至，謹恭疏慶賀，伏祈皇上睿鑒施行。爲此除具題外，理合具揭。須至揭帖者。

右具揭帖。

雍正拾叁年叁月初柒日。

三月廿四日到。【注】

【注】本底餘紙之背記注。

【《明清檔案》A61—80，B35117—B35120】

蘭州巡撫許容奏請將原西寧道王國相補授寧夏府水利同知或暫令署理摺

雍正十三年三月二十六日

蘭州巡撫臣許容謹奏：爲奏請事。

竊照寧夏府水利同知石禮圖丁伊父石文焯憂，業經照例題報，所遺員缺，有經理三渠封渫修浚之責。且目下正值春工，未便一日乏員，而在甘試用各官，現無銜缺相當之人。前據署布政司楊應琚會同按察使齊式詳委原任西寧道王國相署理，當即如詳批，令暫署在案。臣查王國相，係雍正五年在據揭題參事案内，降三級調用。經臣于雍正九年題請留甘差委，并聲明果能實心辦事，酌量題補。仰蒙俞允，隨即委辦額色爾津城工。嗣因該員淮安府任内失察旗人，部議革職，奉旨，令赴部引見。緣彼時正在監修沿邊城堡，又經臣咨准部覆，俟工竣，再行送部。後因慶陽知府缺出，暫委署理。嗣復委押糧運，前往肅州，是以未即給咨赴部。查該員自留甘以來，歷經四載，頗著勤勞。從前兩次降革，均係因公罣誤。可否仰懇聖恩，即將王國相補授水利同知，稍暇給咨赴部引見。抑或暫令署理，仍俟將來引見，恭候欽定。臣未敢擅便，爲此繕摺奏請，伏惟聖鑒。臣謹奏。

雍正十三年三月二十六日。

已有旨矣。

【《雍正朝漢文硃批奏摺匯編》第27册，第959頁第769條】

署陝西總督劉於義揭報選補游擊

雍正十三年四月十五日

兹准署理固原提督李繩武咨，准署延綏鎮總兵官印務、副將米國正咨稱：黄甫營游擊一缺，選得延綏鎮屬定邊協中軍都司、署鎮標左營游擊瑚寶，現在肅州聽差，年壯技優，辦事勤敏。前出征巴爾庫爾，應援科什圖、峨崙磯等處，剿殺賊夷，著有戰功，堪以請補黄甫營游擊。

【《明清檔案》A62—62，B35495】

署陝西總督劉於義揭報議定寧夏鎮標更移營制事宜

雍正十三年四月十五日

揭帖。

吏部尚書、署理陝西總督印務并辦理軍需事件劉：爲仰□聖恩，更移營制，以肅軍伍，以重城守事。

據寧夏鎮總兵官邱名揚呈稱，雍正拾貳年玖月拾捌日，欽奉皇上硃批本鎮摺奏，内開：竊惟設立營制，貴位置之得宜。□禦邊疆，賴城守之專責。伏查寧夏一鎮，界在極邊，逼壤口外蒙古地方。東接延綏，交界叁百餘里；南接固原，交界叁百餘里；西接涼州，交界肆百餘里；北至鎮遠關蒙古界貳百肆拾餘里。誠西北重鎮也。鎮標舊制，原設中、左、右、前、後伍營，官兵駐扎彈壓，以備策應。嗣于雍正伍年内，奉旨新設西大通鎮，將寧夏鎮標後營壹營官兵裁撥大通。寧夏鎮標改爲中、左、右、前肆營，相沿至于今日。在昔列營爲伍，體統布置，丕□軍容。今之肆營，似覺有前無後，未免于體制規模有所缺略。臣愚請仍立中、左、右、前、後名色，以中營改爲左營，左營改爲右營，右營改爲前營，前營改爲後營。查鎮標中軍兼管中營，舊頒關防係“寧夏鎮標中軍游擊”字樣，勿庸另換。今請換給中軍游擊兼管左營事札付，其中營守備、千、把换給左營守備、千、把札付，左、右、前叁營守備、千、把亦各遞换右、前、後營守備、千、把札付。至兵丁製册，亦隨營遞改，造入季册送部。如此一轉移間，不須添設官兵，而左、右、前、後位置合宜，營制規模壯觀復舊矣。復查直省營制，有設肆營者，俱係中軍兼管左營職銜，合并聲明。

臣再有請者。寧夏鎮城周匝壹拾玖里叁分，地當衝要，人烟輳集。舊制原設城守營壹營，都司壹員、把總貳員、守兵伍百名。一切城池門禁、堆卡栅欄、扎守巡警，是其專司。且有稽查奸匪、護餉、解逃之責。查自設鎮即

設城守，營制規模，洵稱美備。嗣于康熙肆拾柒年内奉旨，寧夏補放審事官壹員，將城守兵五百名内撥貳百名，歸審事官衙門，以供差遣。裁去都司壹員，止留把總貳員，營轄守兵叁百名，以司城守，歸鎮標中軍游擊兼轄。後審事官改爲管理夷漢衙門，其守兵貳百名仍隨夷漢衙門，聽其差遣。此貳百名兵丁，相沿已久。今勿庸置議外，惟是鎮標之中軍游擊壹官，總匯肆營兵馬錢糧，整頓營伍，操練兵馬，兼理鎮標轄營一切事務。責任甚屬繁劇，難以兼顧城守。況城守乃金湯重任，必得大員專司，庶免防範疏虞。臣愚請將鎮轄大壩堡守備，今現改設都司之員，改爲寧夏城守都司，頒給“寧夏城守營都司關防”，統轄把總貳員、守兵叁百名，駐扎鎮城，專司城守，足資防範。

查大壩堡，雖當寧夏孔道，而汛地無多。東至黄河僅貳拾里，西至賀蘭山邊墻僅叁拾里，南至廣武營交界僅貳拾里，北至玉泉營交界僅三十里。四維周匝，不過彈丸之地。且界①在廣武、玉泉貳大營之内，乃腹裹事簡之地。安該都司，似屬大員小用，以之移爲城守，則名分相稱，任使合宜。至大壩堡原設馬守兵壹百伍拾叁名，請添設千總壹員，盡足彈壓防守，仍歸玉泉營游擊統轄。其添設之千總，應請于鎮標轄現任千總内揀選幹員，調補如武，則輕重得宜，繁簡適當，于營伍、地方實有裨益。

查舊制都司衙署，久已沿爲夷漢衙門。今復設都司，必給衙署。查鎮城尚有空隙餘地，可以建設衙署。合先陳明。此臣庸思淺識，爲營伍、地方因地制宜起見，不揣冒昧陳奏。爲此繕摺，專差臣家人朱文賁進請旨。等因。蒙皇上硃批言之“督提酌奪其奏。欽此欽遵”。相應呈請。等情。據此，隨轉行寧夏道確查，并咨移甘提酌議去後。兹據寧夏道鈕廷彩詳稱：查大壩堡

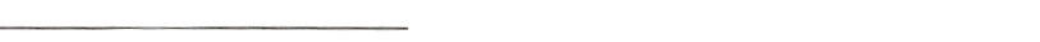

①界：原作“介”，據下文“且界在廣武、玉泉二大營之内”改。

雖當寧夏孔道，其實汛地無多。東至黄河，西[1]至賀蘭山邊墻，南至廣武營交界，北至玉泉營交界止，皆貳叁拾里。且界在廣武、玉泉貳大營之内，乃腹裏事簡之地。至寧夏鎮城周匝壹拾玖里叁分，地當衝要，人烟輳集。該鎮請將大壩堡新改之都司，改爲寧夏城守營都司。其大壩堡原設馬守兵壹百伍十叁名，請添設千總壹員，統領防守。實屬輕重得宜，繁簡適當，于營伍、地方均有裨益。等情。

據此，又准署甘肅提督二咨轉：查寧夏鎮標從前原設伍營，嗣因添設大通鎮標，將後營裁撥大通標營。寧夏改爲中、左、右、前肆營，彈壓應援，原足敷用。惟于營制規模，未免缺略。今該鎮請仍設立五營名色，以中營改爲左營，换給中軍游擊兼管左營事札付，中營備弁换給左營備弁札付，其左、右、前叁營將備、千把亦各遞换右、前、後將備、千把札付。兵丁製册，隨營遞改。一轉移間，不必添兵滋費，營制倍覺整齊，位置頗爲妥協。又請將大壩堡守備改設之都司，移爲寧夏城守一營。其大壩堡添設千總壹員，足資防守。等語。查大壩壹堡，界于廣武、玉泉貳大營之内，汛非要隘，兵數無多。添設千總壹員，仍隸玉泉營統轄，儘可彈壓。將原設守備，今改之都司，移爲寧夏城守營都司，亦屬輕重得宜、繁簡適當。

惟查從前寧夏城守壹營，原有守兵伍百名，嗣因裁去都司，發給夷漢衙門守兵貳百名，相沿已久。今既復設都司，專司城守，則城池、堆卡、防守、巡查、解逃、護餉在在需兵。現在止存守兵叁百名，爲數甚少。况夷漢衙門差遣兵丁，亦無需貳百名之多。應否裁撥壹百名，歸入城守營，以備操防，實于邊疆重地更爲有益。相應移咨，請煩查照，裁酌會題。等因。到臣。

准此，該臣看得，寧夏鎮標舊制原設有中、左、右、前、後伍營官兵，

---

[1]西：原作“河”，據下文“西至賀蘭山邊墻”改。

以資彈壓。寧夏府城原設有城守營都司壹員、把總貳員、守兵伍百名，專司城守門禁一切事宜。緣雍正五年，奉旨新設大通一鎮，將該鎮後營壹營官兵裁撥大通鎮標，寧鎮遂止留中、左、右、前肆營。又查康熙肆拾柒年間，奉旨補放寧夏審事官二員，將城守營兵伍百名内撥貳百名，歸審事官差遣。隨裁去城守營都司壹員，止留把總貳員、守兵叁百名，統歸鎮標中營游擊兼轄。今寧夏審事官已改爲管理夷漢衙門，駐扎城守都司舊署，其守兵貳百名，仍隨夷漢衙門當差，相沿已久。兹鎮臣邱名揚奏請將寧夏鎮中、左、右、前肆營改爲中、左、右、前後伍營，即以中軍游擊兼管左營，將大壩堡都司改爲寧夏城守營都司，添設大壩堡千總壹員。恭奉硃批言之"督提酌奪具奏。欽此欽遵"。備録原摺到臣，隨檄行寧夏道查議，并咨商甘提酌覆去後。

兹據寧夏道鈕廷彩詳稱：查寧夏鎮屬之大壩堡，雖當寧夏孔道，其實汛地無多。東至黄河，西至賀蘭山邊墻，南至廣武營，北至玉泉營，各交界計程皆止二三十里。且界在廣武、玉泉二大營之内，乃腹裏事簡之地。至寧夏鎮城周匝一十九里三分，地當衝要，人烟輳集。請將大壩堡都司改爲寧夏城守營都司，大壩堡原設馬守兵一百五十三名，添設千總一員，統領防守，實爲輕重得宜。等情。又准署甘提臣二咨稱：查寧夏鎮標現在中、左、右、前四營官兵，彈壓應援，原足敷用。惟裁去後營，撥歸大通。營制規模，未免缺略。今請仍設五營名色，不必添兵滋費。營制倍覺整齊，位置頗爲妥協。又請將大壩堡都司移爲寧夏城守營都司，添設大壩堡千總一員，仍隸玉泉營統轄，亦屬輕重得宜，繁簡適當。惟查寧夏既請復設都司，則城池、堆卡、防守、巡查、解逃、護餉在在需兵。現在止存守兵叁百名，爲數甚少。可否將夷漢衙門差遣兵丁，酌量裁撥一百名歸并城守營，以備操防，咨請酌奪前來。

臣查寧夏鎮城，地處極邊，逼近外夷，應援防守，均關緊要。寧夏鎮標中軍游擊一官，爲四營兵馬錢糧總匯事務，甚爲繁劇，實難兼管城守。且邊地營制，務在整齊，而城守乃金湯重任，亦需大員專司。似應如鎮臣邱名揚所請，將寧夏鎮標中營改爲左營，左營改爲右營，右營改爲前營，前營改爲後營，即以中營游擊兼管左營事務。除原頒中軍關防無庸另換外，請換給中軍游擊兼管左營事札付，中營守備、千、把換給左營守備、千、把札付，其左、右、前三營守備、千、把亦各遞換右、前、後三營守備、千、把札付。兵丁製册，亦隨營遞改。大壩堡都司改爲寧夏城守營都司，仍頒給“寧夏城守營都司關防”，統轄把總二員、守兵三百名，擇鎮城空閑餘地，建署駐扎，專司城守。其大壩一堡添設千總一員，即于鎮屬現任千總内揀選幹員，咨部調補，歸玉泉營游擊管轄，于營伍、地方均有裨益。

再，查寧夏等處管理夷漢事務部郎二員，一駐寧夏，一駐神木。于原撥守兵二百名内，各帶一百名。不過往來使令、巡邏市口、稽查民人口外種地，事務頗簡。每處留兵伍拾名，兩處共一百名，僅足敷用。今寧夏既設城守都司，則守城坐堆、巡查匪類、解逃護餉在在需兵。現在止存守兵三百名，爲數甚少。似應照署提臣二所議，令寧夏、神木二處部郎各于原帶一百名守兵内，選擇通曉夷語幹練目兵五十名，伺候差遣，其餘一百名仍歸寧夏城守營都司，連現在守兵三百名，共合肆百名之數，以備操防。于邊疆重地，更爲有益。緣係奉旨酌議事理。臣謹會同蘭州撫臣許、署甘提臣二合詞具題，伏祈皇上睿鑒，敕部議覆施行。爲此除具題外，理合具揭。須至揭帖者。

雍正拾叁年肆月拾伍日。

又，四月十二日到。【注】

【注】本底餘紙記注。

【《明清檔案》A62—63，B35497—B35504】

蘭州巡撫許容奏報寧夏府中衛縣渠工告成摺

雍正十三年閏四月初七日

蘭州巡撫臣許容謹奏：爲渠工告成，恭摺奏報事。

竊照寧夏府中衛縣有白馬寺灘等處，地土肥饒，約可墾田數萬畝，招户耕種，每歲可收糧五六萬石，倉儲民食，公私兼益。上年三四月間，臣委勘明確，議建槽閘，開挖溝渠，引七星渠之水，以資灌溉。并據寧夏道鈕廷彩稟稱，若能五、六、七三月辦料齊全，八月興工，九月竣事，尚可引放冬水，趕種夏田。經臣繪圖奏請，嗣于五月十七日，接到廷議，隨飭上緊興修去後。至九月内，據鈕廷彩詳稱，五月二十二日，奉文遵即采辦物料，雇覓匠役，正在辦理。于九月十六七，適值風雪，天寒水凍，工作難施。雖槽閘已建，渠道已開，未能如期完竣，呈請緩俟春融，再行趕辦。所有認墾户民，分授田畝，正可趁時料理。當即如詳，批飭在案。

兹據鈕廷彩稟稱，一切工程督同府廳各官，俱經建造完備，已于四月十五日開閘放水，引入新渠。十八日，水過飛槽，經四道支渠陡口，直過黑井溝。十九日，又將兩道支渠開放。自此以往，順流而下，水勢易于充達，將見遍滿田間。查春耕雖已逾期，而閏月望後，正好種秋，萬年樂利，在在歡呼。并據署布政司楊應琚稟稱，已經檄委署寧夏水利同知王國相前往勘驗。各等情。前來。除俟勘明取結到日，飭將用過錢糧，及分田起科各事宜，備造清册、呈送確核題報外，所有渠工告成緣由，合先繕摺奏聞，伏惟聖鑒。臣謹奏。

雍正十三年閏四月初七日。

覽。

【《雍正朝漢文硃批奏摺匯編》第28册，第202頁第168條】

署陜西總督劉於義揭請核銷雍正十一年肅州道轉運糧石用過脚價銀兩

雍正十三年閏四月十三日

凡肅州以東甘、凉、寧、西以及平、慶、臨、鞏、階、秦各府州一切軍需，即令承辦之，趙挺元造册，就近送臣查核。

【《明清檔案》A63—23，B35891】

忠等估計此項糧石，勢必在于甘、凉、寧、固所屬地方預先采買驢頭，方爲妥協。但采買此項牲畜價值，懇請照去年轉山之例，盡五萬石之數。自哈密至大營脚價，先爲支發，以便前赴甘、凉、寧、固等處置買驢一萬五六千頭。前往轉運所有轉山脚價銀兩，懇准預先支發，并賞給路票，以便早在甘、凉、寧、固所屬地方采買，庶免臨期遲誤。等情。

【《明清檔案》A63—23，B35893】

今據櫃頭張忠、馬仲時、朱贊畿、陳大章等呈稱：盡哈密所存五萬石之數，先支脚價，賞給路票。前往甘、凉、寧、固等處采買驢頭，以備轉運。應如所請。再，查去年發給轉運哈密糧石脚價，原係照依彼時運送大營脚價銀八兩七錢五分零之例内。除自肅至哈密給脚價銀七兩七錢外，每石自哈密至營止給脚價銀一兩五分零。今鄂大學士伯條奏：“自肅運糧至巴里坤之例，每石加增銀八錢。除自肅至哈密每石照例以七兩七錢計算脚價外，所有加增銀八錢，即以之加增。自哈密轉運軍營三百三十里路之内，每石連前項一兩五分零，共該脚價銀一兩八錢五分零。盡哈密所存糧五萬石之數，核明統發脚價，分給四櫃收領，仍清賞給路票，使之前往甘、凉、寧、固等處采買驢頭，順馱裹帶備用，庶于軍糧有益。”相應詳請咨部存案，以便將來報銷等詳由。

【《明清檔案》A63—23，B35891—B35894】

署陝西固原提督李繩武奏報地方旱後得雨情形摺

雍正十三年閏四月二十九日

署陝西固原提督總兵官臣李繩武謹奏：爲奏聞事。

竊臣叨沐皇恩，畀署固原提督，凡事關地方民生，確有見聞者，理合據實奏聞。竊惟固原所屬地方，今春叁月内，雖已得雨，夏禾有望。至今兩月以來，間有微雨，究屬無濟，田苗亢旱。固原迤南，亦有得雨之處，至固原迤北地方，未得雨澤，各鄉百姓，多有携家般移、隨帶牲畜前往各處者。固原每日皆有經過之家，臣即差人查問情形。據稱，伊等所處，多係高燥之地，平日皆藉鑿池窖水食用，今天道不雨，不特食用缺乏，且大半苦于無水，牲畜亦乏水草。貧寒者，固屬難支，即有力之家，亦不能存住，故有遷移之舉。等語。如臣標州南馬廠〔敞〕内亦有百姓趕來牛、羊、驢、騾依藉水草暫住者。臣聞知，即差員轉飭牧馬目兵，暫爲遷就那讓，以資住牧。至臣雖率同文武官弁敬謹齋沐祈禱，然百姓有此遷移情形。臣正在繕摺具奏間，幸于閏肆月貳拾肆日夜，即得微雨，連綿不已。至貳拾伍日，普得甘霖。臣即應將得雨緣由，合并奏聞。竊恐得雨地方，廣狹厚薄，或有不同，隨即差人馳赴固屬各鄉，確加查看。又于貳拾陸柒兩日，復得透雨。隨據差弁回稱，四野俱已沾足。伏思此番時雨，不啻雨粟雨金，皆荷皇上敬天勸民、聖德感召之所致。目今四鄉百姓未經遷移者，俱各安心播種，其已經遷移者，見有復回之家。至臣標馬廠〔敞〕住牧之民，亦漸次將牲畜趕回復業。恐厪聖懷，謹將先後情形，理合繕摺，一并奏聞，伏祈睿鑒。爲此謹奏。

雍正拾叁年閏肆月貳拾玖日。

署陝西固原提督總兵官臣李繩武。

深慰朕念。

【《雍正朝漢文硃批奏摺匯編》第28册，第326頁第276條】

署陝西固原提督李繩武奏陳慎選營伍人才以重武備管見摺

雍正十三年閏四月二十九日

該部議奏。

奏。

署陝西固原提督總兵官臣李繩武謹奏：爲敬陳管見，慎選人材，以重武備事。

臣蒙兵部札付前事粘單，内開：議得雲貴總督尹繼善奏稱，武官出身由行伍者居多，而兵丁拔補把總時，最爲緊要關鍵，惟是各省督撫于各營兵目多不認識。每遇把總缺出，僅憑出缺之營選兵數名，起送考驗。有不合式者，欲向別營另選，不知何營見有好兵，紛紜調考，徒稽時日。若回本營另換，而本營實無出色之兵，未便懸缺久待，祇得將就選取。或一營出缺過多，即材技平常、毫無勞績之人，亦易僥幸得官。或一營久不出缺，縱有勞績懋著、材技優嫻之人，終于進身無路。似應令直省各鎮協營不待把總缺出，仿照預行保舉之例，于外委兵目中，擇其弓馬純熟、漢仗出衆、歷練營伍者，每營挑選數人，各將其爲人辦事行走之處，詳細開明，呈送督、提考驗，分別等第，逐一記名入册。遇有把總缺出，應仍照從前，各就本營拔補，應對者，照例對調。如所送之人不堪拔補，即于記名人内，擇其等次最優、營分附近者，指名調考選拔。或恐記名之後，行止更改，每于年底，仍令各營造册報明。如有先後异轍者，即行注銷其記名之人。將近用完，再令各營另行選送。至兵目預送考驗，往返未免苦累，應令或于請餉公事，或隨將備赴考，順便送考，更爲省事。等因。具奏前來。

查定例内，把總缺出，該督等務將營中見在目兵内揀選弓馬嫻熟、材技優長者，咨請拔補。又，本營兵丁不准拔補本營把總，其獨營地方把總，于左右哨司兵丁互相拔補。等語。是本營兵目，雖不補本營把總，而把總缺出，必先于本營兵目内揀選拔取，再與别營别哨對調。其間不無拘于營制，限于人材，使才技平庸者，僥幸得官，而功績懋著、材技優嫻之人，因本營無缺，轉致淪弃。今該督尹繼善既稱，直省各鎮協營不待把總缺出，仿照預行保舉之例，于外委目兵中，每營挑選數人，各將其爲人辦事行走之處，詳細開明，呈送督、提考驗，分别等第，逐一記名入册。遇有把總缺出，仍令各就本營送考，先儘本營拔補。如所送之人不堪拔補，即于記名内，擇其等次最優、營分附近者，指名調考選拔。等語。應如所請。嗣後直省標鎮協營不待把總缺出，先將外委目兵每營揀擇數名，將其辦事行走之處，詳細開載。或于請餉公事，或隨將備調考之便，呈送督、提考驗。如考驗合式，即逐一記名，俟把總缺出，應仍照從前之例，先儘本營送考拔補。應對調者，照例對調。如所送之人有不堪拔補者，該督、提即于記名人内，擇其等次最優、營分附近者，指名調考選拔。仍令該營將備于每年歲底，將記名之兵目，造册報明。倘有行止更改、弓馬生疏者，即當據實呈報督、提詳悉考驗，即行核銷。如記名之人，將近用完，再令各營起送考驗。仍行該督等，每年將考驗記名之外委目兵姓名，開具履歷事迹，造册報部存案，俟命下之日，行文各省督撫、提鎮，一體欽遵可也。等因。奉旨：“依議。欽此。”札行到臣。遵即轉行所屬欽遵外，竊查條議，奉旨事理，誠爲慎重武備之至意。惟是陝省營伍，于别省有不同之處，敬以愚見奏陳。

查屬陝省固原、延綏、興漢叁鎮，自軍興以來，千把弁員節次派撥出征，所遺員缺，遵奉遞行委署之例，俱在標協各營考列貳等，應補把總之進藏功，加青海功，加并各營經制外受目兵内有人材勇健、弓馬嫻熟者，揀選署理。又有雍正玖年欽奉上諭事案内，在于西路軍營戰陣有功回營休息之外委目兵内，節經揀選委署，造具履歷，咨部請頒委制在案。此等委署之員，歷年職守操防承辦各案，軍裝督喂馬匹及解送軍裝、馬匹，并派撥肅州聽差，押運糧石，在在行走，且見在食俸辦事。目今部分把總缺出，臣已在于此項弁員内，酌量材技行走，咨會督臣拔補過數員。其中如有先後异轍不職之員，亦即隨時咨革，無敢稍爲姑容。除已經拔補之外，臣屬叁鎮見在委署者，共計壹百零伍員，此項弁員皆係挑選堪以録用者，始行委署。今若遵奉條議，又在于各營外委目兵内預行挑選記名，恐不無壅滯之虞。臣愚以爲，所屬叁鎮遇有把總缺出，先儘此項委署弁員内，照例拔補，俟補用將完，再遵照條議，行令各營將外委目兵揀選，遇便送驗考核，技藝事迹分别記名造册報部，以備遇缺，照例選拔。于員缺既無幸進之弊，而人材亦免壅抑之虞。臣愚昧管見，謹繕摺奏請。是否有當，伏祈皇上睿鑒訓示遵行。爲此謹奏。

雍正拾叁年閏肆月貳拾玖日。

署陝西固原提督總兵官臣李繩武。

【《雍正朝漢文硃批奏摺匯編》第28册，第327頁第277條】

陝西固原提督樊廷奏請補授中軍參將

雍正十三年五月二十五日

奏。

提督陝西固原總兵官臣樊廷謹奏：爲叩懇聖恩，仰祈睿鑒事。

竊查臣標中軍參將豆斌，經署督臣劉於義題陞延綏鎮屬平羅營副將，已蒙聖恩允准補授。所遺參將員缺，業經兵部分歸内地題補。伏思固原素稱岩疆，營汛最爲繁重。而中軍參將爲伍營將弁之表率，總理一應兵馬錢糧，責任綦重，必得才識明敏、諳練强幹之員，方克勝任。恐内地擢補之人，于固原營制，一時未能熟練。

臣查西路軍前見在分撥臣標管領兵馬事務、直隸拱極營游擊武爾敦，諳練營務，才守兼優。自隨征以來，在鏡兒泉北山打仗，甚有功苦。雍正拾年，臣復抵軍營，即將臣標伍營兵馬錢糧，悉委武爾敦經管辦理。歷今叁載，實心處力，事事整理，毫無懈弛，且有志向上，勤慎明敏，洵屬幹練之員。臣受恩深重，既深知灼見，何敢緘默不言。臣爲邊營得人起見，不揣冒昧，仰懇聖主格外施恩，請將武爾敦補授臣標中軍參將，則該將得以駕輕就熟，實于標營有益，爾臣亦獲臂指之效矣。臣謹繕摺恭奏，伏祈皇上睿鑒，爲此謹奏。

雍正拾叁年伍月貳拾伍日。

雍正十三年六月十四日，奉旨："武爾敦，著照樊廷所請，補授陝西固原提標中軍參將。欽此。"

【《明清檔案》A64—10，B36335—B36336】

署陝西總督劉於義爲縣衙被劫失鞘揭參疏防武職

雍正十三年六月三日

兹據署西鳳協副將事游擊袁士杰呈稱：查此案武職疏防專汛，係西鳳協駐防醴泉縣經制外委把總楊茂奇兼轄，係前署西鳳協副將事署固原城守營參將耿邦賢。查耿邦賢已于雍正十三年二月十五日病故。

【《明清檔案》A64—22，B36382】

兹准陝西提臣李繩武咨揭前來查此案。武職專汛，係西鳳協駐防醴泉縣經制外委把總楊茂奇兼轄，係前署西鳳協副將事署固原城守營參將、今病故耿邦賢也。再照餉鞘被竊，提鎮例有處分。此案失鞘地方，係署陝提臣李繩武所管。

【《明清檔案》A64—22，B36383】

甘肅巡撫許容揭報蘭州營房變價銀兩著落各員追賠緣由

雍正十三年六月十日

署州事河州知州顧爾昌，自雍正肆年拾月初玖日接署起，至雍正五年貳月貳拾捌日離任止，共計肆個月零壹拾玖日。分賠銀捌兩玖錢捌分捌毫壹絲柒忽壹微陸纖。……署州事河州知州顧爾昌，自雍正五年柒月拾柒日接署起，至本年捌月貳拾肆日離任止，共計壹個月零柒日。分賠銀貳兩叁錢玖分叁毫陸絲肆忽貳微捌纖。

【《明清檔案》A64—33，B36445】

署州事河州知州顧爾昌應賠銀玖兩貳錢玖分捌毫玖絲玖忽。……署州事河州知州顧爾昌分賠銀貳兩肆錢柒分叁厘壹毫壹絲柒忽。……顧爾昌係現任寧夏府知府。

【《明清檔案》A64—33，B36446】

署州事河州知州顧爾昌名下，分賠銀二十三兩一錢三分五厘一毫九絲七忽四微四纖。……查王珏、張典并張引年之子張綱均現在蘭城，顧爾昌現任寧夏知府，應各在甘省著追。

【《明清檔案》A64—33，B36451】

總理陝西巡撫史貽直等奏報安插到陝就食甘民緣由摺

雍正十三年六月十五日

臣史貽直、臣碩色謹奏：爲奏聞事。

臣等伏查甘省之會寧、靖遠、固原、環縣等處民間多食窖水，今歲春夏之間，雨澤愆期，水草缺乏，誠恐彼地百姓有就移鄰封者。自應仰體皇仁，一體照料。臣等業經飛飭各屬，如有甘民到陝，務須照料安插。茲據隴州、汧陽二州縣已報有固原等處就食貧民一百五十三名口，臣等仍飭該州縣加意撫綏安插，無致失所。硃批：實力撫恤，不可虛應故事以塞責。并俟各府、州查報到日，將應于何時資送回籍之處，咨商甘撫臣許容會同辦理外，謹將安插甘民緣由，繕摺奏聞。爲此謹奏。

雍正十三年六月十五日。

覽。

【《雍正朝漢文硃批奏摺匯編》第28册，第609頁第481條】

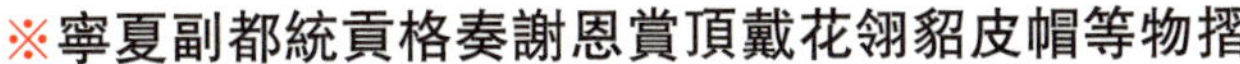

※寧夏副都統貢格奏謝恩賞頂戴花翎貂皮帽等物摺

雍正十三年六月二十日

寧夏副都統奴才貢格謹奏：爲叩謝天恩事。

奴才之家人賫摺往奏返回時，賫捧恩賞奴才之頂戴花翎之貂皮帽一頂、蟒緞一匹、綢緞一匹、寧綢一匹前來，奴才即出城迎入衙門，恭設香案，望闕叩頭謝恩。伏思奴才貢格乃微末之人，承蒙聖主屢加重恩，簡用至寧夏協領。遇今用兵之際，尚未及效力，又蒙聖主之恩，授任奴才爲副都統。率寧夏撤兵返回後，正恐不能報效聖主擢用之恩時，又蒙聖主賞賫頂戴花翎之貂皮帽、蟒緞、綢緞等。皇恩高厚，實如天地，奴才雖竭力黽勉，亦難報于萬一耳，惟殫竭駑駘，日夜竭忠奮勉，以仰報皇恩于萬一。爲此叩謝天恩，謹以奏聞。

寧夏副都統奴才貢格。

【《雍正朝滿文硃批奏摺全譯》第2373頁第4736條】

甘肅巡撫許容揭請核銷雍正十一年鞏臨二府屬辦過軍需銀兩

雍正十三年七月十八日

寧夏府屬直運肅州粟米陸千石。飭令該府同應用料豆均匀分派，或一總起運，抑或俟料豆完日，再行運送，聽其酌量辦理。

【《明清檔案》A64—93，B36755】

本署司仰遵憲臺檄飭，除飛行平凉、寧夏二府，將預等軍需事案内，原派平屬撥運倉貯粟米肆千京石、寧屬撥運倉貯粟米陸千京石，作速運肅，聽候辦理軍需河東道分撥動用。

【《明清檔案》A64—93，B36756】

又蒙署督劉部院、蔣部堂俱各批令，速行辦運。蒙此，隨一并飛行鞏、臨二府，即將應辦麵斤作速派辦。仍將派辦各地方具報，并令確估請領製造夾布口袋價銀，及照依河東壹錢陸分、河西貳錢之例，按程請領自運、接運各脚價。并飭令凉、甘、肅三府州各照例請領接運脚價銀兩，以及分檄平、慶、寧、秦各府州，逐一遵照。

【《明清檔案》A64—93，B36757】

至于未交各屬及寧夏撥運米石，并撥運河東豆石，統俟收完，查明所交。餘米餘豆，令其分晰造册呈報，到日亦照例畫一辦理，以示至公。……除撥運平、寧貳府運肅粟米壹萬石袋脚價銀，另案查造。

【《明清檔案》A64—93，B36759】

刑部尚書憲德等奏報查明寧夏將軍阿魯前于天津任内侵用書役工食銀兩并請治罪摺

雍正十三年八月初十日

議政大臣、刑部尚書、署理正紅旗滿洲都統、降二級留任臣憲德等謹奏：爲請旨事。

查寧夏將軍阿魯于天津水師都統任内侵用書役工食銀兩一案。先據原署天津水師都統查爾泰參奏邁禄摺内，并稱：阿魯自雍正九年正月起，至十二年五月，在任共四十二個月，領過工食銀二千二百二十六兩。此内除給發外，其餘銀一千一百零三兩，俱係阿魯侵用。等語。臣部以阿魯現在軍前，應俟行文詢取確供到日再議。等因。具奏奉旨："依議。"欽遵行文在案。隨據署寧遠大將軍查郎阿等訊取阿魯供詞送部。據稱，伊任内雖未將使役人等如數召募，但每月領工食銀共五十三兩，每役止應給工食銀五錢。後因不足伊等盤費，是以書辦、鼓手以及衙役頭目人等，各量爲添給。又有雇充執持、執事，及在水師營敕建廟内幫助僧人衣物等費，每月各項共用工食銀四十五兩。尚餘銀八兩，留爲雇覓喂馬鍘草、挑水人夫之費。俱係在公事上費用，并不曾剩銀入己。等語。

臣部即將阿魯所開各項費用數目，行查天津水師營都統去後。今據該都統阿揚阿查明，阿魯任内，每月發書辦銀三兩、鼓手銀十二兩、鋪司銀一兩、聽差衙役銀一兩，又每月幫助敕建廟内布施僧人衣物銀三兩，俱與阿魯所開數目相符。至衙役、頭目二名，每月每人給伊等工食銀一兩之處，訊據該役頭目張進、姜洪等供稱，每人支領銀五錢，并不曾加倍領過。其餘雖無案卷，據該役姜洪等呈稱，自雍正九年起，至十一年十一月，每月領工食銀二十七八兩不等。又自十一年十二月以後，每月支領工食銀二十兩，合算已有一千一百二十八兩。再加以書辦工食一百二十六兩，與布施僧人銀一百一十九兩，共當發銀一千三百七十三兩，則所少亦止八百五十三兩，并非一千一百零三兩之數。况此外阿魯在任四十二個月，又有執持、執事及喂馬、挑水等役，實爲該衙門必需之人，即有必行給發之工食，則其用過銀兩俱，應准其抵銷。惟查阿魯供内所稱衙役頭工食銀，每月每人一兩之處，既經該都統阿揚阿查係五錢，則此項少發銀四十二兩，實係阿魯侵用，應照伊侵用之數，按律擬徒。但阿魯現在軍前，應俟伊回京之日，臣部請旨治罪，其侵用銀四十二兩，應行令該旗先行著落阿魯家屬名下，照數追賠。爲此謹奏請旨。

雍正拾叁年捌月初拾日。

議政大臣、刑部尚書、署理正紅旗滿洲都統、降二級留任臣憲德，□□□□□□□□□□□□□□□□□□□□□□□臣徐本，左侍郎上效力行走兼理内務府總管事臣盛安，左侍郎臣王紘，右侍郎、世襲一等阿達哈哈番、加一拖沙拉哈番臣申珠弘，右侍郎臣楊起會。

雍正十三年八月初十日，奉旨："阿魯所欠銀兩，爲數無多，况伊亦有登答，著從寬免其處分。其銀兩，照例追賠。欽此。"

【《雍正朝漢文硃批奏摺匯編》第28册，第947頁第738條】

同知職名

雍正十三年八月二十日

甘肅。……

中缺。署寧夏府倉糧同知吴廷元，正黄旗人，由候選知州。□□雍正拾壹年拾月貳拾叁日，奉批署理，許容題署。

中缺。署寧夏府水利同知王國相，鑲黄旗，歲貢。由原任西寧道留陜委用。雍正拾叁年肆月初陸日，摺批署理，許容摺奏。

中缺。寧夏府理事同知，敦住之缺，未補人。……

【《雍正朝漢文硃批奏摺匯編》第 30 册，第 870 頁第 523 條】

提督摺子

雍正十三年八月二十日

……雍正拾年閏伍月拾叁日。

陝西固原提督樊廷，四川人。由肅州府□□雍正玖年……陸路。

【《雍正朝漢文硃批奏摺匯編》第 30 册，第 878 頁第 524 條】

參將摺子

雍正十三年八月二十日

…………

陝西省。……

雍正陸年正月拾壹日已經引見。固原提標中軍參將武爾敦，正白旗人。……陸路。

…………

雍正陸年拾月拾陸日已經引見。靈州營參將米彪，順天人。……陸路。

雍正□年拾貳月□日已經引見。固原城守營參將盧慶瑾，陝西人。……陸路。

下馬關參將員缺。……陸路。

雍正伍年玖月初伍日已經引見。寶豐營參將高耀，陝西人，□陸路。……

雍正拾叁年捌月貳拾日。

【《雍正朝漢文硃批奏摺匯編》第 30 册，第 878 頁第 525 條】

蘭州巡撫許容奏請緩徵河東平凉及河西花馬池等處額糧摺

雍正十三年八月二十二日

蘭州巡撫臣許容謹奏：爲奏聞請旨事。

竊照甘省今歲夏收麥、豆俱已登場，河西各府、州收成均有六七八九分不等，間有旱田止收五分者。惟靈州之花馬池及石溝等八山堡，又中衛之香山一帶，地多山坡，未及種夏。河東各府、州收成有，本係水田及偏得雨水之處，亦有六七八分者，而半收居多。惟慶屬環縣不及分數。本年地丁銀兩，已奉特旨，全得蠲免，且受恩之在河東者，十居其九，應俟秋收分數具報齊全，一并彙奏外，查秋禾糜穀、蕎燕，氣候各有先後，正在漸次收割。據報現在情形，河西分數與夏收麥、豆，大概相等，止花馬池、石溝、香山等堡，因雨後趕種無多，分數仍有不及。河東臨、鞏、慶、秦、階收成五六七八分不等。平凉多係五分，其中固原廳州及鞏屬西固、慶屬環縣不及五分。

臣查河東額糧一十四萬四千有奇，多爲屯户應納，内平凉一府，并西固、環縣，該糧二萬七千三百五十八石零，民力不免竭蹶。且新收麥、豆，顆粒不能飽滿，難以入倉存貯。據該管道、府稟請，緩至來年夏收後，再行催徵充餉。内有已估本年兵糧者，查款另爲改撥。倘蒙聖恩允准，河西花馬池、石溝等堡亦有額糧一千六百一十八石零，應請一并緩徵，以舒民力。再，固原、環縣、西固、花馬池、石溝、香山等處百姓，冬底明春，須得接濟，已飭該道、府督率有司確查乏食之家，借散兩月口糧。如有不足，再酌給一兩個月，俾令口食有資。爲此繕摺具奏，伏候皇上訓示。再，查陝屬今歲收成，鳳翔較豐，固原、環縣之民間有移就營生者。臣已移咨陝撫，轉飭照料，合并聲明。臣謹奏。

雍正十三年八月二十二日。

交該部。

【《雍正朝漢文硃批奏摺匯編》第29册，第32頁第29條】

署陝西總督劉於義奏報甘省本年收成被灾情形并飭屬安插撫綏貧民折

雍正十三年八月二十五日

吏部尚書、署理陝西總督印務并辦理軍需事件臣劉於義謹奏：爲奏聞事。

查甘省本年收成，肅州、甘州、凉州以，及西寧、寧夏，尚俱豐稔，内凉州府屬之平番縣，夏麥出蟲，幸秋禾長茂，可以接濟。寧夏府屬之花馬池，收成稍歉。河東蘭州、西固廳，并平凉府，闔屬夏收俱歉。内固原州之西北鄉前苦亢旱，後又雨水過多，入秋復旱，後雖得雨，已經過時，貧民有遷移四出者。已飭平慶道于鄰近州縣安插撫綏。惟慶屬之環縣夏禾成灾，百姓以沾沐皇恩至深至厚，不願題達，應作何安頓撫恤之處，已飭鞏昌布政司立即妥議詳報。至陝省西安府，及華州一帶，前苦亢旱，近已得雨，民情安貼，理合奏聞。謹奏。

雍正十三年八月二十五日。

【《雍正朝漢文硃批奏摺匯編》第30册，第884頁第526條】

署陝西總督劉於義揭報遴補將弁

雍正十三年八月二十五日

寧夏鎮屬平羅營守備高成休致，改設都司員缺。寧夏鎮屬，雍正十三年五月初四日准兵部咨開：今自本年三月二十一并起至四月二十日，六省所出將弁各缺，相應照例掣簽，按班分派，行文兩路大將軍并各該督提，遵照可也。

【《明清檔案》A65—6，B36901】

准寧夏鎮總兵官邱名揚咨稱：平羅營守備高成休致，改設都司員缺，選得鎮標左營守備張興林，久歷戎行，老成練達，熟諳營伍，弓馬可觀。自補守備以來，辦事勤謹，毫無貽誤。前在川省千把任内，曾進剿郭羅克、青海、歸德等處，又出師西藏，復進剿桑阿邦楊族等寨，叠著勞苦。以之請補平羅營改設都司員缺，洵屬人地相宜。相應造具履歷，加具保結，連人咨送驗。

【《明清檔案》A65—6，B36902】

陝西提督樊廷奏謝天恩逾格并請來師之際進京陛見摺

雍正十三年八月二十九日

提督陝西固原總兵官臣樊廷謹奏：爲天恩逾格難報，微臣戀主情深，恭請陛見，伏祈俞允，以申愚忱事。

竊臣自雍正拾年入覲天顔，祗聆聖訓，荷蒙殊恩，賞賜叠加，准臣出征。臣聞命感激拜叩聖慈，復抵巴爾庫爾軍營，并無寸長之效，仍荷逾格之恩。臣撫躬自問，實難圖報。今忝逢皇上天威遠震，逆夷懾服輸誠，臣遵旨帶領固屬撤回官兵，于捌月貳拾肆日已抵肅州。但臣自陛見，以至軍營，歷今已經叁載，臣受恩深重，戀主時切，臣請乘此□□之際，容臣將帶回官兵暫交署提督臣李繩武收發，標營一切營務、兵馬、錢糧，暫緩交代，臣兼程減從，趨赴闕廷，仰瞻天顔，跪聆聖訓，俾臣犬馬戀主之忱，少申于萬一耳。理合繕摺具奏，伏祈皇上睿鑒，臣曷任激切待命之至。謹奏以聞。

雍正拾叁年捌月貳拾玖日。

汝係軍前效力有功之大臣，屢蒙皇考温旨嘉奬。今大兵既徹，准汝來京叩謁梓宫，以伸哀慕之情。

【《雍正朝漢文硃批奏摺匯編》第29册，第81頁第67條】

署陝西總督劉於義等奏報寧夏道辦理給格勒克顔皮兒等處窮民運送米麵茶葉事宜摺

雍正十三年九月初三日

吏部尚書、署理陝西總督印務并辦理軍需事件臣劉於義謹奏：爲奏聞事。

雍正十三年五月初六日，准理藩院清咨，内開：臣等議得侍衛常義等報稱，據辦理喀爾喀游牧事務公佟莫克等呈稱，賞給格勒克顔皮兒之策旺扎布之人，并扎薩克公旺扎兒萬樹克、扎薩克台吉密雨特多爾濟、羅布藏拉布坦等旗下窮苦人衆，置立畜産之前，若無食用，難以度日。請照從前賞給喀爾喀台吉貝都布屬下人等口食之例，賞與三個月口食之米石、炒麵、茶葉。此項所賞之米石、炒麵、茶葉，行令寧夏道辦理運送，令侍衛常義等監視散給。等因。奉旨："依議。欽此。"相應移咨該督，將此項應賞米石、炒麵、茶葉，嚴飭寧夏道預備妥便，俟侍衛常義、主事阿穆呼郎將此窮苦户口數目查明到日，即行運送交明。等因。臣即檄行寧夏道，速即妥備去後。

今據寧夏道鈕廷彩禀稱，蒙飭運送米、麵、茶葉，職道已照常義等所開窮苦户口數目計算，將米、麵、茶葉運至口外。但據常義等稱，自定遠營至黄花兒倫道路，被雨水冲壞，俱要繞道而行，恐内地民人不識路徑，職道商同常義等照嚮來運送脚價，分雇夷人運送一千四百六十一石九斗零，即令引路，又雇内地民人運送一千石，俱經起運訖。其米、麵、茶葉脚價，應另造清册，由司核轉呈送。等情。所有寧夏運送過米、麵、茶葉緣由，理合奏聞。謹奏。

雍正十三年九月初三日。

【《雍正朝漢文硃批奏摺匯編》第29册，第112頁第97條】

諭總理事務王大臣著甘省督撫將蘭州西固廳等處歉收百姓加意賑恤

雍正十三年九月初八日

本日，總理事務王大臣奉上諭："甘省百姓連年挽運軍需，荷蒙皇考聖恩，將該省應徵錢糧連年蠲免，其本年錢糧，亦欽奉皇考諭旨，全行蠲免。今朕聞該省之蘭州西固廳，及平凉府固原州、環縣諸處收成歉薄，百姓艱苦，朕心深爲軫念，著傳諭該督撫等，于蠲免額糧之外，加意撫綏，作何賑恤之法，務使乏食窮民，均沾實惠。欽此。"

【《雍正朝漢文諭旨匯編》第2册《諭旨》，第261頁第453條】

蘭州巡撫許容奏覆遵旨加意撫綏賑恤歉收州縣并查河東河西豐多數少等情摺

雍正十三年九月十三日

蘭州巡撫臣許容謹奏：爲欽奉上諭事。

雍正十三年九月十八日，由邊塘遞到總理事務王大臣抄寄，雍正十三年九月初八日，奉上諭："甘省百姓連年挽運軍需，荷蒙皇考聖恩，將該省應徵錢糧，連年蠲免。其本年錢糧，亦欽奉皇考諭旨，全行蠲免。今朕聞該省之蘭州、西固廳及平凉府固原州、環縣諸處收成歉薄，百姓艱苦，朕心深爲軫念，著傳諭該督撫等，于蠲免額糧之外，加意撫綏，作何賑恤之法，務使乏食窮民，均沾實惠。欽此欽遵。”到臣。臣查甘省平涼府所屬廳、州、縣，并鞏昌府屬西固廳、慶陽府屬環縣，及寧夏府屬靈州之花馬池、石溝等堡，中衛之香山一帶，收成稍歉。臣前以本年地丁錢糧已奉大行皇帝聖恩，全行蠲免，請將各該處本年額徵本色糧石，緩至來年夏收後，再爲徵比。并請冬底明春，查明固原廳州、西固、環縣、花馬池、石溝、香山等處乏食百姓，酌動倉儲，借給口糧，于本年八月二十二日，備細繕摺，專差臣標把總張爾魁賫奏，正在候旨遵行。

今蒙皇上軫念邊黎，特降諭旨，令臣等將歉收州縣，加意撫綏賑恤，仰見我皇上聖聖相承，惟恐一夫失所之至意。臣查秋穀登場，收成已定，除各屬確實分數另摺奏報外，查甘省河東、河西，今歲豐多歉少，而河西田地，多藉渠流灌溉，目下正澆冬水。河東地方，雖水田稀少，而八月内，雨澤合宜，應種冬麥之平涼以東、鞏昌以南各州縣，久已種植完畢。平涼以西、鞏昌以北，土膏滋潤，亦俱耕犁停妥，以待來歲春種。即歉收州縣中，固原、環縣之民七月内，間有移就鄰封營生者，俱已安頓料理，現在俱各安堵，地方甚爲寧貼。如蒙聖恩，允臣前奏，則民力愈覺寬舒矣。至蘭州地當省會，食指原屬浩繁，但今歲收成，雖非豐稔，而夏秋均在五分以上，糧價不昂，民無艱苦。且俟來春青黄不接，或有乏食之家，再爲隨時賑恤。理合繕摺具奏。再，查大營撤回滿漢官兵，大半已過蘭州，統領大員，法律嚴明，公買公賣，毫不擾累。合并陳明，仰慰聖懷。臣謹奏。

雍正十三年九月十九日。

有旨，諭部矣。

【《雍正朝漢文硃批奏摺匯編》第29册，第237頁第218條】

諭内閣著將平凉鞏昌慶陽及寧夏各歉收州縣額徵本色緩至明夏徵收

雍正十三年九月二十八日

雍正十三年九月二十八日，内閣奉上諭："甘省百姓連年挽運軍需，已蒙皇考恩旨，將本年地丁錢糧全行蠲免。朕聞平凉府所屬廳、州、縣，并鞏昌府屬西固廳、慶陽府屬環縣，及寧夏府屬靈州之花馬池、石溝等堡，中衛之香山一帶，今歲收成稍歉，朕心軫念，著將各該處本年額徵本色糧石緩至來年夏收後，該督撫看年歲光景奏聞，再行徵收。至于冬底明春，恐此歉收諸處有乏食之百姓，著該督撫悉心確查，動用倉儲，借給米糧，務令糊口有資，不至失所。又聞固原、環縣等處之民有移就鄰封營生者，著該地方官安插料理，至來年青黄不接之時，該督撫尤宜留心體察，善爲撫恤，毋得疏忽。欽此。"

【《雍正朝漢文諭旨匯編》第 2 册《諭旨》，第 297 頁第 512 條】

署陝西固原提督李繩武奏請節哀以慰蒼生摺

雍正十三年九月二十八日

署陝西固原提督總兵官臣李繩武謹奏：爲仰懇聖主節哀，以慰蒼生事。

竊臣接奉大行皇帝遺詔，跪聽之下，五内摧裂，悲痛靡已。伏思大行皇帝捐弃臣民，一旦昇遐，我皇上神明御世，正四海瞻仰之日。若聖衷過于哀毁，中外臣民何依？仰懇皇上節哀忍痛，上荅大行皇帝付托之重；保和聖躬，下慰天下蒼生仰望之心。伏祈聖鑒，臣曷勝叩懇之至。爲此謹奏。

雍正拾叁年玖月貳拾捌日。

署陝西固原提督總兵官臣李繩武。

汝奏請節哀，知道了。汝由旗員蒙皇考簡用總兵官，署理固原提督要任，聖恩深重。秦省自用兵以來，弁兵效力勤勞，百姓輸將竭蹶，皇考逮朕，深爲憂念。汝當悉心撫恤，加意惠養，以副朕心之望。勉之。

【《雍正朝漢文硃批奏摺匯編》第 29 册，第 387 頁第 339 條】

署陝西固原提督李繩武奏繳先帝硃批摺

雍正十三年九月二十八日

署陝西固原提督總官兵臣李繩武謹奏：爲恭繳硃批事。

臣蒙兵部札附爲欽奉上諭事，職方清吏司案呈，雍正拾叁年捌月貳拾伍日，領侍衛内大臣公納親傳旨："凡外省督撫、提鎮，以及學政司道等官，所有奏摺，蒙奉皇考硃批者，俱著恭繳。雖批'朕安'一二字者，亦不可隱匿。如有隱匿，照隱匿制詔例，從重治罪。欽此欽遵。"抄出到部，札行到臣。臣即欽遵，謹將歷年奉到大行皇帝硃批一二字奏摺，并臣本年閏肆月貳拾玖日具奏，陸月陸日奉到硃批未及恭繳壹摺，理合一并遵旨恭檄，伏祈聖鑒。爲此謹奏。

雍正拾叁年玖月貳拾捌日。

署陝西固原提督總兵官臣李繩武。

覽。

【《雍正朝漢文硃批奏摺匯編》第 29 册，第 387 頁第 340 條】

署陝西固原提督李繩武奏陳提臣樊廷奉旨陛見是仍暫爲署理情由摺

雍正十三年十月初八日

署陝西固原提督總兵官臣李繩武謹奏：爲奏聞事。

竊臣叨沐大行皇帝殊恩，畀署陝提印務。數載以來，愧無報稱。自聞大行皇帝昇遐，哀慕殊難自已。幸值陝提臣樊廷奉檄回任，臣已束裝等候，俟交代畢刻，即起程進京，叩謁梓宮，瞻仰天顔，少盡蟻忱。今于拾月初壹日，准提臣樊廷來咨，内開：前任肅州，繕摺奏請陛見，于玖月貳拾柒日，蒙兵部發給奏摺，奉旨允准，今不日起程赴京，不便接受印信任事。等因。到臣。嗣提臣樊廷于拾月拾叁日到署，即于拾陸日起程進京。伏思提臣樊廷既奉旨陛見，未接交代，兩提督事務繁重，臣又何敢擅便。是以仍行署理，俟樊廷回任之日，臣即匍匐闕廷，以伸犬馬下悃。謹將臣暫爲署理緣由，除咨會署督臣外，理合繕摺奏明，伏祈皇上聖鑒。爲此謹奏。

雍正拾叁年拾月初捌日。

署陝西固原提督總兵官臣李繩武。

所奏知道了。

【《雍正朝漢文硃批奏摺匯編》第 29 册，第 451 頁第 401 條】

陝西寧夏總兵邱名揚奏請節哀以慰臣民摺

雍正十三年十月十五日

鎮守陝西寧夏總兵官臣邱名揚謹奏：爲叩懇聖主節哀，以慰臣民事。

竊臣質陋才菲，荷蒙大行皇帝殊恩，不次超擢，感戴如天，圖報未能。忽奉遺詔，跪哭之下，肝膽摧裂。伏思大行皇帝深仁厚澤，光被四表。一旦龍馭昇遐，我皇上至孝性成，悲痛誠難暫釋。但聖明臨御之初，天下臣民，靡不瞻依向化。若聖衷過于哀戚，臣下愈覺悚惶，仰懇皇上上慰大行皇帝在天之靈，下念四海臣民仰望之切，節哀抑痛，保和聖躬，則天下蒼生幸甚。臣犬馬下悃，謹繕摺叩懇，專差家人唐孝賚進，伏乞聖鑒，謹奏。

雍正拾叁年拾月拾伍日。

汝奏請節哀，知道了。汝蒙皇考聖恩，擢用總兵官，且在西秦緊要之地，當以實心實政，教養弁兵，務使武備修明、兵民和輯、地方寧謐、邊境肅清。勉之。

【《雍正朝漢文硃批奏摺匯編》第 29 冊，第 529 頁第 471 條】

陝西寧夏總兵邱名揚奏繳先帝硃批摺

雍正十三年十月十五日

鎮守陝西寧夏總兵官臣邱名揚謹奏：爲恭繳硃批事。

雍正拾叁年拾月初肆日，准署甘提臣二格咨爲欽奉上諭事。内開：雍正拾叁年玖月拾玖日，蒙兵部札付，職方清吏司案呈，雍正拾叁年捌月貳拾伍日，領侍衛内大臣公納親傳旨："凡外省督撫、提鎮，以及學政司道等官，所有奏摺，蒙奉皇考硃批者，俱著恭繳。雖批'朕安'一二字者，亦不可隱匿。如有隱匿者，照隱匿制詔例，從重治罪。欽此。"等因。移咨到臣。伏念臣一介庸愚，至微極陋，荷蒙大行皇帝天恩，補授雲南普洱總兵，署理四川松潘鎮印務。復蒙聖恩，調補寧夏總兵官。所有叁任恭請大行皇帝聖安硃批原摺捌扣，欽遵恩旨，敬謹封固，專差家人唐孝賚進恭繳，伏乞皇上睿鑒。謹奏。

雍正拾叁年拾月拾伍日。

覽。

【《雍正朝漢文硃批奏摺匯編》第 29 冊，第 530 頁第 472 條】

署陝西固原提督李繩武題報奉到恩詔日期

雍正十三年十月二十二日

題。

十三年十一月十七日下禮。【注一】

【注二】

【注三】

署陝西固原提督總兵官、兼拜他喇布勒哈番、又一拖沙喇哈番臣李繩武謹題：爲欽奉恩詔事。

雍正拾叁年拾月拾柒日，准西安布政司差員捧賚恩詔清、漢各壹道到固，臣即率同闔城文武官弁出郊跪迎。至署恭設香案，跪聽宣讀，望闕叩頭謝恩訖。隨即照式謄黄，頒發所屬標、鎮、協、營一體欽遵外。所有微臣奉到恩詔日期，理合恭疏題報，伏祈皇上睿鑒施行。爲此具本，謹具奏聞。

雍正拾叁年拾月貳拾貳日。

署陝西固原提督總兵官、兼拜他喇布勒哈番、又一拖沙喇哈番臣李繩武。

【貼黄】

署陝西固原提督總兵官、兼拜他喇布勒哈番、又一拖沙喇哈番臣李繩武謹題：爲欽奉恩詔事。

雍正拾叁年拾月拾柒日，准西安布政司差員捧賚恩詔清、漢各壹道到固，臣即率同闔城文武官弁出郊跪迎。至署恭設香案，跪聽宣讀，望闕叩頭謝恩訖。所有微臣奉到恩詔日期，理合恭疏題報。謹具奏聞。

【注一】本面餘紙記注。

【注二】本面餘紙之背書："十一月初五日。"

【注三】藍批："該部知道。"

【《明清檔案》A65—101，B37253—B37254】

署陝西總督劉於義揭明供辦旗兵藥鉛價銀查無浮冒緣由

雍正十三年十月二十三日

【注一】

吏部尚書、署理陝西總督印務并辦理軍需事件劉：爲題明製造鉛、藥、火繩事。

據署蘭州布政司事西寧道楊應琚呈，蒙吏部尚書、署理陝西總督印務劉部院牌，雍正十二年九月二十八日，准工部咨，虞衡清吏司案呈，工科抄出署理陝西總督印務劉題前事。等因。于雍正十二年五月初十日題。六月十一日，奉旨："該部察核具奏。欽此欽遵。"于本月十二日，抄出到部。

該臣等議得，署理陝西總督印務劉疏稱：寧夏府靖遠營製造供支駐扎寧夏滿洲兵丁雍正三四五六等年藥鉛、火繩等項用過銀兩，經前督臣岳鍾琪具題請銷，嗣准部咨，火藥價值與該省製給西安火藥每斤六分六厘之例不符。至于鉛斤，照江南省每斤三分五厘之例，亦屬不符，未便遽准，令照例核減具題，到日再議。等因。隨行據蘭州布政使詳稱：寧夏、靖遠二處一切硝、磺等物，俱從外省購買。其間等候盤費、運送夫脚，工用繁多，路有遠近，價有低昂。至于江南，即至賤之物，運至寧夏，夫脚數倍。等情。仍將原册報銷後，經前署督臣查，批駁遵照陝省、江南製造之例核減，屢催造報，及臣節經嚴催去後。

兹據署蘭州布政使趙挺元詳稱：靖遠營病故千總王友得造送寧夏滿兵雍正三年操演并門炮需用火藥二千八百五十斤，每斤原費銀一錢四分五厘，鉛子一千一百七十斤一十二兩，每斤原費銀一錢二分七厘。又裝盛藥鉛竹籠六十六個，每個原費銀一錢六分六厘。又解送藥鉛自靖至寧脚價共銀八十二兩五錢。以上通共費銀六百五十四兩九錢九分零内。除藥鉛竹籠節次核減銀一百五十四兩九錢七分零，今上實請銷銀五百兩零二分二厘。除原領司庫雍正三年建曠銀五百兩外，尚該不敷銀二分二厘。

又，前任寧夏府調任慶陽府休致知府卜瑗造送寧夏滿兵雍正四年操演并預備行走炮位、鳥槍火藥一萬三千八百二十五斤、烘藥二百二十九斤一兩、鉛子一萬四千六十五斤、火繩一萬二千□百二十丈。每藥一斤原費銀一錢二分，鉛每斤原費銀九分，火繩每丈原費銀二分，以上通共費銀三千四百四十兩七錢四分零，在于雍正四年建曠銀内發給製造。今除火藥、烘藥、鉛彈每斤二次各減銀一分，共減銀三百一兩一錢九分零，應于卜瑗名下追解還項。已據完解銀一百五十兩五錢九分零，尚未完銀一百五十兩五錢九分零，實止請銷銀三千一百三十九兩伍錢五分零。

又，原任凉州府知府邢碩輔代寧夏府造送寧夏滿兵雍正五年操演火藥一千六百五十斤、烘藥六十一斤十四兩、火繩三千四百八十丈，原報每藥一斤價銀一錢□分，火繩每丈價銀二分，原報共費銀二百七十五兩二分零，在于雍正五年建曠銀内發給製造。今除火藥、烘藥每斤二次各減銀一分，共減銀一十七兩一錢一分零，應于邢碩輔名下追解還項，實請銷銀二百五十七兩九錢零。

又，寧夏府陞任知府鈕廷彩造送駐寧滿兵雍正六年操演火藥三千一百五十斤、烘藥六十一斤十四兩、火繩三千四百八十丈、鉛子九十一斤八兩，原報每藥一斤價銀一錢二分、火繩每丈價銀二分、鉛每斤價銀九分，原報共費銀四百六十三兩二錢六分，在于雍正五年建曠銀内發給製造。今除火藥、烘藥、鉛彈每斤二次各減銀一分，共減銀三十三兩三分零，應于鈕廷彩名下催解還項，實請銷銀四百三十兩二錢二分。

以上靖、寧各官三四五六等年通共原報用過銀四千八百三十四兩二分零。除節次減銀五百六兩三錢一分零，今共實請銷銀四千三百二十七兩七錢零。等因。理合具題。等因。前來。

查寧夏府靖遠營製造供支駐扎寧夏滿洲兵丁雍正三四五六等年藥鉛、火繩等項用過銀兩，先經該督題銷，臣部以所開價值與該省西安并江南等省題銷之例不符，行令該減在案。臣部詳查各省成造火藥題銷價值，每斤止開銀三分至五六分不等。且雍正十二年，准署□□巡撫史咨送西安府清軍同知曹珩成造解肅火藥十萬斤造報册内，每斤價值亦止開銀五分八厘一毫六絲五忽零。至鉛彈每斤價值，江南等省開報三分五厘。火繩每丈，臣部向例以八厘六毫四絲開銷。該署督理應嚴飭各該員，即將藥鉛、火繩等項照例逐一據實核減題銷。迄今遲延數載，乃仍以“路有遠近、價有低昂”，一任承辦之員于藥鉛等項價值内節次略爲減去，題請開銷。事關錢糧，不便久懸。應仍令該署督嚴飭各該員，將前製造火藥等項價值，作速逐一據實核減具題，到日再議可也。等因。

雍正十二年八月初九日題，本月十一，奉旨：“依議。欽此欽遵。”抄出到部。爲此合咨，前去查照施行。等因。到本部院。牌行到司。蒙此，遵即備移靖遠營，寧夏道轉飭，逐一據實核減，造報去後。嗣准靖遠營移，據本營病故千總王友得之子王亮知稟稱：知父當日造送寧夏滿兵雍正三年操演并門炮、鉛藥等項用過銀兩，俱係實價，并無一毫浮多。蒙飭核減，知煢煢一兵，萬難捐賠。懇乞仍照原册，轉請准銷。等因。

准此，又准寧夏道移，據寧夏府申，准各原辦官移稱：製造寧夏八旗官兵應需雍正三四五六等年火藥、鉛、繩等項，寧屬地處邊末，硝、磺、鉛斤俱從外花購買，兼之盤費、脚力繁多，自與别省不能畫一，萬難照别省之例核減。等情。仍將原册移送前來。本署司因查該營等并未遵照核減分厘，仍以原價請銷，礙難率轉，隨復駁令照例核減，及屢次催駁去後。兹准靖遠營移，據署中軍都司八十七遵查得，本營病故千總王友得當日奉文：製造寧夏滿兵應用火藥二千八百五十斤、鉛子一千一百七十斤一十二兩，其中製造一切硝、磺等物，共費過銀六百五十四兩九錢九分零，俱係實用，并無浮冒分厘内。陸續奉文，減去銀一百五十四兩九錢七分，該弁已難捐賠。今止請銷銀五百兩二分二厘，委無浮冒，萬難再減。等因。造具清册，轉移到司。又准寧夏道關，據寧夏府申，准靖遠營及原任凉州知府邢碩輔并凉州、慶陽等府移，准慶陽知府卜瑗、寧夏陞任知府鈕廷彩等堅稱：寧屬地處邊末，硝、磺、鉛斤，本地并不出産，每遇製造，俱從外境遠方購買，實屬艱苦。更兼路途遥遠，往返盤費、脚力繁多，不但與别省價值不能畫一，即比甘省蘭州之價，亦不能畫一。查于康熙五十八年辦過藥鉛准銷之價比較，尚屬節省，并無浮冒，委難再減。相應按年造具清册，一并申賫。等情。轉移到司。

准此，該署布政司楊應琚查得，寧夏靖遠等處辦供寧夏八旗官，共應需雍正三四五六等年藥鉛、火繩用過價值銀兩，奉部駁令照依陝西、江南之例核減，造報具題。等因。業經本署司屢次駁令核減去後。屢准該府、營等堅稱，當日俱係實用，并無絲毫浮冒，萬難再減。等情。前來。本署司覆查續辦軍需案内，寧夏府雍正十一年供支駐寧太原滿兵應需火藥、鉛、繩等項價值，前經部駁。嗣據寧夏府詳稱，并無浮冒，火藥每斤仍造價銀一錢一分、鉛子每斤價銀八分、火繩每丈價銀二分，詳請題銷前來，業蒙甘撫都院核題在案。今查靖遠營雍正三年，寧夏等府雍正四五六等年供支寧夏八旗官兵應需鉛藥、火繩等項，册造價銀共四千三百二十七兩七錢八厘二毫五絲，内靖遠營共用過銀五百兩零二分二厘，寧夏等府各官共用過銀三千八百二十七兩六錢八分六厘二毫五絲。其各價銀，屢據該府、營堅稱，寧夏邊地，各物俱須數千里外購買，實難與江南、西安一例。前用各價，并無絲毫浮冒，且與現今續辦軍需案内甘撫都院題請之價相符。所有各册相應轉賫，請一例題銷。等情。到臣。

據此，該臣看得，靖遠營病故千總王友得、寧夏府調任慶陽府休致知府卜瑗、原任凉州府知府邢碩輔、寧夏府陞任知府鈕廷彩等辦供寧夏八旗官兵應需雍正三四五六等年藥鉛、火繩用過價值銀兩一案，前准部咨，令照陝西、江南之例核減具題。臣隨行令據實核減，及屢次駁飭去後。兹據署蘭州布政司事西寧道楊應琚詳稱：查靖遠營雍正三年，寧夏等府雍正四五六等年供支寧夏八旗官兵應需鉛藥、火繩等項，册造價銀共四千三百二十七兩七錢零，内靖遠營共用過銀五百兩二分零，寧夏等府各官共用銀三千八百二十七兩六錢八分零，其各項價銀屢經駁減。據該府、該營堅稱，寧夏邊地，各項俱須數千里外購買，實難與江南、西安一例，且與康熙五十八年辦過藥鉛准銷之價比較，尚屬節省。再，查現今續辦軍需案内，寧夏府雍正十一年供支駐寧太原滿兵，應需火藥每斤價銀一錢一分，鉛子每斤價銀八分，火繩每丈價銀二分，已經蘭州撫臣許核題在案。前用各價，正與相符，并無絲毫浮冒，應請一例題銷。等情。造册呈賫前來。臣覆核無异。除原册送部外，臣謹會同蘭州撫臣許合詞具題，伏祈皇上睿鑒，敕部議覆施行。爲此除具題外，理合具揭。須至揭帖者。

雍正拾叁年拾月貳拾叁日。

十月二十日到。【注二】

【注一】此前有闕幅。

【注二】本底餘紙記注。

【《明清檔案》A65—104，B37259—B37266】

寧夏將軍阿魯奏謝從寬赦免欠銀處分摺

雍正十三年十一月初二日

鎮守寧夏等處地方將軍臣阿魯謹奏：爲恭謝天恩事。

雍正拾叁年玖月貳拾玖日，承准署寧遠大將軍、大學士查朗阿咨開：雍正拾叁年玖月初捌日，准到部咨稱，查寧夏將軍阿魯于天津水師都統任内侵用書役工食一案。先據原署天津水師都統查爾泰恭奏邁禄摺内并稱，阿魯自雍正玖年正月起，至拾貳年伍月，在任共肆拾貳個月，領過工食銀貳千貳百貳拾陸兩。此内除給發外，其餘銀壹千壹百零叁兩，俱係阿魯侵用。等語。臣部以阿魯現在軍前，應俟行文詢取確供到日再議。等因。具奏奉旨："依議。"欽遵行文在案。隨據署寧遠大將軍查朗阿等訊取阿魯供詞送部，據稱，伊任内雖未將使役人等如數召募，但每月領工食銀共伍拾叁兩，每役止應給工食銀伍錢。後因不足伊等盤費，是以書辦、鼓手以及衙役、頭目人等，各量爲添給。又有雇充執持、執事及在水師營敕建廟内幫助僧人衣物等費，每月各項共用工食銀肆拾伍兩，尚餘銀捌兩，留爲雇覓喂馬鍘草、挑水人夫之費。俱係在公事上費用，并不曾剩銀入己。等語。臣部即將阿魯所開各項費用數目，行查天津水師營都統去後。

今據該都統阿揚阿查明，阿魯任内每月發書辦銀叁兩，鼓手銀拾貳兩，鋪司銀壹兩，聽差衙役銀壹兩。又，每月幫助敕建廟内布施僧人衣物銀叁兩，俱與阿魯所開數目相符。至衙役頭目貳名，每月每人給伊等工食銀壹兩之處，訊據該役頭目張進、姜洪等供稱，每人支領銀伍錢，并不曾加倍領過。其餘雖無案卷，據該役姜洪等呈稱，自雍正九年起，至拾壹年拾壹月，每月領工食銀貳拾柒捌兩不等，又自拾壹年拾貳月以後，每月支領工食銀貳拾兩，合算已有壹千壹百貳拾捌兩。再加以書辦工食壹百貳拾陸兩，與布施僧人銀壹百壹拾玖兩，共當發銀壹千叁百柒拾叁兩。則所少亦止捌百伍拾叁兩，并非壹千壹百零叁兩之數。况此外阿魯在任肆拾貳個月，又有執持、執事及喂馬、挑水等役，實爲該衙門必需之人，即有必行給發之工食，則其用過銀兩，俱應准其抵銷。惟查阿魯供内所稱衙役頭目工食銀每月每人壹兩之處，既經該都統阿揚阿查係伍錢，則此項少發銀肆拾貳兩，實係阿魯侵用，應照伊侵用之數，按律擬徒。但阿魯現在軍前，應俟伊回京之日，臣部請旨治罪。其侵用銀肆拾貳兩，應行令該旗先行著落阿魯家屬名下，照數追賠。爲此謹奏請旨。等因。于雍正拾叁年捌月初拾日漢字摺奏，拾叁日，内閣抄出，奉旨："阿魯所欠銀兩爲數無多，况伊亦有登答，著從寬免其處分。其銀兩照例追賠。欽此。"等因。准此擬合就移，欽遵。等因。到臣。臣捧讀之下，不勝悚惶，隨恭設香案，望闕叩頭謝恩訖。

竊臣質本庸愚，見識卑暗。前水師都統任内發用工食銀兩不清，應當處分。蒙聖恩格外垂仁，從寬赦免，臣激切難名。惟有凡事小心，矢公矢慎，竭盡駑駘，以仰答聖恩于萬一耳。所有臣恭謝天恩之處，理合奏聞。爲此謹奏。

雍正拾叁年拾壹月初貳日。

【《雍正朝漢文硃批奏摺匯編》第29册，第734頁第654條】

署寧遠大將軍查郎阿等奏覆遵議撥給甘凉寧夏等處駝馬事宜并陳分別坐扣情形摺

雍正十三年十一月初十日

署寧遠大將軍臣查郎阿等謹奏：爲遵旨議奏事。

雍正十三年八月二十五日，接到廷議，内開：查軍營各牧廠現存馬匹先經查郎阿等奏明，除挑給留貯兵丁外，其餘馬匹分給撤回兵丁騎馱到肅，交劉於義等查收，分發甘、凉、西、肅各標營牧放備用。等因。臣等議准在案。今據劉於義等奏，前項應交之馬幾及二萬，若收槽喂養，糜費錢糧，請照馬群之例，長行牧放。應照劉於義等所奏行。又查各案軍需現存之馬，及軍營撤回兵丁交存之馬，通計約四萬餘匹，現議甘、凉等提鎮挑選戰兵，西寧、凉州駐防滿兵，均須撥給馬匹，應令查郎阿會同劉於義等核算應需馬匹，除撥給戰兵并駐防滿兵外，其餘存馬匹，即以撥給標營兵丁，嗣後標營兵丁遇有應補之馬，即不必另行給價采買。但前項馬匹現存甘、凉、肅一帶，應令查郎阿等酌量將標營應補之馬，即撥給現今撤回之兵携帶回汛，以省解送之繁。又查寧夏官兵應行自立馬匹，前經赫星奏請借領藩庫錢糧采買，于餉銀内坐扣，臣等議行在案。今寧夏鎮營既有喂養之軍需馬匹，若即行撥給滿營，自于公私兩便。應令查郎阿、劉於義等核算馬數，酌量撥給。其應還馬價，即于各該兵餉銀内坐扣。其西安滿兵回營後，亦有應行自立之馬，應令查郎阿等一體酌量辦理。等因。奉旨：“依議。欽此欽遵。”隨移行

西安、寧夏將軍并各提鎮，一體遵照去後。

嗣據西安將軍秦布咨稱，自巴爾庫爾撤回西安三起兵丁，共二千七百九十九名。查伊等在途所立馬匹數目，八旗滿洲、蒙古、漢軍在途陸續置立，現存馬匹、騾頭共三千五十五匹，以每人三馬合算，尚少馬五千三百四十二匹，應行補給。等因。隨于涼州鎮分收牧廠馬内，照數撥補訖。又據寧夏將軍阿魯移稱，北路撤回兵丁應行補立馬六百九匹，又西路軍營撤回滿兵應行補立馬一千四百九十五匹，又查北路官兵應行分賠馬六百六匹，共馬二千七百十匹。又北路回汛兵丁應行補立駝三百二十八隻，西路回汛兵丁應行補立駝二百二隻，共應補立駝五百三十隻。統候酌撥。等情。隨于寧夏現牧軍需馬匹内，全數撥給，并將寧夏鎮現牧駝一百隻撥給外，其餘在于凉鎮現收軍營駝内撥給。

至緑旗兵丁共撤回馬兵八千一百八十一名，應撥給馬八千一百八十一匹，内除凉、甘、肅、西寧、大通自營騎回本汛共馬九百一十一匹外，又于各營現牧軍需馬及分收大營馬匹内，共撥給馬七千二百七十匹。至駐防凉州、莊浪滿兵三千名，據西安將軍秦布移稱，此項移駐滿兵有無自立馬匹，應俟兵丁派定之日，另行移咨。等因。今以滿數核算，應需馬九千匹。查凉、甘、肅、西一提三鎮，共收軍營馬二萬二千二百一十一匹，内除變價馬一百四十四匹，倒斃馬四十匹，實在分收馬二萬二千零二千七匹。又，甘、凉、肅、寧夏、西寧、河州、陝提共喂軍需馬一萬五千二百二十五匹。二共馬三萬七千二百五十二匹。今除撥給西安、寧夏滿兵及陝甘各標營緑旗兵丁共馬一萬五千三百二十二匹外，尚存馬二萬一千九百三十匹。雖内中不無續報倒斃之馬，第以現在而論，尚存二萬一千餘匹。縱駐凉、駐莊之滿兵照滿數撥給九千匹外，尚餘一萬二千餘匹。此項馬匹應于分派戰兵，各標營按兵數之多寡，酌量分派，留廠經牧，以備摘撥之用。又查巴爾庫爾留駐之兵一萬一千名，現留馬一萬六千五百匹，將來應撤之時，應留七千五百匹，交與駐防哈密之五千名兵丁經牧，其餘騎至橋灣。再留七千五百匹，交與駐防布隆吉等處之五千名兵丁經牧。第一萬七千五百馬匹留營過冬，不無倒斃，應俟臨期查核，倘有不敷，再于沿邊標營牧廠餘馬内，按數撥給。倘有多餘，仍交與沿邊標營牧放。其撤回之馬兵應補馬匹，亦即于標營牧廠内撥給。

至于駝隻一項，查甘、涼、西、肅一提三鎮，分收軍營交回駝及靖逆等處經牧軍需駝共七千一百七十二隻，又糧運實存駝二千零十隻，二共駝九千一百八十二隻。今甘、涼、西、肅、寧夏、固原、河州共派戰兵二萬二千名，每兵四名，給駝一隻，應分給駝五千五百隻。内除軍營分給甘、涼、西、肅、河州回汛兵丁馱載帶回本營駝四百七十九隻，尚應撥給駝五千零二十一隻。又，每兵一百名，設炮一位，應給駝三隻。計兵二萬二千名，設炮二百二十位，應給配炮駝六百六十隻。又，涼州、莊浪添駐滿兵三千名，應設炮三十位，應給配炮駝九十隻。又撥給寧夏滿兵駝四百三十隻。共需駝六千二百零一隻，餘存駝二千九百八十一隻。再，查軍營留駐之兵，共留駝四千八百六十隻，將來全撤之時，其駐防哈密兵丁五千名，以四兵給駝一隻，應留駝一千二百五十隻，其餘俱馱載至橋灣。其駐防安西、靖逆等處兵五千名，以四兵給駝一隻，應留駝一千二百五十隻，尚應餘駝二千三百六十隻。此項餘存之駝及，甘、涼、西、肅收牧，除撥用外，餘存駝二千九百八十一隻。二項約共駝五千餘隻。查安西一鎮，設在口外，牧廠最廣，而呵呵、沙石及赤金等處之草，尤與駝性相宜。且安西一鎮，既無孳生馬匹，又無别項經牧之馬，應將此項餘存駝隻，全交與安西鎮官兵經牧，以備馱運駐防布隆吉、赤金等處兵丁口糧之用。

至于駝隻、馬匹，從前購買，何等艱難，凡標營將弁兵丁，理應加意愛惜，無如標營積習，視爲公中之物，漠不關心。是以開報倒斃，不一而足，甚至有盜賣揑報等弊，所當嚴立勸懲，酌定倒斃數目，使各營共知法紀，方于軍務有益。查駝隻在廠牧，故難保其必無倒斃。令酌定每年每百隻倒斃四

隻以内者，免其賠補，如倒斃至四隻以上者，即著落經牧之將弁兵丁賠補。其分給戰兵供支料草飼喂之駝，非長行牧放者可比，應酌定每年每百隻，准其倒斃二隻。如在二隻以内，免其賠補，即將餘駝補額。如在二隻以外者，一面將餘駝補足外，一面勒令賠補駝價。至于馬匹，查飼喂軍需馬匹定例，每百匹，准其倒斃四匹。今在廠長年牧放，自與飼喂者不同，應請每百匹准其倒斃六匹。如倒斃逾額，即勒令賠補馬價。似此酌定數目之後，果有實心牧喂，駝、馬膘壯，倒斃數少者，按其多寡之數，官則分别記功，兵則分别獎賞。統令督臣不時查察，如有盗賣隱匿、抵换捏報等事，一經審實，即將該弁兵照軍法從重治罪，并將該管提鎮以下，一并嚴參。將在廠分牧以來，凡有倒斃之馬、駝，俱著該提鎮賠補，庶各知警惕，不敢以身試法矣。

再，查西安、寧夏滿兵補立之馬，又將來駐防凉州、莊浪滿兵撥給之馬，應還馬價，本應照軍需馬每匹十三兩之價，于滿兵餉銀内陸續坐扣，第查雍正七年緑旗兵丁出口之時，經岳鍾琪摘撥，西安八旗馬九千匹，俱以每匹八兩發給銀兩，令滿兵買補。現今撥補西安、寧夏及移駐凉州、莊浪滿兵之馬，可否統照每匹八兩之價，在該兵餉銀内，分作三十個月坐扣之處，出自聖主洪恩，非臣等所敢擅請。至于撥給寧夏滿兵駝五百三十隻，查駝隻向例每隻定價三十兩，自歷年辦理軍需，駝價昂貴，至五六十兩不等。今寧夏滿兵應行自立之駝，若令滿兵自行采買，需價自多。今既仰邀聖恩，即以軍營收回駝隻内撥給，可否即照每隻三十兩之價，于馬價扣完之後，再分作三十個月坐扣。理合一并奏請。所有辦理駝、馬事宜，謹繕摺恭奏，伏祈皇上聖鑒敕議遵行。爲此謹奏請旨。

雍正十三年十一月初十日。

署寧遠大將軍臣查郎阿、署陜西總督臣劉於義、内閣學士臣岱奇、内閣侍讀學士臣阿蘭泰。

【《雍正朝漢文硃批奏摺匯編》第 29 册，第 831 頁第 736 條】

署陝西總督劉於義奏代固原提標中軍參將武爾敦請仍留其子善德在任助理辦事摺

雍正十三年十一月十五日

吏部尚書、署理陝西總督印務并辦理軍需事件臣劉於義謹奏：爲請旨事。

據陝西固原提標中軍參將武爾敦呈稱，伏查前奉上諭："旗員子弟十八歲以上者，悉令歸旗。至伊等子弟中有可以助其父兄辦理事務，或另有情節不能相離者，督撫代奏。欽此欽遵。"在案。職子善德，年一十八歲，例應歸旗，但職從巴爾庫爾出征回任所管提標五營，兵馬、錢糧事務，極爲紛繁，并無親信之人相助。若留職子在任，既可助理辦事，兼可教誨成人，斷不敢任其安逸游蕩，有負皇恩。相應仰懇照例代奏。等情。到臣。據此，理合代奏。謹奏請旨。

雍正十三年十一月十五日。

【《雍正朝漢文硃批奏摺匯編》第29册，第893頁第774條】

蘭州巡撫許容奏請動發社倉糧石賑濟固環無業之民及安插移民摺

雍正十三年十一月二十一日

蘭州巡撫臣許容謹奏：爲奏明請旨事。

竊照甘省今歲歉收地方，仰蒙聖恩，于蠲免地丁銀兩之外，又將本年額徵本色糧石，緩至來年夏收後，著臣等看年歲光景奏聞，再行徵收。更令于冬底明春，動用倉儲，借給米糧，務令糊口有資。臣接准部文，屢經行司，責成該管道、府督同地方有司妥協辦理。又以歉收各屬内，惟固原廳州、環縣北鄉一帶，多係外處流寓就地耕種之民，一遇歉收，便多他往。復委效力原任平慶道趙泉楠前往固原，現任隆德縣知縣陳世芳前往環縣，商同該道、府等，將應借口糧，多方籌畫，務使得沾實惠，各安生理。應俟借放完日，確核造册，由司賫送臣衙門核明送部，于來年秋收後，照數催徵還項。

再，查嚮來借放口糧，皆按歉收地畝，而無業窮民不得與焉。又，移就鄰封隨地安插之民，不在本鄉本土，未便借動倉儲，臘底新春，難覓活計。若非資以口食，恐不免于凍餒。臣仰體皇上軫恤窮黎之至意，已檄行藩司轉行該道、府，將在固、環本地無業之民，及移就鄰封隨地安插之民，實在無計營生者，查明人口數目，按照定例，動發社倉糧石。自本年十二月初一日起，至來年二月底止，大口日給三合，小口日給二合，賑給三個月口糧。事完，各造清册，由司賫送臣衙門核明，報部請銷。事關動用倉儲，合再繕摺奏明是否，伏候聖主訓示。再，查臣前奏移就陝屬鳳翔一帶地方百姓，陝撫臣碩色亦經遵旨，安插料理，合并陳明。臣謹奏。

雍正十三年十一月二十一日。

覽奏。知道了。從來爲治之道，莫先于愛民。况秦省自用兵以來，百姓急公踴躍，甚屬可嘉。今年又值收成歉薄，更爲可憫。此當加恩賑恤于常格之外者。摺内奏稱散賑三個月口糧，汝未聞從前皇考加賑江南、山東等處之恩旨乎？汝辦事實心，而理財過刻。國家救濟窮民，非較量錙銖也。但須使實惠及民，可一切寬裕爲之。并將此旨傳諭查郎阿、劉於義、碩色知之。

【《雍正朝漢文硃批奏摺匯編》第30册，第7頁第5條】

甘肅布政使徐杞奏報現在西固等處鄉民俱各安土并賑恤固原環縣貧民情形摺

雍正十三年十一月二十四日

甘肅布政使司布政使、加二級紀録二次臣徐杞謹奏：爲奏聞事。

臣伏查甘省地方，民情質樸，風俗淳茂，自軍興以來，無不急公趨事。蒙大行皇帝俯念藉資民力，事從寬裕，恩膏叠沛，較各省更加優渥。今夏雨澤愆期，又蒙大行皇帝恩念納課艱難，將甘省雍正十三年地丁錢糧，悉行蠲免，是以小民愈知感激踴躍，報效始終如一。此臣在西寧辦理軍需三載所目擊者。今軍需停辦，糧價日漸平減，又蒙我皇上將歷年舊欠錢糧、草束悉予豁免，百姓益感戴天恩，安居樂業。惟慶陽府屬之環縣、平凉府屬之固原廳州、鞏昌府屬之西固廳，寧夏府屬之花馬池、香山數處，今歲收成歉薄。又蒙我皇上恩旨，將各該處本年糧石緩徵，又令動用倉儲，借給米糧。有移就鄰封營生者，又敕令該地方官安插料理，皇仁深厚，有加無已，撫臣凜遵聖諭，悉心辦理。

現在西固、香山、花馬池等處，俱各安土，更無遷徙。惟固原廳州、環縣北鄉一帶，率多川陝流寓之民，每遇歉歲，或回原籍，或就鄰省依附親戚，習以爲常。現在散借口糧，有不願領借而自歸原籍者，亦有即以所借口糧爲遷移盤費者。令撫臣已嚴飭該地方官，將應借口糧，多方籌畫，務使均沾實惠、各安生理。并委原任平慶道趙泉楠前往固原，隆德縣知縣陳世芳前往環縣，協同辦理。又以嚮來借放口糧，皆按歉收地畝，而無業貧民，不得與焉。且移就鄰封隨地安插之民，不在本土，難以借動倉儲。因飭令該道、府查明人口數目，按照定例，動發社倉糧石。自本年十二月初一日起，至來年二月底止，大口日給三合，小口日給二合，賑給三個月口糧，務令得所，以仰體我皇上軫念窮黎之至意。所有現在地方情形，及辦理事由，理合據實奏聞。臣謹奏。

雍正十三年十一月二十四日。

臣徐杞。

據奏賑恤貧民情形，知道了。但明年二月以後，已青黄不接之時，此等乏食之人，何以糊口。可與巡撫酌量加賑，但令得沾實惠爲要。

【《雍正朝漢文硃批奏摺匯編》第30册，第34頁第30條】

※寧夏副都統喀喇奏報到任日期摺

雍正十三年十二月初九日

雍正十三年十二月初九日，寧夏副都統奴才喀喇謹奏：爲奏聞到任日期事。

奴才喀喇于雍正十三年十月初八日，由京城啓程，于十一月二十七日抵達寧夏，恭設香案，望闕叩頭接任。爲此謹具奏聞。

硃批：知道了。于十一月二十二日，京城降雪沾足，承蒙天恩，朕不勝歡忭，爾等地方如何？著據實具奏。

【《雍正朝滿文硃批奏摺全譯》第2486頁第4989條】

署陝西固原提督李繩武揭報交印起程赴京日期

雍正十三年十二月十七日

揭帖。

署陝西固原提督印務總兵官、兼拜他喇布勒哈番、又一拖沙喇哈番、紀録一次李揭：爲恭報微臣交代起程進京日期事。

竊臣微末旗員，仰蒙大行皇帝不次優擢，特放寧夏總兵官，每以圖報未能蚊負是懼。嗣于雍正拾年貳月内，蒙兵部札付，内閣奉上諭："京中漢軍大臣内人材可用者甚少，寧夏總兵官李繩武，著來京，以副都統用。欽此欽遵。"正在等候寧夏新任總兵官蕭生岱至日交代，間于本年伍月拾貳日，承准署陝西督臣查郎阿照會内開奉："提督樊廷奏請陛見，著馳驛來京。固原提督印署督查郎阿酌量委員署理。欽此。"經署督臣查郎阿以臣委署固原提督印務，遵即于本年閏伍月初壹日到任。本月叁拾日，蒙兵部札付爲欽奉上諭事。雍正拾年閏伍月拾叁日，内閣奉上諭：“固原提督樊廷來京陛見，再四懇求前往軍前，領兵效力。朕勉從其請，令其于捌月初旬前赴軍營，令伊暫回。固原之任李繩武，著馳驛來京，聆請訓旨，仍回固原署理提督印務。欽此。”遵即于本年陸月拾壹日馳驛赴京，跪請捌月初拾日抵固任事訖。

伏念臣才庸識陋，罔堪重任。署理固原提督印務叁載于兹，深愧寸長未效。嗣西路大兵奉撤，臣祇候固原提臣樊廷到任交代，即便束裝進京。間于雍正拾叁年拾月初壹日，准提臣樊廷咨開：本提督奏請陛見，奉旨允准，不便接受印信。等因。咨移到臣。准此，當即繕摺奏明在案。今提臣樊廷于雍正拾叁年拾貳月拾柒日，陛見回固。臣將原署提督銀印壹顆、王旗牌捌杆面、未用火牌肆張，以及節次奉到上諭清、漢等書，并生息銀兩册，即于本日差委標下中軍參將武爾敦賫送提臣樊廷接管訖。臣于拾玖日，起程進京。所有微臣交代起程日期，理合恭疏題報，伏祈皇上睿鑒施行。爲此除具題外，理合具揭。須至揭帖者。

右具揭帖。

雍正拾叁年拾貳曰拾柒日。

正月二十九日到。

【《明清檔案》A66—102，B37793—B37795】

雍正朝時間不詳文書

※（佚名）奏報將軍阿魯率各路兵撤回摺

據將軍阿魯奏報：奴才親由巴里坤携寧夏馬軍七百五十四，伊等于雍正九年原出征乘往之馬、駝，在軍地俱遭損。現返回，除伊等本身之十三匹馬外，仍應補馬一千四百九十五匹，駝二百有二頭。將先署理將軍赫星由北路撤軍補購馬、駝，由布政使庫取錢糧購之，由兵丁每月所取錢糧扣三十月。等因。奏行。繼之尚書劉於義爲將喂養寧夏地方軍用馬匹，撥給寧夏撤來之滿軍，馬價由伊等錢糧内扣除。等因。亦奏准。故此，惟僅由布政使取北路所虧欠之購駝銀等候撥與馬外，將由西路撤軍補購一千四百九十五匹馬，二百有二頭駝，亦照由北路撤軍撥給。再，將倚由北路撤軍應償之馬六百有六匹，今既難以尋購，亦動撥軍用馬匹，請將馬價由伊等俸餉扣償。

竊查寧夏軍補購之馬、駝，係伊等初往軍地，由原處騎往寧夏之額畜，此項駝、馬亦不可久空，理應補購。先署理將軍赫星尋購北路撤軍補購之馬，借支布政使庫銀補購，將兵丁錢糧扣賠二十月。等情。辦理軍機事務大臣處將赫星所奏議行，將兵丁錢糧扣除三十月。等因。奏准續署理總督劉於義奏：陝西、甘肅地方拴養之馬及撤軍所留之馬甚多，禁每年喂養，予以牧放，補給營軍所購之馬，寧夏所撤滿洲兵丁補購之馬缺，亦補給之，以伊等錢糧扣償。等情。具奏。經由辦理軍機事務大臣會議，行文扎拉阿等，按馬數酌情撥給。俟西安所撤滿洲兵丁到來時，亦同樣辦理。等因。奏准俱在案。今該將軍阿魯將由西路所撤寧夏軍補購一千四百九十五匹馬、二百有二頭駝，既然亦照由北路撤軍撥給，咨行署理大將軍扎拉阿等，照前同樣辦理。再，依賴北路所撤寧夏官兵賠償之六百餘匹馬，係由軍地返回時撥于伊等乘馬，内沿途損失，超所定額三倍，多損失者。此項馬匹，現既然難以尋購，照阿魯所奏由軍用馬匹内撥給，將官兵俸餉仍依原議扣償三十月可也。

墨批：知道了。

【《雍正朝滿文硃批奏摺全譯》第2622頁第5366條。譯自《宮中檔雍正朝奏摺》】

※（佚名）奏報寧夏將軍阿魯抵至寧夏摺

寧夏將軍阿魯奏聞，率由巴里坤軍營撤回之寧夏軍伍已妥善抵寧夏。等情。奏聞，將此在案。

墨批：知道了。

【《雍正朝滿文硃批奏摺全譯》第2623頁第5368條。譯自《宮中檔雍正朝奏摺》】

怡親王允祥等奏議許容請親至寧夏督修三渠之處毋庸置議片

查今年八九月間，正值辦理軍需之時，寧夏修浚三渠，現有通智、史在甲料理，許容但申飭地方各官協力同心，毋得從中掣肘，亦不得互相推諉，則自可清厘積弊，禁遏刁頑。應將許容所請親至寧夏之處，毋庸議奏。

此摺另有旨了。

【《雍正朝漢文硃批奏摺匯編》第31冊，第485頁第448條】

川陝總督年羹堯奏報固原提督楊盡信怠忽職守請准其回籍守制摺

臣羹堯謹奏：固原提督楊盡信，自辦事凉州以來，仍踵從前陋習，不特營伍未能整理，即將備、千把，亦少振作之狀。但提督既係大員，非可輕易轉移，而臣于整頓兵馬之事，不敢一日放鬆，實無處可以安頓此人，是以因循未奏。今楊盡信既丁父憂，臣已具疏題報，伏祈聖主准其照例回籍守制。凉州總兵印務，現有贛州總兵宋可進、洮岷協副將黃起憲，兩人皆能署理。或出自聖旨，或令臣遴委，統祈睿裁施行。

本到自有旨。楊進信前因補卦一事，朕看此人平常。延信薦此人，云在岳鍾琪之上，大概延信都喜歡如鄂倫岱等這一種守己有餘的人，大概此一種人，將國家弄壞了。畫□的材料而已，不中用的東西，延信薦了許多人，大概秉性皆相彷。

【《雍正朝漢文硃批奏摺匯編》第31冊，第731頁第730條】

川陝總督年羹堯奏報委員料理寧夏建築新城以駐滿兵事宜摺

臣羹堯謹奏：寧夏城内，地勢高低不平，而局面窄隘。當日原有添設滿兵之議，聖祖仁皇帝親至寧夏，睹其形勢，是以中止，至今房價未清也。臣遣官細勘，繪圖斟酌，惟于寧夏城北百步許，建築新城，既壯觀瞻，兼合形勢。其衛所現徵糧料，除供支緑旗外，止可議駐滿兵二千名。臣現已委官前往料理，合布隆吉新城與寧夏滿城兩處官兵衙舍等項，總以張連登、王企靖、王之樞、許兆麟等所捐銀兩儘力節省，必能竣事也。至應撥何處滿兵、如何配定官數，事關重大，容臣會同蘇丹另奏。合先奏聞。

實在特難爲你。配定多少官員之數。你們徐徐議來。撥兵因滿洲漸多，都中若不來，所以有此舉，議定時，撥京城兵來。

【《雍正朝漢文硃批奏摺匯編》第31册，第771頁第799條】

川陝總督年羹堯奏請以揚啓元陞補固原提督王嵩補授寧夏總兵等事摺

臣羹堯謹奏：固原提督一缺，委人署理，于事無益。且蘇丹，駐防將軍材也，于緑旗事務，非其所長。聖明洞照，纖毫不爽。以臣愚擬，寧夏總兵楊啓元，人品端正，厚重寡文，且隨趙良棟進剿雲南之舊人也。以之陞補固原提督，人地相當。其寧夏總兵一缺，則臣標中軍副將王嵩，整理營伍，嫻于軍旅，以之補授寧夏總兵，仍暫留西寧幫辦軍務，俟西寧事竣，再赴新任。甘州提督路振聲，已成痿病，且不知顧恤兵丁。念其久在軍前，此時不便開缺。聞得説大好了，朕著實恩慰他，令其調養，此人外象聲名，數年軍前頗好，去歲彼已固辭，富寧安光景，奏他不似真病。自朕温旨到後，屢次奏聞，大好了。兵未徹之間，此人且不必動好。不便開缺之論是。請令岳鍾琪暫行兼攝甘州提督印務，駐札西寧辦事，西寧亦甘州提督所屬地方也。蘇丹則仍令署理西安將軍印務，以省臣心力，統祈聖裁。即賜施行。謹奏。

所開數人，甚合朕意，皆已諭部矣。紀成斌大概時到京？

【《雍正朝漢文硃批奏摺匯編》第31冊，第773頁第806條】

川陝總督年羹堯奏報西寧至寧夏一帶豐收景象及左腿患病等情摺

臣羹堯謹奏：臣于五月十二日起程，自西寧、莊浪、中衛以至寧夏一帶村堡，水田、旱地有吐秀者，有結實者，皆九分、十分之收成也。聞得今歲陝省收成乃希遇之年，但卿之心、卿之行，上蒼若不如是明彰感應，常人孰〔熟〕肯爲善也。卿實可爲天下後世封疆大臣之則法標樣也，朕實惟以手加額，感服我聖祖大仁大慈、大智大勇之君父之知人耳。今發來聖諭，京畿内外，接連得雨，十分透足。臣捧讀之下，如釋重負。天人既已協和，聖衷自必舒暢。誠無不格，如響斯應。喜。君臣交勉，是。仰答洪庥，此固不敢須臾或忘者也。如是，如是。至于臣之微軀，雖添白鬚數十根，而精神如舊，左臂全然不痛，惟左腿止能騎馬二十里，必得略爲休息，然後可以再騎。向祇知你臂疼，不知腿病。光景是怎麽樣，是疼，是不得力，不勞，著閑時如何。你此番竭盡忠誠，爲國家蒼生作此萬年之大利益。上蒼再無不加護賜佑你，灾去福來，子孫昌盛、闔家平安之理若不如是，誰信“報應”二字也。凡百據實，即朕躬好歹，一字亦不忍欺你。然肢體之累，無足爲害，聖恩垂念，不敢不據實以對也。謹奏。

【《雍正朝漢文硃批奏摺匯編》第31冊，第775頁第809條】

陝西平慶道李元英奏報會勘寧夏新築八旗城工衙署營房冒銷錢糧營私誤公等情摺

陝西平慶道按察司僉事奴才李元英謹奏：爲遵旨奏聞，仰邀睿鑒事。

竊奴才至愚極陋，蒙皇上隆恩，擢用平慶道。奴才于五月初七恭謝天恩之日，蒙召至養心殿，面奉訓旨。蒙念奴才係舊臣世系，訓誨教誡，當思破格擢用之恩，愈做好官，以仰報如久後改變，亦非泛常懲處，總以至誠無欺，方可事君報國。奴才敬聆成規，時時警惕。又奉諭："你若知有地方上事，該詳督撫的竟詳，若不行，你其摺子交你本王子轉奏。欽此欽遵。"奴才自顧何人，叠荷恩綸，賞賜宸翰，貂皮珍物，隆恩异數，刻骨銘心，惟事無巨細，凜遵聖訓，實心實事，以仰報殊恩于萬一。

奴才甫抵平慶道任，地方利弊，正在清查。因奉總督岳鍾琪行委，會同寧夏道董新策查勘寧夏新築八旗城工、衙署、營房有無浮冒，果否堅固。奴才一路查訪，但聞人言籍籍，怨聲載道。云從前估計城工，原未詳細，而經理督修者，又皆冒昧從事、假公營私。所用木石、磚瓦、鐵丁等項，件件累民。即如磚瓦一節，發銀令窑户陳萬言、馬文俊、郭俊卿、陳我智等承擔燒窑，陳萬言等因貪現銀資本，遂受而不辭，燒出磚瓦，儘數取用，應領工價，拖欠遲延。及至城工告竣，多燒餘剩之磚瓦五十餘萬。南鄭縣嚴世杰不肯收受，而窑户陳萬言等以此等磚瓦皆係奉命燒出，今若不收，工本工價從何賠墊。寧夏邊方，又難變賣，遂糾約在窑做工人等上千人圍住嚴世杰公館，叫喊不散，嚴世杰不得已，與各窑户减發價值，將所存磚瓦，議令陳萬言等變賣還公，即捏造册内，以爲節省餘剩。但所存磚瓦，民間造房可用者，猶可逐漸變賣。至所存城磚二十七萬餘塊，若照城磚價值變賣，則民間不肯承買。若减價，則所存磚瓦已照原價報出，將來虧少價銀，從何賠墊。窑户陳萬言等控道、控府、控縣，皆不准理，誠恐有礙多官，遂致窑户陳萬言等怨恨沸騰，無從伸訴。督工官員不公不法，遺累小民，莫此爲甚。

又，鐵釘一項，寧夏無從購買，發銀令寧夏三衛衛官前赴山西采買。及至運到寧夏，而所造衙署、營房，俱將廢木作釘，塞責一時，遂將買來鐵丁不肯收受，責令原買人變賣還銀。寧夏邊方十三四萬斤鐵釘猝難銷售，遂私

送南鄭縣嚴世杰家人銀二百兩，方有收受。又加重秤稱收，每百斤加重四五十斤，承買之人，賠累難堪，冤抑莫訴。所存鐵釘十三四萬斤，現存寧夏各衙可查。但新造城工、衙署，乃萬年永久之事，何得用木釘而不用鐵釘。又以節省造報，罔上營私，不獨累民，而且誤公，至此已極。

又聞建造城工，總未逐細料估確數，遂致花費錢糧多買物料。現存細小木植，通作大木開報，以爲節省餘剩，自取奉公之佳名。而今寧夏、寧朔兩縣收存變賣，兩縣不肯收受，而督工之南鄭縣移行交收之文，隨于半夜遁去，使兩縣無從推諉。但所存細小木植值價無幾，而捏報價值三千餘金，遺累官民，哄騙上司，其罪實難輕貫。此奴才于途間訪聞之事，及至寧夏兩縣，皆爲痛訴。

查勘城垣外面用磚包砌裏面，與城頂惟用素土堆築，虛鬆不堅，一經下雨，則浮土隨水而下，遍城坑陷，目今如此，則將來之坍頹，自可立見。因見駐防將軍希伯亦極言所築城墻甚不堅固，必須内外磚包，城頂亦用磚鋪，庶可堅固。此希伯之言，原屬永久之計，但内外與城頂俱用磚砌，未免工程浩大，多費錢糧。奴才經歷别省，所見州縣城垣，大半土築，坍壞亦少，皆因用石灰和成三合土，用券築打，比磚城更堅。以奴才愚見，衹用將城頂浮土鏟去四五尺，另用灰土加厚券築，即可□固。則比包磚者，錢糧可省，而堅固則一也。

再，奴才查看各衙署多係木釘，則途間之所聞似確。至衙署雖間架□窄，然還完全，猶可居住，惟營房更爲不堪，木料不經斧鑿，又不用釘，并不用繩索纏縛，不過是搭蓋平篷而已。馬甲房，每間寬一丈零二寸，深一丈二尺。甲房寬八尺二寸，深九尺四寸，俱高九尺八寸。均係平房蓋造，檩柱細小，椽木又小而稀，用草簾一頂遮蓋，上鋪薄土，導致上漏下濕，不蔽風雨。若蓋土少厚，則木植細小，不能承載，所以下雨時，每多坍塌，兵丁家口，間被壓傷者有之。據將軍希伯云，各兵丁有力者，將衣物變賣，少爲修補堅固，無力修整者，亦大膽居住，各聽天命。且四圍俱係土墻，下脚用土築起，上截方用土坯接砌，木植既細，墻又不堅，無怪易于坍塌。訪問寧夏土人云，如此等房，一切木植磚瓦工價，每間多不過四五兩。今查册報核算，每間直開至八兩，内外營房如此，城工可知。既冒銷大半殘糧，又不肯實心辦事，如此官員，實難姑容。

奴才查看時，兵丁男婦將修城官員盡皆怨駡，如此要緊事情，城工大事，而被督修各官如此營私貽誤，奴才不敢不據實奏聞，伏候皇上乾斷，以爲欺詐營私誤公不職之戒。再，奴才查承修官員，也經數易，起初估計者，係現任四川巡撫王景灝，其次督修者，係原任潼關同知楊廷相，迨後接修者，又係西安府知府趙世朗、南鄭縣知縣嚴世杰，所以彼此回護推卸，各不肯實心料理。且查從前題請建城駐防，不過粉飾軍機，建策聳聽，原未從長計議，所以最要緊之糧草尚未籌定，兵餉可以司庫解交，糧草必須地方積貯。寧夏一歲所收之糧草，止可供寧鎮兵丁之需，今添此三千滿洲官兵，既未定鄰近之撥運，又地方所出有限。訪問各衙門積貯米石無多，倉中所存，止有雜操兵丁糧草一日不可缺之事，目前最要緊之急務，奴才已稟巡撫石文焯，聽其作何籌計撥運也。至將軍衙門并，各衙門之經制書役，及心紅紙張、各役工食等項，俱未議定，一無章程，則知從前貿貿從事，竟不慎審周詳，則始事之官，亦難免草率之咎矣。奴才因見城工營房冒破營私，糧餉關係匪小，所以具摺奏聞，伏祈皇上睿鑒施行。謹奏。

已用你彼奏司矣。將此摺情由，盡情咨明督撫，看他們如何料理奏聞，朕自有道理。此奏甚屬可嘉。知道了。莫移此志，勉力秉公爲之。

【《雍正朝漢文硃批奏摺匯編》第31册，第833頁第895條】

陝西寧夏總兵郭成功奏謝蒙恩陛見訓示并特賜大鐮色等物摺

陝西寧夏總兵臣郭成功謹奏：爲恭謝大恩事。

竊臣荷蒙聖主隆恩，補授寧夏總兵官。隨赴京陛見，跪請聖訓，蒙恩特賜訓諭，又賜火鐮包、小刀、克食等件，隆恩叠沛，异數頻施，臣即竭盡駑駘，未能報稱。惟有益加黽勉，訓練士卒，整頓營伍，和輯兵民，寧謐地方，以仰報聖恩千萬一耳。爲此繕摺叩謝天恩。謹奏。

應如所奏，當勉力者。聖人云，年老氣衰，戒之在得。此乃第一難事，更當加勉，否則遺害于子孫，不特無益而有損也。此一著，要見透，方好。

【《雍正朝漢文硃批奏摺匯編》第 32 册，第 589 頁第 608 條】

陝西固原提督路振揚奏舉副將張成隆等人摺

陝西固原提督總兵官臣路振揚謹奏：四川化林協副將張成隆，操練兵馬，整頓營伍，弓馬漢仗，辦事去得，西藏出過兵。四川提標後營游擊楊玉元，諳練營伍，辦事實心，弓馬去得，西藏出過兵。河南已用參將。四川松潘縣標中營游擊顔清如，實心辦事，熟諳營伍，弓馬、漢仗去得，西藏、青海出過兵。四川松潘縣屬漳□營游擊丘名揚，熟諳番情，辦事勤謹，弓馬去得，西藏出過兵。雲南已用參將。以上肆員，臣看得，素日行事，俱在顧臉面，正經一邊。

【《雍正朝漢文硃批奏摺匯編》第 33 册，第 393 頁第 367 條】

諭寧夏駐防滿兵修理營房等事應徐徐料理[1]

寧夏駐防滿州兵修理營房等事，應當料理。爾看空閑，亦當次弟徐徐料理矣。大將軍大概定住看陵，不來寧夏，此事不必預備，其餘應住多少兵，修治多少房舍，聞得先前寧夏駐兵已定，將軍衙門、兵房皆有了，後因不駐防，又將此房舍□還。等語。爾可一總細察，議定具奏。

【《雍正朝漢文硃批奏摺匯編》第33册，第1069頁第1133條。亦見《雍正朝漢文諭旨匯編》第3册《無年月硃諭》，第37頁第97條】

諭年羹堯西海大定應撤兵各回汛地西寧事務著岳鍾琪彈壓料理

諭大將軍年羹堯，"今西海大定，西寧地方，窄小多兵，久駐無益。爾可量留，以備整理地方，應回各汛者令回。會盟事竣，爾任內之事已曠日久。西寧，著勇略將軍岳鍾琪[2]彈壓料理未了之事，爾若可以回任，路由寧夏看視□□營房□鹽務等事，回往西安可也。特諭。回署時，一切人從多些，好有順路徹回兵馬，帶數百人走更好，萬萬不可忽略，務遵旨而行。"

【《雍正朝漢文諭旨匯編》第3册《無年月硃諭》，第13頁第38條】

諭著馬焕補授固原提督宋可進署理甘州提督

馬焕，著補授固原提督。王嵩曾摺請陛見，著來京陛見。甘州提督印務，著宋可進署理。該部知道。

---

①《雍正朝漢文諭旨匯編》第3册《無年月硃諭》第97條題作《諭年羹堯寧夏駐防滿兵修理營房等事應徐徐料理》。

②岳鍾琪：原作"岳鍾琦"，據人名用字改。

【《雍正朝漢文諭旨匯編》第 3 冊《無年月硃諭》，第 58 頁第 165 條】

諭將江西學政徐昂發遣往寧夏效力遺缺著陳世琯補授

江西學政徐昂發聲名且不好，發與年羹堯，將來寧夏駐防兵馬修治營房，效力督理。江西學政，著原直隸學院陳世琯去。

【《雍正朝漢文諭旨匯編》第 3 冊《無年月硃諭》，第 61 頁第 178 條】

乾隆朝

乾隆元年 (1736)

△諭總理事務王大臣著柏之蕃署理固原提督等官員任免事

乾隆元年五月二十六日

乾隆元年五月二十六日，總理事務王大臣奉上諭："署理甘肅提督印務二格，著回兵部侍郎之任。甘肅提督員缺，著李繩武補授。甘肅爲近邊重地，營伍最爲緊要，著李繩武加意訓練，整飭戎行，以副委任。其固原提督印務，著柏之蕃前往署理。柏之蕃到任後，李繩武再赴甘肅。李繩武到任後，二格起程來京。欽此。"

【《乾隆朝上諭檔》第 1 册，第 67 頁第 211 條】

△諭内閣著固原同知張夢水固原州知州鄭炳革職

乾隆元年五月二十七日

乾隆元年五月二十七日，内閣奉上諭："據尚書署陜甘督撫事務劉於義奏稱，上年固原等處歉收，蒙恩軫恤窮民，訓諭諄切。比據許容奏稱，于散賑三個月之外，再加賑兩個月，是前後共應賑給五個月口糧矣。乃臣查目前待賑之固原州共四千五百二户，其賑過五個月者僅有一百三十六户。固原廳共一萬四十一户，其賑過五個月者僅有二百八户。其餘俱不過一月或三月不等，并不遵照奉旨之數給發。此固許容用財過刻、待下過嚴，而固原同知張夢水、固原州知州鄭炳惟恐拂許容意指，一味塗飾，欺隱蒙蔽，咎實難辭。除臣現在委員查賑外，請將張夢水、鄭炳革職究擬，以爲漠視民瘼者之戒。等語。張夢水、鄭炳，俱著革職，交與該督查審。若該員實有欺隱蒙蔽情弊，即按律定擬具奏。若過在許容，該員遵奉上司指示，以致辦理不善，即將許容嚴加議處，仍將張夢水、鄭炳送部引見。欽此。”

【《乾隆朝上諭檔》第 1 册，第 71 頁第 216 條】

△諭總理事務王大臣著查郎阿、劉於義于陝甘現任總兵内揀選一員令署固原提督

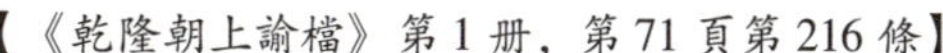

乾隆元年七月二十四日

乾隆元年七月二十四日，總理事務王大臣奉上諭：“固原提督印務，前已降旨，令柏之蕃前往署理。今柏之蕃到京，看來不勝固原緊要之任。著查郎阿、劉於義于陝甘現任總兵内揀選一員，令署固原提督印務。其所遺總兵印務，即令柏之蕃署理。”

【《乾隆朝上諭檔》第 1 册，第 103 頁第 294 條】

署川陝總督兼甘肅巡撫劉於義題報西路軍需辦供糧草并無浮冒

乾隆元年八月十八日

自奉文之始，當即逐一開單，移行各道、府、州。甘陝提督靖遠營確查具結，并分途差員查催去後。今準據洮、平、臨、甘、涼、寧、西、肅捌道，鞏、平、臨、慶、甘、凉、寧、西捌府，直隸秦、階、肅叁州，并陝提標靖遠營將續辦軍需奏銷第柒拾壹案至壹百貳案采買供支各起官兵馬匹、糧料、草束等項價值，逐項確查，出具無浮印結前來，本司覆核無异。相應詳賫，合候保題。

【《明清檔案》A68—76，B38721—B38722】

署川陝總督兼甘肅巡撫劉於義題報追解雍正十三年贓罰銀糧情形

乾隆元年九月六日

乾隆元年柒月初伍日，據甘肅按察使齊式呈：雍正拾叁年，分承追一應贓罰銀糧。遵檄查照往例，備行臨、鞏、平、慶、甘、凉、寧、西捌府，并直隸秦、階、肅叁州，安西、靖逆貳廳，作速催追全完，分晰承追各官職名，查造清册去後。除慶、凉、寧叁府，安西、靖逆貳廳各回稱：雍正拾叁年，分所屬并無承追過贓罰銀糧，無憑造報。

【《明清檔案》A68—102，B38789】

△諭内閣著將寧夏府屬靈州之花馬池等地緩徵本色糧石

乾隆元年九月十五日

乾隆元年九月十五日，内閣奉上諭："雍正十三年，平凉府所屬廳、州、縣，并鞏昌府屬西固廳、慶陽府屬環縣，及寧夏府屬靈州之花馬池、石溝等堡，中衛之香山一帶收成稍歉，比時朕即降旨，令該督撫加意軫恤，并將各該處額徵本色糧石緩至次年夏收後，看年歲光景奏聞，再行徵收。今據該督撫奏報各處收成，有六七分者，亦有八九分者。朕思此等地方上年西成歉薄，今雖收穫，民力未必寬餘。若新舊并徵，小民不無窘迫。著將緩徵本色糧石，自本年爲始，分作五年帶徵還項，以示朕加惠秦民之至意。欽此。”

【《乾隆朝上諭檔》第1册，第122頁第349條】

△諭户部著將新渠寶豐二縣雍正十三年民欠糧數分作五年帶徵

乾隆元年十月十七日

乾隆元年十月十七日，奉旨：“據劉於義奏稱，寧夏府屬之新渠、寶豐二縣從前招徠户口多係無業窮民，其雍正十一年額賦，實由奉文遲緩，與十二年同時并徵，以致遞行拖欠。今十二年以前，民欠錢糧，已荷聖恩，全行豁免，而十三年未完糧石，尚復盈千累萬，若責令于今歲照例并徵，勢不能如數交納。可否仰懇聖恩，將雍正十三年民欠糧數分作五年帶徵。等語。寧夏府屬之新、寶二縣，雍正十三年分民欠錢糧原係本年應徵之項，但從前之拖欠既屬有因，若令一時并徵，民力未免艱苦，著于乾隆元年爲始，將兩縣民欠糧數分作五年帶徵。該部知道。欽此。”

【《乾隆朝上諭檔》第1册，第132頁第389條】

署川陜總督兼甘肅巡撫劉於義題報縣官丁憂

乾隆元年十一月四日

題。

十一月十九日。

元年十二月初一日下吏。

吏部知道。

吏部尚書、署川陝總督兼甘肅巡撫臣劉於義謹題：爲報明聞訃丁憂事。

乾隆元年拾月貳拾日，據甘肅布政使徐杞、按察使齊式呈，准寧夏道副使鈕廷彩移，據寧夏府知府顧爾昌申，據寶豐縣知縣杜蔭申稱：卑職見年叁拾伍歲，係直隸順天府大興縣人。于乾隆元年拾月初拾日，接據職弟杜芾、杜芨、杜華家信內稱，職父杜士秀，見任四川寧遠府知府，于本年捌月貳拾貳日，在川病故。卑職實係嫡子，并無過繼、規避等弊，例應丁憂。伏乞俯賜轉報，以便丁憂，赴川扶柩，回籍守制，實爲恩便。等情。到府。據此，相應轉報。等情。到道。據此，相應轉移。等情。到司。準此，該本司等會查得，寶豐縣知縣杜蔭聞訃丁父憂日期，既准該道移報前來。除移令照例飭取該員父故及原籍各地方官印甘各結，至日另賫外，所有該員丁憂日期，先行轉報，合候會題。等情。呈詳到臣。

該臣看得，寧夏府寶豐縣知縣杜蔭親父杜士秀，係四川寧遠府知府，于乾隆元年捌月貳拾貳日，在任所病故。杜蔭于本年拾月初拾日聞訃，例應丁憂。茲據布政使徐杞、按察使齊式等詳報前來，除該員父故及原籍地方官印甘各結，俟查取至日送部外，所有杜蔭聞訃丁憂日期，臣謹會同署督臣劉於義合詞具題，伏祈皇上睿鑒，敕部施行。謹題請旨。

乾隆元年拾壹月初肆日。

吏部尚書、川陝總督兼甘肅巡撫臣劉於義。

【貼黃】

吏部尚書、署川陝總督兼甘肅巡撫臣劉於義謹題：爲報明聞訃丁憂事。

該臣看得，寧夏府寶豐縣知縣杜蔭親父杜士秀，係四川寧遠府知府。于乾隆元年捌月貳拾貳日，在任所病故。杜蔭于本年拾月初拾日聞訃，例應丁憂。茲據布政使徐杞、按察使齊式等詳報前來，除該員父故及原籍地方官印甘各結，俟查取至日送部外，所有杜蔭聞訃丁憂日期，臣謹會同署督臣劉於義謹題請。

【注】

【注】此處闕一行。

【《明清檔案》A68—160，B38973—B38974】

△諭内閣豁免寧夏新渠寶豐等縣被水等堡額徵糧石等

乾隆元年十一月十二日

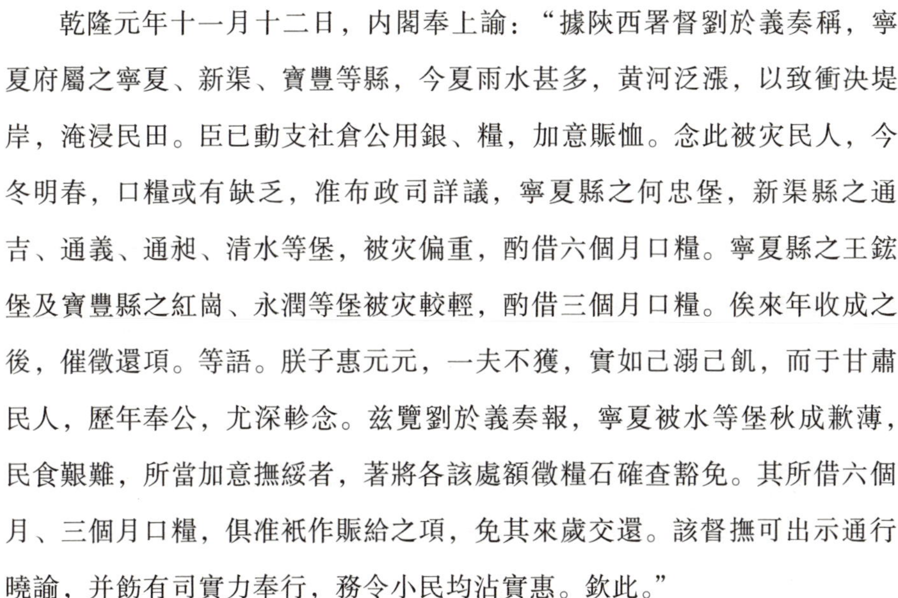

乾隆元年十一月十二日，内閣奉上諭："據陝西署督劉於義奏稱，寧夏府屬之寧夏、新渠、寶豐等縣，今夏雨水甚多，黄河泛漲，以致衝决堤岸，淹浸民田。臣已動支社倉公用銀、糧，加意賑恤。念此被灾民人，今冬明春，口糧或有缺乏，准布政司詳議，寧夏縣之何忠堡，新渠縣之通吉、通義、通昶、清水等堡，被灾偏重，酌借六個月口糧。寧夏縣之王鋐堡及寶豐縣之紅崗、永潤等堡被灾較輕，酌借三個月口糧。俟來年收成之後，催徵還項。等語。朕子惠元元，一夫不獲，實如己溺己飢，而于甘肅民人，歷年奉公，尤深軫念。兹覽劉於義奏報，寧夏被水等堡秋成歉薄，民食艱難，所當加意撫綏者，著將各該處額徵糧石確查豁免。其所借六個月、三個月口糧，俱准祗作賑給之項，免其來歲交還。該督撫可出示通行曉諭，并飭有司實力奉行，務令小民均沾實惠。欽此。"

【《乾隆朝上諭檔》第1册，第139頁第418條】

署川陝總督兼甘肅巡撫劉於義奏陳屯田善後事宜

乾隆元年十二月十日

凉州府通判應照寧夏府水利通判之例，每年給養廉銀六百兩，公費銀三百六十兩。

【《明清檔案》A69—59，B39203】

乾隆二年（1737）

陝西寧夏總兵官楊名揚揭報奉到王命旗牌日期

乾隆二年正月二十一日

揭帖。

鎮守陝西寧夏等處地方總兵官、左都督楊名揚：爲恭報微臣奉到王命旗牌日期事。

乾隆元年拾貳月貳拾貳日，蒙工部札開爲通行事。據陝西寧夏總兵官楊名揚差把總孫玉崑，赴部請領旗牌，具領前來。除將陝西寧夏挂印總兵官應頒旗牌拾面杆副給發該弁領去，相應札行陝西寧夏總兵官，俟新旗牌到日，將舊領旗牌繳部貯庫可也。等因。遵奉在案。

今于乾隆貳年正月初陸日，據前差臣標署後營把總孫玉崑，從工部請領自"令"字陸百貳拾柒號起至陸百叁拾陸號止王命旗牌拾面杆副到寧，臣隨率領標營大小官弁，出郊跪迎。至署恭設香案，望闕叩頭謝恩祇領訖。除將舊領王命旗牌，臣另行差員賫繳工部外，所有奉到新頒王命旗牌日期，理合恭疏題報，伏乞皇上睿鑒施行。除具題外，理合具揭。須至揭帖者。

乾隆貳年正月貳拾壹日。

【《明清檔案》A69—112，B39377—B39378】

大學士總理兵部事務鄂爾泰題報各省准予拔補調補千把總職名

乾隆二年一月二十六日

劉滿，山西人，年肆拾柒歲，由行伍。係山西河保營把總派往北路軍前，拔補陝西固原提標中營千總。

【《明清檔案》A69—131，B39472】

大學士仍管川陝總督查郎阿奏爲代鎮臣楊名揚恭謝復姓歸宗

乾隆二年三月三日

【注】奏恭謝恩。等情。到臣。

據此，該臣看得，寧夏鎮臣楊名揚欽奉恩旨，復姓歸宗，蔭及後嗣，將己身及妻應得誥封、貤封承繼父母一案，接准部咨，隨轉行遵照去後。兹據鎮臣楊名揚呈稱：欽惟我皇上乘乾御極，履泰膺符。寵命特頒，庶職被維新之澤。覃恩大沛，百僚蒙錫類之仁。殊榮推及祖先，懋賞延于嗣世。名揚庸愚陋質，邊末武員，沐熙朝雨露深恩，謬膺爵秩。邀聖世光榮大典，未報涓埃。欽奉復姓綸音，欣承貤封俞旨。榮追三代，獲抒水源木本之懷；澤洽兩家，無負撫育成全之德。由本支而普恩异姓，天心曲諒臣衷；既榮祖而并蔭後昆，奕世仰邀曠典。受恩愈重，圖報愈難。惟有矢竭公忠，勉循職守，以期仰報高厚隆恩于萬一耳。所有感激下忱，呈請代奏叩謝天恩前來，理合恭疏具奏，伏祈皇上睿鑒施行。爲此具本，謹具奏聞。

自“爲”字起，至“本”字止，計壹千貳百陸拾陸字，紙肆張。謹奏聞。

乾隆貳年叁月初叁日。

太子少保、文華殿大學士、兼兵部尚書仍管川陝總督印務臣查郎阿。

【貼黄】

太子少保、文華殿大學士、兼兵部尚書仍管川陝總督印務、加四級軍功加三級、又軍功加三級臣查郎阿謹奏：爲詳請代奏恭謝天恩事。

該臣看得，寧夏鎮臣楊名揚欽奉恩旨，復姓歸宗，蔭及後嗣，將己身及妻應得誥封、貤封承繼父母一案，接准部咨，轉行遵照去後。兹據鎮臣楊名揚呈稱：欽惟我皇上乘乾御極，履泰膺符。寵命特頒，庶職被維新之澤。覃恩大沛，百僚蒙錫類之仁。殊榮推及祖先，懋賞延于嗣世。名揚庸愚陋質，邊末武員，沐熙朝雨露深恩，謬膺爵秩。邀聖世光榮大典，未報涓埃。欽奉綸音，欣承俞旨。由本支而普恩异姓，天心曲諒臣衷；既榮祖而并蔭後昆，奕世仰邀曠典。受恩愈重，圖報愈難。惟有矢竭公忠，勉循職守，以期仰報高厚隆恩于萬一耳。所有感激下忱，呈請代奏叩謝天恩前來，理合恭疏具奏，伏祈皇上睿鑒施行。爲此具本，謹具奏聞。

【注】此前有闕幅。

【《明清檔案》A70—62，B39869—B39870】

大學士仍管川陝總督查郎阿揭報揀補都司守備

乾隆二年三月十五日

准總統駐防哈密等處官兵固原提督樊廷咨，查駐防哈密、凉州鎮屬三眼井營都司李玉白病故日期，業經咨報在案。其所遺都司員缺，有屯牧防卡之責，不便虚懸。

【《明清檔案》A71—3，B40139】

大學士總理兵部事務鄂爾泰題覆陝省雍正九年驛站錢糧開銷事宜

乾隆二年四月二十日

雍正柒年柒月貳拾伍日，准寧遠大將軍咨開：查得大兵即日起程出口，所有一切軍務文移奏報事件，關係緊要。今查自甘屬之寧夏以至肅州，自肅州以至巴里坤各站，除甘屬各本站馬匹并于甘屬衝偏各驛調撥外，仍缺馬壹千叁百餘匹。自應在陝屬調撥其不敷之處，仍先儘偏僻驛站調撥。如再有不敷，方于衝途驛站添撥，務期足數。次第解交各該道查收，分發各站。其衝途驛站動撥之馬應于軍需項下，即照每匹捌兩發銀買補，并各安設事宜。

【《明清檔案》A72—13，B40790】

其自肅州以至寧夏各正站、腰站，俱照從前安站之例，酌減安設。除各本站原有之驛馬外，共應增馬壹千貳百餘匹，連口外安站，共需馬貳千餘匹內。于甘屬衝偏各驛，酌調馬柒百柒匹，仍不敷馬壹千叁百餘匹。但此番各站馬匹數目，既俱照從前酌減。

【《明清檔案》A72—13，B40791】

大學士仍管川陝總督查郎阿題報都司病故并補員缺

乾隆二年五月十三日

題。

五。

五月二十三日。

二年六月初六日下兵。

兵部議奏。

太子少保、文華殿大學士兼兵部尚書仍管川陝總督印務、加四級、軍功加三級，又軍功加三級臣查郎阿謹題：爲報明都司病故，并請就近補授事。

准署固原提督楊琺咨，據固原城守營參將張世偉呈稱：竊卑職派赴凉州城工辦事。于乾隆貳年叁月初拾日，據邠州營都司梁柱跟役吕希聲禀稱：本營梁都司前奉文調赴凉州城工辦事，自邠州起程時，即有舊在口外所得痰壅氣促之症，曾延醫調理，痊可。奈近抵凉州，又復時發時愈。不料于乾隆貳年叁月初玖日晚，從城工回寓，舊疾復作，痰壅氣促，旋即身故。特來禀知。等情。據此，卑職前往看視病故情實，但係奉派經理城工之員，理合將病故日期報明。等情。到本署提督。據此，除飭行慶陽協確查該都司任内有無未清錢糧、盜案事件，并原領札付，俟查明至日，另文咨移外，所有邠州營都司梁柱在凉州工所病故日期，相應咨明具題。等因。

準此，案查乾隆元年陸月貳拾柒日，准兵部咨開：乾隆元年叁月分，出有都司員缺，將應升都司李澍升補。所有李澍係見任推升，無庸調取引見。等因。乾隆元年肆月拾陸日題，本月拾玖日，奉旨："彭大志等依擬用。欽此。"相應行文川陝總督可也。計開：陝西固原鎮屬盩厔營都司僉書員缺，掣著應升都司僉書李澍，河南人，由武舉效勞。雍正陸年玖月，升以守備，管山東臨清衛守備事。雍正柒年玖月貳拾肆日到任，扣至乾隆元年叁月貳拾日，連閏歷常俸陸年柒個月貳拾陸日，今應照例升，仍以守備管陝西固原鎮屬盩厔營都司僉書事。等因。

準此，又于乾隆元年捌月初陸日，准兵部咨開，乾隆元年陸月初陸日，内閣抄出。大學士仍管川陝總督查郎阿奏稱：查四川永定營都司馬進榮，生長西陲，熟識口外風土。自出征以來，奮勇争先。若令其赴四川新任，殊非所宜。查陝省見有盩厔營都司員缺，請將馬進榮調補盩厔營都司。等因。具奏奉旨："著照查郎阿所奏，行該部知道。欽此。"查馬進榮係署守備管事，今調補都司，應仍兼以署守備，管陝西固原鎮屬盩厔營都司僉書事，給與札付。其推升盩厔營都司李澍應留陜西，另有都司缺出，補用可也。爲此合咨。等因。準此，遵照在案。

該臣看得，固原鎮屬邠州營都司梁柱，經前署督臣劉於義以該員熟諳工程，奏明派赴凉州辦理建築滿城事務。兹準署陜提臣楊珫咨稱：都司梁柱舊患痰壅病症，于乾隆貳年叁月初玖日夜陡發病故。經參將張世偉驗看情實。等因。轉咨前來。臣查都司梁柱病故，所遺邠州營都司壹缺。查有兵部推升固原鎮屬盩厔營都司李澍前因該員未經到任之先，經臣將四川永定營都司馬進榮奏請調補盩厔營都司。欽奉諭旨，允准補授。所有推升都司李澍，准部咨令其留陜，另有都司缺出補用。等因。在案。

查邠州營都司，原係部推之缺，理應聽候部選。但查李澍即係部推來陜之員，見在西安等候。理應遇缺即補，應請即以李澍就遞補授邠州營都司，洵屬銜缺相當。再，查李澍原係推升都司，仍以都司員缺補用，無庸出具保結，亦無庸送部引見。除查造履歷送部，至病故都司梁柱任内，有無未完錢糧、盜案及原領札付，俟查取至日咨部外，所有邠州營都司梁柱病故日期，并將推升都司李澍就近請補緣由，臣謹會同署陜撫臣崔紀、署陜提臣楊合詞具題，伏祈皇上睿鑒，敕部議覆施行。爲此具本，謹題請旨。

乾隆貳年伍月拾叁日。

太子少保、文華殿大學士兼兵部尚書仍管川陜總督印務臣查郎阿。

【貼黄】

太子少保、文華殿大學士兼兵部尚書仍管川陜總督印務、加四級軍功、加三級又軍功加三級臣查郎阿謹題：爲報明都司病故，并請就近補授事。

該臣看得，固原鎮屬邠州營都司梁柱，經前署督臣劉於義以該員熟諳工程，奏明派赴凉州辦理建築滿城事務。兹準署陜提臣楊珫咨稱：都司梁柱舊患痰壅病症，于乾隆貳年叁月初玖日夜陡發病故。經參將張世偉驗看情實。等因。前來。

臣查都司梁柱病故，所遺邠州營都司一缺，查有兵部推升固原鎮屬盩厔營都司李澍前因該員未經到任之先，經臣將四川永定營都司馬進榮奏請調補盩厔營都司。欽奉諭旨，允准補授。所有推升都司李澍，准部咨，令其留陜，另有都司缺出補用。等因。在案。查邠州營都司原係部推之缺，李澍即係部推來陜之員，見在西安等候。應請即以李澍補授邠州營都司，洵屬銜缺相當。再，查李澍原係推升都司，仍以都司員缺補用，無庸送部引見。除查造履歷送部外，所有邠州營都司梁柱病故日期，并將李澍請補緣由，臣謹合詞具題，伏祈皇上睿鑒，敕部議覆施行。謹題請旨。

【《明清檔案》A72—82，B41137—B41140】

甘肅巡撫德沛揭報乾隆元年處决過各犯日期并監刑職名

乾隆二年六月十七日

兹據慶陽、甘州、凉州、寧夏四府，安西、靖逆二廳，直隸肅州各回稱：遵查乾隆元年，分所屬并無决斬過人犯，無憑造報。理合具文回覆。等情。各申報到司。

【《明清檔案》A73—112，B41727】

奉旨事理欽遵，即將馬四木頭、馬登泉、馬世略，刻即轉飭各該地方官會同營員，于不停刑之日押赴市曹，立即處斬梟示。仍將處斬梟示過日期、監斬官職名具文呈報，餘俱欽遵施行。等因。到司。行府。移廳。奉此，該固原鹽茶廳許宏聲會同固原城守營參將張勇，于乾隆元年十二月十六日酉時，不停刑之日，將馬登泉押赴市曹，處斬梟示訖。查署固原州事静寧州王奎回静事。係同城敝廳亦于十六日酉時，不停刑之日，會同固原城守營參將張勇將馬世略押赴市曹，代爲處斬梟示訖。等情。各移報到司。據此，查各案處斬過前項各犯日期并監刑官職名，節經報明在案。兹據各道、府、廳、州呈報前來，相應稟詳呈報。等情。呈詳到臣。

該臣看得，決斬重犯日期例應按年彙題，經臣備行按察司查報去後。……又，平涼府屬固原鹽茶廳許宏聲會同固原城守營參將張勇，于不停刑之十二月十六日酉時，處決過稟報事案内行劫脱逃之斬犯馬登泉、馬世略。等情。將處決過各犯日期并監刑官職名呈報前來。臣查以上命案决過人犯三名，係韓隨姓來、馬江、馬一的利；犯婦一名，係楊氏盜案；决過人犯九名，係馬阿卜都、蘭哈、□三奇、利格思硬、聶休、殷萬奇、馬四木頭、馬登泉、馬世略。以上命、盜各犯共七案，决過各犯共十三名口。所有乾隆元年决斬過人犯姓名、數目、日期及監刑官職名，臣謹會同督臣查合詞具題，伏祈皇上敕部施行。再照此案原行注語未全，合并聲明。爲此除具題外，理合具揭。須至揭帖者。

【《明清檔案》A73—112，B41731—B41734】

川陝總督查郎阿揭參營將貪婪不法

乾隆二年六月二十六日

是以接濟兵丁之公項，竟成濫借心腹之私物。一，瓜州營應存各官隨丁馬三十三匹，每匹價銀八兩，共銀二百六十四兩。分領甘、凉、固防兵留存軍需馬并駐防阿魯巴爾固駁馬，共七十四匹。補給兵丁缺馬，每匹扣存價銀八兩，應存銀五百九十二兩二。共應存銀八百五十六兩。該參將俱使用，無存。

【《明清檔案》A74—19，B41924—B41925】

署陝西巡撫崔紀奏報陝省出征弁兵借扣銀兩請准找給

乾隆二年八月二日

奉恩詔：以前有無借支扣存之處，批令前任西安布政使程仁圻一并查明，妥議詳報。隨經程仁圻通移西安將軍并督撫二標、延、固、興三鎮，查議在案。今據署布政使帥念祖呈，准西安將軍及督撫二標、延、固、興三鎮，各將已扣出征弁兵借支銀兩，造具清册，移送到司。該署布政使帥念祖查明撫標、延鎮請領。欽奉恩詔：以後扣除征兵借支製辦軍裝、茶斤、□挂等銀三千九百一兩四錢一分五厘。

奉准部覆：各省出省兵丁借支銀兩，前經本部議，令將已扣銀兩轉存司庫，未扣銀兩轉停坐扣。俟大兵凱旋之日，令各督撫將借支緣由報明具奏。請旨在案。今前□兵丁借支銀内扣存銀兩，應否給還之處，應自行查議，具奏辦理。等因。移准西安將軍并督撫二標、延、固、興三鎮，咸稱扣存銀兩，應請具奏。

【《明清檔案》A75—9，B42366】

欽奉上諭："以後扣除，自應一例邀恩找給。至出征兵丁并護軍校驍校及千把、外委，借支已扣銀兩。駐城八旗、督撫二標、延、固、興三鎮，因製辦軍裝、皮衣等項，在西安司庫借支銀二十七萬四千五百三十九兩一錢五分一厘。因□費缺乏，製買馬匹，在西庫借支銀一萬八千一百□兩八錢六分六厘零。均係效力疆埸，借銀辦公，扣除之項同一。出征弁兵而後借未扣者，蒙恩豁免，其先借早扣之項，不得仰邀皇仁，一體找給。"

【《明清檔案》A75—9，B42367】

川陝總督查郎阿揭報補授都司

乾隆二年八月二十六日

陝西興漢右營游擊員缺，將陝西寧夏城守營都司馬麟紱推升。……其所遺陝西卜隆吉游擊寧夏城守都司、四川馬邊營都司各員缺，俱係題補之缺。應行文該督，揀選題補可也。等因。

【《明清檔案》A75—56，B42545】

川陝總督查郎阿揭報鎮臣病故日期并委員護理緣由

乾隆二年九月十七日

揭帖。

太子少保、文華殿大學士兼兵部尚書都察院右都御史、總督四川陝西等處地方軍務兼理糧餉、加四級軍功、加六級查：爲鎮臣病故日期事。

據署寧夏鎮標中軍游擊張晟呈稱：寧夏楊總兵得患黄疸病症，于乾隆二年八月二十二日巳時病故。有楊總兵嫡子楊崑，將欽領寧夏總兵官銀印一顆、王命旗牌十杆面、未用火牌三張、勘合十道、蒙古勘合十道、《御製人臣清漢儆心録》并聖諭各書，面交卑職。當同鎮標回營，并城守、營道都守等官，逐一驗明。道蒙寧夏楊總兵未故，以前牌委署平羅營參將劉順，暫護鎮務。卑職等將欽頒銀印、王命旗牌、火牌、勘合并《御製聖諭》各書，俱一一交給署平羅營參將劉順，暫行護理訖。理合報明，伏乞委員署理。等情。到臣。

據此，該臣看得，寧夏鎮臣楊名揚得患黄疸病症，于乾隆二年八月二十日身故。據署寧夏鎮標中軍游擊張晟呈報前來。臣查寧夏爲臨邊重鎮，關係緊要，所遺印務，不可一日乏員署理。除即委會署平羅營參將劉順將寧夏鎮一切兵馬錢糧事務暫行接管護理，并該鎮任内有無未清，俟查明另報外，所有寧夏鎮臣楊名揚病故日期并暫委劉順護理緣由，臣謹會同蘭州撫臣宗室德、甘提臣李合詞題報，伏祈皇上睿鑒，敕部施行。爲此除具題外，理合具揭。須至揭帖者。

乾隆貳年玖月拾柒。

【《明清檔案》A75—108，B42829—B42830】

甘肅巡撫德沛揭報賑濟河忠堡被水灾民户口糧食各數

乾隆二年閏九月八日

揭帖。

□□□□□□□

巡撫甘肅寧夏、臨、鞏等處地方贊理軍務兼理茶馬、兵部右侍郎兼都察院右副都御史、鎮國將軍宗室德：【注】爲報明水患事。

乾隆貳年閏玖月初壹日，據署甘肅布政司事西寧道楊應琚呈，乾隆貳年玖月初貳日，蒙巡撫甘肅德部院批，據本署司呈前事，乾隆貳年柒月初拾日，蒙巡撫甘肅德部院憲牌，本年柒月初玖日，據署寧夏縣詳報，據河忠堡長楊發輛禀稱：本堡于陸月貳拾肆伍陸日，河水泛溢，狂風大作，將張口堰湃冲倒，豁口壹拾叁處。所種田禾，全行淹没。隨馳赴被水處所，乘舟往來，一望無際。委因河水泛漲，較去年更大。河忠堡平地水深叁尺，將武令去年在該堡沿河處所建築闢水堤冲破口壹拾叁處，淹没夏秋田共陸千壹拾叁畝零，倒塌土房貳拾肆間。百姓、家具、牲畜等項俱未傷損，已搬移堡内居住。又，任春、葉昇貳堡沿河東岸田畝，亦被水淹，人畜、家具、木植等項現在確查。河忠堡被灾户口，大小共叁千貳百壹拾貳口。確查花名，照依乾隆元年賑恤被水民人之例，將存貯社糧拽赴該處。無論大小口，每口給糧叁

斗，加意安插，不致失所。其拽運脚價，應請于徵貯雍正拾叁年并乾隆元年耗羡銀内，暫行動用。再，王鋐堡亦有被水處所，現在確查，容同葉昇、任春貳堡户口田畝分數，有無成灾，應否賑恤，另行補報。等情。到院。該邑河忠堡被水情形，昨據該府禀報，業已飭查在案。

今據前情合查，插羽飛查，爲此仰司官吏照牌事理，文到立即飛檄該府，遴委幹員，速詣寧邑，會同印官，將河忠堡實在淹没田地若干頃畝，被灾民人若干户口，以及王鋐、葉昇、任春等堡被灾地畝、户口，逐一確查明白。一面動支倉貯，分頭賑恤，一面將嗣後乏食灾黎，作何撥款接濟。務俾安居守業，不致流移。妥協確議，彙造清册，加結通詳，以憑酌奪。事關灾祲，弗得泄視，致干察參。再，各該堡冲决堤口、河岸，亦即核實估計。俟水退，即行趕築，以防秋汛。其應需工料，造具册結，分案詳報，均毋違錯，火速飛速。

蒙此，又蒙本部院批，據寧夏縣詳前事，蒙批：仰布政司查照，另檄轉飭遵行繳。蒙此，又于乾隆貳年柒月拾柒日，蒙川陝總督查部院批，據寧夏縣詳報前事，蒙批：仰蘭州布政司作速委員，確勘其應作何賑恤，不致失所之處，一并妥議，飭遵通報繳。該縣并不通詳撫院，不合并飭。蒙此，又于本年柒月拾柒日，蒙本部院批，據寧夏縣詳稱，案查卑屬河忠堡，前據該堡長禀報：被水淹没夏秋共田陸千壹拾叁畝伍分叁厘壹毫，倒塌莊房共貳拾肆間，被灾户民大小共叁千貳百壹拾貳口，隨照依乾隆元年賑恤卑屬被灾户民之例，給與口糧、銀兩賑恤、安插，業已報明在案。今卑職挨家逐細確查，因查被水户民内有遠出各堡親□覓食者，今聞賑復回故處，又續查出户民大小共肆百壹拾口。應請一例，每口亦即糧叁斗，仍撥運社糧，照例賑恤，均俾不致失所。再，葉昇、任春、王鋐叁堡被水户口、田畝，現在逐堡清查。俟查明，有無成灾，應否賑恤，另文詳報。所有續查河忠堡被水户民口數，合行報明。蒙批：仰布政司查照前檄，轉飭辦理。仍將葉昇、任春、王鋐叁堡被水田地户口，亦即飭查具報，毋遲繳。蒙此，又蒙川陝總督查部院批，據寧夏縣詳同前事，蒙批：仰蘭州布政司作速委員，一并查勘明確，加意撫恤，毋致失所。其葉昇等叁堡應作何賑恤之處，亦即查明妥議，飭遵通報繳。等因。俱批行到司。

蒙此，遵即備行寧夏府作速遴委幹員，會同該縣將實在淹没分數，逐一確勘明白。動支倉貯，分頭賑恤，并將嗣後乏食窮黎作何撥款接濟，俾各安堵，不致流移。飭令妥協確議，彙造清册加結。并將冲決堤口，亦即核實估計。俟水退，即行趕築，以防秋汛。其應需工料，造具册結，分案詳報去後。今據寧夏府詳，據寧朔縣申稱，蒙此，卑職遵即束裝親詣寧夏縣屬之河忠堡被水地方，履畝查勘。其河忠堡張口堰上下長埂冲決破口一十叁處，共田陸千壹拾叁畝伍分叁厘壹毫，盡被水淹。所種夏秋糧食，悉皆淹没無收。以河忠壹堡計算，實係成灾□小，共計被灾男婦大口貳千貳百伍拾叁名口，小口壹千叁百陸拾玖名口。現今經署寧夏縣事新渠縣知縣任達德一面賑恤外，所有確勘過成灾分數，出具印結，申賫該轉。等情。由府轉詳到司。

據此，除葉昇、任春、王鋐三堡已據勘不成灾，另詳呈報外，該本署司查得寧夏縣河忠堡張口堰被水冲決長埂壹拾叁處，共水淹田地陸千壹拾叁畝伍分叁厘壹毫。據委勘之寧朔縣知縣辛禹籍詳稱，履畝查勘，河忠堡淹没田地、户口，實係□灾拾分，具結前來。除淹没田地、户口，一面批令該府嚴飭寧夏縣，照依上年之例，無論大小，每口給銀三倉斗，動支倉貯□□，加意賑恤，俾免失所。并令將冲決堤口上緊趕築，以防秋汛。其應需工料及應免糧草，一并確查，分造册結詳報。俟至日，另詳呈報外，所有委勘過成灾分數印結，現據該府轉賫前來。相應先行呈賫，合候具題詳示。蒙此，仰候會題，仍將應免糧草及賑恤過糧石花名細數册結，作速嚴催，賫核毋遲。并候督院批示，繳結存。蒙此，又于本年玖月拾肆日，蒙川陝總督查部院批，據本署司呈同前事，蒙批，仰候甘撫部院核題，繳結存。等因。俱批行到司。

蒙此，遵即備核寧夏道轉飭該縣，作速查造應免糧草及賑恤過糧石花名細數册結去後。今准寧夏道移，據寧夏府申，據署寧夏縣事新渠縣知縣任達德申稱，蒙此，遵查卑縣葉昇、任春、王鋐三堡被淹地畝無多，業已查明，俱不成灾。毋庸議給外，惟河忠一堡□額承種地陸千壹拾叁畝伍分叁厘壹毫，俱被水淹，又淹倒土房貳拾肆間，共户民伍百柒拾叁户。大小男婦共叁千陸百貳拾貳名口，無論大小，每口給糧三斗，共給過倉斗粟米壹千捌拾陸石陸斗。每房壹間給銀壹兩，共給過房價銀貳拾肆兩。業已賑恤安貼，報明在案。所有散賑過銀糧數目，理合造具清册□□，出具印結柒張，申賫祈請核轉。再，查前項被水户[①]民夏秋田禾盡被淹没，今雖有賑恤口糧，并修築堤傭工，可以糊口，恐至隆冬以及春初，并無工作可興，難免乏食之虞。請照依昨歲水淹之例，自拾貳月初一日起至乾隆戊午年[②]貳月底止，卑職酌量借給叁個月口糧，每大口日給倉升口糧伍合，每小口日給倉升口糧三合。按名按口，照數支給，共大口貳千貳百伍拾叁名口，每名口日支倉升口糧伍合，計玖拾日，該支倉斗口糧壹千壹拾叁石捌斗伍升。共小口壹千叁百陸拾玖名口，每口日支倉升口糧叁合，計玖拾日，該支倉斗口糧叁百陸拾玖石陸斗叁升[③]。二項共該支倉斗口糧一千三百八十三石四斗八升，均在于存貯社倉糧内，臨時按月支給，以資糊口。至于乾隆戊午年春耕應需籽種，臨時再行詳查，酌定詳請借給。是否允協，卑職未敢擅便，相應詳請俯賜查核轉詳。至動用過糧石色樣年款，俟支給完日，再爲造册申賫，合并聲明。等情。到司。準此，該署布政司楊應琚查得，寧夏縣屬之河忠堡被灾户口田地分數一案，前據寧夏府詳報前來，本署司隨即詳請具題，業蒙憲臺批飭仍應

①項被水户：此四字原漫漶不清，據下文補。
②乾隆戊午年：乾隆三年（1738）。
③陸斗叁升：原文漫漶不清，據下文“該支倉斗糧叁百陸拾玖石陸斗叁升”補。

免糧草及賑恤過糧石花名細數册結，作速嚴催賫核。等因。隨即備移該道轉飭，作速造具册結及道府加結去後。

今准寧夏道移，據寧夏府呈，據寧夏縣造報：乾隆二年，河忠堡被水户民散賑過口糧共一千八十六石六斗，共給過房價銀二十四兩，造具册結。并稱前項被水户民夏秋田禾盡被淹没，今雖有賑恤口糧，并築堤傭工，可以糊口。恐至隆冬以及春初，并無工作可興，難免乏食之虞。請照依昨歲水淹之例，自十二月初一日起，至乾隆三年二月底止，卑職酌量借給三個月口糧，每大口日給倉升口糧伍合，每小口日給倉升口糧三合。按名按口，照數支給。共大口二千二百五十三名口，每名口日支倉升口糧五合，計九十日，該支倉斗口糧一千一十三石八斗五升，共小口一千三百六十九名口，每口日支倉升口糧三合，計九十日，該支倉升口糧三百六十九石六斗三升。共該支倉斗口糧一千三百八十三石四斗八升，均在于存貯社倉糧内按月支給，以資糊口。至于乾隆戊午年春耕應需籽種，臨時再行詳查，酌定詳請借給。其動用過糧石色樣年款，俟支放完日，再爲造册。等因。前來。

本署司覆查散賑口糧，道府俱應出具印結。今查寧夏道府尚未送有印結。除一面現在移催，并令將應免糧草册結一并速移，俟至日，另詳呈賫外，所有該縣散賑過口糧册結，并本年十二月初一日起至乾隆戊午年①二月底止，酌名口給糧三斗，共賑過倉斗糧一千八十六石六斗，在于社倉糧内動支。倒塌土房二十四間，每間給銀一兩，共給過房價銀二十四兩，在于公用項下支給。至該堡户民夏秋田禾盡被淹没，今雖有賑恤口糧，并現在興修堤岸，可資傭工糊口，恐隆冬春初，難免乏食之慮。請自本年十二月初一日起，至乾隆三年二月底止，酌量再借給三個月口糧，以資接濟。查前項灾民三千六百二十二名口内，計大口二千二百五十三名口，每名口日支糧五合，

①乾隆戊午年：乾隆三年（1738）。

計九十日，該支倉斗口糧一千一十三石八斗五升；計小口一千三百六十九名口，每名口日支糧三合，該支倉斗糧叁百陸拾玖石陸斗叁升。二共倉斗糧壹千叁百捌拾叁石肆斗捌升，亦在于存貯社倉糧内按日支給。除冬、春借支口糧數目，俟支放完日，據實造報，并被灾地畝應免糧草册結，亦俟催取至日，另請保題外，所有散賑過河忠堡被水灾民户口糧石各數，遵照近奉定例，取具册結，先行呈賫。等情。臣覆核無异。除册結分送部科外，相應會同督臣查合詞具題，伏祈皇上睿鑒，敕部議覆施行。再，查寧夏道府印結尚未送到，俟至日，另行送部，合并聲明。爲此除具題外，理合具揭。須至揭帖者。

乾隆二年閏九月初八。

【注】銜名："巡撫甘肅寧夏臨鞏等處地方贊理軍務兼理茶馬兵部右侍郎兼都察院右副都御史鎮國將軍宗室德"。

【《明清檔案》A76—49，B43145—B43152】

川陝總督查郎阿揭報署弁病故日期

乾隆二年十月二十四日

揭帖。

太子少保、文華殿大學士、兼兵部尚書都察院右都御史、總督四川陝西等處地方軍務兼理糧餉、加四級軍功、加六級查：爲署員病故日期事。

據護陝提印務、中軍參將武爾敦呈，據固原城守營守備□□柏呈，據本營署參將張勇長子張之瑄呈稱：情因瑄父張勇，係現任陝西提標右營游擊署固原城守營參將，于乾隆二年閏九月二十日，偶得痰疾，醫藥不愈，即于本日酉時病故，理令報明。等情。據此，理令轉報。等情。具報前來。查張勇病故情由，有無别故，及任内有無未完錢糧、盜案。照例取具嫡親、醫生、承查印甘各結以及原領札付，俟至日，另文呈報外，所有署固原城守參將、提標右營游擊張勇病故日期，合先報明。等情。到臣。

據此，該臣看得，署固原城守營參將、陝提標右營游擊張勇，得患痰疾，醫藥罔效，于乾隆二年閏九月二十日酉時病故。兹據護陝提印務、中軍參將武爾敦呈報前來，除嫡親、醫生甘結暨承查印結以及原領札付，俟查取至日，另咨送部外，所有署固原城守營參將、陝提標右營游擊張勇病故日期，臣謹會同署陝撫臣崔合詞具題，伏祈皇上睿鑒，敕部施行。再照此案應會同陝提，但查署陝提臣楊珫進京陛見，尚未回任，是以未會，合并聲明。爲此除具題外，理合具揭。須至揭帖者。

乾隆貳年拾月貳拾肆日。

【《明清檔案》A77—50，B43669—B43670】

川陝總督查郎阿題報補授副將

乾隆二年十二月十九日

于乾隆貳年拾月貳拾陸日題，拾壹月初柒日，奉旨："王廷極，補授陝西延綏總兵官。餘依議。欽此。"相應知照該督可也。等因。到臣。準此，除移行遵照外，該臣看得，陝西固原鎮屬西鳳協副將王廷極，欽奉諭旨："補授陝西延綏總兵官。欽此。"其所遺西鳳協副將員缺，例應題補。查該協有彈壓地方、統轄弁兵之責，且路當衝繁，必得老成諳練之員，始克勝任。

【《明清檔案》A78—112，B44403】

川陝總督查郎阿揭報補授將弁

乾隆二年十二月十九日

其保安所遺涼州城守營都司員缺，揀選得固原鎮屬永安堡守備李生花，歷練勤慎，辦事明敏。出征北路，進剿科布多三次。著有功勤，考列一等，堪以請補。其李生花所遺永安堡守備員缺，揀選得臣標左營千總劉啓祥，人材壯健，弓馬熟嫻。從前出征巴爾庫爾，襲擊烏魯木齊，防範沙州，進兵西藏，奮勇出力，歷著功勤。數年以來，辦理營務，節經差委，明白練達，勤敏奉公，堪以請補。

【《明清檔案》A78—114，B44408】

川陝總督查郎阿揭請動給平羅營改移寶豐添設衙署兵房所需銀兩

乾隆二年十二月十九日

揭帖。

上過。

太子少保、文華殿大學士、兼兵部尚書都察院右都御史、總督四川陝西等處地方軍務兼理糧餉、加四級軍功、加六級查：爲遵旨商辦事。

據蘭州布政司布政使徐杞呈，蒙吏部尚書、署理陝西總督印務劉部院憲牌，雍正十二年九月初七日，准工部咨，營繕清吏司案呈，本年七月二十日，准兵部文開，兵科抄出會議得署理陝西總督劉奏稱平羅營將弁兵丁改爲寶豐營移駐寶豐一案。查寶豐舊有守備衙署一所，把總衙署一所，原設兵房三百間，應添參將衙署一所，兵房四百七十二間。柔遠堡添千總衙署一所，兵房一百間。石嘴子添堡一座兵房四十間，俟確估房屋間架寬闊、工料價值，細數清册，另咨送部。等語。應如所請。寶豐應添參將衙署一所，兵房

四百七十二間。柔遠堡添千總衙署一所，兵房一百間。石嘴子添堡一座，兵房四十間。准其動項建造。仍令該署督將衙署、兵房等項，檐高面闊、進深丈尺、間架檩數、木石、磚瓦、灰斤等項，長徑、寬厚尺寸、斤兩數目，逐一開明。一切匠夫按料計工，以及所需工料銀兩，確估造册具題。等因。雍正十二年五月初七日題，本月初九日，奉旨："依議。欽此欽遵。"知會到部，相應移咨該署督欽遵可也。等因。

蒙此，又蒙署督劉部院憲牌，雍正十三年十一月初三日，准工部咨，營繕清吏司案呈，本年八月二十五日，准署理陝西總督印務劉咨稱：平羅營改爲寶豐營移駐一案，准部咨，行令將寶豐、柔遠二營、堡添設參將、千總衙署、兵房，并石嘴子添築新堡、兵房等項所需物料、匠夫、銀兩，確估造册具題。遵即轉飭確估造報去後。今據寧夏府知府顧爾昌申稱：查此案自奉行之始，隨行寶豐縣估造去後，至今未據查造前來。查此案以憲臺雍正十二年九月初九日准咨起，六個月限者，再寬限三月，除去封開印信日期，應扣至雍正十三年六月初七日爲滿。既未造賫，自應將估計造册，遲延職名，開揭請參。但查寶豐縣知縣費楷于奉文之日估造起，至本年正月初三日升任，除去封印日期，計三個月十四日。新任知縣楊逢吉自本年正月初四日到任接管估造起，至六月初七日限滿，除去封印日期，計五個月十六日。二官均未滿九個月之限，應請以新任知縣楊逢吉到任之日，扣限九個月，另爲估造呈報。等情。相應咨明。等因。前來。

查平羅營將弁兵丁改爲寶豐營，移駐寶豐，應建衙署、營房等項，原係兵部會同本部題。准行令確估造册，具題在案。今准該署督咨稱：此案自雍正十二年九月初九日准咨起，應扣至雍正十三年六月初七日爲滿。既未造賫，自應將估計造册、遲延職名，開揭請參。但查寶豐縣知縣費楷奉文估造三個月十四日升任，至新任知縣楊逢吉接估五個月十六日，均未滿九個月之限，應以楊逢吉到任之日扣限九個月，另爲估造。等語。查費楷雖經升任，但費楷估造三月有餘，例應處分。相應仍咨該督，照例補參。并轉飭新任知縣楊逢吉，將前項衙署、營房等項，作速確估造册具題可也。等因。蒙此，又蒙太子少保、大學士、仍管川陝總督印務查部院案驗，乾隆元年四月初九日，准工部咨，營繕司案呈，本年二月二十三日，准署陝督判咨稱：平羅營改爲寶豐營，移駐衙署、兵房，寶豐縣知縣費楷造册遲延一案，自應遵照補參。但查現奉恩詔内開：凡文武官員現在議降、議罰及住俸戴罪者，俱著寬免。等因。欽遵在案。所有費楷估造三個月，【注一】遲延職名，相應邀恩寬免。等因。前來。查費楷估造遲延之處，既經恭遇恩詔，自應免其補參。但此項册籍不便久延，應仍咨該督轉飭該縣，即行確估造册具題可也。等因。俱行到司。

蒙此，前署司及本司即經備移寧夏道轉飭，作速據實確估造報去後。嗣准寧夏道移，據寧夏府申，據寶豐縣知縣杜蔭估造前來，當即呈蒙憲臺批駁。查從前寧夏建築滿城衙署、營房用過物料價值，業經造報，准銷在案。今此案册造，價值浮多，未便率題。仰將發來原册轉飭，查明核減，另造妥册呈賫，以憑核題。等因。復又移令轉飭，遵照核減去後。今准寧夏道鈕廷彩行，據寧夏府知府顧爾昌、署寶豐縣知縣朱元裕遵照減造前來。該布政使徐杞查得，此案原估册造應需各項，物料、匠夫、工價等項，共銀四千五百九十五兩六錢三分一厘零。嗣蒙駁減，又減去銀七十兩一錢六分二厘零。今册造實估需銀四千五百二十五兩四錢六分九厘零，但前項估需銀兩，司庫别無項款可動。查有調撥馬匹事案内，收貯甘州府解到安西大灣修築城工下剩銀二萬七千一百一十五兩四錢八分零内。除河州并歸德所地方康家寨建修衙署、兵房二項，請動銀一萬七千二百三十二兩九分零，尚該下剩銀九千八百八十二兩五錢七分零，所有前項估需銀四千五百二十五兩四錢六分九厘零。應請即于前項下剩銀内動用，作正報銷。所有賫到之册，本司覆核無异。相應轉賫，合候具題。等情。到臣。

據此，該臣看得，平羅營改移寶豐一案，部議寶豐、柔遠二營、堡添設參將、千總衙署、兵房，并石嘴子添築新堡、兵房等項所需物料、匠夫、工價銀兩，令確估造册具題。等因。奉旨："依議。欽此。"移咨到前署督臣劉，當即轉行，確估造報去後。嗣因逾限，未據估造前來。業將遲延之寶豐縣知縣費楷職名，咨部援免在案。嗣據蘭州布政使徐杞詳報，此案應需一切工料等項，共估銀四千五百九十五兩六錢三分零，并賫册前來。臣查册開物料價值，率皆浮多。隨批飭，據實核減去後。兹復據該司詳稱，遵即照數減去銀七十兩一錢六分零，今止實估銀四千五百二十五兩四錢六分零。但前項銀兩，司庫别無項款可動。查有收貯安西大灣修築城工下剩銀二萬七千一百一十五兩四錢八分零，内除動支河州并康家寨二處建修衙署、兵房銀兩外，尚該下剩銀九千八百八十二兩五錢七分零。應請即于此項下剩銀内，照數動用，作正報銷。等情。另造清册，呈賫前來，臣覆核無异。除册送部外，所有動用銀兩數目、款項□，謹會同蘭州撫臣元合詞具題，伏祈皇上睿鑒，敕部核覆施行。

再照此案，以臣于乾隆元年十一月二十二日接管督篆之日，以六個月扣限，至乾隆二年五月二十九日起程巡邊之日，除去開印信日期，并未逾限。至一切欽部案件，臣于恭報閲邊疏内業經聲明，途次難以依限辦理在案，合并聲明。爲此除具題外，理合具揭。須至揭帖者。【注二】

乾隆貳年拾貳月拾玖日。

【注一】平此處原文爲："造册遲延一案，自應遵照補……現在議降議罰及住俸戴罪……遵在案所有費楷估造三個。"

【注二】此處原文爲："并聲明爲此除具……揭帖者。"

【《明清檔案》A78—115，B44411—B44416】

乾隆三年（1738）

甘肅提督李繩武題報起程前赴哈密駐防日期

乾隆三年三月九日

乾隆叁年貳月貳拾貳日，内閣奉上諭："據固原提督樊廷奏稱：臣領兵多年，舊有腹脹氣喘之病。自入春以來，時常嘔吐，□神恍惚，飲食少進，難以供職。伏祈恩准，解任調理，或延殘喘。等語。樊廷，效力邊疆，拾有餘載，威勇夙著。朕以其久練夷情，付以重任。乃因勞致疾，勢甚沉重。披覽來奏，朕心深爲不忍。著即從哈密從容起程，回至固原，善爲調理。途次病勢如何，著伊奏聞請旨。哈密駐防，關係緊要。著甘肅提督李繩武馳驛前往，代樊廷之任。賞給肅州庫銀伍千兩，爲整備行裝之用。其餘應給等項，俱照例給與。其甘肅提督印務，著大學士查郎阿于所屬總兵内遴選賢員，暫行署理。欽此。"

【《明清檔案》A80—55，B45333】

川陝總督查郎阿揭請補授武員

乾隆三年三月十三日

揭帖。

太子少保、文華殿大學士、兼兵部尚書都察院右都御史、總督四川陝西等處地方軍務兼理糧餉、加四級軍功、加六級查：爲請補游擊都司守備事。

案查前准兵部咨開：原派西、北兩路緑旗官兵，漸次撤回。所有應留者，不過駐防之兵。請嗣後直隸等六省所出將弁員缺，似應停其分派。向係題補、拔補者，仍行令各該旨，督、提照例揀選題補、拔補。向係部推者，臣部照例歸入月分。推補至西、北兩路駐防員弁，遇有升遷事故缺出，仍令各該領兵大臣于駐防員弁内，遞行題補、拔補。因奉旨："依議。欽此欽遵。"移行遵照在案。

茲據統領駐防赤、靖、橋、布等處官兵、肅州鎮總兵官沈力學呈稱：竊照駐防布隆吉、寧夏鎮屬廣武營游擊謝佐病故，遺缺有管領兵馬之責，不便虛懸。揀選得駐防布隆吉、寧夏鎮屬中衛營中軍都司黄圖固，人材壯健，弓馬可觀。自抵防所，訓練士卒，經牧馬、駝，均屬勤慎，堪以請補。至黄圖固所遺中衛營中軍都司員缺，揀選得駐防塔兒灣、西安督標火器營中軍守備常泰，年壯技優，防務曉暢，整理營伍，勤慎供職，堪以請補。至常泰所遺督標火器營中軍守備員缺，揀選得駐防赤金堡、延綏鎮標中營千總鄭士棟，人材、弓馬，均屬可觀。于雍正四年，自備鞍馬，勦撫四川冕山、大小凉山賊番，又勦撫寧番三渡水、鹽井、臘汝窩、恢平擢什咱等寨，擒獲賊番凶首。報部議叙，軍功紀録二次，著有功苦，堪以請補。

又，駐防布隆吉、固原鎮屬署蘆塘營游擊、蘆溝堡守備孫喜貴病故遺缺，揀選得駐防靖逆、西安督標委署守備之前營千總線虎，人材壯健，弓馬可觀。自抵防所，訓練營務，經牧馬、駝，實屬勤謹。前曾出征西寧，在鎮海、新城等堡與賊打仗，復進兵郭莽等。又進勦西海，追殺羅卜藏丹盡，至哈嗎見打板罕地方，擒獲丹盡渾召吉，立有功績。報部議叙，授以功加署守備職銜，堪以請補蘆溝堡守備。相應造具履歷，出具保結，呈請驗試，具題請補。等情。到臣。

據此，該臣看得，駐防布隆吉、寧夏鎮屬廣武營游擊謝佐，固原鎮屬署蘆塘營游擊、蘆溝堡守備孫喜貴在防所病故日期，俱經臣繕疏題報在案。查前准兵部咨開：西、北兩路駐防員弁遇有缺出，即在駐防員弁内遞行題補。等因。奉旨："依議。欽此欽遵。"茲據統領駐防赤、靖、橋、布等處官兵、肅州鎮臣沈力學呈稱：廣武營游擊謝佐病故遺缺，揀選得寧夏鎮屬中衛營中

軍都司黄圖固，現在駐防布隆吉，人材壯健，弓馬可觀，自抵防所，訓練士卒，經牧馬、駝，均屬勤慎，堪以請補。至黄圖固所遺都司員缺，揀選得督標火器營中軍守備常泰，現在駐防塔兒灣，年壯技優，防務曉暢，整理營伍，勤慎供職，堪以請補。至常泰所遺守備員缺，揀選得延綏鎮標中營千總鄭士棟，現在駐防赤金堡，人材、弓馬，均屬可觀，前自備鞍馬，剿撫四川賊番，擒獲凶首，著有軍功，堪以請補。又，蘆溝堡守備孫喜貴病故遺缺，揀選得督標前營千總線虎，現在委署守備駐防靖逆，人材壯健，弓馬可觀，自抵防所，訓練營務，經牧馬、駝，實屬勤謹。前曾出征西寧，進兵郭莽等。又進剿西海，立有功績。議叙功加署守備職銜，堪以請補。等情。呈賫履歷、保結，連人送驗前來。臣考驗得黄圖固、常泰、鄭士棟、線虎等，材壯技優，明白諳練，以之請補前項游擊都司守備，洵爲人地相宜。查線虎係陝西人，請補本省守備，似與定例未符。但現在駐防口外，經牧馬、駝，【注】防守卡倫，必須幹練之員，方克勝任。既據鎮臣沈力學揀選前來，誠爲邊防得人起見，可否仰邀天恩，俯准補授，則該員益加奮勵，而邊防重務，洵有裨益矣。倘蒙俞允，應俟該員等换班回營之日，再爲陸續給咨赴部。除履歷、保結送部，撫提印結，俟查取至日，另送外，臣謹會同陝撫臣崔、蘭州撫臣元、署陝提臣楊、甘提臣李合詞具題，伏祈皇上睿鑒，敕部議覆施行。爲此除具題外，理合具揭。須至揭帖者。

乾隆叁年叁月拾叁日。

【注】此處原文爲："以之請補前項游擊都司守……查線虎係陝西人請補本省……符但現在駐防口外經牧馬。"

【《明清檔案》A80—80，B45411—B45414】

川陝總督查郎阿揭報提臣病故日期

乾隆三年三月十三日

揭帖。

太子少保、文華殿大學士、兼兵部尚書仍管川陝總督印務、加四級軍功、加三級又軍功加三級查：爲報明家主病故事。

據統領駐防哈密、塔爾納沁等處官兵、興漢鎮總兵官王邦寧呈，據管理哈密城守事務、安西鎮都司趙良輔呈，據總統駐防哈密、赤、靖等處官兵、固原提督樊廷家人樊有禄報稱：家主于乾隆元年四月内，奉旨總統駐防哈密、赤、靖等處官兵，于本年六月内到防。素患弱疾，時愈時發。自乾隆三年二月内，日漸沉重。于本年三月初二日丑時，在于防所病故。理合報明。等情。轉報到鎮。

據此，隨飭委都司趙良輔查驗去後。兹據該都司呈稱：遵查陝提樊廷，實係病故，并無别情。所有取具嫡親、醫生并卑職承查各甘結，理合一并呈賫。再，查樊提之子樊經文，未在防所，今據家人樊有禄遵例出前來，合并聲明。等情。據此，理合呈報。等情。到臣。據此，該臣看得，陝提臣樊廷于乾隆元年奉旨，總統駐防哈密、赤、靖等處官兵，于本年六月内到防。緣素患腹脹、氣喘之疾，時發時愈。不意于乾隆三年二月内，病勢沉重。臣隨將患病緣由，具奏在案。

兹據統領駐防哈密等處官兵、興漢鎮臣王邦寧呈稱：提臣樊廷，醫藥罔效，于乾隆三年三月初二日在防所病故，并無别情。取具嫡親、醫生及承查官甘結，并聲明伊子樊經文未在防所，係家人樊有禄遵例出結。等因。前來。除結送部，其提臣樊廷原領札付，俟查取至日，另送外，所有總統駐防哈密、赤、靖等處官兵、陝提臣樊廷病故日期，臣謹會同陝撫臣崔、蘭州撫臣元、署陝提臣楊合詞題報，伏祈皇上睿鑒，敕部施行。爲此除具題外，理合具揭。須至揭帖者。

乾隆叁年叁月拾叁日。

【《明清檔案》A80—81，B45415—B45416】

△諭内閣將寶豐新渠兩縣雍正十三年以前舊欠額賦悉行豁免等

乾隆三年三月十四日

乾隆三年三月十四日，内閣奉上諭："據元展成奏稱，寧夏府屬之寶豐、新渠二縣前奉恩旨，將雍正十二年以前民欠豁免。緣兩縣民户已將應完十三年之正糧儘納十二年之舊欠，是以復欠。十三年之額徵銀三萬兩有奇，現在設法徵催，而民力維艱。等語。朕思兩邑招墾新户安業未久，所欠十三年額賦，既因儘納舊欠，致虧正額，今又新舊并徵，未免拮据。朕心深爲憫念，特格外加恩，將雍正十三年以前舊欠悉行豁免。其乾隆元二兩年有未完正額錢糧，著分作十年帶徵，以紓民力。可傳諭户部知之。欽此。"

【《乾隆朝上諭檔》第 1 册第 257 頁第 808 條】

△諭内閣著甘肅提督李繩武調補固原提督等官員任免事

乾隆三年三月十六日

同日，内閣奉上諭："固原提督員缺，著甘肅提督李繩武調補，仍駐防哈密。甘肅提督員缺，著古北口提督瞻岱調補。瞻岱未到任之前，著柏之蕃暫行署理。凉州總兵印務，著中衛副將盧度瑾暫行署理。欽此。"

【《乾隆朝上諭檔》第 1 册，第 259 頁第 814 條】

△諭内閣固原提督樊廷恤典從優等

乾隆三年三月十六日

乾隆三年三月十六日，内閣奉上諭："固原提督樊廷，領兵多年，效力邊疆，威勇素著。前因駐防哈密，身患痰疾，奏請解任調理。朕心軫念，令回固原之任，并賞給參藥，命太醫馳往診視，冀其痊可。今見遺摺，知病已不起。而伊彌留之際，猶于邊防事宜，諄切陳奏，披覽之下，實不勝憫惻。著大學士查郎阿經理其喪，將柩送回内地，并賞帑金五千兩，爲辦理喪葬之用。其應得恤典，該部從優議奏。所有一等輕車都尉，即令伊子樊經承襲，嗣後子孫仍准照世次襲職。又，伊奏稱，父葬成都，母葬凉州祖塋，今一子年幼，扶柩拮据，難以遠赴成都，懇請恩准，葬于母墓之側。等語。著大學士查郎阿與伊子熟商，如成都舊有産業，或將伊父骸骨送往合葬，如不願送赴成都，即將伊父骸骨移至凉州于一處。一切費用，著大學士查郎阿于恩賜銀兩外，另行賞給。樊廷所奏邊防事宜，著辦理軍機大臣定議具奏。欽此。"

【《乾隆朝上諭檔》第1册，第259頁第815條】

甘肅巡撫元展成題請核銷雍正六年駐寧兵馬支過俸餉糧草

乾隆三年三月二十二日

題。

十。

三年四月廿日下户。

該部察核具奏。

巡撫甘肅寧夏、臨、鞏等處地方贊理軍務兼理茶馬、都察院右僉都御史、紀録二次臣元展成謹題：爲錢糧宜歸畫一，以便稽查事。

乾隆叁年貳月貳拾肆日，據甘肅布政使司布政使徐杞呈，乾隆貳年捌月貳拾壹日，蒙升任巡撫甘肅德部院案驗，乾隆貳年捌月拾陸日准户部咨，陝西司案呈，本年陸月貳拾柒日，准甘撫德沛咨稱：甘肅雍正陸年，駐防寧夏滿洲官兵、馬、駝數目，奉户、兵貳部行令，另行造册具題一案，應即遵照另造。但查此項奏銷册籍，業經前撫許容久經核題請銷在案。嗣奉户部令，將官兵、馬、駝數目，造報兵部，移咨核題。等因。即遵部示，詳細造報在案。今准部咨，雖據造册咨送，但果否相符之處，應將原册送回兵部，俟兵部核明咨覆之日，遵照本部原行，作速另造清册具題。又准兵部咨開：除户部送回原册存查外，應令仍照户部原題，將雍正陸年駐防寧夏官兵、馬、駝數目，另行造册具題，到日聽候户部核銷。等因。是大部所查官兵、馬、駝數目，并無舛錯不符之處。其從前送部奏銷册籍，已可核銷。今若另行查造，不惟事屬重複，亦且徒滋案牘，應請仍照原册核銷。除咨兵部外，相應咨請。等因。前來。查雍正陸年支過駐防寧夏官兵、馬、駝俸餉、料草等項，先據甘撫造册題銷，經本部將馬、駝數目移查，兵部回稱：從前并未造報，無憑查覆。等因。隨經本部題明行令，將前項馬、駝各數，造報兵部。核准之日，另行造册具題。等因。行文在案。今前項馬、駝各數，該撫雖稱前已造册送部，但事關題銷錢糧，未便以仍照前送奏册核銷，應令該撫遵照本部原題，作速另行造册具題可也。等因。準此，行司。

蒙此，隨即備行寧夏府查造去後。今據寧夏府知府顧爾昌申稱：蒙此，卑府遵將雍正陸年駐寧滿洲官兵、馬、駝支過俸餉、糧料、草束，逐一造具細數清册申賫。等情。到司。據此，該布政使徐杞查得，奉部咨，令將駐防寧夏滿洲官兵、馬、駝支過雍正陸年俸餉、糧料、草束，作速造册具題一案。自奉行之始，遵即備行寧夏府查造去後。今據該府造賫前來查册造，原估駐寧滿洲官共捌拾陸員，兵共叁千伍百貳拾肆名，官兵家口貳萬陸千肆百柒拾陸口，馬共伍千肆拾匹，駝壹千壹百捌拾隻，共估俸餉、粳粟米折并料、豆、草折等項，共銀貳拾壹萬陸千貳拾柒兩陸錢陸分伍厘，内扣缺曠銀陸千陸百陸兩捌錢叁分叁厘伍毫叁絲捌忽，内除抵支寡婦并防禦噶世昌全半折粟米、料、草等項，溢估銀捌百肆拾伍兩貳錢捌分陸厘外，止該實扣缺曠銀伍千柒百陸拾壹兩伍錢肆分柒厘伍毫叁絲捌忽，實支原估并溢估共銀貳拾壹萬貳百陸拾陸兩壹錢壹分柒厘肆毫陸絲貳忽。本色糧料肆萬陸千陸百捌拾柒石玖斗叁升伍合，内扣缺曠糧料叁千壹百柒拾玖石玖斗陸升，内除抵支防禦噶世昌馬并駝隻，溢估料貳百叁拾柒石叁升陸合外，止該實扣缺曠糧料貳千玖百肆拾貳石玖斗貳升肆合，實支原估并溢估糧料肆萬叁千柒百肆拾伍石壹升壹合。本色草壹拾肆萬玖千玖百陸拾束，全數支給。查册造數目相符，相應照造細數清册呈賫，合候具題。等情。呈詳到臣。

該臣看得，甘省雍正陸年駐防寧夏滿洲官兵、馬、駝支過俸餉、糧料、草束，准户、兵貳部行令，另行造册具題一案。前經升任撫臣德沛咨部，復准户部咨，以事關題銷錢糧，未便照前送奏册核銷，行令照原題另行造册具題。等因。準此，隨即行司轉飭，查造去後。兹據布政使徐杞詳稱：查原估駐寧滿洲官共捌拾陸員，兵共叁千伍百貳拾肆名，官兵家口貳萬陸千肆百柒拾陸口，共馬伍千肆拾匹，駝壹千壹百捌拾隻，共估俸餉、粳粟米折并料、豆、草折等項，共銀貳拾壹萬陸千貳拾柒兩陸錢零，内扣缺曠銀陸千陸百陸兩捌錢零，内除抵支寡婦并防禦噶世昌全半折粟米、料草等項，溢估銀捌百肆拾伍兩貳錢零外，止該實扣缺曠銀伍千柒百陸拾壹兩伍錢零，實支原估并溢估共銀貳拾壹萬貳百陸拾陸兩壹錢零。本色糧料肆萬陸千陸百捌拾柒石玖斗零，内扣缺曠糧料叁千壹百柒拾玖石玖斗零，内除抵支防禦噶世昌馬并馳隻溢估料貳百叁拾柒石零外，止該實扣缺曠糧料貳千玖百肆拾貳石玖斗零，實支原估并溢估糧料肆萬叁千柒百肆拾伍石零。本色草壹拾肆萬玖千玖百陸拾束，全數支給。等情。造册賫送前來，臣覆核無异。除原册分送部科外，相應具題，伏祈皇上睿鑒，敕部核覆施行。謹題請旨。

乾隆叁年叁月貳拾貳日。

巡撫甘肅寧夏、臨、鞏等處地方贊理軍務兼理茶馬、都察院右僉都御史、紀録二次臣元展成。

【貼黄】

巡撫甘肅寧夏、臨、鞏等處地方贊理軍務兼理茶馬、都察院右僉都御史、紀録二次臣元展成謹題：爲錢糧宜歸畫一等事。

該臣看得，甘省雍正陸年駐防寧夏滿洲官兵、馬、駝支過俸餉、糧料、草束，准户、兵貳部行令，另行造册具題一案。前經升任撫臣德沛咨部，復准户部咨，以事關題銷錢糧，未便照前送奏册核銷，行令照原題另行造册具題。等因。準此，行司轉飭，查造去後。兹據布政使徐杞詳稱：查原估駐寧滿洲官共捌拾陸員，兵共叁千伍百貳拾肆名，官兵家口貳萬陸千肆百柒拾陸口，共馬伍千肆拾匹，駝壹千壹百捌拾隻，共估俸餉、粳粟米折并料、豆、草折等項，共銀貳拾壹萬陸千貳拾柒兩零，内扣缺曠銀陸千陸百陸兩零，内除抵支寡婦并防禦噶世昌全半折粟米、料草等項，溢估銀捌百肆拾伍兩零外，止該實扣缺曠銀伍千柒百陸拾壹兩零，實支原估并溢估共銀貳拾壹萬貳百陸拾陸兩零。本色糧料肆萬陸千陸百捌拾柒石零，内扣缺曠糧料叁千壹百柒拾玖石零，内除抵支防禦噶世昌馬并駝隻溢估料貳百叁拾柒石零外，止該實扣缺曠糧料貳千玖百肆拾貳石零，實支原估并溢估糧料肆萬叁千柒百肆拾伍石零。本色草壹拾肆萬玖千玖百陸拾束，全數支給。等情。造册賫送前來，臣覆核無异。除原册分送部科外，謹題請旨。

【《明清檔案》A80—107，B45525—B45528】

甘肅巡撫元展成揭報各州縣修建倉廒用過銀兩照依部駁更造請銷

乾隆三年四月二日

揭帖。

巡撫甘肅寧夏、臨、鞏等處地方贊理軍務兼理茶馬、都察院右僉都御史、紀録二次元，爲欽奉上諭事。

乾隆叁年叁月初伍日，據甘肅布政使司布政使徐杞呈，乾隆元年拾月拾肆日，蒙吏部尚書、署川陝總督印務劉部堂案驗，乾隆元年拾月初肆日，准工部咨，營缮司案呈，工科抄出本部題前事。内開：該臣等議得，署川陝總督兼甘肅巡撫劉疏稱，甘省各屬建修倉廒，據布政使徐杞詳稱：寧夏、寧朔等拾柒州縣共建造倉廒貳百陸拾伍間，補修倉廒柒拾捌間。在于司庫存貯康熙伍拾叁年减糶糧價内，共動發過銀陸千肆百捌拾壹兩零，内除下剩節省并核减銀貳百貳拾伍兩零，實用銀陸千貳百伍拾陸兩零。下剩節省并核减銀兩内，除已解司庫銀貳兩伍錢零，又解司拆卸舊存木植變價銀肆拾貳兩玖錢零，又現在催解銀壹百柒拾貳兩捌錢零，尚該核减匠夫工價銀肆拾玖兩陸錢零，與工程核减查奏之例相符，應請奏免。等情。除册送部外，臣謹會題。等因。前來。

查甘肅省寧夏等拾柒州縣建造倉廒，該署督册開：實用工料銀陸千貳百伍拾陸兩零。臣部查成砌墻垣有未開明堵數及高寬厚尺寸者，所用木石、瓦片、土坯等項有未開明長徑、寬厚尺寸者。再，竹子無根數，席片無丈尺，石灰、釘鐵亦無斤兩，一切匠工，俱籠統開造。應用物料并建蓋氣樓等項，未將做法、丈尺聲明，均難查核。事關錢糧，不便遽准。應將駁查各款逐一開單，行令該署督轉飭，照依駁款，詳細逐一分晰，另造細册具題，到日再行查核。再，前項工程該署督疏稱：下剩節省并核减銀貳百貳拾伍兩零内，除已解司庫銀貳兩伍錢零，解司拆卸舊存木植變價銀肆拾貳兩玖錢零，又現

在催解銀壹百柒拾貳兩捌錢零，尚該核減匠夫工價銀肆拾玖兩陸錢零，與工程核減查奏之例相符，應請奏免。等語。查雍正拾叁年拾壹月拾陸日，臣部摺奏：從前核銷一切工程所有核減銀兩，或因做法不合式，或買辦不合例，臣部核減，著追者請與分賠、代賠一例查奏之處，原指恩詔以前臣部核銷工程所有核減銀兩而言，并非將欽奉恩詔以後核減者一概准其查奏也。今甘省各屬修建倉廒，該署督核減銀兩，係在欽奉恩詔以後具題，與查奏之例不符。應令該署督將前項核減匠夫銀肆拾玖兩陸錢零，著落原蓋造各官名下照數繳還原項，并知照户部可也。乾隆元年捌月貳拾陸日題，本月貳拾玖日，奉旨："依議。欽此欽遵。"相應移咨該署督遵照施行。等因。準此，行司。

計粘單壹紙，甘肅省寧夏等拾柒州縣修建倉廒，今將應駁款項逐一分晰開後，計開：

一，寧夏、寧朔貳縣册開成砌墻垣并無堵數，并每堵各高、寬、厚丈尺；所用黄土，祇開車數，并不將每車見方丈尺若干開載。所用芭布又無丈尺，麥穗又無斤兩。一切匠工，俱係籠統開造，并一按料計工，錢糧總數，亦不鈐蓋印信。再，據寧夏縣册開，補修倉廒共計貳拾間又係伍間，前後不符，應行分晰聲明。

一，武威縣册開氣樓并無高、寬丈尺，廒門又無長、寬、厚尺寸。舊有物料并不開載，用土亦無見方丈尺，墻垣又無堵數，并砌磚坯各分位丈尺俱未分晰。所用釘鐵祇開根數，并無斤兩。一切匠工，俱係籠統開造，并不按料計工。

一，古浪縣册開修蓋倉廒柒間，據稱每間面闊壹丈，進深柒尺，檐高壹丈伍尺。柒檩成造，何致用長貳丈肆寸梁木伍根，用長壹丈貳尺桁條拾貳根，用長壹丈肆尺、徑叁寸椽木壹百伍拾根，甚屬不符。所用土坯，又未聲明處所應將作何成造之處分晰。再，所用瓦□塊長叁寸、寬貳寸伍分、厚貳分，價銀壹分係浮開，用釘亦無斤兩。一切匠工，俱係籠統開造。

一，碾伯縣册開成砌墻垣并無堵數，所用土坯，亦無長、寬、厚尺寸，棧子祇開斤兩，并不將作何應用之處分晰。鐵釘雖開有斤兩，又無個數。一切匠工，俱係籠統開造。

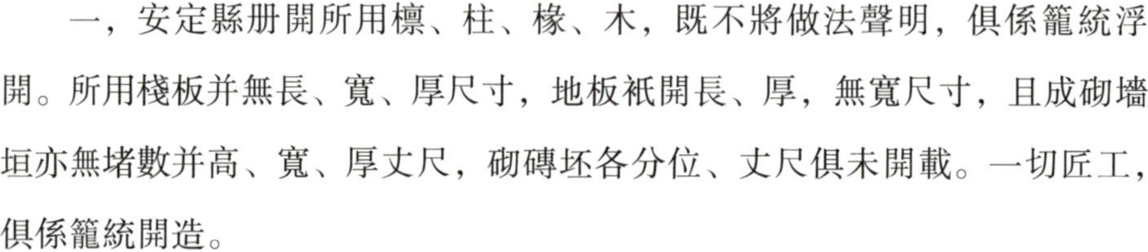
一，安定縣册開所用檁、柱、椽、木，既不將做法聲明，俱係籠統浮開。所用棧板并無長、寬、厚尺寸，地板祇開長、厚，無寬尺寸，且成砌墻垣亦無堵數并高、寬、厚丈尺，砌磚坯各分位、丈尺俱未開載。一切匠工，俱係籠統開造。

一，西和縣册開氣樓并無高、寬丈尺，難以查核。用竹祇開背數，亦無根數。鐵釘亦無斤兩。一切匠工，俱係籠統開造。

一，通渭縣册開氣樓并用竹、鐵釘、匠工俱與西和縣同。再，此縣所用土塊并未分晰，應用處所柱頂石、瓦片俱無長、寬、厚尺寸。

一，河州册開所用石塊祇開馱數，并不將合共見方、丈尺開載。所用土坯、柱頂石，俱無長、寬、厚尺寸，墻垣又無堵數，板片亦無尺寸，鐵釘又無斤兩。一切匠工，俱係籠統開造。

一，渭源縣册開墻垣土坯、柱頂石、板片、匠工、鐵釘等，項俱與河州同。再，此縣所用椽木并無長徑尺寸，築打地基亦無長、寬丈尺、步數。

一，安化縣册開成砌墻垣并無堵數并高、寬、厚丈尺，所用土基亦無長、寬、厚尺寸。灰斤祇開石數，并無斤兩。鐵釘祇開斤兩，又無個數。一切匠工，俱係籠統開造。錢糧總數，亦不鈐蓋印信。

一，真寧縣册開墻垣亦無堵數，木棧亦無尺寸。石灰祇開石數，并無斤兩，鐵釘亦無根數。一切匠工，俱係籠統開造，錢糧總數，亦不鈐蓋印信。合水縣同。再，此縣所用土坯無長、寬、厚尺寸。

一，秦州册開成砌墻垣并無堵數及各高、寬、厚尺寸，氣樓并廒門俱無高、寬丈尺。椽木、栅板又無長徑、寬、厚尺寸，用竹亦無根數，筒瓦并柱頂石俱無長、寬、厚尺寸，所有鐵釘，亦無斤兩。一切匠工，俱係籠統開造。秦安縣同。

一，文縣册開氣樓無高、寬丈尺，所用土坯、板瓦俱無長、寬、厚尺寸，竹席、竹芭亦無長、寬丈尺，石灰又無斤兩，竹木亦無根數。匠工亦不按料計工。

一，成縣册開氣樓無高、寬丈尺，樓板、土坯俱無長、寬、厚尺寸，用竹亦無根數，鐵釘又無斤兩，竹席亦無長、寬丈尺。匠工亦不按料計工。錢糧總數不鈐印信。

以上所駁各款，應令各該州縣照依款項，逐一詳細分晰，另造細册，送部查核。

蒙此，又于乾隆貳年玖月拾叁日，蒙升任巡撫甘肅德部院案驗，乾隆貳年玖月初陸日，准工部咨，營繕司案呈，工科抄出本部等題前事。内開：該臣今會議得，甘省各屬修建倉廒，先據該撫將用過工料銀兩造册題銷。經工部以册開所用物料并未詳細分晰，議令另造細册，具題在案。今准該撫德咨稱：行據寧夏、慶陽、西寧、凉州并階州等府、州，將所屬各州縣册結造賫。其渭源、西和、秦安等縣册結，至今屢催，未據造賫。查此案于乾隆元年拾月初肆日准咨之日起，陸個月之限，除去封印日期，應扣至乾隆貳年伍月初肆日爲滿。今已逾課，未據造賫，則遲延之咎，不能爲初參之渭源縣知縣賀鍾、西和縣知縣王崑、秦安縣知縣郭懋榮等寬假。所有各錢名，相應咨參。等因。前來。查此案于乾隆貳年伍月初肆日限滿，該撫于伍月貳拾柒日咨參，計逾限貳拾貳日。查定例，官員造報各項文册遲延逮限不及一月者，罰俸叁個月。等語。應持造册遲延之渭源縣知縣賀鍾、西和縣知縣王崑、秦安縣知縣郭懋榮，均照例各罰俸叁個月。仍令該撫轉飭渭源、西和、秦安等縣，作速造具細册彙總題銷可也。乾隆貳年柒月貳拾捌日題，本月叁拾日，奉旨：“依議。欽此欽遵。”相應行文該撫遵照施行。等因。準此，俱行到司。

蒙此，該本司徐杞查得，甘屬寧夏府屬之寧夏縣補修倉廒伍間，原估工料等項銀伍拾叁兩伍錢，後奉文駁減匠夫工價銀壹兩玖分，止該實用銀伍拾貳兩肆錢壹分。寧朔縣補修倉廒壹拾捌間，原估工料等項銀壹百壹拾貳兩肆錢叁分肆厘，後奉文駁減匠夫工價銀肆兩伍錢肆分，止該實用銀壹百柒兩捌錢玖分肆厘。凉州府屬之古浪縣建修倉廒柒間，原估工料等項共銀捌拾兩肆錢陸分伍厘。西寧府屬之碾伯縣建修倉廒捌間，原估工料等項共用銀壹百壹拾捌兩貳錢捌分。以上四縣，係取木最近者。

鞏昌府屬之安定縣建修倉廒五間，原估工料等項共用銀壹百兩。西和縣建蓋倉廒五間，原估工料等項銀捌拾柒兩肆厘，内奉文駁減匠夫工價銀伍兩叁錢玖分貳厘，止該實用銀捌拾壹兩陸錢壹分貳厘。秦州建蓋倉廒壹拾座，共壹百貳拾陸間，又添修倉廒總門壹間，原估請領銀貳千伍百壹拾玖兩貳錢柒厘玖毫，共止實用銀貳千肆百伍兩伍錢叁分伍厘玖毫，尚該下剩節省并後奉文駁減共銀壹百壹拾叁兩陸錢柒分貳厘。又因建倉地圮，拆卸舊存道衙堂署各物，變獲價銀肆拾貳兩玖錢陸分肆厘。臨洮府渭源縣建修倉廒壹拾貳間，原估工料等項銀伍百陸拾兩肆厘，内除下剩及後奉文駁減銀壹拾貳兩伍錢壹分，止實用銀伍百肆拾柒兩肆錢玖分肆厘。河州建蓋倉廒壹拾間，原估工料等項銀陸百捌拾兩玖錢柒分壹厘，内除奉文駁減匠夫工價銀壹拾兩，止該實用銀陸百柒拾兩玖錢柒分壹厘。慶陽府屬之安化縣補修倉廒肆拾間，原估工料等項共用銀壹百伍拾兩肆錢伍分。真寧縣建蓋倉廒壹拾貳間，原估工料等項共用銀壹百叁拾伍兩肆錢貳分肆厘。合水縣建蓋倉廒貳拾間，原估工料等項共用銀壹百玖拾捌兩柒錢貳厘。凉州府屬之武威縣建修倉廒壹拾伍間，原估工料等項共用銀叁百肆拾柒兩玖錢貳分，内除節省并後奉文駁減匠夫工價銀肆拾玖兩貳錢伍分伍厘，止該實用銀貳百玖拾捌兩陸錢陸分伍厘。以上玖州縣，係取木稍遠者。

鞏昌府屬之通渭縣建蓋倉廒壹拾貳間，原估工料等項銀貳百玖拾玖兩肆錢，内除奉文駁減匠夫工價銀壹千兩柒錢貳分，止該實用銀貳百捌拾捌兩陸錢捌分。秦州所屬之秦安縣建蓋倉廒貳拾間，原估工料等共用銀肆百玖拾捌

兩捌錢陸分，内除後奉文駁減匠夫工價銀壹拾柒兩捌錢伍分捌厘捌毫伍絲，止該實用銀肆百捌拾壹兩壹厘壹毫伍絲。以上貳縣，係取木維艱者。

直隸階州所屬之文縣續請建倉捌間，原估工料等項共用銀壹百肆拾肆兩。成縣續請建倉貳拾間，原估工料等項共用銀叁百玖拾肆兩肆錢陸分。此二縣，係取木稍遠者。

以上共壹拾柒州縣，原請、續請、新建倉廒大小不等，共計貳百陸拾伍間，補修倉廒柒拾捌間。原估共銀陸千肆百捌拾壹兩捌分壹厘玖毫，後建蓋止實用銀六千貳百伍拾陸兩肆分肆厘伍絲，尚下剩節省并後蒙前撫許都院駁減匠夫工料等項共銀貳百貳拾伍兩叁分柒厘捌毫伍絲，係秦州、秦安、寧夏、寧朔、渭源、河州、通渭、武威捌州縣節省并駁減匠夫項價下剩之項。又，秦州拆卸道衙堂署木植變價銀肆拾貳兩玖錢陸分肆厘□項，共銀貳百陸拾捌兩壹厘捌毫伍絲，内除秦州解下剩銀貳兩伍錢陸分，又解拆卸舊存道衙堂署木植變價銀肆拾貳兩玖錢陸分肆厘，收貯司庫訖。尚該銀貳百貳拾貳兩肆錢柒分柒厘捌毫伍絲，内除秦州、渭源、武威已交出貯庫未解銀壹百柒拾貳兩捌錢柒分柒厘，現在催令起解，俟收貯司庫之日，一并呈報外，止該寧夏、寧朔、秦安、西和、河州、通渭等處在原辦官名下，應追駁減匠夫工價銀肆拾玖兩陸錢捌毫伍絲。似應援免，但尚未准銷定案，應俟部覆作何准銷，至日另爲辦理。等情。業已分晰，彙册登明，轉請蒙□撫劉部堂具題在案。

嗣奉部駁查成砌墻垣有未開明堵數及高寬厚尺寸者，所用木石、瓦片、土坯等項有未開明長徑、寬、厚尺寸者。再，竹子無根數，席片無丈尺，石灰、釘鐵亦無斤兩，一切匠工，俱係籠統開造，應用物料并建蓋氣樓等項，未將做法丈尺聲明，均難查核。事關錢糧，不便遽准。應將駁查各款逐一開單，行令照依駁款詳細，逐一分晰，另造細册具題，到日再行查核。再，前項核減匠夫工價銀肆拾玖兩陸錢零，係在欽奉恩詔之後，與查奏之例不符，應令著落原監造各官名下照數繳還原項。等因屢。本□隨即備行鞏昌、臨

洮、慶陽、凉州、西寧、寧夏各屬，轉飭所屬建蓋及補修倉廒各處，遵照大部指駁各情節，逐一查明分晰，另造細册去後。嗣因渭源等縣屢催未據造送，業將遲延職名詳請咨參，奉有部覆在案。

今據鞏、臨、慶、凉、寧、西各府將所屬建蓋并補修倉廒，各該州縣用過各物工料，照依大部指駁情節，逐一查明分晰，另造細數册結賫報前來。并據秦州將前任賈聖檜交出存庫，核减節省銀壹百壹拾壹兩壹錢壹分貳厘，武威縣未解下剩節省銀肆拾玖兩貳錢伍分伍厘。以上二項共銀壹百陸拾兩叁錢陸分柒厘，俱陸續解交司庫訖。止有渭源縣貯庫未解銀壹拾貳兩伍錢壹分，現在嚴催起解。至寧夏、寧朔、秦安、西和、河州等處核减匠夫工價銀肆拾玖兩陸錢捌毫伍絲，亦現在各原辦官名下著追，俟追完日，一并另文呈請咨部外，所有各該府造賫所屬各州縣建蓋及補修倉廒册結，相應呈賫，合候具題。再照此案以參報遲延，于乾隆貳年玖月初陸日奉准部咨之日，扣限陸個月，除去年節封印日期，應扣至本年叁月初陸日爲滿，今具詳并未逾限，合并聲明。等情。呈詳到臣。

該臣看得，甘省各屬建造補修倉廒一案，前經署撫臣劉具題，嗣准部覆□□造，不合駁令另造細册，將前項核减銀兩著落原監造各官名下，照數繳還原項，知照户部，并令彙總題銷。等因。隨即行司轉飭遵照去後。嗣因渭源等縣未據依限造送，業經前撫臣德咨參遲延，准有部覆在案。兹據布政使徐杞詳稱：查甘省寧夏、寧朔、武威、古浪、碾伯、安定、西和、通渭、河州、渭源、安化、真寧、合水、秦州、秦安、文縣、成縣等壹拾柒州縣共建造過倉廒貳百陸拾伍間，補修過倉廒柒拾捌間，照原估、續估工料共動發銀陸千肆百捌拾壹兩零，内除下剩節省并核减銀貳百貳拾伍兩零，止實用銀柒千貳百伍拾陸兩零，前據各屬造送册結□□題。嗣奉部駁以成砌墻垣未經開明堵數，木、石、釘、灰等項亦未開明丈尺、斤兩，一切匠工，俱係籠統開造，建蓋氣樓等項，未將做法聲明，均難查核。等因。行令轉飭，詳細另造

妥册去後。玆據各該州縣將用過各項工料，照依部駁情節，逐一查明分晰，另造細數册結，由該管府州賫報。并據秦州將前任賈聖檜交出存庫核減節省銀壹百壹拾壹兩壹錢零，武威縣未解下剩節省銀肆拾玖兩貳錢零，二項共銀壹百陸拾兩叁錢零，俱陸續解交司庫訖。止有渭源縣貯庫未解銀壹拾貳兩伍錢零，現在繳催起解。至寧夏、寧朔、秦安、西和、河州等處核減匠夫工價銀肆拾玖兩陸錢零，現在各原辦官名下著追，俟追完日，另行咨部外，所有各府州造賫所屬各州縣建蓋及補修倉廒册結，相應呈賫請題。等情。呈詳到臣。臣覆核無异。

除册結分送部科外，謹會同督臣查合詞具題，伏祈皇上睿鑒，敕部核覆施行。爲此除具題外，理合具揭。須至揭帖者。

乾隆叁年肆月貳日。

【《明清檔案》A81—19，B45723—B45734】

甘肅巡撫元展成題爲代士民恭謝蠲緩舊欠

乾隆三年六月二十五日

題。

九。

七月十三日。

三年七月廿六日下户。

該部知道。

巡撫甘肅寧夏、臨、鞏等處地方贊理軍務兼理茶馬、都察院右僉都御史、紀録二次臣元展成謹題：爲聖主之恩施愈渥，下民之感戴彌深，籲請代題恭謝事。

乾隆叁年伍月貳拾柒日，據甘肅布政使徐杞呈，乾隆叁年肆月貳拾日，蒙巡撫甘肅元都院案驗，乾隆叁年肆月拾陸日，准户部咨爲欽奉諭事，陝西司案呈，本年叁月拾陸日，内閣抄出，奉上諭：“據元展成奏稱：寧夏府屬之寶豐、新渠貳縣前奉恩旨，將雍正拾貳年以前民欠豁免。緣兩縣民□將應完拾叁年之正糧，儘納拾貳年之舊欠，是以復欠拾叁年之額徵銀叁萬兩有奇，見在設法繳催，而民力維艱。等語。朕思兩邑招墾新户安業未久，所欠拾叁年額職既因儘納舊欠致虧正額，今又新舊并徵，未免拮据，朕心深爲憫念。特格外加恩，將雍正拾叁年以前舊欠悉行豁免。其乾隆元貳兩年有未完正額錢糧，著分作拾年帶徵，以紓民力，可傳諭户部知之。欽此欽遵。”到部，相應行文甘撫，欽遵上諭内事理遵行可也。等因。準此，行司。

蒙此，遵即移咨寧夏道飛飭一體欽遵，遍張曉示去後。兹準寧夏道鈕廷彩移，據寧夏府知府顧爾昌申，據新渠縣知縣任達德、寶豐縣知縣朱元裕會詳，據士民華三封、萬年慶、祝嵩齡、賀世熙、周昌順、沈進禄等公呈稱：竊封等生長邊隅，群瞻舜日；新增户口，共戴堯天。雨露山川，綿邈車書之内；桑麻鷄犬，同涵化育之中。竭力田疇，惟冀野無曠土；盡心樹藝，固已家鮮游民。念輸將本惟正之供，而徵科乃照常之額。急公趨事，咸懷忠愛之忱；納舊完新，亦屬卓等之分。復荷龍綸，下賁鳳詔飛來。雍正拾叁年之未輸者，悉行蠲免；乾隆元貳年之應完者，寬期帶徵。浩蕩慈恩，雖擊壤康衢，莫鳴其忭躍；高深帝德，總華封三祝，難罄其歡呼。皆由我皇上道協清寧，功隆參贊，痌瘝一體；保赤誠求，覆幬兩間，如傷在抱。黄童白叟，鼓腹含飴；蟠木流沙，吹幽息蠟。封等鼓舞于光天化日之下，未由伸犬馬螻蟻之誠，惟有恭祝我皇上名邁羲軒，壽齊山海；子孫千億，國祚萬年。爲此焚頂上呈，伏乞轉請題謝。等情。呈詳到道。

據此，該寧夏道鈕廷彩看得，湖□台郡黄河，資水利之源；下邑新聞白屋，鮮蓋藏之積。奉公守法，具有淳風；補舊完新，力難兼瞻。代蒙我皇上德洋恩普，丕冒于日出海隅；厚澤深仁，既統于流沙弱水。念民力之維艱，陳逋盡豁；應并徵之□□，寬限舒長。聖神廣運，何止浹髓淪肌；高厚難名，真見博施濟衆。從此五風十雨，頻歌大肖之祥；耕九餘三，咸致可封之裕。該士民等，歡呼愛戴，實出誠心；踴躍瞻依，發之孺慕。兹據寧夏府申請前來，理合咨請到司。

準此，該布政使徐杞恭看得，邊地黎氓，咸資養贍，新招户口，尤煩撫綏。熙熙攘攘之倫，篳安耕鑿；翼翼與與之盛，咸沐盈寧。雖徵輸貢賦，分所當然，而暑雨祈寒，不無拮据。兹者伏蒙聖衷軫恤，既屢沛德音，睿慮周詳，復重申□□。全蠲雍正拾叁年舊欠，俯仰何寬；緩徵乾隆元貳年未完，優游益裕。天高地厚之内，浩蕩難名；瞻雲就日之思，尊親永戴。家家户户，共慶堯年；子子孫孫，胥蒙帝力。天保九知之頌，應與臨風良耜；偕陳黼座之前，革封三祝之章。可與樂蠟祈年，同入伊耆之奏。兹據該道府詳咨，轉請前來，相應轉請，據情題達。等情。呈詳到臣。

該臣恭照。薄賦輕徭，盛世之殊恩叠沛；蠲租減税，□朝之曠典頻施。欽惟我皇上大德寧人，至誠育物。照臨所及，周知稼穡之艱難；懷保靡遺，洞悉閭閻之疾苦。擴我與我胞之量，運六合爲一家；廑已飢已溺之懷，親萬民如同體。固已九州淪浹，履厚戴高；亦且萬户謳歌，瞻雲就日。兹以邊氓舊服，時切宸衷。户口新招，尤頌帝念。霞蒸五色，九重之巽命風馳；詔下一封，兩邑之歡聲雷動。全豁雍正拾叁年之積欠，千門盡飲醍醐；緩徵乾隆元貳年之未完，一錢止增銖黍。在小民急公之義，正踴躍而争先。乃大君恤下之仁，更殷勤而勿倦。澤因再及而愈深，户户享盈寧之福；惠以有加而無已，人人蒙樂利之休。慶化日之舒長，群游舜日；沐光天之雨露，共戴皇天。浩蕩恩波，綿邈共黄流并永；巍峨聖德，崇閎偕蘭嶺齊尊。擊壤謡衢，頌一人之有慶；呼嵩祝華，賀天子之萬年。臣等欣逢盛典，快睹雍熙。施從厚而斂從薄，德蹐春臺；紓其力以寬其期，仁覃蔀屋。從此火耕水耨，億萬年玉燭長調；抑且食德飲和，千百世金甌鞏固。

臣欽奉上諭，隨即欽遵行司，敬謹刊發告示，曉諭寶豐、新渠兩邑，并嚴飭官吏，毋得私徵累民去後。兹據布政使徐杞詳，據寧夏道鈕廷彩移，據兩邑士民華三封等呈請，代題恭謝天恩前來。臣等不敢壅于上聞，謹會同督臣查郎阿合詞具題，伏祈皇上睿鑒施行。爲此具本，謹具奏聞。

乾隆叁年陸月貳拾伍日。

巡撫甘肅寧夏、臨、鞏等處地方贊理軍務兼理茶馬、都察院右僉都御史、紀録二次臣元展成。

【貼黄】

巡撫甘肅寧夏、臨、鞏等處地方贊理軍務兼理茶馬、都察院右僉都御史、紀録二次臣元展成謹題：爲聖主之恩施愈渥，下民之感戴彌深，籲懇代題恭謝事。

欽惟我皇上大德寧人，至誠育物。照臨所及，周知稼穡之艱難；懷保靡遺，洞悉閭閻之疾苦。兹以邊氓舊服，時切宸衷；户口新招，尤煩帝念。霞蒸五色，九重之巽命風馳；詔下一封，兩邑之歡聲雷動。全豁雍正拾叁年積欠，千門盡飲醍醐；緩徵乾隆元貳年未完，一錢止增銖黍。在小民急公之義，正踴躍而争先；乃大君恤下之仁，更殷勤而勿倦。澤因再反而愈深，户户享盈寧之福；惠以有加而無已，人人蒙樂利之休。慶化日之舒長，群游舜日；沐光天之雨露，共戴堯天。浩蕩恩波，綿邈共黄流并永；巍峨聖德，崇閎偕蘭嶺齊尊。擊壤謡衢，頌一人之有慶；呼嵩祝華，賀天子之萬年。臣欽奉上諭，隨即欽遵行司，敬謹刊發告示，曉諭寶豐、新渠兩邑，并嚴飭官吏，毋得私徵累民去後。兹據布政使徐杞詳，據寧夏道鈕廷彩移，據兩邑士民華三封等呈請，代題恭謝天恩前來，臣會同督臣查郎阿謹具奏聞。

【《明清檔案》A83—16，B46861—B46866】

甘肅巡撫元展成揭呈雍正十年鹽課錢糧黄册

乾隆三年七月二十四日

揭帖。

巡撫甘肅寧夏、臨、鞏等處地方贊理軍務兼理茶馬、都察院右僉都御史、紀録二次元：爲請就近責成，以便行催事。

乾隆叁年陸月貳拾玖日，據甘肅布政使徐杞呈，蒙前任巡撫右都院牌開，案照雍正叁年拾月貳拾日准户部咨，令將花馬小池并臨、鞏貳府鹽課、錢糧仍歸甘肅巡撫奏銷。等因。到司。蒙此，除雍正玖年鹽課奏銷册籍業已造賫奏報外，兹準臨洮道郭朝祚移稱：臨洮府屬雍正拾年土鹽税銀并按丁加引及加增課銀，共銀伍百柒拾肆兩玖錢捌分伍厘貳毫伍絲，俱已通完。又，鞏昌府屬并直隸秦、階貳州屬雍正拾年鹽課并按丁加引及加增課銀，共銀伍千柒百伍拾兩捌錢壹分壹厘玖毫肆絲捌忽叁微陸纖貳漠，俱已通完。又准寧夏道副使鈕廷彩移稱：雍正拾年花馬小池鹽課并加增，共銀壹萬叁千貳百肆拾兩叁錢貳分，俱已通完，内存留祭祀等項銀叁拾貳兩玖錢玖分玖厘，實止解交司庫銀壹萬叁千貳百柒兩叁錢貳分壹厘。等因。開具已完，册籍前來。本司覆加查核，照例彙造清册，同實收一并呈賫，合候核題。等情。呈詳到臣。

該臣看得，鹽課、錢糧例應按年題報。除雍正玖年鹽課、錢糧經前撫臣許容奏報外，兹據布政使徐杞詳稱，准臨洮道郭朝祚移稱：臨洮府屬雍正拾年土鹽税銀并按丁加引及加增課銀，共銀伍百柒拾肆兩玖錢捌分零，俱已通完。又，鞏昌府屬并直隸秦、階貳州屬雍正拾年鹽課并按丁加引及加增課銀，共銀伍千柒百伍拾兩捌錢壹分零，俱已通完。又准寧夏道鈕廷彩移稱：雍正拾年花馬小池鹽課并加增，共銀壹萬叁千貳百肆拾兩叁錢零，俱已通完。内存留祭祀等項銀叁拾貳兩玖錢玖分零，實止解交司庫銀壹萬叁千貳百柒兩叁錢貳分零。等情。造具清册、實收，詳賫前來，臣覆核無异。相應備造清册同實收送部外，理合繕造黄册，進呈御覽，伏祈皇上睿鑒施行。爲此除具題外，理合具揭。須至揭帖者。

乾隆叁年柒月二十四日。

【《明清檔案》A84—28，B47447—B47448】

陝西寧夏總兵官楊大凱題報換防回營官兵數目日期

乾隆三年八月六日

題。

十三。

乾隆三年九月十一月下兵。

該部知道。

鎮守陝西寧夏等處地方副將、管總兵官事臣楊大凱謹題：爲恭報换防官兵回營日期事。

竊查臣屬原派駐防馬步兵丁壹千名，内馬兵陸百名，步兵肆百名，分駐布隆吉、雙塔堡。今歲肆月内，照數派往原駐處所更换，業將官兵數目、起程日期，前已恭疏題報在案。今據原駐防布隆吉、雙塔堡臣屬廣武營游擊黄圖固、署中衛營都司常泰、署洪廣營守備周起麟，千總貳員、把總捌員，帶領馬步兵丁壹千名，内馬兵陸百名，步兵肆百名。除將馬、駝并一應軍火器械兑留防所交代明白外，所有换回兵丁沿途照例撥給所車裝載行李等項，于乾隆叁年柒月拾叁日抵寧夏所屬中衛營，臣隨飭令河西、河東附近營汛官兵就便收伍。至臣標肆營并寶豐、洪廣貳營官兵，俱于柒月拾玖日到鎮，亦即飭令各該營收伍、差操訖。其换回官兵數目花名，臣現在造册，呈報川陝總督臣查郎阿咨部外，所有换防回營官兵數目、日期，理合恭疏題報，伏祈皇上睿鑒施行。爲此具本，謹具奏聞。

乾隆叁年捌月初陸日。

鎮守陜西寧夏等處地方副將、管總兵官事臣楊大凱。

【貼黄】

鎮守陜西寧夏等處地方副將、管總兵官事臣楊大凱謹題：爲恭報换防官兵回營日期事。

竊查臣屬原派駐防馬步兵丁壹千名，内馬兵陸百名、步兵肆百名，分駐布隆吉、雙塔堡。今歲肆月内，照數派往原駐處所更换，業將官兵數目、起程日期，前已恭疏題報在案。今據原駐防布隆吉、雙塔堡臣屬廣武營游擊黄圖固、署中衛營都司常泰、署洪廣營守備周起麟，千總貳員、把總捌員，帶領馬步兵丁壹千名，内馬兵陸百名、步兵肆百名。除將馬、駝并一應軍火器械兑留防所交代明白外，所有换回兵丁沿途照例撥給所車裝載行李等項，于乾隆叁年柒月拾叁日抵寧夏所屬中衛營，臣隨飭令河西、河東附近營汛官兵就便收伍。至臣標肆營并寶豐、洪廣貳管官兵，俱于柒月拾玖日到鎮，亦即飭令各該營收伍差操訖。其换回官兵數目花名，臣現在造册，呈報川陜總督臣查郎阿咨部外，所有换防回營官兵數目、日期，理合恭疏題報，伏祈皇上睿鑒施行。謹具奏聞。

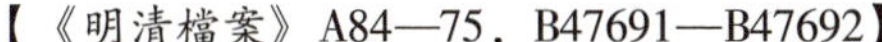
【《明清檔案》A84—75，B47691—B47692】

陜西寧夏總兵官楊大凱題報起程巡查營汛日期

乾隆三年九月二日

題。

九。

九月十九日。

乾隆三年九月廿九日下兵。

該部知道。

鎮守陝西寧夏等處地方副將、管總兵官事臣楊大凱謹題：爲恭報微臣巡查管汛起程日期事。

竊臣所屬協、路、營、堡，處在極邊，逼近蒙古，地方遼闊，隘口繁多，在在險要。其營伍、兵馬事宜，所當不時整飭。前經奏請，每年春暮、冬初巡查貳次。等因。經部議覆，奉旨："依議。欽此欽遵。"在案。伏查春暮之際，臣應遵例巡查，正在束裝前往，適接督臣查郎阿照會，遵旨閱邊。自肅起程，前往固原、西寧、寧夏一帶查閱。又兼臣屬駐防官兵貳年期滿，挑選官兵，點驗軍裝，料理起程更换，是以臣未得巡查。今届冬初，臣遵例輕騎減從，于玖月初貳日自鎮城起程，前往所屬營汛、邊隘處所，逐細巡查一切營伍軍火器械、兵丁技藝，并點驗挑備戰兵軍裝、糇糧。其巡查事宜，俟臣回署後，照例另疏題報。至臣標營伍及城守事宜，飭令臣標暫署中軍游擊、右營游擊李彪，署城守營都司、前營守備任舉同在營將備等官小心辦理，防範所有。微臣巡查營汛起程日期，理合恭疏題報，伏乞皇上睿鑒施行。爲此具本，謹具奏聞。

乾隆叁年玖月初貳日。

鎮守陝西寧夏等處地方副將、管總兵官事臣楊大凱。

【貼黄】

鎮守陝西寧夏等處地方副將、管總兵官事臣楊大凱謹題：爲恭報微臣巡查營汛起程日期事。

竊臣所屬協、路、營、堡，處在極邊，逼近蒙古，地方遼闊，隘口繁多，在在險要。其營伍、兵馬事宜，所當不時整飭。前經奏請，每年春暮、冬初巡查貳次。等因。經部議覆，奉旨："依議。欽此欽遵。"在案。今届冬初，臣遵例輕騎減從，于玖月初貳日自鎮城起程，前往所屬營汛、邊隘處所，逐細巡查一切營伍軍火器械、兵丁技藝，并點驗挑備戰兵軍裝、糇糧。其巡查事宜，俟臣回署後，照例另疏題報。至臣標營伍及城守事宜，飭令臣標暫署中軍游擊、右營游擊李彪，署城守營都司、前營守備任舉同在營將備等官小心辦理，防範所有。微臣巡查營汛起程日期，理合恭疏題報，伏乞皇上睿鑒施行。謹具奏聞。

【《明清檔案》A84—118，B47841—B47842】

川陝總督查郎阿揭報游擊病故日期

乾隆三年十月十六日

揭帖。

太子少保、文華殿大學士、兼兵部尚書都察院右都御史、總督四川陝西等處地方軍務兼理糧餉、加四級軍功、加六級查：爲游擊病故事。

准署固原提督楊咨，據本標中軍參將孫建勛呈，據署左營中軍守備楊春呈，標左營游擊王琇家人張義報稱：家主王琇係固原提標左營游擊，于乾隆三年八月初十日得患腫脹病症，醫藥罔效，于本年九月十九日卯時病故。理合報明。等情。轉報到本署提督。據此，除飭委參將孫建勛確查取結并任內有無拖欠錢糧等項，俟至日另咨外，所有游擊王琇病故日期，合先咨明，查照具題。等因。到臣。

準此，該臣看得，陝西固原提標左營游擊王琇得患腫脹病症，醫藥罔效，于乾隆三年九月十九日卯時病故。茲準署陝提臣楊咨稱，委員查取該將嫡親、醫生甘結及承查官印結，并任內有無拖欠錢糧等項，俟至日另咨。等因。聲明移咨前來。除各結至日另咨送部外，所有固原提標左營游擊王琇病故日期，臣謹會同陝撫臣張、蘭州撫臣元、署陝提臣楊合詞題報，伏祈皇上睿鑒，敕部施行。爲此除具題外，理合具揭。須至揭帖者。

乾隆叁年拾月拾陸日。

【《明清檔案》A85—117，B48399—B48400】

寧夏將軍阿魯奏報十一月二十四日寧夏府地震滿城被災嚴重摺①

乾隆三年十一月二十五日

奏。

譯漢阿魯奏報地震。

鎮守寧夏等處將軍臣阿魯等謹奏：爲奏聞地震事。

臣等寧夏地方于十一月二十四日戌時，忽自西北有聲，遽爾地震，摇動一二次。所有滿兵城中房屋，自臣等衙署，以至兵丁房室，盡皆塌坍。臣等仰賴皇上洪福，幸得趨立院中。稍定之後，因時值寒冬，塌坍房屋之下，又復火起。未被壓覆之兵丁等，齊將木植抽出，拾取磚瓦，僅能撲滅。其城中數處，地皆開裂二三寸，向外涌水。自此地動不止，直至日出之後，方得稍安。所有各城城樓坍有數處，城垣雖未塌坍，俱皆下陷，以致城門不能開展。臣等遥望漢城，一夜火光不止，其情形若何，未能深悉。臣等滿洲城中塌坍房屋、被壓之大小人口數目及馬、駝之數，一時不能查明，候查明實數後，再與漢城情形一并具奏外。現有二十四日地震情由，謹差佐領孟圖、驍騎校官保馳驛奏聞。

乾隆三年十一月二十五日。

鎮守寧夏等處將軍臣阿魯，副都統臣喀拉。

乾隆三年十二月初九日，奉硃批："知道了。有旨諭該部矣。欽此。"

【《明清宫藏地震檔案》（上卷壹）第 120 頁。亦見《乾隆三年寧夏府地震史料》第 19 頁】

---

①軍機處滿文録副奏摺。

寧夏將軍阿魯奏報寧夏地震滿漢城官兵被灾情形摺①

乾隆三年十一月三十日

四五。

奏。

阿魯：寧夏地震被灾情形。

十二月十三日，譯清。

乾隆三年十二月十三日，將軍阿魯奏寧夏地震被灾情形由。十一月三十日藏核件。

（一）鎮守寧夏等處將軍臣阿魯等謹奏：爲奏聞滿城壓死人丁數目并漢城被灾情形事。

本年十一月二十五日，臣等曾將二十四日戌時地震，官兵房屋盡皆塌坍，所有壓死人數，另行查明具奏。等因。奏聞在案。今查得，八旗壓死佐領三員，驍騎校一員，領催、前鋒、披甲人一百九名，步軍四十一名，閑散滿洲二十七名，餘丁幼童三百十九名，男户婦女五百九十二名，家下步軍十一名，家下男婦幼童幼女一百十五名，雇工男女幼童三十八名，共壓死人一千二百五十六員名。本日滿城四門下陷，不能開展。刨挖一日，始得開展西門。于二十六日，臣阿魯、喀拉急赴漢城看視，官兵民房，俱皆倒塌，壓死人丁不能悉記。總兵楊大凱、道員鈕廷彩，僅能脱身，知府顧爾昌全家俱被壓死。烟焰直至三日未息，所存男婦沿街奔走，號哭不絶。

臣等見鈕廷彩問，據伊稱：“被灾甚厲，我已出貼告示，令被灾民人各將户口查報，本道一面詳報上官，一面據報先散一月口糧，民人等來支口糧

①軍機處録副奏摺。

者其亦有其圍倉居住民人及不肖之人，直赴米倉私行取米者亦有，現今并無看倉兵丁，所有人役甚少。”等語。臣等隨問總兵楊大凱標下兵丁可得若干，據云可得五百。臣等即令楊大凱齊集兵丁，堅守倉庫。臣等亦即行傳集滿兵五百名，于漢城内大小街衢緊要地方居住，往來巡察，撫恤被灾民人。并曉諭民人：“此係天灾，爾等不可擾亂，自明日爲始，道員即行賑恤爾等，散給口糧，萬不致令爾等飢困。至于詳報巡撫具奏之後，皇上憐憫，自有恩施。倉儲關係國帑，爾等俱係國家良民，豈可亂行支取。”復向楊大凱云：“城内兵丁，今雖被灾，所有附近兵丁未被灾者，可即速行調取來城防守，以便撫恤灾黎。”等語。楊大凱已即調取兵丁，俟到來時，再將滿兵撤回。是夜平安無事。

次日二十七日巳時，道員鈕廷彩差同知程規[①]來云：“昨夜甚爲安穩，今早復無看守倉庫兵丁，民人仍自取米。”等語。臣等即差人前赴漢城，令滿兵等幫助看守倉庫，復派兵五百名，令其保守漢城城内民人。自此直至三十日，并皆無事，日夜仍復地動不止。臣等復問鈕廷彩寧夏所屬州縣，據云：“平羅、寶豐[②]、新渠三縣，所報被灾之處與寧夏同，靈州所報微輕，中衛縣尚未報到。”臣等即諮會巡撫，速派官員料理在案。謹此奏聞。

乾隆三年十一月三十日。

【《明清宫藏地震檔案》（上卷壹）第 122 頁。亦見《清代地震檔案史料》第 89 頁，《乾隆三年寧夏府地震史料》第 19 頁】

①程規：下文又作“程貴”。
②寶豐：原作“保豐”，據地名用字改。

※寧夏將軍阿魯奏參總兵楊大凱震後巡緝安撫看守倉庫不力摺①

乾隆三年十二月初二日

鎮守寧夏等處地方將軍阿魯等謹奏：爲參奏事。

奴才等所處寧夏地方于本年十一月二十四日戌時陡遭地震，官兵之住房盡皆坍塌，夷爲平地。等情。已于本月二十五日奏聞。繼于三十日將漢城被災嚴重，派我滿洲兵加以看守，盡皆安堵情形，業經奏聞外，奴才等竊思，總兵官，係寧夏地方首要武職，該處遭遇如此大災，人心浮動，緑營兵雖亦被災，身爲總兵，理應率帶所有官兵，親臨巡查，安撫災民。奴才等于二十六日前去漢城看視，總兵楊大凱方出帳會同我等約見道員議事。觀其情形，尚屬從容，并無懼窘之狀。奴才等面爲商定，令其所有官兵遍加看守倉廒，派我滿洲兵在城内街道遍設堆撥，往來巡查撫民。二十七日，道員鈕廷彩派同知程規②告稱，倉廒全然無兵看守，不肖之徒仍接近倉廒取米。等語。故復急派我處兵丁協助看守倉廒。此間，奴才等每日輪流進入漢城曉示民人，觀總兵楊大凱，其狀甚屬無事。

竊思寧夏總兵，係屬總統萬兵之職，所關緊要。現災後應辦之事甚多，楊大凱懦弱無能，難勝其職，留任在此，于國于事，甚屬無益。奴才等同駐一處，平素雖不能深知，現遇事知其無能，焉敢徇情不據實陳奏，伏乞聖上明鑒施行。爲此謹具奏參。

鎮守寧夏等處地方將軍奴才阿魯、副都統奴才喀拉、副都統奴才同山。

乾隆三年十二月十三日，奉硃批："著該部將楊大凱嚴加查議具奏。欽此。"

【《明清宮藏地震檔案》（上卷壹）第129頁】

---

①軍機處滿文録副奏摺。

②鈕廷彩派同知程規："鈕廷彩"原作"牛庭才"，"程規"原作"程貴"，均據人名用字改。

甘肅提督瞻岱奏報寧夏鎮地震官署民房倒塌延燒委員携銀前往安頓摺[①]

乾隆三年十二月初四日

奏。

甘肅提督臣瞻岱謹奏：爲奏聞事。

乾隆叁年拾貳月初肆日巳刻，准陜西寧夏鎮臣楊大凱差把總王大朋賫諮前來，報稱寧夏鎮城陡于拾壹月貳拾肆日戌時地震，一刻之間，官署、民房盡行坍塌。時值嚴冬，家家有火，房倒延燒，大凱隻身逃出房外，親丁人口盡被房壓，印信、王命俱被延燒，官弁、軍民、馬匹被焚壓死者甚多。大凱隨飭令將弁曉諭被灾軍民，不得乘機搶掠，現會同文員賑恤。至被灾軍民焚燒、壓死人口數目，俟查明再報。等因。到臣。又據把總王大朋口禀，該鎮離城二十里大壩地方動勢即已减半，至四十里鋪房舍俱無損塌。等語。臣隨一面飛諮督臣大學士查郎阿速查辦安頓外，查寧夏鎮城被灾甚重，雖據該鎮文稱現今會同文員賑恤，但思彼地倉庫、官署、民房盡行塌倒，又經延燒，誠恐賑恤不敷。查臣標并無别項存公銀兩，衹有現存兵丁生息餘剩利銀三千五百兩，隨飛差臣標後營游擊保安賫帶前往，協同該鎮查明現在被灾兵丁，急速酌量安頓，務令得所。并時值隆冬，各該處營汛邊防隘口，飭令加緊防範外，其甘標兵丁一應紅白事賞恤，尚有現季收穫利銀可以支給，不致缺乏。所有陜省寧夏地震及臣飛差游擊保安賫帶生息銀兩前往安頓防範緣由，理合奏聞。至臣駐扎甘州，距寧夏一千四百六十餘里，是以得信稍遲。再，甘城同日戌時微覺動摇，一切城池、房舍、軍民俱安謐無損。又查就近至肅州、安西口外等處，亦各寧帖，合并陳明，統祈皇上聖鑒。謹奏。

乾隆三年十二月初四日。

---

①軍機處録副奏摺。

甘肅提督臣瞻岱。

知道了。

【《明清宫藏地震檔案》（上卷壹）第133頁】

川陝總督查郎阿奏報甘肅寧夏鎮地震兵民失所死傷過半情形摺[①]

乾隆三年十二月初五日

奏。

大學士、仍管川陝總督臣查郎阿謹奏：爲飛報地震事。

乾隆三年十二月初四日酉刻，據寧夏總兵官楊大凱呈稱：寧夏城于十一月二十四日戌時，陡然地震，變出非常，一刻官署、民房一齊俱倒，房倒火起，延燒徹夜。本職隻身逃出房外，子媳并孫家人男婦因房火燒壓已死六口，印信、王命等項俱在房内，火烈未能覓取。延至天明，一望皆瓦礫之場，火光更甚，合城哭聲震天，官弁、軍民、馬匹被焚壓死者甚多。本職隨敕令將弁曉諭被灾軍民，不得乘機搶掠。除被灾軍民焚壓死人口數目，俟查明再報外，今倉猝之頃，紙筆盡缺，書辦皆各顧性命，無人，不能具詳。除被灾軍民，現在會同文員賑恤，合并聲明。等情。

又據該總兵差來標下武舉高瑞禀稱：倉猝未能詳悉，但聞得寧夏府知府顧爾昌家俱被房壓，出來之人甚少。在城房屋并無存留，人民被傷壓死者十之四五。等語。正在繕奏間，又于本日戌刻，據楊大凱飛禀内稱：被震之後，火勢甚熾，三四日來，晝夜不熄，軍民既被震灾，復罹火患，衣服、口糧盡皆無存。營中軍裝、器械，傷損甚多，馬匹壓死者亦衆。遍城皆火，雖竭力經營，無法撲滅。蓋因兵丁被焚壓而死者，十中約有四五，其餘亦有受

①軍機處録副奏摺。

傷者。且有父母、妻子被壓，俱各救護。兼之倉庫十餘處俱皆倒塌，糧儲流露。就近百姓移居倉廒空處避火，見倉倒糧露，就便竊取。遠處百姓，亦皆效尤。本職雖派撥弁兵看守，但倉無門墻，糧儲露積。又兼派兵巡查街道，以防乘機搶掠，兵少，不能周顧，員弁、兵丁雖極力衛護，至力盡筋疲，晝夜巡防，亦難于禁止。一面飛調協路之兵八百名，星赴鎮城保護，于二十六日將軍來至寧城，見殘毀情形，倉廒處所甚多，協濟兵五百名巡查街道。本職隨將標營巡查街道之兵移守倉廒，于二十七日玉泉兵到，竊取始息。又恐人心不定，會商寧夏道速賑安民，若待户口查明始賑，恐緩不濟事。于二十八日，傳集軍民，每口一斗散賑。是日，靈州兵到，人心方定。據報，平羅、寶豐、洪廣被震亦重，且地裂水出，較鎮城涌水更大，又飛調廣武之兵二百名分守數處。再，本職印信、王命、火牌、勘合等項，俱陷火内。今火勢稍熄，于灰燼内，尋覓印信，已銷毁不可用矣，合并禀聞。等情。

又于亥刻，據寧夏洪廣營游擊楊士超呈稱，本年十一月二十四日戌時地震起，至二十六日未止，衙署、倉廒、兵民房屋，俱已倒塌，城郭震壞，又遭火燒，兵民約計十分之中，打死四五，現存者，大半受傷。甲馬打死一半，旗幟、器械火燒無存。卑職同守備周起麟看得，兵民失所，現在設法安插，合先報明。至于兵民死傷各數目，俟查明另報。等情。

臣查寧夏爲臨邊重鎮，人民繁庶，今被震被焚，數萬户口，半爲壓燒而死，一城房屋全無。其現存百姓，亦無栖息處所，飢寒顛沛，慘變非常，聞之神魂俱裂。現在鎮道各官，俱係心慘意迷之際，若非臣急爲親往料理，則被灾兵民必致流離失所，何以全數萬之生靈？何以安邊城之衝要？臣隨于十二月初八日起身，輕騎减從，馳驛星飛，前往督令鎮道設法料理，務期被灾兵民安頓妥協，以仰慰我皇上保民若赤之至意。所需料理銀兩，若于甘省調取，緩不濟急，是以就近在于西安藩庫動支備貯軍需銀二萬兩携帶前去。惟是料理安頓，事關重大，必得敏幹之員，以備差委。查有原任凉莊道阿炳安，才具優長，于甘屬地方情形，最爲熟練，伊丁母憂離任，現回西安旗籍，守制已逾百日，閑住家中。今似此重大事件，委伊辦理，洵有裨益，是以臣帶同前往。再，所携銀兩，或恐不敷，俟臣到寧夏時，查閲確情，就近在于甘省不拘何項庫銀調取應用。其寧夏倉庫，俱經倒塌，倉糧有無存貯，果否足敷賑恤之用，難以懸定。如不敷所需，臣即就近撥運供支。至于官民兵丁衙署、房屋急需修造，臣到彼確查，即爲估計修建。臣一面飛諮甘撫臣元展成一同妥辦，務期仰體聖主天心，俾灾黎俱得安輯。所有臣衙門一應欽部案件，俟臣回署之日，次第辦理，合并聲明，伏祈皇上聖鑒。爲此謹奏。

乾隆三年十二月初五日具。

已據阿魯奏報，朕遣侍郎班第前往，同伊料理賑務矣。卿聞報，即前往，甚屬可嘉，可同班第等盡心料理，務期灾黎得所、兵民相安，庶可以略減我君臣罪過耳。至乘機搶奪，此風斷不可長，已密諭班第，卿其一一問彼，一同詳慎辦理。

【《明清宫藏地震檔案》（上卷壹）第135頁。硃批參見《清實録》第10册，第325頁《高宗純皇帝實録》卷八三“乾隆三年十二月丁未”條】

川陝總督查郎阿奏報寧夏地震引發水患灾情嚴重調取固原官兵協防摺[①]

乾隆三年十二月初七日

奏。

大學士、仍管川陝總督臣查郎阿謹奏：爲調取官兵彈壓，以靖地方事。

竊查寧夏地震情形，于本月初五日，據寧夏總兵楊大凱文禀，隨飛摺奏聞，并將臣于初八日星馳前往料理。等因。聲明在案。兹于初六日，又據總兵楊大凱呈稱，據協路差查呈報，花馬、興武、靈州、中衛、廣武、玉泉、

①軍機處録副奏摺。

横城等營堡，均于十一月二十四日地震，并未損傷，惟平羅、寶豐、新渠、洪廣、平羌五營堡，震灾甚重，房屋皆倒，打死軍民甚衆。續據都司董茂林呈稱：差人探得寶豐、新渠，并所屬各營堡，以及沿河户民一帶，地震後裂開大窟，旋涌出大水，并河水泛漲進城，一片汪洋，深四五尺以至六七尺不等，民人、牲畜凍死、淹死甚多，一應軍器等項，俱被水淹無存，其軍民男婦得生者，暫在城上栖身。再，查户民房屋莊村亦被水淹大半，其得生者，因無吃用，又無衣服，多半至平羅營搶掠當鋪三處。彼時文員止有典史一人，無可奈何。卑職亦被打重腰腿，見勢慌亂，無奈帶傷同千總目兵救護當鋪三處。雖將户民趕出城外，存營兵丁，除各汛防并打壞重傷兵丁之外，止有五六十人，城内客民百姓甚是慌亂。卑職率領弁兵書役，晝夜在于城上常川巡邏，守護倉糧。再，寶豐亦甚慌亂，今值貿易之期，誠恐夷人因無漢人貿易，乘虛而入内地，亦未可定。卑職分身無術，又無兵丁，難以保護。等情。到本職。除一面移寧夏道，轉飭地方官查賑安插，一面飛遣協路官兵分布各處彈壓外，相應呈報。等情。到臣。

又據楊大凱禀稱，鎮城陡遭地震之變，异常奇灾，甚爲狼狽。兼之被患之後，無賴奸宄，旋即竊發，間有搶掠。雖竭力經營，敕令將弁多方保護，無如標兵死傷甚重，雖有未經被傷兵丁，亦爲數寥寥。又皆衣著不全，且其父母、妻子均有傷亡，即督令巡查防護，勢難免其内顧。兼之器械、馬匹多皆損傷，是以飛調協路官兵一千二百七十名，内花馬兵二百名，中衛兵三百名，靈州兵二百名，廣武兵二百名，玉泉兵二百名，興武兵一百名，横城、臨河兵七十名，選派將弁管領來鎮彈壓，于二十六日漸次到寧。二十七日雖覺安静，但人心恍惚，晝夜驚恐。兼之平羅、寶豐、新渠、洪廣、平羌各處灾异亦重，亦有搶掠輿夫，四鄉道路，盜賊時聞。更兼黄河結凍，鄂爾多斯均係窮夷，恐乘隙過河，于鄰近村莊偷竊滋事，亦未可定，是城鄉交病，大費周旋。

今本職派委花馬池副將郎建業，帶兵四百名，前往平羅、新、寶等處彈壓。又派城守營都司任舉帶兵一百名，前住洪廣、平羌二處彈壓，復派將備、千把帶領兵丁，在于臨鎮鄉村輪流晝夜游巡。惟是寧夏一鎮，弧懸河外，三面環夷，洵爲極邊重地。值兹隆冬嚴寒，軍民失所，雖城内此時安静，恐鄉村被灾，匪竊易滋，恐有意外之虞。目今雖有滿兵，亦皆被灾，當此人心恍惚，不可不思患預防。若再添調協路兵丁來鎮，彼處各有衝汛，又不便令其空虚。懇祈軫念邊陲要地，撥兵來寧協濟。等情。稟請前來。

臣查寧夏遭此异變，兵丁被傷既多，其現存者，亦俱因父母、妻子被壓傷亡，魂飛膽裂，其巡邏防範自難保無分心之處。且被灾既非一處，灾民凍餒無依，不無搶竊滋事。况寧夏爲極邊重鎮，隆冬天氣，防範尤宜謹嚴。雖有滿兵駐扎，然遭此大震，或有房舍損傷之處，亦未可定。伊等均在驚慌之際，或恐亦有内顧之虞。臣隨飛諮署陜提臣楊玹選撥固原標兵六百名，派委將弁帶領，就近星往寧夏協助巡防。俟臣到寧，查勘明確，酌量情形，辦理定妥之後，再將固原官兵遣回固原。再，寧夏文武官員不敷差委，臣前赴寧夏，沿途選有賢能之員帶領前住，以備委辦，合并聲明。所有調令官兵彈壓緣由，理合繕摺奏明，伏祈皇上聖鑒。爲此謹奏。

乾隆三年十二月初七日具。

所奏俱悉。夫變出非常，而人心即至如此，亦吾君臣抱愧之事也。

【《明清宫藏地震檔案》（上卷壹）第138頁。硃批参見《清實録》第10册，第325頁《高宗純皇帝實録》卷八三“乾隆三年十二月丁未”條】

△諭内閣著寧夏將軍阿魯等作速查明賑恤寧夏地震

乾隆三年十二月初九日

乾隆三年十二月初九日，内閣奉上諭：“據寧夏將軍阿魯等奏稱，寧夏地方十一月二十四日戌時地動，滿城官兵房屋盡皆塌坍。等語。朕心深爲軫念。所有城内官兵人等作何加恩、賑恤之處，著該將軍作速查明，一面奏聞，一面辦理。其各處被灾兵民人等，著該地方官即行查明，一體賑恤。邊地寒冬，務令安妥，毋致一夫失所。欽此。”

【《乾隆朝上諭檔》第 1 册，第 332 頁第 1054 條。亦見《明清宫藏地震檔案》(上卷壹) 第 141 頁】

△諭辦理軍機大臣著兵部侍郎班第等查明寧夏被灾人等逐户賑濟急爲安頓等

乾隆三年十二月十三日

乾隆三年十二月十三日，辦理軍機大臣奉上諭：“前據寧夏將軍阿魯奏報，寧夏地方于十一月二十四日戌時地動，朕心軫念，已降旨，令將軍、督撫等加意撫綏安插，無使兵民失所。今據阿魯續奏，是日地動甚重，官署、民房傾圮，兵民被傷身斃者甚多，文武官弁亦有傷損者，朕心甚爲慘切。惟有敬凛天變，深自修省。著兵部侍郎班第馳驛前去，即于明日起程，動撥蘭州藩庫銀二十萬兩，會同將軍阿魯并地方文武大員查明被灾人等，逐户賑濟，急爲安頓，無使流離困苦。其被壓身故之官弁，著照巡洋被風身故之例加恩，賜賞恤典。其動用銀兩，該部另行撥補。再，寧夏附近之州縣被灾者，著班第會同地方文武大員一體查賑，無得遺漏。欽此。”

【《乾隆朝上諭檔》第 1 册，第 333 頁第 1056 條】

△諭辦理軍機大臣著大學士查郎阿揀選賢能之員調補寧夏總兵等事

乾隆三年十二月十三日

乾隆三年十二月十三日，辦理軍機大臣奉上諭：“寧夏地動，總兵楊大凱視爲泛常，怠忽殊甚，已降旨交部，嚴加議處。其總兵員缺，著大學士查郎阿于通省總兵内揀選賢能之員調補，速令前往辦事。其所遺員缺，即著遞行題署。阿魯親率官兵前往料理彈壓，所辦甚屬可嘉，著交部從優議敘。喀拉、同山，著交部議敘。其派往之滿洲官兵，著班第查明，從優賞賚。欽此。”

【《乾隆朝上諭檔》第1册，第333頁第1057條。亦見《清實録》第10册，第301頁《高宗純皇帝實録》卷八二“乾隆三年十二月辛卯”條；《明清宫藏地震檔案》（上卷壹）第142頁；《乾隆三年寧夏府地震史料》第20頁】

※奏侍郎班第前往寧夏請准帶往欽差大臣關防片[①]

乾隆三年十二月十三日

侍郎班第前往寧夏地方，請准帶往欽差大臣關防。等因。乾隆三年十二月十三日奏入。奉旨：“知道了。欽此。”

將此交付禮部、兵部。

【《明清宫藏地震檔案》（上卷壹）第144頁】

※諭著侍郎班第行抵寧夏即會同將軍阿魯辦事[②]

乾隆三年十二月十四日

乾隆三年十二月十四日，奉上諭：“侍郎班第抵達寧夏後，即會同將軍阿魯辦事爲好。欽此。”

本處除交付侍郎班第外，由兵部諮文寧夏將軍阿魯。

【《明清宫藏地震檔案》（上卷壹）第145頁】

①軍機處滿文録副奏摺。
②軍機處滿文録副奏摺。

△諭户部豁免寧夏縣通和堡本年水灾額賦

乾隆三年十二月十四日

豁免甘肅寧夏縣通和堡地方本年水灾額賦。

【《清實録》第10册，第304頁《高宗純皇帝實録》卷八三“乾隆三年十二月壬辰”條】

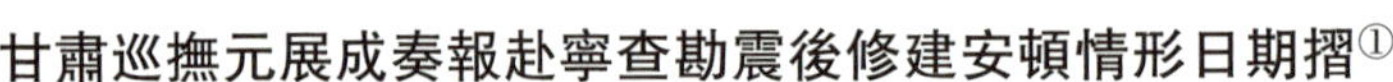

甘肅巡撫元展成奏報赴寧查勘震後修建安頓情形日期摺[1]

乾隆三年十二月十四日

奏。

甘肅巡撫臣元展成謹奏：爲恭報微臣赴寧查勘日期事。

本年十一月二十四日戌刻，寧夏地震、火焚，官民房舍俱空，民人死傷無數。臣刻即委員携帶銀兩馳驛前往，加意撫恤，并飛諮鎮臣楊大凱就近撥兵防護。又據續報，寧屬之新渠、寶豐、平羅三縣同日地震，水發倒塌死傷與府城無异。又即委員星往，照例賑恤。并檄行該道等將兵民一體賑恤，并搭蓋席棚，栖止露處灾民，仍分設粥廠，先行按口就食，業將辦理各緣由，節次題報在案。

臣思寧夏爲臨邊重地，該鎮兵丁同被灾傷，誠恐保護地方不敷彈壓。一面飛諮固原提臣楊珫，就近撥兵五百名，移交鎮臣楊大凱分路巡查，協同防護。又查寶豐所屬之市口鎮，係向與鄂爾多斯交易之所，窮夷口糧全憑内地接濟。隨一面檄行該道府設法撥運，仍令照常貿易，毋致夷民乏食。再，查寧夏道府庫貯銀兩，現存二十餘萬，尚敷賑濟之用。至被灾之後一二日内灾

---

①軍機處録副奏摺。

民乏食，因倉廒倒塌，糧石外露，不無搶竊糊口，至二十七日已經止息。當此倉皇顛沛之際，迫于飢餓，情尚可原，已密飭該道等不必深究。至本郡倉糧不敷散賑，已敕司就近撥運。又于本月十二日，接准將軍臣阿魯諮稱，滿城傷損官員兵丁以及閑散人等共一千二百七十餘名，隨飭令該道等一體賑恤。十二日，又據寧夏道鈕廷彩稟稱：連日寧郡灾民栖息稍安，惟新渠、寶豐土裂水涌，地陷沙窩，結水成冰，周圍百十餘里凝成一片，淹凍死傷人數及塌陷房屋無從查算，沿河堤埂盡行毁裂，恐來春凝冰一解，水勢萬不可支。等語。

伏思新、寶兩縣原係淤出河灘，近因黄流西注，離城不過里許，臣時憂其不能終久保全。今復遭此异灾，必須相度料理。其縣治，或應仍舊，或應擇地遷移，及應否歸并附近州縣，而且寧郡城垣、倉庫、監獄、衙署、兵民房屋作何修建，其被震處所灾民應作何安頓，并應否加賑之處，均須親往確勘。已擬于本月十五日起程赴寧，適于十三日接到督臣查郎阿札稱，已經起身前來。臣兼程前往，正可與督臣協同辦理，面商一切事宜。但通省事務殷繁，俟寧郡措置大局已定，再委布政使徐杞前往督率辦理。除臣起程日期另疏題報外，所有臣赴寧查勘緣由，理合奏聞。敬遣臣標把總張爾魁捧賫，伏祈皇上睿鑒。謹奏。

乾隆三年十二月十四日。

知道了。諸事與查郎阿、班第商酌而行。若非查郎阿能知大體，聞信星夜前往，朕復特遣大臣馳驛辦理，則汝尚在睡夢中也。此何以稱封疆之任哉！朕甚爲汝憂之。將此旨與查郎阿等共觀之。

【《明清宫藏地震檔案》（上卷壹）第146頁。亦見《乾隆三年寧夏府地震史料》第21頁。硃批參見《清實録》第10册，第325頁《高宗純皇帝實録》卷八三“乾隆三年十二月丁未”條】

甘肅布政使徐杞奏報寧夏府屬各地災情嚴重將與巡撫先後前去辦賑摺[1]

乾隆三年十二月十五日

奏。

甘肅布政使司布政使、加二級臣徐杞謹奏：爲奏聞事。

臣竊查寧夏府屬各州縣，今年俱稱有收，民力可期充裕。突于十一月三十日申刻，據寧夏道鈕廷彩等報稱：十一月二十四日戌時，寧郡地震，官民房屋，頃刻倒塌，壓壞人口無數，臣即刻飛詳督撫題報，當經撫臣飭委涼莊道奇書、西寧府知府臧珊帶同效力試用人員星夜赴寧查勘撫恤。臣隨照例詳議壓壞人口，每大口給銀二兩，每小口給銀七錢五分，爲掩埋之需。壓倒房屋每間給銀一兩，生存人口每名給口糧三斗，以資栖身糊口。因合計寧夏道府庫貯銀兩約存二十餘萬，猶恐不敷，復稟商撫臣于司庫動銀三萬兩，委員帶往備用。所需糧石，先令于寧屬倉貯動支。

乃于十二月初五日酉刻，又據寧夏道鈕廷彩等報稱：新渠、寶豐、平羅三縣亦于十一月二十四日戌時地震，其被災與郡城無異。又即刻飛詳督撫題報，一面添委人員星往，分查撫恤同郡城被灾兵民，一例散給銀糧。因需糧已多，恐倉貯不敷，而寧屬各村莊尚有收穫糧石，兵民有銀，即可買食，隨將應給口糧酌以銀糧兼賑，并于鄰近寧夏之州縣倉貯酌撥運寧以供接濟。至寧屬之靈州及花馬池、中衛縣，于初六、初七、十二等日，據寧夏道鈕廷彩等報稱，同于十一月二十四日戌時地震，靈州損傷民人一十六口，倒塌房屋無多。花馬池倒塌房屋百餘間，并未損傷人口。中衛摇倒房屋百餘間，亦未損傷人口。經臣節次飛詳督撫，并飛行該地方官一例查撫賑恤。其寧夏滿城係同時被災，于十二日將軍阿魯以損傷人口一千二百

①軍機處録副奏摺。

七十餘名移知撫臣，先經詳議，一例賑恤。此外，惟平凉府屬之固原廳、州地方同于十一月二十四日戌時地震，廳屬之平遠所摇塌房屋二百六十八間，損傷民人一十二口。州屬之丁家堡摇塌房屋六十四間，并未傷人。州屬之萬安里因重窑壓塌，傷人四口。俱經飛詳督撫，一面飛飭地方官查撫賑恤，其餘各屬有無地震，已通查未據覆到。但寧屬之夏、朔、新、寶、平五邑同被重灾，慘傷已極。雖經照例酌給銀糧，并嚴令各委員悉心經理，以期稍慰皇上軫念灾黎之至意。而一切撫綏，必須親履其地，審度情形，隨時酌辦。臣即向撫臣稟明親往查看，撫臣以事關重灾，必須撫臣親往查看。又以省會重地，撫藩未便同時遠出，令臣俟撫臣查看回日，再令臣前往。今撫臣已于十二月十五日起程，所有撫臣與臣先後赴寧緣由，理合繕摺奏聞，伏乞皇上睿鑒。臣謹奏。

乾隆三年十二月十五日。

臣徐杞。

撫臣尚爾不知大體，何怪于汝。

【《明清宮藏地震檔案》（上卷壹）第 148 頁】

△甘肅巡撫元展成奏請賑給新渠寶豐二縣灾民口糧數

乾隆三年十二月十六日

户部議覆：甘肅巡撫元展成疏言……又新渠、寶豐二縣被水灾民，除經賑給口糧外，自本年十一月至次年二月，大口日賑五合，小口三合。均應如所請。從之。

【《清實録》第 10 册，第 306 頁《高宗純皇帝實録》卷八三“乾隆三年十二月甲午”條】

川陝總督查郎阿奏報辦理寧夏震後賑濟事宜摺[1]

乾隆三年十二月二十日

奏。

臣查郎阿、元展成謹奏：爲奏聞事。

竊查寧夏地震，慘變异常。臣查郎阿于十二月十八日到寧，查得寧夏府城于十一月二十四日戌時陡然地震，竟如簸箕上下兩簸。瞬息之間，闔城廟宇、衙署、兵民房屋倒塌無存，男婦人口奔跑不及，被壓大半。又因天時寒冷，房屋中間俱放有烤火之具，房屋一倒，頃刻四處火起。不惟撲救無人，抑且周圍俱火，無從撲滅，直至五晝夜之後，烟焰方熄。被壓人民，除當即刨出損傷未甚者救活外，其餘兵民、商客壓死、焚死者甚衆，一應資財、衣服、傢俱、什物俱已焚毁。城垣四面塌塌，僅存基址。其滿城房屋亦同時一齊俱倒，官兵被壓死者一千數百名。且平地裂成大縫，長數十丈不等，寬或數寸或一二尺不等。地中黑水帶沙上涌，亦有陷入而死者。城垣亦俱塌塌，且城根低陷尺許。臣到寧閲看，昔日繁庶之所，竟成瓦礫之場，慘目傷心，莫此爲甚。而地氣尚未寧静，每晝夜震動三五次。其寧城北面一百六十餘里至寶豐縣，西面四十餘里至平羌堡，南面、東面俱二三十里之村莊，其被震之重與寧城相類，此外受傷稍輕。查平羅、新渠、寶豐三縣，洪廣一營，平羌一堡，闔城房屋亦倒塌無存。而平羅、新渠、寶豐等處，平地裂縫，涌出黑水更甚，或深三五尺、七八尺不等。民人被壓而死者已多，其被溺、被凍而死者亦復不少，城垣亦大半倒塌。臣等派令官弁分頭確查，其死故民人查有家屬者，大口每名給銀二兩，小口每名給銀七錢五分，以資埋葬。如係客民無家屬者，官爲就近葬埋。其現存民人，先給一月口糧，無論大小口，每

①軍機處録副奏摺。

名俱給米三倉斗。倘有情願領銀者，照數摺給，總期有便于灾黎。嗣後再分别口之大小，按例給與口糧，總不令其流離失所。現在郡城内抬埋之壓死大小口一萬五千三百餘軀，此外瓦礫之中存尸尚多。除火燒尸骸已成灰燼、無從刨挖外，其餘現在逐處刨挖，陸續按名給銀抬埋。

至于新、寶、平羅并各鄉村堡，俱已委令員弁分路挨查，照數賞恤。再，新、寶、平羅等處被溺而死者，其尸凍住冰中，亦令各該委員備帶冰鑽，鑿冰抬出，給銀埋葬。尚有全尸俱在冰沙之内無處尋覓者，俟冰融之後，再行查埋。統俟賞恤完日，另行奏報。至于滿城被傷人口，現在諮令將軍臣阿魯查明確數，俟查覆至日，亦照數賞給銀兩。其現在民人房屋倒塌無存者，暫令各撿磚塊木植搭蓋窩鋪，以爲栖息之所。俟明歲春融可以動工之時，查其原有房屋，按間給與銀兩，以爲修葺之資。其滿漢城垣及大清、唐、漢各渠道，并官弁衙署、滿兵房屋應行修築者，俟另行確估奏聞。其餘一切應行事宜，統俟臣等公同商酌妥協，次第辦理。至于寧屬之靈州一帶，臣查郎阿沿途查勘，隨路撫綏。其中衛縣一帶地方，臣元展成于十二月十九日由中衛屬之營盤水沿途查撫。兩路情形，較之郡城，大勢俱輕，合并聲明。所有現在辦理情形，謹會摺恭奏，伏祈皇上聖鑒。爲此謹奏。

乾隆三年十二月二十日具。

此次灾變异常，朕撫躬自咎，實切慚悚。想汝等亦自知愧懼修省也。至賑恤一事，須極力爲之，毋使殘傷餘生再有不得所之嘆也。

【《明清宫藏地震檔案》（上卷壹）第152頁。亦見《清代地震檔案史料》第90頁；《乾隆三年寧夏府地震史料》第21頁。硃批参見《清實録》第10册，第325頁《高宗純皇帝實録》卷八三“乾隆三年十二月丁未”條】

湖廣襄陽鎮總兵周儀奏報寧夏地震其母及親屬多名被灾身故摺①

乾隆三年十二月二十日

奏。

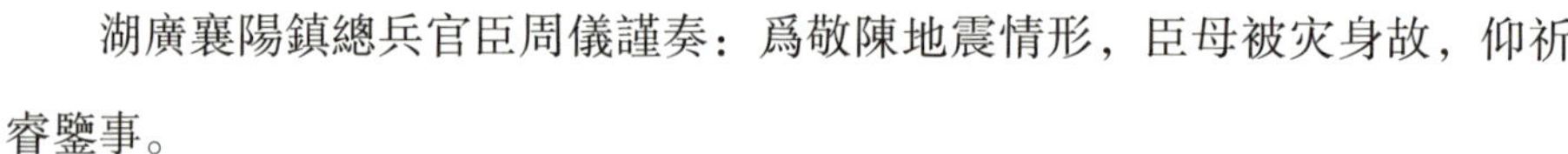

湖廣襄陽鎮總兵官臣周儀謹奏：爲敬陳地震情形，臣母被灾身故，仰祈睿鑒事。

竊臣一介庸愚，恭請陛見，荷蒙恩旨俞允，入覲天顔，得遂瞻天仰聖之忱。仰蒙天語訓誨周詳，恩賜鞍馬，准臣假期三月，旋里省親，迎母赴任。種種皇恩，優加無已。臣惟矢竭犬馬，圖報高厚。臣于本年十一月十七日自京起程，由宣化、大同、榆林一路回里。二十四日戌時，途次山西大同府，適值地震，及榆林一帶亦皆同時地震，俱尚輕微。十二月十五日，臣抵寧夏府，目擊城樓、官署、兵民房舍俱被地震倒平，百無一存，兵民人口傷亡極多。臣母年七十一歲，亦被灾故，并臣弟婦、侄媳男女六名口，惟存臣二弟周策、三弟周冕、四弟周度，暨家中男婦十九名口，悉係被灾救出。

伏思臣蒙聖恩，准臣假期，旋里迎養，實出聖主格外隆恩。臣母罹此變故，微臣肝腸寸裂，抱恨終天。今臣現在辦理塋葬後事，除報明湖廣督臣德沛、撫臣崔紀、提臣顔清如，臣遵例丁憂外，所有寧夏地震、臣母被灾身故情形，臣謹繕摺專差家人劉映斗賫奏，伏祈皇上睿鑒施行。爲此具摺，謹奏以聞。

乾隆三年十二月二十日。

覽。

【《明清宫藏地震檔案》（上卷壹）第155頁。亦見《乾隆三年寧夏府地震史料》第22頁】

①軍機處録副奏摺。

△諭内閣著兵部速行鑄就查給寧夏總兵官署印信等

乾隆三年十二月二十五日

乾隆三年十二月二十五日，内閣奉上諭："寧夏地方十一月二十四日地動後，總兵官署火起，聞印信被火銷化，著該部速行鑄就，須發所有王命、火牌、勘合、札付等件，該部一并查給。欽此。"

【《乾隆朝上諭檔》第 1 册，第 337 頁第 1070 條。亦見《清實録》第 10 册，第 316 頁《高宗純皇帝實録》卷八三"乾隆三年十二月癸卯"條；《明清宫藏地震檔案》（上卷壹）第 157 頁；《乾隆三年寧夏府地震史料》第 22 頁】

△川陝總督查郎阿等奏報寧夏地震等事

乾隆三年十二月二十九日

大學士、仍管川陝總督查郎阿等奏：西安一帶地微震動，并未被災。惟咸陽縣有數人被傷殞命，俱經酌量撫恤。得旨："知道了。寧夏甚重，卿加意撫恤之。"

【《清實録》第 10 册，第 325 頁《高宗純皇帝實録》卷八三"乾隆三年十二月丁未"條】

乾隆四年（1739）

兵部右侍郎班第等奏陳寧夏震後應辦驗尸賑糧放銀修房等項事宜摺①

乾隆四年正月初二日

奏。

兵部右侍郎臣班第等謹奏：爲酌議寧夏現辦事宜，恭請聖鑒事。

竊查寧夏慘遭地震，變出非常，瞬息之間，官民房舍一齊俱倒，而且屋下火發，地中水涌，其被壓、被焚、被溺身故者，男婦大小約計數萬。即幸而生全者，其父母、妻子半已被灾。煢煢孑遺，盡成鰥寡孤獨，屋宇、衣服、資財、什物，焚壓一空，露宿風餐，鳩形鵠面。昔則人烟繁庶，今則滿目荒凉。荷蒙聖恩軫念灾黎，特命臣班第馳驛赴寧，動撥庫項，會同將軍臣阿魯并地方文武大員查明賑濟。仰見我皇上胞與爲懷、痌瘝在抱之至意。臣班第到寧夏，隨會同臣查郎阿、臣阿魯、臣元展成，悉心商酌，先將現辦事宜，敬爲我皇上陳之：

一，查被壓、被焚身故人口，其中固有貧富不等，然而屋宇資財俱成灰燼，雖平時富餘之家，此際亦皆赤手，尸骸暴露，急切無資。今酌定無論男婦，大口每軀給埋葬銀二兩，小口每軀給銀七錢五分。現在刨出抬埋者，大小一萬五千餘軀。其餘瓦礫之中，冰沙之内，存尸尚多。現在刨挖，俟陸續刨出時，照例給與銀兩。其無主身軀，官爲就近埋葬。

一，查生存人口房屋、衣服、傢俱、什物俱已無存，若不概爲賑恤，必致飢餓流離。今酌定不論大小口，每口先給糧三倉斗，倘有情願領銀者，亦聽其自便，照依部價摺給，遴委妥員分路按名散給，務使均沾實惠，不得有一名遺漏。今散給將竣，酌計伊等口食已敷正月之需。臣班第到寧，灾黎沿

①軍機處録副奏摺。

途跪接頂戴，聖恩高厚，均得起死回生，感泣之情，真切篤摯。惟是伊等家資罄盡，非待今歲收成之後，不能自贍。今酌定自正月二十四日起，至六月二十四日止，計賑五個月。查甘省賑恤舊例，大口日給京斗糧五合，小口日給三合。今灾出异常，自應加意撫綏。酌定分别大小口數，大口每日給京斗糧八合三勺，小口每日給京斗糧四合一勺五抄，倘有願領折色者，仍聽從民便。自六月以後，夏禾登場，可以接資糊口，無庸賑恤矣。

一，查灾民房屋俱已傾倒無存，栖身無所。現在雖諭令撿拾斷木殘磚，搭蓋窩鋪，暫行栖息。而今歲春融之後，即須酌給修葺之資。但伊等向日貧富不等，房屋多寡不一，若照伊等舊有房屋間數給予銀兩，未免不均，亦且難于查核。今酌議現存人口無論大小，有兩口者給房一間，三口者給房二間，五口者給房三間，多者照此遞增。每間給房價銀二兩，令其自行搭蓋。

一，查被灾小民，或有全家俱被焚壓，止存幼稚男女者，此等孤弱無依，尤宜矜恤，應照例給予口糧、房價。查明伊等親戚誠實可托者，交于收養，俾無失所。

一，查現在賑恤及今歲所需籽種，并應支滿漢官兵月糧。所需糧石甚多，而各處倉廒俱已倒塌，其倉貯不無損折。現在寧夏、寧朔及新渠、寶豐、平羅五縣約略共存糧十萬餘石，又經撥運固原糧八千石，其餘不敷急需運供。查就近之平、慶各屬倉貯無多，不便全數動撥，致令空虛。惟凉州府屬之武威、古浪二縣，額糧本屬寬裕，而柳林湖等處屯種收貯之糧，除供支滿漢兵糧外，尚有富餘。現在酌撥二縣糧八萬石運寧協濟，雖武、古二縣距寧頗遠，但查此項糧石，若車運至長流水等處，即用船隻裝載，由黄河直運至寧，最爲利便。現在中衛有民船數十隻，每隻可裝糧二三十石不等，不敷應用。今已委員查勘河道，并令添造船隻，以資裝載，較之雇覓車騾從陸路駝運者，尤可節運費而省民力。俟事竣之日，將水路脚價及造船雇夫所用銀兩核實報銷。

一，查抬埋賑濟及將來給發灾民房價，并修築城垣、衙署等項所需銀兩甚多。臣查郎阿自西安起身，已經奏明在于西安藩庫撥銀二萬兩，臣元展成又于蘭州藩庫撥銀三萬兩，而寧夏各庫現存銀二十餘萬兩，又奉恩旨續撥蘭藩庫銀二十萬兩。尚有不敷，統于蘭藩庫貯就近酌撥。

一，查新渠、寶豐從前俱係招集靈州、中衛等處民户分田開墾。今地震水溢，房屋俱已倒塌，民無栖息之所。而所開惠農、昌潤兩渠震圮尤甚，沿河堤埂衝决甚多，層冰遍野，所墾田地俱已淹没無餘。伊等勢難存住，有已經自行回籍者，有不能動身現在待賑者。其現在待賑户口，一例賑恤口糧。其願回原籍者，暫令回籍。俟春融之後，作何修葺妥協，再令來縣墾種。其已經自行回籍者，亦令原籍地方官查明，一體賑恤，使失無所。臣班第、臣查郎阿、臣元展成，定于正月初二日親往查看，其應如何妥辦之處，俟查勘明確，再行酌議奏聞。

一，查寶豐現有倉貯糧二萬七千餘石，倉廒既已倒塌，糧石散露冰沙之中，若一待春融，耗爛必多。今酌議除賑恤彼處灾民外，其餘糧石俱運至平羅，以資賑恤之用，但民間牲畜傷斃大半，雇運維艱。查有滿城官駝，選擇膘健者，可得五百隻。鎮標官駝，選擇膘健者，可得一百隻。共約計駝六百隻前往馱運，不過一月之内，俱可運貯平羅。其喂駝草料，按日支給，事竣核銷。

一，查外來客商貿易于寧夏者甚多。地震之時，兩面樓房一齊倒塌，死傷更甚，均宜一體賑恤。今議定死亡客民，每軀亦給埋葬銀二兩。其有并無親屬及不知姓名者，官爲就近抬埋。其生存人口，亦與本地人民一體賑恤。除願留寧夏者聽其自行另圖生理外，其有資本俱已焚毁無存、情願回籍者，量其歸途遠近，酌給路費，資令回籍。

以上各條，俱係現在酌辦事件。其餘應行辦理之事，如修築滿漢城垣、建造官員衙署、建造滿兵房屋、修浚大小管道等項一切事宜，俟臣等公同查勘明確，商酌妥協，次第奏聞辦理。臣等目擊寧民塗炭之時，仰體我皇上惠鮮懷保之至意，惟期和衷商辦，措災黎于衽席，鞏邊鎮于金湯，以紓聖主西顧之憂，以貽寧民萬年之樂利已耳。謹會摺恭奏，伏祈皇上聖鑒。爲此謹奏。

乾隆四年正月初二日。

兵部右侍郎臣班第、大學士仍管川陜總督臣查郎阿、寧夏將軍臣阿魯、蘭州巡撫臣元展成。

所奏俱屬妥協。此非尋常賑恤可比，須亟力爲之，務期稍救災黎，以補我君臣之過耳。

【《明清宫藏地震檔案》（上卷壹）第159頁】

兵部右侍郎班第等奏報遵旨賞恤寧夏被災兵丁銀兩數目摺[1]

乾隆四年正月初二日

奏。

兵部右侍郎臣班第等謹奏：爲欽奉上諭事。

乾隆三年十二月十三日，辦理軍機大臣奉上諭："前據寧夏將軍阿魯奏報，寧夏地方于十一月二十四日戌時地動，朕心軫念。已降旨令將軍、督撫等加意撫綏安插，無使兵民失所。今據阿魯續奏，是日地動甚重，官署、民房傾圮，兵民被傷身斃者甚多，文武官弁亦有傷損者，朕心甚爲慘切，惟有敬凛天變，深自修省。著兵部侍郎班第馳驛前去，即于明日起程，動撥蘭州藩庫銀二十萬兩，會同將軍阿魯并地方文武大員，查明被灾人等，逐户賑濟，急爲安頓，無使流離困苦。其被壓身故之官弁，著照巡洋被風身故之例，加恩賜賞恤典。其動用銀兩，該部另行撥補。再，寧夏附近之州縣被灾者，著班第會同地方文武大員一體查賑，無得遺漏。欽此欽遵。"

①軍機處録副奏摺。

臣班第隨于十二月十四日自京起程，于二十八日抵寧，臣查郎阿、臣元展成俱已到寧，除現在會同臣阿魯商辦一切賑恤事宜另摺奏聞，其餘應行事件次第奏辦外，遵查被壓身故之官弁，滿城内有鑲黄旗滿洲佐領佛爾比、正白旗蒙古佐領僧保、正紅旗蒙古佐領常靈三員，鑲白旗滿洲驍騎校三海一員。漢城内有寧夏府知府顧爾昌一員、寧夏鎮標右營千總沈印一員，右營把總哈義德一員，俱應欽遵恩旨，照内洋、内河被風身故之例，減半給與祭葬銀兩。佐領三員，每員給銀二百二十五兩。驍騎校一員，給銀一百二十五兩。知府與佐領品級相同，亦給銀二百二十五兩。千總一員，給銀一百二十五兩。把總一員，給銀五十兩。以上共銀一千二百兩，俱照數賞給訖。其賞給恤典，應聽部臣議覆遵行。

再，查巡洋被風身故兵丁亦有恩賞銀兩，今亦應照内洋、内河被風身故之例減半賞給，以爲養贍家口之資，則伊等父母、妻子不致流離失所，頂沐高厚于無限矣。查滿城内有被壓身故之領催十名，先鋒九名，每名應減半給銀一百兩。被壓身故之馬甲九十名，又續報受傷身故之馬甲二名，每名應減半給銀七十五兩。被壓身故之步軍領目、步軍匠甲共四十一名，家下人按步甲十一名，又續報受傷身故之鐵匠一名，家下人按步甲一名，每名應減半給銀二十五兩。漢城内寧夏鎮標并平羅、新、寶、洪廣、威鎮、鎮朔、鎮北、平羌等各營堡被壓身故之馬兵一百四十一名，又續報受傷身故之馬兵十六名，每名應減半給銀三十五兩。被壓身故之步兵六十名，又續報受傷身故之步兵十名，每名應減半給銀二十五兩。被壓身故之守兵五十三名，又續報受傷身故之守兵三十一名，亦照步兵之例，每名應減半給銀二十五兩。以上共銀一萬九千四百九十五兩，亦俱照數賞給訖。除賞過滿漢兵丁花名清册，俟各該營造齊至日送部外，謹會摺恭奏，伏乞皇上聖鑒，敕部施行。爲此謹奏。

乾隆四年正月初二日。

兵部右侍郎臣班第，大學士仍管川陝總督臣查郎阿，寧夏將軍臣阿魯，蘭州巡撫臣元展成。

乾隆四年正月初九日，奉硃批："該部議奏。欽此。"

【《明清宫藏地震檔案》（上卷壹）第163頁】

※兵部右侍郎班第等奏請賞賜寧夏震後巡防滿洲官兵銀兩摺①

乾隆四年正月初二日

兵部右侍郎班第等謹奏：爲欽奉上諭事。

乾隆三年十二月十三日，奉上諭："寧夏地方地動，總兵楊大凱視爲泛常，怠忽殊甚，已降旨交部嚴加論處。其總兵員缺，著大學士查郎阿于通省總兵内揀選賢能之員調補，速令前往辦事。其所遺員缺，即著遞行題署。阿魯親率官兵前往漢城料理彈壓，所辦甚屬可嘉，著交部從優議叙。喀拉、同山，著交部議叙。其派往之滿洲官兵，著班第查明從優賞賚。欽此。欽遵。"

臣抵寧夏，即行會同將軍阿魯護衛震後漢城居民，查核派出守護倉廒、巡查街道之官兵數目。據報兩次派出官兵爲協領四員，佐領六員，防禦十一員，驍騎校六員，共官二十七員，領催、披甲一千名外，每日隨將軍、副都統等巡行前鋒一百二十三名，親丁五十八名，共兵一千一百八十一名，由各旗佐造册具結。此等滿洲官兵，亦如漢城人等被灾，房屋倒壞，壓斃人口者極衆，然毫無推諉之心，篤誠奉公，隨時聽從將軍調遣，趕赴汛地保護居民，委實可嘉。仰蒙聖上洞鑒，諭令查明此等官兵從優賞賚。經臣等酌議，賞協領四員銀各五十兩，佐領六員銀各四十兩，防禦十一員銀各三十兩，驍騎校六員銀各二十兩，領催、前鋒、披甲一千一百八十一名銀各十兩，共應賞銀一萬二千七百兩。俟有旨下，即由藩庫所解二十萬兩銀内動支賞發。爲

①軍機處滿文録副奏摺。

此謹奏請旨。

兵部右侍郎臣班第，鎮守寧夏等處地方將軍臣阿魯。

乾隆四年正月初九，奉硃批："好。欽此。"

【《明清宮藏地震檔案》（上卷壹）第166頁】

※兵部右侍郎班第奏報寧夏地震災情并將前往新渠寶豐查看摺①

乾隆四年正月初二日

奴才班第謹奏：爲奏聞事。

奴才遵旨于十二月十四日自京城起程，一路趨行，是月二十八日行抵寧夏。看得滿漢二城内房屋、衙署全行倒塌，其壓斃人口，現經查核，已挖出者爲一萬五千餘口，因房垣倒塌，疊積冰凍，尚有未經挖出者。滿城因地勢低窪，城垣下陷，城裂涌出之水積聚結凍。漢城内房屋倒塌之時失火，連燒數日，被火者極衆。此間每日又微震不斷，二十八日雪後，火勢減弱。初一日，未震。城外十、十五里以外較輕，渡過黄河，横城以東地方較寧夏爲輕，房屋倒塌者無多，人口損傷者亦少。寧夏周圍所有凉州、中衛等處地震亦輕，惟有新渠、寶豐、平羅此三處爲重，如同寧夏城。平羅地震後亦失火，新渠、寶豐二處地陷，涌出之水甚多，地皆結凍。壓斃人數尚未查明，現正在散賑。等語。故奴才一面到處張貼告示，傳宣聖上仁恩，一面會同查郎阿、阿魯、元展成商議散賑事項，另行具奏外，奴才及查郎阿，元展成于正月初二日起程，往查新渠、寶豐等地。爲此謹具奏聞。

乾隆四年正月初九日，硃批："知道了。欽此。"

【《明清宮藏地震檔案》（上卷壹）第170頁】

---

①軍機處滿文録副奏摺。

※兵部右侍郎班第奏報寧夏震後灾民搶米而食但無爲首之人摺[①]

乾隆四年正月初二日

奴才班第謹密奏：爲奏聞事。

奴才行抵寧夏後，將查緝漢城地震後私取倉米人衆内爲首之人之處，密行曉諭將軍阿魯、總督查郎阿、巡撫元展成，即行飭交寧夏道員鈕廷彩[②]後，據鈕廷彩告稱，十一月二十四日戌時，寧夏城地震，陡忽之間，倉廒、衙署、兵民房屋全行倒塌，繼而數處火起，貧困人等無處買糧，即便平素貯備糧穀之户，皆爲倒塌房垣掩埋，一時亦難起出。故此卑職即率寧夏、寧朔二縣知縣速支倉糧，每人暫行散給一石，并曉示仍行查明人數，再照例散賑。惟寧夏城户口繁多，城中所有寧夏、寧朔、新渠、寶豐四縣貯糧倉廒十餘處，房屋墻垣全行倒塌，糧穀溢出，看倉量糧人夫及衙役人等死傷過半，量糧之人不敷，一時難以供應數萬領糧之人，故被灾貧困人衆迫于飢寒，不等量放，亦有自行取食溢露在外之糧者。繼因城近村莊，被灾民人來取糧者衆，卑職派員與總兵楊大凱商酌。據言稱，城中所有緑營兵死傷過半，所剩兵力單薄，現已檄調各營兵力，恐難一時集齊。等語。又將理事同知程貴派往軍處，請先派滿洲兵作聲勢。遂于城外遇見將軍前來。二十六日，即派滿洲官兵防範鎮守。二十七日，又增派滿洲官兵協守倉廒。總兵所調玉泉營緑營官兵亦至，一同防守。被灾民人各自稍得糧穀，且見滿洲、緑營兵進城，便不再自行拿取，等待散放。而後總兵所調緑營兵亦相繼抵達，方于初六日撤回滿洲兵。彼時灾民飢餓難耐，紛紛取倉糧糊口者極衆，并無爲首之人。等語。阿魯言稱，民人哄搶倉糧，我官兵到後即散，果有爲首之人，我等焉

---

①軍機處滿文録副奏摺。

②鈕廷彩：原作“牛庭才”，據人名用字改。

能不緝捕。查郎阿、元展成亦稱并無爲首之人。

兹經密訪，彼時被災嚴重，人心驚悸，民衆挨餓，見有糧食在外，不等散放，紛紛而取食之，并無爲首之人。又據聞，知府顧爾昌家口盡皆被壓，其一名隨從夥同衙役偷取銀兩，爲地方官緝獲，現正在審訊。再，取平羅城倒塌當鋪所存衣物穿戴之人，亦在緝審。爲此謹密奏聞。

乾隆四年正月初九日，奉硃批："知道了，不必查明。欽此。"

【《明清宫藏地震檔案》（上卷壹）第 173 頁】

△諭内閣著西寧府知府臧珊調補寧夏府知府等官員任免事

乾隆四年正月初七日

乾隆四年正月初七日，内閣奉上諭："據大學士查郎阿、巡撫元展成奏稱，寧夏爲甘省要缺，且現有賑濟要務，經臣等將西寧府知府臧珊題明委署。臧珊才識幹練，辦事勇往，若以之調補寧夏府，于地方可有禆益。等語。臧珊，著照查郎阿等所請，調補寧夏府知府。其西寧府員缺，即將新用寧夏府知府之申夢璽補授。欽此。"

【《乾隆朝上諭檔》第 1 冊，第 339 頁第 1077 條】

川陝總督查郎阿等奏請委令凉莊道員阿炳安專管寧夏修復工程摺[①]

乾隆四年正月十一日

奏。

查郎阿等：請委原凉莊道阿炳安專管寧夏工程，并請工部派人前往

①軍機處録副奏摺。

確估。

正月十一日，臣查郎阿、元展成謹奏：爲工程浩大，督理必得專員，恭摺奏明，仰祈聖鑒事。

竊查寧夏陡遭地震，府城、滿城及平羅、洪廣城垣、衙署、兵房全數倒塌，至于靈州、中衛、花馬池、廣武、興武、玉泉各協路，并各駐防營堡城垣、衙署大多摇塌，處所俱係邊陲要隘，均須及早興修，但工程浩繁，必得才猷敏幹、練達工務之員，令其統理，專其責成，庶幾告竣速而工程固。

查有原任涼莊道阿炳安，才長識練，立心不苟從。前建造巴爾庫爾城工及涼州滿城，既能克期而竣，工程又復堅固，且所用錢糧亦多節省，而分委人員，恩威并用，率皆踴躍奉公，歷有成效，荷蒙恩旨嘉獎。前因丁憂離任，回伊西安旗籍。上年十二月間，臣查郎阿起身來寧之時，因該道守制已逾百日，雖不便即乃補官，遇有緊要公務，原可先而辦理，是以奏明帶來寧夏。今以似重大工程，非該道不能督理，應請專委總司其事。至于分辦之員，需人甚多，應令該道于現任文武弁員内遴選明白勤幹者，分派各工及時趕辦，總令該道統爲調撥，稽其勤惰，以此責成既專，大工易集，國帑無多糜之慮，邊城獲永固之安矣。惟是工程重大，必先估計合式，庶幾各有遵循，外省精于料估者，實乏其人，而工部現行做法則例未奉頒發，且工料名色，各處方音不同，憑空揣摩，動多舛錯，料估不能明確，報銷必致齟齬。如此重大工程，所關匪細，仰懇聖恩，敕下工部挑選最爲熟諳工程之人，携帶做法則例來寧，于未開凍之先，會同確估，指示畫一，則遵守辦理更得妥協，工更速而費更省矣。臣等因工繁事重，不惴冒昧，會摺恭奏，伏乞皇上聖鑒。爲此謹奏請旨。

乾隆四年正月十一日。

乾隆四年正月十八日，奉硃批："該部速議具奏。欽此。"

【《明清宫藏地震檔案》（上卷壹）第177頁】

川陜總督查郎阿等奏覆寧夏震後并無搶掠情事摺①

乾隆四年正月十一日

奏。

查郎阿等，覆奏寧夏等處并無搶掠緣由。

正月十八日。

臣查郎阿、元展成謹奏：爲據實奏聞事。

乾隆四年正月初六日，賫到硃批飛報地震一摺。欽奉硃批："已據阿魯奏報，朕遣侍郎班第前往，同伊料理賑務矣。卿聞報，即前往，甚屬可嘉，可同班第等盡心料理，務期災黎得所、兵民相安，庶可以略減我君臣罪過耳。至趁機搶奪，此風斷不可長，已密諭班第，卿其一一問彼，一同詳慎辦理。欽此。"先經侍郎臣班第到寧，密將諭旨傳示臣等，臣等隨將實在情形密行陳説。今蒙我皇上軫念地方被災之後，亟須鋤暴安良、諄諄訓諭。伏念臣等叨荷聖恩，忝列封疆大吏，乃以奉職無狀，上干天和，以致寧民陡遭慘變，縱極悉心料理，亦無以俯對災黎，尚何敢稍未協宜，略存絲毫欺隱。

前者初接寧夏鎮道來禀，内有百姓竊取糧石、搶掠當鋪之語。臣等雖據禀題奏，竊思地震房塌，固爲前災出非常，乃人心驟然變更，乘機搶竊，凶惡已極，聞聽之下，令人髮指。若不嚴拿重究，何以明法紀而懲凶頑。是以先差妥人星飛前往，密行訪查，并非搶奪。迨臣等到寧之後，親自查閲情形，又復細加采訪，實因寧城地震，倉廒倒塌，存貯糧石有流露在地者，百姓房屋被壓、被焚，家具、口糧一無所有，飢寒迫切，于二十五六兩日，見有倉廒溢出之糧，或以手撳，或以襟兜，不拘米、豆，就便携取升合。沿街支立磚塊，揀拾斷木零柴，殘瓶破罐，熬成湯粥，轉爲度命，形同乞丐，命

①軍機處録副奏摺。

若懸絲。犯則正于在城之百姓，繼則城外附近灾黎亦稍稍聞風而至，總因飢餓難忍，原非恃强搶劫，并無爲首之人。彼時文武各官衙署盡被焚毁，妻子亦多損傷，意亂心迷，不遑他顧。倒塌之倉廒，無人看守。溢出之糧石，無暇收拾。及至驚魂稍定，見有竊取之人，因倉儲關重，未免張大其詞。當此百姓流離之際，原須急爲賑恤，今伊等捧取升合之糧，苟延旦夕之命，實因倉猝之頃，地方官未即撫綏之所致。迨至二十七日以後，傳集軍民，每口一斗散賑，竊取之風頓息。且有謂無屋可以收藏，不願領取一斗者，則從前竊取之有限可知。臣等查驗倒塌之倉廒，周圍墻垣，上半傾圮，所剩墻根尚高四五尺不等，房屋覆蓋糧石之上，糧滿處所，即從墻上溢出，爲數亦屬無多。至于屋下壓住之糧，甚難掏挖。現據寧夏道鈕廷彩等禀稱，關支兵糧，用力爬開一孔，挖取兩三回始滿一斗，則難于搶劫，更屬顯然。其存貯糧石，水火亦不無損傷，實無搶劫情事。

至于搶掠當鋪之處，逐一查訊。原因平羅縣當商王應選房屋倒塌，將當鋪故衣賑濟灾民。後見人衆擁擠，恐滋事端，托令素相交好之鄰人高崇義兄弟將所餘衣服代爲收存，以防意外。迨後高崇義兄弟竟有中飽之意，以致王應選控告。今已訊明，并非搶奪，業經追還。又，新渠縣當商夏昌因房墻倒塌，衣服露積，見灾民寒冷，每人給衣一件，令其自取。有因家口俱乏衣服，取去兩三件者，亦非乘機搶掠。又，寧夏縣魏信堡當商黄秉時地震房倒，憫念灾黎寒冷，借給衣服。有劉漢臣、趙卓等將自己原當衣服撿回後，俱陸續送還，亦無搶劫情事。再，寧夏知府顧爾昌被壓身故，衙署火焚，有長隨方四并衙役等乘空偷竊署中銀兩，私自脱逃，今已拿獲，現在審究。

臣等受恩深重，當此灾黎顛沛之後，亟須鋤强除暴，以綏輯善良，以滋培元氣。如果有不法之徒乘機搶掠，豈忍姑息此一二奸匪，長其刁惡之風，貽害于殘毁之餘，稍有人心者，必不出此。今既查訪明確，并無搶掠，理合繕摺奏聞，伏祈皇上聖鑒。爲此謹奏。

乾隆四年正月十一日。

乾隆四年正月十八日，奉硃批："所奏具悉。欽此。"

【《明清宫藏地震檔案》(上卷壹) 第179頁】

兵部右侍郎班第等奏議修築寧夏平羅等處城垣衙署摺①

乾隆四年正月十一日

奏。

班第等：修理寧夏等處城垣。

正月十八日。

兵部右侍郎臣班第等謹奏：爲查議修築城垣，以重邊鎮事。

竊惟寧夏陡遭地震，官民房舍，瞬息之間，一齊傾圮，而城垣亦俱倒塌，僅存基址。寧夏爲臨邊重地，城垣急宜修築。伏查鎮城建自宋朝，迄今數百餘年，百姓富庶，人文蔚起，爲邊陲雄鎮。今臣等細加相度，黄河襟帶于東南，賀蘭屏藩于西北，實爲形勝之區。今雖地震殘毁，而地勢寬平開敞，無有逾于此者。且唐、漢兩渠環抱左右，渠口至尾，寧城適居道里之中，上下易于稽查。詢之輿論，咸稱房屋雖傾，而屋基各有定界，其斷木殘磚，均可就近爲修造之用，是宜仍循舊址，與民實有便益。惟是舊址雖存，若即幫築其上，新舊不能相附，殊非久遠良圖，自應削除平坦，重新建築。計舊城周圍一十九里三分，高三丈六尺，城根闊二丈，外面包磚，四面共計六門，今應俱照舊式建造，以重沿岩邊。

又，平羅縣城亦俱倒塌，僅存基址。查平羅逼近邊塞，爲寧夏北面之捍蔽，向爲參將駐札之所。嗣因添設寶豐，又在平羅之東北，是以將參將一營

①軍機處録副奏摺。

移駐寶豐城内。今既將寶豐裁汰，則原設參將一營之官兵，仍應移駐平羅。查平羅城垣築于明初，周圍八百七十丈，高三丈五尺，城根二丈，外面包磚，止有南北兩門，今亦應照依舊式建築。

又，洪廣營設在寧夏之西北，其臨邊岩險，與平羅相等，向係游擊駐札之所。今城垣、房屋俱已倒塌無存，亦應重建。查洪廣營城垣亦建于有明，周圍四百五十八丈八尺，高三丈有奇，城根二丈，内外俱不包磚，今應照舊式建造。

又，中衛、花馬池兩協，靈州、玉泉、廣武、興武、横城、石空寺堡等處參、游、都、守駐兵之所，其城垣俱有倒塌。又，平羌、威鎮、鎮朔、鎮北、鎮羅、韋州、臨河、紅山、棗園、毛卜喇、寧安、清水等營堡，或有全行倒塌者，或有倒缺數處者，俱係分防要隘之區，自應一體修葺。

至于官弁衙署，亦應一并估造。統俟估計明確造册，題請動撥款項，俟春融之後，及時興修。所有查明應修城垣、衙署緣由，謹會摺恭奏，伏祈皇上聖鑒，敕部議覆施行。爲此謹奏請旨。

乾隆四年正月十一日。

兵部右侍郎臣班第，大學士、仍管川陝總督臣查郎阿，蘭州巡撫臣元展成。

乾隆四年正月十八日，奉硃批："大學士會同該部速議具奏。欽此。"

【《明清宫藏地震檔案》（上卷壹）第182頁】

兵部右侍郎班第等奏請移建寧夏滿城摺①

乾隆四年正月十一日

奏。

班第等：請移建寧夏滿城。

①軍機處録副奏摺。

正月十八日。

兵部右侍郎臣班第等謹奏：爲奏請移建滿城，以垂萬年鞏固事。

竊查寧夏滿城于上年十一月二十四日地震之時，衙署、兵房倒塌無存，地中泉水帶沙上涌，城垣低陷，東、南、北三門俱不能出入，止有西門低陷尚少，僅可行走。而由滿城以至漢城，道路俱成冰海，若春融之後，車馬俱多不便。臣等細加查看，從前建築之時，所擇地基，本屬低窪，且土性鬆浮。原非可以建城之所，其入漢城大道。從前未地震之時，每歲夏秋，積水泥濘，必須繞道，今地形更加低陷。若仍舊址建築城垣，不惟低潮難以居住，抑且城垣、廬舍俱不能堅固。況現在房屋俱已倒塌，城垣俱已塌裂，總須重造。與其建于無用之地，徒然糜費國帑，孰若另擇高燥地基，以爲久遠良圖。

今查漢城之西十里平湖橋之東南，其地高燥而方平，土色堅潤。東至漢城，俱係平坦大道，往來便捷。若于此建築滿城，右倚賀蘭，氣勢雄壯，可以垂萬年樂利之安，可以爲漢城犄角之勢，最爲妥協。查舊時滿城周圍六里三分，城垣窄狹，每兵住房四面俱無隙地，兵丁各有家口，殊多未便。今所擇城基可展一里有餘，均可分晝，庶幾屋傍各有餘間，于兵丁家口，實爲便益。至于所議築城處所圈占民人田地房屋，照時給價，令其另以置買。所有舊城基地，并從前撥給滿洲官兵官地，交與地方官變價，仍于移建滿城附近處所，另行□撥。其建築滿城，蓋造官署、兵房，估計明確造册，題請動撥款項。俟春融之後，及時興修。所有查明移建滿城緣由，謹會摺恭奏，伏祈皇上聖鑒，敕部議處施行。爲此謹奏請旨。

乾隆四年正月十一日。

乾隆四年正月十八日，奉硃批："議政王大臣會同該部議奏。欽此。"

【《明清宫藏地震檔案》（上卷壹）第184頁】

兵部右侍郎班第奏請將無籍灾民撥入養濟院并借給農户牛價銀摺[①]

乾隆四年正月十一日

奏。

班第等：灾民入養濟院，并借給農民牛價。

正月十八日。

兵部右侍郎臣班第等謹奏：爲無藉之灾黎宜恤，窮民之耕作宜籌，酌議奏請聖訓事。

竊查被灾小民，或有全家俱被焚壓，止存幼稚男女。前經奏明，照例給與口糧、房價。查明伊等親戚可托者，交與收養，俾無失所。等因。在案。惟是有等鰥寡孤獨，更無親戚可依，此等無告窮民，尤堪憐憫。若止給口糧、房價，伊等既不能炊爨，又無處可以栖息，風眠露宿，寒已剥膚，再將所給口糧、房價食用既盡，則必致飢寒失所。應請撥入養濟院，俾年老者得以終其餘年，幼稚者亦暫得所依藉。如成立之後，可以自謀生理，聽其自便，則聖恩浩蕩，覆載無遺矣。

再，查地震房塌，農家牛隻多有被壓傷斃者。有力之家，尚可另行購買。其無力小民，耕作無資，秋成何望。應令查明無牛民户，每户借給牛價銀八兩，令其買牛，以資耕種。其所借牛價，分作四年帶徵還項。俟借畢之日，另行造册送部存案。謹會摺一并奏聞，伏祈皇上聖鑒。謹奏請旨。

乾隆四年正月十一日。

臣班第、臣查郎阿、臣阿魯、臣元展成。

乾隆四年正月十八日，奉硃批：“所議甚妥。知道了。

【《明清宫藏地震檔案》（上卷壹）第186頁。亦見《清代地震檔案史料》第96頁，《乾隆三年寧夏府地震史料》第22頁】

---

①軍機處録副奏摺。

兵部右侍郎班第等奏報中衛縣武生俞汝亮捐獻錢銀衣物賑濟災民摺[①]

乾隆四年正月十一日

奏。

班第等：俞汝亮捐賑。

正月十八日。

兵部右侍郎班第等謹奏：爲據呈恭奏事。

據中衛縣廣武堡武生俞汝亮呈稱，汝亮故父俞益謨，叨蒙皇恩，洊歷湖廣提督，舉家感戴，圖報無由。今寧夏慘遭地震，民人房屋盡數倒塌，隨時火起，死傷無算。現存民户，飢寒迫切，不忍見聞。廣武一帶，雖亦動摇，仰荷皇天默佑，無甚損傷。汝亮家有微資，皆出聖恩賞賜俸廉之所遺存。睹此灾黎顛沛，不忍坐視，情願捐備制錢二千串、銀一千兩、羊一百五十隻。又當鋪所存之皮棉夾衣共二千九百八件，稍爲灾黎療飢禦寒之用，伏乞查收。等因。前來。隨照數查收。將皮棉夾衣于寧夏、寧朔、平羅、新渠、寶豐五邑灾民中，擇其極貧無衣服者，按名散給。其羊隻變賣價值，同所捐銀錢，采買糧石，擇極貧之家，均匀分給。

伏念睦姻任恤，聖世所以興民，化育薰陶，灾黎因而通德。寧城陡遭异變，死無爲殮，而生無所依。温倫疊沛邊陲，糧則發倉，而銀則動帑。固已恩波之普被，何煩與水之細流。然該生感戴國恩，叨承世澤，聖仁講讓，久沐浴于芹宫，恤難拯灾，先措施于梓里。即此青衿之好義，具微紫極之作人。臣等念切民艱，心如己溺，睹兹善舉，欣看至德之感孚，敬以上聞，爰作士林之鼓舞。除另疏題報外，謹先繕摺恭奏，伏祈皇上聖鑒。謹奏。

乾隆四年正月十一日。

---

①軍機處録副奏摺。

臣班第、臣查郎阿、臣阿魯、臣元展成。

乾隆四年正月十八日，奉硃批："知道了。"

【《明清宫藏地震檔案》（上卷壹）第188頁】

※寧夏將軍阿魯等奏報賫摺人孟圖及額赫勒圖路途發生争執送摺遲誤摺①

乾隆四年正月十五日

鎮守寧夏等處地方將軍奴才阿魯等謹奏：爲奏聞因地震派往具奏官員延誤緣由事。

乾隆三年十一月二十四日，奴才所在寧夏地方地震，被灾嚴重。二十五日，奴才急繕奏摺，時因恍惚，恐摺有未盡，爲備皇上垂詢震情，派往佐領孟圖、驍騎校官保。又恐其家人不能跑，由前鋒内挑派額赫勒圖、勞格二人陪同前往。十二月二十三日，據山西省所屬五寨縣知縣劉岳貴呈文内稱，據三岔驛驛丁郝金中報稱，本年十二月初一日寅時，寧夏將軍衙門派往賫摺佐領一員名孟圖、隨從一人名額赫勒圖行抵三岔驛，換馬前往官莊村途中，隨從額赫勒圖突然策馬尋山而去，佐領孟圖返回三岔驛告知我等，我等一同前去尋回。復往官莊村時，本驛一人在前行，一人身背奏匣在佐領孟圖馬前行，隨從額赫勒圖在後。行抵十廟村東邊，佐領坐騎突然驚跑，回首看得，佐領躺卧在地，隨從額赫勒圖手持脚蹬擊打佐領頭部。我驛丁趨捕隨從額赫勒圖，因佐領受傷不能前行，抬回三岔驛。是日申時，佐領另繕傳單，將奏摺賫往京城。等因。來報。本知縣當即前往三岔驛驗看佐領孟圖之傷，俟傷愈遣回外，其隨從額赫勒圖或解送刑部，或送往將軍衙門之處，俟有批示遵行。等因。呈報。

①軍機處滿文録副奏摺。

據此，奴才等方行獲知，當即批令該知縣俟佐領孟圖稍愈即速遣回，將額赫勒圖乘驛解送，由我等審辦外，理當從速奏聞。惟因孟圖尚未回返，原因不詳，暫且等候。本年正月初十日，佐領孟圖、驍騎校官保等返回，奴才等問孟圖緣由。據孟圖告稱，孟圖我等四人，于二十五日自寧夏起程，行抵搏羅營後，驍騎校官保、前鋒勞格腿痛不能跑，將彼等留于彼處，我帶額赫勒圖前行。十二月初一日行抵三岔驛，夜裏换馬馳抵官莊村後，額赫勒圖身背奏匣回馬馳往山上，我復回三岔驛，派驛丁將其尋回。問之，答稱，我突然間感覺迷亂昏花，并不曉事，胡亂奔跑。觀之額赫勒圖眼歪色异，遂加平撫，復從三岔驛起跑。再至官莊村後，不知何故，趁我不備，額赫勒圖拉我下馬，又持脚蹬擊頭，驛丁來後，將其抓捕。因我不能前行，將我抬至三岔驛。又問孟圖曰："爾等平素或此次同行曾結怨乎？倘或額赫勒圖平素暴瘧酗酒？"孟圖答稱："額赫勒圖平日人善勤公，故而尚得我之賞識，并無結怨之處。此次同馳，在途亦甚好。惟抵神木縣後，額赫勒圖告稱，爾既言長痔瘡，將軍交代地方，誰能跑，誰就在前行，我將前行。"我制止曰："我從寧夏起程，即長痔瘡，忍痛與爾同馳至此，我現仍能奔馳。與奏摺勘合之文書并未寫爾之名字，爾不可獨往。此外并無他故。彼平素衹是不能飲酒，飲酒數盅即醉，爲我所稔知。故以此行事關重大，我全然未許彼飲酒，彼亦未敢當我面飲酒。惟是日自三岔驛起程前往官莊村，彼初次狂奔。再次奔跑時，即打我，其爲何故，委實不知。額赫勒圖現囚于五寨縣獄内。"等語。奴才等看得，佐領孟圖傷已愈合，故將孟圖路途耽擱，現已返回情形奏聞外，俟將額赫勒圖驛解前來，奴才等飭令審擬定罪，另行報部外。爲此謹具奏聞。

鎮守寧夏等處地方將軍阿魯、副都統喀拉。

乾隆四年正月三十日，奉硃批："知道了。前曾敕令兵部稽查，著照此奏由爾等辦理報部。該部知道。欽此。"

【《明清宫藏地震檔案》（上卷壹）第190頁】

兵部右侍郎班第等奏請豁免受災最重寧夏等五縣舊欠銀糧摺①

乾隆四年正月十七日

奏。

班底等：請豁免寧夏等五縣舊欠。

正月二十四日。

兵部右侍郎臣班第等謹奏：爲密奏請旨事。

竊查寧夏慘遭地震，其所屬之寧夏、寧朔、平羅、新渠、寶豐五縣民人受灾最重，其所有上年未完額徵銀糧，往例俱于次年奏銷，以前照數通完，是以每年二月之初即屆開徵之期。今五縣民人所有房屋、衣服、貲財、什物盡因地震水溺、火焚，一無所有，衣不足以蔽體，食不足以果腹，風栖露宿，啼飢號寒。仰荷聖恩浩蕩，動帑發倉，加意撫綏，按户賑給，俾得不致流離失所。然而民心甫定，民困未蘇，自不便纔經安輯，遽令輸將。臣等仰體我皇上如天之仁，飭令各該縣查造舊欠銀糧清册，呈賫諮部緩徵。惟是伊等被灾既重，力難新舊兼輸，其所有舊欠，可否豁免之處，出自聖恩。臣等未敢擅便，謹會摺密行奏聞，伏祈皇上聖鑒，特頒論旨遵行。爲此謹奏請旨。

乾隆四年正月十七日。

臣班第、臣查郎阿、臣阿魯、臣元展成。

乾隆四年正月二十四日，奉硃批："豈但舊欠，即今年新賦，一并早降諭旨豁免矣。欽此。"

【《明清宫藏地震檔案》（上卷壹）第 196 頁】

---

①軍機處録副奏摺。

兵部右侍郎班第等奏報寧夏持續地震并無人口損傷摺[①]

乾隆四年正月十七日

兵部右侍郎臣班第等謹奏：爲現在地震情形，恭摺奏聞事。

竊查寧夏自上年十一月二十四日地震，而後地氣尚未寧静，每一晝夜間，或三四次，或一二次不等，俱自西北方起，微震片刻即止。惟正月初六日丑末寅初，震動稍大。至正月十六日未正三刻，猛然震動，又覺稍大于前，上下顛簸者三四遍，兩邊摇蕩者十餘遍。城中所蓋窩鋪，倒塌數十處，居民雖有一二人微傷頭面者，并無壓斃人口。其地形低窪處所，水從地中涌出，帶沙而上，漩成圓坎者十餘處，俱不甚大，亦不爲害。詢之居民，較之十一月二十四日，其震動形勢不過十之四五分。隨差弁員飛查四鄉，亦與城中相彷彿。滿城北門又低陷尺許，亦無損傷人口。所有現在地震并無損傷情形，謹會摺奏聞，伏祈皇上聖鑒。爲此謹奏。

乾隆四年正月十七日。

臣班第、臣查郎阿、臣阿魯、臣元展成。

乾隆四年正月二十四日，奉硃批："知道了。欽此。"

【《明清宫藏地震檔案》（上卷壹）第198頁。亦見《清代地震檔案史料》第96頁】

※兵部右侍郎班第等奏報撫恤被灾滿洲官兵請展限扣清所借銀兩摺[②]

乾隆四年正月十七日

兵部右侍郎臣班第等謹奏：爲欽遵上諭事。

乾隆三年十二月初九日，據將軍阿魯等奏稱，地震後，滿城官兵房屋，

①軍機處録副奏摺。
②軍機處滿文録副奏摺。

盡皆坍塌，且又失火涌水，因恐官兵家口被灾，以致飢寒，當將庫存生息銀八千八百一十四兩餘全部動支，馬兵每名暫行借銀三兩餘，步兵每名暫行借銀二兩餘，動用當鋪錢文八百七十千餘，官員每人借給錢文十一千，以解灾乏。又將兩處當鋪之衣物盡行追出，散給原主，以禦風寒，一定期限後，再令歸還。衣物、本息細數及庫銀數目，俟核明另行奏聞，伏乞訓示。奉硃批：“此次爾等所辦甚妥，朕嘉賞不已。所有應辦事項，均與班第協商而行。欽此欽遵。”臣等現將滿城應辦事項會同詳議，分別條款，謹列于後，恭呈御覽。

一項，爲照出海巡查遭風殞命之例，格外恩賞官兵，裁去應給賞恤銀兩事。查得，滿城壓斃佐領三名外，尚有驍騎校一員，領催、前鋒、披甲、步甲、匠役一百五十三名，包衣步甲十二名，共一百六十五人。此等另户披甲遇有喪事，平素皆分別賞銀，現降旨施以重恩，皆照出海巡查遭風殞命之例施恩，相應免去平素應給彼等之白事賞銀。

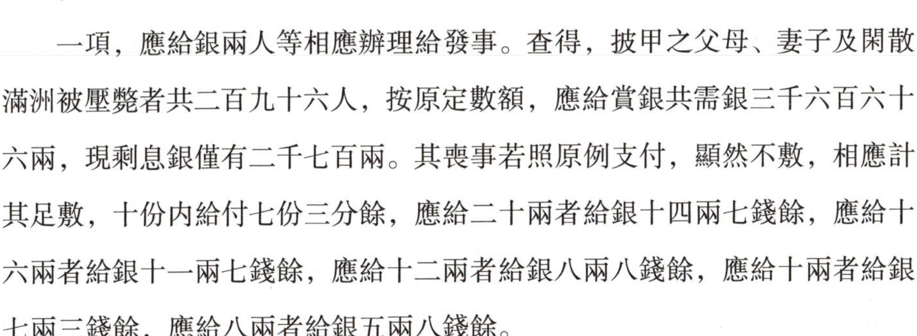

一項，應給銀兩人等相應辦理給發事。查得，披甲之父母、妻子及閑散滿洲被壓斃者共二百九十六人，按原定數額，應給賞銀共需銀三千六百六十六兩，現剩息銀僅有二千七百兩。其喪事若照原例支付，顯然不敷，相應計其足數，十份内給付七份三分餘，應給二十兩者給銀十四兩七錢餘，應給十六兩者給銀十一兩七錢餘，應給十二兩者給銀八兩八錢餘，應給十兩者給銀七兩三錢餘，應給八兩者給銀五兩八錢餘。

一項，爲辦理遇有喪事不應給賞銀人等之事務事。查得，滿城壓斃閑散、西丹、妻孥、包衣男婦、幼丁共七百五十七人，向例不給彼等賞銀。惟此次被灾，仰蒙聖上隆恩，兵民大小人口遍施葬銀，彼等亦應照散賑案内議奏之例，大口每口給銀二兩，小口每口給銀七錢五分，由地方支付。

一項，爲未收取每名三斗之賑米事。查得，地震後奏請由地方先行支給兵民每人米三斗。支給此米者，特恐被灾民人饑饉，緊急救濟之意。滿洲官

兵按月支取錢米，即便地震之後，亦仍支取錢米，并無短糧之處，故未支取此項糧米。

一項，爲請將官兵所欠生息銀展限扣還事。查得，地震後借給官員之當鋪本錢八百七十一千餘，借給兵丁之生息銀八千八百十四兩餘，散給官兵之當鋪衣物本銀二萬兩，内因存簪號房被火損失四十六兩外，此三項共銀二萬八千七百六十七兩九錢餘。此項銀兩，係永久利裨兵丁之息銀，理當扣還。又查得，爲支給西、南二路撤回官兵馬、駝價銀，并收拾軍器，曾從藩庫借銀。馬匹價銀二萬一千六百八十兩，分三十個月扣清。自去年九月起，開始扣還駝價銀，至本年正月止，方扣除五個月，尚有二十五個月未扣除。所餘駝價銀一萬三千二百五十兩扣清後，又將扣除爲收拾軍器由庫借支銀六千六百七十五兩七錢。倘將此項生息銀又與駝價銀一并扣取，兵丁月餉有限，必致窘迫。故經臣等會商，其應扣駝價銀，奏請暫停，先行扣還現在所欠生息本銀二萬兩及息銀八千七百六十七兩九錢餘。償還此項銀兩，官兵所欠數目多寡不一，相應計其每兩每月扣除二分，限期爲五十個月，儘可扣清。如此扣還，每月可得銀五百七十五兩三錢餘。此項銀兩扣完後，再將駝價銀、收拾軍器銀，照原奏陸續扣還。

查得，此次地震，生息本銀二萬兩及餘存息銀，盡數調用。除壓斃人口外，此間發生紅白事件百餘起，因無銀兩，尚未給發。嗣後再有紅白事件，并無支付之項。奴才等復查先前撥給官兵數目，因紅白事件年支付三千餘兩銀者有之，年支付二千七八百兩銀者亦有之。現餘息銀尚有八千七百餘兩，嗣後凡有紅白事件，即從此項每月扣取之五百七十餘兩銀内動支，每月用餘之銀，作爲二萬本銀存儲，俟至凑齊，再行詳議如何生息，具奏請旨。惟現今所支均係剩餘息銀，倘若仍照前數支給，恐有不敷。故經臣等共同商議，暫減支付數目，應給二十兩者給十六兩，應給十六兩者給十二兩，應給十二兩者給十兩，應給十兩者給八兩，應給八兩者給六兩，應給六兩者給五兩，應給四兩者仍給四兩，俟生息銀足數，再照前數給付。可否之處，伏乞聖上明鑒訓示，臣等謹遵施行。爲此謹奏請旨。

將此交户部，從速諮行侍郎班第等。亦交付兵部。

【《明清宫藏地震檔案》（上卷壹）第 207 頁】

川陝總督查郎阿等奏請寧夏地震善後事宜准照甘肅土方之例增加捐款摺[①]

乾隆四年正月十八日

奏。

正月十八日。

臣查郎阿、元展成謹奏：爲敬籌寧夏善後事宜，以裕民生，以重邊鎮事。

竊惟寧夏爲臨邊重鎮，枕賀蘭而帶黄河，控外夷而拱全陝，鞏北門之鎖鑰，扼西塞之咽喉，不惟爲甘省之岩疆，實亦關中之要隘也。向者人民繁庶，商賈輻輳，縉紳蔚起，甲第相連，城中周圍一十九里，幾無隙地，即一廛兩口之家，亦共享盈寧之福。雖西安、蘭州省會之區，其富庶之象，遠莫能逮，蓋已千百年于兹矣。至于横城、市口等堡與夷人交易之所，夷貨畢集，百姓争相購買，無有餘剩。窮夷藉此以補匱乏，内地亦因此以壯金湯，是寧夏一鎮甚有重于全秦也。乃自上年十一月二十四日地震而後，城垣、廬舍俱成瓦礫，器用、財賄皆歸灰燼，人民死傷者十之三四。其幸而生存者，亦皆鵠面鳩形，百結懸鶉，家無飽暖之資，人乏歡騰之氣。而新渠、寶豐、平羅三屬縣城鄉，悉若邱墟，田舍咸成巨浸，户民無栖息之所，大半仍回原籍。臣等親行查勘，觸目傷心，不勝滄桑之感。

①軍機處録副奏摺。

仰蒙我皇上保民若赤，動帑賑恤，更命臣等加意撫綏，務使灾黎得所。臣等受恩深重，身任封疆，睹此蕭條，能不殫心竭慮，思所以昭布皇仁，惠懷黎庶，俾殷繁之復舊，鞏固之邊城。惟是城垣則議重築，管道則議重修，官署、民房則議建造，倉糧則議儲積，傷故之兵丁則議募足，壓斃之馬匹則議買補，殘缺之軍裝、器械則議添製，此皆可以銀兩漸次辦理。伏惟我皇上念切安懷，豈惜此數百萬帑金，爲一郡生靈永垂樂利。但寧夏一府所屬七州縣，而被重灾者五縣，民人死傷甚多。時當春融，農事方興，艱于雇募，本地之什物無存，外省之商賈不至，一切所需物料，亦艱于購覓。况民人之受傷已深，地方之凋瘵已極，縱使十年生聚，十年教養，亦不能起尫羸而扶元氣，整殘毁以復舊觀。寧民之生計不能充裕，四方之商賈不能雲集，而塞外窮夷其所携貨物不能消售，所需日用品無處購買，内外蕭索，重鎮荒凉，甚非所以仰體我皇上保惠斯民乂安邊境之至意也。

臣等再四籌畫，欲求地方之富庶，須集外來之商賈。然而商賈携貨而來，本地民人無力購買，則貨不見售，商人必裹足不前，是必先集四方豐厚之人，挾其財賄，接踵争先，與寧民相雜處，出其餘貲以買貨物，則商賈不招而自至。而本地所産之布帛、菽粟既得藉以流通，且從前之開張店鋪造賣吃食，奔走經營，凡藉客商以謀生者，均得復其舊業，沾其餘潤，則寧民亦不賙而自足。至若附近之夷人市口交易之時，有商賈之貨物以應其所求，在夷人既得以所有而易所無，在寧民又得因互市而獲利益，彼此相藉，一如舊日，則地方景象更可不煩調劑而自獲豐亨，如此則民心既定，邊境永安。

而欲集四方豐厚之人，則惟有開捐之一法。竊查甘省積貯，已蒙聖恩允，移捐監之例，分貯各屬。又奉特旨，准令外省之人在甘報捐，則外省商民赴寧捐監，似即可集士商而裕積貯。然而捐監之人携貲有限，且各省俱有捐監之例，則在甘報捐者，本屬寥寥，而寧夏遭此殘毁之餘，外來之人更少，而糧價又不能平減，孰肯捨近而就遠。况本地之紳衿士庶，生計尚且艱

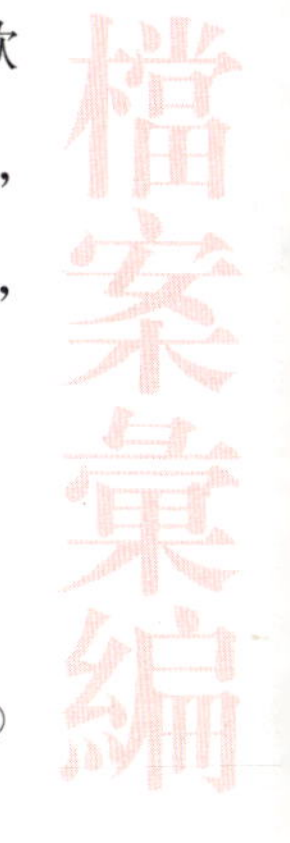

難，亦不能有餘力以報捐，則不惟地方無以籌豐裕，即積貯亦難以計萬全。是必照依甘肅土方之例，稍增捐款，俾士子有志功名者，趨赴寧城，争先捐納，既可招懋遷而充民用，亦可實倉貯以備急需。

伏念朝廷取士，固必出于正途，乃可以驗其器識，徵其學問。然而聖朝百年培養多士如雲，其限于額數而未獲一第者，固不乏人，則捐納亦足以補正途之不逮。是以從前屢次開捐，而大小臣工，從捐納出身者亦多。頗知自好竭蹶，以圖報涓埃，則其效力宣猷，似非盡出正途之下也。臣等忝列封疆大吏，豈肯輕開言利之門。惟是變出非常，地關要隘。臣等身親查勘，幾費謀度，欲爲邊鎮籌復元，爲民生求起色，有非此更無足爲善後之計者。是以不揣冒昧，上瀆聖聽。倘蒙俞允，容臣等于從前捐例中酌定數條，另疏題請。是否可行，伏祈訓示。謹會摺密奏請旨。

【《明清宫藏地震檔案》（上卷壹）第 208 頁】

川陝總督查郎阿等奏報撥解甘凉庫貯軍需口袋盛裝寧夏倉廒露積糧石摺[①]

乾隆四年正月十八日

奏。

查郎阿等：撥解甘凉庫貯軍需口袋，裝盛寧夏倉廒糧石。

正月十八日。

臣查郎阿、元展成謹奏：爲倉糧關重，亟宜設法安頓，恭摺奏聞事。

竊查寧夏地震，倉廒倒塌，壓存糧石，亟須清理，而倉廒一時不能驟建，糧石露積，難于看守。抑且風沙雨雪，殊非慎重倉儲之道。查甘、凉兩處，現有存貯軍需夾布口袋可以裝盛，平時則加謹苫蓋，遇有撥用，亦易于

①軍機處録副奏摺。

搬運。隨行令甘、涼兩府在于庫貯口袋中揀選完好堅固者，甘州府動撥四萬條，涼州府動撥六萬條，雇覓騾頭，交給提鎮，遴委妥員，星速趕解來寧備用。其雇騾脚價，照例按程給發，并捆縛口袋之麻繩價銀，一并核實造報，應請作正開銷。今兩府之口袋已經陸續運到，所有撥解口袋緣由，謹會摺奏聞，伏祈皇上聖鑒，敕部存案。爲此謹奏。

乾隆四年正月十八日，奉硃批："該部知道。欽此。"

【《明清宫藏地震檔案》（上卷壹）第 211 頁】

兵部右侍郎班第等奏請補造寧夏滿漢軍裝器械摺[①]

乾隆四年正月十八日

奏。

班第等：請補造寧夏滿漢軍裝、器械。

正月十八日。

兵部右侍郎臣班第等謹奏：爲查驗滿漢軍裝、器械等項，應請補造，以利營伍事。

竊查寧夏滿城、漢城，以及各營堡，陡遭地震，房屋倒壞，所有各營炮位、鳥銃、盔甲、弓箭、撒袋、刀、矛、藤牌、旗幟、鞋屜、帳房、鑼、鍋等項，并預備之火藥、鉛丸，戰兵預備之口糧、衣帽等物，或被火焚，或被水泡，或被沙壓，或被房屋打壞。其有當時救出，亦有隨後刨挖而得者，多爲殘毀，不堪應用。統計滿城損傷廢失者十之二三，緑營火焚更甚，所存無幾。伏念軍裝、器械均關營中緊要之需，今因災出非常，陡然驟至，彼時官兵或身被焚壓，或父母、妻子均受災傷，不能相顧，所有前項軍裝、器械，

---

①軍機處録副奏摺。

瞬息之間，即被損壞，委非人力所能救護，臣等查驗確實，似應仰懇聖恩，准其動支正項錢糧，照數補造，以備營伍操演，以專之用。倘蒙俞允，應令各該營備造應修應製各項數目清册，另行送部。請領銀兩及時補足，工竣之日，核實請銷。所有查驗應補軍裝、器械緣由，謹會摺恭奏，伏祈皇上聖鑒，訓示遵行。爲此謹奏請旨。

乾隆四年正月十八日，奉硃批："著照所請行，該部知道。欽此。"

【《明清宫藏地震檔案》（上卷壹）第213頁】

△兵部奏請動支庫項補造寧夏滿漢各營因地震損壞軍器

乾隆四年正月十八日

兵部奏：寧夏滿漢各營，因地震軍器損壞，請動支庫項補造。得旨："如所請行。"

【《清實録》第10册，第334頁《高宗純皇帝實録》卷八五"乾隆四年一月乙丑"條】

諭内閣寧夏地震著豁免寧夏等五縣本年應徵地丁糧米草束雜税等項[1]

乾隆四年正月二十日

乾隆四年正月二十日，内閣奉上諭："上年十一月，寧夏地動，民人被灾甚重。朕聞奏，即遣大臣星馳前往，會同督撫、將軍等加意賑恤，并籌畫撫綏安輯之計。日來伊等陸續奏到，正在多方經理，以濟灾黎。朕思民人等困苦，播遷之後，縱能勉力耕耘，豈能復輸租税。著將寧夏、寧朔、平羅、新渠、寶豐五縣本年應徵地丁及糧米、草束、雜税等項，悉行豁免。如有舊

①《明清宫藏地震檔案》下卷壹《諭大學士張廷玉等著欽差督撫將寧夏地震查明奏聞記注》載，乾隆四年正月二十日丁卯，大學士鄂爾泰、張廷玉、徐本奉諭旨。

欠，亦著蠲除。倘附近州縣有被灾之處，應加恩免賦者，著欽差及督撫等查明奏聞請旨。欽此。”

【《乾隆朝上諭檔》第 1 輯，第 341 頁第 1088 條。亦見《清實録》第 10 册，第 334 頁《高宗純皇帝實録》卷八五“乾隆四年一月丁卯”條；《明清宫藏地震檔案》（上卷壹）第 215 頁；《明清宫藏地震檔案》（下卷壹）第 165 頁；《乾隆三年寧夏府地震史料》第 23 頁】

△大學士等議復川陝總督查郎阿疏請寧夏照甘省土方之例增款開捐

乾隆四年正月二十二日

大學士等議覆：大學士、仍管川陝總督事務查郎阿疏請，寧夏照甘省土方之例，增款開捐。竊思寧夏被灾甚重，業已蠲賑備施。自不惜更發數百萬帑金，爲善後事宜之用。若欲藉此捐項銀兩，通商聚貨，恐難遽有成效。且甘省土方，自雍正十三年秋季，至乾隆元年春季止，僅收過銀十三萬三千餘兩，糧十五萬三千餘石。即使增款，爲益無幾。所請似不可行。其本省、各省紳衿富民中，有情願捐資，賙濟户口，修葺工程，與有益地方等事。應令呈明該督，准其辦理。事竣題請叙用。從之。

【《清實録》第 10 册，第 336 頁《高宗純皇帝實録》卷八五“乾隆四年一月癸酉”條】

△川陝總督查郎阿等奏請照寧夏依甘肅土方之例稍增捐款摺

乾隆四年正月二十六日

大學士、仍管川陝總督查郎阿等敬籌寧夏善後事宜，請照依甘肅土方之例稍增捐款。等因。一摺。奉硃批：“大學士等密議具奏。欽此。”

查寧夏被灾兵民，已蒙特遣大臣會同督撫、將軍動帑發穀，加意賑恤。又奉恩旨，將被灾州縣本年應徵錢糧及一應舊欠等項悉行豁免，爲目前計，已備極周詳。但城郭、倉庫、衙署、兵民房屋、渠道，以及軍裝、器械，皆須次第修舉，勞費叢繁，料理匪易。今該督等會奏，請照甘省土方之例，稍增款項開捐。并稱地方凋瘵已極，雖多費帑金，不若財貨之自至者，爲有益于寧民。等語。臣等查捐納一項，雖已于乾隆元年正月内欽奉諭旨，交九卿會議停止，惟酌留捐監一款，以爲各省一時歲歉賑濟之用。續又奉旨，將贖罪一條，仍照舊例辦理。其餘各項事例，俱一概停止。然時有緩急，事有經權。寧夏地震，實屬非常之灾，如果開捐有益，亦自不妨變通。若徒冒捐納之名，而終鮮利濟之實，將復請增款，復請展限，紛紛擾擾，徒滋物議，則甚無取也。

伏念我皇上心殷保赤，蠲免賦税，已不可數計。邊防重地，又豈惜數百萬帑金，以惠此兵若民。即該督撫等以爲開捐有益者，亦原爲商賈，因此易于招集財貨，因此易于流通，并非欲僅藉捐項以充費用也。今若衹令捐納人等前往寧夏交納銀兩，該省以所收銀兩發爲各項費用，是與官發之帑金何异？所稱商賈不招自至，寧民不賙自足，竊恐非開捐事例，交銀在官，即能驟致此效也。况查從前甘肅土方捐例，自雍正十年七月起，至乾隆元年春季止，衹收過銀十三萬三千餘兩，三色糧十五萬三千餘石。今即照此例，并增款捐納，縱加數倍收穫，其爲益幾何？應將該督等所請開捐之處，毋庸議。其本省、各省紳衿富户中，如有情願携貲赴寧夏賙恤灾民，招集人户，或捐辦工程，凡有益地方等事，此意急公尚義之舉，并非捐納可比。應令呈明該督撫衙門，即照所呈，准其辦理，仍飭地方官善爲看視，督撫核實，具題請旨。照樂善好施例，交部從優議叙，分别録用。俾富人樂于趨事，寧郡亦得以相資，是或財貨自至之一法。至若生聚教養，以爲培植，通商惠工，以來財貨，凡有應行之良法，該督撫有司應隨時隨地加意料理可也。伏候聖訓。

乾隆四年正月二十六日，奉旨："依議。欽此。"

【《乾隆朝上諭檔》第1册，第347頁第1100條附録5。亦見《明清宫藏地震檔案》（上卷壹）第220頁】

△諭著免寧夏滿洲官兵所有應扣駝價及借支藩庫收拾軍器二項銀

乾隆四年正月二十七日

乾隆四年正月二十七日，奉旨："據侍郎班第等奏稱，寧夏所有滋生本銀二萬兩，又利銀八千餘兩，俱已借給官兵，請分爲五十個月扣完。但現有應扣駝價及借支藩庫收拾軍器銀兩，應請將此二項應扣之銀暫行停止。等語。此次寧夏地震甚重，與尋常被灾者不同，朕心深爲憫念。前已降旨，將寧夏寶豐、新渠等處新徵舊欠俱行豁免。其滿洲官兵所有應扣駝價及借支藩庫收拾軍器二項銀，共一萬九千八百餘兩，悉著免。至所借生息銀兩，可分爲五十個月扣清。但生息銀兩係永遠裨益之項，不可空缺。今因一時急需，借給官兵，著班第等將動用何項銀兩，即行照數補足，以資生息之處，妥議辦理奏聞。餘俱照班第等所請行。欽此。"

【《乾隆朝上諭檔》第 1 册，第 343 頁第 1096 條】

諭六部派員赴寧夏確估修理工程記注[①]

乾隆四年正月二十七日

諭旨："嗣後凡奉旨密議事件，各該督撫等應繕摺覆奏，不必具本。"

又，工部議大學士、管川陜總督事查郎阿奏，修理寧夏城垣、衙署等處工程重大，必須估計合式，仰懇敕部挑選諳練之員來寧確估。查寧夏工程，督理既有專司，協辦復有各員，若臣部再派人員，恐各懷臆見，轉致不便，應仍責令原派官員專司其事，一摺。奉諭旨："此次寧夏各項工程，甚屬繁劇，照該督等所請，著六部每部各派賢能司官一員，會同地方官共

①臺北故宫博物院起居注册。

理一切估修事務。事竣後，著該督將伊等勤敏之處，聲明具奏。餘依議。”

是日。

起居注官蔣溥肇敏。

【《明清宫藏地震檔案》（下卷壹）第168頁】

諭大學士張廷玉等授俞汝亮守備記注[①]

乾隆四年正月二十八日

二十八日乙亥，上自圓明園奉皇太后，由西直門進神武門回宫，詣皇太后宫請安。是日，大學士鄂爾泰、張廷玉、徐本奉諭旨：“據欽差侍郎班第、大學士查郎阿等奏稱，原任提督俞益謨之子、中衛縣武生俞汝亮，因見寧夏地動，民人困苦，情願捐出制錢二千串、銀一千兩、羊一百五十隻、當鋪内所存皮棉夾衣二千九百八件，以爲灾黎療飢禦寒之用。臣等已將銀錢、衣服等件，擇民人之極貧者，按名散給，理合奏聞。等語。俞汝亮，誼敦桑梓，念切灾傷，好善樂施，急行拯濟，俾窮民免于凍餒，甚屬可嘉。著從優授爲守備，交與大學士查郎阿以相當之缺，即行題補。”

【《明清宫藏地震檔案》（下卷壹）第169頁。亦見《乾隆朝上諭檔》第1册，第343頁第1099條；《清實録》第10册《高宗純皇帝實録》卷八五，第337頁“乾隆四年一月乙亥”條】

---

①臺北故宫博物院起居注册。

△議政大臣議覆兵部右侍郎班第奏寧夏滿城亟爲改築

乾隆四年正月三十日

丁丑，議政大臣議復：欽差兵部右侍郎班第奏，寧夏滿城舊址低窪，重建難期鞏固。應如所請，移于漢城之西十里，平湖橋之東南，亟爲改築。其築城所圈民地，按户給價。得旨："依議速行。"

【《清實録》第 10 册，第 338 頁《高宗純皇帝實録》卷八五"乾隆四年一月丁丑"條】

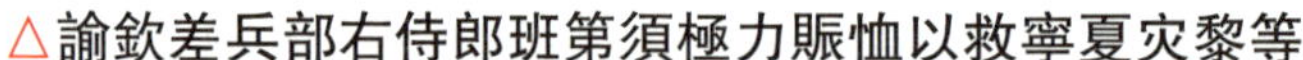
△諭欽差兵部右侍郎班第須極力賑恤以救寧夏灾黎等

乾隆四年正月三十日

欽差兵部右侍郎班第奏寧夏賑恤事宜，得旨："所奏俱屬妥協。此非尋常賑恤可比，須極力爲之。務期稍救灾黎，以補我君臣之過耳。"

又奏：寧夏派出巡查街道官兵，奉旨查明優賞。兹酌量將協尉四員，再賞銀五十兩。佐領六員，各賞銀四十兩。防尉十一員，各賞銀三十兩。驍騎校六員，各賞銀二十兩。領催親軍馬甲一千一百八十一名，各賞銀十兩。共應賞銀一萬二千七百兩，撥動庫項，按名散給。得旨："嘉獎。"

【《清實録》第 10 册，第 339 頁《高宗純皇帝實録》卷八五"乾隆四年一月丁丑"條】

△諭兵部著寧夏總兵官楊大凱革職等事

乾隆四年二月初六日

寧夏總兵官楊大凱，以上年遇灾怠忽，部以革職。其實心撫輯之將軍阿魯、副都統喀拉、同山，俱議叙加級有差。

【《清實録》第 10 册，第 343 頁《高宗純皇帝實録》卷八六"乾隆四年二月癸未"條】

※兵部右侍郎班第等奏寧夏地震滿洲官兵多有傷亡設置養育兵以備挑補摺①

乾隆四年二月初九日

兵部右侍郎臣班第等謹奏：爲請旨事。

查得，雍正三年初始駐兵寧夏，原將軍席伯等奏稱，據將軍年羹堯奏稱，寧夏所建滿洲兵城位于寧夏城外，不可無人守城及巡視街道，相應于八旗增添步甲一千二百名。挑取此等步甲時，另户與包衣各爲其半。等語。是故臣等抵達寧夏後，將增補步甲六百名，照先前奏准之例，由官兵家奴内挑補披甲。等因。具奏。嗣于雍正十三年三月，護理將軍印務副都統赫興奏稱，寧夏有步甲一千二百名，最初駐防時，由京城挑補六百另户披甲遣往，其餘六百步甲，撥給協領各九名，佐領各七名，防禦及筆帖式各五名，驍騎校各三名，作爲其家奴披甲。每名步甲每月出銀三錢，雇人代爲應差。其餘名額，均挑取四五歲幼子，亦照此出銀雇人。將此問詢寧夏地方原有臣僚，一致供稱，最初寧夏地方駐兵時，據原任將軍席伯等告稱，駐防寧夏之一千二百名步甲，内六百名由京城遣往，六百名分散。俟至寧夏，以家丁充補披甲，作爲官員養廉之項。等因。業經年羹堯奏准。等語。惟核查年羹堯如何奏准寧夏六百家丁充補披甲作爲官員養廉之處，并無册檔，未便揣度定議。故而臣等奏請聖上訓示，其如何辦理之處，俟上裁定，再欽遵辦理。等因。具奏。

由軍機處議覆稱，披甲係專爲守城巡視街道而設，并非以官員養廉名義爲食錢糧而設。前任將軍席伯含糊辦理，繼任將軍官員等因循辦理，均屬非是。請將此敕交該部，議處歷任將軍官員，仍諮文赫興，此項六百名步甲，内除將爲贍養鰥寡孤獨而設者仍行保留外，官員等之包衣步甲，留其堪以當

①軍機處滿文録副奏摺。

差者，不准再行雇人，其餘年幼不能當差者，均行革退，將官兵内勤勉公務、生計維艱人等之家奴，由將軍等公正辦理披甲當差。等因。奏入。奉旨："依議。欽此。"遵旨諮文前來。均皆記録在案。是故臣阿魯等接任以來，欽遵上諭，不分另户與家丁，但視其健壯堪以當差者充補步甲，現另户步甲爲八百九十名，其中贍養鰥寡孤獨之幼丁七十三名、包衣步甲三百九十名。

查得此次地震，壓斃領催、前鋒、披甲、拜唐阿一百六十五名，閑散西丹幼丁三百四十六名，震後病故者十名，共損失滿洲五百餘名。壓斃披甲之缺，均屬額兵，不可空缺，故奴才等由另户步甲内，視其健壯挑取，如數增補外，因步甲缺無健壯者可挑，暫由人口衆多之幼丁内將就挑取。經查，八旗現有閑散滿洲西丹幼丁數目，十歲以上者爲五百六十三口，九歲以下者爲九百四十五名，其中列入丁册者僅爲三十八名，官兵家中跟役亦減少。遂核計，嗣後披甲出缺，由步甲内挑取，尚可得人，而步甲出缺，由閑散滿洲家丁内挑取，均難得人。

又查得，此次兵丁遭遇大灾，房毁人亡，生計較前自有下降，家口衆多之户若不食錢糧，則益加困難。故臣等共同核思，仰賴皇恩，現值無事之時，凡守城及巡街，有六百名步甲，輪班調遣，尚敷調用。故此臣等請將現有另户、包衣披甲，混同挑選健壯堪以應差者六百名，應付步兵之差。其餘六百名步甲之缺，恭請聖恩，暫行調换爲六百名養育兵。寧夏地方步甲，每月連米在内支銀一兩五錢，相應無需增減餉米，均以家口衆多之西丹幼丁充補。嗣後披甲缺出，由步甲、養育兵内挑取壯實者充補。如此調换辦理，則數年之後，繁生滿洲等均得長成，于兵丁生計，亦大有禆益。可否之處，臣等未敢擅便，伏乞皇上明鑒，俟有旨下，欽遵施行。爲此謹奏請旨。

乾隆四年二月初九日，奉硃批："著准請。該部知道。欽此。"

【《明清宫藏地震檔案》（上卷壹）第227頁）】

諭大學士鄂爾泰等速辦寧夏地震被灾地方春耕事項記注①

乾隆四年二月初九日

初九日丙戌，上詣皇太后宫請安。是日，大學士鄂爾泰、張廷玉、徐本奉諭旨："寧夏地方被灾，已降旨多方賑恤。此時正值春耕之際，百姓當盡力于南畝，以冀有秋，但恐被灾之後，伊等牛種力量不足。著該管大臣等轉飭有司，作何商量資助之處，速行辦理，一面奏聞。侍郎班第奉差寧夏，其一切賑濟及應辦事宜，目前已定有規模，俟新督鄂彌達到彼，講論明白，交伊陸續辦理。大學士查郎阿起程入都時，班第一同前來。"

【《明清宫藏地震檔案》（下卷壹）第171頁。亦見《乾隆朝上諭檔》第1册，第352頁第1111條；《清實録》第10册，第344頁《高宗純皇帝實録》卷八六"乾隆四年二月丙戌"條；《明清宫藏地震檔案》（上卷壹）第226頁】

※兵部右侍郎班第等奏請動撥甘肅布政使庫銀作爲寧夏生息銀兩摺②

乾隆四年二月十八日

兵部右侍郎臣班第等謹奏：爲欽遵上諭事。

據户部諮文内開，内閣抄出，乾隆四年正月二十七日，奉上諭："據侍郎等奏，寧夏滋生本銀二萬兩，又息銀八千餘兩，俱已借給官兵，請分爲五十個月扣完。但現有應扣駝價及借支藩庫收拾軍器銀兩，應請將此二項應扣之銀暫行停止。等因。具奏。此次寧夏地震甚重，與尋常被灾者不同，朕心深爲軫念。前已降旨，將寧夏、寶豐、新渠等處新徵舊欠俱行豁免。其滿洲官兵所有應扣駝價銀，及由藩庫借支收拾軍器二項銀，共一萬九千八百餘兩，悉著豁

①臺北故宫博物院起居注册。
②軍機處滿文録副奏摺。

免。至所借生息銀兩，可分爲五十個月扣清。但生息銀兩，係永遠裨益之項，不可空缺，今因一時急需，借給官兵。著班第等將動用何項銀兩，即行照數補足，以資生息之處，妥議辦理奏聞。餘俱照班第等所請行。欽此。”遵旨前來。

臣等當即向衆官兵宣示聖上隆恩外，遵旨將此項滋生銀空額補充辦理之處共同商議，擬由甘省藩庫現存銀兩内，解送二萬八千七百六十七兩九錢，仍以各一分息酌情滋生，每月扣取銀五百七十五兩三錢五分八厘交藩庫，五十個月内如數完結，交還原項。此新支銀兩，俟解至後，方可生息，一時不便多生息。查得，地震後所出紅白事件共一百三十五件，按臣等適才奏定數額，應賞銀九百一十兩，將此即從八千餘兩息銀内動支發放，其餘息銀七千八百五十七兩九錢，仍够幾年開支。此間用本銀生息，又有一定數額，儘可接續。日漸生息足敷之時，再行奏聞，照原定數額賞賜。俟有旨下，諮行甘肅巡撫，由藩庫撥解銀兩。爲此謹奏請旨。

兵部右侍郎班第、鎮守寧夏等處地方將軍臣阿魯、副都統臣喀拉、副都統臣同山。

乾隆四年二月二十八日，奉硃批：“著依奏。該部知道。欽此。”

【《明清宫藏地震檔案》（上卷壹）第234頁】

※寧夏將軍阿魯等奏謝豁免寧夏被灾官兵應扣駝價及借支藩庫銀兩摺①

乾隆四年二月十八日

鎮守寧夏等處地方將軍奴才阿魯等謹奏：爲奏聞率領官兵叩謝天恩情形事。

乾隆四年二月十五日，據户部諮文内稱，奉上諭：“寧夏地方地震甚重，

①軍機處滿文録副奏摺。

與尋常被灾者不同，朕心深爲軫念。前已降旨，將寧夏、寶豐、新渠等地新徵舊欠俱行豁免。其滿洲官兵所有應扣駝價及由藩庫借支收拾軍器銀兩，此二項共銀一萬九千八百餘兩，悉著豁免。至所借生息銀兩，可分爲五十個月扣清。但生息銀兩係永遠裨益之項，不可空缺，今因一時急需借給官兵，著班第等將動用何項銀兩，即行照數補足，以資生息之處，妥議辦理奏聞，餘俱照班第等所請行。欽此欽遵。”諮行前來。奴才等當即召集官兵宣諭，衆官兵跪地告稱，此次遭遇震灾，仰蒙聖上軫念我等奴才，無論生死，均施以不盡之恩，誠屬天地之再生至仁。現又降旨，將奴才等應行償還駝價銀、由藩庫借支收拾軍器銀兩一并豁免，奴才等委實無以報稱，惟有世代直至子孫竭盡效力。等語。共同叩首相告。是故將奴才等率官兵望闕叩謝天恩之處，謹具奏聞。

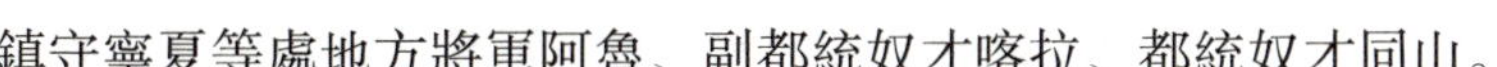
鎮守寧夏等處地方將軍阿魯、副都統奴才喀拉、都統奴才同山。

乾隆四年二月十八日，奉硃批：“知道了。欽此。”

【《明清宫藏地震檔案》（上卷壹）第238頁】

川陝總督查郎阿等奏聞查明寧夏鎮生息銀兩情形請旨豁免摺[①]

乾隆四年二月二十二日

奏。

臣查郎阿、元展成謹奏：爲查明寧鎮生息銀兩，恭摺奏聞請旨事。

竊查寧夏鎮標生息銀内，將一萬三千兩分發寧夏、寧朔、平羅、寶豐、中衛、靈州各當鋪營運生息。上年十一月二十四日地震之時，除靈州、中衛當鋪被灾較輕，無庸議外，其寧夏縣屬當鋪房塌、火焚者六十五家，房屋倒

①軍機處録副奏摺。

塌未被焚燒者三十二家。寧朔縣屬當鋪房塌、火燒者三十三家，房屋倒塌未被焚燒者二十九家。平羅縣屬當鋪八家俱經房塌、火燒。寶豐縣屬當鋪一家房屋倒塌，又被水淹。以上各當鋪乾隆三年冬季利銀尚未交納。伏查寧夏地震灾出意外，伊等自己家資人口損傷折耗，情甚可憫，所領生息本銀并應交利銀似應分别受灾輕重，酌與寬恤。查未被焚燒之寧夏當鋪三十二家，每家領本銀七十六兩三錢零，共領本銀二千四百四十一兩零。寧朔縣未被焚燒之當鋪二十九家，每家領本銀七十二兩四錢零，共領本銀二千九十九兩零。雖經被灾，貨物未致全失，可否仰邀聖恩，將伊等未交利銀，免其交納，止令將原領本銀照數交還。

至于房屋倒塌，又被火燒、水淹之寧夏縣當鋪六十五家，每家原領本銀七十六兩三錢零。寧朔縣當鋪三十三家，每家原領本銀七十二兩四錢零。平羅縣當鋪八家，每家原領本銀七十八兩七錢零。寶豐縣當鋪一家，原領本銀七十八兩七錢零。以上各當鋪共領本銀八千五十七兩零。伊等人口家資俱被焚溺，可否仰邀聖恩，將伊等原領本銀及未交利銀一并豁免。其該鎮標生息本銀，應請照數在于蘭州司庫添給足額。是否有當，洪恩出自聖主。臣等未敢擅便，伏祈皇上聖鑒，訓示遵行。爲此謹奏請旨。

乾隆四年二月二十二日具。

軍機大臣等議奏。

【《明清宫藏地震檔案》（上卷壹）第 241 頁。亦見《乾隆朝上諭檔》第 1 册，第 375 頁第 1164 條附録 2】

川陝總督查郎阿揭報補授副將

乾隆四年二月二十二日

今查西鳳協副將周開捷經臣奏請，補授寧夏總兵。其所遺西鳳協副將員缺，路當衝繁，必需諳練之員，方克勝任。驗看得，杜蔚，材健技優，老成敏練。若以之補授西鳳協副將，于地方、營伍均有裨益。

【《明清檔案》A88—33，B49683】

兵部右侍郎班第等奏報遵旨查明寧夏等五縣民情安貼毋需再行免賦摺[1]

乾隆四年二月二十二日

奏。

兵部右侍郎臣班第等謹奏：爲欽奉上諭事。

乾隆四年二月初九日，准户部諮開，本年正月二十日，内閣抄出，奉上諭："上年十一月，寧夏地動，民人被灾甚重。朕聞奏，即遣大臣星馳前往，會同督撫、將軍等加意賑恤，并籌畫撫綏安輯之計。伊等陸續奏到，正在多方經理，以濟灾黎。朕思民人等困苦，播遷之後，縱能勉力耕耘，豈能復輸租稅。著將寧夏、寧朔、平羅、新渠、寶豐五縣本年應徵地丁，及糧米、草束、雜稅等項，悉行豁免。如有舊欠，亦著蠲除。倘附近州縣有被灾之處應加恩免賦者，著欽差及督撫等查明，奏聞請旨。欽此欽遵。"移諮到臣。臣等竊查上年地震，惟寧夏、寧朔、平羅、新渠、寶豐五縣民人被灾最重。荷蒙我皇上念切痌瘝，上廑宵旰，封章甫達，巽命旋頒。既命臣等加意撫綏，又蒙聖訓精詳，湛恩汪濊，已使五邑灾黎，出水火而咸登衽席。玆者復荷恩綸特沛，將五邑新舊地丁糧米、草束、雜稅等項悉予蠲除，俾得盡力于耕耘，更無縈心于租稅。似此惠鮮懷保，不難頓起瘡痍，佇見殘毁之邊城，可復當年之富庶矣。臣等隨刊發告示，通行曉諭，勸令伊等務竭三時之勤動，仰報聖主之天恩，五邑士民歡聲載道。

[1]軍機處録副奏摺。

至若附近州縣，如寧夏府屬之靈州、中衛，雖同時地震，較之夏、朔、新、寶、平羅五縣，輕重懸殊，間有房屋倒塌者，每間給銀一兩，以資修葺。其或有損傷民人，亦按口分别大小，大口給銀二兩，小口給銀七錢五分，以爲埋葬之費。其被傷之家，按其生存家口數目，無論大小，每口給糧三斗，俱已撫綏得所，并不成灾，現在不須加賑，無庸免其賦税。

再，查平凉府屬固原廳之平遠所，固原州之丁馬堡、喬家掌等處，鎮原縣之張石喇嘛莊，慶陽府屬環縣之虎家灣、張家井等處，亦間有摇倒房屋土窑，并間有壓死男婦人口者。俱經委員查明，照依靈州、中衛之例，一體撫綏，民情俱已安貼，均無應行免賦之處。其各該州縣賑恤銀糧，應俟造册至日，統案報銷。所有遵旨查明緣由，謹會摺奏聞，伏祈皇上聖鑒。爲此謹奏。

乾隆四年二月二十二日。

兵部右侍郎臣班第，大學士、仍管川陝總督臣查郎阿，蘭州巡撫臣元展成。

該部知道。

【《明清宫藏地震檔案》（上卷壹）第 243 頁】

兵部右侍郎班第奏報寧夏賑過銀糧款項

乾隆四年三月一日

【注】兵部右侍郎臣班第等謹奏：爲恭報查賑事件，彙摺奏聞事。

竊臣班第奉命前往寧夏查勘賑恤，隨會同臣查郎阿、臣阿魯、臣元展成欽遵聖訓，商辦一切賑恤事宜，節次會奏，在案。今查賑事竣，所有賑過銀糧款項，逐條分晰，恭呈御覽。

一，被壓、被焚身故人口，前經臣等酌議，無論男女，大口每軀給埋葬銀二兩，小口每軀給埋葬銀七錢五分[①]□□□，官爲就近抬埋，俱已奏明在案[②]。查各州縣并滿城兵民人役身故者，實計有主大口二萬四千一百四十三口，每口給銀二兩，共給過銀四萬八千二百八十六兩。小口一萬二千九百口，每口給銀七錢五分，共給過銀九千六百七十五兩。又各縣無主大口一千二百四十口，無主小口九十四口，官爲抬埋。其身服、棺木及抬埋夫工，亦照議大口二兩、小口七錢五分之數置辦給發，共用銀二千五百五十兩五錢。以上通共用銀六萬五百一十一兩五錢。

一，生存人口，地震之後乏食，不及待賑。于十一月二十七日起，無論大小口，每口先給口糧一倉斗，亦經臣等奏明在案。彼時倉猝之際，在城内者尚易查核，是以大口、小口一體按名散給。其在四鄉各堡大口二萬四千一十五口，每口給銀二兩，共給過銀四萬八千三百兩。小口一萬二千九百口，每口給銀七錢五分，共給過銀九千六百七十五兩。又，無主大口一千二百四十口，無主小口九十四口，官爲抬埋。其衣服、棺木及抬埋夫工，亦照議大口二兩、小口七錢五分之數置辦給發，共用銀二千五百五十兩五錢。以上通共用銀六萬五百二十五兩五錢。

一，生存人口，地震之後乏食，不及待賑。于十一月二十七日起，無論大小口，每口先給口糧一倉斗，亦經臣等奏明在案。彼時倉猝之際，在城内者尚易查核，是以大口、小口一體按名散給。其在四鄉各堡者，小口不能親到，又難逐户稽查，是以衹就到倉之大口按名散給。今[③]查寧夏、寧朔、平羅、新渠、寶豐五縣在城大口□萬一千二百五十四口，小口二萬六百三十三口，四鄉各堡大口一十二萬八千九百九十四口，共給過倉斗糧二萬一千八百八石一斗。

①錢五分：原文漫漶不清，據下文“小口一萬二千九百口，每口給銀七錢五分”補。
②在案：原文漫漶不清，據下文“亦經臣等奏明在案”補。
③今：原文漫漶不清，據下文“今查寧夏、寧朔、平羅、新渠、寶豐五縣共設廠十七處”補。

一，生存人口，地震之後，鍋竈毀壞，急切不能炊爨。是以分設粥廠，煮粥賑濟，亦經臣元展成奏明在案。今查寧夏、寧朔、平羅、新渠、寶豐五縣共設廠十七處，自十二月初六日至十二月二十九日，□□煮粥，用過倉斗米二千五百一十一石一斗五升。又，每廠每日雇夫十名，每名給銀八分，共用夫四千八十名，共給銀三百二十六兩四錢。每米一石，用柴一百斤，每斤價銀五厘，共用柴二十五萬一千一百一十五斤，共用銀一千二百五十五兩五錢七分五厘。

一，生存人口，前經臣等酌議，不論大小口，每口先給糧三倉斗。倘有情願領銀者，照部價持給。今查寧夏、寧朔、平羅、新渠、寶豐五縣生存人口，共大小口二十六萬五千五十一口，又靈州、中衛被災户民四千三十四口，又滿城内被災外府客民六百七十二口，又被災旗佃并滿城内住居貿易本地民人大小口共二百九十六口，通共二十七萬五十三口。銀糧各家支給，共給過倉斗糧四萬五百七石九斗五升，給過銀四萬五百七兩九錢五分。

一，生存人口，前經臣等酌議，自正月二十四日起，至六月二十四日止，加賑五個月。大口每口給京斗糧合三勺，小口每口給京斗糧四合一勺五抄。倘有願領折色者，聽□民風。今查除中衛、靈州四千三十四口被災較輕，又滿城内被災外府客民六百七十二口及兵丁家屬四千三百九十四口，均無庸加賑外，其寧夏、寧朔、平羅、新渠、寶豐五縣，共計生存大口一十九萬一千一百五十六口，每月該賑糧四萬七千五百九十七石八斗四升四合，生存小口六萬九千七百九十七口，每月該賑糧八千六百八十九石七斗二升六合五勺，五個月共該糧二十八萬一千四百三十七石八斗五升二合五勺。如有情願領銀者，每京石照例折給銀七錢，現在按月散除。

一，現在人口，前經臣等酌議，無論大小口，有兩口者，給房一間，三口者給房二間，五口者，給房三間，多者照例遞增。每間給房價銀二兩，令其自行搭蓋。今查寧夏、寧朔、平羅、新渠、寶豐五縣共倒壞房三十四萬六百二十間，計被灾民户，并兵丁家屬，共大小人口二十六萬五千三百四十七口，以每二口給房一間、三口給房二間、五口給房三間合算，該房一十四萬七千四百八十二間，每間給銀二兩，該房價銀二十九萬四千九百六十四兩。其靈州、中衛共倒房二千二百五十八間，因被灾稍輕，每間給銀一兩，共給銀二千二百五十八兩。

一，農家牛隻有被壓傷斃者，前經臣等酌議，無力小民每户借給牛價銀八兩，分作四年帶徵還欠。現在確查，陸續借給。其應需籽種，亦照例供給。

一，夏、朔二縣雇覓夫役五百名，刨挖街道尸軀。年内每日每名給工價銀八分，正月以後，每日每名給工價銀六分，經臣元展成咨部在案。今查十二月初二日起，至二十九日止，共二十八日，每日雇夫五百名，每名給銀八分，共用銀一千一百二十兩。又，自正月初一日起，至今二月二十日止，共五十日，每日雇夫五百名，每名給銀六分，共用銀一千五百兩。現在尚須清理街道各項。

一，八旗壓斃官兵一百六十九員名，領奉恩旨，照巡洋被風例，共賞恤銀一萬九百五十兩，前已具奏在案。被灾知府并千把總及緑旗馬步兵共三百一十九員名，領奉恩旨，照巡洋被風例，共賞恤銀九千八百七十兩，亦經具奏在案。但查内有具奏□□續報受傷身故之步兵五名，照例給賞，未入前奏之内，是以與前奏數目不符，合并聲明。

一，八旗看守倉庫城池官兵一千二百八員名，領奉恩旨，查明從優賞賚。今查協領四員，每員賞銀五十兩；佐領六員，每員賞銀四十兩；防禦十一員，每員賞銀三十兩；驍騎校六員，每員賞銀二十兩；領催、前鋒、馬甲一千一百八十一名，每名賞銀十兩。共賞銀一萬二千七百兩。

一，被灾客民無力回籍者，前經臣等酌議，量其道路遠近，賞給盤費。今查賞過客民每名四兩以至一兩不等，現在共賞過銀一千七百六十五兩。

以上各條，俱係臣等在寧會同查勘賑恤事件，理合彙摺奏聞。至于修浚渠道、築打沿河老埂、建築城垣、蓋造衛署兵房倉庫等項，統俟各該員等確估具修。除臣等起程日期，另行奏報外，謹具繕摺恭奏，伏祈皇上聖鑒。爲此謹奏。

乾隆四年三月初一日，奉硃批："該部知道。欽此。"

【注】此前有闕幅。

【《明清檔案》A88—44，B49735—B49740】

兵部右侍郎班第等奏報赴寧查賑事竣起程回京日期摺[1]

乾隆四年三月初二日

奏。

班第等：啓程回京日期。

三月初二日。

兵部右侍郎臣班第等謹奏：爲查賑事竣，寧民安輯，恭報臣等起程日期事。

竊臣等欽奉諭旨："查明寧夏被灾人等，逐户賑濟，急爲安頓，無使流離困苦。欽此欽遵。"臣等仰體我皇上保民萬赤之至意，將一應查賑事宜，會同悉心斟酌，節次奏請聖訓，一一欽遵辦理。現在各屬灾民俱已撫綏安輯，共戴聖恩之浩蕩，咸慶樂利于無疆。除管道、城垣各工作已飭令承辦各員加意修葺，務期妥協堅固外，今查賑事竣。臣班第于二月二十四日，自寧起程，回京復命。臣查郎阿于二月二十六日，自寧起程，回西安。臣元展成亦于二月二十六日，自寧起程，回蘭州。仍不時遴委大員赴寧查勘各工。所

①軍機處録副奏摺。

有事竣，起程日期，理合繕摺恭奏，伏祈皇上聖鑒。爲此謹奏。

乾隆四年三月初二日，奉硃批："知道了。欽此。"

【《明清宫藏地震檔案》（上卷壹）第245頁。亦見《乾隆三年寧夏府地震史料》第23頁】

川陝總督查郎阿等奏報寧夏總兵楊大凱并無怠忽情節摺[①]

乾隆四年三月初二日

奏。

查郎阿等：奏明楊大凱并無怠忽等情。

三月初二日。

臣查郎阿、元展成謹奏：爲據實奏聞事。

竊查寧夏陡遭地震，雖爲變出非常，然而本城設有重鎮彈壓，又有道員撫綏，果能悉心辦理，使獲得宜，何至迹搶竊，人心驚恐。臣查郎阿在西安時，接閱總兵楊大凱來文内稱，倉倒糧露，百姓就便竊取，雖極力護衛，難于禁止。等語。又稱，平羅搶掠當鋪百姓甚是荒凶。等語。又稱，寶豐、新渠各處亦有搶掠，四鄉道路，盗賊時聞。等語。接閲之下，心甚駭然，若非該鎮懦弱無能，即係怠忽所致。及臣等到寧之後，查閲情形，并備細訪察，彼時百姓并無搶劫情事，前經據實奏聞在案。祇因變起倉猝，該鎮身亦被壓屋下，幸即刨出，而伊媳、伊孫并家人男婦共計焚死六口，慘傷驚恐，交迫于中。加以合城殘毁，兵馬損傷，出入止有一役相隨，意亂心迷，具奏之詞，未免過于張大。而該鎮與寧夏道鈕廷彩晝夜巡查，川流不息，一面派調協路兵丁來城防護，又因遍城瓦礫，并無街道可通，以致該鎮黑夜馬驚，被

①軍機處録副奏摺。

跌幾死，而猶不辭辛苦督率巡邏，委無怠忽情事。查該鎮當屬小心勤慎，惟是識見不能遠大，應變不能鎮静，張皇具奏，此則該鎮拘謹迂疏之咎也。臣等既經查訪明確，不敢不據實陳奏，伏祈皇上聖鑒。爲此謹奏。

于乾隆四年三月初二日，奉硃批："知道了。欽此。"

【《明清宫藏地震檔案》（上卷壹）第247頁）】

川陝總督查郎阿等奏請緩至春後扣除寧夏鎮標及各營堡兵丁借支銀兩摺①

乾隆四年三月初二日

奏。

查郎阿等：兵丁應扣銀兩請緩至乾隆五年按季扣還。

三月初二日。

臣查郎阿、元展成謹奏：爲據詳恭奏事。

竊查寧夏鎮標并城守營及平羅、寶豐、洪廣、平羌各營堡于懇請預借餉銀事案内，馬兵每名借銀三兩，步兵每名借銀二兩，守兵每名借銀一兩六錢，原定分作十季扣還。除扣還二季外，當該八季未扣銀八千九百九十七兩六錢九分零。又于諮查事案内，乾隆元年奉派駐防接班回訊兵丁製辦行裝，馬兵每名借銀六兩，步兵每名借銀四兩，原定分作八季扣還。除扣還二季外，當該六季未扣銀二千四百一十六兩五分。又于諮飭事案内，挑備戰兵製備衣服等項，馬步兵每名借銀五兩，原定分作八季扣還。除扣過五季外，尚該三季未扣銀一千一百八十一兩二錢五分。又于欽奉上諭事案内，陸續借過生息銀兩，馬步守兵每名借銀一二兩以至四五兩不等，除還過外，尚該未還本利銀二千五百四兩一錢五分零。又被灾之後，各營馬步守兵并行調外路協

①軍機處録副奏摺。

防兵丁每名借銀二兩，共銀一萬二千六百八十四兩。以上五案通共未還銀二萬七千七百八十三兩六錢零。

今據寧夏鎮總兵官周開捷呈稱，各營兵丁陡遭地震，廬舍傾頽，家資衣物火燒、水溺，百無一存。現在欄居露處，狼狽難堪，衣服、器具，重須買備，父母、妻孥，均須養贍，惟藉應領糧餉，以爲日用之需。若將各項所借銀兩仍按季照數扣還，則衣食無資，俯仰無藉。煢煢戍卒，困乏難支。今據各兵丁籲請，今歲夏、秋、冬三季，暫行停扣，俟乾隆五年春季爲始，仍照原定季數分案扣還，則庫項不致久懸，務得以稍紓矣。等情。轉詳前來。

伏查營兵借項，悉關庫帑，理應照數分季扣還，但寧夏地震，變出异常，兵丁屋宇、家資，盡歸水火，艱苦萬狀，殊堪憫惻，若將前項銀兩按季扣除，委係力不能支，似應如其所請，今年暫行停扣，以蘇兵困。至于借支生息銀兩一項，例有按月加息之銀，原爲備賞兵丁紅白之項，不便缺少，今若□□□□停扣本銀，則本年應交利銀仍應照前按月分扣，是否可行，伏祈訓示。

再，查上年地震之後，甘省提臣瞻岱因念時值寒冬，官兵現在露處，若俟動發銀糧賑恤，未免耽延時日，是以將從前交過甘州府庫收貯備賞兵丁餉利息銀三千五百兩，委令巡督保安携帶，星馳赴寧查勘賑濟。嗣經前任寧夏總兵官楊大凱查明，被災兵丁四千六百六十三名，均勻分給，每名給領銀七錢五分零。查此項銀兩係甘提標生息利銀備賞之項，不便久懸，且每名所領銀限按季扣還，亦不致無果。應請先于蘭州藩庫撥銀三千五百兩歸還甘標以備充賞，仍于寧夏領銀各兵名下，在于本年夏、秋、冬三季内，均勻扣除，歸還司庫。合并聲明，伏祈皇上聖鑒，訓示遵行。爲此謹奏請旨。

乾隆四年三月初二日，奉硃批："著照所議行。欽此。"

【《明清宫藏地震檔案》（上卷壹）第249頁】

△諭豁免寧夏官兵所欠應繳銀裁汰新渠寶豐二縣

乾隆四年三月初六日

諭："前岳鍾琪派撥寧夏官兵一千名移駐涼州，旋因駐涼兵丁已足敷用，將此兵撤回。所有領過賞銀一萬七千兩，欽奉皇考諭旨，暫免追繳，俟大軍凱旋之後，再行奏聞請旨。今大學士查郎阿具奏請旨前來，朕思兵丁等所領賞銀歷年已久，此時料難繳還。況寧夏地方去冬被灾，尤當加恩撫恤。此所欠應繳銀一萬七千兩，悉著豁免。該督等可即出示曉諭衆兵知之。"

吏部等部議覆："欽差兵部右侍郎班第疏稱，寧夏地震，所屬新渠、寶豐率成冰海，不能建城築堡，仍復舊規，請將二縣裁汰。所有户口，從前原係招集寧夏、寧朔等鄉民人，令其仍回原籍。有願留傭工者，以工代賑。俟春融凍解，勘明可耕之地，設法安插，通渠溉種，其渠道歸寧夏水利同知管理。應如所請。"從之。

【《清實録》第 10 册，第 365 頁《高宗純皇帝實録》卷八八"乾隆四年三月壬子"條。上諭亦見《乾隆朝上諭檔》第 1 册，第 364 頁第 1133 條】

△諭内閣著將寧夏被灾甚重各商所領八千五十七兩之本銀并利銀豁免等

乾隆四年三月初八日

乾隆四年三月初八日，内閣奉上諭："據大學士查郎阿等奏稱，寧夏鎮標分發各當生息銀兩，自上年地震後，查被灾甚重之各當鋪，所領生息本銀共計八千五十七兩零。其雖經被灾，貨物未致全失之各當鋪，所領生息本銀共計四千五百四十兩零。可否分别加恩寬恤，謹此請旨。等語。朕念寧夏此次地震，商民同時受灾，深爲憫惻，著將被灾甚重各商所領八千五十七兩之本銀并利銀，俱著豁免，其被灾之稍輕各商，止令交還所領本銀四千五百四十兩，所有應交利銀，悉著豁免。至此項豁免銀兩，有關兵丁緩急之需，不便缺少，著在蘭州藩庫内照數撥補足額，以資生息，俾兵民一體均沾恩澤。欽此。”

【《乾隆朝上諭檔》第1册，第364頁第1134條。亦見《清實録》第10册，第365頁《高宗純皇帝實録》卷八八“乾隆四年三月甲寅”條；《明清宫藏地震檔案》（上卷壹）第254頁】

川陝總督鄂彌達等奏請照准前例酌擬寧夏開捐之例摺①

乾隆四年三月十一日

奏。

川陝總督臣鄂彌達、甘肅巡撫臣元展成謹奏：爲密奏請旨事。

竊寧夏素稱富庶，自上年十一月二十四日陡被震灾，城垣、房屋、器用倒塌殘毁于頃刻之間，人口損傷者數萬，其生存者，皆鳩形鵠面。重蒙皇上軫念灾黎，動帑金，發倉廪，蠲賦税，疊沛恩膏，屢頒巽命，賙恤之隆恩，至優至渥。臣等身任封疆，急宜培復元氣，稍慰皇上保民若赤之聖心。而欲培復元氣，惟有積貯銀糧之一法。前經大學士臣查郎阿、臣元展成備查情形，會摺恭奏，經大學士等議不准行，臣等何敢再爲冒瀆。

惟是寧郡遭大灾以後，民人受傷已深，地方凋瘵已極。我皇上念切痌瘝，臣等不難于請帑、請粟，以濟一時之急需，實難于培植招徠以復從前之殷富。再四熟籌，開捐則遠近民人挾貲而來者雲集，遠近商賈載貨而來者雲集，邊方之備貯得以充積，夷漢之貿易得以流通。且大學士等亦議以時有緩急、事有經權。今于灾出非常之後，行此培養之方，正急所當急，權所宜權，似無傷于政體，實有益于民生。至大學士等以從前土方事例，收過銀糧

①軍機處録副奏摺。

不多，議開捐爲無益。查前例捐款少而捐數貴，如廣其途、減其數，自必報捐接踵，邊貯有備，邊民有賴，殊多利濟。臣等爲邊要民生起見，不得不再瀆聖聽。倘蒙聖鑒允行，容臣等仿照從前籌畫邊方各例，自主同以下酌擬捐款捐數，另疏題請。謹先會摺密奏，是否可采，伏祈皇上訓示遵行。謹奏。

乾隆四年三月十一日。

大學士等會同該部議奏。

【《明清宫藏地震檔案》（上卷壹）第255頁】

川陝總督鄂彌達奏報赴寧夏查勘震後地方籌辦情形并起程趕回西安日期摺[①]

乾隆四年三月十一日

奏。

鄂彌達：查勘寧夏實在情形，并回西安日期。

三月十八日。

川陝總督臣鄂彌達謹奏：爲據實查奏，上慰聖心事。

竊惟寧夏灾傷，事出意外，我皇上親遣大臣馳驛查勘，會同大學士臣查郎阿、甘肅巡撫臣元展成，于被灾各州縣地方，將被灾户口分别存殁，加意賑恤。倒塌城垣、廬舍，雍塞河渠，次第委員親身確估，悉行修造。既可以工代賑，存活灾黎，隨處瘞埋，死生得所。不惜帑金，總□加恩格外，使得均沾實惠，無有遺漏。是我皇上所以爲寧民計者，至周至渥，高厚難名，有加無已。

臣于陛辭之日，復命馳驛赴寧，會同查辦，欽遵前往。雖兵部侍郎班第先已會同大學士臣查郎阿、甘肅撫臣元展成在寧親身料理，次第具有成規。臣于三月初六日到寧，查看軍民情形，雖經此大灾，蒙皇上加惠元元，命大

①軍機處録副奏摺。

臣等悉心料理，軍民既有賑恤，又得房價，即時各建土屋茅舍，已有十之二三。亦有商賈搭蓋房屋，貿易漸有起色，俱各相安。若休養生聚二三年間，自可漸次改觀矣。

臣至滿城，細查旗人情形，屢蒙皇恩備極，無不感戴聖恩，歡欣涕零，相安過活。隨又公同撫臣元展成，親往改建滿城平湖橋地方，周圍相度寬敞方平，移建甚屬得宜。現在河渠俱委地方官上緊疏浚，布政使徐杞現在寧城督理，已完大半，于立夏前，俱可完竣。實在無妨民業，將來各處城垣、堡舍陸續興修，寧民俱獲安生矣。臣等身任地方，敢不實心商酌，加意辦理。查旗民漸次安業，耕種俱畢，現無應辦事件。

臣駐札衙門遠在西安，因大學士臣查郎阿來寧日久，案卷未有隨帶，今積案甚多，必須辦理清楚。擬于十二日由寧起身，前赴西安料理一切要務。俟積案理清之後，即于秋間巡查邊疆，回時再會同撫臣元展成查勘寧郡城工、河渠各項事理，另行具奏，庶彼此公事無誤。再，臣沿邊赴寧，一路邊城并各營制尚有應調劑處，容臣次第辦理。理合將到寧查勘實在情形，并起程回西安日期奏聞，伏乞聖鑒。

乾隆四年三月十一日。

乾隆四年三月十八日，奉硃批："所奏俱悉。欽此。"

【《明清宫藏地震檔案》（上卷壹）第257頁】

川陝總督鄂彌達奏請賞給災民銀兩添置器具其修理城工夫役搭給糧米摺[①]

乾隆四年三月十八日

奏。

---

①軍機處録副奏摺。

三月十八日。

川陜總督臣鄂彌達、甘肅巡撫臣元展成謹奏：爲恭請聖鑒事。

竊臣鄂彌達于叁月初陸日抵寧夏，所有一切賑務經大學士臣查郎阿等恪遵聖訓，次第辦理。其各項工程現在估修，據總理城工原任凉莊道阿炳安稟稱，寧夏舊城身高叁丈陸尺，根寬貳丈，城高而薄，不甚堅厚。今應照滿城之式，城根寬以貳丈伍尺，城身連垛共高叁丈，較舊城厚實堅固。但坍塌之舊基高低不一，城壕填塞幾平。離城基數丈之外，四面皆水。于壕以外，試加刨看，甫及壹貳尺，即濕而有水，其舊城根有陷下數尺及壹貳丈者。仍于舊址建城，必須刨挖，另爲平築，不惟功倍費繁，且舊址與舊城壕之土，俱不敷用。如在壕以外，越水取土，又遠涉不易。應于舊址以内，收進貳拾丈建城，皆不須刨挖舊基，工省而堅。等語。臣等公同商酌，應如所請，于舊址以内收進貳拾丈，其高厚照滿城之式建築，所留空地貳拾丈，取其土以築城，實屬妥便。其内有民地，另撥官地以補之。如願領價者，即償其價值，免其額糧。

再，查倒塌房屋，蒙皇上天恩，賞給房價，每間給銀貳兩，足敷工料，莫不歡欣感戴，現在陸續建造，露處者俱有栖身之所。惟是地震之後，大概日用器具損毁俱盡，而器具又日用所必需。臣等仰體皇上子惠元元之至意，查滿漢兵民共伍萬餘户，恐遭此大灾之後，無力置買，可否每户再賞銀壹兩，俾其另製，出自聖恩。

再，查城工所用夫匠，有係寧屬應募者，有係别屬調雇者，俱照緩急工程例，匠役每工給銀柒分，夫役每工給銀陸分，已俱從寬裕。但目下甫經興工，糧價即以漸長，將來工程浩大，夫役雲集，食指甚繁，糧價勢必昂貴。臣等酌議每工搭給糧捌合，照部價于匠役應領工銀内除算。如願全領銀者，亦聽其便，則匠役不致買食艱難，市價亦不致騰貴，似均有益。臣等與大學士臣查郎阿一一商酌，俱意見相同。謹會摺恭奏，伏乞皇上訓示遵行。

謹奏。

乾隆四年三月十八日，奉硃批："該部速議具奏。欽此。"

【《明清宫藏地震檔案》（上卷壹）第259】

※寧夏將軍阿魯等奏請奬叙看守銀庫當鋪出力官兵摺[①]

乾隆四年三月二十日

鎮守寧夏等處地方將軍奴才阿魯等謹奏：爲謹陳些微辦理情形，伏乞聖上施恩事。

伏思奬勤罰懶，賞罰分明，乃國家之定制，辨析善惡，請施聖恩，乃奴才分内之事。查得，去年寧夏地方地震，我滿洲城内房屋全行倒塌，洪安、成安二處當鋪房屋倒壞焚燒，在當鋪行走之官兵雖有家人被壓，仍以國帑爲重，連夜滅火，看守被壓物件銀錢。及至挖出物件，白天將典當物件對照號簿散給八旗，入夜加以看守，月餘未休。核計挖出錢銀、散給八旗衣服等物，尚無短缺，均與帳目相合。再，儲濟庫亦遭回禄，該庫官兵數日看守被火之處，未敢離開。挖出所儲息銀查核，絲毫未少，均與原數相符，已平均借給八旗兵丁救濟。查官布鋪，所餘布匹、存銀亦未受損，得以保全。

以奴才等愚見，去年遭遇地震大灾，適逢人心浮動無定之際，在官商鋪當差及守庫官兵感戴聖主世代豢養隆恩，置身家于不顧，一心爲公。凡有錢糧之處，均未短缺，辦理周全者，雖屬滿洲與生俱來之忠正本性，亦源自彼等各堅其志，克勤克勉。奴才等身爲其上司，理當具陳屬下官兵奮勉出衆之處，敬請皇上嘉奬，以勵後者。是故奴才等未敢隱飾，恭請聖主明鑒，將在官鋪、倉廒行走之協領魯木拜、留保、旺格、果依仁查，佐領旺貴、富興、

①軍機處滿文録副奏摺。

召席、永全、頗廉，防禦雅思哈、伊羅勒圖，驍騎校薩爾呼、吉村等十三員，交部酌情施恩。

再請者。適蒙聖上施恩，敕將滿洲官兵所欠生息本息銀，現即由藩庫如數解送生息，以利衆生。遵旨諮文解來銀兩，奴才等擬由備賞紅白事件息銀內動支，給在各鋪庫行走之四十八名兵丁，每人賞銀十兩，并將彼等姓名記入檔册，擇其能者升補其應升之位。稽查得，所留備賞息銀内，除此間用于紅白事件外，餘銀七千五百八十四兩九錢，其中倘蒙恩准賞給彼等銀四百八十兩，仍有餘銀七千一百零四兩九錢。奴才等現酌情辦理生息，定不致無以接續。如此，則守邊官兵各得鼓勵，嗣後益加克盡職守。奴才等不揣冒昧，可否之處，謹請聖上明鑒訓示，欽遵辦理。爲此謹奏請旨。

鎮守寧夏等處地方將軍奴才阿魯，副都統奴才喀拉，副都統奴才同山。

乾隆四年四月初一日，奉硃批："該部議奏。欽此。"

【《明清宫藏地震檔案》（上卷壹）第261頁】

※大學士張廷玉等奏議鄂彌達等復請寧夏開捐摺①

乾隆四年三月二十六日

奏。

大學士、三等伯臣張廷玉等謹奏：爲遵旨議奏事。

該臣等會查得，川陝總督鄂彌達等奏稱，寧夏素稱富庶，自上年十一月二十四日陡被震灾，城垣、房屋、器用倒塌殘毁于頃刻之間，人口損傷者數萬，其生存者皆鳩形鵠面。重蒙皇上軫念灾黎，動帑金，發倉廪，蠲賦税，賙恤之隆恩至優至渥。臣等身任封疆，急宜培復元氣，稍慰皇上保民若赤之

①原件係滿漢文合璧，軍機處録副奏摺。

聖心。而欲培復元氣，惟有積貯糧銀之一法。前經大學士臣查郎阿、臣元展成備查情形，會摺恭奏，經大學士等議不准行，臣等何敢再爲冒瀆。

惟是寧郡遭大灾以後，民人受傷已深，地方凋僘已極。我皇上念切痌瘝，臣等不難于請帑、請粟，以濟一時之急需，實難于培植招徠，以復從前之殷富。再四熟籌，開捐則遠近民人挾貲而來者雲集，遠近商賈載貨而來者雲集，邊方之備貯得以充積，夷漢之貿易得以流通。且大學士等亦議以時有緩急，事有經權。今于灾出非常之後，行此培養之方，似無傷于政體，實有益于民生。至大學士等以從前土方事例，收過糧銀不多，議開捐爲無益。查前例捐款少而捐數貴，如廣其途、減其數，自必報捐接踵，邊貯有備，邊民有賴，殊多利濟。臣等爲邊要民生起見，不得不再瀆聖聽。倘蒙允行，容臣等仿照從前籌畫邊方各例，酌擬捐款捐數另題外，謹先會摺密奏。等因。乾隆四年三月十九日，奉硃批："大學士等會同該部議奏。欽此。"

臣等伏查直省捐納事例，乾隆元年正月内，九卿欽奉上諭："定議，一概停止。祇留捐監一條，以爲士子進身之階。"其户部應收捐納銀兩，又據各省督撫陸續題請，移歸本省收納本色，貯倉備賑在案。嗣于本年二月内，據大學士、仍管川陝總督查郎阿等以寧夏地動以後，勞費叢繁，料理匪易。雖多費帑金，不若財貨之自至者，爲有益于寧夏兵民。奏請照甘省土方之例，稍增款項開捐。經臣鄂爾泰等查明，寧夏被灾，兵民已蒙恩旨動帑發穀，加意賑恤，并將被灾州縣本年應徵錢糧及一應舊欠，悉行豁免。我皇上心殷保赤，豈惜百萬帑金以惠此兵民。若徒冒捐納之名，終鮮利濟之，甚爲無趣，應將所請開捐之處，毋庸議。等因。具奏奉旨："依議。欽此欽遵。"亦在案。

今又據川陝總督鄂彌達等奏稱，寧郡大灾以後，民人受傷，地方凋僘，臣等不難請帑、請粟，以濟一時之急需，實難于培植招徠，以復從前之殷富。惟開捐則遠近民人携貲而來者雲集，遠近商賈載貨而來者雲集，邊方之

備貯得以充積，夷漢之貿易得以流通，復請開捐一摺。荷蒙諭旨，命臣等“會同該部議奏。欽此”。臣等公同確查，寧夏地動被灾，兵民首重撫綏。其倒塌城垣等項，亦應次第建修。是以前經户部陸續題撥河南省地丁銀四十萬兩，部庫銀一百萬兩，解寧應用。又撥本省倉貯糧八萬八千石，以備賑恤。是兵民口糧、房價等項及應建應修一切工程，已蒙皇上睿慮周詳，仁恩愷惻，動帑發粟，漸次就理。將來即有應行增益之數，原可題請動撥，何必藉捐項之些微，以補目前之經費，而究無裨于地方之急務也。且該督等現在奏聞，估修寧夏城垣，大工并舉，食指浩繁，糧價勢必漸增，若又官生接踵，車馬絡繹，無業之徒轉相依附，食物等項自必更加昂貴。兵民待哺，糴買維艱，是欲殷富寧夏而轉多耗地方之米穀矣。若因倉貯虛懸，務需捐納，而甘省現開捐之條，特奉諭旨，以地處邊陲，准令外來商賈一體報捐。再，本省、各省紳衿富户，有情願捐貲赴寧賑恤及辦理工程者，前臣等議覆查郎阿摺奏，請照樂善好施例，交部從優議叙，分别録用，亦經奉旨准行。所謂招徠之術，充裕之謀，已在聖謨籌畫之中，未便以灾祲見告，爲權宜之計，請開捐納也。至于被灾之後，培復元氣，該督撫等果能轉敕各該有司，仰體聖心，加意撫循。俾生聚教養有方，則數年間自可復見殷富。應將鄂彌達等復請開捐之處毋庸議，仍照臣等原奉諭旨遵行可也。爲此謹奏請旨。

乾隆四年三月二十六日。

大學士、三等伯臣張廷玉，大學士臣徐本，大學士臣趙國麟，協辦大學士事務臣三泰，議政大臣、領侍衛内大臣、吏部尚書、協辦大學士事務、協辦户部管理户部之處事、御前大臣、果毅公加一級訥親，經筵講官、户部尚書臣陳德華，左侍郎、管理三庫事務臣申珠渾，左侍郎加一級臣陳世倌，右侍郎、加五級臣留保，右侍郎、加三級紀録八次臣王鈞。

【《明清宫藏地震檔案》（上卷壹）第266頁】

△工部議復川陜總督鄂彌達奏寧夏舊城建築等事

乾隆四年三月二十六日

工部議覆川陜總督鄂彌達奏，寧夏舊城身薄，址又近水，請照滿城高厚之式，于舊址内收進二十丈建築。所圈民地，即將官地照數撥補。如欲領價者，給價免糧。再，被灾滿漢兵民五萬户，雖經給與房價，而器具多被損毁，無力購買，并請每户賞銀一兩。均應如所請。從之。

【《清實録》第10册，第380頁《高宗純皇帝實録》卷八九“乾隆四年三月壬申”條】

△川陜總督查郎阿等奏查明寧鎮分發各當鋪生息銀兩請分别被灾輕重酌與寬恤摺

乾隆四年三月三十日

大學士、仍管川陜總督查郎阿等查明，寧鎮分發各當鋪生息銀兩，請分别被灾輕重，酌與寬恤。等因。一摺。奉旨：“軍機大臣等議奏。欽此。”查寧夏鎮標生息銀兩，據稱從前分發寧夏等處各當鋪營運生息，所有乾隆三年冬季利銀尚未交納。自地震後查，未被焚燒之寧夏各當鋪共領本銀二千四百四十一兩零，寧朔縣各當鋪共領本銀二千九百十九兩零，雖係被灾，貨物未致全失，可否仰邀聖恩，將伊等未交利銀免其交納，止令將原領本銀照數交還。至于房屋倒塌，又被火燒、水淹之寧夏、寧朔、平羅、寶豐等縣各當鋪共領銀八千五十七兩零，伊等人口、家資俱被焚溺，可否仰邀聖恩，將伊等未交利銀免其交納，止令將原領本銀照數交還。至于房屋倒塌，又被火燒、水淹之寧夏、寧朔、平羅、寶豐等縣各當鋪共領銀八千五十七兩零，伊等人口、家資俱被焚溺，可否仰邀聖恩，將伊等原領本銀及未交利銀一并豁免。等語。

臣等公同酌議，寧夏地震，被灾本重，今既據該督等查明，領有生息銀兩之各當鋪人口、家資俱被焚溺者一百七家，所領生息本銀共八千五十七兩零，已屬無從著追之項，應請加恩，將所欠本利銀俱行豁免。其雖經被灾，貨物未致全失之當鋪六十一家，所領生息本銀共四千五百四十兩零，自應令其照數交還。至未交之利銀，伊等于被灾之後，資本折耗，原屬實情，應請加恩，一并豁免。

又據稱，該鎮標生息本銀請照數在于蘭州司庫添給足額。等語。查寧夏將軍衙門生息銀兩已奉諭旨："生息銀兩，係永遠裨益之項，不可空缺，著班第將動用何項銀兩即行照數補足，以資生息之，妥議辦理奏聞。欽此欽遵。"今寧夏鎮標所有生息本銀懇恩豁免之項，自不便令其空缺，應如該督等所請，照數在于蘭州藩庫内添給足額，以資生息。臣等謹擬寫上諭，一并進呈御覽，恭候欽定頒發。

【《乾隆朝上諭檔》第1册，第375頁第1164條附録2】

甘肅布政使徐杞奏報寧夏大清及唐漢三渠修竣放水灌田情形摺[①]

乾隆四年四月初三日

奏。

徐杞：三渠工程告竣。

四月二十一日。

甘肅布政使司布政使、加二級臣徐杞謹奏：爲三渠工程告竣，百姓均沾樂利事。

竊查寧夏田地，全賴大清及唐、漢三渠之水以資灌溉，源遠流長，用之不竭。惟渠之埄𡎺底口，歲需修理，每年百姓各按田畝均派人夫、柴草分段

---

①軍機處録副奏摺。

興修，于清明春融時動工，官爲督率平定，在立夏之前完工放水。上年十一月二十四日地震之時，各渠之底口淤塞及裂縫者甚多，并倒缺埆𡑞百十處，修理之需數倍于每歲，灾黎不能如前之自辦夫草。蒙我皇上天恩優渥，今年修渠工料，俱動錢糧。寧民被灾之後，業蒙聖恩多方撫恤，又省其夫工、柴草，給以工銀、草價，俟有所得，愈自踴躍。臣不時往看，目擊在工之負土肩草者，莫不急趨恐後。

查大清及唐、漢大渠三道，共計五百八十里有奇。支渠二十六道，共計九百三里有奇。淤塞之處，俱挑挖疏通，裂縫倒缺之處，俱修築完固。于三月二十六日放水，現已渠水暢流，田野沾足，東作具興，西成有望，堪以上慰皇上軫念民謨之聖心于萬一。理合恭摺奏聞，伏乞皇上聖鑒。臣謹奏。

乾隆四年四月初三日。

臣徐杞。

乾隆四年四月二十一日，奉硃批："欣悦覽之。欽此。"

【《明清宫藏地震檔案》（上卷壹）第279頁】

甘肅布政使徐杞奏報查看寧夏震後修蓋房屋及播種田畝情形摺①

乾隆四年四月初三日

奏。

徐杞：寧夏現在情形。

四月二十一日。

甘肅布政使司布政使、加二級臣徐杞謹奏：爲奏聞事。

竊查寧夏素來人烟稠密，比户盈寧。自上年陡被震灾，城郭、房屋、服

①軍機處録副奏摺。

食、器具倒塌損壞于頃刻之間，灾黎莫不啼飢號寒，日夕露處。蒙我皇上如天之仁，多方撫恤，既廣給口糧，復加賑五月。既遍賞房價，又大修三渠，億萬餘生俱得其所。我皇上猶憫念輸將不易，新舊正雜錢糧悉行蠲免，且加倍借以籽種，格外借以牛價，耕作更覺裕如。臣查看在城及關廂俱陸續蓋造房屋，作息如常。又查看近城各村堡之房屋亦陸續修整，麥地已經播種，稻田正在翻犁，收成再得豐稔可期，漸有蓋藏。所有現在情形，理合繕摺具奏，恭慰聖懷，伏祈皇上睿鑒。臣謹奏。

乾隆四年四月初三日。

臣徐杞。

乾隆四年四月二十一日，奉硃批："所奏俱悉。欽此。"

【《明清宫藏地震檔案》（上卷壹）第 281 頁】

吏科掌印給事中馬宏琦奏請敕令各省奏報務須從實不得諱灾摺①

乾隆四年四月初四日

奏。

稽察天津等處漕務吏科掌印給事中臣馬宏琦謹奏：爲據事陳言，仰祈睿鑒事。

竊惟自古盛明之時，初不以灾祲爲諱，而惟以民隱不聞爲憂。蓋灾祲者，氣數之適，然懼而修德，轉可因禍而爲福。民隱不聞，則泄泄然上與下相蒙，而其患遂至于無所底。聖王知其然也，是以廣諮博訪，一有見聞，動色相告。凡使下無不達之情，上無不宣之德，戒引嫌，乃所以防壅蔽也。我皇上明目達聰，求寧軫瘼。直省中偶有水旱，蠲賑頻施，多方拯救，此固中外所共知共見

①軍機處録副奏摺。

者。即以寧夏地震言之，自將軍阿魯奏報到日，特遣大臣前往撫綏安插，所費以巨萬計。今春又頒發諭旨，告成督撫，令其預籌儲備，聖恩優渥，睿慮周詳。身受者，感激難名，即聞風者，亦稱頌不置。此而傳之天下，告之後世，何嫌何疑？寧有一人异議者，是又非不可共知共見之事也。

兹臣接閱邸抄，見都統弘昇密奏一摺，據稱，寧夏地震，該將軍有闔城官兵房屋盡皆坍塌之語，于宵小議論，殊有關係。皇上加恩之處，理應宣示。地震之處，自應簡略。且云若將水旱饑饉等事俱載入科抄，遍傳十三省，于各省事務無益。或有好事小人，見寧夏地震俱載入科抄，捏造匪言，煽惑愚民。嗣後事件發科時，俱宜斟酌。等語。業經奉旨俞允，交與内閣存記。

臣愚以爲此奏此旨，内閣即宜密行封貯，不當又抄發外省地方。是何也？外省州縣視督撫之意旨者也，督撫視皇上之意旨者也。方今各州縣偶被灾傷，自道府以至督撫，層層核實，原莫肯張大其詞，大率十分中，言其七八耳。然此實由皇上勤求民隱，不諱言灾，是以明白指陳，無有避忌。若如該都統所奏明，以阿魯奏報太直爲非，而謂宜從簡略，又借詞于宵小之造言煽惑，而謂不宜宣示。一似朝廷果惡聞灾，而外省之報灾必不可以冒昧者。此抄一發，正如該都統所云，不過二十日傳行十三省，觀瞻聞聽，所係匪輕。倘各該督撫不喻皇上本無忌諱之心，而但以奏報太直，礙難宣示，因于水旱饑饉等事必删減情形，悉從簡略，將以重爲輕，以多爲少，甚且以有爲無，而小民之疾苦顛連，無由自達矣。夫至疾苦顛連，無由自達，正不知斯時之造作謗議，更當若何。

是自來宵小訛言，正從匿灾始也。若使有灾必報，有報必實，加以皇上如天之仁，施恩如恐不及，沛澤至于再三。小民亦有天良，方且感激稱頌之不暇，而又何議論之有？煽惑之有？且夫弭灾莫要于修德，防口甚于防川。即如地震一事，自古未嘗無，要在君臣恐懼修省，盡人事以挽之耳，不此之務，而惟人言是慮，試思此等事件，即不載科抄，能禁彼地之人不言乎？能禁往來彼地之人不傳乎？外間既已言之，既已傳之，而乃欲斟酌于發科不發科之間，固已迂矣。抑又恐襲掩飾之虚文，而竟忘修省之實事也。

臣竊以國家政務，有必應密者，有無庸密者。如事關軍機及查拿要犯，皆不可不密，以防泄漏。至于地方偶有水旱，偶被灾祲，乃人所共知共見者。宫府之地，尚恐其駭人聽聞，而不輕宣示，則外省奏報又安敢盡情披露而不稍留餘。該都統不過欲避人言而不知由，其説必至内外以灾爲諱，内外以灾爲諱，而其弊將有不可勝言者。臣以民瘼所關，風聲所係，防微杜漸，不敢避咎不言。伏乞皇上另頒諭旨，曉示各省督撫諸臣，令其凡有奏報，務須從實，不得因弘昇此奏稍存避諱，以至民隱不聞，則天下億萬蒼生幸甚。臣無任惶悚戰慄之至。謹奏。

乾隆四年四月初四日。

硃批："此奏甚是，另有旨諭部。"

【《明清宫藏地震檔案》（上卷壹）第 283 頁】

浙江道監察御史霍備奏參甘肅巡撫元展成等妄請寧夏開捐摺[1]

乾隆四年四月初四日

奏。

四月初四日。

協理山西道事、浙江道監察御史臣霍備謹奏：爲參奏事。

竊惟利與害爲鄰，而與義相反，大抵以貪成性者，乃敢以利爲言。伏查從前各項捐例，原屬一時權宜，其初不無出貲效力、實心任事之員，迨後富商大賈，謬叨一命之榮，遂爲將本圖利之計。而無賴棍徒，且有用銀上庫夥做一官者，爲較其損益多寡之數，未能富國而徒以病民。故捐納一途，既非

---

①軍機處録副奏摺。

選士之科，亦并非理財之道。我皇上洞悉此中利弊，特降諭旨，盡行停罷。煌煌天語，炳若日星。管理川陝總督事務大學士臣查郎阿、甘肅巡撫元展成，遽以寧夏地震，妄請開捐，業經議不准行，詎臣元展成復與新任督臣鄂彌達會摺密奏，聞者莫不駭然。

伏念皇上軫恤灾元，隆恩叠沛，并許經費不敷，即再請撥協。該督撫不知仰體聖意，而堅執以爲捐例當開，是貪小利而廢宏謀，將僥近功而釀遠害矣。據云爲地方復元氣，獨不思爲天下培根本乎？臣愚以爲，此特其飾説耳，非本心也。觀其奏摺内意，有廣其途，減其價，自必報捐接踵。等語。顯係希圖執掌其事，可以于中取利，可以藉此市恩。倘奉密旨允行，即置廷議不問，故不憚以市井鄙俚之談褻瀆天聽。而聖明遠照，交部詳查批駁，想已膽寒舌結矣。但其事既不可行，其心殊不堪問。其人已不足信，其罪必不空置。

鄂彌達在廣督任内，聲名狼籍，經外轉御史臣陳高翔指参有案。又聞接任督臣馬爾泰發其私書，是其劣迹久已敗露，自不便仍寄以封疆重任。至元展成，係負罪至深、受恩至重之人。丁憂少卿臣蔣炳，曾于御史任内，言其不可復用，雖蒙恩旨嘉奬，而旋將元展成擢爲甘撫，在伊果無感愧交并，即當洗心滌慮，痛自改悔。乃任事後，風聞其尚交結、通饋遺、祝壽宴客，漫無檢束。今又與鄂彌達相朋比，藉言利濟，妄議紛更，挾作營私，辜恩實甚。前大學士臣朱軾遺本，深切言利之慮，想其伏枕哀鳴之際，早已見及于斯。仰請皇上乾斷，將元展成與鄂彌達一并罷黜，以慰忠魂，以振生氣。另選賢大臣前往料理，以副人望，以合天和。庶吏治可清，而民生有賴矣。臣無任悚惶待命之至。謹奏。

乾隆四年四月初四日，奉硃批："大學士、九卿議奏。"

【《明清宫藏地震檔案》（上卷壹）第286頁】

諭大學士張廷玉等議寧夏地震賑灾并敕各督撫從速如實上報灾情記注①

乾隆四年四月初七日

初七日癸未，上由神武門出西直門，詣皇太后宫請安，幸圓明園駐蹕。是日，大學士張廷玉、徐本奉諭旨："朕御極以來，仰體皇考誠求保赤、視民如傷之至意，廣咨博訪，庶幾民瘼得以上聞。至于水旱灾荒，尤關百姓之身命，更屬朕心之所急，欲聞知而速爲經理補救者。是以數年中頒發諭旨，不可勝數，務令督撫、藩、臬等飛章陳奏，不許稽遲，亦不許以重爲輕，絲毫粉飾。倘或隱匿不陳，或言之不盡，朕從他處訪聞，必將該督撫等加以嚴譴。蓋年歲豐歉本有不齊之數，惟遇灾而懼，盡人事以挽之，自然感召天和、轉禍爲福。若稍存諱灾之心，上下相蒙，其害有不可勝言者。是以孜孜不怠，惟恐民隱不能上達，即天下想亦洞悉朕心矣。乃昨冬寧夏地動，灾傷甚重，朕聞奏，即宣示于外，特遣大臣馳驛前往，會同該督撫、將軍、地方官等，逐户賑濟，安插撫綏，毋使一夫失所。且不惜帑金數百萬兩，以爲招集流移，繕完室廬之費，此皆明降諭旨者。彼時都統弘昇奏稱，寧夏地動情形，發抄時，宜從簡略，恐有好事小人藉端揑造，煽惑愚民。等語。此奏識見甚屬褊小，朕不以爲然。但其中有軍機要務，恐似此傳播于外之語，是以朕令内閣識之。蓋謂國家政務原有應密之件，如事關軍機，查拿要犯，皆不可不密，以防泄漏，别生事端。至于旱潦饑饉、灾祲之類，則斷斷不應密者，即數十年來，亦從無删减情節發抄者，乃内閣誤將弘昇此奏播傳于外，一似朕俞允彼言者。近日朕始聞之，因思此奏傳播各省，該督撫等必致錯認，以朕心諱言灾傷，始而觀望，繼而欺隱，則黎元將何以得受國家賑恤之恩耶。是朕力行而猶恐未逮者，將轉而爲改弦易轍之舉，豈朕之初志耶。夫民瘼所關，乃國家第一要務，用是特頒諭旨，通行

①臺北故宫博物院起居注册。

宣示，嗣後督撫等若有匿灾不報，或删减分數、不據實在情形者，經朕訪聞，或被科道糾參，必嚴加議處，不少寬貸。該部即遵諭行。”

【《明清宫藏地震檔案》（下卷壹）第173頁。亦見《乾隆朝上諭檔》第1册，第384頁第1169條】

甘肅巡撫元展成揭爲代各屬紳民題謝蠲免舊賦新租

乾隆四年四月十一日

揭帖。

巡撫甘肅寧夏、臨、鞏等處地方贊理軍務兼理茶馬、都察院右僉都御史、紀録二次元：爲聖主之恩膏疊沛，邊民之感激難名，公籲題謝天恩，以申下悃事。

乾隆肆年肆月初壹日，據甘肅布政使徐杞、按察使包适[1]呈，乾隆肆年貳月拾伍日，蒙辦理賑務班部堂、川陝總督查閣院、甘撫元都院案驗，爲欽奉上諭事，乾隆肆年貳月初玖日准户部咨，陝西司案呈，本年正月貳拾日，内閣抄出，奉上諭：“上年拾壹月寧夏地動，民人被灾甚重。朕聞奏，即遣大臣星馳前往，會同督撫、將軍等加意賑恤，并籌畫撫綏安輯之計。日來但等陸續奏到，正在多方經理，以濟灾黎。朕思民人等困苦，播遷之後，縱能勉力耕耘，豈能復輸租税？著將寧夏、寧朔、平羅、新渠、寶豐伍縣本年應徵地丁及糧米、草束、雜税等項，悉行豁免。如有舊欠，亦著蠲除。倘附近州縣有被灾之處，應加恩免賦者，著欽差及督撫等查明，奏聞請旨。欽此欽遵。”抄出到部。相應□□督，欽遵上諭内事理遵行可也。等因。準此，行司。

蒙此，遵即出示曉諭，并移行寧夏道府轉飭欽遵去後。今准寧夏道副使鈕

①包适：原作“包括”，據《（光緒）甘肅新通志》卷五二《職官志》改。下同。

廷彩移，據寧夏府知府臧珊〔册〕詳，據寧夏縣知縣沈項年、寧朔縣知縣辛禹籍、平羅縣知縣馬瑗、新渠縣知縣任達德、寶豐縣知縣朱元裕申稱，據卑職等所屬紳衿士民解震泰、蔡永寔、徐士超、王洪蔭、聞詩、楊任甲、邢宗、王法堯、賈丕謨、趙鷁翀、樊攀龍等呈前事，内稱：竊泰等生長邊方，欣逢聖世。祖父以來，沐浴皇恩。説禮敦詩，久荷甄陶之化；耕田鑿井，咸安作息之常。詎意上年拾壹月貳拾肆日戌時，忽被震灾，旋遭水火。萬家廬舍，盡屬傾頹，伍邑人民，半成顛沛。仰荷聖主鴻慈，恩膏叠沛，特命大臣協同督撫、將軍加意賑恤。當被灾之始，□賑兼施，猶恐灾後餘生青黄不接，加賑伍月，兼給銀糧房價，民無露處。亦且掩骼埋胔，得免暴露。灾黎被澤，存歿均沾。又給牛力籽種，更復動帑修渠，此實係合郡命脉所關。現在渠流疏暢，俾寧民子子孫孫常安耕鑿，永貽樂利于萬年。皇恩至此，信已浩蕩難名。乃又蒙特頒上諭："軫念灾黎，將寧夏、寧朔、平羅、新渠、寶豐伍縣本年應徵地丁及糧米、草束、雜税等項，悉行豁免。如有舊欠，亦著蠲除。"泰等聞命自天，感激無地，惟有踴躍呼嵩，永戴堯天舜日。爲此公籲叩稟。等情。

據此，該卑職寧夏縣知縣沈項年等會看得，自昔堯、湯至治，亦聞水旱頻仍。去歲寧夏震灾，荷蒙我皇上如天之德，保赤爲懷，發粟發金，多方賑恤。固已起灾黎于衽席，乃猶軫念民艱，將積欠新租，悉行豁免，皇恩浩蕩，樂利無疆。今據郡屬紳衿士民，公籲呈請，代謝天恩前來，理合據情詳請。等因。到府。

據此，該寧夏府知府臧珊看得，救灾恤患，乃不息之至誠；賜復捐租，實無疆之愷澤。上年寧屬地震，蒙我皇上軫念灾黎，特命大臣宣揚恩旨，賑恤多方。固已蔀屋茅檐，重沐生全之賜。行見耕田鑿井，仍安作息之常矣。乃我皇上猶念灾出非常，特沛俞旨，恩施格外，不特銀糧無分于新舊，悉予蠲除，抑且雜税惠恩免，從此催科不擾暮夜，得免于追呼，俯仰有資有食，無虞于匱乏。既蒙九重之厚澤，自應萬姓之歡呼。既據該縣等據情詳請前來，相應轉請題達。等情。到道。

據此，該寧夏道鈕廷彩竊念守土不職，以致寧屬遭此奇灾，蒙我皇上恩膏叠沛，使節頻仍。動帑發粟，救飢寒于頃刻之間；加賑惠農，獲安全于凋敝之後。乃又蒙特免新舊錢糧，并蠲正雜賦税，九重厚澤靡涯，萬姓歡騰何極。感深情切，環籲盈廷。理合備移，惟希轉請。等情。到司。

準此，該布政使徐杞、按察使包适恭查得，偏眚突見，良中有愆，億萬餘生，幸荷皇恩矜恤。玆寧屬慘被震灾，重蒙聖主廑念，叠沛恩膏，頻頒巽命。發粟以資口糧，民無枵腹；動帑以調房價，户有栖身。而且澤及枯骨，抑□□□遠商。添牛益種，而耕作有資，加賑修渠，而生全無算。既作息之有常，宜輸將之恐後。乃復荷皇上隆恩無已，免新賦而兼免舊逋；厚澤有加，蠲正供而并蠲雜税。行見連年豐稔，户户皆□□□；比屋盈寧，人人永沾樂利。瘡痍□□，感而難忘。環籲出自至誠，應據情而上達。玆準該道、府、縣轉請前來，理合備詳，呈請題達。等情。呈詳到臣。

該臣看得，輸將效惟正之供，普天公義；蠲賑感無疆之澤，下土輿情。況蒼黎重慶更生，歡欣倍切，而惠愛有加無已，淪浹彌□。欽惟我皇上仁合堯欽，温兼舜哲。敬修府事，雖惟叙惟歌，而尤勤宵旰；好協畢箕，方省歲省月，而愈切咨詢。念不息于如傷，多方□□；恩更深于若保，逾格誠求。特爲寧夏灾黎重復當年富庶，思元氣亟須培養，藉一誠加意撫綏。蒙聖訓以遵循，凛臣心而怵惕。仰賴湛深之愷澤，荷邀稠叠之洪仁。一切休息之方、安全之計，實無微而弗有，有隱而必通。既賑貸之兼施，生存無恙；合□□而加惠，枯朽均沾。至于修渠道以養命源，動帑金以蘇民力。子來恐後，疏通連緑野皆春；計日告成，膏澤與黄流俱永。固已水村山郭共慶生成，更將舊賦新租，悉行豁免。皇恩浩蕩，息追呼而□□惟呼；睿慮周詳，貽福利而□□樂利。春臺即今，五邑桑麻，胥登壽域。在聖主蠲徵賜復，但切求寧求莫之思；而邊氓祝革歌衢，自深如日如雲之戴。環籲合應，上達感恩，實出至情。兹據布政使徐杞、按察使包适[①]等詳，准該道移，據該府、縣申，據各屬紳衿士民解震泰等□籲請代題，恭謝天恩前來。相應會同督臣鄂合詞具題，伏乞皇上睿鑒施行。爲此具題外，理合具揭。須至揭帖者。

乾隆肆年肆月十一日。

【《明清檔案》A88—89，B49963—B49968】

川陝總督鄂彌達奏報寧夏修築渠工告竣摺[②]

乾隆四年四月十八日

奏。

鄂彌達：渠工告竣。

五月初三日。

川陝總督臣鄂彌達謹奏：爲敬陳渠工告竣，仰慰聖懷事。

竊查寧夏大清、唐、漢三渠引黄河之水灌溉三縣田地，原爲寧民命脉。乃于上年十一月二十四日地震，三道大渠及各支渠多被摇塌，致渠水不能流通，灌溉無資。先經大學士臣查郎阿等以急須重修，奈工程浩大，民力維艱，奏請動支帑銀修築，荷蒙聖恩俞允在案。臣到寧夏接印，即親加查勘，催督各委員上緊修築，無誤立夏放水之期。今據報，各處渠工俱已修竣，毫無滲漏，于三月二十六日放水，分流到地，足資耕作，且與往年立夏放水之時候無异。寧民咸歡欣鼓舞，感戴皇上天高地厚之恩，賜帑興修，故大工得速告成，將來永遠樂利。除敕取工料確册送部查核外，理合恭申奏報，伏祈皇上睿鑒。謹奏。

乾隆四年四月十八日。

---

①包适：原作“包恬”，據《（光緒）甘肅新通志》卷五二《職官志》改。下同。
②軍機處録副奏摺。

乾隆四年五月初三日，奉硃批："覽。欽此。"

【《明清宮藏地震檔案》（上卷壹）第289頁）】

諭大學士張廷玉等寧夏地震開捐霍備參元展成摺注記[①]

乾隆四年四月二十一日

二十一日丁酉，大學士張廷玉、徐本奉諭旨："新科進士，著莊親王、和親王、平郡王、張廷玉、訥親、尹繼善，照上科例，分別揀選具奏。"又，大學士伯張廷玉等，吏部尚書、果毅公訥親等會議御史霍備，參奏鄂彌達、元展成一摺内所參寧夏開捐一款，議以元展成與查郎阿、鄂彌達兩次奏請，俱因被灾起見。所參鄂彌達私書敗露一款，議以現交接任廣督馬爾泰查審。審明之日，是非乃定。所參元展成尚交結、通饋遺、祝壽宴客等款，議以應令元展成明白回奏。至所稱大學士朱軾遺本深切言利之慮，請將鄂彌達、元展成罷斥，以慰忠魂。等語。張廷玉等以該御史立言過當，但係言官，應遵旨免議。訥親等以朱軾奏開營田例，不謂之言利，何得以被灾開捐獨爲言利。且既指爲言利，何以獨參續奏之鄂彌達，而不參原奏之查郎阿。若非挾私干譽，即屬毫無確見，應請交部嚴加議處。

兩議請旨，奉諭旨："這所議二摺，著交内閣暫行收貯。霍備所參元展成尚交結、通饋遺、祝壽宴客。等情。著行文元展成，令伊明白回奏。至于霍備所奏元展成各款，必有確見，始行參劾，亦著伊逐款聲明，指實具奏。再，馬爾泰查審鄂彌達私書一案，尚未奏覆，俟伊等具奏到齊之日，再降諭旨。"

【《明清宮藏地震檔案》（下卷壹）第176頁。亦見《清實録》第10册，第400頁《高宗純皇帝實録》卷九一"乾隆四年四月二十一日丁酉"條】

---

①臺北故宫博物院起居注册。

△諭吏部寧夏知府顧爾昌照陣亡例，減半恤典

乾隆四年四月二十九日

予甘肅寧夏地震被傷身故知府顧爾昌，照陣亡例，減半恤典。

【《清實録》第10册，第405頁《高宗純皇帝實録》卷九一“乾隆四年四月乙巳”條】

諭甘肅巡撫元展成涼州新駐防滿兵遇旗民互毆命案應由寧夏府審轉

乾隆四年五月十一日

刑部議覆：甘肅巡撫元展成疏稱，涼州新駐防滿兵，遇旗民互毆命案，或照西安不由府轉，或照寧夏由府審轉。等語。查涼州駐防滿兵，雖由西安分撥，然地方命案，知府有督催稽查之責，未便越府徑轉臬司，應照寧夏辦理。從之。

【《清實録》第10册，第414頁《高宗純皇帝實録》卷九二“乾隆四年五月十一日丙辰”條】

川陝總督鄂彌達奏報稽查寧夏震後工項所用帑項毫無虚糜摺①

乾隆四年五月十一日

奏。

川陝總督臣鄂彌達、甘肅巡撫元展成謹奏：爲恭請聖鑒事。

竊惟寧夏地震灾傷，荷蒙皇上天恩，加惠元元，發帑賜粟，既優恤于格

①軍機處録副奏摺。

外，復寓以工代賑，營建城垣等項，殊恩叠沛，民情感戴歡騰。先經臣等因寧夏未灾之先，地方富庶，諸物價賤，故向日急工定例，匠役每工六分，夫役每工五分。殆被灾後，本地既無存留出産之貨，而外來又不能如舊流通，各工夫役雲集，食指浩繁，物價騰貴。仰體皇仁以工代賑，緊急重大，原非尋常興作可比，務從寬裕，方于灾黎有益。是以照别府急工之例奏請，每匠役日給七分，夫役六分，一切渠工、城工，悉照數給發。于本年四月初六日，接准部諮，以原定之例不便多給。等因。轉行遵照去後。兹據辦理工程部郎佛寶柱等暨寧夏道阿炳安會詳，據該府、縣等咸稱，寧夏城垣、衙署、民舍均須急爲修建，大工并舉于一時，辦料難分其先後。地産既不能充，外販勢多，脚費日見價值有增無減，匠工口食維艱。若仍照内部預定之價辦理，則時有不同，誠恐商販因而裹足、夫役不能飽騰。應仍照時價采辦，并照别府急工例，每匠役日給七分，夫役六分。請再先事諮奏，以免報銷駁詰。實因時勢使然，非敢浮冒，更有難拘原案者。

寧夏所屬中衛縣，城垣摇塌，原議祇需修補，今試驗城脚墻身，盡被地震鬆裂，日漸剥落，土牛已壞，若止就舊城幫補，萬難堅固，徒耗帑金無益，必須重建，方垂久遠。又，寧夏府城舊基前，因瓦礫堆積，坑坎相間，不能丈量。惟按志書所載周圍一十九里三分之數開報，并有四面各收進二十丈以便取土之請，經部覆議准在案。迨今平除瓦礫坑坎，清出墻基，將部頒營造尺式周圍丈明，共計二千八百餘丈，約以里數，僅一十五里，亦與原報十九里三分之數相殊。若仍以四面各收進二十丈建築，則規模狹隘，不但邊塞難以壯觀，抑且恐將來民稠地窄。惟有按其平坦相度地宜，于東、南、西三面各收進七丈，其北首地本稍窪，不用更收，以防積水。似此收進無幾，取土仍便，既不改舊日之形勢，而市井亦依然各適。此又開除平坦後，與未挖瓦礫以前丈勘之不同也。現在妥確辦理，并請核奏。等因。前來。臣等伏查寧夏震灾，殘毁實甚，幾同創始，原不易辦，在工之部郎等，身親其事，見聞確切，所議皆因時因地制宜，實難拘泥成案。臣等現在實力督率稽察，務期帑項毫無虛糜，災民漸有起色，一一妥協辦理。除咨明工部外，合再據實恭奏，伏祈皇上睿鑒。謹奏。

乾隆四年五月十一日。

【《明清宫藏地震檔案》（上卷壹）第291頁】

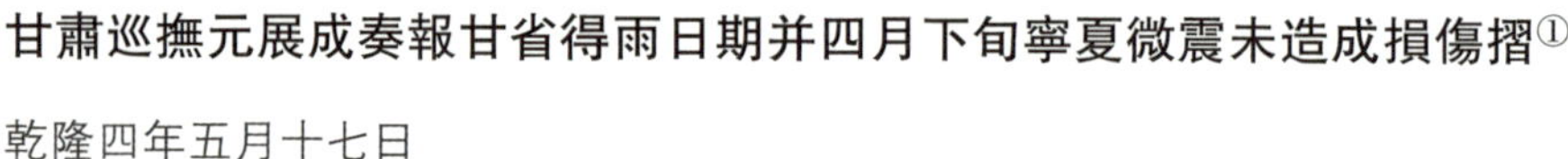

甘肅巡撫元展成奏報甘省得雨日期并四月下旬寧夏微震未造成損傷摺①

乾隆四年五月十七日

奏。

甘肅巡撫臣元展成謹奏：爲恭報得雨日期事。

查甘省缺雨之皋蘭、金縣、靖遠、平番及靈州之花馬池、中衛之香山等處，前經奏明。今皋蘭于五月十三日申時起，至十四日辰時止，四鄉得雨五六寸。臣隨飛查蘭州屬之金、靖二縣，據報同日亦得雨五六寸，秋禾之已種者，即可長發，未種者，俱可播種。至夏禾從前缺雨之處，幸而甘省節氣較遲，麥苗出穗者尚少。此番得雨，將來水田固可有收，即旱地，亦不過稍減分數。其凉州屬之平番及寧夏屬之花馬池、香山等處，尚未報到。又，蘭州于十五日夜，自戌至寅，復得甘雨，先後沾足，更覺深透。

再，通省各屬五月間，據伏羌、通渭、華亭、秦州、崇信、平凉、寧遠、漳縣、隴西、清水等州縣俱報，于初六、七、八、九等日得雨，自四五寸至七八寸不等。又據張掖、西寧、永昌、鎮原、隆德、静寧等州縣，于初六七及十一二等日得雨一、二、三寸不等。至十三四等日，得雨之處，惟附

①軍機處録副奏摺。

近之狄道、安定、河州、會寧、渭源等州縣，俱已報有四、五、六寸不等，其餘地方遼闊，俟報到之日，另行彙摺奏聞。

再，寧夏于四月二十六七兩日，地復微動。至二十八日，又動，爲時較久，民間房舍俱無傷損。合并附奏。敬遣臣標把總龔焯捧賫，伏祈皇上睿鑒。謹奏。

乾隆四年五月十七日。

覽奏，朕懷稍慰矣。

【《明清宫藏地震檔案》（上卷壹）第294頁。亦見《清代地震檔案史料》第97頁】

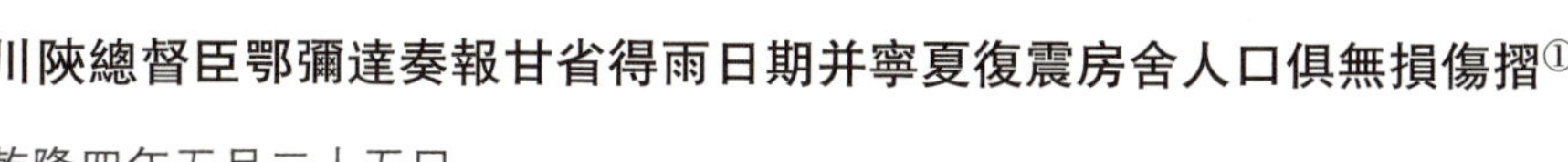

川陝總督臣鄂彌達奏報甘省得雨日期并寧夏復震房舍人口俱無損傷摺[①]

乾隆四年五月二十五日

奏。

川陝總督臣鄂彌達謹奏：爲據實奏聞事。

竊查甘省地方遼闊，今春雨澤未得普遍。臣與撫臣元展成預爲籌畫，通敕各屬體察民隱，隨時相機料理，青黄不接，早爲開倉接濟。迨臣自寧夏會勘賑灾，于本年四月初一日抵署後，即差人查勘，凉州、西寧一帶，仍有乏食貧民。又經會商撫臣，撥發銀糧，借糶兼行，并將附近應修各城工，乘時興修，以工代賑，急爲安頓。臣隨查得，甘省八府三州，自春至初夏，除大半已得甘霖外，止有蘭州、甘州、凉州、寧夏四府，并直隸肅州所屬，雨澤未足。幸而水田居多，有渠水可資灌溉。内惟蘭州府屬之皋蘭、金縣、靖遠三州縣，凉州府屬之平番縣，寧夏府屬之靈州、花馬池，并中衛之香山，此六州縣，多係旱地，望雨甚殷。先經臣奏聞在案。臣深切隱憂，自後不時差查，據報此缺雨之六州縣内，有皋蘭、金縣、靖遠三縣于五月十三四五日得雨，各入土五、六寸

①軍機處録副奏摺。

不等。其平番縣，以前雖得微雨，不足。靈州、中衛縣，仍未得雨。所有各處無力貧民，先已借給籽種、口糧安頓訖。其餘春雨已足、未足之各府、州、縣，自五月初六日起，至十四數日之内，各先後得雨入土五、六、七、八寸不等。邊方節氣較遲，有此時雨，大約夏禾收成，水田可望豐登，旱地亦不甚歉薄。秋禾已種者，正滋發茂，未種者，俱得播種。至甘、凉、寧、肅一帶，雨澤不一，有報得雨數寸者，有報大雨一陣及微雨片時者，亦有未報得雨者，因路遠，尚未查實。臣又專差星往，逐一確勘情形，俟報到另奏外，恐廑聖懷，先將甘省五月上半月得雨日期恭摺奏報。

又查得，寧夏府于四月二十六七八日，地復動有聲，房屋人口俱未損傷。以後隔一二日微動，尚不妨礙。蓋因去冬大震之後，地氣驟難通暢之故，寧夏亦雨澤愆期。現欽蒙皇賞按月散賑無誤，民情尚皆安帖。臣時刻兢業，與撫臣督率屬員敬謹修省，預籌民事，已經節次飛敕該道府妥爲料理。又選差臣標左營游擊張彪星馳前往寧夏查勘，俟張彪回日，再爲恭奏。合先一并奏聞，伏祈聖鑒。謹奏。

乾隆四年五月二十五日。

所奏俱悉。寧夏災傷之餘，如何再禁得旱乾之厄。所有賑恤之策，早爲籌畫方可。

【《明清宫藏地震檔案》（上卷壹）第296頁。硃批亦見《清實録》第10册，第433頁《高宗純皇帝實録》卷九三“乾隆四年五月乙亥”條】

△諭兵部予寧夏地震被壓身故之佐領佛爾屯等六將官祭葬如例

乾隆四年五月二十七日

予甘肅寧夏地震被壓身故之佐領佛爾屯、僧保、常靈、三海，千總沈印，把總哈義德六員，祭葬如例。

【《清實録》第10册，第428頁《高宗純皇帝實録》卷九三“乾隆四年五月壬申”條】

△諭内閣著寧夏地方督撫有司更當恐懼警惕勤修人事以消災沴

乾隆四年六月初四日

乾隆四年六月初四日，内閣奉上諭：“據川陝總督鄂彌達奏報，甘省郡縣有雨澤不敷之處，而寧夏亦在缺雨之内。朕思寧夏當去年地動災傷之餘，又值今年旱乾之厄，吾民何能堪此。夙夜焦勞，切加修省，仰冀感召天和。該地方督撫有司更當恐懼警惕，勤修人事，以消災沴。而撫恤安全之策也，當先事預籌，方爲有備無患。至于一方之中，災荒叠見，天心仁愛，斷未有無端降罰者。凡爾小民，亦當思所以致此之由。或平日人心邪僻，風俗澆漓，或于地動之後，不知悔過省愆，而轉有怨天尤人之意，有一于此，皆足以上干天怒，垂象示儆。該督撫等當以至誠之心勤勤懇懇，宣諭勸導，俾群黎百姓各矢天良，努力向善，以爲弭災求福之本。《易》曰：‘作善，降之百祥。’[①] 其理固有斷然不爽者。思之勉之。欽此。”

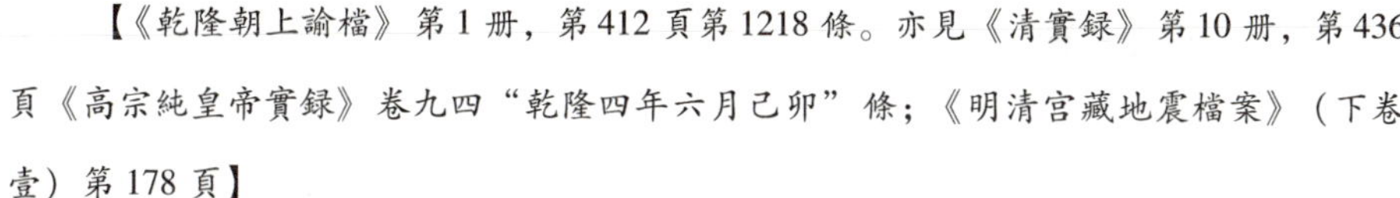
【《乾隆朝上諭檔》第1册，第412頁第1218條。亦見《清實録》第10册，第436頁《高宗純皇帝實録》卷九四“乾隆四年六月己卯”條；《明清宫藏地震檔案》（下卷壹）第178頁】

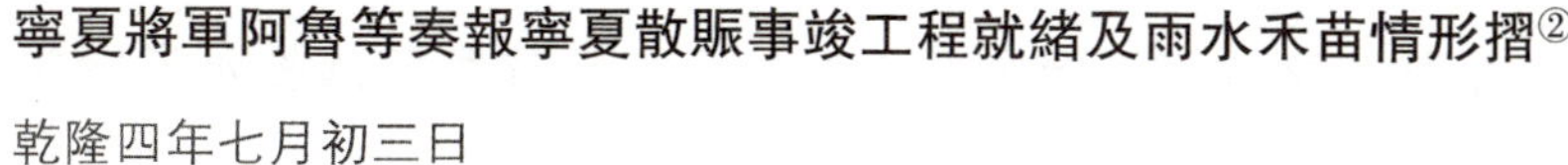
寧夏將軍阿魯等奏報寧夏散賑事竣工程就緒及雨水禾苗情形摺[②]

乾隆四年七月初三日

奏。

川陝總督臣鄂彌達、寧夏將軍臣阿魯、甘肅巡撫臣元展成謹奏：爲恭報寧夏現在情形，仰慰聖懷事。

---

①此句出自《尚書·伊訓》。奏摺言“《易》曰”，疑誤。
②軍機處録副奏摺。

臣等查得，寧夏府自去歲十一月二十四日地震後，雖仍有微動，而地氣漸舒，并無妨礙。屢蒙皇上天恩，不惜億萬帑金，賑濟灾民。臣等欽遵，上緊辦理。去冬震塌之民房，現今蓋起，安居者已有十之七八。寧、朔二縣已經蓋完倉廒共一百八十三間，積儲有備。府城與滿城等處各城垣、衙署、兵房，俱現在次第興修。六月内散賑完竣，被灾民人領賑，俱歡欣鼓舞，感激皇仁。

再，查寧夏春季稍覺亢旱，五月内連得時雨，及所屬之花馬池等處，俱大雨滂沱。又有渠水足用，稻禾田苗茂盛。即山僻荒野，其已種者，藉以滋長，未種者，現在播穀，秋收大屬可望。米糧市價，較先日漸平减。臣等仰體聖主念切痌瘝，時刻留心遍查。不但前次之瘡痍磋嘆者久無見聞，而且里巷田間頗有樂業安居之象。實在民情寧帖，恐上廑宸衷，謹將寧夏散賑事竣與現在工程就緒，民生得所，地雖間有微動，并不妨礙，各情形，會同據實恭摺奏聞，伏祈睿鑒。謹奏。

乾隆四年七月初三日。

覽奏，朕懷稍慰矣。

【《明清宫藏地震檔案》（上卷壹）第298頁。亦見《清代地震檔案史料》第98頁】

川陝總督臣鄂彌達奏覆寧夏復震并無損傷及新渠寶豐等地被水業經賑恤摺[1]

乾隆四年七月初三日

奏。

川陝總督臣鄂彌達謹奏：爲遵旨據實覆奏事。

---

①軍機處録副奏摺。

竊臣前將甘省五月上半月得雨日期及寧夏府屬靈州、中衛縣仍未得雨，并隨時料理各情形恭摺奏報。于本年六月十八日，欽奉硃批："所奏俱悉。寧夏灾傷之餘，如何再禁得旱乾之厄？所有賑恤之策，早爲籌畫方可。欽此。"臣跪讀諭旨，泣感聖慈拊揗寧民如保赤子，無微不照。仰蒙皇上至誠感召天和，隨于臣摺奏之後，節據寧夏府屬之寧夏、寧朔、靈州、香山、平羅等州縣并花馬池各處文報，于五月十六七、二十四、二十七八及六月十二三等日各先後得雨，自入土三四寸至六七寸不等。雨水已經沾足，秋收大有可望，糧價日漸平減，民心歡欣寧帖各情形，現經臣與將軍、巡撫二臣會摺恭奏在案。

猶不止。現在寧夏之民情感戴皇仁，即如新渠、寶豐二縣原日招徠之户口，以及夏邑等處人民上年被灾後，有當時依附親戚、投奔他鄉者，嗣聞賑恤，俱接踵仍回寧夏領賑。經該道府逐一查明，一體散給，不致遺漏，咸切鼓舞嵩呼。尚有新渠、寶豐二邑係上年震陷特甚、已經裁汰之縣，于本年五月二十三四等日，因雨後水發，黄河泛漲，淹及地畝，旋即消退。而被水之民，亦經臣與撫臣元展成飭令該道府等賑恤，俱各得所。又飭令在寧夏地方多貯倉糧，以備不時之需。雖現今雨澤調匀，可無旱灾，散賑而預籌賑恤之策，實爲有備無患。其先于四月二十六七八日地復動之有聲，經臣奏明，差游擊張彪星往查勘。今據張彪回禀，已經勘明，實未坍塌房屋、損傷人口，民情安堵，并無妨礙，均可毋庸上廑宸衷也。除臣等時刻敬謹修省，并督率官民一體修省，永消灾沴外，所有寧夏續得時雨，不致旱乾情形，合再據實覆奏。仰慰聖懷，伏祈皇上睿鑒。謹奏。

乾隆四年七月初三日。

所奏俱悉。

【《明清宫藏地震檔案》（上卷壹）第300頁】

川陝總督鄂彌達揭報乾隆三年各標協營兵馬數目

乾隆四年七月十八日

所有乾隆三年分陝省各標營清查兵馬，節準據陝撫臣張、州撫臣元、署陝提臣楊、甘提臣瞻、延綏鎮總兵官王廷極、署興漢鎮總兵官印務副將吕瀚、護凉州鎮總兵官印務參將魯華齡、寧夏鎮總兵官周開捷、署西寧鎮總兵印務李如柏、肅州鎮總兵官韓良卿、安西鎮總兵官豆斌、河州鎮總兵官張存孝、署督標中軍副將事游擊瑚寶、署火器營參將事游擊瑚寶各造送經制原額、裁汰、增添、安塘駐防、撥解缺額、實在馬步戰守兵丁、馬、駝數目及并無隱占、虚冒文册前來。

準據此，該臣看得，督撫、提鎮各標協、營清查兵馬一案，例應年底彙題。兹準據陝甘撫、提、鎮等臣各將乾隆三年分經制原額、裁汰、增添、安塘駐防、撥解缺額、實在兵丁、馬匹、駝隻數目，造具清册前來。

【《明清檔案》A89—75，B50548—B50549】

川陝總督鄂彌達奏報委員查勘寧夏新築滿城土牛工竣漢城等處次第修築摺[①]

乾隆四年七月二十六日

奏。

川陝總督臣鄂彌達、甘肅巡撫臣元展成謹奏：爲奏聞事。

竊惟寧夏府自上年十一月二十四日地震之後，雖仍間有微動，并不妨礙各情形。業經臣等據實奏明，并時刻留心探查。兹又據寧夏道府禀稱：六月

①軍機處録副奏摺。

二十四日及二十九、七月初一等日，地復震動有聲，墻壁爲之撼摇。當即飛查城鄉軍民房舍，幸獲無恙。等語。是皆臣等奉職無狀之咎，不勝惶悚。惟有仰遵聖訓，時加修省，先事預籌，并星委甘肅按察使包括赴寧確勘一切情形。及飭令寧夏道阿炳安體察，各勤懇宣諭百姓，務矢天良，努力向善，以消灾沴，永奠坤輿，上慰宸衷外。惟是寧夏新築滿城土牛，已據報于本年六月十五日工竣。其漢城以及平羅、洪廣等處各城堡土牛，俱現在次第修築。當此地氣尚未大舒、間有微動之際，而已成之土牛安然無損，則工程實在堅固，軍民可資環衛。雖遇微動，亦屬無妨。但若即令包磚，誠恐土厚，一時驟難乾燥，磚土不能交合。再加以垛墻形高勢重，萬一地復震動，難保無虞。臣等輾轉思維，莫若將滿漢各城垛墻以及包磚之處請暫緩目前，待至土性乾透堅實、地氣寧静後，次第包砌，庶土牛之乾燥經久愈堅，而工程亦不致趕辦草率，國帑可無虚糜矣。臣等因時冒昧奏請，是否有當，伏祈皇上睿鑒，訓示遵行。謹奏。

乾隆四年七月二十六日。

此見甚是。知道了。

【《明清宫藏地震檔案》（上卷壹）第302頁。亦見《清代地震檔案史料》第98頁】

川陝總督鄂彌達奏請續撥銀兩以濟寧夏工程摺①

乾隆四年七月二十六日

奏。

鄂彌達等：請撥銀以濟寧夏急工。

七月二十六日。

---

①軍機處録副奏摺。

川陝總督臣鄂彌達、甘肅巡撫臣元展成謹奏：爲續請酌撥銀兩，以濟急需事。

據布政使徐杞詳，准總理工程管寧夏道印務阿炳安、共理工程郎中佛保柱等移稱，寧郡應修應建城工大小二十四處，衙署、兵房將及萬間，一切夫匠、物料，實在款多費巨，移請撥解銀兩到司。經司查議，寧夏震災以後，通計賑恤工程陸續借支過藩庫銀一百二十八萬兩，并發凉郡運寧脚價銀五萬二千餘兩。除將先後奉到部撥銀一百四十萬兩准還司庫借項外，止存銀六萬七千餘兩。現在支發各屬派撥赴寧夫匠安家路費，及莊浪砍伐木植運寧脚價等項之需，而司庫俱係有款候支之項，并無别項銀兩可以通融接濟，應請具奏，再撥銀一百萬兩以濟急工。等因。前來。

臣等伏查寧夏工程浩大，需用殷繁，雖藩庫無項可支，而工程難以緩待。除一面飭令速造估册，其現在急需仍于司庫通融撥解外，相應據實詳奏。請再撥銀一百萬兩，方于工程有濟。并請經解寧夏總理工程處所交收，以免自蘭至寧迂回往返，更爲便捷。倘此後尚有不敷，俟估册完日，再爲續請。如有盈餘，統俟工竣之日核實造報。至請撥銀兩未到之先，在司庫借支之項，亦俟部撥銀兩到日，照數歸還原款。事關工程急需，伏祈皇上睿鑒，敕部施行。謹奏。

乾隆四年七月二十六日，奉硃批："該部速議具奏。欽此。"

【《明清宫藏地震檔案》（上卷壹）第304頁】

△奏毋庸議總兵田玉申嚴防範修備寧夏賀蘭山横城口平羅等處一摺

乾隆四年八月初九日

臣等看總兵田玉一摺。據稱，寧夏賀蘭山、横城口、平羅等處爲蒙古出入之所，周圍盡屬草地，今遭此震撼之餘，尤宜急爲籌度。伏祈敕諭寧夏在事文武大臣，擇沿途緊要，城堡、塘汛、營房，務急首先修築，軍裝、器械上緊修備，馬匹速爲買補，缺額兵丁，及時挑充，并西、北駐防大兵各處要隘，亦宜嚴加謹飭。等語。查邊鎮要隘、各處塘汛兵丁及馬匹、軍裝等項，平時原應加意修整防範，方可有備無患。上年地動之後，寧夏各邊口有將軍、總兵、道員等彈壓稽查，督撫前往會同籌畫辦理，俱經節次奏聞在案。至賀蘭、横城口外一帶駐牧之蒙古，乃俄爾多斯等部落，平時往來出入、傭工貿易，無异内地民人，非因地動即應防範者。况寧夏城堡工程已據奏報漸次興舉，地方寧静將及一年，西、北駐防兩路，亦無有因地動可虞之處。今若復行申嚴防範修備等事，致駭聽聞，轉有未便。田玉未能深悉情形，所奏應毋庸議。

乾隆四年八月初九日，奉旨："依議。欽此。"

【《乾隆朝上諭檔》第1册，第448頁第1274條附録1。亦見《明清宮藏地震檔案》（上卷壹）第309頁】

川陝總督鄂彌達等奏報寧夏城工次第進行六月二十四日地震未造成傷亡摺①

乾隆四年八月二十五日

奏。

川陝總督臣鄂彌達、甘肅巡撫臣元展成謹奏：爲奏聞事。

竊臣等委按察使包括前赴寧夏宣揚上諭，并查六月二十四日地震情形以及賑後民情收成豐歉，一切工程，并奉裁新、寶無籍可歸人民有無失所。等因。去後。兹據回稱，被震之夏、朔、平三縣地方查明，夏收確有八分，秋

①軍機處録副奏摺。

禾具各暢茂，雨水沾足，可望有秋。隨于城市村堡唤集居民宣揚上諭，詳晰開導，令其各矢天良，努力向善，以爲弭灾求福之本。今蒙皇上念爾黎元焦勞備至，先自修省，以故感召天和，雨澤沾足，豐收有望，爾等務宜加意節儉，以仰副聖天子誠求保赤之盛心。維時群情感動，無不叩首歡呼，願爲良善，共沐皇仁。

又查得，府城六月二十四日地動，仍自西北來，震撼有聲，片時而定。并未倒塌墻垣，亦無傷損人口，民情照舊安堵。自後過五、七日，間或微動，尚多人不知覺者。再，府城民房已經蓋起約十之六，即間有不能照舊蓋造者，俱將舊木土磚搭蓋平房，暫爲栖止。領有賑米可以糊口，領有賑銀可以小爲營運。并現在以工代賑，既無露處之家，亦無乏食之户，街衢鋪面，照舊喧闐。此皆仰蒙皇上惠愛黎元，不惜帑金巨萬，加意培養，故得瘡痍頓起，仍復安居樂業，共戴堯天。其寧城先築土牛，于八月間可以完工，其滿城土牛已經築起，現在安砌四門。至各州縣城垣及各營堡，共二十二處，已完工者，中衛之廣武營堡、靈州之臨河堡二處。已動工者，中衛縣城、平羅縣城、靈州之横城堡三處。尚未興工者一十七處。因府城工程緊要，故一時不能并舉。其府城、鎮道府衙署已經造起前半，住房、群房尚未蓋完。其滿城將軍衙署一所，都統衙署二所，前後俱經蓋起。所有協領、佐領等官衙署正在蓋造。惟各兵營房尚未起造。因木植采辦于莊浪棹子山，難以一時齊全，故等候物料隨到隨辦。其餘一切工程，或以磚瓦木植未齊，或以工匠不能分役，故分别緩急，次第興修。

再，新修之大清、漢、唐三渠驗得堤岸無缺，渠水深通，夏秋田禾賴以灌溉。唐渠之東有老埂一道，計長九十餘里，爲夏、朔、平三縣保障。早經修築完固，故新、寶夏間被水，而三縣得以無患。至新、寶無籍可歸户民，既無舊業可復，不得不依戀兹土。現在地方官逐細編查，尚有一千餘户，附近平羅者，應歸平羅管轄，附近寧夏者，應歸寧夏管轄。于新、寶廢縣曠土

之中，擇其高阜猶可樹藝之地，按畝酌給，姑緩升科，俾之有業可守。再，此等窮民加賑以後，目前現赴城工，尚不至于乏食。惟十一、十二、正等月停工之時，酌賑三個月口糧，以資糊口，則無籍窮民久暫皆得有資，庶不至于失所矣。等情。臣等復查無异。所有寧夏一切情形，謹繕摺具奏，伏祈皇上睿鑒。謹奏。

乾隆四年八月二十五日。

所奏俱悉。

【《明清宫藏地震檔案》（上卷壹）第306頁。亦見《清代地震檔案史料》第99頁】

△諭甘肅提督瞻岱著加意防禦寧夏等沿邊要地

乾隆四年九月十二日

兵部議覆：甘肅提督瞻岱奏稱，甘肅安西一鎮接壤哈密。甘、涼、肅一提，逼近嘉峪。西寧一鎮，蒙古、番夷環繞。寧夏一鎮，雖稍近河東，亦係沿邊要地，冬令急宜加意防禦。請嗣後甘省副將、參將、游擊、都司、守備等官，如有應行引見之處，九、十、冬、臘四月，准其暫停，春和後，補行送部。應如所請。從之。

【《清實録》第10册，第519頁《高宗純皇帝實録》卷一百“乾隆四年九月丙辰”條】

△諭内閣將靈州中衛等縣應徵銀糧草束寬免等

乾隆四年九月二十六日

乾隆四年九月二十六日，内閣奉上諭：“據鄂彌達、元展成奏稱，西寧府屬之碾伯縣，寧夏府屬之靈州、中衛縣，俱續有被水、被雹之處。又碾伯、平番、西寧三縣，乾隆三年分額徵，并節年一切借項，前經奏明，緩至本年催徵。今查各該縣夏收，除被災處所，其餘俱有七八分收成，但上年已經被雹、被蟲，收成僅在五分以上。平番現在采買供支駐莊滿兵糧草，西、碾二邑，亦因倉儲缺少，正需采買積貯。今積年應完各項，爲數繁多，若一時并徵，民力不無竭蹶。請將三縣今年所借籽種、口糧，于秋收後，照數徵收，其舊欠分年帶徵。等語。朕因秦安等十五州縣俱有水雹偏災，業經降旨，特加優恤，將本年應徵銀、糧、草束分别蠲免，今碾伯、靈州、中衛亦有被災之處，而碾伯上年已屬歉收，靈州、中衛又當寧夏災傷之後，著將此三州縣應徵銀、糧、草束，與秦安等州縣，一體加恩，分别寬免。其碾伯、平番、西寧三縣，所有三年分額徵，并節年借項，著于庚申年①起分作三年帶徵，以紓民力。欽此。”

【《乾隆朝上諭檔》第1册，第455頁第1296條。亦見《清實録》第10册，第527頁《高宗純皇帝實録》卷一〇一“乾隆四年九月庚午”條】

△奏蠲免靈州中衛等縣應徵銀糧草束等

乾隆四年九月二十六日

又奏稱，西寧府屬之碾伯縣，寧夏府屬之靈州、中衛俱有被水、被雹之處，而碾伯上年亦屬歉收，靈州、中衛又當寧夏災傷之後，似應將此三州縣銀、糧、草束一體仰邀恩免。又平番、西寧、碾伯各州縣上年已俱被雹、被蟲，收成僅在五分以上。况平番現在采買供支駐莊滿兵糧草，而西、碾二邑嚮來倉儲缺少，正須設法采買，以備積貯。今積年應完各項爲數繁多，若一時并徵，民力不無竭蹶。伏懇皇上恩外加恩，准將西、碾、平三縣今年所借籽種、口糧于秋收後照數催徵，其餘舊欠，請自庚申年起分作三年帶徵。

①庚申年：乾隆五年（1740）。

等語。

查碾伯一縣，當連年歉之後，靈州、中衛又經寧夏灾傷，今既據該督撫續行查明，復有被水、被雹各情形，與秦安等十五州縣相同，應將此三州縣額徵銀、糧、草束與秦安等州縣一體邀恩，令該督撫照例辦理。至平番、西寧，照碾伯三縣乾隆三年分額徵，并節年借欠各項，經該撫奏明，俱緩至本年催徵在案。今據該督撫等奏稱，各該縣歉收之後，又有采買供支、倉儲積貯等事，若將應完各項新舊并徵，民力不無竭蹶，臣等仰體皇上優恤甘民之至意，公同酌議，亦應如所，請除將本年所借籽種、口糧照數徵收外，其餘一切舊欠，自庚申年起分作三年帶徵，則民力寬舒，益仰戴皇仁于無既矣。查蠲免本色出自特恩，緩徵、帶徵之項，係該督撫應行奏請之事。臣等謹分擬上諭二道，一并進呈，恭候欽定頒發。謹奏。

乾隆四年九月二十六日，奉旨："知道了。欽此。"

【《乾隆朝上諭檔》第 1 册，第 459 頁第 1302 附録 2 條】

甘肅布政使徐杞奏陳寧夏震後修渠建房放賑民情安堵情形摺[①]

乾隆四年十月初二日

奏。

甘肅布政使司布政使、加二級臣徐杞謹奏：爲再陳寧夏安堵情形事。

竊寧夏于上年陡被震灾，重蒙聖主廑念，既叠沛恩膏，全活生靈無算，猶慮臣下辦理未協撫恤，或遣吏屢頒巽命，俾無一夫不獲，是以億萬灾黎，咸登衽席。臣前在寧夏之時，業將安堵情形恭奏在案。嗣旋署後，復不時委員往查。寧屬夏禾收成計有八分，秋禾亦皆暢茂，雨水沾足，可望豐收。近

①軍機處録副奏摺。

來糧價比前稍減，居民房屋已蓋起十之七八。間有未能照舊者，俱將舊木土磚搭蓋平房，悉得安居。賑米足資糊口，賑銀可以營運。做工得價，尤爲有濟，已無露處，亦無饑饉。商賈如前絡繹，街市依舊喧闐。

又查所修大清及唐、漢三渠，各堤坪堅固無缺，水勢俱深通平穩。唐渠之東有老埂一道，計長九十餘里，爲平羅之保障，亦修築完固。又查寧夏府城并滿城已俱築起，明歲可以包磚。其餘州縣及各營堡，有已完工者，有已動工者，有因工程衆多，不能一時并舉，尚未動工者。又查將軍、副都統及鎮、道、府衙署亦俱建蓋，其餘文武各衙署尚有未建蓋者。因木植采辦于莊浪之桌子山，距寧路遠，難以一時齊全，不得不等候物料，次第興修。

又查新、寶兩縣户民，除已歸原籍外，其無籍可歸、無業可復者，尚有一千三百餘户。自上年冬間至今，節次領有賑恤銀糧及房價器具銀兩。又在各工所力作得價，俱不致乏食。惟往後天冷工停，窮民未免艱于糊口。經道府等詳請，于冬、臘兩月及來年正月，酌給三個月口糧，其附近平羅者應歸平羅，附近寧夏者應歸寧夏，俱于新、寶廢縣曠土之中，擇其高阜猶可樹藝之地，按户酌給，姑緩升科，以培民業。

臣敬體皇上念切痌瘝，加惠灾黎之至意，即詳督臣、撫臣會奏，恭候諭旨遵照辦理外，所有寧屬一切安堵情形，均堪上慰聖懷，理合再據實具奏，伏乞皇上聖鑒。臣謹奏。

乾隆四年十月初二日。

臣徐杞。

覽奏，朕懷稍慰。

【《明清宫藏地震檔案》（上卷壹）第310頁】

△諭内閣著將寧夏寧朔平羅三縣額徵銀糧草束再寬免一年

乾隆四年十一月二十九日

乾隆四年十一月二十九日，内閣奉上諭："上年，寧夏地震之後，朕日夕憂思，多方籌畫。一年以來，陸續經理，地方漸有起色，朕心稍慰。嗣後加意休養，方能培復元氣。著將寧夏、寧朔、平羅三縣額徵銀、糧、草束再寬免一年，以滋生息，以裕蓋藏。著該部即遵諭行。欽此。"

【《乾隆朝上諭檔》第1册，第481頁第1351條。亦見《清實録》第10册，第578頁《高宗純皇帝實録》卷一〇五"乾隆四年十一月壬申"條；《明清宫藏地震檔案》（上卷壹）第313頁】

△諭内閣著將乾隆五年應支寧夏滿兵糧草白米粟米草束均加銀

乾隆四年十一月二十九日

乾隆四年十一月二十九日，内閣奉上諭："寧夏供支滿兵糧草，向係每年采買散給，共計白米一千五百餘石，粟米七千餘石，草一十三萬餘束。其所定部價，白米、粟米每石價銀一兩，草一束價銀一分。今聞該地方，自上年被灾之後，新、寶二縣田地被水淹浸，不能耕種，已少産米糧數十萬石。目下糧草之價日覺昂貴，所定官價不敷采辦，勢必貽累小民。著將乾隆五年應支滿兵糧草白米每石加銀一兩，粟米每石加銀五錢，每草一束加銀一分，如此則價值增添，官民易于辦理。但係格外之恩，後不爲例。該部可即行文該督撫知之。欽此。"

【《乾隆朝上諭檔》第1册，第481頁第1352條。亦見《清實録》第10册，第578頁《高宗純皇帝實録》卷一〇五"乾隆四年十一月壬申"條；《明清宫藏地震檔案》（上卷壹）第314頁】

△陜西固原提督李繩武奏報甘州等五鎮營官兵屯種事

乾隆四年十二月初九日

駐防哈密、赤、靖等處陜西固原提督李繩武奏報：甘、凉、西、肅、西安五鎮營官兵，在蔡巴什湖等屯種夏秋田一萬畝，本年收穫小麥三千八百六十石零，糜子一千八百八十三石零，穀三千五百十一石零。報聞。

【《清實録》第10冊，第591頁《高宗純皇帝實録》卷一〇六“乾隆四年十二月辛巳”條】

△諭兵部議處書山請將甘肅寧夏等處武弁之缺分用滿洲之請

乾隆四年十二月初十日

乾隆四年十二月初十日，奉旨：“書山請將甘肅寧夏等處武弁之缺分用滿洲，蓋欲令其多得俸禄，以資養贍之意。獨不思滿洲弁員係朕之臣僕，緑旗弁員豈非朕之臣僕乎？朕從來視同一體，毫無分别。至伊稱武職最重弓馬，而弓馬最嫻者莫如滿洲。朕觀甘省兵弁，人材壯健，騎射亦未嘗不優。書山係旗員，爲此偏向滿洲之請，殊屬不合。著交部議處具奏。欽此。”

【《乾隆朝上諭檔》第1冊，第490頁第1360條。亦見《清實録》第10冊，第591頁《高宗純皇帝實録》卷一〇六“乾隆四年十二月壬午”條】

△諭兵部以故陜西固原提督三等子王進寶元孫衛永襲爵

乾隆四年十二月十八日

以故陜西固原提督三等子王進寶元孫王永襲爵。

【《清實録》第10册，第602頁《高宗純皇帝實録》卷一〇七“乾隆四年十二月庚寅”條】

△諭内閣將鈕廷彩等九人交部分别議叙費楷等二十一人不必議叙

乾隆四年十二月二十一日

乾隆四年十二月二十一日，内閣奉上諭：“據川陜總督鄂彌達、甘肅巡撫元展成奏稱，上年寧夏等處陡遇震災，旋被水溢，摇壞三渠，損塌老埂，荷蒙天恩，多方撫恤，同于再造。所有委辦各員皆能仰體皇仁，實力急公。其總理賑務者則寧夏道今調肅州道鈕廷彩總理賑務，兼督渠工老埂者則寧夏府知府藏珊，兼辦賑務渠工者則有裁缺新渠水利通判劉炆、隴西縣縣丞高岦，試用州同何世寵、趙錫穀、錢孟揚，原任金縣知縣楊駉、原任西和縣知縣李壽澎、原任全縣知縣劉元藻、原任西和縣知縣馬履忠等九人。其專辦一事者則有寧夏水利同知費楷等二十一人。可否邀恩議叙，以示鼓勵。等語。朕思賑恤灾傷，原係地方有司及試用人員職分應爲之事，但上年寧夏等處之灾非平時水旱可比，應將總理之鈕廷彩、藏珊，及兼辦賑務渠工之劉炆等九人交部，分别議叙，後不爲例。其專辦一事之費楷等二十一人不必議叙。該部即遵諭行。欽此。”

【《乾隆朝上諭檔》第1册，第491頁第1366條。亦見《清實録》第10册，第606頁《高宗純皇帝實録》卷一〇七“乾隆四年十二月癸巳”條】

乾隆五年（1740）

△諭内閣著都統杜賚補授寧夏將軍

乾隆五年二月初十日

乾隆五年二月初十日，内閣奉上諭：“寧夏將軍員缺，甚屬緊要，著都統杜賚補授。[①] 欽此。”

【《乾隆朝上諭檔》第1册，第515頁第1393條。亦見《清實録》第10册，第637頁《高宗純皇帝實録》卷一一〇“乾隆五年二月辛巳”條】

△諭内閣著將傅樹崇補授寧夏府西路同知等官員任免事

乾隆五年二月十三日

乾隆五年二月十三日，内閣奉上諭：“據鄂彌達、元展成奏稱，寧夏府西路同知員缺，係沿邊孔道，有分防之責，并監督渠道，管理驛務，必得諳練幹員、熟悉水利者，方能勝任。查有以同知銜管柳林湖屯田通判事傅樹崇，勤練老成，克稱斯職。至所遺通判一缺，地方廣闊，帖近邊外，每年查看渠工，興修水利，若非勤幹之員，亦難勝任。查有西寧縣知縣沈予績，在甘年久，練悉邊情，且勇往任事，勤勞素著，若以升補柳林湖通判，于地方有益。等語。著照鄂彌達、元展成所請，將傅樹崇補授寧夏府西路同知，沈予績補授柳林湖通判。其西寧縣亦係要缺，著該督撫揀選調補。欽此。”

【《乾隆朝上諭檔》第1册，第516頁第1396條。亦見《清實録》第10册，第639頁《高宗純皇帝實録》卷一一〇“乾隆五年二月甲申”條】

---

①杜賚：《清實録》作“都賚”。

川陝總督鄂彌達題請核銷寶豐等處添設衙署兵房等工程工料并地震水灾工料損失本①

乾隆五年二月二十五日

題。

三月初四日。

總督四川陝西等處地方軍務兼理糧餉、兵部尚書兼都察院右都御史、軍功加一級紀録七次臣鄂彌達謹題：爲遵旨商辦事。

據蘭州布政使司布政使徐杞詳，蒙太子少保、大學士、仍管川陝總督查部院案驗，乾隆叁年陸月初肆日，准工部諮，營繕司案呈，工科抄出本部等部題前事。内開：該臣等會議得，川陝總督查郎阿疏稱，平羅營改移寶豐一案。部議寶豐、柔遠二營堡添設參將、千總衙署、兵房，并石嘴子添築新堡兵房等項，所需物料、匠夫工價銀兩，令確估造册具題。等因。當即轉行去後。嗣據蘭州布政使徐杞詳報，共估銀肆千伍百貳拾伍兩肆錢陸分零，但前項銀兩司庫無項可動。查有收貯安西大灣修築城工下剩銀兩，應請即于此項銀内照數動用，作正報銷。等情。造册呈賫前來，臣覆核無异。除册送部外，臣謹合詞具題。等因。前來。

查寶豐、柔遠、石嘴子等處添設衙署、兵房等項，據該督疏稱，估需銀肆千伍百貳拾伍兩肆錢陸分零，請于收貯安西大灣修築城工下剩銀内照數動用，作正報銷。等語。應如該督所題，將前項估需工料銀兩在于司庫收貯安西大灣修築城工下剩銀内照數動給，仍令該督俟工竣之日，將用過工料銀兩照例備造細册題銷可也。乾隆叁年肆月貳拾壹日題，本月貳拾叁日，奉旨："依議。欽此。"相應行文該督欽遵查照施行。等因。到部院，案行到司。

---

①原件係漢滿文合璧文本，臺灣歷史語言研究所藏内閣大庫檔。

蒙此，遵即飭令將寧夏、寶豐縣地方修蓋衙署、兵房，作速赴司請領銀兩，及時建蓋完竣，照例造册報銷及屢催去後。嗣據寧夏府知府藏珊申，據寶豐縣知縣朱元裕詳稱，遵查卑職奉文建修參將衛署、兵房等項，隨即一面分頭采辦物料，多雇工匠興工建造，一面赴司請領銀兩，共領獲銀肆千伍百貳拾伍兩肆錢陸分玖厘壹毫陸絲肆忽玖微。其縣城内參將衙署一所，兵房肆百柒拾貳間，俱經建蓋齊全，共用過工料銀肆千貳百玖拾柒兩柒錢捌分柒厘伍毫貳絲肆微叁纖柒塵伍渺。製辦工所應需器具共用過銀壹拾捌兩貳錢陸分肆厘。又，預備石嘴子新築市堡，建蓋兵房及軍房、税房、官廳、耳房、城樓，并市口堡應建千總衙署、兵房，應需木植磚瓦内，已辦就柱木陸百柒拾壹根，梁木貳百叁拾柒根，桁條伍百肆拾玖根，長枋叁百貳拾捌根，厚枋壹百陸拾陸根，通椽貳千壹拾陸根，條磚叁萬塊，筒瓦伍千片，板瓦柒千片。因乾隆叁年拾壹月貳拾肆日叠遭震水灾傷，黎民凍餒難堪，搬取木植作火禦寒，卑職當即多雇人夫將木植搬集公所。除散失外，見存柱木陸百肆拾叁根，梁木貳百貳拾根，桁條伍百叁拾柒根，長枋貳百柒拾柒根，厚枋壹百肆拾陸根，通椽壹千玖百捌拾根，俱係未動斧鑿，業已詳明，運交平羅縣收存，取有收管在案。其磚瓦，除震後損毀外，尚有堪用條磚壹萬柒千貳百塊，筒瓦貳千壹百片，板瓦叁千伍拾片，見存窑場。共計預辦木植、磚瓦用過銀貳百柒拾兩陸錢壹分柒厘叁毫。通共用過銀肆千伍百捌拾陸兩陸錢陸分捌厘捌毫貳絲肆微叁纖柒塵伍渺。除領過司庫銀肆千伍百貳拾伍兩肆錢陸分玖厘壹毫陸絲肆忽玖微外，不敷銀陸拾壹兩壹錢玖分玖厘陸毫伍絲伍忽伍微叁纖柒塵伍渺。相應造具細數清册，出具印領，詳請核轉。等情。到府，轉詳到司。

據此，該布政使徐杞查得，平羅營改移寶豐一案，前奉部議，寶豐、柔遠貳營堡添設參將、千總衛署、兵房，并石嘴子添築新堡兵房等項，所需物料、匠夫工價銀兩，業已估需銀肆千伍百貳拾伍兩肆錢陸分玖厘壹毫陸絲肆忽玖微。蒙准部示，准其動項興修，工竣將用過工料銀兩照例備造清册題銷。等

因。在案。前據寶豐縣請領銀兩前來，本司已在于前請明款内照數給發收領，飭令速爲趕造完竣，造册報銷去後。今據該縣將縣城内建修完竣之參將衙署以及兵房需用過各項工料銀肆千貳百玖拾柒兩柒錢捌分柒厘伍毫貳絲肆微叁纖柒塵伍渺，製備工所需用器具銀壹拾捌兩貳錢陸分肆厘。至未建之兵房、千總衙署，并石嘴子新築市堡、軍房、税房等項，辦就磚瓦、木植用過銀貳百柒拾兩陸錢壹分柒厘叁毫。以上叁項共用過銀肆千伍百捌拾陸兩陸錢陸分捌厘捌毫貳絲肆微叁纖柒塵伍渺，應請在于詳明原動收貯安西大灣修築城工下剩銀内開銷，尚不敷銀陸拾壹兩壹錢玖分玖厘陸毫伍絲伍忽伍微叁纖柒塵伍渺，亦應俟大部允銷之日，在于原請款内照數找支。至早已辦就未竣之衙署、兵房存貯木植、磚瓦，因乾隆叁年拾壹月貳拾肆日疊遭震水灾傷，黎民凍餒難堪，搬取木植作火禦寒，除散失外，見存柱木陸百肆拾叁根，梁木貳百貳拾根，桁條伍百叁拾柒根，通椽壹千玖百捌拾根，長枋貳百柒拾柒根，厚枋壹百肆拾陸根，該縣已經運交平羅縣照數查收，取有收管。其磚瓦，除震後損毀外，尚堪應用條磚壹萬柒千貳百塊，筒瓦貳千壹百片，板瓦叁千伍十片，見存窑場。應令該縣加謹收貯，俟有修造動用之處，呈請應用。所有該縣建修衙署、兵房及未竣之工程存剩木植、磚瓦，用過各項工料銀兩，逐一分晰造册，請銷前來，本司覆核無异。相應轉賫，合候核題。等情。到臣。

據此，該臣看得，寶豐、柔遠并石嘴子添設衙署、兵房等項所需物料、匠夫工價銀兩，經前督臣查郎阿題請，在司庫收貯安西大灣修築城工下剩銀内動給，工竣造册報銷。等因。准部覆奉旨："依議。欽此。"轉行欽遵在案。兹據蘭州布政使徐杞詳稱，寶豐縣參將衙署、兵房工已完竣，用過各項工料銀肆千貳百玖拾柒兩柒錢捌分零，製備工所常用器具銀壹拾捌兩貳錢陸分零。至石嘴子新築市堡，建蓋兵房及軍房、税房、官廳、耳房、城樓，并市口應建千總衙署、兵房尚未興工，已辦就磚瓦、木植用過銀貳百柒拾兩陸錢壹分零。以上叁項共用過銀肆千伍百捌拾陸兩陸錢陸分零，應請在于詳明原動收貯安西大灣修築城工下剩銀内開銷。尚不敷銀陸拾壹兩壹錢玖分零，應俟大部允銷之日，在于原請款内找發。至辦就未竣之衙署、兵房存貯木植、磚瓦，因乾隆叁年拾壹月貳拾肆日叠遭震水灾傷，黎民凍餒難堪，搬取木植作火禦寒，除散失外，見存柱木陸百肆拾叁根，梁木貳百貳拾根，桁條伍百叁拾柒根，通椽壹千玖百捌拾根，長枋貳百柒拾柒根，厚枋壹百肆拾陸根，該縣已經運交平羅縣照數查收。其磚瓦，除地震後損毁外，尚有堪用條磚壹萬柒千貳百塊，筒瓦貳千壹百片，板瓦叁千伍拾片，見存窑場收貯。俟有修造動用之處，呈請應用。等情。分晰造册，請銷前來，臣覆核無异。除册送部外，謹會同蘭州撫臣元展成合詞具題，伏祈皇上睿鑒，敕部核覆施行。爲此具本，謹題請旨。

乾隆伍年貳月貳拾伍日。

總督四川陝西等處地方軍務兼理糧餉、兵部尚書兼都察院右都御史、軍功加一級紀録七次臣鄂彌達。

伍年叁月拾柒日，硃批："該部察核具奏。"

【貼黄】

總督四川陝西等處地方軍務兼理糧餉、兵部尚書兼都察院右都御史、軍功加一級紀録七次臣鄂彌達謹題：爲遵旨商辦事。

該臣看得，寶豐、柔遠并石嘴子添設衙署、兵房等項，所需物料、匠夫工價銀兩，經前督臣查郎阿題請，在司庫收貯安西大灣修築城工下剩銀内動給，工竣造册報銷。等因。准部覆奉旨："依議。"欽遵在案。兹據蘭州布政使徐杞詳稱，寶豐縣參將衙署、兵房工已完竣，用過各項工料銀肆千貳百玖拾柒兩柒錢捌分零，製備工所需用器具銀壹拾捌兩貳錢陸分零，至石嘴子新築市堡，建蓋兵房及軍房、税房、官廳、耳房、城樓，并市口應建千總衙署、兵房尚未興工，已辦就磚瓦、木植用過銀貳百柒拾兩陸錢勃分零。應請在于詳明原貯城工下剩銀内開銷。尚不敷銀陸拾壹兩壹錢玖分零，俟大部允銷之日，在于原請款内找發。至辦就未竣之衙署、兵房存貯木植、磚瓦，因乾隆叁年拾壹月貳拾肆日叠遭震水灾傷，黎民凍餒難堪，搬取木植作火禦寒，除散失外，見存柱木、梁木、桁條、通椽、長枋、厚枋，該縣已經運交平羅縣，照數查收。其磚瓦，除地震後損壞外，尚堪應用條磚、筒瓦、板瓦，見存窑場收貯。俟有修造，呈請應用。等情。分析造册，請銷前來，臣覆核無异。除册送部外，謹合詞具題，伏祈皇上睿鑒，敕部核覆施行。謹題請旨。

【《明清宫藏地震檔案》（下卷壹）第 179 頁】

川陝總督鄂彌達揭報調補游擊

乾隆五年二月二十五日

揭帖。

總督四川陝西等處地方軍務兼理糧餉、兵部尚書兼都察院右都御史、軍功加一級紀録七次鄂：爲調補標營游擊，以收實效事。

該臣看得，量能授官，人地貴乎相宜，因才器使，位置尤須詳慎。查肅州一鎮，介在極邊，爲西塞出入之咽喉，且逼近雪山，番回雜處，最爲衝險。中軍游擊一官，總理錢糧，表率標營，必須智勇超群之員，始稱領袖重任。現任肅州鎮標中軍游擊柴國標，雖能黽勉供職，辦理營伍無誤，然蝎蹶從事，究于一切整飭調劑，未見措施裕如。實于極邊重鎮中軍之缺，未甚相宜。而于邊地偏裨之營將，尚能勝任。查有前經臣請補寧夏鎮標前營游擊馬得勝，才智領優，辦事勤敏，歷任邊營，馭兵有術，洵屬幹練超衆之員，堪以調補肅州鎮標中軍游擊，俾展其所長，而日漸整頓各營，咸知觀感。其所遺寧夏鎮標前營游擊員缺，較之肅標中軍游擊，事務頗簡，應請即以柴國標調補，亦爲駕輕就熟。庶一轉移間，人地各得其宜，于邊營均有裨益矣。倘蒙俞允，查對品調補之員，例不送部，但馬得勝前由肅州鎮屬清水堡都司經臣請補寧夏鎮標前營游擊，准部覆候，給咨引見，恭候欽定。等因。在案。該員係遞補之員，尚未給咨赴部。今既請調補肅州鎮標中軍游擊，自應即爲引見，除給咨馬得勝赴部，并臣出具保結送部，其撫提會題印結及該員等履歷，俟查取至日另送外，臣謹會同蘭州撫臣元、甘州提臣瞻合詞具題，伏祈皇上睿鑒，敕部議覆施行。爲此除具題外，理合具揭。須至揭帖者。

乾隆伍年貳月貳拾伍日。

【《明清檔案》A92—79，B52111—B52112】

△諭陝西學政嵩壽著將新渠寶豐兩縣附入平羅考取名額統于靈州等五州縣内撥取

乾隆五年二月二十六日

禮部議覆：陝西學政嵩壽疏稱，寧夏府屬新渠、寶豐二縣既經裁汰，其文武童生，隨原籍靈州、寧夏、寧朔、中衛、平羅五屬應考，若不將二縣入學原額酌量分撥，不無人多額少之嘆。應請將新、寶二縣文武童生各十二名原額，于寧夏府學撥增八名，靈州、中衛縣各增四名，寧夏、寧朔二縣各增三名，平羅縣增二名，俾得奮志上進。等語。臣等伏思新、寶二縣招徠之民，從前原係夏、朔等五州縣人民，今既撥歸本箱，其户口原不加多。且各該州縣，較之人文繁盛之地，尚屬有間。若將新、豐兩學二十四名之額，盡數撥增，未免太浮。應遵照雍正六年奏定，新、寶兩縣附入平羅考取十六名之額，統于靈州，寧夏、寧朔、中衛、平羅五州縣内，視人文之多寡，酌量增取。將八名分隸各學，再將八名撥入寧夏府學，以符該省大府之額。仍令該學政憑文拔取，寧缺無濫。其武童，亦照文童之例考取。從之。

【《清實録》第10册，第644頁《高宗純皇帝實録》卷一一一“乾隆五年二月丁酉”條】

川陝總督鄂彌達揭報補授守備

乾隆五年三月六日

揭帖。

總督四川陝西等處地方軍務兼理糧餉、兵部尚書兼都察院右都御史、軍功加一級紀録七次鄂：爲請補邊營守備，以收實效事。

乾隆五年正月十一日，准兵部咨爲推升游擊等事，職方清吏司案呈，乾隆四年十一月分出有江南安慶撫標右營游擊員缺，本部將陝西肅州鎮屬紅崖堡守備張榮推升。于乾隆四年十二月初十日題，本月十二日，奉旨："王朝相等，依擬用，餘依議。欽此。"除張榮另行發給札票外，其所遺紅崖堡守備員缺，係題補之缺，行文該督揀選題補可也。等因。準此，隨轉行遵照去後。于乾隆五年二月十三日，准陝西撫臣張咨稱：本標右營千總杜文照，現在寧夏城工，歷俸年滿。已咨明大部，候工竣日，再爲請咨赴部在案。查杜文照，人材壯健，弓馬嫻熟，屢經隨征，立有軍功，議叙二等，且委辦差使，俱屬勤慎，實係出衆之員。但撫標并無題補之缺，相應造具履歷，咨送考驗，遇缺題補，則人材不致淪弃矣。等因。

準此，該臣看得，肅州鎮屬紅崖堡守備張榮准升員缺，准部咨，令臣揀選題補。等因。查紅崖一堡爲沿邊要區，守備一官有操防訓練之責，非熟悉邊情者，弗克勝任。兹準陝撫臣張以撫標右營年滿千總杜文照，人材壯健，弓馬可觀，屢經隨征，立有軍功，議叙二等，且委辦差使，俱屬勤慎，實係出衆之員。但撫標并無題補之缺，咨送到臣驗試，遇缺請補。經臣考驗得杜文照，漢仗、弓馬，均屬可觀，屢經隨征，熟悉邊情，堪以請補肅州鎮屬紅崖堡守備員缺。查杜文照係西安府長安縣人，請補本省守備，似與定例未符，但請補之缺，距原籍在五百里以外，與隔府、別營之例相符。仰懇聖恩，俯准補授，則到員益加奮勵，于邊營實有裨益矣。除俟杜文照經管寧夏城工報竣之日給咨赴部引見，并臣出具保結及該員履歷送部，其撫提會題印結，俟查取至日另送外，臣謹會同西安撫臣張、蘭州撫臣元、甘州提臣瞻合詞具題，伏祈皇上睿鑒，敕部議覆施行。爲此除具題外，理合具揭。須至揭帖者。

乾隆伍年叁月初陸日。

【《明清檔案》A92—104，B52261—B52262】

△查寧夏等八鎮俱係挂印總兵

乾隆五年三月十八日

查各省挂印總兵共十一員，直隸惟宣化一鎮挂印，山西惟大同一鎮挂印，福建惟臺灣一鎮挂印，其陝西省延綏、興漢、河州、西寧、寧夏、凉州、肅州、安西等八鎮俱係挂印總兵，相沿已久，大約皆因沿邊以及海外重聲威、資彈壓而設。

【《乾隆朝上諭檔》第1册，第531頁第1424條附録6】

△諭户部議復原任川陝總督鄂彌達奏甘肅捐監案

乾隆五年三月二十八日

户部議覆：原任川陝總督鄂彌達疏請甘肅捐監一案，原議係純捐米穀，或米、麥、豆三色兼收，現在陸續報捐糧石共二十萬八千餘石，俱係有穀有麥之州縣。應將米少之西和、靖遠、崇信、固原、通渭、古浪等六處，不産米之隆德、莊浪、渭源、永昌、鎮番、西寧等六處，均以麥、豆二色收捐。其止種大豆之西固、漳縣、岷州等三處，亦以大豆收捐。至米價貴于麥、豆，或以麥、豆二色，照原議三色收捐之數，加十分之一及十分之二，或以大豆一石抵穀一石收捐，其所加所抵數糧，與原議之糧石價值，并生俊應捐銀數，是否相符，應令該督查復報部。從之。

【《清實録》第 10 册，第 660 頁《高宗純皇帝實録》卷一一三“乾隆五年三月己巳”條】

陝西巡撫張楷揭請核銷乾隆二年兵馬錢糧

乾隆五年四月二十四日

康熙五十九年，扣貯固原鎮屬防甘官兵馬匹料一十石六斗八升。……康熙五十六七八九、六十、六十一等年，扣貯興鎮屬出防甘寧官兵馬匹料五千二百九十六石二斗一升五合零。奉准部覆，令將存貯價錢統歸西安等處買穀，應于彼案歸結。

【《明清檔案》A93—90，B52792】

又支固原鎮屬溢估俸銀八兩五錢六分七厘零。

【《明清檔案》A93—90，B52795】

除固原鎮屬未扣糧料八十九石一斗五升二合零，每斗扣銀一錢，共扣原估銀八十九兩一錢五分二厘零，收入此册。前項開除項下銀，總之内登明，另册造報。

【《明清檔案》A93—90，B52797】

除固原鎮屬未扣草一千七百六十三束二分，每束扣銀一分，共扣原估銀一十七兩六錢三分二厘，收入此册。前項開除項下銀，總之内登明，另册造報。

【《明清檔案》A93—90，B52797—B52798】

甘肅布政使徐杞奏報寧屬新寶招徠民户開墾并酌借牛具籽種情形摺[①]

乾隆五年四月二十四日

奏。

甘肅布政使司布政使、加二級臣徐杞謹奏：爲恭請聖鑒事。

竊查寧夏府屬之新、寶舊治，向資惠農渠水灌溉田畝，于地震之後，邑裁渠廢，田地淹塌，民人散處。蒙皇上天恩，復修惠農渠道，莫不歡欣鼓舞。舊存户口，已悉令歸農。流移户口，亦遍諭招徠。查舊存及新來者，現今已有五六千户，今水利具興，農功易舉。惟是舊存及新來各户，俱因灾後失業，若徒爲招墾，不籌其力作之資，何以仰副聖主軫恤窮黎有加無已之至意。臣與撫臣悉心斟酌，須藉以牛具、籽種，賞給口糧，方得永安生業。

伏查寧屬灾户曾借給牛具銀兩，惟新、寶舊存及新來民户前因無地可耕，未借牛具。今復報墾，似應照夏、朔、平三縣之例，每户借牛具銀八兩，統于府庫賑恤下剩銀兩動支。并按所撥之地，藉以籽種，于平羅縣倉貯動支。所借牛具銀兩，匀作八年徵收。所借籽種糧石，匀作三年徵收。則現在耕作有資，而陸續歸還，又爲民力所易辦。至口糧一項，尤所急需。除上年被水之一千餘户，前經撫臣奏蒙聖恩，賑給三個月口糧，無庸重給外，此新招之民，每户賞給口糧五斗，則灾後窮黎俱得飽餐力作，永戴天恩于無既矣。因事關動用錢糧，照例詳撫臣覆核轉奏外，所有新、寶招徠報墾情形，及應酌量顧濟緣由，理合繕摺奏聞，伏祈皇上睿鑒。臣謹奏。

乾隆五年四月二十四日。

臣徐杞。

是。勸課招徠，正爾旬宣之職也。

①軍機處録副奏摺。

【《明清宫藏地震檔案》(上卷壹)第315頁。亦見《乾隆三年寧夏府地震史料》第23頁】

△諭兵部予故寧夏將軍阿魯祭葬如例

乾隆五年五月初八日

予故寧夏將軍阿魯祭葬如例,謚"果達"。

【《清實録》第10册,第703頁《高宗純皇帝實録》卷一一六"乾隆五年五月丁未"條】

△諭原任川陝總督鄂彌達奏寧夏鎮兵額事

乾隆五年五月十二日

兵部議覆:原任川陝總督鄂彌達疏稱,寧夏鎮所屬韋州堡,原設把總一員,守兵九十名,向係花馬池副將管轄。惠安堡原設把總一員,馬守兵六十九名;同心城原設守備一員,馬守兵八十一名;清水、紅山堡各設把總一員,守兵五十名。俱係靈州營參將管轄。今查韋州、惠安二堡,塘汛越隔,應請統歸花馬池副將管轄。其惠安堡原設把總一員、馬守兵六十九名,仍徹回靈州,以符兵額。至惠安堡應設防守兵,即在花馬池副將營内,抽撥把總一員,將韋州堡守兵九十名内,分撥惠安堡守兵四十五名。再,靈州所屬同心城營,汛地廣闊,額設守備一員,馬守兵僅八十一名,不敷分布。請將惠安堡徹回之把總一員、馬守兵六十九名,添歸同心城。至横城都司一營,所管汛地,僅二十餘里。查靈州所屬之清水、紅山二堡,與横城相近,請將清水、紅山二堡把總二員,守兵一百名,俱歸横城督司管轄。均應如所請。又請將花馬池營未裁之新馬兵,留撥惠安堡二十名,撥防韋州堡二十名。查花馬池營所設新兵，于雍正十三年十二月内，經總理事務王大臣議定，陸續裁汰。自應遵照原議，不便以改隸營汛，將已經議裁之兵，復行留存，作爲正額。其韋州、惠安二堡所需添撥馬兵四十名，應令該督于該協營額額兵内，酌量抽撥。從之。

【《清實録》第10册，第704頁《高宗純皇帝實録》卷一一六“乾隆五年五月辛亥”條】

△川陝總督鄂彌達等奏請寧夏新渠寶豐二邑招徠户口墾殖事

乾隆五年五月十七日

户部議，准川陝總督鄂彌達等奏：寧夏新、寶二邑，縣治已裁，田地荒蕪，户口離散。招徠各户報墾，請照夏、朔、平三縣之例，每户借給牛具銀八兩，賞給口糧五斗，全支本色。夏秋籽種，無論舊存及新招，查明認墾田地，一并借給。所需銀，于府庫下剩銀内給發，分作八年徵還。口糧籽種，于平羅縣倉動支，分作三年徵收。得旨：“著照所請行。該部知道。”

【《清實録》第10册，第707頁《高宗純皇帝實録》卷一一七“乾隆五年五月丙辰”條】

川陝總督尹繼善奏報寧夏復震委員前往查勘摺①

乾隆五年五月二十六日

奏。

川陝總督臣尹繼善謹奏：爲奏聞事。

①軍機處録副奏摺。

臣查交代案内，有原任督臣鄂彌達接收寧夏道阿炳安稟帖一件，據稱，四月十四、十五等日，寧夏地方微動，二十七、二十八等日，又復摇動，其勢較重。隨查滿漢城垣，俱屬堅整，惟滿城内衙署、兵房、墻垣、柱脚稍有裂縫歪陷。漢城民房亦有裂縫歪斜之處，俱係卑矮房屋，上蓋又無瓦片，俱未坍塌，人民亦俱無恙。等情。前督臣鄂彌達未及行查。臣于到任之日，即飛飭寧夏道府督率委員，將所稟滿垣裂縫歪陷等處，作速修補完整。并查明此外有無損傷，據實呈報在案。又據寧夏都司任舉申報，五月初十日卯時，復又地動，與前相同。等情。

查寧夏地方從前殘破，元氣未復，各項工程現在修理，又經此番摇動，雖據報人民俱無損傷，房舍俱無坍塌，已築城垣堅整如故，但地氣尚未寧帖，人情未免驚惶。臣甫經抵任，誠恐該道等稟報情形尚未詳晰，或彼處工程有未堅固，并一切事宜或有另須籌酌之處。除現在委員前往查勘明確，另行酌辦外，合先具摺奏聞。謹奏。

乾隆伍年伍月貳拾陸日。

所奏俱悉。

【《明清宫藏地震檔案》（上卷壹）第318頁。亦見《清代地震檔案史料》第99頁】

△諭内閣允鄂彌達奏將寧夏滿漢各城垛墻以及包磚之處暫緩

乾隆五年六月十一日

大學士鄂、張、徐，尚書公訥字寄川陝總督尹、甘肅巡撫元。

乾隆五年六月十一日，奉上諭："據川陝總督尹繼善奏稱，四五月間，寧夏地復微動，房舍俱無坍損，已築城垣堅整如故，各項工程現在修理。等語。上年八月間，據鄂彌達奏報，寧夏新築滿城土牛已經工竣，其漢城以及平羅、洪廣等處合城堡土牛俱現在次第修築。當此地氣尚未大舒、間有微動之際，若即令包磚，誠恐土厚，一時難乾，磚土不能交合，萬一震動，難保無虞。請將滿漢各城垛墻以及包磚之處暫緩，目前待至地氣寧静後，次第包砌。朕允其所奏。近復據將軍都賚奏稱，滿城工程將次告竣。朕思寧夏滿漢城垣等磚工若已經完竣則已，如尚有未竣工程，著暫緩修理，俟地氣寧静，再爲興修，則工程可以永固。爾等可寄信與尹繼善、元展成，相度情形，酌量辦理。欽此。”遵旨寄信前來。

【《乾隆朝上諭檔》第 1 册，第 564 頁第 1480 條】

△川陝總督尹繼善奏報解任并質審寧夏鎮玉泉營游擊李繼善

乾隆五年閏六月初七日

川陝總督尹繼善奏：寧夏鎮玉泉營游擊李繼善，因營馬疲瘦，責問獸醫趙大用，大用投水身死。兵丁陳德順等數十人，借端滋事，現在查辦，請將李繼善一并解任質審。得旨：“兵丁驕縱，于營伍地方大有關係。上年凉州鎮標兵丁，因借口糧，聚衆嚷鬧。今寧夏兵丁，又復效尤，不法益甚。若不嚴加究治，無以懲戒將來。李繼善，著解任。其有無致死趙大用，并私役兵丁情由，及本内借端糾衆、壘砌衙署之爲首主使人等，即著該督一并提拿質訊，嚴審定擬速奏。該部知道。”

【《清實録》第 10 册，第 764 頁《高宗純皇帝實録》卷一二〇“乾隆五年閏六月丙午”條】

川陝總督尹繼善揭請核銷甘省接運軍需糧車等項給過脚價

乾隆五年七月二十三日

查此項牛隻係寧夏口外管理夷漢郎中三達禮等從鄂爾多斯等處，于雍正六七兩年欽奉上諭事案内，采買抵算軍營羊隻之用。嗣因口外牛隻甫入内地，更换水土，率多减膘，將堪喂牛隻以草束、油渣飼喂，雇夫經理，陸續轉解，不堪喂養者，急爲變價，是以差委官兵，雇覓人夫領解趕喂。其支給牛隻油渣、麥麸、草束，以及解牛官兵、人夫口糧、鹽菜、工價，均係各屬照依時價采買，按各站經過牛隻、官兵、人夫數目實支實用，并無捏冒，相應具結請銷。至沿途遺失牛一隻，前報册内登明著落，原解官神爾顯名下追賠。今守備神爾顯等呈報，管解牛隻内并未遺失。應核查明確，另文呈報。其變價牛隻，每隻變銀五錢至四兩四錢。多寡懸殊者，緣牛隻自寧夏趕赴凉、肅、赤金等處，長途遠涉，交收之時，率多疲弱，俱係傳唤牙儈，公同估變，并無變多報少、捏飾等弊。至倒斃〔弊〕牛隻，原非内地采買之項，實由口外甫入内地，不服水土，以致倒斃，非人力可能强制，與侵貪那移者有間。似應催令各屬將牛皮所變價銀并牛隻變價銀兩，作速解交司庫。其原買牛價，應請邀恩免議賠補。再，隨牛應用并餘駝馱運，及隨車駝雇運軍營鞍屜、苫氈等項用過銀兩，已據各屬出具，并無浮冒，印結呈賫，相應一并加結保題請銷。等語。

【《明清檔案》A95—36，B53662—B53663】

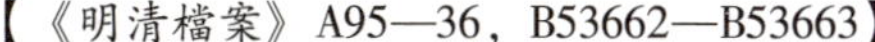

△諭户部緩徵平羅縣屬被水饑民額賦等

乾隆五年七月二十九日

緩徵甘肅武威、古浪二縣本年分旱灾額賦，兼賑饑民。并平羅縣屬東永惠、紅崗等堡被水饑民，一體賑恤。

【《清實録》第10册，第813頁《高宗純皇帝實録》卷一二三“乾隆五年七月丁酉”條】

甘肅布政使徐杞奏報七月寧夏蘭州等處連續地震未造成房屋人畜損傷摺[①]

乾隆五年八月初六日

奏。

甘肅布政使司布政使加二級臣徐杞謹奏：爲奏聞事。

竊查寧夏自前歲地震凋殘之後，元氣未能驟復，叠蒙皇上天恩優渥，多方培養，現今該地之大概情形已漸次整理。惟地氣將及兩載，尚未寧静，或一月數次，或間月一次不等，俱屬甚輕。其中惟今年四月二十七八兩日之内連動三次，滿城内新建衙署、兵房已竪架而未蓋成者，間有歪斜裂縫之處，旋即修整。業經督臣、撫臣具奏在案。嗣後不時微動，較前更輕，屢經細查，廬舍人民，俱無傷損。

七月二十三日戌時，蘭城微動。是夜，蘭州府屬之河州、狄道州、平凉府屬之静寧州地方，亦俱微動。二十九日未時，蘭城及静寧州又微動一次。臣節經細查，各城鄉房屋、人畜俱無損傷，恐廑聖懷。理合據實奏聞，伏乞皇上睿鑒。臣謹奏。

乾隆五年八月初六日。

臣徐杞。

知道了。

【《明清宫藏地震檔案》（上卷壹）第320頁】

①軍機處録副奏摺。

甘肅巡撫元展成奏報委員前往寧夏宣諭災民感勵情形摺[①]

乾隆五年八月初六日

奏。

甘肅巡撫臣元展成謹奏：爲欽奉上諭事。

乾隆五年閏六月十二日，准吏部諮開，内閣上諭："據川陝總督尹繼善奏稱，寧夏地方于四月間屢次微動，城垣、房屋偶有裂縫歪斜，幸未倒壞[②]，人口無恙。等語。前歲[③]地動爲灾，民被傷甚重，朕心軫念，多方籌畫經理，期登斯民于衽席。迨今將及兩載，元氣未復，而動摇之象仍未止息，人情未免驚惶，朕心深切憂慮。因思上天仁愛下民，降灾示警，自非無因。該地方民人果能敬凛天戒[④]，俾其安居樂業者。今動象久而未寧，或係彼地之人，因被灾之後，愁困怨懟，不知戴上天垂象示儆之恩，而但以流移播遷爲苦，咨嗟憤嘆，乖氣[⑤]致异，難以感召天和，亦未可定。著該督撫將朕此旨即行傳諭，俾各自猛省，誠心悛改，以爲轉禍爲福之本。思之勉之。欽此欽遵。"到臣。臣隨飭刊布曉示，并委平慶道李方勉前往寧夏，會同地方官敬宣聖諭。

兹據詳稱，寧民仰荷皇上天恩稠叠，又復屢降温綸，至誠開導。凡傳宣所到之處，白首黄童，填衢塞巷，莫不感激涕零，一時叩首騰歡，齊呼萬歲。隨據紳衿耆庶解震泰等呈稱，天心警戒庸愚，未免怨咨，聖訓提撕仁愛，可無修省。念寧民孽由自作，罪未全消，而荷教養之洪慈，備生成之大德，發累百萬之帑金，積粟兼賑銀糧，寬兩載餘之舊賦新租，重登衽席。而且農桑是急，修渠道以養命源，器宇咸資，赴工程以周貧困，固已安全再

①軍機處録副奏摺。
②倒壞：《乾隆朝上諭檔》作"倒塌"。
③前歲：《乾隆朝上諭檔》此二字後有"寧夏"二字。
④天戒：《乾隆朝上諭檔》此二字後有"痛自修省斷未有不感格天心"十二字。
⑤乖氣：《乾隆朝上諭檔》作"垂氣"。

造，能無悔悟自新。重蒙天語之諄諄，誨彌不倦，愈感仁心之浩浩，教益無疆。震泰等倍切洗心，時深銘骨。從此室家無恙，帝德即是天恩，于今耕鑿相安，召和還須省過。敢不滌除舊染，仰酬高厚之仁，相期激發天良，永享昇平之福，籲請代謝天恩。等因。前來。臣惟有與地方官民時時敬繹綸言，共相儆惕，以期仰召天和。所有寧民感勵情形，理合奏聞，伏祈皇上睿鑒。謹奏。

乾隆五年八月初六日。

知道了。

【《明清宫藏地震檔案》（上卷壹）第322頁。亦見《乾隆朝上諭檔》第1册，第562頁第1478條；《清實録》第10册，第728頁《高宗純皇帝實録》卷一一八“乾隆五年六月庚辰”條】

△甘肅巡撫元展成奏請將平凉等州所屬捐監糧石酌撥至寧夏以備緩急之用

乾隆五年八月初九日

户部議覆：甘肅巡撫元展成奏，寧夏府屬各倉存貯無多，請將平凉、慶陽二府并秦州所屬捐監糧石，酌撥十萬石，以備緩急之用。先撥五萬石運貯夏、朔二縣接濟通府，俟秋收之後，再行全數撥運。應如所請。從之。

【《清實録》第10册，第825頁《高宗純皇帝實録》卷一二四“乾隆五年八月丁未”條】

協理户部事務訥親奏覆甘省夏禾被旱賑借事宜

乾隆五年九月十一日

軍機處議覆甘撫元展成奏報夏禾被旱，應如何分別賑借之處，交部詳悉定議一摺。乾隆五年七月二十三日，奉旨："依議。欽此欽遵。"于本月二十四日，軍機處交出到部。

該臣等議得，軍機處奏稱，據元展成摺奏，會寧縣夏禾不及五分，業經題報旱災。又，凉州、寧夏等府屬夏禾亦被旱灾，現俱陸續題報。等因。

【《明清檔案》A96—34，B54145】

△諭内閣著周開捷署理固原提督等官員任免事

乾隆五年九月十三日

乾隆五年九月十三日，内閣奉上諭："甘肅提督瞻岱病故員缺，著韓良卿補授。固原提督印務，著周開捷署理。寧夏總兵印務，著總督尹繼善揀選委署。欽此。"

【《乾隆朝上諭檔》第1册，第625頁第1576條。亦見《清實録》第10册，第850頁《高宗純皇帝實録》卷一二六"乾隆五年九月辛巳"條】

甘肅巡撫元展成揭報喂養馬駝料草折價銀查無浮冒并寧夏各處糧石動支年款難以查明

乾隆五年九月十八日

揭帖。

巡撫甘肅寧夏、臨、鞏等處地方贊理軍務兼理茶馬、都察院右僉都御史、紀録二次元：爲請旨事。

乾隆伍年捌月貳拾日，據甘肅布政使徐杞呈，乾隆叁年拾月貳拾陸日，蒙巡撫甘肅元都院案驗，乾隆叁年拾月貳拾貳日准户部咨，陝西司案呈，户科抄出甘撫元題前事。等因。乾隆叁年陸月拾壹日題，柒月初柒日，奉旨：

“該部議奏。欽此欽遵。”于本月初捌日，抄出到部。

該臣等查得，甘肅巡撫元疏稱：寧夏鎮及陜提標供喂過拴養馬、駝料草一案，先經前撫臣莽具題請銷，嗣准部覆，以四季全支料草，與原任西安撫臣噶題准西寧、固原、甘肅備調營馬夏秋出廠之例不符，行令將夏秋多支草料扣除，另行造册具題。復經前署撫臣劉查明，咨覆仍照原議，四季全支。續准部覆，以事關動支錢糧，不便據咨遽議行令具題。等因。隨即行據布政使徐杞詳稱：查得自康熙伍拾肆年軍興以來，内地拴養馬、駝，係備大營不時之用，未便牧放，有誤調遣，是以拴養馬、駝，夏秋二季，俱應照春冬二季一并支給料草。經前督臣鄂題明，奉部覆准在案。今康熙陸拾壹年起至雍正元年止，固原、寧夏等處喂養西安解到拴養之馬匹、駝隻，亦係預備口上調遣之馬、駝。又經原任督臣年于康熙陸拾壹年奏明，令其照例喂養，自應將夏秋二季，俱照春冬二季一并支給料草之例，支給喂養造報。至陜撫臣噶所奏馬、駝，係大兵進藏，不需調遣，是以未曾收槽喂養，原無開銷夏秋料草，此係康熙伍拾玖年之案。今固、寧二提鎮營拴養馬、駝，又在康熙陸拾壹年，事屬兩案，且係遵照原奏喂養，并非違例，應請一例開銷，以免賠累。

查寧夏鎮屬各營原發喂養馬壹千匹，固原提標五營原發喂養馬肆百貳拾伍匹、駝肆拾隻，每匹隻日支料叁升、草貳束。自康熙陸拾壹年貳月貳拾壹貳并叁月初伍等日收槽喂養起，至雍正元年陸月拾壹并拾陸等日奉文變價止，除小建不支外，共支過料貳萬陸拾伍石柒斗零，内本色料壹萬叁千陸百貳拾陸石捌斗零，折價料陸千肆百叁拾捌石玖斗，每石照部價折銀壹兩，共折銀陸千肆百叁拾捌兩玖錢。共支折價草壹百叁拾叁萬柒千柒百壹拾陸束，每束折銀壹分，共折銀壹萬叁千叁百柒拾柒兩壹錢陸分。以上二共折銀壹萬玖千捌百壹拾陸兩陸分。已于司庫通融那墊給發在案。今此項銀兩，應請在于康熙伍拾玖年甘屬被灾賑恤下剩現存司庫銀貳萬叁千肆百貳拾伍兩零内，照數動用抵項，作正報銷。其已支本色料壹萬叁千陸百貳拾陸石捌斗零□

項，在于寧夏各衛所徵糧内動支報銷。等情。臣覆核無异。除册結送部外，相應具題。等因。前來。

查雍正陸年柒月内，據原任甘撫莽將寧夏鎮陝提標拴養馬、駝，自康熙陸拾壹年貳月貳拾壹日收槽喂養起，至雍正元年陸月拾陸日奉文變價止，支過料草，造册題銷。經臣部以前項馬、駝既未調遣，而册開料草俱係肆季全支，與康熙伍拾玖年議政大臣議覆原任西安巡撫噶搢奏内開各處馬匹俱令夏秋出廠、春冬拴養之例不符，議令該撫將支過料草，另行造册具題。等因。覆准行文在案。嗣于乾隆元年捌月内，據原署甘撫劉咨報，從前陝撫噶題請，夏秋出廠之馬乃固原、西寧、甘州備調之營馬，各鎮營諸銷支過料草馬匹係拴喂之馬，今若扣除留槽飼喂銀兩，問之當日經喂各員，俱經升遷物故，實屬無可著追。應仍照原議，造册報銷。等因。復經臣部行令該撫確查，造册具題去後。今據該撫元疏稱：甘屬康熙伍拾肆年軍興以來，内地拴養馬、駝，係備大營不時之用，未便牧放，有誤調遣，是以前督臣鄂海題明夏秋貳季，俱照春冬貳季一并支給料草在案。今康熙陸拾壹年起至雍正元年止，固原、寧夏等處喂養西安解到拴養之馬匹、駝隻，亦係預備口上調遣之馬、駝。又經原任督臣年奏明，令其照例喂養，與陝撫噶所奏大兵已經進藏，不需調遣，未曾收槽喂養之馬、駝，事屬兩案。所有夏秋貳季支過料草，應請一例開銷。等語。查甘省從前節年拴養馬、駝，原係肆季全支料草。今寧夏、固原等處喂養馬壹千肆百貳拾伍匹、駝肆拾隻，既係預備軍營不時之用，自不便出廠牧放，有誤調遣。但前項馬、駝各屬果否實在肆季全行留槽喂養，并請銷料草，以及折給價值有無浮冒之處，臣部難以懸議。所有册造動支料草折價銀壹萬玖千①捌百壹拾陸兩陸分，本色料壹萬叁千陸百貳拾陸石捌斗肆升，應令該撫另行確查保題，并將動支寧夏各衛所額徵糧石

①玖千：原作“玖拾”，因“千”與“十”形近而訛，據上下文及語義改。

查明年款，以及變價馬、駝銀兩從前有無報部之處，一并詳悉聲明，到日再議可也。乾隆元年玖月拾叁日題，本月拾伍日，奉旨："依議。欽此。"爲此合咨前去，欽遵施行。等因。準此，行司。

蒙此，遵即備移陝提標寧夏鎮，令將前項馬、駝果否實在肆季全行留槽喂養，并請銷料草，以及折給價值有無浮冒之處，具結請題，并將動支各衛所額徵糧石查明年款，以及變價馬、駝銀兩從前有無報部之處，備細查明，務司以憑，轉請去後。嗣准陝提標移稱：馬、駝變價，係于西安藩司衙門扣除之項。等情。隨令該標移查西安并緣寧夏地震各項案卷，俱經厘□且辦理地震事宜，不能依期造報，俟寧屬倉庫錢糧查清之日，馬、駝具結。等情。節次詳請咨部，于本年伍月初貳日，奉有部覆行知在案。

茲準寧夏鎮移，據標略正署副參游擊備倉朱□、馬紀官、任舉等各呈稱：卷查康熙陸拾壹年叁月内，奉文解到西安發喂、拴養馬壹千匹。蒙原任總督年部院奏明，夏秋二季俱照春冬一并支給料草喂養，是以前任原辦各官遵照奏明之例，將馬匹四季全行留槽喂養，預備軍營不時調遣之需。查各該營分喂馬壹千匹，自康熙陸拾壹年叁月初壹日起，至雍正元年陸月拾陸日奉文變價止，應需料草并折給價值，除小建缺曠不支外，照依各該年册造數目，按日支領本色料壹萬叁千陸百貳拾陸石捌斗肆升，折價草玖拾萬捌千肆百伍拾陸束。飼喂馬匹俱係當日實支實喂，并無絲毫浮冒，出具印結申賫。再查拴養馬匹支過本色料豆，係在寧夏各衛所額徵糧内動支，其動支年款年久深遠，原辦經承俱已物故。兼之乾隆叁年拾壹月貳拾肆日陡遭地震，各項卷册俱被火焚無存，實難查登，合并聲明。等情。

準此，又查前准陝提督移，據中軍游擊黄元寵結，據五營游守盧映奎等結稱：卷查本標喂養、督標發喂馬肆百貳拾伍匹、駝肆拾隻，自康熙陸拾壹年貳月貳拾壹等日收槽喂養起，至雍正元年陸月拾壹日奉文變價止，除小建缺曠不支外，照依各該年册造數目，按日支領折色料陸千肆百叁拾捌石玖斗，折色草肆拾貳萬玖千貳百陸拾束，喂過料草俱係實支實喂，并無絲毫浮冒，出具印結，申賫轉移。等情。

準此，該布政使徐杞查得，康熙陸拾壹年西安解到馬匹、駝隻，原係預備大營不時調遣之用，未便出廠牧放，實係俱照奏明之例，四季全行留槽喂養。其原發寧夏鎮屬各營馬壹千匹，固原提標五營馬肆百貳拾伍匹、駝肆拾隻，每匹隻日支料叁升、草貳束。自康熙陸拾壹年貳月貳拾壹貳并月初伍等日收槽喂養，起至雍正元年陸月拾壹并拾陸等日奉文變價止，除小建不支外，共支過料貳萬陸拾伍石柒斗肆升，内本色料壹萬叁千陸百貳拾陸石捌斗肆升，折價料陸千肆百叁拾捌石玖斗，每石照部價銀壹兩，共折銀陸千肆百叁拾捌兩玖錢。共支折價草壹百叁拾叁萬柒千柒百壹拾陸束，每束折銀壹分，共折銀壹萬叁千叁百柒拾柒兩壹錢陸分。俱係實支實喂，并無絲毫浮冒。查以上料草折價共銀壹萬玖千捌百壹拾陸兩陸分，應請仍照原議[1]，在于司庫存貯康熙伍拾玖年甘省被灾賑恤案内下[2]剩銀内動用抵項。【注】其已支本色料壹萬叁千陸百貳拾陸石捌斗肆升，在于寧夏各衛附額徵糧内動支，均請作正開銷。但所支料石年款，事屬年遠，且寧夏地震之後，卷案俱毁壓無存，實難分晰查造。至馬、駝變價銀兩，現在另案呈報，合并聲明。所有各提、鎮、營移到無浮印結，相應詳賫，合候保題。等情。呈詳到臣。

該臣查得，寧夏鎮及陜提標供喂過拴養馬、駝料草一案，經臣具題請銷，嗣准部覆以果否實在肆季全行留槽喂養，其請銷料草及折給價值有無浮冒，行令確查保題，并將動支寧夏各衛所額徵糧石，查明年款，以及變價馬、駝銀兩從前有無報部之處，一并聲明，到日再議。等因。隨即行司去後。兹據布政使徐杞詳稱：查康熙陸拾壹年西安解到馬匹、駝隻，原係預備

①應請仍照原議：原文被印章遮蓋而不清，據【注】補。
②甘省被灾賑恤案内下：原文被印章遮蓋而不清，據【注】補。

大營不時調遣之用，未便出廠牧放，實係俱照奏明之例，肆季全行留槽喂養。其原發寧夏鎮屬各營馬壹千匹，固原鎮標伍營馬肆百貳拾伍匹、駝肆拾隻，每匹、隻日支料叁升、草貳束。自康熙陸拾壹年貳月貳拾壹貳并月初伍等日收槽喂養起，至雍正元年陸月拾壹并拾陸等日奉文變價止，除小建不支外，共支過料貳萬陸拾伍石柒斗零，内本色料壹萬叁千陸百貳拾匹石捌斗零，折價料陸千肆百叁拾捌石玖斗，每石照部價銀壹兩，共折銀陸千肆百叁拾捌兩玖錢。共支折價草壹百叁拾叁萬柒千柒百壹拾陸束，每束折銀壹分，共折銀壹萬叁千叁百柒拾柒兩壹錢零。俱係實支實喂，并無絲毫浮冒。

查以上料草折價共銀壹萬玖千捌百壹拾陸兩零，應請仍照原議，在于司庫存貯康熙伍拾玖年甘省被灾賑恤案内下剩銀内動用抵項。其已支本色料壹萬叁千陸百貳拾陸石捌斗零，在于寧夏各衛所額徵糧内動支，均請作正開銷。但所支料石年款，事屬年遠，且寧夏地震之後，卷案俱毀壓無存，實難分晰查造。至馬、駝變價銀兩，現在另案呈報，合并聲明。所有各提、鎮、營送到無浮印結，相應呈賫核題。等情。前來，臣覆查無异。除原結分送部科外，臣謹會同督臣尹合詞保題，伏祈皇上睿鑒，敕部議覆施行。爲此除具題外，理合具揭。須至揭帖者。

乾隆伍年玖月十八日。

【注】此處原文爲："分應請仍照原議在于司……年甘省被灾賑恤案内下"。

【《明清檔案》A96—53，B54281—B54289】

△甘肅巡撫元展成奏請查勘寧夏惠農渠工程事

乾隆五年九月二十九日

甘肅巡撫元展成奏：查勘寧夏惠農渠工程，請俟來歲春融，上緊興修。詳查地利，可得良田三千餘頃，以安無業窮民。得旨："知道了。興水利以盡地利，亦爲政之要也。”

寧夏將軍杜賚奏，查閲官兵騎射情形。得旨：“知道了。妥爲訓練。滿州人員，騎射最爲緊要，不可廢弛。”

【《清實録》第10册，第868頁《高宗純皇帝實録》卷一二七“乾隆五年九月丁酉”條】

△諭内閣著將寧夏寧朔二縣及平羅未被灾村莊辛酉年額徵錢糧草束寬免一半

乾隆五年十月十七日

乾隆五年十月十七日，内閣奉上諭：“從前寧夏等處地動爲灾，民人困苦，朕百計籌畫，加意撫綏，始不至于失所。惟是瘡痍甫起，户鮮蓋藏。本年平羅地方又有被水、被旱之處，若照分數成例蠲免錢糧，恐民力仍不免于拮据。著格外加恩，將銀、糧、草束概予全免。至未被灾之村莊及夏、朔二縣，從前被灾較重，雖兩年以來，均屬有收，而工役繁興，人夫雲集，米糧物價，猝難平減，亦應酌量加恩，與民休息。著將夏、朔二縣及平羅未被灾村莊辛酉[①]年額徵錢、糧、草束寬免一半，户部可即行文該督撫遵旨辦理。欽此。”

【《乾隆朝上諭檔》第1册，第649頁第1603條。亦見《明清宫藏地震檔案》（下卷壹）第199頁】

△諭户部賑恤平羅縣本年被灾饑民并予葺屋銀兩

乾隆五年十月二十九日

賑恤甘肅平羅縣本年被水偏灾饑民，并予葺屋銀兩。

①辛酉：乾隆六年（1741）。

【《清實録》第10册，第888頁《高宗純皇帝實録》卷一二九“乾隆五年十月丙寅”條】

△寧夏將軍都賚奏請將終養之例展限十年

乾隆五年十一月初五日

兵部議覆：寧夏將軍杜賚奏稱，各省駐防滿兵，如有祖父母、父母及伯叔父母年力衰邁者，例准終養。惟寧夏爲邊疆要地，若將訓練壯兵，屢調回旗，勢必令幼丁頂補，不但緩急未能得力，且致兵力衰弱。請將終養之例，展限十年，俟幼丁長成，照舊遵行。等語。係爲審時度勢、慎重邊境起見，但十年内，孤寡無依，情尤可憫。查該處有十五歲至四十歲閑散滿洲九十二名，十歲至十四歲餘丁四百六十五名，請嗣後有就養回旗者，于此内選補。如現無精壯，查西安滿洲人口增盛，應令該將軍行文于各該佐領下選擇，前往頂補。將來寧夏幼丁漸長，足敷挑補時，即行停止。從之。

【《清實録》第10册，第898頁《高宗純皇帝實録》卷一三〇“乾隆五年十一月壬申”條】

川陝總督尹繼善奏報十月十三日寧夏復震城垣民房皆無損傷摺[①]

乾隆五年十一月初五日

奏。

川陝總督尹繼善謹奏：爲奏聞事。

臣于十月二十六日回至甘州府屬張掖縣地方，途次接據寧夏道阿炳安稟

---

①軍機處録副奏摺。

稱，十月十三日戌刻，寧郡復經地動，雖摇撼有聲，勢尚舒緩，人民俱各安全，房屋、衙署亦無倒塌，新築磚土城垣均各堅固，并無傷損。等因。前來。據此，查寧郡自從前地震之後，屢有微動，隨時寧息。今據報，復經微動，廬舍、城垣悉皆安穩。理合奏聞。謹奏。

乾隆五年十一月初五日。

知道了。

【《明清宫藏地震檔案》（上卷壹）第 326 頁】

壽春鎮總兵吴進義奏報自備工價遣人赴京印刷經史諸書交寧夏學宫摺[①]

乾隆五年十一月初十日

奏。

江南江北壽春總兵官臣吴進義謹奏：爲奏明事。

竊臣籍隸寧夏，地屬邊陲，于乾隆三年冬偶因地震，荷蒙皇上天恩，叠賜蠲租，多方賑恤，至周至渥，俾數百萬蒼生皆得安全，不知失所。迄今老幼感戴聖德，頂祝無涯。今寧夏郡城重建，文廟聞已告成，所有從前存貯學宫書籍俱經毁壞。伏查乾隆三年十一月内，臣准安慶撫臣諮，准禮部諮開，奉上諭："從前奉世宗憲皇帝諭旨，將聖祖仁皇帝御刻經史諸書頒發各省布政司敬謹刊刻，准人印刷，并聽坊間刷賣，原欲士子人人誦習，以廣教澤也。近聞書板收貯藩庫，士子及坊間刷印者甚少。著各撫藩留心辦理，將書板重加修整，俾士民等易于刷印。有願翻刻者，聽其自便，毋庸禁止。如御纂諸書内有爲士人所宜誦習而未經頒發者，著該督撫奏請頒發，刊板流布。至武英殿、翰林院、國子監，皆有存貯書板，亦應聽人刷印。并從前内務府所藏各書，如滿漢官員有

①軍機處録副奏摺。

願購覓誦覽者，概准刷印。其如何辦理之處，著禮部會同各該處定議請旨，曉諭遵行。欽此欽遵。"粘抄各種書籍名目，核定紙墨工價數目，轉諮到臣。

仰見我皇上崇經致治、文教廣敷之至意，今臣遵照，自備紙墨工價，敬遣家人赴京，在各衙門呈請將漢字各書逐部刷印，另備脚費運至寧夏學宫存貯。俾邊方士子咸等恭展誦讀，仰瞻聖朝稽古右文之盛。臣謹繕摺奏聞，伏乞皇上睿鑒。謹奏。

乾隆五年十一月初十日。

此固佳舉，但非汝武臣之本務耳。

【《明清宫藏地震檔案》（上卷壹）第 327 頁】

壽春鎮總兵吴進義奏謝寬免寧夏等地震區額徵銀糧草束摺[①]

乾隆五年十一月初十日

奏。

江南江北壽春總兵官臣吴進義謹奏：爲恭謝天恩事。

乾隆五年十一月内，接閱邸抄欽奉上諭："從前寧夏等處，地動爲灾，民人困苦，朕百計籌畫，加意撫綏，始不至于失所。惟是瘡痍甫起，户鮮蓋藏。本年平羅地方又有被水、被旱之處，若照分數成例蠲免錢糧，恐民力仍不免于拮据。著格外加恩，將銀、糧、草束概予全免。至未被灾之村莊及夏、朔二縣從前被灾較重，雖兩年以來均屬有收，而工役繁興，人夫雲集，米糧物價，猝難平減，亦應酌量加恩，與民休息。著將夏、朔二縣及平羅未被灾村莊辛酉[②]年額徵銀、糧、草束寬免一半。户部可即行文該督撫遵旨辦理。欽此。"

伏念臣籍隸寧夏，地處邊陲，前冬偶爾地震，荷蒙皇上睿懷軫念，即遣

①軍機處録副奏摺。
②辛酉：乾隆六年（1741）。

部臣星馳前往，逐户賑濟，撫恤備至，俾億萬蒼生不知失所。迄今人安衽席，户慶生全。而兩年以來，叠荷恩蠲，有加無已。兹平羅地方水旱偏灾之處，復蒙恩施格外，將惟正之供概予全免，更沐聖慈普遍，猶慮平羅未被灾之村莊及夏、朔二縣雖屬有收之地，人夫雲集，米糧物價猝難平减，特沛温綸，與民休息，將辛酉年額徵銀、糧、草束寬免一半。邊民何幸，頻邀厚澤深仁。臣鄉白叟黄童，山陬僻壤，莫不歡呼頂戴，共祝聖壽于無疆矣。臣情殷桑梓，感激難名。謹繕摺叩謝天恩，伏乞皇上睿鑒。謹奏。

乾隆五年十一月初十日。

覽。

【《明清宫藏地震檔案》（上卷壹）第 331 頁】

△甘肅巡撫元展成奏請開除移建寧夏滿城圈占民地額徵銀糧草束銀

乾隆五年十一月十三日

户部議覆：甘肅巡撫元展成疏稱，寧夏移建滿城，圈占民地二千一百八十二畝，其額徵銀、糧、草束，均請開除。等語。應如所題辦理。至每畝給價銀四五兩不等，有無浮冒，仍令查明再議。從之。

【《清實録》第 10 册。第 907 頁《高宗純皇帝實録》卷一三〇“乾隆五年十一月庚辰”條】

△諭以甘肅永昌協副將張世偉署寧夏鎮總兵官

乾隆五年十二月十二日

以甘肅永昌協副將張世偉署寧夏鎮總兵官。

【《清實録》第 10 册，第 926 頁《高宗純皇帝實録》卷一三二“乾隆五年十二月戊申”條】

△諭以甘肅寧夏鎮總兵官周開捷爲固原提督

乾隆五年十二月二十日

以甘肅寧夏鎮總兵官周開捷爲固原提督。

【《清實録》第10册，第931頁《高宗純皇帝實録》卷一三三“乾隆五年十二月丙辰”條】

甘肅巡撫元展成揭爲代寧夏府紳衿士民題謝豁免額賦

乾隆五年十二月二十二日

揭帖。

巡撫甘肅寧夏、臨、鞏等處地方贊理軍務兼理茶馬、都察院右僉都御史、紀録二次元：爲恭謝天恩事。

乾隆五年十二月十一日，據甘肅布政使徐杞呈，乾隆五年十一月初八日，蒙巡撫甘肅元都院案驗爲欽奉上諭事，乾隆五年十一月初七日准户部咨，陝西司案呈。乾隆五年十月十七日，内閣奉上諭：“從前寧夏等處地動爲災，民人困苦。朕百計籌畫，加意撫綏，始不至于失所。惟是瘡痍甫起，户鮮蓋藏。本年平羅地方又有被水、被旱之處，若照分數成例，蠲免錢糧，恐民力仍不免于拮据，著格外加恩，將銀、糧、草束概予全免。至未被災之村莊及夏、朔二縣從前被災較重，雖兩年以來均屬有收，而工後繁興，人夫雲集，米糧物價，猝難平減，亦應酌量加恩，與民休息。著將夏、朔二縣及平羅未被災村莊，辛酉[①]年額徵銀、糧、草束寬免一半，户部可即行文該督撫遵旨辦理。欽此。”于本月十八日抄出到部，相應行文陝督、甘撫一體欽

---

①辛酉：乾隆六年（1741）。

遵可也。等因。準此，行司。蒙此，又蒙總督川陜户部堂案驗，准户部咨同前事。等因。俱行到司。

蒙此，欽遵移行寧夏道府遵照辦理，并出示曉諭去後。茲準寧夏道阿炳安移，據寧夏府知府臧珊詳，據寧夏縣知縣靳夢麟、寧朔縣知縣張永淑、署平羅縣知縣何世寵等詳，據士民劉繩武、范永祥、姚瑜、馬乾直、滕嗣周、李本達、鄭量、葉潤生、徐登科、唐良佐、倪上、林湯茂、吕登峰、蕭資、任謨等呈稱：繩等生長邊陲，優游耕鑿。前值地氣未寧，荷恩綸之叠沛，户户捐租。蒙寶訓之頻頒，家家賜復。固已萬民樂利，化給康衢，百室盈寧，情歡擊壤。茲偶因水旱，在小民急公之義，方共效夫輸將。蒙聖主如天之仁，猶深憫其拮据。庚申[①]應完之數既已全蠲，辛酉未奉之供復邀分免，從此黍與稷翼，歲兆豐登，鼓腹含哺，群沾利澤。賀蘭山下，村村花發鶯啼；光禄渠邊，處處緑烟紅雨。途歌巷舞，頌天保之九如；婦媚士依，效華封之三祝。賴一人之有慶，願天子以萬年。繩等情殷呼籲，伏懇據呈，詳請題達。等因。到縣。

據此，該寧夏縣知縣靳夢麟、寧朔縣知縣張永淑、署平羅縣知縣何世寵會看得，縣屬自前歲地震以後，仰沐天恩優渥，賑恤蠲租，全活生靈無算。更蒙聖慮周詳，興工代賑，撫綏蔀屋靡遺。茲偶因水旱之愆，又重荷皇恩稠叠，五年分之錢糧既邀全免，辛酉年之額數分别再蠲。真自古所無之曠典，實生民未有之鴻規。士民等感深肌髓，叩謝天恩，環庭呈請前來，理合備由具申。等情。到府。申道移司。

準此，該布政使徐杞看得，氣數偶愆，亦見堯湯之世，蠲除下建，僅傳文景之年。未有如我皇上德贊施生，功參化育。誠求保赤，痌瘝時切于窮檐；旰食宵衣，懷保倍深于灾庶。寧屬夏、朔、平等縣前被震灾，仰荷天恩

①庚申：乾隆五年（1740）。

疊沛，睿慮周詳。廣濟博施，計安全者歷歲；給求養欲，謀生聚者頻年。既已保愛而生成，何啻鞠育而顧復。兹因水旱偶愆，重廑宸衷，軫念乾隆五年分錢糧已荷全予豁免，乾隆辛酉年額賦復邀分别蠲除。遂生復性，皆優游于浩蕩之中。樂業安居，盡長養于涵濡之内。凡百姓籲呼之懇切，實聖人恩德之高深。兹既據該道府等呈請前來，不敢壅于上聞，理合備叙通詳，伏候會題。等因。到臣。

該臣看得，邊圉重地，安全倍切于如傷；災困餘黎，休養彌深于若保。荷湛恩之稠疊，補大還之生成。欽惟我皇上九叙修和，五風解阜。深仁廣被，普天共上春臺；浩澤長流，率土胥登壽域。固有加而無已，益圖易而思艱。念朔方雖獲更生，而元氣未能驟復。既連豁往年之賦，更分蠲來歲之徵。平羅偶被偏災，逾格再行全免，而從前被震較重之蒼黎，無如夏、朔與平邑，今年未災之村堡，半予捐除。蓋因工役繁興，物價猝難平減，則夫蓋藏未裕財力，寧忍兼徵。惠鮮不盡其綢繆，培養實深其淪浹。呼嵩喬岳，軼漢家賜全復豐之年；紀日熙春，宛唐世擊壤歆衢之歲。賀蘭横天漠，難形聖德之崇高；黄水接長天，莫測恩波之浩蕩。歡騰環籲，慶溢輿情。兹據布政使徐杞詳，准寧夏道移，據寧夏府申，據寧夏、寧朔、平羅三縣紳衿士民劉繩武等籲請，代題恭謝天恩前來。相應會同督臣尹合詞具題，伏祈皇上睿鑒施行。爲此除具題外，理合具揭。須至揭帖者。

乾隆伍年拾貳月壹拾貳日。

【《明清檔案》A98—79，B55493—B55496】

甘肅巡撫元展成揭報乾隆四年寧夏肅州各屬追過贓贖銀數

乾隆五年十二月二十二日

揭帖。

起告注鋪。

巡撫甘肅寧夏、臨、鞏等處地方贊理軍務兼理茶馬、都察院右僉都御史、紀録二次元：爲欽奉上諭事。

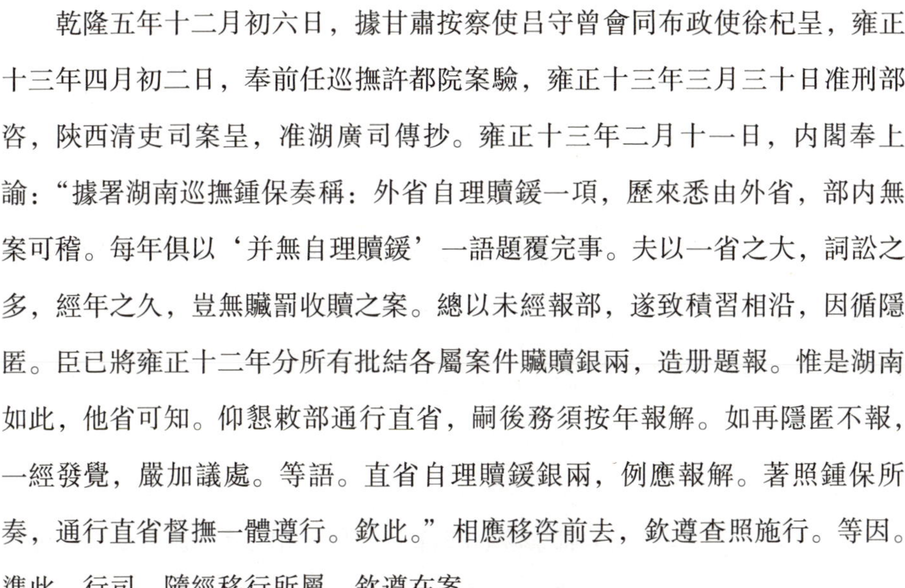

乾隆五年十二月初六日，據甘肅按察使吕守曾會同布政使徐杞呈，雍正十三年四月初二日，奉前任巡撫許都院案驗，雍正十三年三月三十日准刑部咨，陝西清吏司案呈，准湖廣司傳抄。雍正十三年二月十一日，内閣奉上諭："據署湖南巡撫鍾保奏稱：外省自理贖鍰一項，歷來悉由外省，部内無案可稽。每年俱以'并無自理贖鍰'一語題覆完事。夫以一省之大，詞訟之多，經年之久，豈無贓罰收贖之案。總以未經報部，遂致積習相沿，因循隱匿。臣已將雍正十二年分所有批結各屬案件贓贖銀兩，造册題報。惟是湖南如此，他省可知。仰懇敕部通行直省，嗣後務須按年報解。如再隱匿不報，一經發覺，嚴加議處。等語。直省自理贖鍰銀兩，例應報解。著照鍾保所奏，通行直省督撫一體遵行。欽此。"相應移咨前去，欽遵查照施行。等因。準此，行司。隨經移行所屬，欽遵在案。

今遵查乾隆四年分各屬自理并外結事件贓贖銀兩，前司遵檄查照往例，備移守巡九道，□蘭、鞏、平、慶、甘、凉、寧、西八府，并安、靖二廳，直隸秦、階、肅三州，作速分晰查造去後。除平慶、臨洮、洮岷、西寧、甘山、凉莊、安西等七道，蘭、鞏、慶、甘、凉、寧、西七府，安、靖二廳，秦、階二州，各回稱乾隆四年分并無自理及外結事件，贓贖銀兩無憑造報外，兹準寧夏、肅州二道遵將各所屬外結各案内，追貯贓贖銀兩錢文，備造清册，移送前來。本司等覆核無异。相應匯造總册呈賫，恭候核題。再照本司、布政司、按察司衙門均無自理贓贖銀兩，無憑開造，合并聲明。等情。呈詳到臣。

該臣看得，自理贓贖銀兩一項，前奉諭："嗣後務須按年報解。欽此。"當即轉飭欽遵在案。兹據按察使吕守曾會同布政使徐杞詳稱，乾隆四年分寧夏、肅州二府、州屬共追贓贖大制錢一十千文銀三十三兩五錢、小制錢二百九十文，造具清册，并將并撫自理贓贖銀兩各衙門聲明詳請前來。臣覆查無异。除原册送部外，相應具題，伏祈皇上敕部核覆施行。爲此除具題外，理合具揭。須至揭帖者。

乾隆五年十二月二十二日。

【《明清檔案》A98—83，B55511—B55512】

川陝總督尹繼善題報寧夏鎮屬因地震損傷重造軍裝器械奏請動支銀兩數目本[1]

乾隆五年十二月二十九日

題。

太子少保、兵部尚書兼都察院右都御史、總督川陝等處地方軍務兼理糧餉、加二級紀録三十一次臣尹繼善謹題：爲查驗滿漢軍裝、器械等項，應請補造，以利營伍事。

據蘭州布政使司布政使徐杞詳，蒙太子少保、大學士、仍管川陝總督查部院案驗，乾隆肆年貳月貳拾壹日，准工部諮，虞衡司案呈，乾隆肆年正月貳拾壹日，内閣抄出兵部右侍郎班第等奏稱，竊查寧夏滿城、漢城以及各營堡陡遭地震，房屋倒壞，所有各營炮位、鳥槍、盔甲、弓箭、撒袋、刀、

[1]原件係滿漢合璧文本，臺灣歷史語言研究所藏内閣大庫檔。

矛、藤牌、旗幟、鞍屜、帳房、鑼鍋等項，并預備之火藥、鉛丸，戰兵預備之口糧、衣帽等物，或被火焚，或被水泡，或被沙壓，或被房屋打壞，其有當時救出，亦有隨後刨挖而得者，多爲殘毁不堪應用。統計滿城損傷廢失者拾之貳叁，緑營火焚更甚，所存無幾。

伏念軍裝、器械，均關營中緊要之需。今因灾出非常，陡然驟至。彼時官兵或身被灾壓，或父母、妻子均受灾傷，不能相顧。所有前項軍裝、器械瞬息之間即被損壞，委非人力所能救護。臣等查驗確實，似應仰懇聖恩，准其動支正項錢糧，照數補造，以備營伍操演行查之用。倘蒙俞允，應令各該營備造應修應製各項數目清册，另行送部請領銀兩，及時補足。工竣之日，核實請銷。所有查驗應補軍裝、器械緣由，謹會摺恭奏，伏祈皇上聖鑒，訓示遵行，爲此謹奏請旨。乾隆肆年正月拾捌日，奉硃批："著照所請行，該部知道。欽此欽遵。"抄出前來。相應行文陝西總督轉行各該處，一體遵照原奏辦理，并知會户、兵貳部可也。爲此合諮前去，查照施行。等因。又准兵部諮同前事。等因。俱案行到司。

蒙此，又于乾隆肆年捌月貳拾貳日，蒙原任總督川陝鄂部院憲牌，爲飛檄飭催事。乾隆四年捌月拾叁日，據寧夏鎮呈賫，鎮屬製造被震打壞燒毁一切軍裝并運送物料脚價等項，印領到本部堂。據此，除印領挂發外，合行飭支。爲此仰司官吏查照來牌事理，即照依領内數目，按數支給，先爲辦理。仍將該鎮諮送該司估計各册有無浮冒舛錯，即刻查核清楚，同動銀月日一并通報。計發印領三張内，一領應全製應補修牌刀、小鳥槍、攢布喇鳥槍、鐺矛、挑刀、虎衣、虎帽、皮襖各物工價等項，共銀陸千壹百貳拾陸兩陸錢陸分肆厘柒毫。又應領製一切器械所需綢緞、梭布各物料，并鈴斤、纓毛等項脚價，共銀壹千壹百貳拾柒兩捌錢肆分肆厘玖毫玖絲柒忽伍微。又領應製一切器械所需綢緞、梭布、鐵斤各物料工價，共銀肆萬貳百叁拾貳兩叁錢玖分肆絲柒忽伍微。以上叁共銀肆萬柒千肆百捌拾陸兩捌錢玖分玖厘柒毫肆絲伍

忽，印領到司。

蒙此，本司遵即各照領内銀數發給，該鎮差弁領回，早爲辦理。并催令將需用工料銀兩照例造具估册，移司呈請送部，及屢催去後。今准寧夏鎮諮，據總理製造軍器標下中軍游擊張晟、署城守營都司任舉等呈稱，蒙此，卑職遵查，前準據寧夏鎮標四營，并城守平羅、洪廣、玉泉所屬平羌堡參、游、都、守朱濂、楊士超、任舉、戴傚、劉鉌等，并據監管各局及製買各物料右營游擊李彪，署後營游擊戴傚，守備劉鉌、千總李京，候補守備陳琦、王學等各移呈稱，遵將被灾各營損壞一切軍裝、器械分晰，應全製應補修需用工料等項，照依見行製辦，時值價銀逐件確估。

一，額兵應全製、應修補旗幟、鍋帳、盔甲、號衣、號帽、槍炮、弓箭、撒袋、腰刀、馬鞍，并備貯鉛藥等項，照依工料時值，共估計銀伍萬壹千叁拾叁兩柒錢陸分柒厘玖毫捌絲捌忽陸微玖纖。

一，備戰兵丁應全製、應修補牌刀、小鳥槍及鉛丸、裙子、虎衣、青衣、攢布喇鳥槍鉛丸、钂、矛、挑刀、氈衣、羊皮帽、羊皮皮襖、羊皮馬褂、山羊皮褡護、皮絝、皮襪、白布單夾套絝、暖鞋、毛布、裹脚布口袋、鞦鞋、馬絆、銅罐等項，照依工料時值，共估計銀伍千玖百叁拾叁兩貳錢柒分壹厘玖毫玖絲伍微。

一，采辦綢緞、梭布、纓毛、鉛斤等項，通共計重拾萬柒千壹百貳拾伍斤伍兩玖錢，援照運送軍需之例，每壹百叁拾斤合米壹京石，每石每百里給脚價銀壹錢伍分，自蘭至寧計程捌百貳拾里。旗杆、纓毛、鉛斤、銅罐等項計重叁萬伍千壹百斤叁兩玖錢，共該脚價銀叁百叁拾貳兩壹錢叁分陸厘玖毫。又自西安至寧計程壹千肆百伍拾伍里，梭布、綢緞、鑼鍋、弓撒袋、旗頭、棉花、鋼鈴、甲釘等項計重柒萬貳千貳拾伍斤貳兩，共該脚價銀壹千貳百玖兩壹錢玖分貳厘叁毫貳，共估計脚價銀壹千伍百肆拾壹兩叁錢貳分玖厘貳毫。以上叁項通共估計銀伍萬捌千伍百捌兩叁錢陸分玖厘壹毫柒絲玖忽壹微玖纖。各另逐股分晰細數，造具清册，理合呈報。等情。到本鎮。據此，隨逐股覆加確核無异。各另照造印册伍，轉相應諮送核，轉送部施行。等情。

準此，該布政使徐杞查得，寧夏鎮標并所屬各營路軍裝、器械因被震損壞，經各憲查驗確實會奏，請動正項照數補造。奉硃批："著照所請行。欽此欽遵。"在案。前准該鎮移報動支，先後廢銅、廢鐵變價銀肆百兩叁錢陸分壹厘，寧夏府庫動支銀壹萬伍千兩，尚不敷用。又經該鎮分晰具領，呈蒙前督憲鄂彌達檄飭并挂發號領到司。本司因司庫無項支給，隨即在于庫貯續辦軍需下剩銀壹百餘萬兩内借發銀肆萬柒千肆百捌拾陸兩捌錢玖分玖厘柒毫肆絲伍忽，先爲辦理。以上共銀陸萬貳千捌百捌拾柒兩貳錢陸分柒毫肆絲伍忽。嗣准該鎮報稱，止用銀伍萬捌千伍百捌兩叁錢陸分玖厘壹毫柒絲就忽壹微玖纖，長領司庫銀肆千叁百柒拾捌兩捌錢玖分壹厘伍毫陸絲伍忽捌微壹纖，請在本年關領秋餉内扣留還項在案。

今移准該鎮移送製造一切軍裝各項工料銀兩估計清册前來，查册造各營製造額兵應全製、應修補旗幟、鍋帳、盔甲等項價值，共估需銀伍萬壹千叁拾叁兩柒錢陸分柒厘玖毫捌絲捌忽陸微玖纖。各營製造一備戰兵丁應全製、應修補牌刀、小鳥槍及鉛丸、群子等項價值，估需銀伍千玖百叁拾叁兩貳錢柒分壹厘玖毫玖絲伍微。各營製造軍裝、器械，采辦綢緞、梭布、纓毛、鉛斤等項，各物料脚價銀壹千伍百肆拾壹兩叁錢貳分玖厘貳毫。以上通共估需銀伍萬捌千伍百捌兩叁錢陸分玖厘壹毫柒絲玖忽壹微玖纖，本司查核無异。但查前項銀兩，内除動支府庫銀壹萬伍千兩，廢銅、廢鐵變價銀肆百兩叁錢陸分壹厘，應請正動開銷外，其用過司庫銀肆萬叁千壹百捌兩捌厘壹毫柒絲玖忽壹微九纖，係在庫貯續辦軍需下剩銀壹百餘萬兩内借動，未便懸項，應請大部在于附近省内照數撥解來甘，以還借項。所有該鎮移送估册，相應一并詳賫，合候核題詳示。等情。到臣。

據此，除動支寧夏府銀壹萬伍千兩，是何款項，見飭確查，統于請銷案内開報外，該臣看得，寧夏鎮標并所屬各營堡因地震，一切軍裝、器械俱被損傷，經侍郎臣班第等奏請動支正項製造。荷蒙俞允，欽遵轉飭，遵照在案。茲據蘭州布政使徐杞詳稱，准寧夏鎮移送製造軍裝各項工料銀兩估計清册前來，查册造各營製造額兵應全制、應修補旗幟、鍋帳、盔甲等項價值，共估需銀伍萬壹千叁拾叁兩柒錢陸分零，製造備戰兵丁應修全製、應修補牌刀、小鳥槍及鉛丸、群子等項價值，估需銀伍千玖百叁拾叁兩貳錢柒分零。各營製造軍裝、器械，采辦綢緞、梭布、纓毛、鉛斤等項各物料，脚價銀壹千伍百肆拾壹兩叁錢貳分零。以上通共估需銀伍萬捌千伍百捌兩叁錢陸分零。内除動支寧夏府庫銀壹萬伍千兩，廢銅、廢鐵變價銀肆百兩叁錢陸分零，應請正動開銷外，其餘銀肆萬叁千壹百捌兩零，隨在庫貯續辦軍需下剩銀壹百餘萬兩内動支製辦訖。查借動軍需銀兩，未便懸缺，應請大部在于附近省内照數撥解來甘，以還借項。等情。并賫册前來，臣覆核無异。除册送部外，謹會同蘭州撫臣元展成合詞具題，伏祈皇上睿鑒，敕部核覆施行。爲此具本，謹題請旨。

乾隆伍年拾貳月貳拾玖日。

太子少保、兵部尚書兼都察院右都御史、總督川陝等處地方軍務兼理糧餉、加二級紀録三十一次臣尹繼善。

六年正月二十日，硃批："該部議奏，著照所請行，該部知道。"

【貼黄】

太子少保、兵部尚書兼都察院右都御史、總督川陝等處地方軍務兼理糧餉、加二級紀録三十一次臣尹繼善謹題：爲查驗滿漢軍裝、器械等事。

該臣看得，寧夏鎮屬，因地震，一切軍裝、器械俱被損傷，經侍郎臣班第等奏請動支正項製造。荷蒙俞允，欽遵轉飭，遵照在案。茲據蘭州布政使徐杞詳稱，准寧夏鎮移送製造軍裝各項工料銀兩估計册前來，查册造各營製造額兵應全製、應修補旗幟、鍋帳、盔甲等項價值，共估需銀伍萬壹千叁拾叁兩柒錢陸分零。備戰兵丁應全製、應修補牌刀、小鳥槍及鉛丸、群子等項價值，共估需銀伍千玖百叁拾叁兩貳錢柒分零。各營製造軍裝、器械，采辦綢緞、梭布、纓毛、鉛斤等項各物料，脚價銀壹千伍百肆拾壹兩叁錢貳分零。以上通共估需銀伍萬捌千伍百捌兩叁錢陸分零。内除動支寧夏府庫銀壹萬伍千兩，廢銅、廢鐵變價銀肆百兩叁錢陸分零，應請正動開銷外，其餘銀肆萬叁千壹百捌兩零，隨在庫貯續辦軍需銀内動支製辦。查借動軍需銀兩，未便懸缺，應請大部在附近省内照數撥解，以還借項。等情。臣覆核無异。除册送部外，謹合詞具題請旨。

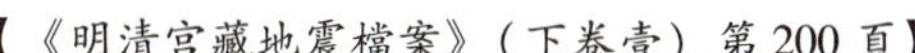
【《明清宫藏地震檔案》（下卷壹）第 200 頁】

乾隆六年 (1741)

凉州鎮總兵王廷極奏報寧夏復震尚未停息遵旨曉諭兵民誠心改過摺[①]

乾隆六年正月初四日

署理甘肅提督印務凉州總兵官奴才王廷極謹奏：爲據實奏聞，仰祈睿鑒事。

奴才竊查寧夏府屬自乾隆三年十一月二十四日地震之後，時或微震。今于乾隆五年十二月初十、二十五等日，節據暫署寧夏鎮總兵官、中衛協副將米彪稟稱，寧夏府城于十一月二十四日，附近之靈州于十一月十三日、平羅于十一月二十四五并十二月初五等日復又地震，較常微重。等情。奴才隨即差官星飛查看，城垣、房屋俱無損傷，居民亦各安堵。但地震已二年有餘，尚未寧息。奴才署理全省提督重任，殊爲悚惕。

伏讀上諭："寧夏地動，久而未寧，或係彼地之人，因被灾之後，愁困

①軍機處録副奏摺。

怨懟，不感戴上天垂象示儆之恩，而但以流移播遷爲苦，咨嗟憤嘆，乖氣致异，難以感召天和，亦未可定。著該督撫將朕此旨即行傳諭，俾各自猛省，誠心悛改，以爲轉禍爲福之本。思之勉之。欽此。”奴才仰體皇上軫念灾民之至意，除字寄暫署寧夏總兵官副將米彪，會同地方文武大小官弁各加修省。復差提標署前營游擊劉漢忠，前赴該地方宣布聖諭，勸諭兵民誠心改過，以期感召天和外，誠恐寧夏地震情由傳言至京，有廑聖懷。理合繕摺，謹遣家人王秀賫奏以聞。

正月初四日。

乾隆六年二月初三日，奉硃批：“知道了。欽此。”

【《明清宫藏地震檔案》（上卷壹）第 334 頁】

△諭内閣著詢問總督尹繼善調補寧夏總兵事

乾隆六年正月二十三日

乾隆六年正月二十三日，内閣奉上諭：“陝西寧夏總兵官員缺，朕已將吕瀚補授。但寧夏鎮缺甚屬緊要，著詢問總督尹繼善，若吕瀚不勝此任，即于所屬總兵官内揀選一員調補。其所遺員缺，將吕瀚補授。欽此。”

【《乾隆朝上諭檔》第 1 册，第 695 頁第 1686 條。亦見《清實録》第 10 册，第 947 頁《高宗純皇帝實録》卷一三五“乾隆六年正月己丑”條】

川陝總督尹繼善題報補授參將

乾隆六年正月二十九日

題。

十三。

二月初九日。

乾隆六年二月十九日下兵。

該部議奏。

太子少保、兵部尚書兼都察院右都御史、總督川陝等處地方軍務兼理糧餉、加二級紀録三十一級臣尹繼善謹題：爲請補參將，以重邊營事。

乾隆伍年拾壹月初壹日，准兵部咨爲兼銜事，職方清吏司案呈，乾隆伍年玖月貳拾叁日，本部將已准題補陝西西大通協副將高雄帶領引見。奉旨："高雄，著赴新任。欽此。"查參將高雄係副將，管事任内有恩詔加壹級，屯田議叙加貳級，今補授副將，應□兼以副將，管陝西西寧鎮屬西大通協副將事。所有恩詔加壹級，屯田加貳級，應照例改爲紀録叁次，給與札付，限□令其赴任。其所遺平羅營參將員缺，係題補之缺，應行該督揀選題補可也。等因。

準此，該臣看得，寧夏鎮屬平羅營參將高雄題升遺缺，准部咨，令臣選補。臣查平羅壹營，地屬緊要，參將有統轄兵馬、操練營伍之責，必需强幹練達之員，方克勝任。今選得臣標前營游擊李佐喜，才具幹練，熟悉邊情。前曾效力巴爾庫爾軍營，在哈透遇賊，對敵奮勇直前，勤勞懋著。且該員係奉旨發陝，以參將試用，題請實授之員，以之請補寧夏鎮屬平羅營參將員缺，洵屬人地相宜。再，查李佐喜引見已逾叁年，今請補參將，相應送部，但該員是在口外駐防，應俟换防回營之日，再爲給咨，赴部引見。除臣出具保結并提臣印結送部，其撫臣會題印結并該員履歷，俟查取至日另送外，臣謹會同蘭州撫臣元展成、署甘提臣王廷極合詞具題，伏祈皇上睿鑒，敕部議覆施行。爲此具本，謹題請旨。

乾隆陸年正月貳拾玖日。

太子少保、兵部尚書兼都察院右都御史、總督川陝等處地方軍務兼理糧餉、加二級紀録三十一級臣尹繼善。

【貼黄】

太子少保、兵部尚書兼都察院右都御史、總督川陝等處地方軍務兼理糧餉、加二級紀録三十一級臣尹繼善謹題：爲請補參將等事。

該臣看得，平羅營參將高雄題升遺缺，准部咨，令臣選補。今選得臣標前營游擊李佐喜，才具幹練，熟悉邊情。前曾效力巴爾庫爾軍營，在哈透遇賊，對敵奮勇直前，勤勞懋著。且該員係奉旨發陝，以參將試用，題請實授之員，以請補平羅營參將員缺，人地相宜。再，查李佐喜引見已逾叁年，今請補參將，例應送部，但該員見在口外駐防，應俟换防回營之日，給咨赴部引見外，臣謹合詞，具題請旨。

【《明清檔案》A99—33，B55791—B55792】

△寧夏將軍都賚等奏請將滋生銀兩于滿城内開設官當生息

乾隆六年正月二十九日

寧夏將軍都賚等奏：前因地震，弁兵所借滋生銀兩，已由甘肅司庫内扣還，暫借與八旗官兵照例起息。但此項例宜交與行商，不便久存兵弁，應將俸糧坐扣。官自上年秋季起，作三季扣完。兵自上年十月起，作二十個月扣完。庶養贍仍不至窘迫。所扣銀兩，先于滿城内，開設官當生息。得旨："所辦好。知道了。"

【《清實録》第10冊，第954頁《高宗純皇帝實録》卷一三五"乾隆六年正月乙未"條】

※寧夏將軍杜賚奏報震後借給官兵生息銀兩由官兵俸餉内扣取開設官鋪摺[1]

乾隆六年二月初十日

鎮守寧夏等處地方將軍臣杜賚等謹奏：爲奏聞事。

臣等查得，寧夏地方地震被灾，經原將軍阿魯等奏准，將官當鋪衣物散給官兵，借給兵丁本銀二萬兩及庫存息銀八千七百六十七兩九錢。此二項銀兩，欽差兵部侍郎班第等奏請分爲五十個月扣還，奉旨："所借生息銀兩，著分爲五十個月扣清。此滋生銀兩，係永遠裨益之項，不可空缺。今因一時急需借給官兵，著班第等將動用何項銀兩，即行照數補足，以資生息之處，妥議辦理奏聞。欽此欽遵。"經班第等商議，擬由甘肅藩庫所存銀兩内如數解至，照例以各一分息酌情滋生。等因。奏入。奉旨："依議。欽此欽遵。"是年三月，由布政司處將此項銀兩解至。彼時正值被灾之後，城内房屋盡皆坍塌之際，不便設立商市，故原將軍阿魯等將此項解至銀兩，照例各取一分息，暫行借給八旗官兵。

臣等竊思，滋生銀兩係應經營生息之項，不便久給官兵使用。仰賴皇恩，移住新建滿洲城，理應由官兵抽出滋生，另立商市，生息辦理。惟係業經借給官兵之項，倘操之過急，官兵生計似屬窘迫。故臣等酌情辦理，核計不致勞苦官兵，又不誤設立商市，將官員所借銀兩，自乾隆五年八月始，由其俸禄内分爲三季扣取，兵丁所借銀兩，自十月始分二十個月扣取，息皆隨本銀扣取。臣等看得，新建滿洲城，距離漢城十餘里，滿洲城并無當鋪，開設官當鋪利輕，計其既于官兵有益，亦于滋生有利。臣等將八月俸禄中扣取官員之本銀，于是月在滿洲城中開設當鋪一處。經核算，每月應扣兵丁本銀

[1]軍機處滿文月摺檔。

一千二百三十兩五錢餘，均交當鋪經營，方够應用，一時未便設立商市。此間所扣銀兩，暫行撥入當鋪經營，待至陸續補足當鋪本銀，若有剩餘，酌量滋生較爲有利。俟另設商市後，再照例報户部、該管旗分銷算。所有抽調借給官兵之銀兩、開設官鋪辦理之處，謹具奏聞。

鎮守寧夏等處地方將軍杜賚，副都統同山。

乾隆六年二月初十日，奉硃批："所辦好，知道了。欽此。"

【《明清宫藏地震檔案》（上卷壹）第 336 頁】

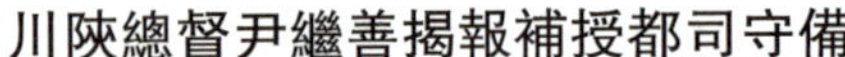

川陝總督尹繼善揭報補授都司守備

乾隆六年四月三日

揭帖。

太子少保、兵部尚書兼都察院右都御史、總督川陝等處地方軍務兼理糧餉、加二級紀録三十一次尹：爲請補邊營都司、守備事。

乾隆五年十二月初一日，准兵部咨，爲兼銜事。職方清吏司案呈，乾隆五年十月二十九日，本部將已准題補陝西寧夏鎮標左營游擊張晟帶領引見。奉旨："張晟，著赴新任。欽此。"查都司張晟係守備管事，任内有臺站議叙紀録一次，恩詔加一級。今補授游擊，應仍兼以守備，管陝西寧夏鎮標左營游擊事，帶紀録一次。所有恩詔加一級，應照例改爲紀録一次，給與札付限票，令其赴任。其所遺花馬池營都司員缺，係題補之缺，行文該督揀選題補可也。等因。

準此，隨移行選驗去後。今准署甘提臣王廷極咨，准署寧夏鎮總兵官印務、副將米彪移稱：揀選得現署寧夏鎮標右營游擊事、後營守備戴倓，才識優長，弓馬嫻熟，前曾差委歸化城口外解送軍需駝隻，□委西和縣喂養軍需馬匹，歷經委署都、游，營伍練達，馭兵有方，考其政效，頗著循聲，堪以請補花馬池營中軍都司。其所遺後營守備員缺，例應遞行請補。選得現署鎮標後營守備、奉部揀選上等、發陝候補守備之固原提標後營年滿千總陳琦，人材壯健，弓馬可觀，曾經出征巴爾庫爾，襲擊烏魯木齊，截殺賊夷。又駐防鏡兒泉、蘇吉兩處卡倫，防牧馬匹，著有勞績，堪以請補後營守備。相應查造履歷，加具保結，連人送驗，轉咨請補。等因。到本署提督。據此考驗得，戴倓、陳琦，人材、弓馬，俱屬可觀，著有勞績。戴倓，人亦明白。均堪請補前項都司、守備員缺。所有送到履歷、保結，相應連人一并咨送考驗會題。等因。到臣。

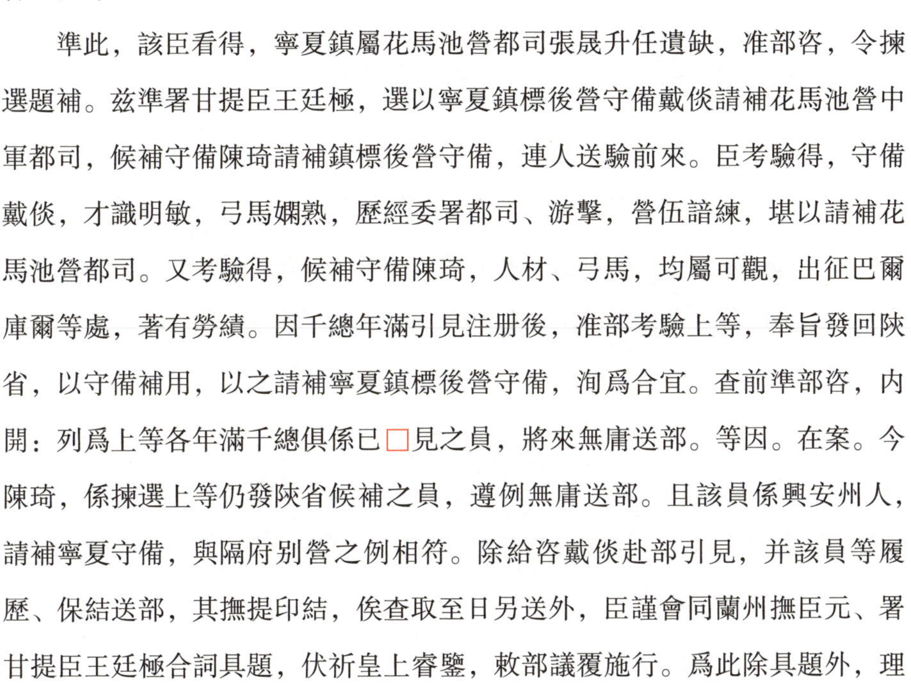
準此，該臣看得，寧夏鎮屬花馬池營都司張晟升任遺缺，准部咨，令揀選題補。玆準署甘提臣王廷極，選以寧夏鎮標後營守備戴倓請補花馬池營中軍都司，候補守備陳琦請補鎮標後營守備，連人送驗前來。臣考驗得，守備戴倓，才識明敏，弓馬嫻熟，歷經委署都司、游擊，營伍諳練，堪以請補花馬池營都司。又考驗得，候補守備陳琦，人材、弓馬，均屬可觀，出征巴爾庫爾等處，著有勞績。因千總年滿引見注册後，准部考驗上等，奉旨發回陝省，以守備補用，以之請補寧夏鎮標後營守備，洵爲合宜。查前準部咨，内開：列爲上等各年滿千總俱係已□見之員，將來無庸送部。等因。在案。今陳琦，係揀選上等仍發陝省候補之員，遵例無庸送部。且該員係興安州人，請補寧夏守備，與隔府别營之例相符。除給咨戴倓赴部引見，并該員等履歷、保結送部，其撫提印結，俟查取至日另送外，臣謹會同蘭州撫臣元、署甘提臣王廷極合詞具題，伏祈皇上睿鑒，敕部議覆施行。爲此除具題外，理合具揭。須至揭帖者。

乾隆陸年肆月初叁日。

【《明清檔案》A101—22，B56863—B56865】

川陝總督尹繼善揭報補授都司守備

乾隆六年四月三日

揭帖。

太子少保、兵部尚書兼都察院右都御史、總督川陝等處地方軍務兼理糧餉、加二級紀録三十一次尹：爲請補邊營都司、守備事。

乾隆六年正月初六日，准兵部咨，爲報明都司病故事。職方清吏司案呈，據川陝督尹疏稱：延綏鎮屬定邊協中軍都司崔玉柏，得患反胃病症，醫藥罔效，于本年七月十五日病故。□□于乾隆五年十一月十五日題，十二月□□日奉旨：“兵部知道。欽此。”查崔玉柏所遺延綏鎮屬定邊協中軍都司員缺，係題補之缺，應行該督揀選題補可也。等因。準此，移咨揀選，送驗在案。

茲準陝提臣周開捷咨，准延綏鎮總兵官楊琺咨稱：揀選得鎮屬寧塞堡守備劉龍，人材壯健，弓馬嫻熟，練達營務，曉暢邊情。節次出征西藏，進剿青海及出征巴爾庫爾，應援鏡兒泉、科什圖等處，屢經對敵，懋著軍功，以之請補定邊協中軍都司，于邊營實有裨益。其劉龍所遺寧塞堡守備員缺，亦係題補之缺，例應題請補授。今選得分發延鎮以守備□□□年滿千總劉志高，年壯技優，熟練營務，兩次出征巴爾庫爾，追殺應援，屢著功績，堪以請補。相應連人送驗，酌量轉咨請補。等因。到本提督。準此，隨考驗得，守備劉龍、候補守備劉志高，人材、弓馬，均屬可觀，俱各懋著軍功，堪以請補前項都司、守備員缺。

第查劉志高，係榆林府榆林縣人，請補寧塞堡守備，附近原籍，似應酌量調補。查選得現今駐防布隆吉提標右營中軍守備單勇，原係固原人，向在軍營，以該員人材精健，技藝優嫻，屢經征防，著有功苦，是以請補本標右營守備。然歷任本籍，究屬違例，今請即以單勇調補寧塞堡守備，劉志高請補提標右營守備。一變通間，于標營、邊汛，兩無關礙，相應造具履歷，并出保結，連人咨送，請煩考驗，具題請補。等因。到臣。

準此，該臣看得，延綏鎮屬定邊協中軍都司崔玉柏病故遺缺，准部咨，令揀選題補。兹準陝提臣周開捷選以寧塞堡守備劉龍請補定邊協中軍都司，陝提標右營守備單勇調補寧塞堡守備，候補守備劉志高請補陝提標右營守備。將劉龍、劉志高送驗前來。臣考驗得，寧塞堡守備劉龍，練達營務，熟諳邊情，出征西藏、青海及巴爾庫爾等處，應援對敵，軍功叠著，堪以請補定邊協中軍都司。又考驗得奉旨發陝以守備補用之□□劉志高，年壯技優，熟練營務，兩次出征巴爾庫爾，著有功績，堪以請補守備。但准提臣周開捷咨稱：劉志高係榆林縣人，請補寧塞堡守備，附近原籍，與例未符。查有陝提標右營守備單勇，原係固原州人，向以該員人材精健，技藝嫻熟，屢經出防，著有功苦，是以請補固原提標右營守備。然歷任本籍，亦屬違例。等語。今應請以單勇調補延綏鎮屬寧塞堡守備，即以候補守備劉志高請補固原提標右營守備員缺，洵爲合宜。查守備劉龍係西安府長安縣人，請補延綏鎮屬定邊協都司，均與隔府別營之例相符。再，查劉志高引見未滿三年，單勇係對缺調補，現在布隆吉駐防，均無庸送部。除給咨劉龍附部引見，并該員等履歷、保結送部，其撫提印結，俟查取至日另送外，臣謹會同陝撫臣張、蘭州撫臣元、陝提臣周開捷合詞具題，伏祈皇上睿鑒，敕部議覆施行。爲此除具題外，理合具揭。須至揭帖者。

乾隆陸年四月初叁日。

【《明清檔案》A101—23，B56867—B56870】

△甘肅巡撫元展成奏報靈州開墾碱地四十一畝等

乾隆六年五月初一日

甘肅巡撫元展成奏報：乾隆四年分，武威縣開墾旱地四頃六十四畝有奇，靈州開墾碱地四十一畝有奇。

【《清實録》第10册，第1042頁《高宗純皇帝實録》卷一四二“乾隆六年五月甲子”條】

△甘肅巡撫元展成奏請于部撥寧夏工程銀内動支興建寧夏府城各工程

乾隆六年六月初六日

工部議覆：甘肅巡撫元展成疏言，寧夏府城垣、衙署，倉廒、監獄、廟宇等項，地震倒塌，請一并建造。查寧夏府城，計周二千七百五十四丈，照舊址分設六門，水簸箕六十二道，大城樓、瓮城樓各六座，角樓四座，鋪樓二十四座，城外河橋六座。寧夏道、寧夏府、理事同知、水利同知，夏、朔二縣，寧夏府教授、訓導，夏、朔二縣教諭，寧夏府經歷，夏、朔二縣典史衙署各一所。寧夏鎮前營游擊、左營游擊、右營游擊、城守營都司、守備衙署各一所。文廟、關帝廟、城皇廟各一座。鼓樓、魁星閣、牌樓、演武廳各一座。六城門軍房六處。夏、朔二縣倉廒、監獄各一所。應如所請，于部撥寧夏工程銀内動支興建。從之。

【《清實録》第10册，第1071頁《高宗純皇帝實録》卷一四四“乾隆六年六月己亥”條】

甘肅巡撫元展成奏報寧夏各工分别次第修建摺①

乾隆六年六月初六日

奏。

①軍機處録副奏摺。

甘肅巡撫臣元展成謹奏：爲奏聞事。

竊查寧夏府城并平羅縣二處，上年十一月至今歲正月，地氣尚不時摇動。臣與督臣尹繼善節次行令恪遵前奉諭旨：“將各工程應停應修之處，確勘情形，分别緩急，慎重辦理。”臣復委署凉莊道奇書前往寧夏，逐一細查酌辦。據奇書查稱，寧夏府城與平羅二處，自冬至春，地氣雖屬動摇，聲勢亦甚散漫，今已寧静。靈州地方，去年十二月間微動二次，較前更覺輕緩。其中衛縣地方，自乾隆三年被震之後，數年來，總未動摇。現今分别工程緩急，先將中衛縣城并所屬鎮羅、石空、棗園堡等處磚工挨次包砌，靈州各土工及時建築，寧夏府城内土木工程，亦行興作。至四五月間，地氣大寧，再包四面城磚。惟平羅一縣，正在興修惠農渠，工夫力不能兼顧，俟渠工告竣，再將各工程次第興建。等因。臣復查，入夏以來，寧夏地氣已經寧静，而各屬無業窮民向以傭工力作爲生，趨赴寧夏工所者頗多。時值青黄不接，正宜以工代賑，且本地人夫仍得盡力南畝，無煩派撥。臣行令將各屬赴工無業窮民分發各工，挨次興建，所有寧夏地氣寧静，各工程分别次第修建緣由，理合繕摺奏聞，伏祈皇上睿鑒。謹奏。

乾隆六年六月初六日。

知道了。

【《明清宫藏地震檔案》（上卷壹）第 339 頁】

陝西巡撫張楷揭報調補縣官

乾隆六年六月九日

揭帖。

起居注館。

巡撫陝西等處地方贊理軍務、兵部右侍郎兼都察院右副都御史、降一級留任、紀録四次張：爲要地需才，酌請調補，以重地方事。

該臣查看得，延安府定邊縣知縣林天章，縱役偏聽，濫刑無辜，經臣會疏題參，請旨革職審擬。所遺員缺，非四項相兼，應歸部選。但查定邊一縣，内與甘省寧夏連界，外接鄂爾多斯，實係極邊要區。況管理磚井堡鹽場邊塘馬匹，又轄安邊柳樹澗五堡地方，夷漢交錯，事務殷繁，非才長幹練者，難勝斯任。且查前署定邊縣知縣吴其埰丁憂員缺，前任撫臣崔以邊地要缺，將安塞縣知縣元楷題請調補，曾經部議，奉旨允准在案。今參令林天章，縱役濫刑，吏治廢弛，亟須幹理整理，若不于屬員内擇其能勝任者酌請調補，誠恐部選之員初任邊疆，未悉風土民情，不無貽誤地方。行據署布政使帥念祖、按察使圖爾炳阿等選得延長縣知縣顧鴻，才守兼優，人地相宜，詳請調補前來。臣查顧鴻，操守廉潔，才具幹練，且在陝日久，熟悉邊地情形，以之調補定邊縣知縣，將所遺延長縣缺，歸部銓選。一轉移間，與部選之缺，仍無阻滯，而邊方得人，于吏治民生，實有裨益。臣爲要地需人起見，可否准其調補，出自聖恩。如蒙俞允，查顧鴻係對品級調補，毋庸送部引見。除履歷册俟取到日另行送部外，臣謹會同督臣□□□合詞具題，伏祈皇上睿鑒，敕部議覆施行。再，查顧鴻任内于飭催交代事案内罰俸一年，應解銀兩于乾隆三年冬季完解，匯册咨銷在案。此外并無降罰事件，合并聲明。爲此除具題外，理合具揭。須至揭帖者。

乾隆陸年陸月初九日。

【《明清檔案》A103—26，B58103—B58104】

鑲藍旗漢軍都統佛表奏報寧夏道臣蔣嘉年請將親子帶往任所

乾隆六年七月一日

奏。

鑲藍旗。

七月初五日到。

鑲藍旗爲蔣嘉年請將親子蔣攸錫隨任。

鑲藍旗漢軍都統臣佛表等謹奏：爲覆奏事。

據臣旗参領盧色力、副参領李彤標呈，據佐領韓光基等呈稱，職佐領下新授寧夏道蔣嘉年呈稱：竊嘉年于六月十八日恭請聖訓，請將親子蔣攸錫帶往任所。奉旨："准其帶往。"相應呈明存案。等情。呈報前來。雖據該道員呈稱奉准其帶往，但臣旗未准部咨，未敢擅便令伊子隨往，理合覆奏。爲此謹奏。等因。于乾隆六年七月初一日，交與奏事御前三等侍衛五十七等轉奏。本日奉旨："知道了。欽此。"

【《明清檔案》A103—95，B58427】

署陝西巡撫岱奇揭呈鄉試題名録

乾隆六年九月二日

揭帖。

經筵講官、署理陝西巡撫印務、户部左侍郎、降三級留任、紀録一次岱：爲欽奉上諭事。

乾隆六年四月初四日，准禮部咨開：議得乾隆辛酉年[①]係直隸各省鄉試之年，應將科場條例頒行，恭候命下臣部頒行。順天府及各省督撫布政司照題定條例一體遵行。等因。案查雍正二年六月二十四日，准禮部咨，欽奉恩旨："加取《五經》。"陝西應加《五經》中額三名，其大省《五經》人數果多，佳文果盛，正加之額，或不能盡者，酌量加取副榜三四名，准其作貢。其小省或《五經》應試者少，文又不加，則寧缺毋濫。等因。奉旨："依

①乾隆辛酉年：乾隆六年（1741）。

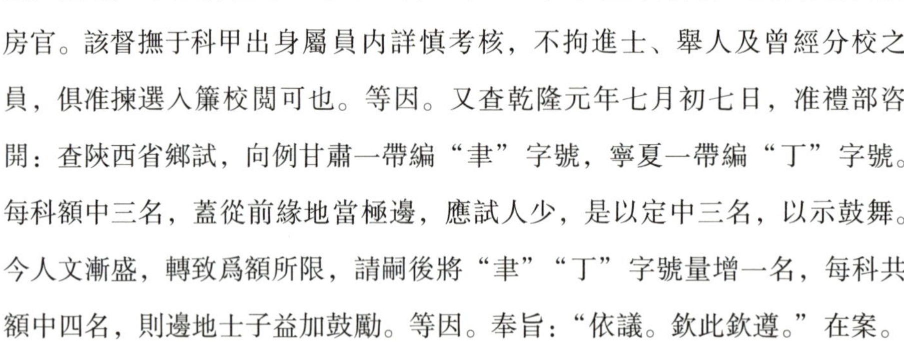
議。欽此。”又查雍正十三年十二月二十三日，准禮部咨開：嗣後各省鄉試房官。該督撫于科甲出身屬員内詳慎考核，不拘進士、舉人及曾經分校之員，俱准揀選入簾校閲可也。等因。又查乾隆元年七月初七日，准禮部咨開：查陝西省鄉試，向例甘肅一帶編“聿”字號，寧夏一帶編“丁”字號。每科額中三名，蓋從前緣地當極邊，應試人少，是以定中三名，以示鼓舞。今人文漸盛，轉致爲額所限，請嗣後將“聿”“丁”字號量增一名，每科共額中四名，則邊地士子益加鼓勵。等因。奉旨：“依議。欽此欽遵。”在案。

今乾隆辛酉年例應鄉試，臣職司監臨，遵照部咨頒發條例，恪慎舉行。于本年八月初六日，督率在事諸臣入闈，嚴加關防。考試生儒于九月初二日揭曉，照依舊額，又加增《五經》三名，“聿”“丁”字號增中一名，共取中舉人梁濟灑等六十七名。除硃墨試卷封固，用印鈐蓋，依期解部。其鄉試録，俟刊刻完日，另送外，所有取中名數及三場題目，謹遵例于場内繕寫《題名録》，一并恭進御覽，伏祈皇上睿鑒。爲此除具題外，理合具揭。須至揭帖者。

乾隆陸年玖月初貳日。

【《明清檔案》A105—79，B59355—B59356】

陝西寧夏總兵官吕瀚揭報赴蘭考試武舉外場起程日期

乾隆六年九月二十二日

揭帖。

鎮守陝西寧夏等處地方副將、管總兵官事吕瀚：爲恭報微臣赴蘭考試武舉外場起程日期事。

竊臣于乾隆陸年玖月拾叁日，准護蘭州撫臣徐杞咨開：竊照今歲鄉試武舉，定期拾月初伍等日次第舉行，例應咨調就近省城提鎮壹員，同考外場。查河州鎮籍隸本省凉州鎮查汛公出，其餘提鎮離省寫遠，未便咨調。惟寧夏去蘭稍近，除移會總督并俟臨場繕疏題報外，相應密咨移會，希即束裝，務于拾月初叁肆日到蘭，以便會同考試。等因。移咨到臣。

準此，臣即于乾隆陸年玖月貳拾貳日輕騎減從，自寧夏鎮城起程，赴蘭會同護撫臣徐杞考試武舉外場。至臣衙門應辦一切事件，帶印沿途照常辦理。其臣標營伍及城守事宜，飭令臣標中軍游擊張晟及署城守營都司事務、後營守備陳琦同在營將備等官加意操練辦理。其協路邊隘營汛，亦即飭令各該將備嚴加防範外，所有微臣起程赴蘭日期，理合恭疏題報，伏乞皇上睿鑒施行。除具題外，理合具揭。須至揭帖者。

乾隆陸年玖月貳拾貳日。

【《明清檔案》A106—16，B59667—B59668】

△諭户部賑恤靈州中衛縣鹽茶廳被旱災貧民

乾隆六年十月十八日

賑恤甘肅靈州、中衛縣、鹽茶廳被旱災貧民。

【《清實録》第10册，第1181頁《高宗純皇帝實録》卷一五三“乾隆六年十月己酉”條】

川陝總督尹繼善參平羅知縣何世寵武梓虧空倉糧借地震賑濟案内掩飾請旨革職及原任蘭州巡撫元展成等循隱不報題本[1]

乾隆六年十月十九日

題。

①臺灣歷史語言研究所藏内閣大庫檔。

十一月初五日。

六年十一月十九日下吏、户、刑。

這所參何世寵、武梓，俱著革職，其虧空借端掩飾情由，該撫嚴審追擬具奏。餘著察議具奏，該部知道。

太子少保、兵部尚書兼都察院右都御史、總督川陝等處地方軍務兼理糧餉、加三級紀録三十一次臣尹繼善謹題：爲題參事。

該臣看得，倉庫錢糧，關係極重，難容絲毫虧缺，尤不容借端弊混。臣聞寧夏府屬倉庫于賑濟一案，牽混未清，隨諭署寧夏府知府張廷枚確查。嗣據禀稱，府屬倉庫虧空，有借地震賑濟案内掩飾情弊。臣會同護撫臣徐杞轉新任寧夏府知府牟瀜，將賑濟銀□徹底□□，毋許稍有浮冒，各項虧空隨俱畢露。

查已故知府顧爾昌任内，虧空銀貳萬肆千肆百貳拾貳兩零。寧夏縣已故知縣沈項年虧空銀貳千肆百伍拾捌兩零，虧空糧肆千玖百捌拾石零。又，丁憂知縣武梓虧空糧肆千肆百叁拾壹石零。又，署縣事平羅縣知縣何世寵虧空糧叁千陸百壹拾陸石零。又，寧朔縣已故知縣辛禹籍虧空銀壹千叁百玖拾柒兩零，虧空糧伍千捌百陸拾柒石零。又，平羅縣參革知縣馬瑗虧空銀貳千貳百壹拾兩零，虧空糧貳千玖百柒拾玖石零。據各員暨家屬稱，因地震之後，倉庫傾圮，火焚水溺，致有耗失。等情。

臣查寧夏遭罹震灾，倉庫耗失原所不免，如係實情，自應于耗失案内一并奏報，何得入于賑濟項下牽混蒙蔽。其中明有虧空，借端掩飾，相應題參。除顧爾昌、沈項年、辛禹籍俱經病故，馬瑗已經另案參革外，所有前署寧夏縣事平羅縣知縣何世寵、寧夏縣丁憂知縣武梓，應請旨革職，以便一并嚴審追擬。再，參革寧夏府知府臧珊，參革寧夏道阿炳安，并不揭報。原任蘭州巡撫元展成，惟以顧爾昌缺少銀伍千柒百餘兩奏明，同司、道、府等認捐，其餘虧空均行徇隱，合并附參。統俟審明，照例分别著賠，以爲玩視倉庫、冒銷錢糧者戒。兹據布政使徐杞、按察使鄂昌、寧夏道蔣嘉年、寧夏府知府牟灦等轉據各該縣揭報前來，除虧空年款細册見飭布政司造報，另行送部并查此外，有無未清另報外，臣謹會同護蘭州撫臣徐杞合詞具題，伏祈皇上睿鑒，飭部施行。爲此具本，謹題請旨。

乾隆陸年拾月拾玖日。

太子少保、兵部尚書兼都察院右都御史、總督川陝等處地方軍務兼理糧餉、加三級紀録三十一次臣尹繼善。

【《明清宫藏地震檔案》（下卷壹）第 225 頁】

△諭户部著賑濟寧朔固原寧夏等十四州縣雹灾水灾貧民

乾隆六年十一月初六日

賑甘肅平番、碾伯、寧朔、真寧、皋蘭、金縣、華亭、鎮原、固原、禮縣、狄道、寧州、合水、寧夏十四州縣被雹灾、水灾貧民。

【《清實録》第 10 册，第 1199 頁《高宗純皇帝實録》卷一五四“乾隆六年十一月丁卯”條】

△甘肅巡撫黄廷桂奏請動撥庫項于七星渠修建水閘三座

乾隆六年十一月三十日

甘肅巡撫黄廷桂……又奏：寧夏府屬之中衛縣舊有七星渠，灌溉民田千餘頃，近因山水冲塌，應量建水閘三座。但士民因上年亢旱，不能修補，請動項暫修，嗣後仍照往例，民間自行修築。報聞。

【《清實録》第 10 册，第 1222 頁《高宗純皇帝實録》卷一五五“乾隆六年十一月辛卯”條】

甘肅巡撫黄廷桂揭報寧夏通和堡地方秋禾被水應免糧草數目

乾隆六年十二月八日

揭帖。

巡撫甘肅等處地方贊理軍務兼理茶馬、兵部右侍郎兼都察院右副都御史、世襲雲騎尉、紀録十八次、又軍紀録二次黄：爲報明秋禾被淹事。

乾隆陸年拾壹月貳拾壹日。據甘肅布政使徐杞呈：乾隆肆年貳月拾伍日，蒙前任巡撫甘肅元部院案驗，乾隆肆年正月拾捌日，准户部咨，陜西司案呈，户科抄出甘撫元題前事。等因。乾隆叁年拾月貳拾日題，拾壹月拾捌日奉旨："該部議奏。欽此欽遵。"于本月拾玖日抄出到部。

該臣等查得，甘撫元疏稱：寧夏府屬之寧夏縣通和堡地方，于捌月貳拾肆日，天雨水漲，淹泡田禾。據布政使徐杞詳，准寧夏道鈕廷彩移，據寧夏府知府顧爾昌委，據寧朔縣知縣辛禹籍會同寧夏縣知縣武梓查勘，該堡授地民人共柒拾陸户，于雍正柒年、拾叁年，兩次報户授地。除碱壞不實外，實在額地叁千柒百玖拾玖畝。原係沿河瘠地，每年不種夏禾，惟種稻稗，因蓄水浩大，宣泄不及，俱被淹泡無收，委係成灾拾分。此項地畝本年應納額徵，請照例豁免。查報户人民原係鄰近舊户居民，各有産業資生，不致失所，毋庸賑濟。等情。除飭司飛即委員再行確勘，取具切實印結，將應免糧草册結依限造賫，統俟至日另行送部外，所有被水情形，臣謹會同督臣查合詞具題。等因。前來。

查地方偶被偏灾，理應分别賑借，以資接濟，并勘明被灾分數，將應徵銀糧，照例豁免。今該撫元疏稱：寧夏府屬之寧夏縣通和堡地方，于捌月貳拾肆日，大雨水漲，淹泡田禾。查勘該堡授地民人共柒拾陸户，除碱壞不實外，實在額地叁千柒百玖拾玖畝。原係沿河瘠地，每年不種夏禾，惟種稻稗。因蓄水浩大，宣泄不及，俱被淹泡無收，委係成灾拾分。此項地畝本年應納額徵糧草，請照例豁免。查報户人民，原係鄰近舊户居民，各有産業資生，不致失所，毋庸賑濟。等語。應令該撫元將前項被淹田畝作速委員確勘，將應免糧草數目造具册結題報。至報户人民，既係鄰近舊户居民，各有産業資生，不致失所，毋庸賑濟，應毋庸議可也。等因。乾隆叁年拾貳月拾貳日題，本月拾肆日奉旨："依議。欽此。"爲此，合咨前去，欽遵施行。等因。準此，行司。

蒙遵即備移寧夏道，轉飭造具册結，及復屢催去後。茲準寧夏道移，據寧夏府申，據寧夏縣知縣靳夢麟申稱：查卑縣通和堡乾隆叁年被灾，授地民人共柒拾陸户。于雍正柒年、拾叁年兩次報户授地。除碱壞不實外，實在額地叁千柒百玖拾玖畝。内雍正拾叁年續報伍拾户，額地貳千肆百玖拾玖畝。嗣因盡成磏碱，不能下種，隨于通飭畫一事案内，詳請免其升科，并未入額，毋庸造免外，實在額田壹千叁百畝，共户貳拾陸户，每畝科糧陸升，共該糧柒拾捌石，相應造具册結呈賫。等情。轉移到司。準此，該布政使徐杞查得，寧夏縣屬之通和堡地方，于乾隆叁年捌月内，因雨水泛漲，淹泡田畝，奉部令將應免糧草數目造具册結題報。等因。遵即備移寧夏道，轉飭查造在案。

茲準寧夏道蔣嘉年移，據寧夏府知府牟灦申，據寧夏縣知縣靳夢麟查得，通和堡地方授地民人共柒拾陸户，于雍正柒年、拾叁年兩次報户授地。除碱壞不實外，實在額地叁千柒百玖拾玖畝。内雍正拾叁年續報伍拾户，額地貳千肆百玖拾玖畝。嗣因盡成磏碱，不能下種，隨于通飭畫一事案内，詳請免其升科，并未入額，毋庸造免外，實在額田壹千叁百畝，共户貳拾陸户，每畝科糧陸升，共應免糧柒拾捌石。等情。造具册結，由府加結，申道轉移前來，本司覆核無异。相應詳賫，合候具題。再，查此案前奉大部飭令，照依原限查扣補揭，業經本司將寧夏縣知縣靳夢麟遲延職名，于本年拾月初柒日查扣補揭，蒙批咨參在案，合并聲明。等情。呈詳到臣。

該臣看得，寧夏府屬之寧夏縣通和堡地方，于乾隆三年捌月内，因雨水泛漲，淹泡田畝，前經參革撫臣元將被水情形會疏題報，准部覆行，令造具應免糧草數目册結去後。嗣因逾限，未據造報，業將寧夏縣知縣靳夢麟遲延職名，補參在案。玆據布政使徐杞詳，准寧夏道蔣嘉年移，據寧夏府知府牟瀜申，據寧夏縣知縣靳夢麟詳稱：查得通和堡地方授地民人共柒拾陸户，于雍正柒年及拾叁年兩次報户授地。除碱壞不實外，實在額地三千柒百玖拾玖畝。内雍正拾叁年續報伍拾户，額地貳千肆百玖拾玖畝。嗣因盡成磏碱，不能下種，隨于通飭畫一事案内，詳請免其升科，并未入額，毋庸造免外，實在額田壹千叁百畝，共民貳拾陸户，每畝科糧陸升，共應免糧柒拾捌石。等情。取具册結，由府加結，一并呈賫，請題前來，臣覆核無异。除原册及各結分送部科外，相應會同督臣□合詞具題，伏祈皇上睿鑒，敕部核覆施行。爲此除具題外，理合具揭。須至揭帖者。

乾隆陸年拾貳月初八日。

【《明清檔案》A108—32，B60805—B60808】

川陜總督尹繼善揭薦武員

乾隆六年十二月十六日

揭帖。

太子少保、兵部尚書兼都察院右都御史、總督川陜等處地方軍務兼理糧餉、加二級紀録三十一次尹：爲武臣薦舉，亟宜舉行，以鼓人才，以重軍務事。

案准兵部咨開：武臣薦舉，照省分大小、武弁多寡定數具題，二年薦舉一次。又定例内：如果無賢良官，應停其薦舉。至薦舉之時，如有不肖官，亦應并行糾參。又于康熙三十七年十一月初七日，准兵部咨同前事。内開：

武職舉劾改計二年半一次，如遇軍政之年，將舉劾停止，永著爲例。等因。奉旨，欽遵通行在案。查乾隆五年四月，例當舉劾之期，經前督臣鄂將甘省營汛暨衛所各官照例舉行。其陝、川二省武職，以原任陝提臣韓、川提臣鄭俱到任未久，請展限于乾隆五年十月内，同甘省駐防員弁，一并舉行在案。嗣臣與現任陝提臣周先後到任，各計至舉劾之期，僅止數月，復節經題請展限，于乾隆六年十月内舉行。等因。節准部報。奉旨："依議。欽此欽遵。"移行遵照在案。

茲準署陝撫臣岱咨稱：撫標將備各官，俱皆循分供職，無可舉劾之員。等因。又准署甘提臣王咨稱：甘省駐防哈密布隆言，防所于乾隆五年四月舉行舉劾以後，先後更换回營各標鎮協營之副、參、游、都、守備等官，皆屬循分供職，并無奇才异能可舉之員，亦無貪殘敗檢、廢弛溺職應劾之弁。等因。又准陝提臣周咨稱：延綏、興漢、河州三鎮及慶陽、靖遠、西鳳、潼關、西安城守等協營，俱覆并無應行薦舉。現在口外駐防并標屬循分供職之員，均毋庸開列。其延綏、興漢、河州三鎮揭報應劾之員，另文轉揭外，茲查有提標中□參將瑚寶、提標左營游擊黄元龍，俱皆才□優長，年力精壯，馭兵有術，紀律嚴肅，給餉無虚，兵民相安，堪膺舉薦。查黄元龍到任已滿三年，應請列爲正薦。瑚寶于乾隆五年六月内到任，方一載有餘，與例不符，應列附薦。等因。各移報到臣。

準此，該臣看得，武職舉劾，定例二年半舉行一次，乾隆五年十月内應補行。乾隆五年四月，陝、川二省暨甘省駐防員弁舉劾，經臣題請展限，于乾隆六年十月内舉行。等因。奉旨："依議。欽此欽遵。"臣隨移行撫、提、鎮臣，各將所屬將備，悉心察訪，秉公開報。臣矢公矢慎，覆加察核，除川省武職舉劾并陝省應劾各員另疏具題，其陝撫標并固屬暨延、興、河三鎮，及甘省駐防回營，并陝省現在駐防各將備，循分供職，無可舉劾者，毋庸開列外，茲準陝提臣周咨稱，提標中軍參將瑚寶、提標左營游擊黄元龍等二員，堪膺薦揚之選。并稱瑚寶到任甫逾一載，與例不符，應列爲附薦。等因。咨移前來，與臣察訪無异。謹臚列事實，爲我皇上陳之。

計開薦舉官一員：固原提標左營游擊黄元龍，才品恪誠，操守廉潔，營伍整齊，士卒愛戴，洵稱幹練之員，堪膺薦揚之選。事實：一，本官年力富强，熟諳邊情，訓教兵丁，寬嚴得中，操練士卒，技藝日純；一，本官立志清廉，存心不苟，錢糧毫無欺隱，兵餉盡得實封；一，本官每逢朔望必會同僚屬，齊集兵丁，宣講上諭十六條，申明忠孝大義，使兵丁有勇知方；一，本官用法平允，管束嚴明，兵守營規，民皆安堵。

附薦官一員：固原提標中軍參將瑚寶，才識敏幹，操守廉潔，熟諳軍務，訓練有方，洵稱出衆之才，堪膺薦揚之選。事實：一，本官任總中軍職司表率，各營戎務，皆區處得宜，條理有法，紀律嚴明，兵民愛戴；一，本官總管錢糧，統核軍餉，巨細無欺，絲毫不苟，士卒獲沾實濟；一，本官久任邊疆，諳于軍旅，□明紀律，營伍肅清，訓練兵丁，技藝純熟；一，本官每逢朔望，宣講《聖諭廣訓》，必詳明開導，使兵民咸知忠孝大義，無不守法奉公。

以上二員，才技優長，品行卓犖，均能整頓營伍，著績邊疆，所當照例薦揚，以光大典者也。臣謹會同署陜撫臣岱、蘭州撫臣黄、陜提臣周、署甘提臣王合詞具題，伏祈皇上睿鑒，敕部核覆施行。

再，陜提標參將瑚寶已蒙聖恩，□□所請補授靖逆協副將，因實係才能之員，提臣周咨請附薦，是以仍開原任，列于疏内。至此案應于本年十月内舉行，臣因赴甘省公出題明一切案件，俱以回署日扣限，辦理在案，合并陳明。爲此除具題外，理合具揭。須至揭帖者。

乾隆陸年拾貳月拾陸日。

【《明清檔案》A108—63，B60955—B60958】

甘肅巡撫黄廷桂揭報雍正十一年蘭鞏二府屬并花馬小池鹽課銀兩數目

乾隆六年十二月二十一日

揭帖。

巡撫甘肅等處地方贊理軍務兼理茶馬、兵部右侍郎兼都察院右副都御史、世襲雲騎尉、紀録十八次、又軍功紀録二次黄：【注】爲請就近責成，以便行催事。

乾隆陸年拾壹月貳拾玖日。據甘肅布政使徐杞呈，蒙前任甘肅巡撫石部院牌開：案照雍正叁年拾月貳拾日，准户部咨，令將花馬小池并臨、鞏貳府鹽課錢糧仍歸甘肅巡撫奏銷。等因。行司。蒙此，除雍正拾年鹽課奏銷册籍業已造賫奏報外，玆準臨洮道郭朝祚移稱：臨洮府今改蘭州府屬，雍正拾壹年土鹽税銀并按丁加引及加增課銀，共銀伍百柒拾肆兩玖錢捌分伍厘貳毫伍絲，俱已通完。又，鞏昌府屬并直隸秦、階貳州屬，雍正拾壹年鹽課并按丁加引及加增課銀，共銀伍千叁百捌兩肆錢肆分壹厘捌毫柒絲陸忽。内除揭報寧遠縣參革知縣王希曾虧空銀伍拾捌兩陸錢叁分伍厘，應聽彼案歸結外，止該銀伍千貳百肆拾玖兩捌錢陸厘捌毫柒絲陸忽，俱已通完。又准寧夏道蔣嘉年移稱，雍正拾壹年，花馬小池鹽課并加增及續新增，共銀壹萬肆千伍百叁拾叁兩叁錢貳分，俱已通完。内存留祭祀等項銀叁拾貳兩玖錢玖分玖厘，實止解交司庫銀壹萬肆千伍百兩叁錢貳分壹厘。等因。開具已完册籍前來，本司覆加查核，照例匯造清册，同實收一并呈賫，合候核題。等情。呈詳到臣。

該臣看得，鹽課錢糧，例應按年題報。除雍正拾年鹽課錢糧經前參革撫臣元奏報外，玆經臣催，據布政使徐杞詳稱，准臨洮道郭朝祚移稱：臨洮府今改蘭州府屬，雍正拾壹年土鹽税銀并按丁加引及加增課銀，共銀伍百柒拾肆兩玖錢捌分零，俱已通完。又，鞏昌府屬并直隸秦、階貳州屬，雍正拾壹年鹽課并按丁加引及加增課銀，共銀伍千叁百捌兩肆錢肆分零，内除揭報寧遠縣參革知縣王希曾虧空銀伍拾捌兩陸錢叁分零，應聽彼案歸結外，止該銀伍千貳百肆拾玖兩捌錢零，俱已通完。又准寧夏道蔣嘉年移稱：雍正拾壹年，花馬小池鹽課并加增及續新增，共銀壹萬肆千伍百叁拾叁兩叁錢貳分，俱已通完。内存留祭祀等項銀叁拾貳兩玖錢玖分零，實止解交司庫銀壹萬肆千伍百兩叁錢貳分零。等情。造具清册，實收詳賫前來，臣覆核無异。相應備造清册，同實收送部外，理合繕造黄册，進呈御覽，伏祈皇上睿鑒施行。爲此除具題外，理合具揭。須至揭帖者。

乾隆陸年拾貳月二十一日。

【注】銜名："巡撫甘肅等處地方贊理軍務兼理茶馬兵部右侍郎兼都察院右副都御史世襲雲騎尉紀録十八次又軍功紀録二次黄。"

【《明清檔案》A108—103，B61203—B61205】

乾隆七年（1742）

甘肅巡撫黄廷桂揭請沙井驛歸移皋蘭縣統轄并前題誤爲蘆塘請予更正

乾隆柒年正月二十五日

揭帖。

巡撫甘肅等處地方贊理軍務兼理花馬、兵部右侍郎兼都察院右副都御史、世襲雲騎尉、紀録十八次、又軍功紀録二次黄：爲省會應駐守令，要隘需設專員，會請核題，以裨公務事。

乾隆陸年拾貳月貳拾日。據甘肅布政使徐杞呈，乾隆陸年捌月拾伍日，蒙前徐護撫案驗，乾隆陸年捌月拾壹日，准吏部咨，文選司案呈，准甘肅巡撫元咨稱，准部行，令將西路廳所轄之營盤水驛，是否應行改隸皋蘭縣管轄，并從前具題將蘆塘驛改歸管理，是否舛錯，應具題更正之處，詳細確查辦理。等因。查蘆塘地方，原係蘭州管理，其驛丞一缺，于康熙叁拾叁年在籌邊第伍疏案内，與松山總設驛丞一員，駐扎松山地方，向隸莊浪廳統轄。嗣于四拾陸年，在公務事案内，經前撫齊議，將寬溝至中衛縣安設蘆塘、永安、蘆溝堡、天澇壩五站，移至口外長流水、三塘水、營盤水三處，設立三站。固營盤水地方，與三眼井相近，并歸三眼井守備兼管。此蘆塘一驛改并營盤水之由，并向與松山并站，嗣復于三眼井并站矣。迨至雍正伍年，經前護撫鍾于驛務甚關緊要等事案内，以營員不便兼管驛務，議將口外之寬溝、三眼井、營盤水三處另設驛丞三員，寬溝、三眼井貳驛就近歸并莊浪廳統轄，營盤水驛就近歸并中衛縣同城之寧夏同知統轄，隨補有驛丞沈世法管理。此營盤水驛即係蘆塘驛裁并，并非另有蘆塘驛也。而另有一驛，向屬蘭州管轄者，則係蘭州西北一路離城肆拾里沙井驛。驛丞一缺，前于省會應駐守令等事案内，將沙井一驛誤爲蘆塘，致奉大部查駁不符。查沙井驛一缺，現係驛丞和榕彬管理，已經歸并移駐省城之皋蘭縣統轄所有，原請改隸之蘆塘驛實屬舛誤。及營盤水驛應請仍隸西路廳統轄，毋庸改隸各緣由，理合查明原案，據實咨部更正。再，查驛務甚關緊要等事一案，原係雍正五年奉文，前以“伍年”訛寫“拾年”，致奉駁查，合并聲明。等因。前來。

查蘆塘等驛移改事宜一案，于乾隆叁年經本部議覆，甘撫元等請將蘭州屬之蘆塘驛仍改新設之省會皋蘭縣管轄。等因。具題之後，復經該撫以蘆塘驛業經移駐營盤水，係寧夏所屬，隸西路廳管轄。今似應仍歸西路廳，毋庸再歸移蘭之狄道縣管轄。等語。嗣經本部咨駁，查蘆塘驛係甫經題准歸于移蘭之縣管理，不便據咨復改西路廳管轄。等因。去後。旋准該撫以遵照部文，即以營盤水驛飭歸皋蘭縣管轄咨報。又經本部咨覆，查先經該撫等題，准改歸皋蘭縣管轄，係蘆塘驛，從前原題内并未將營盤水即係蘆塘驛之處聲明。今該撫將營盤水驛改歸新縣接管，與原題不符。且本部缺册所存蘭屬向有蘆塘、松山二驛，驛丞一缺，又有寧夏西路廳屬營盤水驛驛丞壹缺，則與該撫前後咨報各案均屬互异，應行文該撫確查，詳細咨覆。等因。去後。于乾隆五年拾壹月，據該撫將從前蘆塘驛移駐營盤水地方各原案咨送到部。隨經本部查明，蘆塘驛係業經移駐營盤水，歸西路廳管轄，并非蘭州所管之驛。該撫于乾隆叁年所題蘭州屬蘆塘驛仍改新設省會之皋蘭縣管轄，既未聲明蘆塘驛業經改設營盤水，舊屬西路廳管理，今應改隸新縣管理之處，詳細具題。乃至本部屢次駁查之後，又未將從前具題舛錯之處聲明，復含糊將原係西路廳管轄之營盤水驛改于新設之皋蘭縣管轄，與原題殊屬不符，應仍行文該撫確查從前具題是否舛錯，應否具題更正之處，詳細確查辦理。等因。屢經駁查，各在案。

今該撫既稱，查蘆塘地方原係蘭州管理，其驛丞一缺，于康熙肆拾陸年移至口外營盤水地方，就近歸并中衛縣同城之寧夏同知統轄，隨補有驛丞沈世法管理，此營盤水驛即係蘆塘驛裁并也。而另有一驛向屬蘭州管轄者，則係蘭州西北一路離城肆拾里沙井驛驛丞一缺，前于省會應駐守令等事案内，將沙井壹驛誤爲蘆塘，致奉大部駁查不符。查沙井驛一缺，現係驛丞和榕彬管理，已經歸并移駐省城之皋蘭縣統轄。所有原請改隸之蘆塘驛實屬舛誤。及營盤水驛應請仍隸西路廳統轄，毋庸改隸各緣由，理合查明原案，據實咨部更正。等語。查蘆塘驛雖經移駐營盤水地方，因向隸西路廳所管，應仍歸該廳管轄。但查乾隆叁年，該撫等題准改歸移蘭之皋蘭縣管理，如果舛錯在前，經本部行查不符，自應據實聲明更正，何致本部咨覆，以蘆塘驛係甫經題准之案，不便復改西路廳管轄。該撫即藉稱遵照部行，將營盤水驛飭歸皋蘭縣管轄報部，則其從前于省會應駐守令等事案内，并非將“沙井”一驛誤爲“蘆塘”字樣明矣。且先經該撫等題，請將蘆塘驛改歸移蘭之新縣管轄，係業經奉旨准行之案。其具題錯誤之處，本部不便據咨改正。至該撫咨稱，向屬蘭州之沙井驛一缺，已經歸并移駐省城之皋蘭縣統轄。等語。查蘭州改府之時，其添設新縣案内，該撫并未將沙井驛一缺請歸新縣管理。今應否將沙井驛准歸皋蘭縣管轄之處，亦應令該撫等一并聲明具題，到日再議，相應咨覆可也。等因。準此，行司。

蒙此，該布政司徐杞查得，蘆塘一驛從前原係蘭州管理，嗣于康熙肆拾陸年移至口外營盤水地方，就近歸并中衛縣同城之寧夏西路廳統轄。是蘆塘一驛，已裁并爲營盤水驛矣。前于省會應駐守令等事案内，有附近蘭城之沙井驛向係蘭州管轄，因改州爲縣，是以請歸移駐省會之皋蘭縣統轄。其前題内將“沙井”誤爲“蘆塘”，實係錯誤。其沙井一驛，距蘭止四十里，應歸皋蘭縣管轄，庶就近易于稽查，而亦于原請管驛之議相符矣。相應遵照部示，詳請憲臺酌題更正詳示。等情。呈詳到臣。

該臣看得，參革撫臣元前于省會應駐守令等事案内，將“沙井”一驛誤爲“蘆塘”，請歸皋蘭縣管轄。嗣奉部查，隨經查明原案，據實咨部更正。復准部文，以蘆塘驛改歸移蘭之新縣管轄，係業經奉旨准行之案。其具題錯誤之處，不便據咨改正，并令將沙井驛一缺應否准歸皋蘭縣管轄之處，一并聲明具題，到日再議。等因。隨即行司遵照去後。兹據布政使徐杞詳稱，查蘆塘一驛從前原係蘭州管理，嗣于康熙肆拾陸年移駐口外營盤水地方，就近歸并中衛縣同城之寧夏西路廳統轄，是蘆塘一驛已裁并爲營盤水驛矣。前于省會應駐守令等事案内，有附近蘭城之沙井驛向係蘭州管轄，因改州爲縣，是以請歸移駐省會之皋蘭縣統轄。其前題内將“沙井驛”誤爲“蘆塘”，實屬錯誤。其沙井一驛距蘭止四十里，應歸皋蘭縣管轄，庶就近易于稽查，且于原請管驛之議相符，理合遵照部示，呈請酌題更正。等情。前來，臣覆核無异。相應會同督臣尹合詞具題，伏祈皇上睿鑒，敕部議覆施行。爲此除具題外，理合具揭。須至揭帖者。

乾隆柒年正月貳拾伍日。

【《明清檔案》A109—44，B61427—B61432】

△諭户部賑濟寧朔固原等十二縣乾隆六年分被水被雹灾民

乾隆七年三月三十日

賑甘肅平番、碾伯、寧朔、真寧、皋蘭，金縣、華亭、鎮原、固原、禮縣、狄道、寧州十二州縣乾隆六年分被水、被雹灾民。

【《清實録》第11册，第56頁《高宗純皇帝實録》卷一六三“乾隆七年三月己丑”條】

甘肅巡撫黄廷桂揭請核銷凉莊二處八旗官兵馬駝支過錢糧

乾隆七年四月三日

揭帖。

巡撫甘肅等處地方贊理軍務兼理茶馬、兵部右侍郎兼都察院右副都御史、世襲雲騎尉、紀録十八次、又軍功紀録一次黄：爲遵旨議奏事。

據甘肅布政使司布政使革職留任徐杞呈，乾隆貳年拾貳月初拾日，蒙前任甘撫元部院案驗，乾隆貳年拾貳月初肆日，准户部咨，陝西司案呈，兵科抄出升任甘撫宗室德題前事。等因。乾隆貳年玖月初伍日題，本月叁拾日奉旨：“該部議奏。欽此欽遵。”于乾隆貳年閏玖月初壹日抄出到部。

該臣等查得，升任甘撫宗室德疏稱：凉州、莊浪貳處奉文駐扎滿洲官兵應需俸餉、糧料、草束，令臣先期酌估辦理壹案，接准部咨，隨行布政使確核估報去後。兹據布政使徐杞詳稱：駐防凉州將軍壹員、副都統壹員、協領陸員、佐領貳拾肆員、防禦貳拾肆員、步營章京肆員、驍騎校貳拾肆員、筆帖式叁員、炮手弓匠壹百名、馬甲貳千名、步甲陸百名；駐防莊浪副都統壹員、協領叁員、佐領壹拾貳員、防禦壹拾貳員、步營章京貳員、驍騎校拾貳員、筆帖式貳員，炮手、弓箭、鐵匠陸拾肆名，馬甲壹千名、步甲肆百名，共官兵肆千貳百玖拾伍員名。自乾隆貳年冬季拾月初壹日起，至乾隆戊午年①拾貳月底，共應需俸餉、紙紅等銀壹拾叁萬玖百伍拾肆兩陸錢零，應需粳米貳千捌百肆拾貳石伍斗。内除甘州府屬張掖縣存貯寧夏運供大營官兵雍正拾叁年捌月以後口糧倉斗粳米壹千肆百貳拾壹石貳斗零，尚該半折粳米壹千肆百貳拾壹石貳斗零。遵照原議，每倉石折銀壹兩伍錢，共折銀貳千壹百叁拾壹兩捌錢零。官兵家口應需粟米壹拾貳萬捌千叁百陸拾貳石伍斗，内應支半折粟米陸萬肆千壹百捌拾壹石貳斗零。每倉石遵照原議折銀壹兩，共折銀陸萬肆千壹百捌拾壹兩貳錢零。又，應支半本倉斗粟米陸萬肆千壹百捌拾壹石貳斗零，内除估支武威縣倉貯粟米貳萬玖千玖百壹拾玖石叁斗零。平番縣倉貯各年各項粟米、小麥壹萬壹千貳百肆拾陸石貳斗零。又在于武威縣收貯柳林湖平分實在糧内撥供糧壹萬貳千伍百玖拾貳石伍斗零，尚該駐莊滿兵不敷糧壹萬肆百貳拾叁石壹斗零。附近再無别項可供。應于臨洮府屬之河州倉貯米麥□□□□□數撥供，□官兵馬匹應需料壹拾伍萬玖千壹百肆拾捌石捌斗。内應支半折料柒萬玖千伍百柒拾肆石肆斗，每石遵照原議折銀壹兩，共折銀柒萬玖千伍百柒拾肆兩肆錢。應支半本倉斗料柒萬玖千伍百柒拾肆石肆斗，内除估支武威縣倉貯各年各項糧叁萬叁千伍拾伍石，永昌縣倉貯各年各項糧伍千石，鎮番縣倉貯各年各項糧捌千石，古浪縣倉貯各年各項糧柒千石，平番縣倉貯各年各項糧柒千壹百柒拾陸石玖斗零，尚該駐莊官兵馬匹不敷料壹萬玖千叁百肆拾貳石肆斗零。附近再無别項可撥。應請在于河州倉貯糧内撥供大豆陸千叁百肆拾貳石肆斗零，莞豆陸千石，青稞七千石，以敷半本之數。官兵馬匹應需草柒百柒萬叁千貳百捌拾束，内應支半折草叁百伍拾叁萬陸千陸百肆拾束，每束遵照原議折銀壹分，共折銀叁萬伍千叁百陸拾陸兩肆錢。應支半本草叁百伍拾叁萬陸千陸百肆拾束，内除估支武威縣存廠各

①乾隆戊午年：乾隆三年（1738）。

項草伍拾伍萬肆千玖百貳拾束零，永昌縣存廠各項草陸萬束，鎮番縣存廠各項草壹拾伍萬束，古浪縣存廠各項草貳拾伍萬束，平番縣存廠各項草壹拾壹萬束，尚該不敷草貳百肆拾壹萬壹千柒百壹拾玖束零。既無應動本色，應照原議，在于附近各縣照依時價發銀，分派采買，運送供支。今武威縣應派買草壹百萬柒拾玖束，永昌縣應派買草壹拾貳萬束，鎮番縣應派買草壹拾萬叁千束，古浪縣應派買草壹拾貳萬束，平番縣應派買草伍拾陸萬捌千陸百肆拾束，碾伯縣應派買草貳拾萬束，莊浪土司應派買草叁拾萬束。查滿洲官兵尚未到凉，此時時價尚難預定，所有前項派買草貳百肆拾壹萬壹千柒百壹拾玖束零，應先照部價，每草壹束折銀壹分，共折銀貳萬肆千壹百壹拾柒兩壹錢零，照數采買，統俟買完供支之後，有餘不足，再爲另詳請撥。

再，查撥運糧石草束脚價銀兩，在所必需，今運供前項滿兵糧草，除張掖、武威、平番均無庸議詳脚價外，惟永昌、古浪、鎮番叁縣共撥運凉州倉斗糧貳萬石，每石照依柳林湖運糧之例，每百里給脚價銀壹錢，各計程途遠近不等，共應需脚價銀叁千叁百壹拾兩。河州撥供莊浪倉斗糧料共貳萬玖千柒百陸拾伍石陸斗零，亦照柳林湖運糧之例，每倉石每百里給脚價銀壹錢。自河至莊計程肆百肆拾里，共該脚價銀壹萬叁千玖拾陸兩捌錢零。采買撥運草壹百叁拾萬叁千束，每壹百叁拾斤合米壹京石，共合米柒萬壹百陸拾壹石伍斗零，各計程途不等，每百里給脚價銀壹錢，共該脚價銀壹萬壹千陸百叁兩捌錢零。

以上共請撥俸餉并半折糧料、草束及不敷粳米采買草價并運送糧草脚價，共銀叁拾陸萬肆千叁百叁拾陸兩肆錢零。本色粳米壹千肆百貳拾壹石貳斗零，本色糧料壹拾肆萬叁千柒百伍拾伍石陸斗伍升，本色草壹百壹拾貳萬肆千玖百貳拾束零。又采買本色草貳百肆拾壹萬壹千柒百壹拾玖束零，應令各州縣照議辦理。其俸餉糧料、草束價值并脚價銀兩，請在于附近省分撥解來甘，以便辦供報銷。但查駐防滿洲官兵指日到凉，前項俸餉糧料、草束係

關按日計口之需，誠恐解送來甘，緩不濟急，應先在于司庫不拘何項銀内暫行借動，俟部撥銀兩解司提還□項，造册呈賫。等情。臣覆核無异。除原册送部科外，相應會同督臣查合詞具題。等因。前來。

查雍正十三年十二月内，據署寧遠大將軍查等奏稱：滿兵糧料、草束例應半本半折。其凉州駐防滿兵所需糧料，于武威等縣留三之項儘數估支，并于柳林湖屯種糧内運供。如有不敷，在于凉州采買供支。其莊浪駐防滿兵所需糧料，于河州采辦運供，如有不敷，在于附近州縣撥運，所需草束統行采買供支，官員家口所需粳米折給采買。等因。經總理事務和碩莊親王等覆准，俟□□移駐滿兵之時，令該撫等先□酌估辦理。等因。奉旨："依議。欽此欽遵。"行文在案。今據升任甘撫德疏稱：駐防凉州、莊浪兩處□官兵肆千貳百玖拾伍員名。自乾隆二年冬季十月初一日起，至乾隆戊午年十二月底，共應需俸餉、紙紅等銀壹拾叁萬玖百伍拾肆兩陸錢零，應需粳米貳千捌百肆拾貳石伍斗。内除甘州府屬張掖縣存貯寧夏運供大營官兵雍正十三年八月以後口糧倉斗粳米壹千肆百貳拾壹石貳斗零，尚該半折粳米壹千肆百貳拾壹石貳斗零。遵照原議，每倉石折銀壹兩伍錢，共折銀貳千壹百叁拾壹兩捌錢零。官兵家口應需粟米壹拾貳萬捌千叁百陸拾貳石伍斗，内應支半折粟米陸萬肆千壹百捌拾壹石貳斗零，每倉石遵照原議折銀壹兩，共折銀陸萬肆千壹百捌拾壹兩貳錢零。又，應支半本倉斗粟米陸萬肆千壹百捌拾壹石貳斗零，内除估支武威縣倉貯粟米貳萬玖千玖百壹拾玖石叁斗零，平番縣倉貯各年各項粟米、小麥壹萬壹千貳百肆拾陸石貳斗零。又，在于武威縣收貯柳林湖平分實在糧内撥供糧壹萬貳千伍百玖拾貳石伍斗零，尚該駐莊滿兵不敷糧壹萬肆百貳拾叁石壹斗零。附近再無别項可供，應于臨洮府屬之河州倉貯米麥二色糧内照數撥供，其官兵馬匹應需料壹拾伍萬玖千壹百肆拾捌石捌斗，内應支半折料柒萬玖千伍百柒拾肆石肆斗，每石遵照原議折銀壹兩，共折銀柒萬玖千伍百柒拾肆兩肆錢。應支半本倉斗料柒萬玖千伍百柒拾肆石肆斗，内估支武威縣倉貯各年各項糧叁萬叁千伍拾伍石，永昌縣倉貯各年各項糧伍千石，鎮番縣倉貯各年各項糧捌千石，古浪縣倉貯各年各項糧柒千石，平番縣倉貯各年各項糧柒千壹百柒拾陸石玖斗零，尚該駐莊官兵馬匹不敷料壹萬玖千叁百肆拾貳石肆斗零。附近再無別項可撥，應請在于河州倉貯糧内撥供大豆陸千叁百肆拾貳石肆斗零，莞豆陸千石，青稞柒千石，以敷半本之數。官兵馬匹應需草柒百柒萬叁千貳百捌拾束，内應支半折草叁百伍拾叁萬陸千陸百肆拾束，每束遵照原議，折銀壹分，共折銀叁萬伍千叁百陸拾陸兩肆錢，應支半本草叁百伍拾叁萬陸千陸百肆拾束。内除估支武威縣存廠各項草伍拾伍萬肆千玖百貳拾束零，永昌縣存廠各項草陸萬束，鎮番縣存廠各項草壹拾伍萬束，古浪縣存廠各項草貳拾伍萬束，平番縣存廠各項草壹拾壹萬束，尚該不敷草貳百肆拾壹萬壹千柒百壹拾玖束零。既無應動本色，應照原議，在于附近各縣照依時價發銀，分派采買，運送供支。今武威縣應派買草壹百萬柒拾玖束零，永昌縣應派買草壹拾貳萬束，鎮番縣應派買草壹拾萬叁千束，古浪縣應派買草壹拾貳萬束，平番縣應派買草伍拾陸萬捌千陸百肆拾束，碾伯縣應派買草貳拾萬束，莊浪土司應派買草叁拾萬束。查滿洲官兵尚未到凉，此時時價尚難預定，所有前項派買草貳百肆拾壹萬壹千柒百壹拾玖束零，應先照部價，每草壹束折銀壹分，共折銀貳萬肆千壹百壹拾柒兩壹錢零，照數采買，統俟買完供支之後，有餘不足，再爲請撥。

再，查撥運糧石草束脚價銀兩在所必需，今運供前項滿兵糧草，除張掖、武威、平番等縣均毋庸議請脚價外，惟永昌、古浪、鎮番三縣共撥運送凉州倉斗糧貳萬石，每石照依柳林湖運糧之例，每百里給脚價銀壹錢，各計程途遠近不等，共應需脚價銀叁千叁百壹拾兩。河州撥供莊浪倉斗糧料共貳萬玖千柒百陸拾伍石陸斗零，亦照柳林湖運糧之例，每倉石每百里給脚價錢壹錢。自河至莊，計程肆百肆拾里，共該脚價銀壹萬叁千玖拾陸兩捌錢零。采買撥運草壹百叁拾萬叁千束，每一百叁拾斤合米壹京石，共合米柒萬壹百陸拾壹石伍斗零，各計程途不等，每百里給脚價銀壹錢，共給脚價銀壹萬壹千陸百叁兩捌錢零。以上共請撥俸餉并半折糧料、草束，及不敷粳米，采買草價并運送糧草脚價，共銀叁拾陸萬肆千叁百叁拾陸兩肆錢零。本色粳米壹千肆百貳拾壹石貳斗零，本色糧料壹拾肆萬叁千柒百伍拾伍石陸斗伍升，本色草壹百壹拾貳萬肆千玖百貳拾束零。又采買本色草貳百肆拾壹萬壹千柒百壹拾玖束零。應令各州縣照議辦理。其俸餉、糧料、草束價值并脚價銀兩，請在附近省分撥解來甘，以便辦供報銷。等語。應如所請，合在于河南省秋撥後續收銀内動銀叁拾陸萬肆千叁百叁拾陸兩肆錢零，行令河南巡撫尹限文到日，作速委員解赴甘肅巡撫衙門交納，并將起程收到日期照例題報，仍令新任甘撫元俟移駐官兵到凉之日，將□項應需俸餉半折糧料、草束等銀照例按數支給，其應需本色粳粟米石料草在于張掖等縣倉貯粳粟米麥豆石并存廠草束内撥運供支。不敷草貳百肆拾壹萬壹千柒百壹拾玖束零，每束先給銀壹分，飭令附近之武威等縣并莊浪土司采買運供。永昌、古浪、鎮番、河州等州縣撥運凉、莊兩處糧料、草束、脚價銀兩，亦准其照例動支，統俟采買運送供支完日，于該年奏銷案内壹并核實，造册題銷。

再，升任甘撫德疏稱：駐防滿洲官兵指日到凉，前項俸餉、糧料、草束係關按日計口之需，誠恐解送來甘，緩不濟急，應先在于司庫不拘何項銀内暫行借動，俟部撥銀兩解司提還□項。等語。亦應如所請，將前項應需俸餉半折糧料、草束等銀，先在司庫現存銀内暫行借動支給，俟撥解銀兩到甘之日，歸還原項，報部查核。嗣後駐防凉、莊官兵俸餉等項，應令所任甘撫元壹并造入估餉册内，送部具題撥給可也。等因。乾隆貳年拾月貳拾伍日題，本月貳拾柒日奉旨："依議。欽此。"爲此合咨前去，欽遵施行。等因。準此，行司。

蒙此，該布政使徐杞查得，駐防凉、莊八旗官兵馬、駝，自乾隆二年冬季起，至乾隆三年十二月底止，每歲應需俸餉等銀及采買草價并運價銀兩支

經估請動支在案。今開細數請銷司總册開：

一，收部撥河南省解到官兵俸餉、糧料、草價并脚價，共銀叁拾陸萬肆千叁百叁拾陸兩肆錢伍分捌厘捌毫捌絲玖忽壹微叁纖伍塵肆渺肆漠，倉斗糧料壹拾肆萬伍千壹百柒拾陸石玖斗。内甘州府屬張掖縣倉貯軍需支剩倉斗粳米壹千肆百貳拾壹石貳斗伍升，凉州府屬武威等縣倉貯倉斗糧捌萬貳千玖百柒拾肆石叁斗陸勺玖抄陸撮捌圭叁粟捌粒。又，柳林湖運到平分倉斗小麥壹萬貳千伍百玖拾貳石伍斗柒升肆合叁勺叁撮壹圭陸粟貳粒，凉州府屬平番縣倉貯倉斗糧壹萬捌千□百貳拾叁石壹斗伍升壹分壹勺陸抄壹撮伍粟捌顆，蘭州府屬河州倉貯倉斗糧貳萬玖千柒百陸拾伍石陸斗貳升叁合捌勺叁抄捌撮玖圭肆粟肆粒貳顆。

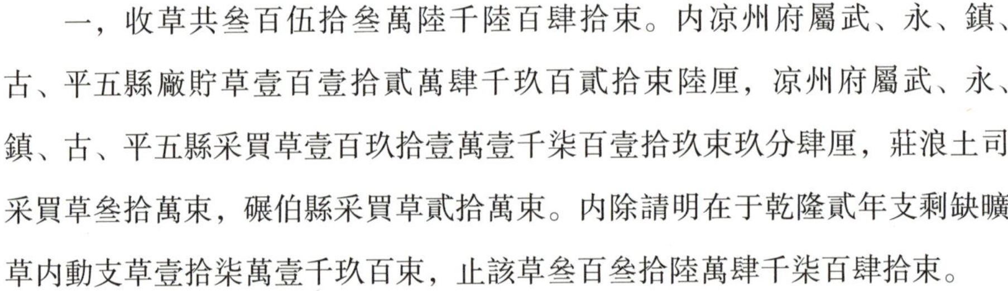
一，收草共叁百伍拾叁萬陸千陸百肆拾束。内凉州府屬武、永、鎮、古、平五縣廠貯草壹百壹拾貳萬肆千玖百貳拾束陸厘，凉州府屬武、永、鎮、古、平五縣采買草壹百玖拾壹萬壹千柒百壹拾玖束玖分肆厘，莊浪土司采買草叁拾萬束，碾伯縣采買草貳拾萬束。内除請明在于乾隆貳年支剩缺曠草内動支草壹拾柒萬壹千玖百束，止該草叁百叁拾陸萬肆千柒百肆拾束。

開除銀共叁拾貳萬叁千貳百柒拾伍兩捌錢玖分玖厘叁毫捌忽玖微肆塵陸渺柒漠。内除采買草束部價銀貳萬貳千叁百玖拾捌兩壹錢玖分柒厘肆毫，止該銀叁拾萬捌百柒拾柒兩柒錢壹厘玖毫捌忽玖微肆塵陸渺柒漠。内：

一，支俸餉、糧、料草折共銀貳拾柒萬叁千捌百肆拾伍兩肆錢肆分貳厘柒毫柒絲肆忽。

一，蘭州府屬河州挽運駐莊滿洲官兵焉駝倉斗糧料貳萬玖千柒百陸拾伍石陸斗貳升叁合捌勺叁抄捌撮玖圭肆粟肆粒貳顆。照依運送北方糧石之例，每倉石每百里給脚價銀壹錢，計程肆百肆拾里，共給脚價銀壹萬叁千玖拾陸兩捌錢柒分肆厘□毫捌絲玖忽壹微叁纖伍塵肆渺肆漠。

一，莊浪土司采買運平草貳拾伍萬壹千柒百肆拾貳束，每草壹束以柒斤合算，共重壹百柒拾陸萬貳千壹百玖拾肆斤，每壹百叁拾斤合米壹京石，共合米捌千貳百壹拾石捌斗玖升貳合零。每石每百里給脚價銀壹錢，自西大通至平番計程壹百貳拾里，共給脚價銀壹千陸百貳拾陸兩陸錢叁分玖厘捌毫捌絲捌忽。

一，西寧府屬碾伯縣采買運平草壹拾陸萬柒千捌百貳拾捌束，每束以柒斤合算，共重壹百壹拾柒萬肆千柒百玖拾陸斤。每壹百叁拾斤合米壹京石，共合米捌千貳百玖拾叁石肆斗柒升貳合零，每石每百里給脚價銀壹錢，共給脚價銀貳千□百肆拾玖兩伍錢玖分壹厘捌毫壹絲陸忽。

一，凉州府屬永、鎮、古叁縣運交武威縣糧料貳萬石，奉文照依柳林湖運糧之例，每倉石每百里給脚價銀壹錢，各計程途遠近不等，共給脚價銀叁千貳百叁拾兩。

一，凉州府屬永、鎮、古叁縣運交武威馬、駝草捌拾萬叁千束，每束以柒斤合算，計重伍百陸拾貳萬壹千斤，每壹百叁拾斤合米壹京石，共合米肆萬叁千貳百叁拾捌石肆斗陸升壹合零。每石每百里給脚價銀壹錢，各計程途遠近不等，共給脚價銀陸千柒百貳拾玖兩壹錢伍分貳厘玖毫肆絲壹柒微陸纖玖塵貳渺叁漠。

一，支本色糧米壹□叁□貳拾陸石伍斗貳合貳勺，米麥伍萬玖千玖百柒拾捌石玖斗肆升捌合柒勺料陸萬叁千玖百伍拾捌石叁斗捌升，本色草貳百柒拾伍萬捌百伍拾柒束，實在銀共肆萬壹千陸拾壹兩貳分貳厘捌絲貳微叁纖柒渺柒漠。內缺曠及多估并攤免草脚價銀壹萬伍千陸百柒拾捌兩伍錢伍絲肆忽貳微叁纖柒渺柒漠，存貯司庫，聽候撥用。長領缺曠銀貳萬伍千叁百捌拾貳兩伍錢貳分貳厘貳絲陸忽，現在催解倉斗粳米玖拾肆石柒斗肆升柒合捌勺，倉斗米麥肆千貳百貳石叁斗壹令叁勺，倉斗料□萬伍千陸百壹拾陸石貳升，草陸拾壹萬叁千捌百□拾叁束，俱係應扣缺曠及多估之數，存貯武、平二縣倉廠内，以備下年供支。

以上駐防凉、莊八旗官兵馬、駝支過俸餉、糧、料草折及各州縣采買并

運送草脚價銀，既據造册前來，本司覆核無异。相應照造匯總呈賫，合候核題。等情。呈詳到臣。

該臣查得，駐防凉、莊二處八旗官兵、馬、駝每歲應需俸餉、糧料、草束及采買并運送脚價銀兩，經升任撫臣德具題，准部議覆，准先在司庫現存銀内暫動支給，俟撥解銀兩到甘歸還原項，俟供支完日，于該年奏銷案内一并核實造報。等因。當即行司，逐一欽遵辦理去後。兹據布政使、革職留任徐杞詳稱：查凉、莊八旗官兵、馬、駝，自乾隆二年冬季起，至乾隆三年十二月底止，供支糧料、草束、運送脚價等項，原收部撥河南解到餉銀叁拾陸萬肆千叁百叁拾陸兩肆錢零，本省倉斗糧料壹拾肆萬伍千壹百柒拾陸石玖斗，内張掖縣倉貯軍需支剩粳米壹千肆百貳拾壹石貳斗零，武威等縣倉貯糧捌萬貳千玖百柒拾肆石叁斗零，柳林湖運到平分小麥壹萬貳千伍百玖拾貳石伍斗零。又，平番縣倉貯糧壹萬捌千肆百貳拾叁石壹斗零，河州倉貯糧貳萬玖千柒百陸拾伍石陸斗零，共收草叁百伍拾叁萬陸千□百肆拾束。内武、永、鎮、古、平五縣廠貯草壹百壹拾貳萬肆千玖百貳拾束零，采買草壹百玖拾壹萬壹千柒百壹拾玖束零，莊浪土司采買草叁拾萬束，碾伯縣采買草貳拾萬束。内除請明在于乾隆二年支剩缺曠草内動支草壹拾柒萬壹千玖百束外，止該采買草叁百叁拾陸萬肆千柒百肆拾束。開除共銀叁拾貳萬叁千貳百柒拾伍兩捌錢零，内除采買草束部價銀貳萬貳千叁百玖拾捌兩壹錢零，止該銀各拾萬捌百柒拾柒兩柒錢零。内支俸餉、糧、料草折銀貳拾柒萬叁千捌百肆拾伍兩肆錢零，河州挽運莊浪糧料貳萬玖千柒百陸拾伍石陸斗零，每石每百里給脚價銀壹錢，自河至莊計程四百四十里，共給脚價銀壹萬叁千玖拾陸兩捌錢零。莊浪土司運送平番草貳拾伍萬壹千柒百肆拾貳束，每草壹束以七斤合算，共重壹百柒拾陸萬貳千壹百玖拾肆斤，每壹百叁拾斤合米壹京石，共合米捌千貳百壹拾石捌斗零。每石每百里給脚價銀壹錢，自西大通至平番計程壹百貳拾里，共給脚價銀壹千陸百貳拾陸兩陸錢零。碾伯縣運送平番草壹拾陸萬柒千捌百貳拾捌束，每束以柒斤合算，共重壹

百壹拾柒萬肆千柒百玖拾陸斤，每壹百叁拾斤合米壹京石，共合米捌千貳百玖拾叁石肆斗零，每石每百里給脚價銀壹錢，共給脚價銀貳千叁百肆拾玖兩伍錢零。又，永、鎮、古三縣運交武威縣糧料貳萬石，照柳林湖運糧之例，每倉石每百里給脚價銀壹錢，各計程途遠近不等，共給脚價銀叁千貳百叁拾兩，運送草捌拾萬叁千束，每束以柒斤合算，計重伍百陸拾貳萬壹千斤。每壹百叁拾斤合米壹京石，共合米肆萬叁千貳百叁拾捌石肆斗零，每石每百里給脚價銀壹錢，各計程途遠近不等，共給脚價銀陸千柒百貳拾玖兩壹錢零。共支本色粳米壹千叁百貳拾陸石伍斗零，米麥伍萬玖千玖百柒拾捌石玖斗零，料陸萬叁千玖百伍拾捌石叁斗零，草貳百柒拾伍萬捌百伍拾柒束，實□銀肆萬壹千陸拾壹兩零，内除原估未領缺曠并攤免□脚價銀壹萬伍千陸百柒拾捌兩伍錢零，存貯司庫，聽候撥用。其餘長領缺曠銀貳萬伍千叁百捌拾貳兩伍錢零，現在催解下剩倉斗粳米玖拾肆石柒斗零，米麥肆千貳百貳石叁斗零，料壹萬伍千陸百壹拾陸石零，草陸拾壹萬叁千捌百捌拾叁束，俱係應扣缺曠及多給之數，存貯武、平二縣倉廠，以備下年供支。等情。造具司總及細數簡明各册，一并呈賫，請銷前來，臣覆核無异。除原册分送部科外，相應會同督臣尹合詞具題，伏祈皇上睿鑒，敕部核覆施行。爲此除具題外，理合具揭。須至揭帖者。

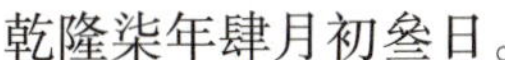
乾隆柒年肆月初叁日。

【《明清檔案》A111—13，B62349—B62364】

△諭户部蠲免寧夏乾隆三年震災被焚茶課銀兩

乾隆七年四月初六日

免甘肅寧夏乾隆三年分震災被焚茶課銀一千五十兩有奇。

【《清實録》第11册，第69頁《高宗純皇帝實録》卷一六四“乾隆七年四月乙未”條】

兵部尚書班第奏請武選司員外郎開缺另補

乾隆七年四月十四日

副摺。

兵部：爲武選司員外郎開缺。

議政大臣、兵部尚書、固山額駙、加貳級紀録拾伍次臣班第等謹奏：爲請旨事。

竊臣部肆司中武選壹司職掌銓選，辦理京外八旗、衛所漕運并土司世職蔭生案件，最爲繁劇，所有額設郎中、員外、主事等缺未便乏員。該司員外郎梁弘勛于乾隆肆年出差寧夏，監修城工，于乾隆陸年吏部論俸推升户部郎中。因該員城工未竣，未經回京引見，所遺武選司員外壹缺，數年未補。但此缺虚懸既久，該員城工尚未告竣，即使差滿回京，亦係已升户部之員，不復仍回兵部，似無庸懸缺以待。查武選爲臣部緊要之司，現在辦事需員，且臣部現任主事及額外候補人員亦屬壅滯，理合奏明。請將武選司員外郎開缺另補，以重官守，兼可疏通。如蒙俞允，臣部即于現在司員内揀選保題，庶辦理部務有人，臣等亦收臂指之效矣。爲此，謹奏請旨。于乾隆柒年肆月拾肆日，交與奏事給事中鄂敏等轉奏。本日奉旨："知道了。欽此。"

乾隆柒年肆月□日。

議政大臣、兵部尚書、固山額駙、加貳級紀録拾伍次臣班第，經筵講官、尚書、加肆級紀録叁次、革職留任臣任蘭枝，左侍郎、辦理步軍統領事務、紀録貳拾柒次臣舒赫德，左侍郎、紀録柒次臣汪由敦，鑲黄旗漢軍都統、署理兵部右侍郎、紀録叁次臣馬爾泰，右侍郎、紀録叁次臣王承堯。

【《明清檔案》A111—42，B62489—B62490】

△諭内閣著將鹽茶廳固原平羅花馬池等處民欠借糧分作六年帶徵

乾隆七年四月十八日

乾隆七年四月十八日，内閣奉上諭："念甘省地瘠民貧，前特降旨，將民欠借糧自雍正六年至十三年者，一概蠲免。其乾隆元年以後借欠之項，從壬戌①年爲始，分作六年帶徵。至最寒苦之武威、平番、永昌、古浪、西寧、碾伯等六縣，則將帶徵之項一并豁免。今思民欠借糧内從前有因倉糧缺少，以銀一兩作糧一石，借爲籽種、口糧之需者，計自雍正十年至乾隆六年，如武威、平番、永昌、古浪、西寧、碾伯等六縣欠銀八萬八百七十三兩有奇。又，蘭、鞏、平、慶、寧夏五府屬之金縣、河州、靖遠、隴西、會寧、通渭、鹽茶廳、平凉、崇信、静寧、固原、涇州、華亭、合水、平羅、花馬池等處欠銀四萬六千五百四十二兩有奇。此項借銀，原係以銀作糧，即與借糧無异。其自雍正十三年以前者既已加恩蠲免，其在乾隆元年以後者，又分作六年帶徵，至武威等六縣又復全予蠲豁，此等抵借之銀，事同一例，著照乾隆元年以後借欠糧石之例，從乾隆七年爲始，分作六年帶徵，俾民力愈得寬舒，受國家休養之澤。著該部即傳諭該督撫知之。欽此。"

吏部議准大學士等奏稱：陝、甘、寧夏及四川松潘等處皆地界邊陲，較直隸、山西更關緊要，必須分用滿員，以資彈壓。惟直隸、山西沿邊補用滿員，定以五年俸滿，分發有題缺之省，遇缺題補，原因山西并無題缺，直隸題缺無多之故。查陝甘最多題缺，今若補放滿員，仍照直隸、山西之例，既補邊缺，又調内地，五年期滿，又送部分發，往返爲煩。清陝甘二省及四川松潘鎮各題缺，不論沿邊内地，以五分之一補用滿員。遇副將、參、游等缺出，兵部按旗將應用人員揀選，請旨補授後，如果諳悉營務，遇推升之處，

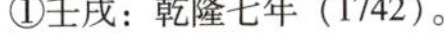

①壬戌：乾隆七年（1742）。

准與緑旗人員一體較俸升轉。再，直隸、山西期滿人員，仍分發陝甘題補，不無壅滯，自應停止。從之。

【《乾隆朝上諭檔》第1册，第776頁第1990條。亦見《清實録》第11册，第81頁《高宗純皇帝實録》卷一六五"乾隆七年四月丁未"條】

川陝總督尹繼善揭報補授游擊

乾隆七年四月十九日

揭帖。

太子少保、兵部尚書兼都察院右都御史、總督川陝等處地方軍務兼理糧餉、加二級紀録三十一次尹：爲請調幹員，以收實效事。

准固原提督周咨稱：案照固原提標右營游擊王兆麒病故遺缺，例應揀選請補。查標營員弁有援剿四應之責，游擊一官，職司訓練，非才識明敏、年力强幹之員，弗克勝任。今揀選得延綏鎮標中營游擊袁士林，機智出衆，才情敏練，曉暢軍務，熟悉邊情，曾經出征巴爾庫爾，進剿烏魯木齊，及駐扎魯谷慶，與賊對敵，屢著功績，堪以調補提標右營游擊。其所遺延綏鎮標中營游擊員缺，亦係題補之缺。又考驗得固原鎮屬盩厔營都司劉瑞彩，漢仗雄健，弓馬嫻熟，馭兵有術，練達營陣。前在雲南駐防中甸等處，并出征茶山攸樂地方，著有勞績，堪以請補延綏鎮標中營游擊員缺。相應造具各該員履歷，出具保結，咨送驗試，具題請補。等因。到臣。

準此，該臣看得，固原提標右營游擊王兆麒病故，經臣題報在案。所遺員缺，例應揀選請補。兹準陝提臣周咨，請以延綏鎮標中營游擊袁士林調補，袁士林所遺員缺，以固原鎮屬盩厔營都司劉瑞彩請補。并咨移履歷、保結，連人送驗前來。臣隨考驗得，袁士林才具明敏，諳練營伍，前曾出征巴爾庫爾，進剿烏魯木齊，及駐扎魯谷慶，屢著功苦，堪以調補陝提標右營游擊。又考驗得劉瑞彩，爲人老成，辦事諳練，前在雲南駐防中甸等處，又出征茶山攸樂地方，屢著勤勞，堪以請補延綏鎮標中營游擊。查袁士林係對缺調補之員，應免送部。至劉瑞彩係遞補之員，應俟袁士林准調之後，再爲給咨赴部。除履歷、保結送部，其撫提印結俟查取至日另送外，臣謹會同署陝撫臣岱、蘭州撫臣黄、陝提臣周合詞具題，伏祈皇上睿鑒，敕部議覆施行。再照盩厔營都司係部推之缺，合并聲明。爲此除具題外，理合具揭。須至揭帖者。

乾隆柒年肆月拾玖日。

【《明清檔案》A111—53，B62545—B62546】

川陝總督尹繼善奏陳分別寧夏城工之緩急次第修建摺[①]

乾隆七年四月二十四日

奏。

川陝總督臣尹繼善謹奏：爲酌分寧夏城工之緩急，以惜民力事。

竊照寧夏地方先因地震，各處城垣倒塌，于乾隆四年間經兵部侍郎臣班第、前督臣查郎阿等會勘，應行重建補修大小城垣共二十四處。自乾隆四年三月起，動帑興工在案。臣于乾隆五年五月内抵任，聞總理工程原任寧夏道阿炳安辦理急迫，人多含怨。且向各府調集夫匠，甚屬勞民，隨痛加申飭，減調夫匠，禁止繁苛。將從前所辦未妥之處，逐一更正，分别緩急，次第興修，自是民力漸得舒徐。而工程甚多，尚難一時告竣。臣去歲在蘭與撫臣黄廷桂悉心商酌，竊以寧夏地方自被災之後，蒙我皇上仁恩叠沛，小民得慶更生，而元氣至今尚未全復。各處工程修築已經三載，雖絲毫皆動帑項，而邊方民力總無休息，亦非所以愛養之道。隨諄諭寧夏道府將各工已完、未完、宜緩、宜急、應

①軍機處録副奏摺。

停、應修通盤確查，分析開報，嗣據陸續詳稟，行布政使徐杞詳覆前來。

查原議應修城垣共二十四處内，寧夏滿漢兩城，靈州屬之靈河堡、中衛縣屬之廣武營、寧朔縣屬之北鎮堡，俱經完竣。又，中衛縣城及所屬之棗園、石空、鎮羅三堡，寧朔縣之平羌堡，靈州屬之横城、紅山二堡，并平羅縣城一切城垣，俱已修整，惟有衙署、門洞、角樓等項未完，工程無幾，自應修理完竣。又，靈州州城及所屬之清水營、花馬池、興武營、平羅縣屬之洪廣營，均關邊塞重地，或工程將半，或物料已齊，均應以次第修理。至如寧朔縣之玉泉營，靈州屬之毛卜喇，平羅屬之鎮朔、威鎮二堡，此四處城墻雖有裂損，而城身依然屹立，可資捍禦，實係可緩之工，應行停修。俟將來酌量情形，另議修築。又，如中衛縣屬之寧安堡，并無駐防弁兵，該堡居民情願陸續粘補。靈州屬之韋州堡，堡内并無民人居住，已屬廢城。此二處均無庸修建。以上各處工程，臣等詳議籌畫，如此分別辦理，庶要地有金湯之固，而夫匠免久役之勞。且大工不致曠歷歲時，而帑項亦可多有節省，似于邊地民生甚屬有益，但係從前奏定修建之工，今既有酌改之處，理應請旨遵行。臣謹會同甘撫臣黄廷桂合詞具奏，伏祈聖主訓示。謹奏。

乾隆七年四月二十四日。

軍機大臣等議奏。

【《明清宫藏地震檔案》（上卷壹）第343頁】

甘肅巡撫黄廷桂揭報雍正十三年蘭鞏二府屬并花馬小池鹽課銀兩數目

乾隆七年四月二十七日

揭帖。

起居注館。

巡撫甘肅等處地方贊理軍務兼理茶馬、兵部侍郎兼都察院右副都御史、世

襲雲騎尉、紀録十八次、又軍功紀録二次黄：爲請就近責成，以便行催事。

乾隆柒年貳月貳拾玖日。據甘肅布政使司布政使、革職留任徐杞呈，蒙前任甘肅巡撫石部院牌開：案照雍正叁年拾月貳拾日，准户部咨，令將花馬小池并臨、鞏貳府鹽課錢糧，仍歸甘肅巡撫奏銷。等因。到司。蒙此，除雍正拾貳年鹽課奏銷册籍業已造賫奏報外，兹準臨洮道郭朝祚移稱：臨洮府今改蘭州府，屬雍正拾叁年土鹽税銀，并按丁加引及加增課銀，共銀伍百柒拾肆兩玖錢捌分伍厘貳毫伍絲，俱已通完。又，鞏昌府屬并直隸秦、階貳州屬雍正拾叁年鹽課，并按丁加引及加增課銀，共銀伍千柒百伍拾兩捌錢壹分壹厘玖毫肆絲捌忽叁微陸纖貳漠，俱已通完。又准寧夏道蔣嘉年移稱：雍正拾叁年，花馬小池鹽課并加增及續新增，共銀壹萬肆千伍百叁拾叁兩叁錢貳分，俱已通完。内存留祭祀等項銀叁拾貳兩玖錢玖分玖厘，實止解交司庫銀壹萬肆千伍百兩叁錢貳分壹厘。等因。開具已完册籍前來。本司覆加查核，照例匯造清册，同實收一并呈賫，合候核題。等情。呈詳到臣。

該臣看得，鹽課錢糧例應按年題報。除雍正拾貳年鹽課錢糧經臣奏報外，兹據布政使、革職留任徐杞詳，准臨洮道郭朝祚移稱，臨洮府今改蘭州府屬，雍正拾叁年，土鹽税銀并按丁加引及加增課銀，共銀伍百柒拾肆兩玖錢捌分零，俱已通完。又，鞏昌府屬并直隸秦、階二州屬雍正拾叁年鹽課并按丁加引及加增課銀，共銀伍千柒百伍拾兩捌錢壹分零，俱已通完。又准寧夏道蔣嘉年移稱，雍正拾叁年，花馬小池鹽課并加增及續新增，共銀壹萬肆千伍百叁拾叁兩叁錢貳分，俱已通完。内存留祭祀等項銀叁拾貳兩玖錢玖分零，實止解交司庫銀壹萬肆千伍百兩叁錢貳分零。等情。造具清册、實收，詳賫前來，臣覆核無异。相應備造清册，同實收送部外，理合繕造黄册，進呈御覽，伏祈皇上睿鑒施行。爲此除具題外，理合具揭。須至揭帖者。

乾隆柒年肆月貳拾柒日。

【《明清檔案》A111—78，B62687—B62688】

△川陝總督尹繼善奏報寧夏城工修理情形

乾隆七年五月十五日

又議覆：川陝總督尹繼善奏稱，寧夏應修城工，統計二十四處。除寧夏滿漢兩城，靈州屬之靈沙堡，中衛縣屬之廣武營，寧朔縣屬之北鎮堡，俱經完竣。并將次告竣之中衛縣城所屬之棗圍、石空、鎮羅三堡，寧朔縣之平羌堡，靈州屬之横城、紅山二堡，并平羅縣衙署、角樓等，未完工程無幾。又，靈州州城，及所屬之清水營、花馬池、興武營，平羅縣屬之洪廣營，均邊塞重地，自應及時修理。惟寧朔縣屬之玉泉營，靈州屬之毛卜喇，平羅屬之鎮朔、威鎮二堡，尚有城身屹立，足資捍禦，應停緩。其中衛縣屬之寧安堡，并無弁兵駐防，居民情願自行粘補。又，靈州屬之韋州堡，并無民人居住，已屬廢城，均可無庸修建。應如所奏辦理。從之。

【《清實録》第 11 册，第 111 頁《高宗純皇帝實録》卷一六六“乾隆七年五月癸酉”條】

甘肅巡撫黄廷桂揭請核銷乾隆三年驛站錢糧

乾隆七年五月二十六日

揭帖。

巡撫甘肅等處地方贊理軍務兼理茶馬、兵部侍郎兼都察院右副都御史、世襲雲騎尉、紀録十八次、又軍功紀録二次黄：爲請旨奏銷歲底驛站錢糧，以期畫一事。

乾隆柒年肆月貳拾貳日。據臨洮道郭朝祚呈，蒙巡撫甘肅黄部院牌開：案照甘省乾隆叁年驛站奏銷錢糧册籍，業經飭令查造，迄今日久，未據造賫，合行飭催。爲此，仰道官吏照牌事理，即將乾隆叁年驛站奏銷册籍，速

爲造賫，以憑核題。等因。到道。蒙此，遵即備行各府廳州，將所屬各驛乾隆叁年分驛站奏銷册籍造報去後。今據各府廳州造賫前來。據此，該本道查得，蘭、鞏、平、慶、甘、凉、寧、西捌府，莊、西、安、靖肆廳，直隸秦、階、肅叁州所屬各驛支給過乾隆叁年分原額新增夫馬牛隻工料外備以及應付公差廪口等項，共銀壹拾貳萬捌百肆拾玖兩貳錢玖分柒厘貳毫貳絲伍忽肆纖捌塵叁渺陸漠。糧并折價糧壹萬叁百貳拾石柒斗柒升柒合，料并折價糧貳千玖百玖石捌斗捌升，草并折價草壹拾伍萬捌千肆百壹拾捌束。再，河西各府廳州供支過差員等役廪口不敷銀壹百叁拾玖兩玖錢捌分，應請在于河東小建銀内動用。所有各府廳州造賫奏銷細數及考成小建各册揭，相應照造，匯總呈賫，合候查核題銷。等情。到臣。

該臣看得，甘省乾隆叁年驛站錢糧奏銷册籍，經臣飭催造報去後。兹據臨洮道郭朝祚詳稱：蘭、鞏、平、慶、甘、凉、寧、西捌府，莊、西、安、靖肆廳，直隸秦、階、肅叁州所屬各驛支過乾隆叁年分原額新增夫馬牛隻工料外備以及支應公差廪口等項，共銀壹拾貳萬捌百肆拾玖兩貳錢零。糧并折價糧壹萬叁百貳拾石柒斗零，料并折價料貳千玖百玖石捌升零，草并折價草壹拾伍萬捌千肆百壹拾捌束。再，河西各府廳州屬供支差員廪口不敷銀壹百叁拾玖兩玖錢零，應請在于河東小建銀内動用。等情。造具省總各册，及各官考成册揭，呈賫請銷前來，臣覆核無异。除原册揭分送部科外，相應具題，伏祈皇上睿鑒，敕部核覆施行。爲此除具題外，理合具揭。須至揭帖者。

乾隆柒年伍月貳拾陸日。

【《明清檔案》A112—35，B63113—B63114】

△甘肅巡撫黄廷桂奏請動撥庫項興修寧夏大清渠等渠工

隆乾七年六月初八日

工部等部議准，甘肅巡撫黄廷桂疏報：寧夏大清、唐、漢三渠及各大小支渠，前因該處地震摇塌，各渠所有裂縫處甚多，急需修築堺岸橋閘，并老埂長堤之工，請動項興修。從之。

【《清實録》第 11 册，第 13 頁《高宗純皇帝實録》卷一六八“隆乾七年六月乙未”條】

陕西提督周開捷揭報奉到世宗憲皇帝上諭日期

乾隆七年六月九日

揭帖。

提督陝西等處地方總兵官周揭：爲恭報奉到上諭日期事。

竊臣于乾隆柒年叁月貳拾柒日，據在京提塘張綉聯捧賫世宗憲皇帝雍正捌年至拾叁年《漢字編次上諭》壹部到固。臣隨躬率標下大小官弁，出郊跪迎至署，恭設香案，望闕叩頭祗領訖。續據署中軍參將黄元龍、固原城守營參將袁士杰、潼關副將金貴、西鳳副將李斯援、署慶陽副將馬麟紱、署靖遠副將和明、西安城守營參將王化貴、下馬關參將史弘藴各報稱：所有前項上諭均已先後領到，懇請代題前來。欽惟世宗憲皇帝治隆羲昊，道媲勛華。命誥周詳，兢業敷執中之藴；訓謨諄戒，危微授精一之傳。畢拾叁載之憂勤，垂儀型而有式；作億萬言之典則，昭規度于無窮。此固僚庶承依臣工佩沐者，□我皇上光昭繼述，念切覲揚，奥集大成，共凛聖言，秩秩綱維，提挈群欽，賨籙煌煌。臣等敬挹金科，凛天威于咫尺；仰視玉律，欣道統之遐施。惟有懷誦朝夕，以冀觀感警惕耳。所有奉到上諭各日期，理合恭疏匯題，伏祈皇上睿鑒施行。爲此除具題外，理合具揭。須至揭帖者。

右具揭帖。

乾隆柒年陸月初玖日。

【《明清檔案》A112—88，B63351—B63352】

川陜總督尹繼善揭報都司病故

乾隆七年六月二十七日

揭帖。

太子少保、兵部尚書兼都察院右都御史、總督川陜等處地方軍務兼理糧餉、加二級紀録三十四次尹：爲都司病故事。

准陜西固原提督周咨，准河州鎮總兵官周儀咨，據洮岷協副將何榮呈，據舊洮營經制外委把總房聯卿呈稱：有本營都司郭澤深，身染時症，醫治不效，今于乾隆七年四月二十一日辰時病故。等情。轉報到鎮。據此，隨委候補守備馬天琪前往署事，并飭查驗去後。兹據副將何榮呈，據署都司焉天琪呈稱：遵查都司郭澤深病故情實，并無别情，任内亦無未完錢糧、盜案，取具嫡親、醫生甘結，卑職出具承查印結，同原領札付，相應一并呈賫。等情。轉呈到鎮，咨移到提督，轉咨到臣。

準此，該臣看得，河州鎮屬舊洮營都司郭澤深，得患時症，醫治罔效，于乾隆七年四月二十一日病故。兹準陜提臣周咨稱，委員查驗情實，任内并無未完錢糧、盜案，取具承查官印結暨嫡親、醫生甘結，并原領札付咨移前來。除結札送部外，所有舊洮營都司郭澤深病故日期，臣謹會同蘭州撫臣黄、陜提臣周合詞具題，伏祈皇上睿鑒，敕部施行。再照舊洮營都司係題補之缺，統俟部覆到日遵照，合并陳明。爲此除具題外，理合具揭。須至揭帖者。

乾隆柒年陸月貳拾柒日。

【《明清檔案》A113—26，B63519—B63520】

甘肅巡撫黄廷桂揭報乾隆元年蘭鞏等府并花馬小池鹽課錢糧數目

乾隆七年七月三日

揭帖。

巡撫甘肅等處地方贊理軍務兼理茶馬、兵部右侍郎兼都察院右副都御史、世襲雲騎尉、紀録十八次、又軍功紀録二次黄：爲請就近責成，以便行催事。

乾隆柒年伍月貳拾陸日。

據甘肅布政使司布政使、革職留任徐杞呈，蒙前任甘肅巡撫石部院牌開：案照雍正叁年拾月貳拾日，准户部咨，令將花馬小池并臨、鞏貳府鹽課錢糧歸甘肅巡撫奏銷。等因。到司。蒙此，除雍正拾叁年鹽課奏銷册籍業已造賫奏報外，兹準臨洮道郭朝祚移稱：臨洮府今改蘭州府屬，乾隆元年土鹽税銀并按丁加引及加增課銀，共銀伍百柒拾肆兩玖錢捌分伍厘貳毫伍絲，俱已通完。又，鞏昌府屬并直隸秦、階貳州屬，乾隆元年鹽課并按丁加引及加增課銀，共銀伍千叁百捌兩肆錢肆分壹厘捌毫柒絲陸忽，俱已通完。又准寧夏道蔣嘉年移稱：乾隆元年，花馬小池鹽課并加增及續新增，共銀壹萬肆千伍百叁拾叁兩叁錢貳分，俱已通完。内存留祭祀等項銀叁拾貳兩玖錢玖分玖厘，實止解交司庫銀壹萬肆千伍百兩叁錢貳分壹厘。等因。開具已完册籍前來，本司覆加查核，照例匯造清册，同實收一并呈賫，合候核題。等情。呈詳到臣。

該臣看得，鹽課錢糧例應按年題報，除雍正拾叁年鹽課錢糧經臣奏報外，兹據布政使、革職留任徐杞詳，准臨洮道郭朝祚移稱：臨洮府今改蘭州府屬，乾隆元年土鹽税銀并按丁加引及加增課銀，共銀伍百柒拾肆兩玖錢捌分伍厘貳毫伍絲，俱已通完。又，鞏昌府屬并直隸秦、階貳州屬，乾隆元年鹽課并按丁加引及加增課銀，共銀伍千叁百捌兩肆錢肆分壹厘捌毫柒絲陸忽，俱已通完。又准寧夏道蔣嘉年移稱：乾隆元年，花馬小池鹽課并加增及續新增，共銀壹萬肆千伍百叁拾叁兩叁錢貳分，俱已通完。内存留祭祀等項銀叁拾貳兩玖錢玖分玖厘，實止解交司庫銀壹萬肆千伍百兩叁錢貳分壹厘。等情。造具清册、實收，詳賫前來，臣覆核無异。相應備造清册，同實收送部外，理合繕造黄册，進呈御覽，伏祈皇上睿鑒施行。爲此除具題外，理合具揭。須至揭帖者。

乾隆柒年柒月初叁日。

【《明清檔案》A113—38，B63583—B63584】

陝西寧夏總兵官吕瀚揭報領到敕諭日期

乾隆七年七月二十五日

揭帖。

鎮守陝西寧夏等處地方副將、管總兵官事吕瀚：爲恭報微臣領受敕諭日期事。

據陝西提塘官張綉聯領出欽頒臣坐名敕諭壹道，交給臣標前營守備俞汝亮。于乾隆柒年貳拾日賫捧到寧，臣即躬率所屬標下各官出郊跪迎，至署恭設香案，望闕叩頭謝恩，跪聽宣讀祗受訖。竊臣一介武夫，至愚極陋，荷蒙皇上隆恩，簡任寧疆重地，每自殫竭志慮，實恐報稱維難。今蒙我皇上特頒敕諭，跪讀之下，仰見聖訓精微，儼若天威咫尺。臣惟有恪遵敕内事宜，一一恭慎辦理，以冀少盡職守于萬一耳。敬將敕諭謄黄頒發，臣屬營路各官一體欽遵外，所有微臣領受敕諭日期，理合恭疏題報，伏乞皇上睿鑒施行。除具題外，理合具揭。須至揭帖者。

乾隆柒年柒日貳拾伍日。

【《明清檔案》A113—96，B63899—B63900】

△甘肅巡撫黄廷桂奏請賑恤中衛等被灾州縣

乾隆七年七月二十九日

甘肅巡撫黄廷桂奏：甘肅狄道州、寧遠縣、西固廳、中衛縣被水冲漫，田禾被淹，房屋坍倒，已飭各屬分别賑恤。得旨："知道了。被水處所，雖係偏灾，亦應加意撫恤。蓋甘省非他省可比也。"

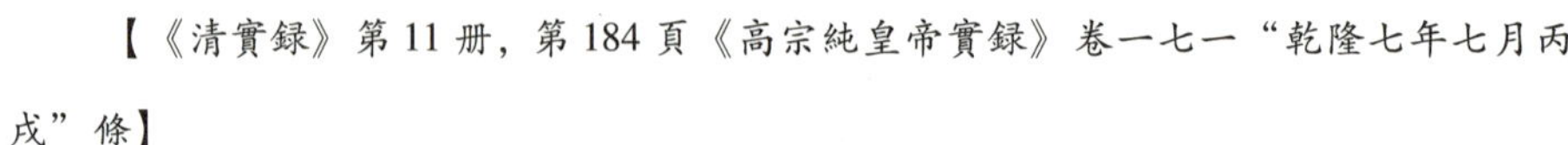

【《清實録》第 11 册，第 184 頁《高宗純皇帝實録》卷一七一"乾隆七年七月丙戌"條】

川陜總督尹繼善揭報補授邊營都司

乾隆七年八月十五日

揭帖。

太子少保、兵部尚書兼都察院右都御史、總督川陜處地方軍務兼理糧餉、加二級紀録三十四次尹：爲請補邊營都司事。

該臣看得，河州鎮屬保安營都司李進龍，前經臣于武臣薦舉等事案内題參，部議革職，其所遺員缺，准部咨，令臣揀選題補。臣查保安一營，地處極邊，必得强幹之員，方克勝任。今選得固原鎮屬下馬關守備劉得，爲人誠實，才具幹練，前出征巴爾庫爾，著有勤勞，堪以請補保安營都司員缺。查劉得，引見已過三年，除給咨該員赴部引見，并履歷、保結送部，其撫提印結俟查取至日另咨送部外，臣謹會同蘭州撫臣黄、陜提臣周合詞具題，伏祈皇上睿鑒，敕部議覆施行。爲此除具題外，理合具揭。須至揭帖者。

乾隆柒年捌月拾伍日。

【《明清檔案》A114—36，B64149—B64150】

△甘肅巡撫黃廷桂奏請動帑興修寧夏漢渠惠農渠等渠工

乾隆七年八月二十一日

工部議准，甘肅巡撫黃廷桂疏稱：寧夏府屬之新、寶二縣，前因地震裁汰，其可耕之地，經前督臣鄂彌達奏准，興修惠農渠口，展長漢渠之尾，引水灌溉耕作，安插無業窮民，并請將沿河一帶長堤，增築捍禦。查沿河長堤，自寧夏縣之王泰堡、高崖子加培起，至寶豐縣止，延長二百二十七里。又，惠農渠口，自寧夏縣之葉昇堡起，至通潤橋止，延長二百二十餘里，并加築橫埂一道，動帑興修。從之。

【《清實録》第11册，第211頁《高宗純皇帝實録》卷一七三“乾隆七年八月丁未”條）

△甘肅巡撫黃廷桂奏請于原新渠寶豐二縣通義等二十三堡聽民墾植免其入額

乾隆七年八月二十八日

工部議准，甘肅巡撫黃廷桂疏稱：寧夏府屬之新、寶二縣，前經奏准興修惠農渠口，并加修沿河長堤一道，加築橫埂一道。嗣經給事中朱鳳英奏稱，渠口可開，則渠身可浚，漸開漸復。等語。又據御史李慎奏稱，沙礆之地復經殘毀，若欲修復舊規，徒勞罔濟。等語。部臣及九卿議請交臣等確查妥議。臣查惠農渠道地勢，南高北下，自三堆子以上，地勢高坦，自應補築修浚。其三堆子以下，地窪沙鬆，誠難築堤捍禦，無庸遽議修築。現從四堆子起，至通潤橋以下，直抵西山脚，截築橫埂一道，將通義等二十三堡收入埂内，勘丈可耕地二千七百餘頃，安插窮民三千餘户。俟試種一年後，勘明確數題報。其永惠等二十二堡地畝截置埂外，聽民墾植，免其入額。從之。

【《清實録》第 11 册，第 218 頁《高宗純皇帝實録》卷一七三“乾隆七年八月甲寅”條】

甘肅巡撫黄廷桂揭報乾隆五年帶徵節年地丁未完銀糧各數

乾隆七年九月二日

揭帖。

巡撫甘肅處地方贊理軍務兼理茶馬、兵部右侍郎兼都察院右副都御史、世襲雲騎尉、紀録二次黄：爲請定歲銷成例，以昭畫一事。

據甘肅布政使司布政使、革職留任徐杞呈，雍正拾叁年正月貳拾日，蒙前任甘肅巡撫許部院案驗，雍正拾貳年拾貳月貳拾伍日，准户部咨，陜西清吏司案呈，本年拾壹月拾貳日，准甘撫許咨，據署布政司楊應琚呈稱，奉部文，内開：嗣後奏銷現年錢糧之時，即將歷年未完項下續完若干、仍未完若干，并動用存貯各數目，令各該省分别年限匯造清册，另繕題本，隨本年奏銷，一并具題。□再行造入現年新收及帶徵項下。等因。原以未完項内續完數目，有即□年限内聲明者，有并入現年奏銷新收項下開造者，亦有歸入奏銷帶徵項下造報者，各省例不畫一，議請通行，俱自乙卯[①]年爲始。今甘省現在造報之雍正拾年及拾壹貳等年奏銷案内，應造歷年帶徵，仍應通照舊例開造。俟造雍正拾叁年奏銷之時，再照部示另册造賚，則章程即定，而與各省起造之年例均畫一矣。等情。相應咨請。等因。前來。

查各省奏銷，自雍正玖年起至拾貳年均未造册具題。今該撫既稱現在造報之奏銷案内應造歷年帶徵，仍照舊例開造，俟造報乙卯年奏銷之時，將歷年帶徵再照部示另册造賚，與各省起造之年例均畫一。等語。應如所請，仍

---

①乙卯：雍正十三年（1735）。

著該撫作速按年造册，具題查核。在于奏銷疏内聲明，俟造乙卯年奏銷之時，將歷年帶徵續完銀兩，另册具題可也。等因。準此，行司。

蒙此，遵即備行鞏、平、蘭、慶、甘、凉、寧、西捌府，直隸秦、階、肅叁州遵照造報去後。今據各府州將所屬帶徵雍正拾叁年并乾隆元、貳、叁、肆等年民屯更起存地丁未完銀、糧、草束各數目造報前來，本司核造總撤册籍呈賫，合候具題。等情。呈詳到臣。

該臣查得，奏銷現年錢糧，將歷年未完項下續完若干、未完若干，并動用存貯各數目，分别匯造清册，另繕題本，隨本年奏銷一并具題。等因。前准部咨，行司遵照在案。兹據布政使、革職留任徐杞詳稱，甘省乾隆伍年奏銷各册，照例另案請題外，所有蘭、鞏、平、慶、甘、凉、寧、西捌府，直隸秦、階、肅叁州所屬乾隆伍年帶徵雍正拾叁年并乾隆元、貳、叁、肆等年民屯更起存地丁未完銀、糧、草束，備造總册，呈賫前來，臣覆核無异。除原册分送部科外，臣謹會同督臣尹合詞具題，伏祈皇上敕部核覆施行。爲此除具題外，理合具揭。須至揭帖者。

乾隆柒年玖月初貳日。

【《明清檔案》A114—106，B64445—B64447】

△甘肅巡撫黄廷桂奏奉命查議刑部郎中樊天游條奏

乾隆七年九月初七日

户部議覆，甘肅巡撫黄廷桂奏稱，奉發查議之刑部郎中樊天游條奏：

一，寧夏府屬新渠、寶豐二縣，原係河灘，當日按户授田，地之肥瘠，尚未分晰，即照撫臣原題，每畝升科六升。至開墾之後，地多起碱沙壓，以及低窪不堪耕種者，小民授地已定，竭蹶輸將。臣思地有肥瘠，起科應分輕重，懇恩飭令該撫臣查勘，于原授地内，除肥田照舊升科外，其實在瘠薄之地，量減正賦。及有類此續行報墾者，并請減額起科。倘係沙壓起碱，及水淹不可耕種之地，悉予開除。等語。查新、寶二縣新開地畝，乾隆三年，正值勘定升科之期，適遭地震，新、寶縣治議裁，歸并寧夏、平羅二縣管轄。復因田地荒蕪，經前督臣鄂彌達奏明，開修惠農渠口，展長漢渠之尾，引水灌溉，以安新、寶無業窮民，試種另報升科。是新開地畝，應請俟渠工完畢，窮民按地安插後，將前項地畝，試種有效，再加確勘，視地之肥磽，定其等次，立科賦額。

一、寧夏府屬各渠，每年挑浚時，紳衿免役不下五六千户，民勞紳逸，似屬不均。今新、寶二縣所開惠農、昌潤二渠，渠長户少，挑浚非易，倘紳衿一概優免，小民獨任其勞，恐工力不敷，挑浚未能深廣，漸至淤塞。臣愚以爲，别項差徭，紳衿仍准援免外，凡一切渠道歲修工作，無論紳衿、庶民，按田均派，不致偏役編氓。等語。查挑浚渠工，原爲防護村莊，灌溉田畝，事關切己，非比别項差徭。凡有田之家，時值挑浚，需用夫料，紳衿、庶民自應共勷其事。應請自乾隆七年爲始，凡寧夏、寧朔、靈州、平羅、中衛，各屬之大清、唐漢、西河、惠農、秦漢、七星、美利，以及一切官民等渠，若值需夫挑浚修築之時，無論紳衿、庶民，俱按田畝之分數，一例出備夫料，共勷力作，不得借名優免。如有紳衿不便親執力作者，聽其出資雇募代役，違即詳革究擬。并請勒石，以垂永久。均應如所議，從之。

【《清實録》第 11 册，第 237 頁《高宗純皇帝實録》卷一七四“乾隆七年九月癸亥”條】

陝西寧夏總兵官吕瀚揭爲自陳不職請賜罷斥

乾隆七年十月六日

揭帖。

鎮守陝西寧夏等處地方副將、管總兵官事吕瀚：爲遵例自陳不職，仰祈睿鑒事。

竊臣于乾隆柒年叁月拾陸日，蒙兵部札付，爲題明考選軍政事。内開：武職官員，伍年壹次考選軍政。查乾隆貳年拾月起，至乾隆柒年拾月，伍年已滿，所有内外各省武職官員，例應軍政提督總兵官，仍照例具疏自陳。等因。具題奉旨："依議。欽此。"札行到臣。蒙此，除臣屬標、協、營路副、參、游、都、守等官内應薦、應劾并循分供職者，謹秉公考劾，查造履歷事迹，俟督臣尹繼善回陜之日，照例咨送甘提臣李繩武會商扣限具題，其現在有貪殘敗檢不職劣員，仍不時體訪請參外，所有微臣庸愚不職，謹遵例據實自陳。

竊臣現年伍拾壹歲，山東萊州府掖縣人，由行伍，投充陜西撫標，頂食馬戰兵張正名糧。于康熙伍拾叁年肆月内，蒙陜西撫臣永泰拔補右營額外把總。康熙伍拾伍年拾貳月内，隨陜西撫臣噶什圖在巴爾庫爾催運軍糧壹次。康熙伍拾陸年肆月内，蒙川陜督臣鄂海拔補撫標左營千總。本年伍月内，隨陜西撫臣噶什圖在巴爾庫爾催運軍糧壹次。康熙伍拾玖年玖月内，叁年俸滿，蒙川陜督臣鄂海保咨赴部，于康熙陸拾年肆月拾貳日在暢春苑引見，蒙聖祖仁皇帝閲看射箭，奉旨交與巡補營食俸當差，隨在兵部具呈，更復本姓名吕瀚。康熙陸拾壹年陸月内，奉旨揀選分發直隸，以守備補用。于雍正元年伍月拾柒日，奉世宗憲皇帝諭旨，分發各省年滿千總，著督撫確加考驗，騎射優者，先行題補，劣者，令其學習。于本年柒月内，蒙直隸督臣李維鈞題補直隸正定協右營守備，奉旨："吕瀚依議補用。"于雍正叁年肆月拾柒日，兵部尚書孫柱、盧詢，侍郎欽拜、傅鼐、楊汝穀面奉上諭："爾部行文各省督撫、提鎮，揀選守備中漢仗好人去得有操守者，總督每省保舉貳員，提督保舉貳員。如無總督省分，巡撫會同總兵，本省保舉貳員，送部引見。欽此。"于本年柒月内，蒙直隸督臣李維鈞考選保送赴部，于捌月初柒日在箭亭引見。蒙世宗憲皇帝閲看射箭，賞賜克食。奉旨："吕瀚，著交與怡賢親王，賞戴孔雀翎，在叁等侍衛行走。"于本月貳拾貳日，蒙怡賢親王揀選，帶領在養心殿引見，奉旨時授陝西寧夏鎮標中軍中營游擊。于玖月拾貳日，在養心殿恭詣聖訓，蒙欽賜訓諭叁束、貂皮壹張、紫金錠貳拾錠，于本年拾壹月初拾日到營任事。

于雍正肆年伍月内奉一案，爲欽奉上諭事。内開：直隸安平縣角邱村監生趙奉光家被盗一案，其原參各官職名，蒙部議覆，壹年限滿，同夥賊犯拾肆人，止獲肆名，將兼轄守備吕瀚照例罰俸壹年。查吕瀚已奉特旨，補放陝西寧夏鎮標中營游擊，應照例于新任内仍罰俸壹年。等因。欽遵在案。本年陸月内奉一案，爲請旨事。内開：奉上諭將各省題補地方，令該督撫、提鎮每年酌量題缺之多寡，將現任屬員内有才守兼優、勤慎奉職者，保題送部注册。蒙川陝督臣岳鍾琪保題在案。本年拾貳日内，于欽奉上諭事案内，督催寧夏鎮屬買解凉州駝隻長領銀兩肆個月限滿遲延，部議照例降俸貳級，戴罪督催。雍正伍年貳月内，于欽奉上諭事案内，因凉、寧、肅叁鎮甘提標，將長領駝隻價銀勒追還項肆個月限滿遲延，部議照例降俸貳級，戴罪完解。遵將長領駝隻銀兩于本年冬季内照數催解司庫，所有原議降俸貳級之案，呈請轉咨開復在案。本年拾貳月内，奉壹案，爲欽奉上諭事。内開：凡各官從前之籍貫有年歲不實者，俱著即行改正。等因。遵將從前入伍之陝西西安府長安縣籍貫，請更實在山東萊州府掖縣籍貫，造報在案。

于雍正陸年柒月貳拾肆日奉旨："山西老營堡參將著吕瀚補授。欽此欽遵。"于本年拾壹月初陸日到任。于雍正柒年叁月内，奉派帶領山西大同鎮官兵出師北路，于伍月内到京，荷蒙世宗憲皇帝隆恩，在圓明園賜宴，賞小刀、火鐮等物，又賞銀肆百兩。本年玖月内，至查漢叟兒地方扎卜龕駐札。于雍正捌年肆月内，隨大將軍公傅爾丹至科布多進剿壹次。雍正玖年肆月内，隨大將軍公傅爾丹至科布多修築城池，進剿壹次，領皇賞銀伍拾兩。于雍正拾年伍月内，奉派帶領官兵赴烏里雅素泰修築城池。雍正拾壹年陸月貳拾捌日，蒙大將軍順承親王題補漢中城守營副將。本年捌月内，蒙大將軍順

承親王委派，帶領河南、山東官兵壹千名，隨左副將軍額駙親王至科布多駐札，進勦壹次。于本年拾壹月初拾日，領受漢中城守營副將札付，遵于本日任事。雍正拾貳年捌月内，奉大將軍平郡王牌委，帶領官兵壹千名、駝叁千隻運回米石，至奎通納噶駐札看守米石。又蒙大將軍平郡王面諭修築克爾木工竣，蒙大將軍平郡王以所運米石駝隻俱無損傷，其應築之克爾木速行築完，甚屬效力，賞給銀牌壹個，著行營兵部將名記檔，于欽奉上諭出征官兵分别等第案内，蒙大將軍平郡王列爲軍壹等，造册送部。雍正拾叁年柒月内，更換回汛，蒙派帶領河南省官兵至豫，交明事竣。本年拾壹月拾肆日，恭逢恩詔，加壹級。于拾貳月拾柒日，到漢中城守營接管任事。

于乾隆元年拾壹月内奉一案：爲遵旨議奏事。因臣前在寧夏鎮標中營游擊任内，于雍正陸年采買軍需羊隻，交鎮屬各營派兵牧放，解送軍營，沿途生症倒斃，以派兵不慎，著令分賠羊價銀肆百貳拾柒兩陸錢伍分零。在山西老營堡參將任内奉文著追，蒙山西撫臣石麟咨明内部，以臣現在出征，家下實無次丁，其應賠羊價銀兩，請俟凱旋之日，再爲著追。等因。在案。經甘肅布政司徐杞援照恩詔，造册呈請，送部奏免。于乾隆貳年叁月内奉文，爲遵旨議叙事。兵部具奏西、北兩路壹等效力官兵，應請遵照列爲壹等，應升即用之旨，遇有一切應升之缺，照伊等本身職御即行升用。奉旨："依議。欽此。"轉行欽遵在案。叁月内，蒙大學士、仍管川陝總督臣查郎阿給咨赴部。于本年陸月初拾日，在養心殿引見，蒙恩賞内庫大緞壹匹，奉旨："吕瀚，著回新任。欽此。"兵部發給照票。于本年柒月貳拾陸日，到營任事。于本年拾壹月初玖日，蒙大學士、仍管川陝總督臣查郎阿奏請，委署興漢總兵官王邦寧前赴哈密駐防遺缺，遵將到任接署日期題報在案。乾隆肆年陸月初陸日，將原署總兵官印務賫交新任總兵官任懷德接管，即于本日起程，仍回漢中城守營本任。于本年玖月内奉一案，爲稟查事。因洋縣民蕭君林家于乾隆貳年閏玖月貳拾肆日夜被盗，壹年限滿，未獲賊犯，蒙部議："兼轄副

將吕瀚照例罰俸叁個月。”等因。欽遵在案。玖月初拾日，蒙興漢總兵官任懷德令牌，奉上諭：“總兵官王邦寧駐札塔爾納沁，患病未愈，著回本任調理。其駐防塔爾納沁總理東路卡倫之處，著興漢總兵官任懷德前往更换，其興漢鎮印務，仍著漢中副將吕瀚署理。欽此欽遵。”于本年玖月貳拾陸日抵興，業將接署日期恭疏題報在案。

于乾隆陸年貳月貳拾伍日，臣題明自興安起程，遵例巡查營汛，即于本日接奉川陝總督臣尹繼善撤調赴省，有面商公務，臣即兼程赴省，于柒月貳拾柒日途次接奉川陝督臣尹繼善照會，准兵部咨，奉旨：“吕瀚補授陝西寧夏總兵官。欽此。”又接准陝提臣周開捷咨，准川陝總督臣尹繼善咨，准兵部咨，内閣抄出，奉上諭：“陝西寧夏總兵官員缺，朕已將吕瀚補授。但寧夏鎮缺甚屬緊要，著詢問總督尹繼善，若吕瀚不勝此任，即于所□總兵内揀選壹員調補，其所遺員缺將吕瀚補授。欽此欽遵。”臣于本年叁月初貳日抵西安省城，于本月初肆日，蒙川陝總督臣尹繼善轉發兵部頒給副將、充鎮守陝西寧夏總兵官事紀録壹次札付壹張到臣。臣遵即祇領，又奉撤□，將原署興漢總兵官印務交督標中軍副將孫建勛接署。臣隨將所署興漢總兵官印信，于叁月貳拾日在省交明督標中軍副將孫建勛署理，即于本日自省起程，于本年肆月初玖日抵寧，將寧夏總兵官印務接受任事訖。

伏念臣一介庸材，至愚極陋，仰荷聖祖仁皇帝豢養多年，由行伍拔補千把。蒙世宗憲皇帝隆恩，不次超擢，歷補副將，殊恩優渥，寸長未效。復蒙聖主隆恩，特授寧夏總兵官，天恩愈重，報稱愈難。臣到任以來，凡訓練士卒，整頓營伍和兵民，寧謐地方，雖殫心竭力，毫無補報，虚糜廪禄，有負高深。況寧夏乃衝邊要地，以臣庸材，不克勝此重任，中□悚□，負疚難安。兹當軍政考績之期，謹據實自陳，伏乞皇上俯賜罷斥，别簡賢能。庶嚴疆有賴，而大典聿昭矣。緣係自陳事理，字多逾格，貼黄難盡，伏乞皇上睿鑒施行。除具奏外，理合具揭。須至揭帖者。

乾隆柒年拾月初陸日。

【《明清檔案》A115—81，B64865—B64872】

△甘肅巡撫黄廷桂奏請興建寧夏惠農渠工事

乾隆七年十月十九日

又議准，甘肅巡撫黄廷桂奏稱：寧夏惠農渠之西，原有西河一道，自寧夏縣屬河西寨起，至平羅具屬硯瓦池，計長二百五里。又，硯瓦池迤北，至石嘴子，計長一十六里七分，應挑挖河身，建造橋關飛槽。從之。

【《清實録》第11册，第308頁《高宗純皇帝實録》卷一七九“乾隆七年十月十九日甲戌”條】

署川陜總督馬爾泰揭報游擊病故

乾隆七年十二月四日

揭帖。

署理總督四川陜西等處地方軍務兼理糧餉、鑲黄旗漢軍都統、帶降三級又降二級留任、紀録二次馬：爲報明游擊病故事案。

查前督臣尹移交乾隆七年十月十三日准署固原提督印務、西寧鎮總兵官許仕盛咨：據護興漢鎮印務、鎮標中營游擊王三元呈，據漁渡路中軍守備王選良呈，據本營游擊陳永圖嫡子陳鎣報稱：伊父身染瘧疾，日久虚弱，醫治罔效，于乾隆七年八月初十日病故。理合報明。等情。轉報到護鎮。據此，隨飭委漁渡路守備王選良確查去後。兹據該備呈稱：查得該營游擊陳永圖，實係染患瘧疾，虚弱身故，并無别情，任内亦無未清錢糧事件。取具嫡親、醫生甘結，并出具承查印結，同該游擊陳永圖原領札付，一并呈賫前來。據此，理合轉呈。等情。到本署提督。據此，相應咨會查照具題。等因。移交到臣。

準此，該臣看得，興漢鎮屬漁渡路游擊陳永圖，身染瘧疾，醫治罔效，于乾隆七年八月初十日病故。兹準署陝提臣許仕盛咨報病故日期，并聲明該員任内并無未清錢糧事件，取具嫡親、醫生及承查印甘各結暨原領札付一并咨移前來。除結札送部外，所有興漢鎮屬漁渡路游擊陳永圖病故日期，臣謹會同署陝撫臣馬、署陝提臣許合詞具題，伏祈皇上睿鑒，敕部施行。再照漁渡路游擊員缺係部推之缺，合并陳明。爲此除具題外，理合具揭。須至揭帖者。

乾隆柒年拾貳月初肆日。

【《明清檔案》A116—112，B65519—B65520】

乾隆八年（1743）

△諭内閣以寧夏府知府牟灦調補甘州府知府等官員任免事

乾隆八年正月初十日

乾隆八年正月初十日，内閣奉上諭："據甘肅巡撫黄廷桂奏稱，蘭州府知府宋安仁現在題参，其員缺，請以甘州府知府李元英調補。甘州府知府員缺，請以寧夏府知府牟灦調補。寧夏府知府員缺，請以楊灝補授。俱著照所請行。該部知道。欽此。"

【《乾隆朝上諭檔》第1册，第830頁第2169條】

署川陝總督馬爾泰揭報原任陝西固原提督周開捷病故

乾隆八年正月二十四日

揭帖。

署理總督四川陝西等地方軍務兼理糧餉、鑲黄旗漢軍都統、帶降三級又降二級留任、紀録二次馬：爲報明提臣病故事案。

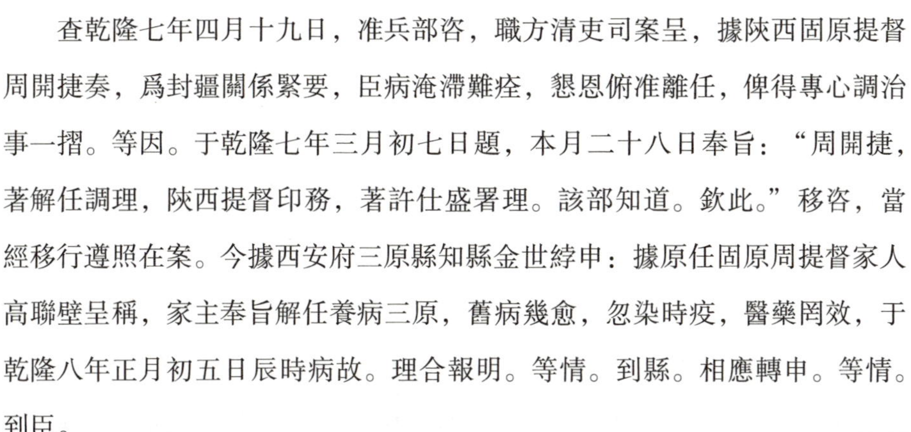

查乾隆七年四月十九日，准兵部咨，職方清吏司案呈，據陝西固原提督周開捷奏，爲封疆關係緊要，臣病淹滯難痊，懇恩俯准離任，俾得專心調治事一摺。等因。于乾隆七年三月初七日題，本月二十八日奉旨：“周開捷，著解任調理，陝西提督印務，著許仕盛署理。該部知道。欽此。”移咨，當經移行遵照在案。今據西安府三原縣知縣金世綍申：據原任固原周提督家人高聯壁呈稱，家主奉旨解任養病三原，舊病幾愈，忽染時疫，醫藥罔效，于乾隆八年正月初五日辰時病故。理合報明。等情。到縣。相應轉申。等情。到臣。

據此，該臣看得，原任陝提臣周開捷，前因患病，淹滯難痊，奏請離任，移住附近省城州縣地方延醫調攝。業准部覆，奉旨俞允，欽遵在案。兹據西安府三原縣知縣金世綍申稱，原任固原提督周開捷解任，養病三原，舊病幾愈，忽染時疫，醫藥罔效，于乾隆八年正月初五日病故。等因。前來。所有奉旨解任調理之陝西固原提督周開捷病故日期，臣謹會同陝撫臣塞、署陝提臣許合詞題報，伏祈皇上睿鑒，敕部施行。爲此除具題外，理合具揭。須至揭帖者。

乾隆捌年正月貳拾肆日。

【《明清檔案》A117—112，B66159—B66160】

署川陝總督馬爾泰揭請核銷靖遠寧夏各官雍正三至六年製造鉛藥火繩用銀

乾隆八年正月二十六日

揭帖。

署理總督四川陝西等處地方軍務兼理糧餉、鑲黄旗漢軍都統、帶降三級又降二級留任、紀録二次馬：爲題明製造鉛藥、火繩事。

據蘭州布政使司布政使徐杞詳，蒙太子少保、大學士、仍管川陝總督查部院案驗，乾隆元年四月初九日，准工部咨，虞衡司案呈，查先經吏部尚書署理陝西總督印務劉疏稱，據署蘭州布政使楊應琚詳稱：靖遠營雍正三年、寧夏等府雍正四、五、六等年供支寧夏八旗官兵應需鉛藥、火繩等項册造價銀共四千三百二十七兩七錢零，内靖遠營共用過銀五百兩二分零，寧夏等府各官共用銀三千八百二十七兩六錢八分零。其各項價值，據該府營堅稱，寧夏邊地各項，俱須數千里外購買，現今續辦軍需案内，寧夏府雍正十一年供支駐寧太原滿兵應需火藥每斤價銀一錢一分，鉛子每斤價銀八分，火繩每丈價銀二分，已經蘭州撫臣許核題在案。前用各價，正與相符，請一例題銷。等情。臣覆核無异。會同蘭州撫臣許合詞具題。等因。臣等查軍需銀兩係户部查核之案，行文户部，將寧夏府雍正十一年供交駐寧太原滿兵藥鉛、火繩價值果係此數，并曾否題銷之處查覆過部，以便議覆。等因。在案。

今唯户部咨稱：甘撫許奏銷續辦軍需第六十九案内，寧夏府雍正十一年供支駐寧太原滿洲兵丁火藥每斤價銀一錢一分，鉛子每斤價銀八分，火繩每丈價銀二分，均無原案，定價無憑核銷。今該署督劉據實確查。等因。題覆行文在案。相應移覆。等因。前來。查甘撫許奏銷續辦軍需案内，寧夏府雍正十一年供支駐寧太原滿洲兵丁藥鉛等項價值，户部既稱均無原案，定價無憑核銷，令該署督據實確查，題覆行文在案。等語。應令該署督將寧夏府雍正十一年供支駐寧太原滿兵鉛藥等項價值，俟户部核覆准銷之日，再將靖遠營雍正三年、寧夏等府雍正四、五、六等年供支寧夏八旗官兵需用鉛藥、火繩等項價值援例題銷可也。等因。乾隆元年三月初一日題，本月初三日奉旨：“依議。欽此。”相應移咨前去，欽遵查照施行。等因。到本部院，案行到司。

蒙此，查此案前自奉行之始，當即備移寧夏道靖遠營轉飭遵照造册，援例請銷及屢催在案。兹準靖遠營移稱：遵將雍正三年本營千總王友德，與寧夏八旗滿兵製造火藥、鉛彈裝盛藥籠，并運送脚價費過銀兩數目，造具清册，理合具文，移送轉請題銷。等情。又准寧夏道移，據寧夏府知府牟瀜申稱：遵將前府任内製辦雍正四、五、六等年供支駐寧八旗滿兵需用鉛藥、火繩等項用過價銀，相應援例，按年分晰，造具清册，呈賫核移請銷。等情。到道，轉移到司。準此，該布政使徐杞查得，寧夏供支駐寧太原滿兵鉛藥、火繩價值，已于續辦軍需第二十一案至三十案奏銷案内，于乾隆二年六月内奉户部議覆，奉旨：“准其開銷在案。”今移催靖遠營、寧夏府遵奉援例，造册請銷前來。

查靖遠營册造雍正三年分製辦供支寧夏八旗官兵春、秋二操火藥二千八百五十斤，每斤價銀一錢一分，共銀三百一十三兩五錢。鉛彈一千一百七十斤一十二兩，每斤價銀八分，共銀九十三兩六錢六分。裝盛藥鉛籠六十六個，每個價銀一錢五分七厘，共銀一十兩三錢六分二厘。自靖遠馱運寧夏脚價銀八十二兩五錢，通共請銷銀五百兩二分二厘。在司庫雍正三年建曠銀兩動支銀五百兩，尚有不敷銀二分二厘。

寧夏府册造雍正四年分前任寧夏府知府卜瑗製辦供支駐寧八旗官兵春、秋二操并預備行走火藥一萬五千八百二十五斤，每斤照准銷定價銀一錢一分，鉛子一萬四千六十五斤，每斤價銀八分。較比供支太原滿兵案内，每斤准銷銀八分五厘之數有減。烘藥二百二十九斤二兩，每斤價銀一錢一分。火繩一萬二千四百二千丈，每丈照准銷定價銀二分。通共原領司庫雍正四年建曠銀三千四百四十兩七錢四分五厘，今實請銷銀三千一百三十九兩五錢五分三厘七毫五絲，尚該下剩核減銀三百一兩一錢九分一厘二毫五絲。查原辦官卜瑗，久已回籍，應請俟部覆准銷至日，另請咨覆原籍，著落家屬名下催追還項。

又册造雍正五年分前任寧夏府知府邢碩輔製辦供支過八旗官兵春、秋二操火藥一千六百五十斤，每斤價銀一錢一分，烘藥六十一斤一十四兩，每斤價銀一錢一分，火繩三千四百八十丈，每丈價銀二分。原領司庫雍正五年建曠銀二百七十五兩二分五厘，今實請銀二百五十七兩九錢六厘二毫五絲，下剩核减銀一十七兩一錢一分八厘七毫五絲。查原辦官邢碩輔久已回籍，俟部覆准銷至日，另請咨覆原籍，著落家屬名下照數催追解還。

又册造雍正六年分寧夏府知府鈕廷彩製造供支駐寧八旗官兵春、秋二操火藥三千一百五十斤，每斤價銀一錢一分。烘藥六十一斤一十四兩，每斤價銀一錢一分。火繩三千四百八十丈，每丈價銀二分。鉛子九十一斤八兩，每斤價銀八分。原領司庫雍正六年建曠銀四百六十三兩二錢六分，下剩核减銀三千三兩三分三厘七毫五絲，請在原辦官鈕廷彩現任肅州道任所催追還項。今實請銷銀四百三十兩二錢二分六厘二毫五絲。

以上靖遠、寧夏各官雍正三四五六等年製造藥鉛、火繩各價，原報領過司庫各年建曠銀四千六百七十九兩三分，嗣奉部示，照依寧夏供支太原滿兵用過藥鉛准銷價銀，援例請銷，共減去銀三百五十一兩三錢四分三厘七毫五絲，通共實請銷銀四千三百二十七兩七錢八厘二毫五絲，所有造到各册，相應轉賫，合候題銷。等情。到臣。

據此，該臣看得，靖遠營雍正三年、寧夏等府雍正四五六等年供支寧夏八旗官兵應需鉛藥、火繩等項用過價值銀兩，經前署督臣劉援照續辦軍需案内，寧夏府雍正十一年供支駐寧太原滿兵鉛藥、火繩之價一例請銷，嗣准部覆。令將寧夏府供支駐寧太原滿兵鉛藥等項價值，俟户部核覆准銷之日，再援例題銷。等因。當經轉行遵照在案。

兹據蘭州布政使徐杞詳稱：寧夏府供支駐寧太原滿兵鉛藥、火繩價值，已于續辦軍需第二十一案至三十案奏銷案内，于乾隆二年六月内，奉部覆准銷在案。查靖遠營雍正三年製辦供支寧夏八旗官兵火藥二千八百五十斤，每斤照准銷定價銀一錢一分。鉛彈一千一百七十斤一十二兩，每斤價銀八分。又裝盛藥鉛籠六十六個，每個價銀一錢五分零。再，自靖遠馱運寧夏脚價銀八十二兩五錢，共請銷銀五百兩二分二厘。在司庫雍正三年建曠銀内動支銀五百兩，尚有不敷銀二分二厘。又，寧夏府雍正四年，前任寧夏府知府卜瑗製辦供支八旗官兵并預備行走火藥一萬五千八百二十五斤，每斤照准銷定價銀一錢一分。鉛子一萬四千六十五斤，每斤價銀八分。烘藥二百二十九斤二兩，每斤銀一錢一分。火繩一萬二千四百二十丈，每丈價銀二分。共原領司庫雍正四年建曠銀三千四百四十兩七錢四分零。今實請銷銀三千一百三十九兩五錢五分零，尚該核減銀三百一兩一錢九分零。又，雍正五年，前任寧夏府知府邢碩輔製辦供支八旗官兵火藥一千六百五十斤，每斤照准銷定價銀一錢一分。烘藥六十一斤一十四兩，每斤價銀一錢一分。火繩三千四百八十丈，每丈價銀二分。原領司庫雍正五年建曠銀二百七十五兩二分零，今實請銷銀二百五十七兩九錢六厘零，尚該核減銀一十七兩一錢一分零。查四、五二年原辦官卜瑗、邢碩輔俱久已回籍，其核減銀兩，俟部覆准銷至日，請移咨各原籍著落家屬名下，照數催追解還。又，雍正六年，寧夏府知府鈕廷彩製辦供支八旗官兵火藥三千一百五十斤，每斤照准銷定價銀一錢一分。烘藥六十一斤一千四兩，每斤價銀一錢一分。火繩三千四百八十丈，每丈價銀一分。鉛子九十一斤八兩，每斤價銀八分。原領司庫雍正六年建曠銀四百六十三兩二錢六分，尚該核減銀三十三兩三分零，請在原辦官鈕廷彩現在肅州道任所催追還項。今實請銷銀四百三十兩二錢二分零。以上靖遠、寧夏各官雍正三四五六等年製造藥鉛、火繩各價，原報領過司庫各年建曠銀四千六百七十九兩三分，今照准銷定價援例請銷，共減去銀三百五十一兩三錢四分零，通共實請銷銀四千三百二十七兩七錢零。等情。造册，呈賫前來，臣覆核無异。除册送部外，謹會同甘撫臣黄合詞具題，伏祈皇上睿鑒，敕部議覆施

行。爲此除具題外，理合具揭。須至揭帖者。

乾隆捌年正月貳拾陸日。

【《明清檔案》A118—4，B66211—B66218】

署川陜總督馬爾泰爲民宅被劫事主身死揭參疏防武職

乾隆八年正月二十六日

揭帖。

署理總督四川陜西等處地方軍務兼理糧餉、鑲黄旗漢軍都統、帶降三級又降二級留任、紀録二次馬：爲强賊殺死人命事案。

查乾隆七年四月初一日，前督臣尹准前任固原提督周咨，據前任西鳳協副將李斯援呈，據鳳翔城守營都司郭璞呈，據鳳翔縣十八嶺居民薛必用首稱：乾隆七年三月初七日夜更餘，特候人方睡定，被賊人從住房前面東邊墻鑿進院，用與叔父薛文彩、弟薛必成三人聽得響動，急起看時，見滿屋前後許多賊人，其勢甚衆。用叔父喊叫，即被賊人棍打刀扎，當夜殞命。其嬸母并其弟兄二人各帶重傷，被賊劫去銀五兩、錢四千文、衣服三箱。爲此首明。等情。據此，卑職即會同鳳翔縣選差幹練目兵，協同捕快，勒限分途嚴緝、贓賊務獲外，理合呈報。等情。轉報到提督，移咨到前督臣尹。當經移咨，勒限嚴緝、贓賊務獲，并查取疏防各職名在案。

旋准前任固原提督周咨，據副將李斯援呈，據鳳翔城守營都司郭璞呈稱，卑職即會同鳳翔縣選差兵快分途嚴緝，隨于乾隆七年四月十三、二十一等日拿獲賊犯牛二境、張家娃，并獲盗首馬皮匠即馬福純、王福、李禄、李天雲六名，并起獲贓物到案，交鳳翔縣審訊。據供，此案賊犯共有一十二名。又于五月二十九日，六月初六、十二、十五等日拿獲賊犯李浩即李白頭兒、王拜客兒、羅成、買福即買鬍子、李禄即小李共五名。其未獲一名李化有，現今差撥幹目，協同捕快關拿。所有陸續獲盜日期理合報明。等情。轉報到提督。亦經咨明前督臣尹在案。

嗣臣于乾隆七年十一月十九日接印視事後，查此案疏防尚未揭到，隨飛咨陝提查取去後。于乾隆八年正月初三日，准署固原提督許咨，據西鳳協副將馬世岱呈稱：查鳳翔縣鄉民薛文彩被賊毆傷身死，并劫去衣物、銀錢一案，疏防專訊係鳳翔城守營都司郭璞，兼轄係前任丁憂西鳳協副將李斯援，并無統轄之員，所有專兼職名相應開揭。查事主居住地方離縣城七十餘里，係僻背深山，孤村獨舍，并無墩鋪防兵。再，查定例内，獲盜過半并獲盜首者，免其參處。今此案賊犯共一十二名，已于限内獲首從一十一名，理合一并聲明。等情。開揭到署，提督移揭到臣。準此，除文職疏防已經前任陝撫臣岱會疏題參外，該臣看得，鳳翔縣鄉民薛文彩于乾隆七年三月初七日夜被賊毆傷身死，并劫去衣物、銀錢一案，前督臣尹據報移咨，勒緝贓賊務獲，并查取疏防各職名在案。

嗣臣到任後，復經飛催查取去後。兹準署陝提臣許咨稱：查此案夥賊共一十二名，于限内陸續拿獲盜首馬福純即馬皮匠，并夥盜牛二埈、張寧娃、王福、李禄、李天雲、李浩、王拜客兒、羅成、買福、又李禄即小李等共一十一名，惟逸賊李化有至今尚未弋獲。所有疏防武職專訊係鳳翔城守營都司郭璞，兼轄係前任丁憂西鳳協副將李斯援，并無統轄之員。等因。移揭前來。除移令轉飭勒緝逸賊李化有務獲外，所有此案武職疏防專兼各職名臣，謹會同陝撫臣塞、署陝提臣許合詞題參，伏祈皇上睿鑒，敕部議處施行。

查此案，事主居住山僻，并無墩鋪防兵，且夥盜共一十二名，已獲一十一名，并獲盜首，例得免議。再，此案于乾隆七年三月初八日報官之日，以四個月扣限，應扣至七月初八日限滿。前督臣尹曾經行催，未據揭報，于七月十一日赴川查勘金沙江事。及臣于乾隆七年十一月十九日接署督篆，復飛催查取。于乾隆八年正月初三日始據開揭，其揭報遲延職名，現在查取，俟至日另行補參，合并聲明。爲此除具題外，理合具揭。須至揭帖者。

乾隆捌年正月貳拾陸日。

【《明清檔案》A118—6，B66223—B66226】

△諭内閣著豆斌補授固原提督等官員任免事

乾隆八年二月二十一日

乾隆八年二月二十一日，内閣奉上諭："陝西固原提督員缺，著豆斌補授。提督永常，著回安西駐札。肅州總兵員缺，著西寧總兵官許仕盛調補。西寧總兵員缺，著永昌協副將張世偉補授。欽此。"

【《乾隆朝上諭檔》第 1 册，第 836 頁第 2191 條】

署川陝總督馬爾泰揭報游擊邊俸已滿無過請旨升轉

乾隆八年三月十一日

揭帖。

署理總督四川陝西等處地方軍務兼理糧餉、鑲黄旗漢軍都統、帶降三級又降二級留任、紀録二次馬：爲欽奉上諭事。

案查雍正六年七月十八日，准兵部咨，職方清吏司案呈，兵科抄出本部題前事，議得陝西總督岳疏稱：准部咨，各省武職官員與文職事同一例。其或有省分烟瘴未消，應行調補，當照邊俸例升用之處，行會該督撫等確查明白，逐一分晰具題。等因。除督標陝甘二撫提、固原、延、興、凉、寧、肅各鎮所屬標營，均非烟瘴地方，其照邊俸升用之處，毋庸復議。惟安西鎮標各營之游、守與所屬沙州副將、守備，及靖逆營游擊，赤金營、柳溝堡守備，并西寧鎮屬之保安、歸德二堡守備，各缺雖非烟瘴之地，而遠處塞外，番彝環繞，似與腹裹有間，應否照安西同知等文缺，亦以五年俸滿題升，聽候部議。等因。具題前來。

查新設之安西、沙州、靖逆、赤金、柳溝，并原設之保安、歸德等處標營各員缺，俱地處邊外，與内地不同，其文職廳員及衛所各官已經准其五年俸滿題升。今該督既稱安西鎮標各營游、守與所屬沙州副將、守備，及靖逆營游擊，赤金、柳溝二營守備，并保安、歸德二堡守備，各缺雖非烟瘴之地，而遠處塞外，番彝環繞，應否照安西文職例，五年俸滿題升，聽候部議。等語。文武事屬一體，應如該督所請，將安西等處游擊、守備，俱照邊俸之例，五年俸滿，准其升轉至副將。遇有總兵缺出，臣部將各省副將通行開列，請旨補授。原不論俸推升，應將該督所請沙州副將照邊俸例題升之處，毋庸議。等因。于雍正六年六月二十七日題，本月二十九日奉旨："依議。欽此。"爲此合咨前去，查照施行。等因。當經移行遵照在案。今據署安西鎮印務、肅州總兵官豆斌呈，據本標中軍游擊徐嘉蘭呈稱：卑職于乾隆三年二月初八日，接受兵部頒發安西鎮標中營游擊札付之日起，扣至乾隆八年二月初八日止，五年邊俸已滿，任内并無參罰事件，相應遵例呈報。等情。據此，查該游擊五年俸滿，任内并無參罰事件。其邊俸已滿五年，准其升轉之例相符，既據詳請前來，相應呈請會題。等情。到臣。

據此，該臣看得，安西鎮標各營游、守與所屬沙州守備，及靖逆營游擊，赤金、柳溝二營守備，并西寧鎮屬之保安、歸德二堡守備各缺，經原任督臣岳題請，照安西同知等文缺，亦以五年俸滿題升，經部議應如所請，俱照邊俸之例，五年俸滿，准其升轉。等因。移行遵照在案。兹據署安西鎮印務、肅州總兵官豆斌呈稱：查鎮標中營游擊徐嘉蘭，于乾隆三年二月初八日接受部札之日起，扣至乾隆八年二月初八日止，五年邊俸已滿，任内并無參罰事件，與升轉之例相符。等情。呈請前來。除該員履歷并該鎮保結查取至日另咨送部外，臣謹會同甘撫臣黄、安提臣永合詞具題，伏祈皇上睿鑒，敕部查照施行。爲此除具題外，理合具揭。須至揭帖者。

乾隆捌年叁月拾壹日。

【《明清檔案》A119—22，B66859—B66861】

陝西寧夏總兵官吕瀚揭報交代起程陛見日期

乾隆八年三月二十四日

揭帖。

鎮守陝西寧夏等處地方副將、管總兵官事吕瀚，爲恭報微臣自寧起程赴闕，并交代印務日期事。

竊臣于乾隆捌年叁月十五日，蒙兵部札付，爲微臣戀主情殷等事。職方清吏司案呈，據寧夏鎮吕瀚奏爲微臣戀主情殷，恭請陛見，跪領聖訓，以慰愚忱事一疏，等因。于乾隆柒年拾貳月拾貳日題，捌年貳月拾叁日奉旨："吕瀚，著來京陛見。該部知道。欽此。"相應札行該鎮欽遵可也。爲此合札該鎮欽遵施行。等因。札行到臣。臣聞命自天，歡欣無地，隨恭設香案，叩頭謝恩。

又承准署督臣馬爾泰照會内開：准兵部咨前事，除已飭委花馬池副將王良佐署理鎮篆外，所有委牌，合行飭發。爲此，照會該鎮查照，即將發來委牌并總兵官印信交給王良佐接管署理，仍將交收過緣由報查施行。等因。照會到臣。承準此，隨將發來委牌轉發臣屬花馬池副將王良佐遵照收領，并檄調該副將到寧。臣隨將寧夏總兵官銀印壹顆、王命旗牌拾杆面、未用火牌叁張、勘合拾道、蒙古勘合拾道，并節次奉到上諭、清漢各書，以及一切已結、未結事件，委臣標中軍游擊張晟賫送副將王良佐接管署理。臣即于叁月貳拾肆日輕騎就道，趨赴闕廷。所有微臣交代緣由，并起程日期，除報明兵部暨督撫提臣外，理合恭疏題報，伏乞皇上睿鑒施行。除具題外，理合具揭。須至揭帖者。

乾隆捌年叁月貳拾肆日。

【注】内揭壹扣。

【《明清檔案》A119—67，B67089—B67091】

署陝西固原提督許仕盛揭謝調補肅州總兵官

乾隆八年四月七日

揭帖。

署理陝西固原提督印務、肅州總兵官署都督僉事、降一級留任許揭：爲恭謝天恩事。

竊臣于乾隆捌年叁月拾伍日，蒙兵部札付，内開：職方清吏司案呈，乾隆捌年貳月貳拾壹日，内閣奉上諭："陝西固原提督員缺，著豆斌補授。提督永常，著回安西駐札。肅州總兵員缺，著西寧總兵官許任盛調補。西寧總兵官員缺，著永昌協副將張世偉補授。欽此。"相應札知該提督可也。爲此，合札前去，查照遵奉施行。等因。札行到臣。臣隨恭設香案，望闕叩頭謝恩訖。

伏念臣才識庸陋，罔堪重寄。蒙我皇上特達之知，异數頻加。由江南狼山調鎮陝西西寧，視事未幾，即于上年秋承恩簡升署固原提督印務。數月以來，雖勉竭駑駘，而寸長未效，乃復奉諭旨，移鎮肅州。竊思肅州障甘省之屏藩，爲伊里之門户，幅幀遼闊，番夷雜居，爲極西之要地，譾劣如臣，何克勝任。然聖主不以臣愚，而屢付重寄。臣惟有矢志不移，計盡一日之犬馬，以報殊遇之隆恩耳。除固原提督印務，俟新任提臣豆抵固，臣交代後，即馳赴肅州，至期另疏題報外，所有微臣感戴下悃，理合恭疏奏謝，伏祈皇上睿鑒施行。爲此除具奏外，理合具揭。須至揭帖者。

右具揭帖。

乾隆捌年肆月初柒日。

【《明清檔案》A120—4，B67313—B67314】

甘肅巡撫（黃廷桂）揭報升補州官

乾隆八年四月十四日

揭帖。

巡撫甘肅等處地方贊理軍務兼理茶馬、兵部右侍郎兼都察院右副都御史、世襲雲騎尉、紀録二十二次、又軍功紀録二次黃：……要缺，急需幹員，遵例揀選會請事。

乾隆柒年十二月拾壹日，據甘肅布政使司布政使、革職留任徐杞，按察使司按察使鄂昌呈：乾隆捌年叁月拾陸日，蒙巡撫甘肅黃部院案驗，乾隆捌年叁月拾肆日，准吏部咨，爲知照事。文選司案呈，查定例，各省正印佐雜官員在外揀選各缺，如丁憂、病故之缺，即以督撫題咨開缺之日起，限壹月内題咨調補。其緣事議降、議革及升任、終養、告休等官，吏部每月貳拾日截缺時，開單行文知照，以接到部文之日起，限壹月内□□□□例，題咨調補，如有違限，分别議處。等情。柒年拾貳月分，出有本省衝、繁、難知□□□甘肅静寧係在外揀選之缺，相應知照□□□□可也。爲此合咨，前去查照施行。等因。準此，行司。

蒙此，該布政使徐杞、按察使鄂昌會查得，静寧州路當孔道、事務紛紜、習俗刁悍，兼衝、繁、難叁項之要區，必須幹員，方克勝任。第甘省州缺，除直隸州及現需揀補之静寧州外，有蘭州府屬之狄、河貳州，鞏昌府屬之岷州，平凉府屬之涇、固貳州，寧夏府屬之靈州，慶陽府屬之寧州。查寧州現係被參員缺，其餘各州皆屬要缺，難以更調。兹于現任知縣内選有隴西縣知縣張景穆，係由歲貢，于雍正柒年揀選引見，奉旨命往四川，酌量題補。雍正玖年，補授閬中縣知縣。雍正拾叁年，于餘平銀案内被參，即于是年審明開復，赴部候補。乾隆陸年，簽掣廣東鶴山縣知縣引見，奉旨調補隴西縣知縣。查隴西縣衝繁首邑，該員到任，迄今已幾貳載，聽斷平允，催科有方，凡關地方事，無不悉心經理，實係辦事老幹、操持廉謹、堪膺劇要之員。以之升補静寧州要缺，洵屬人地相宜。且知州係知縣應升，該員到隴，雖未滿叁載，其在閬中縣任，已歷俸有年，查參案審明冤抑准復者，例得通理前俸。又查該員于隴西縣任内有移送事案内，因選報道紀司遲延，罰俸叁個月。報明軍犯等事案内，因軍犯脱逃，罰俸壹年。又有報明軍犯等事案内，因軍犯范數玖[①]等脱逃，業經請參，尚未奉有部議，并無停升之處分，題升知州，亦屬合例。其隴西縣中缺，查有原任寶豐縣丁憂知縣杜蔭，因虧空參革，審明俱係那移，于限内全完，照例開復，于乾隆柒年引見，奉旨："杜蔭，准其開復，仍發往甘肅以知縣用。欽此欽遵。"在案。今該員已經到甘，例應以調補所遺之缺，委用[②]張景穆，仰蒙題奉俞允，升補静寧州知州，應請照例以杜蔭題署隴西縣知縣，仍俟著有成效，另請實授。所有該員等履歷，相應照造清册，會詳呈請，核奪會題。再，查張景穆係知縣升補知州，應俟奉有部覆，照例請咨引見。其杜蔭係奉旨以知縣用之員，今請題署知縣，毋庸引見，合并聲明。等情。呈詳到臣。

該臣看得，静寧州知州□國瓚奉旨升署直隸階州知州，所遺静寧州要缺，□□□□准部覆，隨即行司去後。兹據布政使、革職留任徐杞，按察使鄂昌詳稱：静寧州，路當孔道，事務紛紜，習俗刁悍，兼衝、繁、難叁項之要區，必須幹員，方克勝任。第甘省州缺，除直隸州及現需揀補之静寧州外，其狄道、

①范數玖：下文又作"范數九"。
②所遺之缺委用：此六字原漫漶不清，據下文補。

河州、岷州、固原、涇州、靈州、寧州，查寧州現係被參員缺，其餘各州皆屬要缺，難以更調。查有隴西縣知縣張景穆係由歲貢，于雍正柒年揀選引見，奉旨命往四川，酌量題補。雍正玖年，補授閬中縣知縣。雍正拾叁年，于餘平銀案内被參，即于是年審明開復，赴部候補。乾隆陸年，簽掣鶴山縣知縣引見，奉旨調補隴西縣知縣。查隴西縣係衝繁首邑，該員到任，迄今已幾貳載，聽斷平允，催科有方，凡地方事務，無不悉心經理，實係辦事老幹之員，以之升補静寧州要缺，洵屬人地相宜。且知州係知縣應升，該員到隴雖未滿叁載，其在閬中縣任，已歷俸有年。查參案審明冤抑准復者，例得通理前俸。又查該員于隴西縣任内有移送事案内，因選報道紀司遲延，罰俸叁個月。報明軍犯等事案内，因軍犯脱逃，罰俸壹年。又有報明軍犯等事案内，因軍犯范數九等脱逃，業經請參，尚未奉有部議，并無停升之處分，題升知州亦屬合例。其隴西縣係屬中缺。查原任實豐縣知縣杜蔭因虧空參革審明，俱係那移，限内全完，照例開復。于乾隆柒年引見，奉旨："杜蔭，准其開復，仍發往甘肅以知縣用。欽此欽遵。"在案。今該員已經到甘，例應以調補所遺之缺，委用張景穆。如蒙俞允，升補静寧州知州，應請照例以杜蔭題署隴西縣知縣。等情。臣查張景穆，居官勤慎，辦事幹練，以之升補静寧州知州，洵屬人地相宜。其所遺隴西縣員缺，查有實豐縣被參□□□□移，限内全完，照例開復之杜蔭，□□□□□著有成效，另請實授。再，查張景穆，係知縣升補知州，應俟部覆至日，照例給咨引見。至杜蔭，係奉旨以知縣用之員，毋庸送部引見，合并陳明。除各該員履歷册送部，至督臣會稿印結，俟移取至日，另行送部外，臣謹會同署督臣馬合詞具題，伏祈皇上睿鑒，敕部施行。爲此除具題外，理合具揭。須至揭帖者。

乾隆捌年肆月十四日。

【《明清檔案》A120—29，B67415—B67419】

署川陝總督（馬爾泰）揭報補授都司

乾隆八年四月二十六日

揭帖。

署理總督四川陝西等處地方軍務兼理糧餉、鑲黄旗漢軍都統帶、降三級又降二級留任、紀録二次馬請補邊營都司，以收實效事。

乾隆捌年□□月柒日，准兵部咨，職方清吏司案呈，乾隆柒年拾壹月分，本部出有河南撫標中軍參將員缺，將陝西大靖營參將蕭奏韶推升；浙江處州鎮標中營游擊員缺，將陝西肅州鎮標左營守備哈元成推升；湖北宜昌鎮標中軍游擊員缺，將陝西常樂堡都司王福推升；廣西撫標右營游擊員缺，將陝西建安堡都司薛國正推升；浙□□州鎮標左營游擊員缺，將陝西安邊堡都司余萬玶推升；江南游兵營游擊員缺，將陝西横城堡都司楊士超推升。等因。于乾隆柒年拾月拾肆日題，本月拾陸日奉旨："李天貴等，依擬用，餘依議。欽此。"

除蕭奏韶□□□發給札付限票，令其赴任外，查蕭奏韶所遺陝西大靖營參將員缺，係疏通滿員一案所出，應行題補參將第壹缺。王福所遺陝西常樂堡都司員缺係貳次所出，應行題補都司第壹缺，俱應用滿員。余萬玶所遺陝西安邊堡都司、楊士超所遺陝西横城堡都司各員缺係貳次所出，應行題補都司第貳、第叁缺。哈元成所遺肅州鎮標左管守備係貳次所出，應行題補守備第叁缺。俱應用緑旗，行文該督揀選題補。□薛國正所遺建安堡都司員缺係部推之缺，照□□入月分推補可也。等因。到臣。準此，當經移□□照在案。

兹準甘肅提督李咨開：查寧夏屬横城營都司楊士超推升員缺，分歸緑旗，行令揀選題補。本提督查，横城壹營，設處極邊，夷漢雜居，必須精明强幹之員，方克勝任。隨在通屬慎加揀選得西寧鎮標前營守備陳飛天，人才壯健，弓馬可觀，前出征巴爾庫爾，襲擊烏魯木齊，在納鄰河、烏拉木克河

遇賊對敵。又，進征穆壘，在科什圖阿克他斯與賊對敵，左腿中槍傷壹處，前胸中矛傷壹處，功列頭等，辦事勤慎實心，堪以請補寧夏鎮屬横城營都司員缺。應造具陳飛天履歷，出具保結，連人一并咨送驗試會題。等因。到臣。

準此，該臣看得，寧夏鎮屬横城營都司楊士超推升員缺，准部咨，令于綠旗人員内揀選題補。等因。移准甘提臣李咨稱，揀選得西寧鎮標前營守備陳飛天請補前來。臣隨考驗得，陳飛天，年力壯盛，著有勞績，身帶傷痕，堪以請補横城管都司員缺。查陳飛天係延綏鎮屬波羅堡人，今請補寧夏鎮屬横城堡都司，與例相符。再，查陳飛天于乾隆陸年拾壹月内引見，未滿叁年，似毋庸給咨赴部。除履歷、保結送部，撫提印結俟查取至日另送外，臣謹會同甘撫黄、甘提臣李合詞共題，伏祈皇上睿鑒，敕部議覆施行。爲此除具題外，理合具揭。須至揭帖者。

乾隆捌年肆月貳拾陸日。

【《明清檔案》A120—82，B67669—B67671】

署川陝總督馬爾泰揭報揀補守備

乾隆八年四月二十六日

揭帖。

署理總督四川陝西等處地方軍務兼理糧餉、鑲黄旗漢軍都統、帶降三級又降二級留任、紀録二次馬：爲請補邊營守備事。

案查乾隆八年二月□□九日，准兵部咨，職方清吏司案呈，據署川陝總督馬疏稱：寧夏鎮屬石空寺堡守備圖哈善，于乾隆七年十一月初四日病故。等因。于乾隆七年十二月二十日題，八年正月二十九日奉旨："兵部知道。欽此。"查圖哈善，原係厢黄旗滿洲藍翎侍衛，補放守備，應將圖哈善病故

之處，知照厢黄旗滿洲都統。其所遺石空寺堡守備員缺，係陝甘松潘分用滿員一案二次所出，應行題補守備第四缺，應用緑旗人員，該督揀選題也。等因。到臣。準此，當經移行揀選送驗去後。

玆準甘肅提督李咨，准寧夏鎮總兵官吕瀚咨稱：爲照石空一堡，地處衝邊，路當孔道，所轄汛隘，幅幀遼闊，在衝險守備一官，有彈壓地方、整頓營伍以及操防訓練之責，必須精明强幹之員，方克勝任。本鎮秉公考驗，慎加揀選，得奉發候補守備、興漢鎮標左營年滿千總、現署安定堡守備薛定國，才識明白，歷練戎行，人材壯健，弓馬嫻熟。前曾出征巴爾庫爾，應授截殺屯種放卡，勞苦昭著，議叙軍功二等。查該員自奉發到標，歷委守備以來，殫心竭力，整飭有方，邊情孰諳，以之請補石空寺堡守備，實係人地相宜。相應造具該員履歷，加具保結，連人移送驗試轉咨。等因。到本提督。準此，考驗得薛定國，人材、弓馬，俱屬可觀，功列二等，現署安定堡守備，堪以請補寧夏鎮屬石空寺堡守備員缺。所有送到該員履歷、保結，相應連人一并咨送，驗試會題。等因。到臣。

準此，該臣看得，陝西寧夏鎮屬石空寺堡守備圖哈善病故員缺，准部咨，令于緑旗人員内揀選題補。等因。移准甘提臣李咨稱，揀選得候補守備薛定國請補前來。臣隨考驗得薛定國，人尚明白，弓馬去得，以之請補石空寺堡守備，人缺相當。查薛定國係奉旨發回本省以守備題補之員，今請補守備，毋庸送部引見。除履歷、保結送部外，臣謹會同甘撫臣黄、提臣李合詞具題，伏祈皇上睿鑒，敕部議覆施行。爲此除具題外，理合具揭。須至揭帖者。

乾隆捌年肆月貳拾陸日。

【《明清檔案》A120—83，B67673—B67674】

△甘肅巡撫黄廷桂奏請復舊制修理寧夏府城

乾隆八年四月三十日

工部議准，甘肅巡撫黄廷桂疏稱：寧夏府城舊制，門外原建南北關廂，自乾隆三年地震倒塌後，修築郡城，未經一并估建。又，護城濠一道，亦因地震摇平，未估疏浚。請復舊制修理。從之。

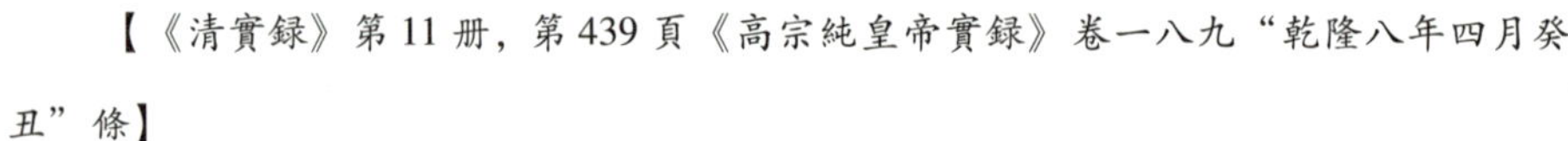
【《清實録》第11册，第439頁《高宗純皇帝實録》卷一八九“乾隆八年四月癸丑”條】

△諭内閣准寧夏滿兵找給乾隆六、七兩年挽運糧草脚價

乾隆八年閏四月初三日

乾隆八年閏四月初三日，内閣奉上諭：“陝西寧夏滿兵乾隆六、七兩年應需糧草，前因寧郡地震，新渠、寶豐等縣倉貯空虚，不敷估撥，在于平羅縣估撥糧一千七百二十五石，草一萬八千三百餘束，中衛縣估撥糧一萬六千六百餘石。所需脚價，因從前無給予之例，是以部議未准。但寧夏當震災之後，物價昂貴，不能概估折色，使兵自買，故于改支折價之外，于附近之中、平二縣搭估供支，以濟兵食。其運價一項，勢不能免。况彼時已經照數運交滿兵支用，今若不准找給，小民力難賠補，用是特頒諭旨，將乾隆六、七兩年挽運糧草脚價准其找給。其乾隆八年滿餉，已經循照舊例辦理，亦不至遂爲成例。該部即遵諭行。欽此。”

【《乾隆朝上諭檔》第1册，第846頁第2246條。亦見《清實録》第11册，第443頁《高宗純皇帝實録》卷一九〇“乾隆八年閏四月丙辰”條】

新補陝西固原提督豆斌揭報交卸安西總兵官印務日期

乾隆八年閏四月五日

揭帖。

新補陝西固原提督豆斌謹題：爲恭報微臣交代卸事日期事。

竊臣承准川陝督臣馬照會，内開：乾隆捌年貳月貳拾壹日，内閣奉上諭："陝西固原提督員缺，著豆斌補授。提督永常，著回安西駐札。肅州總兵員缺，著西寧總兵官許仕盛調補。西寧總兵官員缺，著永昌協副將張世偉補授。欽此。"相應札行該督可也。等因。到本署部院。準此，擬合就行。爲此照會該鎮，查照部文内奉上諭事理，欽遵知照施行。等因。轉行到臣，臣隨恭疏奏謝天恩訖。

今提臣永常遵旨，自哈密回任，于乾隆捌年閏肆月初伍日到安西。臣隨將欽頒安西總兵官銀印壹顆、王命旗牌拾杆面、未用兵部火牌叁張，暨歷奉上諭、清漢各書，并備貯安西通融銀貳萬兩，分别現在接濟兵丁以及庫貯各數目造册，飭委署中軍游擊徐嘉蘭賫交提臣永常接管訖。臣交代既畢，理宜刻期起身，前赴固原。新任適值督臣馬巡閲邊疆，抵安之日，與提臣永常、臣豆斌尚有當面商辦事件，是以臣暫駐安西，容俟督臣巡閲安、沙事竣，臣一同起程到固。視事之日，另疏題報外，所有微臣交代卸事日期，理合恭疏題報，伏祈皇上睿鑒施行。爲此除具題外，理合具揭。須至揭帖者。

右揭。

乾隆捌年閏肆月初伍日。

新補陝西固原提督豆斌。

【《明清檔案》A120—120，B67831—B67832】

署陝西固原提督許仕盛揭謝開復

乾隆八年閏四月十二日

揭帖。

署理陝西固原提督印務、肅州總兵官、署都督僉事許揭，爲恭謝天恩事。

竊臣于乾隆捌年閏肆月初柒日，准署理川陝總督印務臣馬咨，爲欽奉上諭事。乾隆捌年肆月貳拾叁日，准兵部咨，職方清吏司案呈，兵科抄出本部匯題前事。内開壹件：爲援例咨請開復事。據署川陝總督馬疏稱：署理陝西提督印務西寧鎮臣許前在江南狼山總兵官任内，因船户黄可士等舟至阜寧縣外洋被劫壹案，奉旨降一級留任。查自乾隆肆年陸月貳拾壹日奉到部文之日起，連閏扣至乾隆柒年伍月貳拾壹日，叁年之限已滿。叁年之内，并無别案處分，所有降一級留任之案，應請援例開復。等因。具題前來。

查署理陝西固原提督印務、西寧鎮總兵官許前在江南狼山總兵任内，因外洋被劫，降級留任之案已過叁年，任内并無别項事，故題請開復，與例相符。應將許降一級留任之案，照例准其開復。等因。于乾隆捌年叁月拾柒日題，本月拾玖日奉旨："依議，許仕盛，准其開復。其因限滿不獲，議以降調之孫吴，署該撫將伊居官如何之處，出其考語，送部引見。欽此。"相應知照該督可也。等因。準此，擬合移咨前去，欽遵知會施行。等因。移咨到臣。臣隨恭設香案，望闕叩頭謝恩訖。

伏念臣才短識陋，計慮不周，前于江南狼山總兵任内，膺總巡之責，疏于防範，以致船户黄可士舟至阜寧縣外洋被劫。仰荷聖恩，不即擯斥，照議降一級留任，寬仁逾裕，淪肌浹髓。兹循例援請開復，即蒙俞允，跪讀恩綸，感戴難罄。臣惟有勉竭駑駘，益加謹慎，諸務整飭，俾邊境謐寧，稍盡職守，以仰答天恩于萬一耳。所有微臣感激愚忱，理合恭疏奏謝，伏祈皇上睿鑒施行。爲此除具奏外，理合具揭。須至揭帖者。

右具揭帖。

乾隆捌年閏肆月拾貳日。

起居注館。内壹件。乾隆捌年閏肆月拾貳日。謹。【注】

【注】封套。

【《明清檔案》A121—14，B67923—B67925】

署川陝總督馬爾泰揭報調補守備

乾隆八年閏四月十三日

揭帖。

署理總督四川陝西等處地方軍務兼理糧餉、鑲黄旗漢軍都統、帶降三級又降二級留任、紀録二次馬：爲調補守備事。

准甘肅提督李咨開：竊照守備一官，有經理錢糧、操練兵馬之責，必須人地相宜，方克勝任。今查寧夏鎮標前營守備俞汝亮，人材、弓馬，雖屬可觀，但係寧夏本籍，惟恐辦理公務，或不無瞻徇情面之處，且于隔府别營之例，亦不符合。本提督揀選得凉州鎮屬高溝堡守備靳文武，人材、弓馬，俱屬可觀，久歷邊營，辦事勤慎，堪以調補寧夏鎮標前營守備員缺。其靳文武所遺凉州鎮屬高溝堡守備員缺，即以俞汝亮調補。一轉移間，庶于營伍地方，均有裨益。今造具二員履歷，相應咨送，查照會題。等因。到臣。

準此，該臣看得，寧夏鎮標前營守備俞汝亮，原于乾隆三年寧夏地震案内，捐給灾民銀錢、羊隻、衣服等項，經前任督臣查等具奏。奉上諭："據欽差侍郎班第、大學士查郎阿等奏稱，俞汝亮，誼敦桑梓，念切灾傷，好善樂施，急行拯濟，俾窮民免于凍餒，甚屬可嘉。著從優授爲守備，交與大學士查郎阿，以相當之缺，即行題補。欽此。"嗣經前任督臣鄂即以該員請補寧夏鎮標前營守備在案。兹準甘提臣李咨稱：俞汝亮，人材、弓馬，雖屬可觀，但係寧夏府中衛縣人，補□本籍地方，惟恐辦理公務，不無瞻徇情面之處。請以凉州鎮屬高溝堡守備靳文武調補寧夏鎮標前營守備，其所遺高溝堡守備員缺，即以俞汝亮調補前來，似于營伍地方有裨。查俞汝亮、靳文武，係對缺調補，如蒙俞允，應免送部，亦毋庸出具保結。除履歷送部外，臣謹會同蘭州撫臣、甘提臣李合詞具題，伏祈皇上睿鑒，敕部議覆施行。爲此除具題外，理合具揭。須至揭帖者。

乾隆捌年閏肆月拾叁日。

【《明清檔案》A121—17，B67943—B67944】

署川陝總督馬爾泰揭報游擊患病情實請准休致

乾隆八年閏四月十三日

揭帖。

署理總督四川陝西等處地方軍務兼理糧餉、鑲黄旗漢軍都統、帶降三級又降二級留任、紀録二次馬：爲病軀難以供職，懇請休致事。

准署理陝西固原提督許咨，准河州鎮總兵周儀咨，據臨洮營游擊王子榮詳稱：軍機由行伍拔補，今職正欲竭蹶駑駘，勉供職守，奈緣先年出征噶斯并巴爾庫爾十有餘載，及駐防哈爾海圖三年。久在塞外，襲擊打仗，搜山獲賊，卧草眠雪，身冒風霜，得患寒濕腰腿疾病。前□年力精壯，尚不在意，即發可能隨時調理。不期至今歲入春以來，又復陡發，極力調養，日漸加重，纏綿不休，動履艱難。竊思卑職年已五十有六，氣血既弱，非少壯可比，萬難望其痊愈。邊營關重，未便卧理。相應呈請，仰懇准請休致，庶便回籍，以養殘喘。等情。到鎮。

據此，當即飭委鞏昌營游擊顧晋珍前往確查，該將果患何病，曾否延醫調

治，任内有無未完錢糧，其中有無别情，取具嫡屬、醫生甘結，加具并無徇隱承查印結，呈報去後。今據該將呈稱：蒙此，卑職遵即前赴臨洮營確查得，游擊王子榮，實係得患寒濕腰腿疾病，醫治不愈，動履艱難，其中并無别情。任内亦無未完錢糧，相應取具嫡屬、醫生甘結，卑職出具并無徇隱承查印結，擬令一并呈賫，伏候轉咨。等情。到鎮，咨移到本署提督。準此，查游擊王子榮得患寒濕腰腿疾病，醫治不愈，動履艱難，未使聽其卧理，既唯該鎮委員查驗，取具嫡屬、醫生并承查印甘各結前來，相應咨請查照具題。等因。到臣。

準此，該臣看得，陝西河州鎮屬臨洮營游擊王子榮，得患寒濕腰腿疾病，醫治不愈，動履艱難，懇請休致。准署陝提臣許咨稱委員查驗情實，任内并無未完錢糧事件，取具嫡屬、醫生承查印甘各結咨移前來。除結送部，其該員原領札付俟查取至日另咨送部外，所有臨洮營游擊王子榮患病請休緣由，臣謹會同甘撫臣黄、署陝提臣許合詞具題，伏祈皇上睿鑒，敕部議覆施行。再，查臨洮營游擊係題補之缺，應俟部覆至日遵行。爲此除具題外，理合具揭。須至揭帖者。

乾隆捌年閏肆月拾叁日。

【《明清檔案》A121—19，B67947—B67948】

△諭户部著將固原鹽茶廳等十六廳州縣節年舊欠地丁銀糧分作四年帶徵

乾隆八年閏四月二十五日

乾隆八年閏四月二十五日，内閣奉上諭：“甘省地方，山土磽瘠，風氣苦寒，民力艱難，甚于他省。一遇欠收，所有應徵錢糧，往往不能按期完納。如蘭州府屬之皋蘭、狄道、金縣、靖遠，平凉府屬之平凉、涇〔睛〕州、靈臺、固原、鹽茶廳、鎮原、静寧、華亭，慶陽府屬之安化，寧夏府屬之中衛、花馬池，甘州府屬之張掖等處，既有本年正額銀糧及本年借貸籽

種、口糧，又有從前借欠籽種、口糧，分作六年帶徵之項，統應完納。加以積年舊欠地丁銀糧，爲數繁多，一時交集，小民力難兼營，深可軫念。朕思本年額賦，係惟正之供，例應輸納。本年所借籽種、口糧，春貸秋償，亦應如數交還。至于從前積欠之籽種、口糧，已分作六年帶徵，無庸再緩。惟有舊久地丁銀糧，自乾隆元年起，至二、三、四、五、六、七等年積算，其數較之一歲正額，幾至加倍，若責令一時輸將，民力實爲竭蹶。著將皋蘭等十六廳、州、縣節年舊欠地丁銀糧，分作四年帶徵，以示朕優恤邊民之至意。該部即遵諭行。欽此。”

【《乾隆朝上諭檔》第1輯，第851頁第2264條。亦見《清實録》第11册，第456頁《高宗純皇帝實録》卷一九一“乾隆八年閏四月戊寅”條】

甘肅提督李繩武揭明今歲停止普巡緣由

乾隆八年五月八日

揭帖。

提督甘肅等處地方總兵官、右都督兼騎都尉、又一雲騎尉、降貳級留任駐札甘州李繩武：爲題明事。

竊照乾隆伍年伍月初玖日，准前任川陝總督臣鄂彌達咨，爲移付事。准兵部咨，准户部咨，會議得，内閣抄出川陝總督鄂彌達條奏緩扣兵丁積年借項，見貯備戰衣帽發給兵丁穿戴，督提鎮臣寬限查邊等款一奏稱，巡查營況之因時酌更也。查雍正拾叁年，大兵初撤之時，經署大將軍臣查郎阿挑派戰兵，奏操分合陣式，經廷議奉旨：“令督臣壹年查閲陝提各鎮，壹年查閲甘提各鎮，俟訓練純熟之後，督臣總以兩年閲邊壹次。”欽遵在案。其提鎮等臣亦各有奏明巡查之例。臣思查閲邊營，原因甫經立法操演，一時未能純熟，故定期巡查，不得不勤。今數年來，訓練已久，且經大學士查郎阿與臣鄂彌達先後查閲，而提鎮等臣相繼出巡，所有各營弁兵操演分合陣式，頗稱熟練，一應軍裝，亦皆齊備。若仍循舊例，挨次巡查，或督臣方回而提臣已至，或提臣既閱而鎮臣復查，在各營將弁因兵丁衆多，分防之地稍遠，一時惟恐有誤，勢必先期傳齊于營汛，聽候操演，即一往一返，亦須兩日，而携資餉腹又多縻費，此勞累之□□免。且操演原有定期暇日，尚能休息。今相繼巡查，該管將弁點驗頻頻，兵丁休□□□此又疲乏之所必至。再，各兵衣帽，或舊或新，□能畫一，而巡查大員，或春或冬，亦難豫定。雖臣等于巡邊之始前期諄切誥誡，不許絲毫縻費，無如兵丁積習好勝，于新舊相形之下，自以敝衣爲耻。往往百計典借，不顧飢寒，且飾衣履，以圖光耀一時，此又將弁之所不能禁遏者。及至索逋盈門，所領糧餉，祇得先還私債，否則利上加利，愈纍愈深，是本可温飽者，亦致艱苦莫告，其原屬拮据者，更不可問矣。此巡查之例，不可不急爲酌更者也。

而甘州提臣瞻岱，亦以巡查宜寬期緣由咨商前來。應請將固原、甘州兩提臣均定以叁年普巡壹次，各鎮臣請定每年于所轄營汛巡查一半，貳年巡查一周，督臣定以伍年閲邊一次。如此巡查，則兵丁無重叠往返守候之累，而操演點驗仍俱周密矣。等語。查雍正拾叁年拾貳月内，總理事務王大臣議覆原署寧遠大將軍查郎阿奏爲遵旨議奏事一摺，内開：陝甘各標管派定戰兵，立法操演。令督臣壹年查閲，陝提各鎮壹年查閲，甘提各鎮兩年閲邊壹次。等因。在案。

乾隆貳年拾壹月内，兵部議覆大學士、原管川陝總督印務查郎阿題爲欽奉上諭事一疏，内開：陝西延綏、河州、凉州、安西肆鎮所屬營汛，每年春時巡查一半，秋冬巡查一半。西寧、肅州貳鎮所屬各營壹年遍巡壹次，寧夏壹鎮所屬營汛春暮冬初出巡貳次，興漢壹鎮所屬漢中等伍營鎮臣每年巡查壹次，漢鳳等伍營即令漢中城守副將就近巡查壹次，叁年之後，鎮臣仍遍歷巡查。至固原提督所屬各鎮于伍年遍巡壹次。甘肅提督所屬肅州、安西貳鎮貳年巡查壹次。其餘各鎮不時體訪。等因。亦在案。

今該督奏稱：陝甘挑備戰兵，數年來，訓練已久，各營弁兵操演分合陣式頗稱熟諳，一應軍裝亦皆齊備。若仍循舊例挨次巡查，或督臣方回而提臣已至，或提臣既閲而鎮臣復查，兵丁傳集往返，不免勞累疲乏。請將固原、甘州兩提臣均定以叁年普巡壹次，鎮臣請定于每年所轄營汛巡查一半，貳年巡查一周，督臣定以伍年閲邊壹次。等語。查巡邊考驗，原以整飭戎行而休養體恤，方足鼓勵士氣。今陝甘貳省既有各鎮分路巡查，提督親身查閲，訓練已經純熟，爲期自可稍寬，應如所請，督臣准其伍年閲邊壹次，其陝甘貳提督亦應准其叁年普巡壹次。至陝甘各鎮，俱係沿邊重地，所在營伍，均關緊要，總兵大員豈可壹年止巡一半，使未巡之營分，致生懈馳，殊未允協。臣等酌議，陝甘各鎮應仍照原議所定年分次數按期巡查。惟寧夏壹鎮原議春暮冬初出巡貳次，今應酌更于或春暮、或冬初出巡壹次。興漢壹鎮所轄營汛，亦令鎮臣壹年遍巡壹次，以昭畫一。并請嗣後凡遇督臣閲邊之年，提臣停其普巡。提臣普巡之年，鎮臣停其巡查。如此一轉移間，則壹年之中，既無大員并至，又不致巡查乏員，庶兵力得以舒徐而營伍亦得整肅矣。等因。于乾隆伍年叁月初伍日奏，本日奉硃批："依議。欽此欽遵。"在案。

今查自乾隆伍年伍月准到部覆之日起，扣至乾隆捌年已届出巡之期，應欽遵硃批，前往臣屬各鎮營普巡，但部議督臣閲邊之年，提臣停其普巡，提臣普巡之年，鎮臣停其巡查。今署總督臣馬爾泰已奏准巡閲邊營，則臣今負普巡之期，自應遵例停止，緩至甲子年[①]再爲巡查，庶兵丁不致勞累，營伍亦得整肅矣。所有微臣今歲停止普巡緣由，理合恭疏題明，伏祈皇上睿鑒施行。爲此除具題外，理合具揭。須至揭帖者。

乾隆捌年伍月初捌日。

【《明清檔案》A121—94，B68275—B68278】

①甲子年：乾隆九年（1744）。

陝西寧夏總兵官吕瀚揭報回任接印日期

乾隆八年五月十三日

揭帖。

陝西寧夏等處地方副將、管總兵官事吕瀚：爲恭報微臣回任接印日期，仰祈睿鑒事。

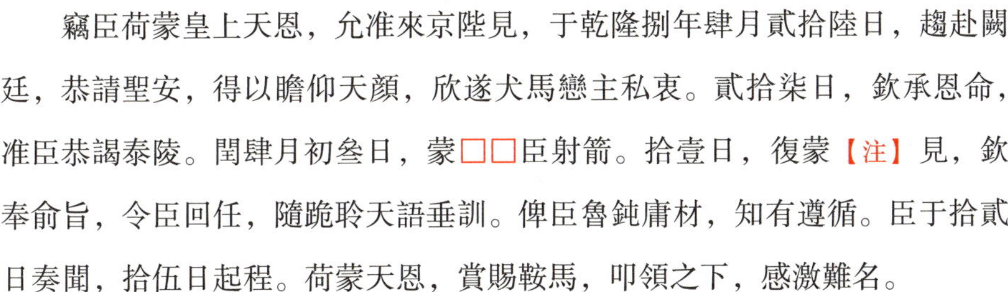

竊臣荷蒙皇上天恩，允准來京陛見，于乾隆捌年肆月貳拾陸日，趨赴闕廷，恭請聖安，得以瞻仰天顔，欣遂犬馬戀主私衷。貳拾柒日，欽承恩命，准臣恭謁泰陵。閏肆月初叁日，蒙□□臣射箭。拾壹日，復蒙【注】見，欽奉俞旨，令臣回任，隨跪聆天語垂訓。俾臣魯鈍庸材，知有遵循。臣于拾貳日奏聞，拾伍日起程。荷蒙天恩，賞賜鞍馬，叩領之下，感激難名。

今臣于伍月拾叁日抵寧，准署鎮臣花馬池副將王良佐委臣標中軍游擊張晟賫送寧夏總兵官銀印壹顆、王命旗牌拾杆面、未用火牌叁張、勘合拾道、蒙古勘合拾道，并節次奉到上諭、清漢各書，以及一切已結未結事件到臣。臣隨設香案，望闕謝恩，即于本日祗受任事訖。臣惟有夙夜黽勉，事事凛遵聖訓，竭盡駑駘，以期仰報天恩于萬一。所有微臣回任接印日期，理合恭疏題報，伏乞皇上睿鑒施行。除具題外，理合具揭。須至揭帖者。

乾隆捌年伍月拾叁日。

【注】此處闕一行。

【《明清檔案》A121—111，B68363—B68364】

陝西固原提督豆斌揭報抵固任事日期

乾隆八年五月二十四日

揭帖。

提督陝西固原等處地方總兵官豆揭：爲恭報微臣抵固任事日期事。

竊臣前在安西，將原署總兵官印信于乾隆捌年閏肆月初伍日，差委署標下中軍游擊徐嘉蘭賫送提臣永接管訖，曾于交代疏内聲明。俟督臣馬巡閲安、沙事竣，臣一同起程赴固。嗣督臣巡閲抵安，與臣等商辦事畢，臣即同督臣于閏肆月拾陸日起程。今于伍月貳拾日抵固，隨准署陝提臣許差委標下中軍參將黄元龍賫送提督陝西總兵官銀印壹顆、王命旗牌捌杆面、未用火牌肆張，以及節次奉到上諭、清漢各書，并提標生息銀兩册到臣。臣于貳拾壹日拜受任事訖。所有微臣抵固任事日期，理合恭疏題報，伏祈皇上睿鑒施行。爲此除具題外，理合具揭。須至揭帖者。

右具揭帖。

乾隆捌年伍月貳拾肆日。

【《明清檔案》A122—37，B68587—B68588】

甘肅巡撫黄廷桂揭請核銷寧夏等縣供應青海台吉根敦等支過口糧等項銀兩

乾隆八年六月一日

揭帖。

巡撫甘肅等處地方贊理軍務兼理茶馬、兵部右侍郎兼都察院右副都御史、世襲雲騎尉、紀録二十二次、又軍功紀録二次黄：爲請旨事。

乾隆捌年閏四月貳拾玖日。據甘肅布政使司布政使、革職留任徐杞呈，乾隆元年拾貳月拾玖日，蒙前任吏部尚書、署甘撫劉部堂案驗，乾隆元年拾貳月拾捌日，准理藩院清咨，據移送原青海喀爾喀扎薩古台吉根敦之筆帖式羅卜藏報稱：西寧居住巡撫德齡處，將根敦等貳拾口人，每人各給馬壹匹，駄、牛各壹隻，送至哈魯，辦給叁個月口糧、銀兩，各交伊等本身。羅卜藏將根敦等帶領，于陸月拾伍日由青海起程。此内根敦之孫藍木扎布病故，阿爾必圖之叔逃脱外，帶領根敦等拾捌口人，于玖月拾陸日行至厄魯忒王駙馬阿寶所屬之烏藍達布素之地方。阿寶口稱扎薩克圖漢噶勒克、嚴披兒、公通木克等，于伍月貳拾間，俱那移往杭愛地方去了，哈魯那地方并無喀爾喀等人居住。今時寒草朽，難以行走，將根敦等交與我，酌量給與官口糧過冬。至明年青草發生時，我派貳人嚮導送去亦可。等語。□此，羅卜藏帶領根敦等暫行在烏藍達布素地方居住。咨部請示，應否照阿寶口訴之處，部内指示。等因。

查從前辦理青海事務巡撫德齡處，以青海居住喀爾喀扎薩克台吉根敦酗酒背逆，與衆不合，混行之處密奏臣部，將根敦之扎薩克台吉勒退，吊取進京詢明，派出部内筆帖式、領催各一員，同根敦差往巡撫德齡處，與地方會同，將根敦本身并伊妻子于屬下奴婢等敷用騎馱牲口口糧辦理給與，派嚮導與部内差往之筆帖式、領催□□照看，由邊渡口進來，出□丹口，由厄爾勝等□至哈魯那，于扎薩克圖漢嘎勒克嚴披兒一同照看，于喀爾喀公通木克照看居住。等因。具題，准行在案。今筆帖式羅卜藏呈報，帶領原喀爾喀台吉根敦等于陸月拾伍月由青海起程，玖月拾陸日行至駙馬阿寶居住之烏藍達布素地方。阿寶既稱，扎薩克圖漢噶勒克嚴披兒、公通木克等俱搬移杭愛地方去了，哈魯那地方并無喀爾喀人居住。正值時寒草朽，難以行走，根敦等暫行交與我阿寶過冬，俟明年青草出時，派嚮導送與公通木克處交給。等語。應行文甘肅巡撫，轉飭寧夏道，將根敦等拾捌口人過冬之口糧，至明年青草出時起程之日起，喀爾喀地方沿途所需之口糧酌量敷用交給外，原差送之根敦等筆帖式羅卜藏、領催等在彼居住，俟送亦給與口糧。仍行文駙馬阿寶等處，將根敦等善爲照看。俟明年青草出時，派好嚮導與筆帖式羅卜藏、領催一同將根敦等帶領沿途照看，送與扎薩克圖漢噶勒克嚴披兒、公通木克處，交給辦理居住。俟命下之日，亦知會西寧居住之巡撫德齡。等因。爲此具奏請旨，于乾隆元年十一月十九日交與親隨行走副都統伊北納等轉奏。奉旨："知道了。欽此欽遵。"爲此移咨。等因。準此，行司。

蒙此，又于乾隆三年六月二十九日，蒙前任甘撫元部院案驗，乾隆三年六月二十四日，准户部咨，陝西司案呈，先准甘撫咨，據布政司呈稱：原青海喀爾喀扎薩克台吉根敦并差送根敦之筆帖式羅卜藏等沿途及住居地方口糧，奉理藩院行令，酌量敷用交給。等因。行據夏、朔二縣呈稱：除根敦等沿途應支吃食銀兩已照西寧供支之例，根敦本身日給銀二錢，妻子、奴婢人等，每大口日給銀一錢，每小口日給銀五分，在案。惟是部文内開，又令支給根敦等住北額駙阿寶處過冬口糧，并無成例可遵，應否仍照沿途供支之處，相應報明。等因。

本部查，奏銷西路沿途供應台吉等員日給銀二錢在案。至住北處所應否照沿途之例供支并無成例，行令該撫另行定議報部，到日再議去後。今于本年四月初十日，准甘撫元展成咨，據布政司徐杞呈稱：查根敦并妻子及奴婢人等駐扎烏藍達布素地方，係塞外荒蕪草地，并無市站莊村，離府城三百餘里，亦與行走無异。若令減少，則吃食實不敷用。似應照依沿途之例，根敦日給吃食銀二錢，妻子等九口每口日給銀一錢。又，奴婢人等大口五口，每口日給銀一錢，小口三口，每口日給銀五分。供支造報，庶日用充裕，可免失所。應請咨部詳示。等情。□應咨請。等因。前來。查根敦并妻子及奴婢人等，該撫既稱駐扎烏藍達布素地方，係塞外荒蕪草地，并無市站村莊，與行走無异。等語。應如所請，將所需吃食銀兩，准照沿途之例，照數供支。仍將供支過銀兩細數造入供應案内，核實題銷可也。等因。準此，行司。

蒙此，又于乾隆八年閏四月二十三日，蒙巡撫甘肅黄部院案驗，乾隆八年閏四月二十日，准户部咨，陝西司案呈，本年三月二十一日，准甘撫黄咨，據布政司呈稱：寧夏、寧朔二縣應造供應過原任青海喀爾喀扎薩克台吉根敦并妻子、奴婢人等吃食銀兩奉部行令，造入供應案内，核實題銷。等因。隨即轉行，依限查造間，嗣奉上諭："令將雍正六年以後軍需，限一年内查造。"等因。遵即飭令查辦軍需寧州并檄提夏、朔二縣，經承赴局查造

在案。兹于乾隆八年正月十七日，奉准户部咨開：乾隆元年，軍需停止以後，未清案件原不在奉旨查奏之内，令各隨本案造册報銷。等因。查夏、朔貳縣供應蒙古台吉根敦等吃食銀兩壹案，係屬乾隆貳年之事，自應遵照部示，各隨本案造報請銷。但查奉行一切欽部案件，俱以准咨之日扣限四個月造報，今此案例限，應請以本年正月拾柒日接准部咨之日起限查造，應詳明咨部。等情。相應咨明。等因。前來。查乾隆元年，軍需停止以後，未清案件原不在奉旨查奏之内，是以本部行令該撫，各隨本案造册報銷。今乾隆貳年，夏、朔貳縣供應蒙古台吉根敦等吃食銀兩一案，自應以原准本部行令題銷之日起限查造，未便以奉准部咨不准查奏之日起限，應令該撫另行核明查造，限期將遲延各官照例補參，仍將此案供借支銀數造入供應案内，速即核實題銷可也。等因。準此，俱行到司。

蒙此，遵即備行寧夏府轉飭作速造報去後。兹據寧夏府知府牟瀜呈，據兼攝寧夏縣事理事同知成貴、寧朔縣知縣張永淑等各呈稱：卑職等遵將奉文辦供過喀爾喀扎薩克台吉根敦等住扎處，所應給口糧等項銀兩，照依西寧供支之例辦理。今按照住扎起止各日期理合造具細數清册，加結呈賫。等情。由府加結，轉請到司。據此，該布政使徐杞查得，乾隆元年拾貳月，奉理藩院咨開，原住青海喀爾喀扎薩克台吉根[①]敦等于乾隆元年玖月間行至烏藍達布素地方，正值時寒草朽，難以行走，令交與額駙阿寶處過冬，俟明年青草出時，派嚮導送與公通木克處交給。并令將根敦等拾捌口人過冬，至明年青草出時起程，沿途所需之口糧酌量交給敷用。伴送之筆帖式羅卜藏、領催等亦給與口糧，俟明年青草出時，派送與扎薩克圖漢噶勒克嚴披兒、公通木克處，交給辦理。等因。節經遵照轉飭辦理在案。兹據寧夏、寧朔二縣造具細數册結，由府加結轉請前來，理合造具司總簡明清册。查司總册造：

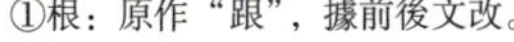

①根：原作“跟”，據前後文改。

一，收寧夏府庫墊發銀捌百叁拾叁兩玖錢叁分玖厘叁毫伍絲伍忽伍微肆纖伍塵肆渺。内：一，采買京斗粳米貳斗壹升五合捌勺，每斗照依乾隆貳年拾月上半月時價銀九分米毫捌絲壹忽叁微，共用銀壹錢玖分五厘九毫陸忽四纖五塵肆渺；一，采買京斗粟米肆斗叁升壹合陸勺，每斗照依乾隆貳年拾月上半月時價銀柒分貳厘陸毫貳絲伍忽，共用銀叁錢壹分叁厘肆毫肆絲玖忽伍微。

一，供支根敦等住扎處所口糧，照西寧供支之例，根敦本身日給吃食銀貳錢。根敦之妻子等九口，每口日給吃食銀壹錢。又，奴婢大口伍口，每口日給吃食銀壹錢，小口叁口，每口日給吃食銀伍分。自乾隆元年玖月初叁日供支起，至乾隆貳年柒月初拾日止，除小建外，共計叁百叁日。又，自乾隆貳年柒月拾壹日口外行走起，至本年閏玖月初貳日到圖壘特公住收之處止，各照住扎支給口糧之例，共支捌拾壹日。貳共計叁百捌拾肆日，共支銀陸百柒拾貳兩。

一，供支伴送筆帖式羅卜藏壹員，跟役叁名，照西寧供支之例，官壹員日支住扎公費銀壹錢伍分，跟役叁名各日支住扎公費銀壹錢伍分，官役每日共支公費銀陸錢。自乾隆元年拾壹月初伍日起，至乾隆貳年正月貳拾貳日止，計柒拾捌日。又，除該員并跟役自寧夏至西寧銷算錢糧，又自西寧赴京到寧不支外，自乾隆貳年伍月初伍日起，至柒月初拾日止，除小建外，計陸拾伍日。貳共計支壹百肆拾叁日，共支銀捌拾伍兩捌錢。

一，供支撥什庫五十哈壹員，跟役壹名，照依西寧供支之例，官壹員日支住扎公費銀壹錢伍分，跟役壹名日支住扎公費銀壹錢伍分，每日共支公費銀叁錢。自乾隆元年拾壹月初伍日接支起，至乾隆貳年柒月初拾日止，除小建外，計貳百肆拾叁日，共支銀柒拾貳兩玖錢。

一，供支前項官役陸員名，每員名貳拾日支羊壹隻，自寧夏至西寧行走壹拾叁日，共該羊叁隻玖分，每隻折銀柒錢，共支銀貳兩柒錢叁分。

一，供支筆帖式羅卜藏壹員，撥什庫五十哈壹員，共貳員，每員沿途日支京升粳米捌合叁勺。自乾隆貳年拾壹月初叁日前赴西寧起，至本月拾伍日止，計壹拾叁日，共支京斗粳米貳斗壹升伍合捌勺。

一，供支筆帖式跟役叁名，撥什庫跟役壹名，共肆名，每名日支京升粟米捌合叁勺，自乾隆貳年拾壹月初叁日前赴西寧起，至本月拾伍日止，計行走壹拾叁日，共支京斗粟米肆斗叁升壹合陸勺。

以上共支過吃食、公費、口糧等項，俱係照依請明之例供支，應請准銷。其墊用府庫銀捌百叁拾叁兩玖錢叁分玖厘叁毫伍絲伍忽伍微肆纖伍塵肆渺，請于乾隆捌年司庫扣貯兵馬建曠銀内動支，以還墊項。所有册結，相應呈賫，合候具題。

再，查此案前因欽奉上諭，令將雍正陸年以後軍需限壹年内查造，原未奉指明造至何年，是以前經詳請，自雍正陸年起至乾隆陸年止，將一切軍需供應案件赴蘭查造。嗣奉部示，乾隆元年軍需停止以後，未清案件并未在奉旨查奏之内，令各隨本案造册報銷。遵即于接奉部示之日起限查造，并未遲延。今查原請本年正月拾柒日准咨之日起扣限四個月，又寧夏至蘭計程壹千肆百貳拾里，每日程限伍拾里，該扣程限貳拾捌日，統該扣至乾隆捌年伍月拾伍日爲滿。其前項册結，已于限内造到各官職名應請免揭。再，此案吃食、公費等項，原係請明照依西寧供支之例辦理。查西寧雍正拾叁年供支之案，現在入于雍正陸年以後軍需壹年限内造報。此案供支各項銀兩數目係先行請明奉部允准，且係墊用府庫之項，未便久懸，是以先行呈請，合并聲明。等情。呈詳到臣。

該臣查得，前准理藩院咨，原住青海喀爾喀扎薩克台吉根敦等于乾隆元年九月間行至烏藍達布素地方，正值時寒草朽，難以行走，令交與額駙阿寶處過冬，俟明年青草出時，派嚮導送與公通木克處交給，并令將根敦等過冬至明年起程沿途所需之口糧，酌量交給敷用。伴送之筆帖式羅卜藏、領催等亦給與口糧。俟明年青草出時，派送與扎薩克圖漢噶勒克嚴披兒、公通木克

處，交給辦理。等因。當經行司轉飭，遵照在案。兹據布政使、革職留任徐杞詳稱，查寧夏、寧朔二縣供應根敦等吃食銀兩一案，原領寧夏府庫墊發銀捌百叁拾叁兩玖錢叁分零：一，供支根敦等住扎處所并行走口糧，照西寧供支之例，共支銀陸百柒拾貳兩；一，供支伴送筆帖式一員、跟役三名，住扎公費銀捌拾伍兩捌錢，撥什庫一員、跟役一名，住扎公費銀柒拾貳兩九錢，又供支前項官役六員名羊折銀貳兩柒錢叁分；一，供支筆帖式撥什庫沿途口糧粳米貳斗壹升零，用價銀壹錢九分零；一，供支筆帖式、撥什庫跟役行走口糧粟米肆斗叁升零，用價銀叁錢壹分零。以上支過吃食、公費、口糧等項，俱係照依請明之例供支，應請准銷。其墊用府庫銀捌百叁拾叁兩九錢叁分零，請于乾隆捌年司庫扣貯兵馬建曠銀内動支，以還墊項。等情。造具簡明總册及細數各册結，一并呈賫，請銷前來，臣覆核無异。除册結分送部科外，相應會同署督臣馬合詞具題，伏祈皇上睿鑒，敕部核覆施行。爲此除具題外，理合具揭。須至揭帖者。

乾隆捌年陸月初壹日。

【《明清檔案》A122—103，B68943—B68952】

甘肅巡撫黄廷桂揭請旨奏銷歲底驛站錢糧①

乾隆八年六月五日

揭帖。

巡撫甘肅等處地方贊理軍務兼理茶馬、兵右侍郎兼都察院右副都御史、世襲雲騎尉、紀録十八次、又軍功紀録二次黄：【注】爲請旨奏銷歲底驛站錢糧，以期畫一事。

①本標題，《明清檔案》原作“標題缺”，現據文書例及内容擬補。

乾隆捌年伍月貳拾肆日，據臨洮道郭朝祚呈：蒙巡撫甘肅黄部院牌開，案照甘省乾隆柒年分驛站錢糧奏銷册籍曾經飭令查造，迄今日久，未據賫到，合行飭催。爲此，仰道官吏照牌事理，即將該年驛站奏銷册籍速爲造賫，以憑核題，毋遲。等因。到道。蒙此，遵即備行各屬造報去後。今據各府廳州造賫前來，據此，該本道查得，蘭、鞏、平、慶、甘、凉、寧、西捌府，莊、西、安、靖肆廳，直隸秦、階、肅叁州所屬各驛支給過乾隆柒年分原額新增夫馬、牛隻工料外備，以及應付公差廩口等項，共銀壹拾貳萬叁百伍拾叁兩壹錢壹分捌厘貳毫捌絲壹忽伍微壹纖捌塵叁渺陸漠，糧并折價糧壹萬叁百貳拾肆石叁升捌合肆勺，料并折價料貳千玖百伍拾玖斗伍升，草并折價草壹拾伍萬柒千捌百柒拾伍束。再，河西各府廳州供應支過欽差等衆員役廩口不敷銀伍拾叁兩肆錢肆分，應請在于河東小建銀内動用。所有各府廳州造賫奏銷細數各册，相應匯總呈賫，合候核題。等情。呈詳到臣。

該臣看得，甘省乾隆柒年驛站錢糧奏銷册籍經臣飭催造報去後，兹據臨洮道郭朝祚詳稱：蘭、鞏、平、慶、甘、凉、寧、西捌府，莊、西、安、靖肆廳，直隸秦、階、肅叁州所屬各驛支給過乾隆柒年分原額新增夫馬、牛隻工料外備，以及應付公差廩口等項，共銀壹拾貳萬叁百伍拾叁兩壹錢零，糧并折價糧壹萬叁百貳拾肆石零，料并折價料貳千玖百伍石玖斗零，草并折價草壹拾伍萬柒千捌百柒拾伍束。再，河西各府廳州屬供支過差員廩口不敷銀伍拾叁兩肆錢零，應請在于河東扣存小建銀内動用。等情。造具省總各册及各官考成册揭，呈賫請銷前來，臣覆核無异。除原册揭分送部科外，相應具題，伏祈皇上睿鑒，敕部核覆施行。爲此除具題外，理合具揭。須至揭帖者。

乾隆捌年陸月初伍日。

【注】銜名："巡撫甘肅等處地方贊理軍務兼理茶馬兵右侍郎兼都察院右副都御史世襲雲騎尉紀録十八次又軍功紀録二次黄。"

【《明清檔案》A123—10，B69021—B69022】

署川陝總督馬爾泰揭報查邊回署日期[①]

乾隆八年六月七日

揭帖。

署理總督四川陝西等處地方軍務兼理糧餉、鑲黄旗漢軍都統、帶降三級又降二級留任、紀録二次馬：爲恭報微臣查邊回署日期事。

竊臣于乾隆八年三月十二日，自西安起身，由平涼、固原、蘭州、甘涼肅州、安西一帶確勘沿邊内外情形，查閲各鎮官兵技藝、馬匹、軍械等項，并與撫提諸臣商辦一切事宜緣由，經臣題報在案。兹臣查閲事竣，于乾隆八年六月初四日回抵西安，駐札衙門。除奉到欽部案件，以臣回署之日，照例扣限次第辦結外，所有微臣回署日期，理合恭疏題報，伏祈皇上睿鑒，敕部施行。爲此除具題外，理合具揭。須至揭帖者。

乾隆八年六月初七日。

【《明清檔案》A123—14，B69047】

署川陝總督馬爾泰揭報賈嗣岳家被盜[②]

乾隆八年六月七日

揭帖。

署理總督四川陝西等處地方軍務兼理糧餉、鑲黄旗漢軍都統、帶降三級又降二級留任、紀録二次馬：【注】爲被盜事。

准原署陝西固原提督許仕盛咨，案查前據署富平營都司納善策詳，據駐

---

①本標題《明清檔案》原作“標題缺”，現據文書例及内容擬補。
②本標題《明清檔案》原作“標題缺”，現據文書例及内容擬補。

防三原縣經制外委把總馬有良呈，乾隆七年十一月三十日，據三原縣北關生員賈淳呈稱：情因淳堂叔賈嗣岳于本月初九日出外，嬸母李氏抱疾在床。于二十九日夜四更時分，有群盜逾墻而下，踏開外房，明火搜劫，唬嚇不許張聲，將房内皮箱并街房什物劫去，直扭大門而逸。淳住居另宅，黎明始知，遺有蒙面手帕一個、木椽一條可驗，理合開具失單呈報。等情。據此，當即會同三原縣親詣勘驗，并選差目兵，協同捕快勒緝、贓賊務獲外，理合呈報。等情。轉報到本署，提督隨即嚴飭勒緝、贓賊務獲，并取疏防各職名去後。

兹據西鳳協副將馬世岱詳稱：三原縣城外北關事主賈嗣岳家于乾隆七年十一月二十九日夜被盗劫去衣物一案，迄今數月，贓賊尚未弋獲。所有疏防武職事汛係駐防三原縣經制外委把總馬有良，兼轄係署富平營都司事候補守備納善策，統轄係前署西鳳協副將事督標火器營參將馬麟紱，理合揭報。等情。開揭前來。據此，相應咨揭。等因。到臣。準此，除疏防文職已經陝撫臣塞會疏題參外，該臣看得，三原縣城外北關事主賈嗣岳家于乾隆七年十一月二十九日夜被盗劫去衣物一案，據報當即移飭勒緝、贓賊務獲，并查取疏防各職名在案。迄今數月，贓賊尚未弋獲。兹準原署陝提臣許咨揭，疏防武職專汛駐防三原縣經制外委把總馬有良，兼轄署富平營都司事、候補守備納善策，統轄前署西鳳協副將事臣標火器營參將馬麟紱，并稱事主係在縣城外北關居住，并無墩鋪防兵。等因。聲明移揭前來。除仍咨勒緝贓賊務獲外，所有此案疏防武職專兼統轄各職名，臣謹會同陝撫臣塞、陝提臣豆合詞題參，伏祈皇上睿鑒，敕部議處施行。再，查一切欽部案件，臣前于起程查邊疏内聲明，俟臣回署之日，照例扣限在案，合并陳明。爲此除具題外，理合具揭。須至揭帖者。

乾隆捌年陸月初柒日。

【注】銜名："署理總督四川陝西等處地方軍務兼理糧餉鑲黃旗漢軍都統帶降三級

又降二級留任紀録二次焉。"

【《明清檔案》A123—16，B69053—B69054】

甘肅巡撫黄廷桂揭請動項添建靈州倉廒

乾隆八年六月十二日

揭帖。

巡撫甘肅等處地方贊理軍務兼理茶馬、兵部右侍郎兼都察院右副都御史、世襲雲騎尉、紀録十八次、又軍功紀録二次黄：【注】爲詳請建蓋倉廒以敷積貯事。

乾隆捌年伍月拾伍日。據甘肅布政使司布政使、革職留任徐杞呈，據寧夏府知府楊灝詳，據靈州知州朱佐湯申稱：竊查靈州額徵屯糧及各年社倉捐納采買等項糧石，重關國計民生，敢不加謹收貯，以慎倉儲。然必須倉廒充足，不時修理，方免散貯折耗浥爛之虞。今查靈州現貯各項糧伍萬餘石，尚有每年應徵額糧壹萬捌千餘石，以及民借采買等糧。查每廒壹間約貯糧伍百石，合算計需壹百叁拾間，方足敷用。止有舊存倉廒玖拾肆間，僅貯糧肆萬餘石，其餘現存糧石以及應徵額糧、民借等項無廒存貯。應請仍在于州城添建倉廒壹拾貳座，共計叁拾陸間，共應需物料工價銀壹千捌百肆拾叁兩陸錢捌厘壹毫伍絲伍忽，相應造具估計册結呈賫。等情。轉詳到司。

據此，該布政使徐杞查得，各州縣額徵舊存，以及采買捐納社倉等項糧石，均關國儲，自應建蓋倉廒，加謹收貯，庶免散貯浥爛之虞。今據寧夏府知府楊灝詳，據靈州知州朱佐湯詳稱，靈州現貯各項糧伍萬餘石，止有舊存倉玖拾肆間，收貯糧肆萬餘石，其餘糧石以及應徵額糧、民欠等項無廒存貯。呈請添建倉廒壹拾貳座，共計叁拾陸間，共應需物料銀壹千伍百陸拾叁兩叁錢陸分伍厘壹毫伍絲伍忽，工價銀貳百捌拾兩貳錢肆分叁厘，貳項共銀壹千捌百肆拾叁兩陸錢捌厘壹毫伍絲伍忽。查該州現存糧石以及額糧、民欠等項，除有舊廒收貯外，今請添建倉廒叁拾陸間，實無浮多。但前項應需工料銀兩，司庫并無別項可動，應請在于乾隆柒年拾月拾玖日寧夏鹽捕廳解到乾隆陸年鹽課銀伍千壹百叁拾叁兩玖錢叁分壹厘伍毫内動支建造。俟工竣之日，據實造册報銷。所有造到估計册結，本司覆核無异。相應詳請。合候具題。等情。呈詳到臣。

該臣查得，州縣額徵備貯以及采買捐納、社倉等項糧石，均關國儲，自應建造倉廒，加謹存貯，庶免耗散黴浥之虞。兹據布政使、革職留任徐杞詳，據寧夏府知府楊灝申，據靈州知州朱佐湯呈稱，靈州現貯各項糧伍萬餘石，尚有應徵額糧民借止有舊存倉廒玖拾餘間，不敷存貯。請添建倉廒壹拾貳座，共計叁拾陸間，應需物料銀壹千伍百陸拾叁兩叁錢零，工價銀貳百捌拾兩貳錢零，共銀壹千捌百肆拾叁兩陸錢零。查司庫并無別項可動，應請在于乾隆柒年拾月内寧夏鹽捕廳解到乾隆陸年鹽課銀伍千壹百叁拾叁兩玖錢零内動支建造。俟工竣之日，據實造册報銷。等情。造具估册呈賫前來，臣覆核無异。除原册結分送部科外，相應會同署督臣馬合詞具題，伏祈皇上睿鑒，敕部核覆施行。爲此除具題外，理合具揭。須至揭帖者。

乾隆捌年陸月拾貳日。

【注】銜名：“巡撫甘肅等處地方贊理軍務兼理茶馬兵部右侍郎兼都察院右副都御史世襲雲騎尉紀録十八次又軍功紀録二次黄。”

【《明清檔案》A123—40，B69171—B69173】

署川陝總督馬爾泰揭報揀補守備

乾隆八年七月二十九日

揭帖。

兩廣總督署川陝總督印務馬：爲請補守備事。

先准兵部咨，職方清吏司案呈，本部將題補陝西保安營都司之守備劉得帶領引見，奉旨：“劉得，著照該督所請補授。欽此。”查守備劉得，係署守備管事，任内有紀録一次，西、北兩路議叙軍功紀録二次，今補授都司，應仍兼以署守備，管陝西河州鎮屬保安營都司僉書事，帶紀録一次，軍功紀録二次，給與札付限票，令其赴任。其劉得所遺陝西下馬關守備員缺，係疏通一案二次所出，應行題補守備第二缺，應用緑旗，行文該督揀選題補可也。等因。準此，隨經移咨揀選去後。

兹準陝西提督豆咨稱：本提督考選得發標候補守備線要，人材壯健，弓馬優嫺，出征噶斯及進剿巴爾庫爾、襲擊烏魯木齊等處，著有功績。且該弁辦事謹慎，熟諳邊情，堪以請補下馬關營守備員缺。造具履歷，出具保結，相應連人咨送驗試，具題請補。等因。到臣。準此，該臣看得，固原提屬下馬關營守備劉得升任員缺，准部咨，令于緑旗人員内揀選題補。等因。移准陝提臣豆咨稱，選得候補守備線要，弓馬優嫺，辦事謹慎，連人咨送請補前來。臣考驗得，線要曾經出師，著有勞績，漢仗弓馬，尚屬去得，堪以請補固原提屬下馬關營守備員缺。查線要係奉旨發陝以守備題補之員，今請補守備，毋庸送部引見。除履歷、保結送部外，臣謹會同甘撫臣黄、陝提臣豆合詞具題，伏祈皇上睿鑒，敕部議覆施行。爲此除具題外，理合具揭。須至揭帖者。

乾隆捌年柒月貳拾玖日。

【《明清檔案》A124—82，B69847—B69848】

陝西固原提督李質粹揭報抵固任事日期

乾隆八年八月十九日

揭帖。

提督陝西固原等處地方總兵官李揭，爲恭報微臣抵固任事日期，仰祈睿鑒事。

竊臣荷蒙聖恩，調補陝西固原提督，業將感激下悃，先經奏謝在案。嗣臣于乾隆捌年柒月拾叁日自京起程，今于捌月拾貳日抵固。隨准調補廣西提臣豆差委標下中軍參將黃元龍賫送提督陝西總兵官銀印壹顆、王命旗牌捌杆面、未用火牌肆張，并節年奉到上諭、清漢各書，以及提標生息銀兩册到臣。臣即于本日接管任事訖。除欽部案件應行事容臣次第辦理外，所有微臣抵固任事日期，理合恭疏題報，伏祈皇上睿鑒施行。爲此除具題外，理合具揭。須至揭帖者。

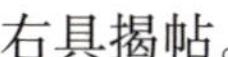

右具揭帖。

乾隆捌年捌月拾玖日。

【《明清檔案》A125—17，B70135—B70136】

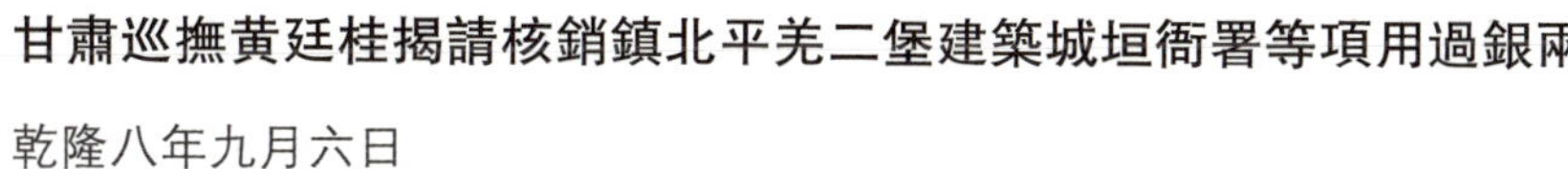

甘肅巡撫黃廷桂揭請核銷鎮北平羌二堡建築城垣衙署等項用過銀兩

乾隆八年九月六日

揭帖。

巡撫甘肅等處地方贊理軍務兼理茶馬、兵部右侍郎兼都察院右副都御史、世襲雲騎尉、紀録十八次、軍功紀録二次黃：【注一】爲查議修築城垣，以重邊鎮事。

乾隆捌年柒月初柒日。據甘肅布政使司布政使、革職留任徐杞呈，乾隆捌年肆月拾貳日，蒙巡撫甘肅黃部院案驗，乾隆捌年肆月初捌日，准工部咨，營繕司案呈，工科抄出本部題前事。内開：該臣等議得，甘肅巡撫黃疏，寧夏府屬前因遭被震灾，城垣、衙署等項，多有倒塌損壞，經前督臣查等奏請，將應行修理之處，一面確估造報，一面酌量動項興修，奉部覆准，轉飭催辦在案。嗣據布政司、革職留任徐杞詳稱：查靈州修補磚城壹座，并四門、樓臺、角臺、炮臺、栅欄、垛墻以及土牛岸臺、水簸箕城樓、瓮城樓、文昌閣角樓、官廳，改挖澇河、泄水橋洞等項。又，文廟壹座，參將衙署内庫修二堂，製造各項器具。通共估需銀玖萬貳千壹百玖拾兩肆錢零。又，臨河堡土城壹座，横城補修磚城壹座，都司衙署壹所，紅山堡補修土城壹座，清水營補修磚城壹座，并城樓、殿宇、角臺、堞墻、馬道等項工料及製造器具，通共估城銀貳萬柒千伍百肆兩零。又，寧朔縣移建鎮北堡土城壹座，建蓋把總衙署壹所，修築平羌堡土城壹座，建蓋把總衙署壹所，通共估城銀壹萬柒千陸百柒拾貳兩叁錢零。以上各處城垣、衙署等項，通共估需匠夫、物料銀壹拾叁萬柒千叁百陸拾陸兩捌錢零。應請在于部撥寧夏工程銀内照數動支，俟工竣，委員查勘出結，據實造册，作正報銷。等情。造具估册，呈賫前來，臣覆核無异。除册送部外，相應會題。等因。前來。

查靈州并臨河堡等處城垣、衙署等項，先經前任兵部侍郎班等于寧夏陡遭地震，倒塌官民、房舍、城垣案内奏稱：靈州并臨河等堡城垣俱有倒塌，應一體修葺。其官衙署，亦應壹并興修。等因。經臣部會，因大學士等覆准行令，一面料估造册具題，一面動項酌量興修，在案。今據該撫黄疏稱：靈州城垣各項，并臨河堡等處城垣、衙署及製造器具等項，通共估需銀壹拾叁萬柒千叁百陸拾陸兩捌錢零，請在于部撥寧夏工程銀内照數動支修建。等語。應如該撫所題，將所估工料銀内在于部撥寧夏工程銀内動用修建。仍令該撫轉飭，據實節省辦理。俟工竣之日，將用過工料銀兩照例備造細册，并將需用一切物料價值，委員查勘，取具并無浮冒揑飾印結題銷，并知照户部可也。乾隆捌年叁月初肆日題，本月初陸日奉旨："依議。欽此。"相應移咨前去遵照施行。等因。準此，行司。

蒙此，案查前于乾隆柒年肆月拾捌日，蒙黄部院案驗壹件詳請文武員弁盤費銀兩事，乾隆柒年肆月拾伍日，准户部咨，陝西司案呈，本年貳月貳拾

肆日，准甘撫黄咨據布政司呈稱：【注二】寧夏城工辦差文武員弁所需盤費口食銀兩，前經援照凉、莊建築滿城赴工辦差之例，請在司庫舊存公用銀内動支。已蒙部覆，允准在案。嗣因寧夏修理惠農渠工派委佐雜千把員弁等員，請照城工辦差一例支給口食銀兩。兹蒙部咨准，其照例支給。但查寧夏城工辦差員弁，先據咨請在于公用銀内動支在案。今赴渠辦差員弁盤費銀兩事同一例，未便在渠工銀内支給，應令轉飭在于司庫存公銀内支給。等因。自應遵照一例支給。但甘屬地方，節年多有偏灾，錢糧緩徵及寧夏震灾屢奉蠲免。新收公用無幾，及舊存公用業經陸續動支，各官養廉并無存剩銀兩可以動撥。且查從前凉、莊兩處建築滿城辦差員弁盤費口食，原請亦在司庫公用銀内動支，後經造銷之時，城工俱有節省銀兩，已請統入城工案内，作正報銷。蒙部允准，造銷在案。今前項城工、渠工辦差員弁盤費口食司庫既無公用可動，應請照依凉、莊城工造銷之例，亦統入寧夏各工程案内動支造銷。等情。相應咨請。等因。前來。查凉、莊城工辦差員弁支過盤費銀兩，先據陝督造册題報，業經本部准其在于原估城工節省銀内作正報銷在案。今寧夏建築城垣、修理渠工各辦差員弁應需盤費銀兩，該撫既稱司庫并無公用可動，請照凉、莊城工之例動支造銷。應令該撫轉飭，在于各工程節省銀内動支，統入各本案内核實，造册題銷可也。等因。準此，行司。

蒙此，遵即備移寧夏道，轉飭遵照在案。今准該道移，據寧夏府申：據寧朔縣知縣張永淑造賫建修鎮、平二堡土城衙署用過工料并員弁盤費口食銀兩册結到司。準此，除靈州臨河等處修築城堡、衙署等項，俟工竣，造册賫報，至日另詳請題外，該布政使徐杞查得，寧朔縣屬之鎮北、平羌二堡建築城垣、衙署，前經造册估請，仰蒙部示，將所估工料銀兩在于部撥寧夏工程銀内動用修建，仍令轉飭據實節省辦理。俟工竣之日，將用過工料銀兩照例備造細册，并將需用一切物料價值，委員查勘，取具并無浮冒揑飾印結，并令將辦差員弁應需盤費銀兩，在于各工程節省銀内，核實造册題銷。等因。

節經本司轉飭，遵照辦理在案。……

今准寧夏道移，據寧夏府申，據寧朔縣造册賫報，并取具委員兼報寧夏縣事理事同知成貴查勘無浮印結，移送前來。本司覆查鎮北堡建築土城壹座，并樓臺、城樓、殿宇、垛墻、女墻、馬道及製造器具等項，并把總衙署壹所，原估共需工料銀捌千柒叁拾陸兩陸錢柒分壹厘玖毫伍絲伍忽，今册造實用過銀柒千叁百肆拾陸兩陸錢捌分貳毫，節省銀壹千叁百捌拾玖兩玖錢玖分壹厘柒毫伍絲伍忽，内支給督工員弁盤費銀伍拾伍兩貳錢貳分。平羌堡建修土城壹座，并樓臺、城樓、殿宇、垛墻、女墻、馬道及製造器具等項，并把總衙署壹所，原估共需工料銀捌千玖百叁拾伍兩陸錢柒分叁毫捌忽柒微伍纖，今册造實用過銀柒千伍百伍拾肆兩陸錢柒分叁厘叁毫，節省銀壹千叁百捌拾兩玖錢玖分柒厘捌忽柒微伍纖，【注三】内支給督工員弁盤費銀陸拾柒兩伍錢肆分。以上貳處通共用過工料銀壹萬肆千玖百壹兩叁錢伍分叁厘伍毫，較原估共節省銀貳千柒百柒拾兩玖錢捌分捌厘柒毫陸絲叁忽柒微伍纖，内除支給督工員弁盤費銀壹百貳拾貳兩柒錢陸分，止該節省銀貳千陸百肆拾捌兩貳錢貳分捌厘柒毫陸絲叁忽柒微伍纖，應請將前項實用過銀壹萬肆千玖百壹拾兩叁錢伍分叁厘伍毫，【注四】在于原請寧夏城工銀内作正開銷。其支過督工員弁盤費銀壹百貳拾貳兩柒錢陸分，亦照原請，在于各工節省銀内開除報銷。所有造到册結，相應轉賫，合候核題。等情。呈詳到臣。

該臣查得，寧朔縣屬之鎮北、平羌二堡建築城垣、衙署等項□□前據造具估册，經臣題報，准部覆動用修建，俟工竣，照例造册，并取具無浮印結題銷。等因。行司遵照去後。兹據布政使、革職留任徐杞詳稱，查鎮北堡建築土城壹座，并樓臺、城樓、殿宇、垛墻、女墻、馬道及製造器具等項，并把總衙署一所，原估共需工料銀捌千柒百叁拾陸兩陸錢零，今實用過工料銀柒千叁百肆拾陸兩陸錢零，節省銀壹千叁百捌拾玖兩玖錢零，内支給督工員弁盤費銀伍拾伍兩貳錢零。平羌堡建修土城壹座，并樓臺、城樓、殿宇、垛牆、女牆、馬道及製造器具等項，并把總衙署壹所，原估共需工料銀□千玖百叁拾伍兩陸錢零，今實用過工料銀柒千伍百伍拾肆兩陸錢零，節省銀壹千叁百捌拾玖錢零，内支給督工員弁盤費銀陸拾柒兩伍錢零。以上貳處共用過工料銀壹萬肆千玖百壹兩叁錢零，共節省銀貳千柒百柒拾兩玖錢零，内除支給督工員弁盤費銀壹百貳拾貳兩柒錢零，【注五】實止節省銀貳千陸百肆拾捌兩貳錢零。請將前項實用過銀壹萬肆千玖百壹拾兩叁錢零，在于原請寧夏城工銀内作正報銷。其支過督工員弁盤費銀壹百貳拾貳兩柒錢零，亦照原請在于各工節省□開銷。等情。造造具細數清册，【注六】并委員查勘無浮印結，一并呈賫，請銷前來，臣覆核無异。除册結分送部科外，相應會同督臣慶合詞具題，伏祈皇上睿鑒，敕部核覆施行。爲此除具題外，理合具揭。須至揭帖者。

乾隆捌年玖月初阵陸日。

【注一】銜名："巡撫甘肅等處地方贊理軍務兼理茶馬兵部右侍郎兼都察院右副都御史世襲雲騎尉紀録十八次軍功紀録二次黄。"

【注二】此處原文爲："于乾隆柒年肆月拾捌日蒙……詳請文武員弁盤費銀兩事……日准甘撫黄咨據布政司。"

【注三】此處原文爲："毫捌忽柒微伍纖今册造實……伍拾肆兩陸錢柒分叁厘叁毫節。"

【注四】此處原文爲："肆拾捌兩貳錢貳分捌厘柒……伍纖應請將前項實用過銀。"

【注五】此處原文爲："省銀貳千柒百柒拾兩玖……員弁盤費銀壹百貳拾貳兩……過銀壹萬肆千玖百壹拾兩。"

【注六】此處原文爲："盤費銀壹百貳拾貳兩柒錢……各工節省〔殘〕開銷等情造。"

【《明清檔案》A125—70，B70375—B70381】

△甘肅巡撫黄廷桂奏請于寧夏縣添造倉廒十座

乾隆八年九月二十四日

户部議准，甘肅巡撫黄廷桂疏請：于寧夏縣添造倉廒十座。從之。

【《清實録》第11册，第579頁《高宗純皇帝實録》卷二〇一“乾隆八年九月癸卯”條】

△甘肅巡撫黄廷桂奏平羅四堆子地方二十二堡管理事

乾隆八年九月三十日

甘肅巡撫黄廷桂奏，寧夏府平羅縣四堆子地方二十二堡，因疊遭河患，弃置埂外，已屬廢土。自乾隆七、八兩年以來，民户自備工本物料，築堤開墾，漸次成熟，人民已有一千五百餘户，熟地已有二三千頃。田廬莊舍，居然樂郊。臣現敕地方官確勘，分立疆界，定畝給照。其居民酌量每畝每年輸租若干，歸之社倉，留爲該地方水旱偏灾之用。有收則令照數輸租，無收仍免。凡徵收出入，官司經理，立有準則。情原多捐者，亦聽其便。至人丁既衆，應立保甲，編排烟户，一切户婚、田地、争訟，歸平羅縣管理。令該縣將户口、土田另造一册，名爲“埂外閑田”，不在升科之内。此外，再有可開者，聽民報官，陸續墾種，給照輸租。有衝廢者，查明删除，并于原給照内注明。其堤岸渠道，加築防護，悉聽民自理，官爲稽查。得旨：“所奏俱悉。”

【《清實録》第11册，第592頁《高宗純皇帝實録》卷二〇一“乾隆八年九月己酉”條】

甘肅巡撫黄廷桂揭報道員丁憂

乾隆八年九月三十日

揭帖。

巡撫甘肅等處地方贊理軍務兼理茶馬、兵部右侍郎兼都察院右副都御史、世襲雲騎尉、紀録十七次、又軍功紀録二次黄：爲報明聞訃丁憂事。

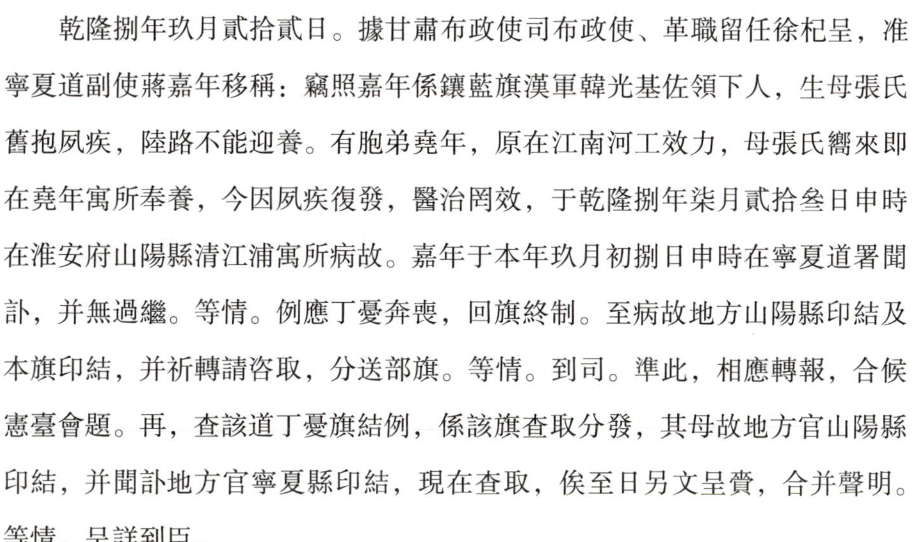

乾隆捌年玖月貳拾貳日。據甘肅布政使司布政使、革職留任徐杞呈，准寧夏道副使蔣嘉年移稱：竊照嘉年係鑲藍旗漢軍韓光基佐領下人，生母張氏舊抱夙疾，陸路不能迎養。有胞弟堯年，原在江南河工效力，母張氏嚮來即在堯年寓所奉養，今因夙疾復發，醫治罔效，于乾隆捌年柒月貳拾叁日申時在淮安府山陽縣清江浦寓所病故。嘉年于本年玖月初捌日申時在寧夏道署聞訃，并無過繼。等情。例應丁憂奔喪，回旗終制。至病故地方山陽縣印結及本旗印結，并祈轉請咨取，分送部旗。等情。到司。準此，相應轉報，合候憲臺會題。再，查該道丁憂旗結例，係該旗查取分發，其母故地方官山陽縣印結，并聞訃地方官寧夏縣印結，現在查取，俟至日另文呈賫，合并聲明。等情。呈詳到臣。

該臣看得，寧夏道蔣嘉年親母張氏于乾隆捌年柒月貳拾叁日申時在淮安府山陽縣清江浦寓所病故，蔣嘉年于本年玖月初捌日在任聞訃，例應丁憂。兹據布政使、革職留任徐杞詳報前來。除該員本旗印結聽部照例查取，其伊母病故及聞訃各地方官印結現在查取，俟至日另行送部外，所有蔣嘉年聞訃、丁憂日期，臣謹會同督臣慶合詞共題，伏祈皇上睿鑒，敕部施行。爲此除具題外，理合具揭。須至揭帖者。

乾隆捌年玖月叁拾日。

【《明清檔案》A126—33，B70771—B70772】

檔案彙編

△諭户部賑貸靈州中衛寧夏花馬池等二十四廳州縣灾民緩徵新舊額賦

乾隆八年十一月初三日

分別賑貸甘肅皋蘭、狄道、金縣、河州、靖遠、寧遠、通縣、會寧、真寧、合水、平番、清水、秦安，西寧、安定、踈伯、階州、靈州、中衛、寧夏、花馬池、禮縣、成縣、高臺等二十四廳、州、縣水、蟲、風、雹灾民，暫緩新舊額徵。

【《清實録》第11册，第628頁《高宗純皇帝實録》卷二〇四“乾隆八年十一月壬午”條】

(甘肅巡撫黄廷桂）揭明寧夏新建滿城并燒造磚瓦窑場圈占民人地畝墳冢給過價銀請銷案内部履行查各款

乾隆八年十一月六日

揭帖。

起居注館。

巡撫甘肅等處地方贊理軍務兼理茶馬、兵部右侍郎兼都察院右副都御史、世襲騎都尉、紀録十七次、又軍功紀録二次黄：爲奏請移建滿城，以垂萬年鞏固事。

乾隆捌年拾月初肆日。據甘肅布政使司布政使、革職留任徐杞呈，乾隆伍年拾貳月貳拾日，蒙甘肅巡撫元部院案驗，乾隆伍年拾貳月拾陸日，准户部咨，陝西司案呈，工科抄出甘肅巡撫元題前事。等因。乾隆伍年柒月貳拾日題，捌月貳拾玖日奉旨：“該部察核具奏。欽此欽遵。”于本月叁拾日抄出到工部，准工部于玖月拾玖日咨送到臣部。

該臣等查得，甘肅巡撫元疏稱：寧夏移建滿城，圈占民人田地，前經奏明，請照時價給與價值，令其另行置買。等因。接准部覆，隨即行司轉飭遵照辦理去後。兹據布政使徐杞詳，據寧夏、寧朔貳縣册造新建滿城并燒造磚瓦窑場，圈占民地共貳千叁百五拾畝零。内除查出無糧官地壹百陸拾柒畝零毋庸給價外，實在圈占有糧民地貳千壹百捌拾貳畝零。按照上、中、下叁等科則給價，上田每畝給價銀伍兩，中田給價銀肆兩伍錢，下田給價銀肆兩，各給銀數不等，共用銀壹萬柒百叁拾貳兩叁錢零。又圈占墳冢貳百壹拾陸冢，每冢給銀壹兩，用過銀貳百壹拾陸兩。以上地畝并墳冢共用銀壹萬玖百肆拾捌兩叁錢零，應請在于城工銀内照數撥給，令其另行置買。至占用民田地畝共貳千壹百捌拾貳畝零，其應徵原額銀、糧、草束例應開除，查科則輕重不等，共應開除糧貳百肆拾石肆斗零，草玖百柒束零，糧草折銀并地畝銀共叁兩肆錢。等情。造具册籍，一并呈賫，請題前來，臣覆核無异。除原册分送部科外，謹會同督臣尹合詞具題。等因。前來。

查乾隆肆年正月内，據升任兵部右侍郎班等奏稱：寧夏滿城于上年地震之時，官署、兵房倒塌無存，城垣低陷，難以居住，請于漢城之西拾里平湖橋之東南地方另建滿城。其築城處所圈占民人田地、房屋照時給價，令其另行置買，所有舊城地基，交與地方官變價。等因。經議政王大臣等覆准，行文在案。今該撫元疏稱：寧夏新建滿城并燒造磚瓦窑場，圈占寧夏、寧朔貳縣民地共貳千叁百伍拾畝零，内除查出無糧官地壹百陸拾柒畝零毋庸給價外，實在圈占有糧民地貳千壹百捌拾貳畝零。按照上、中、下叁等科則給價，上田每畝給價銀伍兩，中田給價銀肆兩伍錢，下田給價銀肆兩，各給銀數不等，共用銀壹萬柒百叁拾貳兩叁錢零。又圈占墳冢貳百壹拾陸冢，每冢給銀壹兩，共用銀貳百壹拾陸兩。以上地畝并墳冢共用銀壹萬玖百肆拾捌兩叁錢零，應請在于城工銀内照數給發，令其自行置買。等語。查前項圈占民人地畝價銀，臣部按册核算，雖屬相符，但上田每畝給價銀伍兩，中田給價銀肆兩伍錢，下田給價銀肆兩，較之時價，有無浮多，并未取具印結送部。圈占墳冢每冢給銀壹兩，又無何例支給，并舊城地基曾否變價之處，疏内亦未聲明。臣部無憑懸議，應令該撫元再行確查，逐一分晰，取具承辦各官并無浮冒實散在民印結保題，到日再議。至該撫疏稱佔用民地應開除糧貳百肆拾石肆斗零，草玖百柒束零，糧草折銀并地畝銀共叁兩肆錢零，臣部核算册造地畝并額徵銀、糧、草束數目，均屬相符。相應照例，准其開除。仍令該撫元造入該年地丁奏銷册内，具題查核可也。乾隆伍年拾壹月拾壹日題，本月拾叁日奉旨："依議。欽此。"爲此，合咨前去，查照施行。等因。準此，行司。

蒙此，又于乾隆捌年捌月拾柒日蒙巡撫甘肅黄部院案驗，乾隆捌年捌月初拾日，准户部咨，陜西司案呈，本年陸月初捌日，准甘撫黄咨稱：寧夏建築滿城并燒造磚瓦窑場，奉部行令，將占用夏、朔貳縣民人地畝給過價銀有無浮多，圈占墳冢照何例支給，并舊滿城地基曾否變價取結保題壹案，前因限滿，未據查明具結賫報，業將兼攝寧夏縣理事同知成貴、寧朔縣知縣張永淑遲延職名揭參在案。今查此案，以乾隆柒年拾貳月拾柒日准咨，又起肆個月之限，内除封印日期，應扣至本年閏肆月拾柒日爲滿。今已逾限，仍未查報。所有查報遲延之咎，不能爲原參兼攝寧夏縣理事同知成貴、原參寧朔縣知縣張永淑寬假相應咨參。等因。于本年伍月拾陸日出咨前來。應將成貴、張永淑移咨吏部議處，仍令該撫將此案行查各款，遵照本部原題，逐一確查，并取具承辦各官并無浮冒印結，核實保題可也。等因。準此，俱行到司。蒙此，節經備移寧夏道，轉飭確查具結賫報去後。

今准該道移，據寧夏府申，據寧夏縣知縣靳夢麟、寧朔縣知縣張永淑申稱：遵查新建滿城并燒造磚瓦窑場，圈占民人有糧地貳千壹百捌拾貳畝伍分捌厘，按照上、中、下叁等給價，上田每畝給價銀伍兩，中田每畝給價銀肆兩伍錢，下田每畝給價銀肆兩，共給過銀壹萬柒百叁拾貳兩叁錢玖分伍厘，俱按照時價實散在民，并無浮多。至起挖民人墳冢貳百壹拾陸冢，每冢照凉州築城起挖民人墳冢之例給銀壹兩，共給過銀貳百壹拾陸兩，亦無浮多。

至滿城舊址城基計地壹千叁百叁拾玖畝，肆面漢臺計地伍百肆拾肆畝，共計地壹千捌百捌拾叁畝，無人承買，委難變價，詳請招民認墾。等情。詳蒙核轉在案。玆蒙憲臺以結内未將滿城舊址頃畝數目叙人飭發結式，行令另具確實印結呈賫。等因。查滿城舊址城基并漢臺，共計地壹千捌百捌拾叁畝，内除沙鹹地柒拾壹畝柒分不堪墾種，城根占地肆拾陸畝現屬土阜，通行大路占地貳拾叁畝不能開墾，又開墾地畝應開挖渠道分位地壹拾叁畝外，實止可墾地壹千柒百貳拾玖畝叁分。因地多瓦礫，無人承買，委難變價。除另文詳請招民認墾，限年起科外，理合遵式出具印結柒張，并新建滿城占用民地、墳冢給過價銀印結各柒張，壹并申賫印祈，查核加結轉報。等情。詳報到府。據此，查新建滿城燒造磚瓦窑場占用民人地畝、墳冢給過價銀，玆據該縣等出具印結前來，卑府覆核無异。相應加具印結，同原來印結壹并呈賫，祈請加結核移。等情。據此，本道覆核無异。相應加結轉移。爲此牒呈賫司，請煩查照，轉報施行。等情。到司。

準此，該布政使徐杞查得，寧夏新建滿城并燒造磚瓦窑場圈占民人地畝、墳冢給過價銀造册送部，奉准部咨。查前項圈占民人地畝按册核算，雖屬相符，但上田每畝給價銀伍兩，中田給價銀肆兩伍錢，上田給價銀肆兩較之時價，有無浮多，并未取具印結送部。圈占墳冢，每冢給銀一兩，又照何例支給，并舊城地基曾否變價之處，疏内亦未聲明，無憑懸議，行令再行確查，逐一分晰，取具承辦各官并無浮冒實散在民印結保題，到日再議。等因。當即備移寧夏道，轉飭遵照確查具結在案。嗣因復經限滿，未據查報，業將前兼攝寧夏縣事理事同知成貴、寧朔縣知縣張永淑各職名揭報在案。今移准該道，據該府申，據該縣等逐一確查具結，該道府核明加結，移送前來。查前項建築滿城并燒造磚瓦窑場，圈占夏、朔二縣民人有糧地貳千壹百捌拾貳畝零，上田每畝給價銀伍兩，中田每畝給價銀肆兩伍錢，下田每畝給價銀肆兩，共給過銀壹萬柒百叁拾貳兩叁錢玖分伍厘，俱係按照時價，實發

原圈地畝業主領去，并無浮多。具起挖墳冢貳百壹拾陸冢，每冢給銀壹兩，共給過銀貳百壹拾陸兩，係照准銷過乾隆二年凉州建築滿城起挖民人墳冢之例發給。貳項共用銀壹萬玖百肆拾捌兩叁錢玖分伍厘。至于舊城地基，共計壹千捌百捌拾叁畝，内除沙鹹地柒拾壹畝柒分不堪墾種，城根占地肆拾陸畝現屬土阜，又有通行大道占地貳拾叁畝，留開渠道分位占地壹拾叁畝外，尚存地壹千柒百貳拾玖畝貳分。因地多瓦礫，無人承買，委難變價，既稱現在另請招民認墾，限年起科，應如所請，另議定奪。所有具到各印結，相應轉賫，合候核題。等情。呈詳到臣。

該臣查得，寧夏新建滿城并燒造磚瓦窑場圈占民人地畝、墳冢給過價銀一案，經前撫臣元具題請銷，准部覆，以圈占民人地畝價銀，較之時價，有無浮多，并未取結。圈占墳冢給銀，又照何例支給，并舊城地基曾否變價，疏内均未聲明。行令分晰，取具印結保題。等因。隨經行司遵照。嗣因限滿，未據查報，業將兼攝寧夏縣事理事同知成貴、寧朔縣知縣張永淑遲延職名咨參，准有部覆在案。兹據布政使、革職留任徐杞詳，准寧夏道蔣嘉年移，據寧夏府知府楊灝申，據寧夏縣知縣靳夢麟、寧朔縣知縣張永淑呈稱：查建築滿城并燒造磚瓦窑場圈占夏、朔二縣民人有糧地貳千壹百捌拾貳畝零，上田每畝給價銀伍兩，中田每畝給價銀肆兩伍錢，下田每畝給價銀肆兩，共給過銀壹萬柒百叁拾貳兩叁錢零，俱係按照時價實發，原圈地畝業主領去，并無浮多。其起挖墳冢貳百壹拾陸冢，每冢給銀壹兩，共給過銀貳百壹拾陸兩，係照准銷過乾隆貳年凉州建築滿城起挖墳冢之例給發。二項共用過銀壹萬玖百肆拾捌兩叁錢零，應照原請在于城工銀内開銷。至于舊城地基共計壹千捌百捌拾叁畝，内除沙鹹地柒拾壹畝柒分不堪墾種，城根占肆拾陸畝現屬土阜，又有通行大道占地貳拾叁畝，留間渠道分位占地壹拾叁畝外，僅存地壹千柒百貳拾玖畝零。因多瓦礫撒積，無人承買，委難變價，現□□畝招民認墾，限年起科。等情。取具印結，呈賫請題前來，臣覆查無异。……題，伏祈皇上睿鑒，敕部議覆施行。爲此除具題外，理合具揭。須至揭帖者。

乾隆捌年拾壹月初陸日。

【注】銜名："巡撫甘肅等處地方贊理軍務兼理茶馬兵部右侍郎兼都察院右副都御史世襲騎都尉紀録十七次又軍功紀録二次黄。"

【《明清檔案》A127—45，B71427—B71434】

川陝總督慶復揭報守備患病情實請准休致

乾隆八年十一月十七日

揭帖。

太子少保、一等承恩公、領侍衛内大臣、兵部尚書兼都察院右都御史、總督四川陝西等處地方軍務兼理糧餉、加三級紀録二次慶：【注】爲病軀難以供職，籲懇轉請休致事。

準固原提督李咨，準興漢鎮總兵官任懷德咨，據標下中軍游擊王三元詳，據該營守備鄭維智呈稱：竊惟卑職由行伍，歷任千把，補授今職，夙夜匪懈，恪供職守。緣昔年出征口外，多受濕寒，染患痰疾。每年秋末冬初，偶爾漸發，彼時血力尚健，服藥調治，尚可痊愈。忽于今歲五月間，在七里關署都司任内，痰疾復發，兼且膀受風痰，腰胯疼痛，動履維艱，醫藥罔效。伏思武職以弓馬爲重，而卑職年已五十九歲，現今兩膀酸麻，不能舉弓，自揣衰朽殘軀，實難供職，懇祈轉請休致。等情。轉報到鎮。據此，隨檄飭查驗去後。

今據中軍游擊王三元呈稱：奉此，遵即查驗得，本營中軍守備鄭維智，實係腰胯酸麻，動履維艱，晝夜痰喘，醫藥罔效。任内亦無未完錢糧事件，隨取具嫡親、醫生甘結，并卑職承查印結，理合賫報。等情。到鎮，咨移到本提督。準此，相應咨請，查照具題。等因。到臣。

準此，該臣看得，陝西興漢鎮標中營守備鄭維智，染患痰疾，腰胯疼痛，醫藥罔效，動履維艱，懇請休致。準陝提臣李咨，稱委員查驗情實，任内并無未完錢糧事件，取具嫡親、醫生，并承查官印甘各結咨移前來。除結送部，其該員原領札付，俟查取至日另咨送部外，所有興漢鎮標中營守備鄭維智患病請休緣由，臣謹會同陝撫臣塞、陝提臣李合詞具題，伏祈皇上睿鑒，敕部議覆施行。再，查興漢鎮標中營守備係部推之缺，應聽部選，合并聲明。爲此除具題外，理合具揭。須至揭帖者。

乾隆捌年拾壹月拾柒日。

【注】銜名："太子少保一等承恩公領侍衛内大臣兵部尚書兼都察院右都御史總督四川陝西等處地方軍務兼理糧餉加三級紀録二次慶。"

【《明清檔案》A127—71，B71555—B71556】

川陝總督慶復爲民宅被劫揭參疏防武職

乾隆八年十二月十九日

揭帖。

太子少保、一等承恩公、領侍衛内大臣、兵部尚書兼都察院右都御史、總督四川陝西等處地方軍務兼理糧餉、加三級紀録二次慶：爲報明失盜事。

案查前准調補廣西提督、暫辦固原提督事務豆咨，準興漢鎮總兵官任懷德咨，據漢鳳營參將閻魁呈，據本營中軍守備索達呈，據把總呼君愛呈，據鳳縣西河鄉民陳獻文報稱：乾隆八年六月二十八日夜一更時分，被賊數人手持樹棍入室，將婿權中有打傷，劫去銀二百一十七兩、錢三千文，理合稟報。等情。據此，卑職當即會同鳳縣親詣事主陳獻文家，驗明權中有脊背棍傷二處、盜犯出入情形，隨選差幹練目兵，協同捕快，勒限嚴緝、贓賊務獲外，理合呈報。等情。轉報到鎮，咨移到提督，轉咨到臣。當即移咨，勒限

嚴緝、贜賊務獲，并查取疏防各職名去後。兹準固原提督李咨，准興漢鎮總兵官任懷德咨稱：鳳縣鄉民陳獻文家被賊劫去銀錢一案，據報隨轉飭選差目兵，協同捕快，分途嚴緝贜賊、務期全獲。今于乾隆八年八月初一日，在四川彰明縣拿獲俞世佑即俞虎牙子、何世俊、柯次飛、俞世能等四名。查此案夥盗共六名，已獲四名，盗首亦獲，衹有夥盗馮任遠、俞起雲二犯未獲。所有疏防武職專汛係漢鳳營把總呼君愛，兼轄係漢鳳營参將閻魁。但該將于乾隆八年六月十六日赴同考驗，于七月初二日回營。其陳獻文家六月二十八日失事之日尚未回營，與因公出境之例相符，職名似應邀免。至此案并無統轄之員。再，查事主居住山僻，亦無墩鋪防兵。理合聲明開揭。等因。移揭到提督，轉揭到臣。

準此，除文職疏防職名已經調任陝撫臣塞會疏題參外，該臣看得，陝西漢中府屬鳳縣西河鄉民陳獻文家，于乾隆八年六月二十八日夜被賊入室劫去銀錢一案，據報當即移咨勒緝，贜賊務期全獲，并查取疏防各職名去後。兹準陝提臣李咨稱：查此案夥盗六名，已于限内拿獲俞世佑即俞虎牙子、何世俊、柯次飛、俞世能等共四名，盗首亦獲，衹有夥盗馮任遠、俞起雲尚未弋獲。所有疏防武職專汛係漢鳳營把總呼君愛，兼轄係漢鳳營参將閻魁。但查該將于乾隆八年六月十六日赴固考驗，于七月初二日回營，其陳獻文家六月二十八日失事之日尚未回營，與因公出境之例相符，職名似應邀免。至此案并無統轄之員。再，事主居住山僻，亦無墩鋪防兵。等因。聲明移揭到臣。除仍移令轉飭，勒緝逸賊馮任遠、俞起雲等務獲外，所有此案武職疏防專無兼各職名，臣謹會同護陝撫臣帥、陝提臣李合詞題參，伏祈皇上睿鑒，敕部議處放行。再照一切欽部案件，臣前于起程赴榆會商定議事疏内聲明，俟臣回署之日，照例扣限，次第完結在案，合并陳明。爲此除具題外，理合具揭。須至揭帖者。

乾隆捌年拾貳月拾玖日。

【《明清檔案》A128—85，B72179—B72181】

川陝總督慶復揭報揀補游擊

乾隆八年十二月十九日

揭帖。

太子少保、一等承恩公、領侍衛内大臣、兵部尚書兼都察院右都御史、總督四川陝西等處地方軍務兼理糧餉、加三級紀録二次慶，爲請補衝邊游擊，以重嚴疆事。

乾隆八年八月二十三日，準兵部咨，職方清吏司案呈，准刑部咨稱：會看得，署陝督馬題寧夏鎮玉泉營兵丁陳法順糾衆辭糧砌壘衙署一案，將私役軍人之解任游擊李繼善照例降三級調用，任内有軍功紀録三次、平常紀録一次，應銷去軍功紀録二次，抵降一級，仍降二級調用，該督給咨赴部另補。等因。乾隆八年七月十九日題，二十三日奉旨："陳法順，依擬應絞，著監候秋後處決。餘依議。欽此。"抄録原題，移咨前來。除抄録粘單行文該督外，查李繼善所遺甘肅寧夏鎮屬玉泉營游擊員缺係疏通滿員一案第二次所出，應行題補游擊第四缺，應用緑旗，行文該督揀選題補可也。等因。準此，當即移行揀選送驗去後。兹準甘州提督李咨，准寧夏鎮總兵官吕瀚咨稱：寧夏鎮屬玉泉營游擊李繼善，准部議降調，令赴部另補，其所遺游擊員缺，逼近賀蘭所轄口隘，在在衝險，有整頓營伍、彈壓捍衛之責，非精明幹練之員，弗克勝任。今選得花馬池營都司、現署標下後營游擊戴倓，才識明敏，熟練邊情，且歷經委署游擊事務，馭兵有方，整飭幹練，堪以請補寧夏鎮屬玉泉營游擊。相應造具該員履歷，出具保結，連人送驗，轉咨請補。等因。到本提督。準此，考驗得戴倓，人材、弓馬，俱屬可觀，辦事勤敏，堪以請補寧夏鎮屬玉泉營游擊。所有送到履歷、保結，相應連人一并咨送，驗試會題。等因。到臣。

準此，該臣看得，寧夏鎮屬玉泉營游擊李繼善降調員缺，准部咨，令于緑旗人員内揀選題補，隨移准甘提臣李選以花馬池營都司、現署寧夏鎮標後營游擊戴倓請補玉泉營游擊，并移履歷、保結，連人送驗前來。臣隨考驗得戴倓，材技可觀，辦事勤謹，熟悉邊情，以之請補寧夏鎮屬玉泉營游擊員缺，洵于邊營有益。查戴倓于乾隆六年五月内引見，未過三年，應免送部。除履歷、保結送部，其撫提印結，俟查取至日，另送外，臣謹會同甘撫臣黄、甘提臣李合詞具題，伏祈皇上睿鑒，敕部議覆施行。爲此除具題外，理合具揭。須至揭帖者。

乾隆捌年拾貳月拾玖日。

【《明清檔案》A128—87，B72185—B72186】

△甘肅巡撫黄廷桂奏請于寧朔縣青龍灘開挖渠口以資灌溉事

乾隆八年十二月二十九日

甘肅巡托黄廷桂奏：寧朔縣迤南，地名青龍灘，距縣城一百二十餘里，逼近唐渠正閘，土曠平衍，儘堪樹藝。衹以地高于渠，水不能入，廢弃已久。查閘西地勢微低，開挖渠口，以資灌溉，可得膏腴地六千餘畝，現已動工挑浚。又，靈州城西羊馬湖地方，于乾隆六年查出可耕之地，兩年招墾，已獲成效田一萬三千餘畝。得旨："勸課農桑，爲政之本。知道了。"

【《清實録》第11册，第677頁《高宗純皇帝實録》卷二〇七"乾隆八年十二月戊寅"條】

乾隆九年（1744）

△甘肅巡撫黄廷桂奏請動支官銀興築寧夏靈州永寧暗洞等渠工

乾隆九年正月十八日

工部議覆：甘肅巡撫黄廷桂奏稱，寧夏府屬靈州之永寧暗洞，泄漢渠尾水，及上游東南一帶蘇家湖等處山水之去路，橫穿秦渠之下。上年山水陡發，冲塌秦渠中斷，應請南移三十丈，重建石洞。如築秦渠，并將附近澇河一帶，挑挖寬展，量築堤埂，并改建利濟橋。但前項渠洞，原係民間自爲經理，今需費甚巨，請動項官辦，幫民興築。應如所請。從之。

【《清實録》第11册，第687頁《高宗純皇帝實録》卷二〇九“乾隆九年正月丙申”條】

川陜總督慶復揭報守備病故并調補員缺

乾隆九年正月二十二日

揭帖。

太子少保、一等承恩公、領侍衛内大臣、兵部尚書兼都察院右都御史、總督四川陜西等處地方軍務兼理糧餉、加三級紀録二次慶，【注】爲報明守備病故，并請調補員缺事。

准固原提督李咨，據本標中軍參將黄元龍呈：據本營中軍守備馬忠之子馬毓靈報稱，靈父馬忠，身患痰疾，醫治不愈，于乾隆八年十一月二十六日病故，理合報明。等情。據此，隨飭委該將查驗情實去後。今據呈稱：查得守備馬忠病故情實，任内并無未完錢糧事件，取具嫡親、醫生甘結，出具承查印結，暨原領札付，相應一并呈賫。等情。到提督。據此，查本標中軍守備員缺係題補之缺，應聽部歸于疏通□員案内酌分，但標營守備有職司兵馬錢糧、訓練士卒之責，必得久歷行伍、練達營務之員，方克勝任。今選得固屬蘆溝堡守備線虎，爲人明白，營伍熟諳，堪以調補。其線虎所遺蘆溝堡守備員缺亦係題補之缺，應請聽部酌分，相應一并咨請會題。等因。到臣。

準此，該臣看得，固原提標中營守備得患痰疾，醫藥罔效，于乾隆八年十一月二十六日病故。兹準陜提臣李咨，稱委員查驗情實，任内并無未完錢糧事件，取具結札咨送。并稱中營守備員缺，有職司兵馬錢糧、訓練士卒之責，必得久歷行伍、練達營務之員方克勝任。選以固屬蘆溝堡守備線虎，爲人明白，營伍熟諳，堪以調補。等因。前來。臣查陜提標中營守備員缺係題補之缺，應聽部分，但蘆溝堡守備員缺亦係題缺，今提臣爲標營得人起見，□將線虎准其調補。其蘆溝堡守備員缺，聽部酌分。再，查線虎係對缺調補，毋庸送部引見，亦無庸出具保結。除病故守備馬忠結札送部，其守備線虎履歷，俟查取至日另送外，所有中營守備馬忠病故日期，并請以蘆溝堡守備綫虎調補緣由，臣謹會同護陜撫臣帥、蘭州撫臣黄、陜提臣李合詞具題，伏祈皇上睿鑒，敕部議覆施行。爲此除具題外，理合具揭。須至揭帖者。

乾隆玖年正月貳拾貳日。

【注】銜名："太子少保一等承恩公領侍衛内大臣兵部尚書兼都察院右都御史總督四川陜西等處地方軍務兼理糧餉加三級紀録二次慶。"

【《明清檔案》A129—15，B72369—B72370】

川陜總督慶復揭報揀補游擊

乾隆九年一月二十二日

揭帖。

太子少保、一等承恩公、領侍衛内大臣、兵部尚書兼都察院右都御史、總督四川陜西等處地方軍務兼理糧餉、加三級紀録二次慶：爲請補標營游擊以收實□事。

乾隆八年十二月初四日，准兵部咨，職方清吏司案呈，乾隆八年十一月初九日，本部將題補川陜督標火器營參將之游擊許仕榮帶領引見，奉旨："准該督所請補授。欽此。"查游擊許仕榮□守備營事，任内有恩詔加一級、西北兩路議叙軍功紀録二次，今補授參將，應仍兼以守備，管川陜督標火器營參將□

帶軍功紀録二次，所恩詔加一級照例改爲紀録一次，給與札付限票，令其赴任。其許仕榮所遺川陝督標右營游擊員缺係疏通滿員一案□□□入所出，應行題補游擊第三缺，應用緑旗，行文該督揀選題補可也。等因。到臣。

準此，該臣看得，臣標右營游擊許任榮題升員缺，准部咨，令揀選題補。等因。臣查游擊□□□□□疏士卒、稽核錢糧之責，必須精明□□□□□□，□克勝任。今臣揀選得固原鎮屬富平營都司王文鐸，材技可觀，人亦明白，有志向□，標防勤慎，堪以請補臣標右營游擊。仰懇聖恩，允准補授，則該員感戴□□，當愈加黽勉，而臣亦□□□之益。除給咨該員赴部引見，并臣出具保結送部。其該員履歷暨撫提印結，俟查取至日另送外，臣謹□□□陝撫臣帥、陝提臣李合祠具題，伏祈皇上睿鑒，敕部議覆施行。再，查富平營都司員缺係……部選，合并陳明。爲此除具題外，理合具揭。須至揭帖者。

乾隆玖年壹月貳拾貳日。

【《明清檔案》A129—16，B72371—B72372】

陝西寧夏總兵官吕瀚揭報奉到律例日期并謝皇恩

乾隆九年正月二十六日

揭帖。

鎮守陝西寧夏等處地方副將、管總兵官事吕瀚：恭報微臣奉到律例，叩謝天恩事。

竊臣蒙刑部律例館札發《漢文律例全書》□部，于乾隆玖年正月初拾日，據臣標後營年滿千總李京賫捧到臣。臣隨出郊跪迎至署，恭設香案，望闕叩頭，謝恩祗領訖。欽惟我皇上道隆參贊，德備中和。本上帝以爲心，好生愈篤，法列祖而立極，惠保彌殷。兹以《律例全書》特命臣工編輯，胥歸睿鑒裁成。繁簡寬嚴，事事緣情而定法；因革損益，在在隨時以制宜。允矣鑒朗衡平，欽哉金科玉律。臣一介武夫，荷蒙恩賜，惟有益修軍紀，勵勉戎行，仰見家興仁讓，□起弦歌。深仁普被，億萬年蒙樂利之□；良法昭垂，千百載享昇平之福矣。所有微臣奉到欽定律例日期，理合恭疏題報，叩謝天恩，伏乞皇上睿鑒施行。除具題外，理合具揭。須至揭帖者。

乾隆玖年正月貳拾陸日。

【《明清檔案》A129—27，B72407—B72408】

川陝總督慶復揭報補授守備

乾隆九年二月十三日

揭帖。

太子少保、一等承恩公、領侍衛内大臣、兵部尚書兼都察院右都御史、總督四川陝西等處地方軍務兼理糧餉、加三級紀録二次慶：爲請補邊營守備事。

乾隆八年十月二十四日，准兵部咨，職方清吏司案呈，據川陝總督慶疏稱：寧夏鎮屬興武營游擊柴大成、守備段文正乖張成性，肆意朋比，濫扣私派，罔恤兵艱，相應特疏糾參，請旨革職，以便同本内有名犯證一并嚴審究擬。等因。于乾隆八年八月二十八日題，九月二十九日奉旨：“這所參柴大成、段文正，俱著革職。其朋比濫扣。等情。及本内有名人犯，該撫一并嚴審，究擬具奏。該部知道。欽此。”除抄録粘單行文該撫欽遵審擬具奏外，查柴大成所遺興武營游擊員缺，係疏通滿員一案第三次所出，應行題補游擊第一缺，應用正白旗滿員，該督毋庸題補。其段文正所遺興武營中軍守備員缺係第四次所出，應行題補守備第五缺，應用緑旗，行文該督揀選題補可也。等因。準此，隨移咨揀選去後。

今准甘肅提督李咨稱：揀選得分發甘標以守備題補之雷動，人材、弓馬，俱屬可觀，堪以請補寧夏鎮屬興武營守備員缺，相應造具履歷，出具保結，連人咨送驗試，會題請補。等因。到臣。準此，該臣看得，寧夏鎮屬興武營守備段文正參革員缺，准部咨，令揀選題補。茲準甘提臣李選以分發甘標以守備題補之雷動請補，并移履歷、保結，連人送驗前來。臣隨考驗得雷動，年力精壯，辦事勤慎，先經軍政卓异揀發之員，堪以請補寧夏鎮屬興武營守備。查雷動係山西大同助馬路守備于軍政案内卓异，奉旨發往甘省，以守備題補之員，今請補守備，毋庸送部引見，亦毋庸出具保結。除移到履歷、保結送部外，臣謹會同甘撫臣黄、署甘提臣許合詞具題，伏祈皇上睿鑒，敕部議覆施行。爲此除具題外，理合具揭。須至揭帖者。

乾隆玖年貳月拾叁日。

【《明清檔案》A129—60，B72517—B72518】

川陝總督慶復請將寧夏地震被灾兵丁所借銀兩一體豁免摺[1]

乾隆九年三月初三日

奏。

太子少保、川陝總督、領侍衛内大臣、承恩公臣慶復謹奏：爲請旨事。

案查乾隆三年，寧夏地震，被灾鎮標及外路協防兵丁在于寧夏府庫共借支銀一萬三千五百五十九兩。除扣完司庫銀二千六百四十八兩，未扣完銀一萬九百一十一兩，經前督臣查郎阿因兵丁被灾艱苦，奏明緩至乾隆五年分季扣還。旋因灾兵貧苦，自遭地震之後，連歲歉收，力難遽扣。經督臣尹繼善將甘省各標營兵丁乾隆六年正月以前借欠司庫未扣銀兩議請，均作五年帶扣案内。于乾隆六年正月初二日，欽奉上諭："朕思兵丁等現領之餉，僅足養贍家口之需。

①軍機處録副奏摺。

若將新舊借欠之項一并帶扣，則所存無幾，食用艱難。且此項借欠歷年已久，若本人更换，勢必至貽累妻孥及該管之將弁。朕心深爲憫惻，况西陲軍興以來，陝甘兵丁備極勤勞，而甘省兵丁尤爲出力，著將借欠未完帑銀二十二萬二千四百餘兩，悉行豁免，以示朕優恤邊兵之至意。欽此欽遵。”在案。

隨據該鎮將灾兵情尤困苦，援請豁免具詳前督臣尹繼善批司查議，屢次行查。臣視事之始，據寧夏鎮總兵官吕瀚詳稱，被灾兵丁每名借給銀二兩。防兵遠戍塞外，家口野居露處，每名借給銀一兩，以濟殘喘。仰沐皇仁寬期未扣，今通省兵丁借欠，悉沐恩膏，惟此項被灾窮兵借欠之項，歷年已久，屢經呼籲，未蒙援題豁免。現今人亡更换，貽累妻孥兼多，無可著追，正與恩旨相符，請賜題請。等情。前來。

臣查此案灾兵借欠，先經前督臣查郎阿奏請緩扣，是以督臣尹繼善查造六年以前兵丁欠借册内，未經造入。事關錢糧，批司詳查確議去後。今據布政使司徐杞詳稱，寧夏地震之後，屢值歉收，兵丁倍爲艱苦，尤可憫惻。從前借給府庫未扣銀一萬九百一十一兩，所借在于乾隆六年恩旨以前，爲時已久，人亡更换，難以扣追，應請援例，題請豁免，以廣皇仁。再，前院彙奏之時，止查司庫借欠未扣之數，是以此項動借府庫銀兩未經列入，以致不得與通省各提、鎮、標、營兵欠并邀恩免。等情。議復到臣。臣查核再三，加以訪查，誠如聖諭，西陲軍興以來，甘省兵丁尤爲出力，而寧夏兵丁被灾倍苦。仰沐多方賑恤，得慶更生。此等窮乏灾兵，尤非尋常借支可比。前既未及彙册上請，應准援照恩旨豁免。事關聖主優恤邊兵之曠典，臣何敢遽照司詳題請，理合據實奏聞。仰懇皇上特降諭旨，一體寬免，則邊塞戎行咸沐，淪肌浹髓之恩，施于永矣。臣愚昧之見，是否有當，伏祈訓示施行。臣謹奏。

乾隆九年三月初三日。

是。有旨諭部。

【《明清宫藏地震檔案》（上卷壹）第349頁】

△諭内閣著將靈州中衛等州縣累年未完積欠銀糧草束等項再行寬緩等事

乾隆九年三月二十六日

乾隆九年三月二十六日，内閣奉上諭："甘肅地方，嚮來民間積欠繁多，朕曾降旨，將張掖、皋蘭、狄道、靖遠、安化、平凉、涇州、靈臺、中衛九州縣民欠，自乾隆八年爲始，分作四年帶徵。又，將武威、西寧二縣帶徵雍正十三年至乾隆四年之項，一并蠲免。此外應徵舊欠錢糧，理宜按期輸納，但念該省土瘠民貧，地處邊陲，非内地可比，以一年而清積年之欠，未免艱難，著將張掖、肅州、高臺、皋蘭、河州、狄道、靖遠、安化、平凉、涇州、靈臺、靈州、中衛十三州縣，及武威、西寧二縣，累年未完積欠銀、糧、草束等項，再行寬緩，自乾隆九年爲始，分作六年帶徵，以紓民力。該部即遵諭行。欽此。"

【《乾隆朝上諭檔》第1册，第911頁第2517條。亦見《清實録》第11册，第737頁《高宗純皇帝實録》卷二一三"乾隆九年三月甲辰"條】

△諭内閣著將寧夏鎮標及外路協防兵丁未完銀悉行豁免

乾隆九年三月二十六日

乾隆九年三月二十六日，内閣奉上諭："乾隆三年，寧夏地震被灾，鎮標及外路協防兵丁，在于寧夏府庫，共借支銀一萬三千五百五十九兩。除扣完司庫銀二千六百四十八兩外，未扣完銀，尚有一萬九百一十一兩，現在著追。朕思寧夏自昔年地震之後，屢值歉收，兵丁倍覺艱苦，可爲憫惻。且此借支之項，已歷數年，人多更换，難以責令還項，著將未完銀一萬九百一十一兩，悉行豁免，以示優恤。該部即遵諭行。欽此。"

【《乾隆朝上諭檔》第1册，第911頁第2518條。亦見《清實録》第11册，第737頁《高宗純皇帝實録》卷二一三"乾隆九年三月甲辰"條】

△甘肅巡撫黄廷桂奏請官爲督率興修平羅縣屬四堆子地方老埂新堤

乾隆九年四月三十日

甘肅巡撫黄廷桂奏：上年九月内，奏明平羅縣屬四堆子以下，埂外閑田，不在升科之内，仍立社倉，酌量輸租。今計墾熟田，二十三萬五千三百餘畝，民二千五百餘户，俱給執照，聽其管業，按户設牌，開明丁口，選立堡長，編排保甲。因令各户田一畝，輸租一升。每堡選身家殷實二人，充社總、社副，專司登記。仍令官爲經理，歲底報查。惟四堆子一帶，舊有老埂，延長七十餘里。近年以來，該地民復于老埂之内，逼近河流之處，加築新堤二道，均應歲修。令于春融農隙時，每田百畝，出夫一名，量備柴草，并力興作，官爲督率。得旨："好。知道了。"

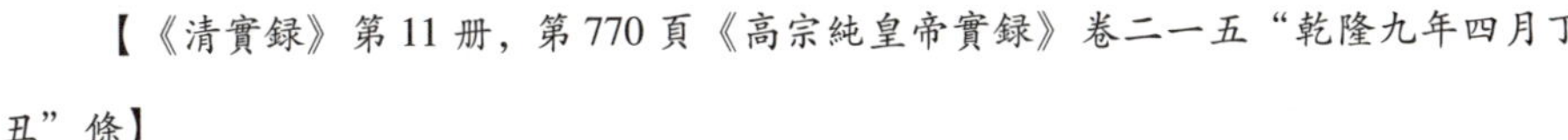
【《清實録》第 11 册，第 770 頁《高宗純皇帝實録》卷二一五"乾隆九年四月丁丑"條】

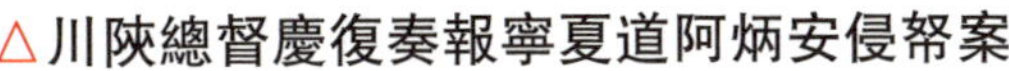
△川陝總督慶復奏報寧夏道阿炳安侵帑案

乾隆九年五月二十九日

又奏覆：已故參革寧夏道阿炳安，在莊浪道任内，侵冒寧夏城工帑項，已據伊弟納英阿認贓二萬餘兩。至彼時督撫，有無染指之處，現據榆葭道王凝禀稱，前奉委承辦莊浪滿城，實用工料銀十萬一百六兩九錢零，較原估題報數目，節省甚多，曾將總册面禀前撫元展成。乃元展成竟加呵斥，勒令回任，將餘銀剩料，交阿炳安收領，任憑造册報銷。苟非袒庇營私，焉肯若此。即查督院奏加匠工食米，盈千累萬，阿參道恣其侵扣，豈無訪聞。是督撫斷無不勾串染指之理。但阿炳安生前奸詭，實不能知。及至被參，所侵銀兩，俱已吐交。其是否自交，或係督撫幫交，在當日毫無憑據。得旨："所奏俱悉。朕亦不欲窮追。但查郎阿之護庇阿炳安，實非爲大臣之所應有。阿炳安欠項若清則已，若有不完，可著落原舉之查郎阿代賠耳。”

【《清實録》第 11 册，第 805 頁《高宗純皇帝實録》卷二一七“乾隆九年五月丙午”條】

署陜西固原提督段起賢揭報抵固任事日期

乾隆九年八月六日

揭帖。

署理陜西固原提督印務、凉州總兵官段揭：爲恭報微臣抵固任事日期事。

竊臣蒙川陜總督臣慶照會委署陜西提督印務，業將自凉起程日期恭疏題報在案。今臣于乾隆玖年捌月初陸日抵固，隨據標下中軍參將黄元龍賫送提督陜西總兵官銀印壹顆、王命旗牌捌杆面、未用火牌肆張，以及節次奉到上諭、清漢各書，并提標生息銀兩册到臣，臣于即日拜受任事訖。所有微臣抵固任事日期，理合恭疏題報，伏祈皇上睿鑒施行。爲此除具題外，理合具揭。須至揭帖者。

右具揭帖。

乾隆玖年捌月初陸日。

【《明清檔案》A132—98，B74367—B74368】

甘肅巡撫黄廷桂揭請核銷平羅縣乾隆五年招徠流移窮黎賞給口糧銀兩并陳前後户口不符緣由

乾隆九年八月八日

揭帖。

巡撫甘肅等處地方贊理軍務兼理茶馬、兵部右侍郎兼都察院右副都御史、世襲雲騎尉、紀録十九次、又軍功紀録二次黄：爲奏閲請旨事。

乾隆玖年柒月拾陸日，據甘肅布政使司布政使、革職留任徐杞呈，乾隆伍年陸月貳拾日，蒙前任總督川陝户部堂案驗，乾隆伍年陸月初玖日，准户部咨，陝西司案呈，内閣抄出原任川陝總督鄂、現任甘肅巡撫元奏前事，内稱：竊查惠農廢渠既復興修，新、寶廢地應宜招墾，以□水利而□農工。所有奉裁新、寶貳邑存留户民，業經諭令歸農。其從前寄籍、灾後流移者，并出示各原籍廣諭招徠，委員會查確勘，實在可耕田地不致荒鹹者，按户計畝，撥地安插。現在該户民等前來報墾者，雲集響應，但查舊存及新招各户口，俱係失業窮民，勢難責其徒手而耕，均當爲之料理安置。除房價、器具銀兩已于賑恤案内一體散給，毋庸重支外，查寧郡被灾户民每户借給牛具銀捌兩，惟新、寶地方因縣治已裁，田地荒蕪，户口離散，未經借給牛具銀兩。今既復來報墾，應請照夏、朔、平叁縣之例，每户借給牛具銀捌兩，助其耕作。至口糧、籽種均屬急需，查乾隆肆年，新、寶被水灾民壹千餘户已于去臘今春賑給叁個月口糧，毋庸再行置議。所有現在招徠各户均係窮黎，應請每户賞給口糧伍斗，全支本色，以資目前糊口。其夏秋籽種，無論舊存及新招户民，委員查明，認墾田地，一體借給其所需銀兩，請即在于府庫賑恤下剩銀内給發所需口糧、籽種，即于平羅縣倉貯糧内動支。至此等户民或回原籍無業，寄籍新、寶，或灾後已回原籍，無以謀生，復來報墾，較夏、朔、平叁縣土著之民不同。其牛具銀兩應分作捌年徵收還項，籽種糧石分作叁年徵收入倉。所有每户口糧伍斗，應請賞給，以資接濟，以廣皇仁。兹據布政使徐杞詳議前來，臣等覆核無异。相應合詞具奏，仰懇聖恩俯允，則懷定安集，庶無業灾黎長享樂利于無疆矣。等因。乾隆伍年伍月拾柒日，奉硃批："著照所請行。該部知道。欽此欽遵。"于本年伍月拾玖日抄出到部。相應行文陝督甘撫遵照，欽奉硃批内事理遵行可也。等因。準此，行司。蒙

此，又蒙前任元撫憲案驗，准户部咨同前事。等因。俱行到司。

蒙此，遵即備移寧夏道轉飭，逐一遵照去後。兹準寧夏道馬靈阿移，據寧夏府知府楊灝申，據兼攝平羅縣事水利同知羅緒申稱：遵查歸并新、寶地方灾後流移招徠窮民，于乾隆伍年，每户賞給口糧伍斗，理合造具册結，申賫核轉。至委員監散印結，卑職一面移會寧夏縣加結徑賫，又據寧夏縣知縣靳夢麟申稱，遵將前任寧夏□武□監散平羅縣歸并新、寶户民口糧，理合出具印結申賫。等情。由府加結，賫道轉移到司。準此，該布政使徐杞查得，寧夏府屬之平羅縣歸并奉裁新、寶貳縣灾後流移招徠窮黎，蒙前任鄂督憲元撫憲奏明，令將乾隆伍年平邑寄籍招徠灾後流移窮黎各户，每户賞給口糧伍斗，借給牛具銀捌兩，以資糊口耕作。其借給牛具銀兩分作捌年帶徵，并查明無論舊存及新招各户，一體借給夏秋籽種，分作叁年徵收還倉。等因。奉旨俞允，欽遵在案。今查平羅縣册造招徠流移各户共叁千玖户，每户賞給口糧伍斗，共賞給本色倉斗糧壹千伍百肆石伍斗，在于乾隆肆年采買，并扣貯各營各年缺曠，平、洪貳營出師西寧，駐札高臺、金塔，重支、長支還倉，以及節次隨交代、長出等項糧内動支。莞豆壹千壹百玖拾肆石伍斗貳升，青豆叁百玖石玖斗捌升，俱係按户賞給，并無虚冒扣剋情弊。等情。移送該府縣等册結前來。本司查核無异。相應呈賫，合候具題請銷。再，查原每户借給牛具銀捌兩，因乾隆伍年夏秋之間，河水泛濫，渠道冲决，田地率多水浸，是以未經借給。嗣于乾隆陸年，水勢已涸，堤埂復修，高阜地畝仍復按户受業。前經寧夏道查明，議請補給前來。隨經本司詳奉允准，并將借過銀兩造册，呈請咨送大部覆准在案。至借給夏秋籽種，已于詳請借給籽種等事案内，因户民伍年被水，大半回籍，另請邀免。其請借籽種，從前據報實係肆千柒拾肆户。此案賞給糧石，以户民中有未支領賞項，散回原籍之人并未賞給，是以止係叁千玖户，以致前後户口不符，合并聲明。等情。呈詳到臣。

該臣查得，寧夏府屬之平羅縣歸并奉裁新、寶貳縣灾後流移招徠窮黎，經前督臣鄂、撫臣元奏請，每户賞給口糧伍斗，借給牛具銀捌兩，以資糊口耕作。其借給牛具銀兩分作捌年帶徵，并查明無論舊存及新招各户，一體借給夏秋籽種，分作叁年徵還倉。奉旨允准，欽遵轉行在案。兹據布政使、革職留任徐杞詳稱，平羅縣乾隆伍年招徠流移各户共叁千玖户，每户賞給口糧伍斗，共賞給本色倉斗糧壹千伍百肆石伍斗，在于乾隆肆年采買，并扣貯各營各年缺曠，平、洪貳營出師西寧，駐札高臺、金塔，重支還倉，以及節次交代、長出等項糧内動支。莞豆壹千壹百玖拾肆石伍斗零，青豆叁百玖石玖斗零，俱係按户賞給。等情。造册具結，至賫請銷前來，臣覆核無异。除册結分送部科外，相應會同督臣慶合詞具題，伏祈皇上睿鑒，敕部核覆施行。

再，查原議每户借給牛具銀捌兩，因乾隆五年夏秋之間河水泛溢，渠道冲决，田地率多水浸，是以未經借給。嗣于乾隆陸年水勢已涸，堤埂復修，高阜地畝仍復按户授業。前據該司查明，議請補給，并將借過銀兩造册，經臣咨准，部覆在案。至五年借給夏秋籽種，因户民本年被水，大半回籍，已于詳請借給籽種等事案内另請邀免。再，查請借籽種之户口，從前據報實係肆千柒拾肆户，此案賞給糧石，以户民中有未經支領賞項散回原籍之人，是以止係叁千玖户。所有前後户口不符緣由，合并陳明。爲此除具題外，理合具揭。須至揭帖者。

乾隆玖年捌月初捌日。

【《明清檔案》A132—106，B74395—B74400】

署陜西固原提督段起賢揭報奉到中樞政考日期

乾隆九年八月十八日

揭帖。

署理陜西固原提督印務、凉州總兵官段揭：爲恭報微臣接收《中樞政考》日期事。

竊臣卷查原任陝提臣李質粹于乾隆玖年伍月初玖日蒙兵部札付，内開：爲頒發則例事。纂修則例館案呈，查本部《中樞政考》奏請刷印頒發壹摺，于乾隆捌年拾壹月拾肆日具奏，本日奉旨："□□。欽此欽遵。"在案。今准武英殿將刷印則例發出，相應抄録原奏札知陝西固原提督可也。等因。札行在案。臣于乾隆玖年捌月初陸日抵固，接署提督印務之後，據標下中軍參將黄元龍呈稱：乾隆玖年柒月拾叁日，據在京提塘張綉聯由塘頒到《中樞政考》壹部，共拾捌本，理合呈交。等情。呈交到臣。臣隨于是日恭設香案，望闕叩謝接收訖。今將接收日期，理合恭疏題報，伏祈皇上睿鑒施行。爲此除具題外，理合具揭。須至揭帖者。

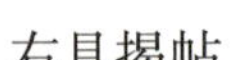

右具揭帖。

乾隆玖年捌月拾捌日。

【《明清檔案》A132—123，B74477—B74478】

署陝西固原提督段起賢揭報補行軍政卓异官員

乾隆九年八月二十二日

揭帖。

署理陝西固原提督印務凉州總兵官段揭：爲題明考選軍政事。

竊臣于乾隆玖年捌月初柒日，准川陝督臣慶咨開：爲查原任陝提李質粹既已丁憂，軍政大典自不便仍行具題。但查今次軍政壹案册結，及應薦、應劾人員，俱係原任陝提李質粹先經辦就會稿，而該署提甫經任事，自應代爲具題，仍將軍政舉劾册結係原任陝提李質粹辦就丁憂，不能具題緣由，聲明遵辦施行。等因。移咨到臣。臣即卷查得，乾隆玖年柒月初貳日，經原任陝提臣李質粹咨會督臣慶會稿壹件，爲特舉卓异官員，以昭鼓勵，以彰大典事。竊臣卷查，乾隆柒年叁月内，經前任陝提臣周開捷蒙兵部札付，爲題明考選軍政事，職方清吏司案呈，兵科抄出本部題前事。内開：該臣等查得，定例内，武職官員伍年壹次考選軍政。等語。康熙貳拾陸年拾月内，九卿會覆原任都察院左都御史徐乾學條奏壹疏，内議：提督、總兵官以上原係具疏自陳，恭候上裁，相應仍照舊行。副將以下各官原係提鎮會同督撫考核之員，其卓异者，仍照舊薦舉，其溺職者，仍照八法通爲壹本，參奏部院，詳加察核。其照常留任者，停其開具四柱□□部。等因。具題奉旨："依議。"欽遵在案。

又于康熙陸拾壹年拾貳月拾叁日，内閣交出署甘肅提督事務、總兵官范時捷所奏軍政壹疏啓奏，奉旨："貪婪行劣不謹官員，理應參革。這所參罷軟年老有疾、才力不及官員内，若有軍前行走受傷得功者，即行革退，甚屬可憫。將此等查出，或于本身給與空銜，或令其子孫入伍當兵食糧之處，交該部院衙門查明具奏。若軍前不曾效力，未曾受傷得功，仍照例議奏。"欽遵亦在案。又于雍正元年柒月内，臣部遵奉上諭："會同吏部議覆，嗣後大計軍政，除卓异八法仍照舊例舉行外，其不入舉劾平等官員，令該管上司出具印結，該督撫、提鎮填注考語，造册送部，以憑核其優劣。"等因。具題奉旨："依議。欽此。"又，乾隆貳年拾月内，遵旨議覆，緑旗軍政年老官員内，如從前曾經出兵效力，今係年老衰憊，實難勝任者，准其原品休致，仍令其子弟壹人入伍食糧。如無子弟，給與守糧壹分，以終養贍。其年齒雖老而精力未甚衰憊，尚可辦事者，令該督撫、提鎮悉心酌量，或仍留原任，或調補簡缺，俾效力之員得以保全末路。等因。奉旨："依議。欽此欽遵。"通行各在案。

查乾隆貳年拾月起，至乾隆柒年拾月，伍年已滿，所有内外各省武職官員例應軍政，除提督、總兵官仍照例具疏自陳外，其副將以下官員内卓异者，仍行照舊舉薦，溺職者，仍照八法通爲壹本參奏，注明有無在軍前行走受傷得功。其不入舉劾照常留任者，令填注考語，造册送部，俱于乾隆柒年拾月以前具題到部。本年拾壹月内，臣部會同都察院兵科河南道察核具題，俟命下之日，通行内外各衙門遵行可也。等因。于乾隆柒年貳月初捌日題，本日奉旨：

"依議。欽此。"相應札行該提督可也。爲此，合札該提遵奉施行。等因。

又准前任川陝督臣尹咨同前事，俱各遵奉在案。嗣于本年玖月内，經前署陝提臣許仕盛蒙兵部札付，爲欽奉上諭事。職方清吏司案呈，乾隆柒年捌月初貳日，内閣奉上諭："各省軍政，伍年壹舉，乃黜陟將弁、鼓勵戎行之要務。爲督撫、提鎮者，留意于平時，而舉行于此日，必公正無私，甄別允當。舉所當舉，而衆人皆知奮興；劾所當劾，而衆人皆知儆戒。將見人材輩出，士氣益勵，國家于以收干城腹心之效，所關非淺鮮也。昔我皇祖皇考加意武備，訓諭諄諄，其因舉劾不公降旨申飭者，至嚴且切。今當軍政之期，倘司其事者，或瞻徇情面，庇護私人，將居官貪劣及衰懦闒茸、不能騎射之人，姑容在職，止將微末弁員數人填注充數，而使技勇過人、勞績素著，或秉性質樸、實心效力者，遏抑隱藏、無所表見，則賞罰不明，賢否倒置，人心懈怠，戎政廢弛，重負朝廷委任之意，其罪不可逭矣。用是特頒此旨，務各洗心滌慮，將從前情弊陋習一一屏除，以肅巨典。倘有仍蹈前轍者，經朕訪聞，或被科道糾參，必當加以嚴譴。該部即通行曉諭知之。欽此欽遵。"亦在案。

查前督臣尹于乾隆柒年柒月内，因赴金沙江查勘河道，將川、陝、甘叁省軍政于起程疏内聲明，俟回署之日，同撫提諸臣一并扣限具題。後緣尹未經回署，旋即丁憂，未經舉行。又，經署督臣馬因甫經到任，耳目難周，請將乾隆柒年拾月軍政具題展限，于乾隆捌年拾月内補行。嗣因馬升任兩廣總督，經督臣慶以甫經到任，計至舉劾之期僅止兩月，川、陝、甘叁省幅幀遼闊，武員賢否，驟難周知，于是年捌月内具題展限，請于乾隆玖年捌月内補行。等因。部議業奉俞允在案。今限期已屆，自應遵期補行。

伏查軍政伍年壹舉，勸懲攸關。臣仰承聖訓，敢不矢公矢慎，一秉無私。臣自上年捌月拾貳日抵任之後，將所屬標鎮協營副、參、游、都、守備等員逐一調驗，詳看材具弓馬，仍密行體訪居官優劣，計今將及壹載。其各員之賢與不肖，嚴加甄別，已得其實。除有干八法之員另疏糾參，并平常留任者遵例造具考語，册結送部外，所有臣屬之潼關協副將金貴、西安城守營參將王化貴，并准河州鎮臣周儀造送蘭州營游擊朱濂，以上叁員，人材超群，技藝純熟，操守清白，居官有聲，且歷俸已滿叁年，任内亦無降罰案件，允稱干城之器，堪膺卓异之選。謹將各員事實，爲我皇上臚列陳之。計開卓异官叁員：

固原鎮屬潼關協副將金貴，才品優長，技藝嫻熟。輸誠急公，營伍因而整齊；矢志廉潔，士卒互相愛戴。洵武職之翹楚，符薦揚之實迹。事實：一，本官嚴明軍紀，整飭汛防，路當叁省要隘，防範極其周密，盗息安民；一，本官存心不苟，立志清廉，錢糧毫無欺隱，兵餉盡得實封；一，本官勤求政務，念切治兵，每逢朔望，必會同僚屬，齊集兵丁，宣講《聖諭廣訓》，彰明忠孝大義，使兵丁有勇知方；一，本官守法惟公，存心至恕，愛兵如子，并無酷刑，亦無未完錢糧、盗案。

固原鎮屬西安城守營參將王化貴，才明識卓，辦事勤慎，弓馬優嫻，熟諳營務，誠爲出衆之員，堪膺超群之選。事實：一，本官駕馭有術，訓練維勤，懸賞鼓勵，期士卒技藝精熟，申明紀律，使偏裨咸知遵守；一，本官盡心營伍，竭力戎行，整頓軍裝甲胄，獲鮮明之實，修理什物器械，無缺損之虞；一，本官居心醇謹，律己端方，每逢宣講《聖諭廣訓》，必反覆詳明，使兵民咸知親上之大綱，人倫之首要；一，本官愛恤士卒，和輯兵民，并無苛酷之行，實有綏靖之效，任内并無參罰盗案，亦無未完錢糧。

河州鎮屬蘭州營游擊朱濂，才技優長，諳練營伍，騎射嫻熟，年力精壯，洵爲杰出之才，足稱卓异之選。事實：一，本官每逢散餉，足數包封，按名唱給，從無短少，軍心悦服；一，本官嚴謹防汛，寧謐地方，宵小鮮有竊發，閭閻賴以安堵；一，本官操演兵丁，親身教習，優者獎賞，劣者化導，不事刑法，三軍畏服；一，本官敬將《聖諭廣訓》，每月兩次宣講，反覆直解，期兵民咸各通曉，共敦淳良；一，本官莅任柒載，嚴以律兵，勤以辦事，從無降罰盗案，亦無未完錢糧。

以上叁員，或宣力行間而屢著功勤，或諳練營伍而歷有成效，操守廉潔，才技優長，所當循例薦揚，以昭大典者也。理合恭疏具題，伏祈皇上睿鑒，敕下部院核覆施行。等因。在案。除將原任陝提臣李質粹辦就平常留任各員考語册結送部外，所有應薦人員，臣謹照案恭疏代題，伏祈皇上睿鑒施行。爲此除具題外，理合具揭。須至揭帖者。

右具揭帖。

乾隆玖年捌月貳拾貳日。

【《明清檔案》A132—129，B74493—B74500】

署陝西固原提督段起賢揭報補行軍政應劾官員

乾隆九年八月二十二日

揭帖。

署理陝西固原提督印務、凉州總兵官段揭：爲題明考選軍政事。

竊臣于乾隆玖年捌月初柒日，准川陝督臣慶咨開：爲查原任陝提李質粹既已丁憂，軍政大典自不便仍行具題。但查今次軍政壹案册結，及應薦劾人員，俱係原任陝提李質粹先經辦就會稿。而該署提甫經任事，自應代爲具題，仍將軍政舉劾册結係原任陝提李質粹辦就丁憂，不能具題緣由，聲明遵辦施行。等因。移咨到臣。臣即卷查得，乾隆玖年柒月初貳日，經原任陝提臣李質粹咨會督臣慶會稿壹件，爲糾參劣員，以肅軍政事。

竊照軍政大典，既當揚清，尤宜激濁。臣悉心體訪，嚴加厘剔，以仰副我皇上澄别武弁之至意，除才猷超越、堪膺卓异之選者。經臣别疏具題，其照常留任者遵例造具考語册結送部外，所有各屬事干八法副、參、游、都、守備王鎮維等玖員。今准延綏鎮臣周起鳳、興漢鎮臣任懷德、河州鎮臣周儀等揭報前來，合臣訪聞，謹將各員事迹，爲我皇上臚列陳之。計開年老官伍員：

興漢鎮標左營游擊王鎮維事迹：一，本官年老惛憒，不能騎射。

興漢鎮屬白土路游擊沈其權事迹：一，本官年老衰憊，不堪戎馬。

興漢鎮屬興安城守營都司龐禄元事迹：一，本官年邁形衰，龍鍾不堪。查該員于康熙伍拾肆年出征巴里坤，伍拾柒年出征進藏，在哈喇烏素地方打仗，身帶槍傷壹處，理合注明。

興漢鎮屬舊縣關營中軍守備張升事迹：一，本官景逼桑榆，騎射維艱。

河州鎮屬文縣營都司王應聘事迹：一，本官年力已衰，騎射生疏。查該員于雍正柒年北路出征，在庫爾氣勤屯田壹次，拾年捌月追剿賊夷壹次，理合注明。

有疾官壹員：

延綏鎮屬懷遠堡都司張世爵事迹：一，本官人既平庸，弱證時發。

才力不及官叁員：

延綏鎮屬延安營參將彭遐齡劣迹：一，本官才識寡陋，訓兵乏術。查該員于康熙伍拾玖年出征西藏，在事有功，議叙功加署副將職銜。又，雍正拾叁年剿除黔省逆苗，在事議叙，功加壹等，理合注明。

興漢鎮屬漢中城守營副將路鳴竹劣迹：一，本官闒茸無才，不稱厥職。查該員于康熙伍拾玖年出征西藏，在事有功，議叙功加副將職銜，理合注明。

興漢鎮屬寧羌營游擊高顯揚劣迹：一，本官材具平庸，馭拴無術。

以上各員，或龍鍾衰邁而騎射維艱，或染疾在身而舉動不易，或才質庸懦而闒茸誤公。劣迹俱各有據，大典難容，均當照例匯疏題參，分别議處者也。臣謹恭疏具題，伏祈皇上睿鑒，敕下部院核覆施行。等因。在案。除應薦人員經臣照案，另疏代題外，所有應劾人員，臣謹照案恭疏代題，伏祈皇上睿鑒施行。爲此除具題外，理合具揭。須至揭帖者。

右具揭帖。

乾隆玖年捌月貳拾貳日。

【《明清檔案》A132—130，B74501—B74504】

△諭内閣著施廷專補授寧夏鎮總兵官等官員任免事

乾隆九年九月初七日

乾隆九年九月初七日，内閣奉上諭："凉州鎮總兵官員缺，著寧夏鎮總兵官吕瀚調補。寧夏鎮總兵官員缺，著施廷專補授。欽此。"

【《乾隆朝上諭檔》第2册，第3頁第11條】

川陝總督慶復揭報揀補守備

乾隆九年九月九日

揭帖。

太子少保、一等承恩公、領侍衛内大臣、兵部尚書兼都察院右都御史、總督四川陝西等處地方軍務兼理糧餉、加三級紀録二次慶：【注】爲請補守備，以重嚴疆事。

乾隆九年三月初八日，准兵部咨，職方清吏司案呈，乾隆九年二月初三日，本部時題補甘肅岔口營都司之守備王學帶領引見。奉旨："王學，著照該督所請補授。欽此。"查守備王學係副將管事，今補授都司，應仍兼以副將，管甘肅凉州鎮屬岔口營都司僉書事，給與札付限票，令其赴任。其所遺甘肅寧夏鎮標左營守備員缺，係疏通滿員一案第五次所出，應行題補守備第四缺，應用緑旗，行文該督揀選題補可也。等因。準此，隨移行揀選去後。

兹準甘肅提督李咨，准寧夏鎮總兵官吕瀚咨稱：揀選得奉發候補守備山西吉州營年滿千總董璽，人材壯健，弓馬可觀，曾出征北路，進剿科布多三次，著有勞績。且自奉發到標，歷委守備以來，辦事勤慎，營伍諳練，堪以請補鎮標左營中軍守備員缺。相應照例造具履歷，加具保結，連人咨送查照轉咨。等因。到本提督。準此，考驗得董璽，人材、弓馬，俱屬可觀，著有功苦，堪以請補寧夏鎮標左營守備員缺。所有送到履歷、保結，連人一并咨送驗試，會題請補。等因。到臣。準此，該臣看得，寧夏鎮標左營守備王學題升員缺，准部咨，令于緑旗人員内揀選題補。等因。隨移咨揀選去後。

茲準甘提臣李咨稱：選以候補守備之年滿千總董璽請補，并移履歷、保結，連人送驗前來。臣隨考驗得董璽，人材可觀，弓馬嫻熟，曾經出師，著有功苦，堪以請補寧夏鎮標左營守備。查該員係奉旨發陝，以守備題補之員，今請補守備，毋庸送部引見，亦毋庸出具保結。除移到履歷、保結送部外，臣謹會同甘撫臣黄、甘提臣李合詞具題。伏祈皇上睿鑒，敕部議覆施行。爲此除具題外，理合具揭。須至揭帖者。

乾隆玖年玖月初玖日。

【注】銜名："太子少保一等承恩公領侍衛内大臣兵部尚書兼都察院右都御史總督四川陝西等處地方軍務兼理糧餉加三級紀録二次慶。"

【《明清檔案》A133—45，B74669—B74670】

陝西寧夏總兵官施廷專揭報奉到《督捕則例》日期

乾隆九年十一月十日

揭帖。

鎮守陝西寧夏等處地方總兵官、署都督僉事、世襲一等輕車都尉、加二級施廷專：爲恭報微臣奉到《督捕則例》日期事。

乾隆玖年捌月貳拾捌日，蒙刑部律例館札，爲頒發《三流道里表》并《督捕則例》事。内開：查得《三流道里表》并《督捕則例》貳書應行頒發之處，經本部擬定數目，另繕清單摺奏。于乾隆捌年拾貳月初貳日奉旨："知道了。欽此欽遵。"相應抄録原奏，將漢字《三流道里表》，并清漢《督捕則例》貳書照單頒發，并知照各該督撫、將軍、提鎮等各衙門一體欽遵奉行可也。等因。并粘單壹紙，札知在案。今于乾隆玖年拾月貳拾日，據陝西提塘官張綉聯郵封遞到漢字《督捕則例》壹部到寧，臣即跪迎至署，恭設香案，望闕叩頭，謝恩祗領訖。所有微臣奉到《督捕則例》日期，理合恭疏題報，伏乞皇上睿鑒施行，除具題外，理合具揭。須至揭帖者。

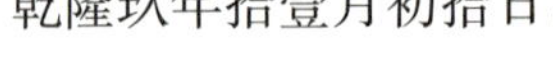
乾隆玖年拾壹月初拾日。

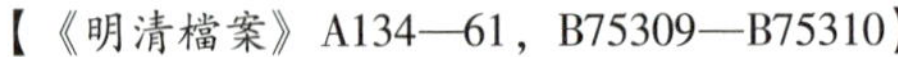
【《明清檔案》A134—61，B75309—B75310】

陝西寧夏總兵官施廷專揭報巡查營汛起程日期

乾隆九年十一月十日

揭帖。

鎮守陝西寧夏等處地方總兵官、署都督僉事、世襲一等輕車都尉、加二級施延專：爲恭報微臣巡查營汛起程日期事。

竊臣所屬協路邊隘營汛，經原任川陝督臣鄂彌達條奏，督提鎮臣巡查營汛，因時酌更。蒙廷議：寧夏鎮原議春暮冬初巡查貳次，今應酌更，或春暮，或冬初，出巡壹次。等因。于乾隆伍年叁月初伍日奏，本日奉硃批：“依議。欽此欽遵。”于乾隆伍年拾月内，經前鎮臣周開捷題明：春暮東作方興，巡汛未便議請。嗣後皆于玖拾月間農事畢後，再爲遵例巡查。等因。題明在案。

今臣于乾隆玖年拾月拾柒日任事，已屆巡查之期，遵例輕騎減從，裹帶糇糧，于拾壹月初拾日自鎮城起程，遍歷所屬各營汛邊隘，挨次逐細巡查操閱官兵技藝，點驗馬、駝膘分，以及軍火器械等項，并備戰兵丁一切軍裝、糇糧。其巡查過事，容臣回署後，照例另疏題報。至臣標營伍及城守事宜，飭令臣標署中軍游擊玉泉營游擊戴佽、城守營都司馬雲翱同在營將備等官勤加操練、嚴謐防範、小心辦理外，所有微臣巡查營汛起程日期，理合恭疏題報，伏乞皇上睿鑒施行。除具題外，理合具揭。須至揭帖者。

乾隆玖年拾壹月初拾日。

【《明清檔案》A134—62，B75311—B75312】

△諭户部賑貸寧夏等三十五州縣被雹等灾民并分别蠲緩新舊額賦

乾隆九年十一月十四日

賑貸甘肅河州、平凉、平番、岷州、西寧、寧夏、大通、靈臺、華亭、狄道、西固、階州、漳縣、西和、隆德、鹽茶、固原、靖遠、崇信、安化、真寧、合水、環縣、寧州、文縣、古浪、鎮番、靈州、花馬池、碾伯、禮縣、隴西、平羅、寧朔、中衛等三十五廳、州、縣、衛被雹及水、風、霜、蟲等灾民，并分别蠲緩新舊額賦。

【《清實録》第11册，第951頁《高宗純皇帝實録》卷二二八“乾隆九年十一月丁亥”條】

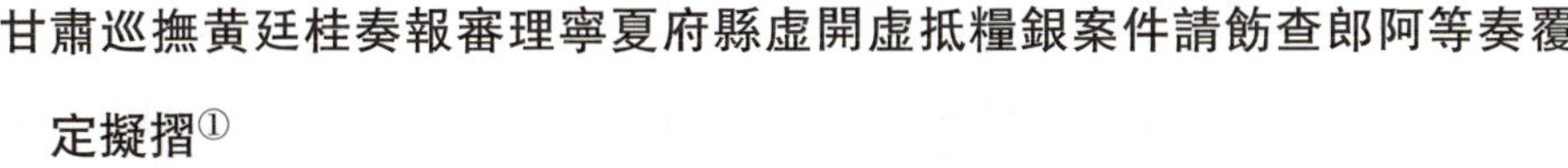

甘肅巡撫黄廷桂奏報審理寧夏府縣虚開虚抵糧銀案件請飭查郎阿等奏覆定擬摺[1]

乾隆九年十一月二十日

奏。

甘肅巡撫臣黄廷桂奏謹奏：爲請旨事。

竊臣查得，寧夏地方于乾隆三年十一月間陡遭地震。蒙皇上軫念灾黎，欽命兵部侍郎臣班第與皇督臣查郎阿、前撫元展成加意撫恤，經理妥協，具摺入奏。惟因府庫縣倉盡皆塌陷，耗失銀糧甚多。除已經奏明夏、朔、平、

①軍機處録副奏摺。

新、寶五縣耗失糧石外，尚有耗失糧一萬六千八百九十五石有零，耗失銀一萬四千八百二十四兩有零。經元展成等商論，擅于賑恤各案内，將前項耗失銀糧虚開、虚抵。經前督臣尹繼善據布政司徐杞詳請，于東省委員清查。等情。隨諭令張廷枚署理寧夏府知府，并新任知府牟灐查出，已故知府顧爾昌任内虧缺銀二萬四千四百二十二兩零。并寧夏縣已故知縣沈項年、寧朔縣已故知縣辛禹籍、平羅縣參革知縣馬瑗名下，共虧空銀六千六十五兩零。又寧夏縣丁憂知縣武梓，又署縣事平羅縣知縣何世寵，并沈項年、辛禹籍、馬瑗名下，共虧空糧二萬一千八百七十三石零。經尹繼善參奏，以寧夏遭罹震灾，倉庫耗失原所不免，自應于耗失案内一并奏報，何得入于賑濟項下牽混掩飾，會疏題參，并將不行揭報之參革寧夏府臧珊、參革寧夏道阿炳安、原任撫臣元展成列入附參，奉旨飭審。臣隨欽遵轉行審擬去後。

嗣據布政司徐杞、按察司鄂昌率同寧夏府知府楊灝會審得，奉參已故寧夏府顧爾昌，并寧夏、寧朔、平羅三縣正署各令武梓、何世寵、辛禹籍、沈項年、馬瑗虧空銀糧，以及原參無名之前任，寧夏府臧珊，同原任新、寶二令任達德、朱元裕虚開、虚抵一案。如原參顧爾昌虧空銀二萬四千四百二十二兩零。又續經該府、縣查出，靈州、平羅二處解府耗糧變價銀三百一十四兩一錢零。據顧爾昌嗣子顧芝供稱，伊父錢糧并未經手，一切借欠悉係接任之臧守清查。等情。訊據前守臧珊供稱，奉參顧爾昌之虧空及續查銀兩，内除伊河州任内應賠牛、驢變價銀二千五百二十五兩八錢零，并非存貯府庫之項，自應追補。又，開欠項内，有前任查督院捐賞被灾小民房價，諭令先于府軍借動銀二千二百六兩，未經歸還外，尚有府庫應存武職俸工各項銀二千一百六十五兩零。又，應存靈、平二州縣解交耗糧變價銀三百一十四兩零。又，借欠項内，有查明無著銀二千七百五十一兩。以上共銀九千九百六十一兩八錢零。原係查明虧空有據之項，自應分晰追賠。其餘銀一萬四千七百七十四兩零，并漏揭銀五十兩，共銀一萬四千八百二十四兩零。不特裂陷情真，且經當日拿獲竊銀之鄭先伏等追出原銀二千四百餘兩，是竊去亦有確據。是以各憲諭令于賑恤各案內，虛開銀一萬四千八百二十四兩零，抵補府庫是實。

如奉參武梓、何世寵、辛禹籍、馬瑗等名下，共虧空糧一萬六千八百九十餘石。又，辛禹籍、馬瑗、沈項年同未經奉參之任達德、朱元裕等，名下共虧空銀一萬四千八百二十四兩零。僉供彼時災切，餘生盡皆啼號，經寧夏道鈕廷彩詳明示論，每人先給口糧一斗充飢。時因斗級、書役多皆死傷，災民急欲度命，勢難待散，隨各用衣褲、包袱約略自取去。蒙前元巡撫諭令，即照每人一斗口糧造報，以補各縣耗失倉糧之數。又諭令于煮粥項下、夫工柴價項下、客民回籍盤費項下，虛開各項銀糧，以抵府庫耗失之銀。等情。再三究詰，堅稱實係前元巡撫與各大人商定示論，稟阻不允，衹得遵奉虛開、虛抵、通融、彌補是實。

此外，又審得辛禹籍、馬瑗、沈項年各名下經故道阿炳安硬删去實用銀三千三百一兩零，查無假捏，應准開銷。又，馬瑗名下除有抵銀六百七十九兩三錢零，止實在虧空銀六百九十兩八錢零。又，沈項年名下除不應認賠與應領及已交銀四百六十八兩四錢零外，實止虧空銀九百二十五兩四錢零，黴爛雜色糧四千九百八十石零。查該員尚有那墊各項應領銀兩，應候核實造銷後，如不足數，另擬追補。其餘各員除虛開、虛抵之外，本身并無虧空，但各員僉供虛開糧一萬六千八百九十五石零，與虛抵銀一萬四千八百二十四兩零，與元前撫商同示論，遵辦爲辭，是否實情，先後呈請諮詢。經臣兩次移諮直督轉飭詢取，元展成確供去後。嗣准直督臣高斌諮覆，取具供單，內開：乾隆三年十一月間，寧夏地方遭罹震災之際，房屋盡皆倒壞，人民大半死傷，災民嗷嗷待哺，隨據寧夏道鈕廷彩通詳示論，無論大小災民，每人先給一斗口糧，以資糊口。等因。准行在案。後查署督到寧夏時，該道并各縣稟稱，出示之後，正在分散間，無奈災民啼號擁集，至倉者盈千累萬，書役、斗級多皆死傷，又乏升斗，災民急欲度命，勢難待散，隨各用衣褲、包

袱自行取去，以延殘喘。我同查署督細訪屬實，及欽差大人到寧訪亦無异。因此我三人商酌，百姓于顛沛之際，遵示領糧糊口，實因分散不及，飢不能待，故而自取苟延待賑。雖約略一斗之數，然確訪所取，實有多無少，若不准各縣造銷，亦屬冤抑，是以令其確查造銷，此中毫無欺飾，此是我三人會商奏過的，實非各員揑冒。并將煮粥、夫工、柴價與客民回籍各案，裒多益寡，通融辦理在案。

至顧守虧空庫項，查寧夏道鈕廷彩與該府同城，且甫經盤查出結。如果顧守生前實有如許之虧空，該道豈肯代爲出結，况顧守闔家俱死，卷案全無，明係被灾遺失，或乘間竊取。原擬參出引海洋失風之例，仰邀皇恩豁免。彼時我與總督欽差相商，一府五縣庫項正多，若再有缺少，一概照例請免，恐不肖官吏乘勢滋弊，反爲多事。且聖主因此奇灾，賑恤已不下百萬，豈可再瀆天聽。不料我離任後，蒙尹總督查參，今各員供稱係奉各大人面諭。等語。這原係我三人見寧夏百姓慘遭奇灾，顧守原無虧空，又全家被難，是以商酌如此辦的。理合據實供明。等情。到臣。隨將原供轉飭審擬去後。復據布政司徐杞、按察司鄂昌呈稱，查虛開、虛抵糧一萬六千八百九十五石零，與虛開、虛抵銀一萬四千八百二十四兩零，雖據元前撫自認諭辦不諱，但稱與欽差、總督商同諭辦。即各員僉供亦有實係遵奉各大人示諭之語，則又未便止據元前撫一人之供，遽爲定議，應請將當日果否商同諭辦之處，諮詢明確，方可核定。但班欽差、查前督係現任中堂尚書，外省不便諮詢。可否將現審供情奏明請旨，飭令回奏之處，統候核奪。等情。具詳到臣。

該臣查得，前督臣尹繼善所參府、縣各官虧空銀糧一案，既據布按兩司審明，各犯供吐雖俱歷歷如繪，但從前兵部侍郎臣班第、署督臣查郎阿、阿魯曾否與前撫臣元展成商同示諭各員通融、彌補、虛開、虛抵之處，既未確切，以致前案難于定擬。相應據情奏請皇上飭令大學士臣查郎阿、兵部尚書臣班第回奏之日，飭發部臣行知到日，以便定擬具題者也。

抑臣更有請者。查大學士臣查郎阿與部臣尚書班第回奏情節，或有不符之處，尚須質訊前撫臣元展成，方可定案。而元展成現在直省，可否容臣將現審供情，備諮刑部，以便就近質訊，核議定案之處。臣未敢擅便，伏祈皇上訓示遵行。謹奏。

乾隆九年十一月二十日。

該部議奏。

【《明清宫藏地震檔案》（上卷壹）第353頁】

△甘肅巡撫黄廷桂奏請豁除中衛縣沙塍劉家等灘原報開墾地畝應徵糧草

乾隆九年十二月二十日

户部議准，甘肅巡撫黄廷桂疏稱：中衛縣沙塍、劉家等灘，原報開墾地畝内，于乾隆三五兩年，并節年陸續被河水冲没，以及沙礆高亢、不堪耕種地，共三千三百八十六畝零，應徵糧六十石零，銀一十八兩零，草一千一十五束零。請照例豁除。從之。

【《清實録》第11册，第979頁《高宗純皇帝實録》卷二三一“乾隆九年十二月癸亥”條】

川陝總督慶復揭報揀補游擊

乾隆九年十一月二十四日

揭帖。

太子少保、一等承恩公、領侍衛内大臣、兵部尚書兼都察院右都御史、總督四川陝西等處地方軍務兼理糧餉、加三級紀録二次慶：【注】爲請補邊

營游擊事。

乾隆九年四月初二日，准兵部咨，職方清吏司案呈，據川陝總督慶疏稱：寧夏鎮屬洪廣營游擊張明聰，于乾隆八年十月二十二日病故。等因。于乾隆九年正月二十五日題，二月十八日奉旨：“兵部知道。欽此。”查張明聰所遺甘肅洪廣營游擊員缺，係陝甘松潘分用滿員一案第三次所出，應行題補游擊第四缺，應用緑旗，行文該督揀選題補可也。等因。準此，隨轉移揀選去後。兹準甘州提督李繩武咨稱：查寧夏鎮屬洪廣營游擊員缺，既分用緑旗，例應題補。但該鎮屬都司内現無合例請補游擊之員，本提督在于通屬秉公揀選得肅州鎮屬硤口營都司、現署嘉峪關營游擊賀景，人材、弓馬，俱屬可觀。前經駐防哈密，派撥蔡湖屯田，著有勞績，堪以請補寧夏鎮屬洪廣營游擊員缺。相應造具該員履歷，出具保結，連人一并咨送驗試，會題請補。等因。到臣。

準此，該臣看得，寧夏鎮屬洪廣營游擊張明聰病故遺缺，前准部咨，令于緑旗人員内揀選題補。等因。隨移准甘提臣李咨稱：查寧夏鎮屬都司内現無合例可補游擊之員，在于通屬秉公揀選得肅州鎮屬硤口堡都司賀景，人材、弓馬，俱屬可觀，前經駐防哈密，派撥蔡湖屯田，著有勞績，堪以請補。等因。造具履歷、保結，連人送驗前來。臣隨考驗得賀景，人材壯健，熟習營務，曾于預行保舉案内列名具題，所有洪廣營游擊員缺，即以該員請補，似屬人地相宜。再，查賀景係山西大同府大同縣人，今請補游擊係屬隔省，與例相符。如蒙聖恩俞允，查該員引見已過三年，前于預保案内經臣聲明，酌量分班，陸續送部在案。今時值隆冬，應照定例，停其給咨，俟明歲春和送部引見，除履歷、保結送部外，臣謹會同蘭州撫臣黄、甘提臣李合詞具題。伏祈皇上睿鑒，敕部議覆施行。爲此除具題外，理合具揭。須至揭帖者。

乾隆玖年拾壹月貳拾肆日。

【注】銜名："太子少保一等承恩公領侍衛内大臣兵部尚書兼都察院右都御史總督四川陜西等處地方軍務兼理糧餉加三級紀録二次慶。"

【《明清檔案》A134—108，B75537—B75538】

川陜總督慶復揭報查明解任守備俞汝亮居官稱職請俟病愈再行起復

乾隆九年十一月二十九日

揭帖。

太子少保、一等承恩公、領侍衛内大臣、兵部尚書兼都察院右都御史、總督四川陜西等處地方軍務兼理糧餉、加三級紀録二次慶：爲久病難以供職等事。

乾隆九年七月二十一日，准兵部咨，職方清吏司案呈，兵科抄出本部題前事。内開：議得川陜督慶疏稱，寧夏鎮標前營守備、調補凉州鎮屬高溝堡守備俞汝亮，前因告假回籍奔喪，得患胃疾，不能赴任，經臣咨部，嗣准部咨，催令赴任去後。兹準署甘提臣許仕盛咨稱，守備俞汝亮，染患脾胃虚弱病症，委員查驗情實，取具承查印結，并聲明該備平日居官尚堪供職，年力未衰，將來病愈，尚堪起用。等因。除各結送部外，至將來如果病愈，可否起用之處，聽候都議。再，俞汝亮染患脾胃病症，應請照例開缺另補。等因。具題前來。

查乾隆八年三月内，臣部奏爲請旨事一摺，内開：嗣後除武職年老有疾告休者不復起用外，其有年力未衰，一時患病，平日居官好，該督撫、提鎮題請解任者，游擊以下官員，准其回籍調治。俟病愈之日，即令原籍督撫照例看驗具題，送部引見，仍以原缺補用。等因。奏准在案。今該督既稱守備俞汝亮染患脾胃虚弱病症，應請照例開缺另補。等語。應如該督所請，俞汝亮照例准其解任回籍調理，其所遺高溝堡守備員缺，係疏通滿員一案第七次

所出，應行題補守備第一缺，輪用正藍旗，臣部照例咨取應用人員揀選引見，請旨補授。

再，查解任調理官員，例應該督撫看其平日居官好者，方准起用。今俞汝亮雖據委員查驗呈報文内聲明，該員平日居官，尚堪供職，但督提鎮俱未詳加確看，分晰題明，其將來病愈可否起用之處，臣部不便遽議，應令該督照例查明俞汝亮平素居官如何之處，加具切實考語，另疏具題，到日再議。等因。于乾隆九年六月二十五日題，本月二十七日奉旨："依議。欽此。"相應行文該督可也。等因。準此，隨經轉移遵照在案。

兹準甘州提督李咨，准寧夏鎮總兵官吕瀚咨稱：遵即檄行署標下中軍游擊戴倓將俞汝亮，平素居官，如何之處，據實確查去後。今據該將呈稱：卑職復查得，守備俞汝亮平素居官熟□營伍，辦事明白。該員年富力强，將來病愈，堪以起用。謹加具考語，理合呈報。等情。到鎮。據此查得，解任守備俞汝亮，平素居官，供職勤慎，黽勉向上，將來病愈，堪以起用。今加具切實考語，相應咨移轉咨。等因。到本提督。準此，查寧夏鎮標前營守備、調補凉屬高溝堡解任守備俞汝亮，平素居官，堪供職守，將來病愈，堪以起用。相應咨覆，查照具題。等因。到臣。

準此，該臣看得，寧夏鎮標前營守備、調補凉州鎮屬高溝堡守備俞汝亮，先因染患脾胃虚弱病症，查驗情實，取具醫生甘結、承查印結，經臣會疏具題，請照例開缺另補在案。嗣准部咨，以俞汝亮雖據委員查驗呈報，文内聲明該員平日居官尚堪供職，但督提鎮俱未詳加確看，分晰題明，其將來病愈，可否起用之處，不便遽議，令臣照例查明平素居官如何，加具切實考語，另疏具題。等因。兹移准甘提臣李、寧夏鎮臣吕瀚飭查明確，出具考語，咨移前來。臣查俞汝亮平素居官，供職無誤，將來病愈，堪以起用。現在患病情實，已經部議，准其解任回籍調理，應俟病愈之日，照例給咨送部。臣謹會同蘭州撫臣黄、甘提臣李合詞具題，伏祈皇上睿鑒，敕部議覆施行。爲此除具題外，理合具揭。須至揭帖者。

乾隆玖年拾壹月貳拾玖日。

【《明清檔案》A134—123，B75571—B75574】

△甘肅巡撫黄廷桂奏報寧夏寧朔等處試種木棉有收

乾隆九年十二月二十九日

甘肅巡撫黄廷桂奏：寧夏、寧朔等處試種木棉有收。得旨：“好。知道了。”

【《清實録》第11册，第986頁《高宗純皇帝實録》卷二三一“乾隆九年十二月壬申”條】

乾隆十年（1745）

刑部尚書來保等奏請在本省審結甘肅虚開虚抵糧銀案毋庸飭令查郎阿等回奏摺①

乾隆十年二月初二日

奏。

議政大臣、内大臣、刑部尚書兼内務府總管、革職留任臣來保等謹奏：爲請旨事。

内閣抄出甘肅巡撫黄廷桂奏前事。等因。乾隆九年十二月十二日，奉硃批：“該部議奏。欽此欽遵。”抄出到部。

①軍機處録副奏摺。

該臣等議得，據甘肅巡撫黄廷桂奏稱，竊臣查得，寧夏地方于乾隆三年十一月間陡遭地震。蒙皇上軫念災黎，欽命兵部侍郎臣班第于前督臣查郎阿、前撫元展成加意撫恤，經理妥協，具摺入奏。惟因府庫縣倉皆塌陷，耗失銀兩甚多。除已經奏明夏、朔、平、新、寶五縣耗失糧石外，尚有耗失糧一萬六千八百九十五石有零，耗失銀一萬四千八百二十四兩有零。經元展成等商論，擅于賑恤各行内，將前項耗失銀兩虚開、虚抵。經前督臣尹繼善據布政使徐杞詳請柬省委員清查。等情。隨諭令張廷枚署理寧夏府知府，并新任知府牟瀜查出，于已故知府顧爾昌任内，虧缺銀二萬四千四百二十二兩零。并寧夏縣已故知縣沈項年、寧朔縣已故知縣辛禹籍、平羅縣參革知縣馬瑗名下，共虧空銀六千六十五兩零。又寧夏縣丁憂知縣武梓，又署縣事平羅縣知縣何世寵，并沈項年、辛禹籍、馬瑗名下，共虧空糧二萬一千八百七十三石零。經尹繼善參奏，以寧夏遭罹震災，倉庫耗失原所不免，自應于耗失案内一并奏報，何得入于賑濟項下牽混掩飾，會疏題參，并將不行揭報之參革寧夏府知府臧珊、參革寧夏道阿炳安、原任撫臣元展成列入附參，奉旨飭審。臣隨欽遵轉行審擬去後。

嗣據布政使徐杞、按察使鄂昌率同寧夏府知府楊灝會審得，奉參已故寧夏府顧爾昌并寧夏、寧朔、平羅三縣正署各令武梓、何世寵、辛禹籍、沈項年、馬瑗虧空銀兩，以及原參無名之前任，寧夏府臧珊，同原任新、寶二令任達德、朱元裕虚開抵一案。如原參顧爾昌虧空銀二萬四千四百二十二兩零。又續經該府、縣查出，靈州、平羅二處解府耗糧變價銀三百一十四兩一錢零。據顧爾昌嗣子顧芝供稱，伊父錢糧并未經手，一切借欠悉係接任之臧守清查。等情。訊據前守臧珊供稱，參奏顧爾昌之虧空及續查銀兩，内除伊河州任内應賠牛、驢變價銀二千五百二十五兩八錢零，并非存貯府軍之項，自應追補。又，開欠項内，有前任查督院捐賞被灾小民房價，諭令先于府軍借動銀二千二百六兩，已經歸還外，尚有府庫應存武職俸工各項銀二千一百六十五兩零。又，應存靈、中二州縣解交耗糧變價銀三百一十四兩零。又，借欠項内，有查明無著銀二千七百五十一兩。以上共銀九千九百六十一兩八錢零，原係查明虧空有據之項，自應分晰追賠。其餘銀一萬四千七百七十四兩零，并漏揭銀五十兩，共銀一萬四千八百二十四兩零。不特裂陷情真，且經當日拿獲竊銀之鄭先伏等追出原銀二千四百餘兩，是竊去亦有確據。是以各憲諭令于賑恤各案内，虚開銀一萬四千八百二十四兩零，抵補府庫是實。

如奉參武梓、何世寵、辛禹籍、馬瑗等名下，共虧空糧一萬六千八百九十餘石。又，辛禹籍、馬瑗、沈項年同未經奉參之任達德、朱元裕等名下，共虧空銀一萬四千八百二十四兩零。僉供彼時灾切，餘生盡皆啼號。經寧夏道鈕廷彩詳明示諭，每人先給口糧一斗充飢。時因斗級、書役多皆死傷，灾民急欲度命，勢難待散，隨各用衣褲、包袱約略自取去。蒙前元巡撫諭令，即照每人一斗口糧造報，以補各縣耗失倉糧之數。又諭令于煮粥項下、夫工柴價項下、客民回籍盤費項下虚開各項銀糧，以抵府庫耗失之銀。等情。再三究詰，堅稱實係前元巡撫與各大人商定示諭，禀阻不允，衹得遵奉虚開、虚抵、通融、彌補是實。

此外，又審得辛禹籍、馬瑗、沈項年各名下經故道阿炳安硬删去實用銀三千三百一兩零，查無假捏，應准開銷。又，馬瑗名下除有抵銀六百七十九兩三錢零，止實在虧空銀六百九十兩八錢零。又，沈項年名下除不應議賠、認賠與應領及已交銀四百六十八兩四錢零外，實止虧空銀九百二十五兩四錢零，黴爛雜色糧四千九百八十石零。查該員尚有那墊各項應領銀兩，應候核實造銷後，如不足數，另行追補。其餘各項除虚開、虚抵之外，本身并無虧空，但各員僉供虚開糧一萬六千八百九十五石零，與虚抵銀一萬四千八百二十四兩零，與元前撫商同示諭，遵辦爲辭，是否實情，先後呈請諮詢。經臣兩次移諮直督，轉飭詢取元展成確供去後。嗣准直督臣高斌諮覆，取具供單，内開：乾隆三年十一月間，寧夏地方遭罹震灾之際，房屋盡皆倒壞，人民大半死傷，災民嗷嗷待哺，隨據寧夏道鈕廷彩通詳示諭，無論大小災民，每人先給一斗口糧，以資糊口。等因。准行在案。後查署督到寧夏時，該道并各縣禀稱出示之後，正在分散間，無奈災民啼號擁集，至倉盈千累萬，書役、斗級多皆死傷，又乏升斗，災民急欲度命，勢難待散，隨各用衣褲、包袱自行取去，以延殘喘。我同查署督細訪屬實，及欽差大人到寧訪亦無异。因此我三人商酌百姓于顛沛之際，遵示領糧糊口，實因分散不及，飢不能待，故而自取，苟延待賑。雖約略一斗之數，然確訪所取，實有多無少，若不准各縣造銷，亦屬冤抑，是以令其確查造銷。此中毫無欺飾，此是我三人會商奏過的，實非各員捏冒。并將煮粥、夫工、柴價與客民回籍，各裒多益寡，通融辦理在案。

至顧守虧空庫項，查寧夏道鈕廷彩與該府同城，且甫經盤查出結。如果顧守生前實有如許之虧空，該道豈肯代爲出結。况顧守闔家俱死，卷案全無，明係被災遺失，或乘間竊取。原擬参出引海洋失風之例，仰邀皇恩豁免。彼時我與總督欽差相商，一府五縣庫項正多，若再有缺少，一概照例請免，恐不肖官吏乘勢滋弊，反爲多事。且聖主因此奇災賑恤已不下百萬，豈可再瀆天聽。不料我離任後，蒙尹總督查參，今各員供稱係奉各大人面諭。等語。這原係我三人見寧夏百姓慘遭苛災，顧守原無虧空，又全家被難，是以商酌如此辦理的。理合據實供明。等情。到臣。隨將原供轉飭審擬去後。復據布政使徐杞、按察使鄂昌呈稱，查虛開、虛抵糧一萬六千八百九十五石零，與虛開、虛抵銀一萬四千八百二十四兩零，雖元前撫自認諭辦不諱，但稱與欽差、總督商同諭辦。即各員僉供，亦有實係遵奉各大人示諭之語，則又未便止據元前撫一人之供爲定議，應請將當日果否商同諭辦之處，諮詢明確，方可核定。但班欽差、查前督係現任中堂尚書，外省不便諮詢，可否將現審供情奏明請旨，飭令回奏之處，統候核奪等情。具詳到臣。

該臣查得，前督臣尹繼善所參府、縣各官虧空銀糧一案。現據布按兩司

審明，各犯供吐，雖俱歷歷如繪，但從前兵部侍郎臣班第、署督臣查郎阿、阿魯曾否與前撫臣元展成商同示諭各員，通融、彌補、虛開、虛抵之處，既未確切，以致前案難于定擬。相應據情，奏請皇上飭令大學士臣查郎阿、兵部尚書臣班第回奏之日，飭發部臣行知到日，以便定擬具題者也。抑臣更有請者。查大學士臣查郎阿與部臣尚書班第回奏情節或有不符之處，尚須質訊前撫臣元展成，方可定案。而元展成現在直省，可否容臣將現審供情備諮刑部，以便就近質訊，核議定案之處。臣未敢擅陳，伏祈皇上訓示遵行。等因。具奏前來。

查律載，凡倉庫及積聚財物，若卒遇雨水冲激、失火延燒、盜賊劫奪，事出不測而有損失者，委官保勘覆實，顯迹明白，免罪不賠。其監臨主守官吏，若將侵欺、借貸、那移之數，乘其水火盜賊，虛捏文案，及扣換交單籍册，申報瞞官，希圖幸免本罪者并計贓，以監守自盜論。等語。今據該撫黄廷桂奏稱，乾隆三年十一月間，寧夏地方陡遭地震，府庫縣倉盡皆塌陷，耗失銀兩甚多。除已經奏明外，尚有耗失銀一萬四千八百二十四兩零。不特裂陷情實，且當日拿獲竊賊追出原銀，竊去亦有確據。又，耗失糧一萬六千八百九十五石零，彼時灾民每人先給口糧一斗充飢。時因斗級、書役多皆死傷，灾民急欲度命，勢難待散，各用衣褲、包袱約略自取去。行據前撫元展成供稱，灾民啼號擁集，至倉盈千累萬，顛沛之際，遵示領糧。饑不能待，自取苟延待賑。實有多一斗之數，若不准各縣造銷，亦屬冤抑。知府顧爾昌闔家俱死，原無虧空。等語。是當日寧夏震灾，原屬事出不測，耗失各項銀糧正與律載卒遇水火盜賊事出不測而有損失者，保勘明白，免罪不賠之例相符。乃前撫元展成不即奏明論，入于賑濟項下，牽混掩飾，既已自認不諱，則元展成自有應奏不奏之罪。該撫若遵例委官保勘覆實，何難照律辦理，妥議具題改正，并將上司各官辦理未協之處，附疏聲請議處。

又，該撫奏稱，元展成雖自認諭令通融辦理，但稱與欽差、總督商同諭辦，即各員僉供，亦有實係遵奉各大人示諭之語，各犯供吐如繪。但從前侍郎臣班第、署督臣查郎阿曾否與元展成商同示諭各員通融、彌補、虚開、虚抵之處，相應奏請飭令大學士臣查郎阿、兵部尚書臣班第回奏之日，飭發部臣行知，以便定擬具題。等語。

查震灾之後，該府、縣倘有乘灾侵冒，則應照乘水火盗賊，虚捏文案，申報瞞官，希圖免罪者計贜，以監守自盗論之律治罪嚴追。若係因事出不測損失，府縣實無虧空，又無上下通同侵隱入己情弊，更未便均坐爲虚開、虚抵，以故勘無辜。再，藩司爲通省錢穀總彙，當時之府縣有無虧空，督撫如何諭辦，斷無不周知之理。自乾隆三年震灾之時，以至于今，甘省藩司皆係徐杞一人，并無更换，一問便可詳悉。又何必輾轉諮詢，徒延案牘。止欽差、署督彼時目擊被灾情形，顛連無告，迫不及待之狀，即有商同諭辦情由。亦惟該撫、該藩，方能查有確據，豈得以事隔數年之久，反復諮詢，成何信讞。如果欽差、督撫有通同徇庇確情，該撫自應據實參奏，非事後詢問二人便可了事者也。若無此等情節，該撫應就現在確定情形，詳晰審明結案，又何待二人之空言，方可定擬。且元展成已經病故，該撫所請查郎阿、班第如果所言不符，將元展成交臣部就近質訊之處，毋庸議。至該撫所稱元展成供稱，此是我三人會商奏過的，實非各員捏冒。等語。應俟命下之日，臣部行文大學士臣查郎阿、尚書臣班第，將原奏稿移送臣部，一并行文該撫查照辦理。爲此謹奏請旨。

乾隆十年二月初二日。

議政大臣、内大臣、刑部尚書兼内務府總管臣來保，經筵講官、尚書臣汪由敦，正藍旗滿洲都統兼刑部左侍郎臣盛安，經筵講官、左侍郎臣錢陳群，右侍郎臣兆惠。

【《明清宫藏地震檔案》（上卷壹）第 359 頁】

刑部尚書來保奏復查乾隆三年寧夏震灾地方官員虚開虚抵耗失銀糧摺[①]

乾隆十年二月初二日

副摺。

二月初四日到。

議政大臣、内大臣、刑部尚書兼内務府總管、加一級紀録四次、革職留任臣來保等謹奏：爲請旨事。

内閣抄出甘肅巡撫黄廷桂奏前事。等因。乾隆九年十二月十二日，奉硃批："該部議奏。欽此欽遵。"抄出到部。

該臣等議得，甘肅巡撫黄廷桂奏稱：竊臣查得寧夏地方于乾隆三年十一月間，陡遭地震，蒙皇上軫念灾黎，欽命兵部侍郎臣班第于前督臣查郎阿、前撫元展成加意撫恤，經理妥協，具摺入奏。惟因府庫縣倉盡皆塌陷，耗失銀兩甚多。除已經奏明夏、朔、平、新、寶五縣耗失糧石外，尚有耗失糧一萬六千八百九十五石有零，耗失銀一萬四千八百二十四兩有零。經元展成等商論，擅于賑恤各行内，將前項耗失銀兩虚開、虚抵。經前督臣尹繼善、據布政使徐杞詳請于東省委員清查。等情。隨諭令張廷枚署理寧夏府知府，并新任知府牟灦查出，已故知府顧爾昌任内，虧缺銀二萬四千四百二十二兩零。并寧夏縣已故知縣沈頊年、寧朔縣已故知縣辛禹籍、平羅縣參革知縣馬瑗名下，共虧空銀六千六十五兩零。又寧夏縣丁憂知縣武梓，又署縣事平羅縣知縣何世寵，并沈頊年、辛禹籍、馬瑗名下，共虧空糧二萬一千八百七十三石零。經尹繼善參奏，以寧夏遭罹震灾，倉庫耗失，原所不免，自應于耗失案内一并奏報，何得入于賑濟項下牽混掩飾，會疏題參，并將不行揭報之參革寧夏府臧珊、參革寧夏道阿炳安、原任撫臣元展成列入附參，奉旨飭

①臺灣歷史語言研究所藏内閣大庫檔。

審。臣隨欽遵轉行審擬去後。

嗣據布政使徐杞、按察使鄂昌率同寧夏府知府楊灝會審得，奉參已故寧夏府顧爾昌并寧夏、寧朔、平羅三縣正署各令武梓、何世寵、辛禹籍、沈項年、馬瑗虧空銀兩，以及原參無名之前任，寧夏府臧珊，同原任新、寶二令任達德、朱元裕虚開抵一案。如原參顧爾昌虧空銀二萬四千四百二十二兩零。又續經該府、縣查出靈州、平羅二處解府耗糧變價銀三百一十四兩一錢零。據顧爾昌嗣子顧芝供稱，伊父錢糧并未經手，一切借欠悉係接任之臧守清查。等情。訊據前守臧珊供稱，參奏顧爾昌之虧空及續查銀兩，内除伊河州任内應賠牛、驢變價銀二千五百二十五兩八錢零，并非存貯府庫之項，自應追補。又，開欠項内，有前任查督院捐賞被灾小民房價，諭令先于府軍借動銀二千二百六兩已經歸還外，尚有府庫應存武職俸工各項銀二千一百六十五兩零。又，應存靈中二州縣解交耗糧變價銀三百一十四兩零。又，借欠項内，有查明無著銀二千七百五十一兩。以上共銀九千九百六十一兩八錢零，原係查明虧空有據之項，自應分晰追賠。其餘銀一萬四千七百七十四兩零，并漏揭銀五十兩，共銀一萬四千八百二十四兩零。不特裂陷情真，且經當日拿獲竊銀之鄭先伏等追出原銀二千四百餘兩，是竊去亦有確據。是以各憲諭令于賑恤各案内虚開銀一萬四千八百二十四兩零，抵補府庫是實。

如奉參武梓、何世寵、辛禹籍、馬瑗等名下，共虧空糧一萬六千八百九十餘石。又，辛禹籍、馬瑗、沈項年同未經奉參之任達德、朱元裕等名下，共虧空銀一萬四千八百二十四兩零。僉供彼時灾切，餘生盡皆啼號。經寧夏道鈕廷彩詳明示諭，每人先給口糧一斗充飢。時因斗級、書役多皆死傷，灾民急欲度命，勢難待散，隨各用衣褲、包袱約略自取去。蒙前元巡撫諭令，即照每人一斗口糧造報，以補各縣耗失倉糧之數。又諭令于煮粥項下、夫工柴價項下、客民回籍盤費項下，虚開各項銀糧，以抵府庫耗失之銀。等情。再三究詰，堅稱實係前元巡撫與各大人商定示諭，稟阻不允，衹得遵奉虚

開、虛抵、通融、彌補是實。

此外，又審得辛禹籍、馬瑗、沈項年各名下經故道阿炳安硬删去實用銀三千三百一兩零，查無假揑，應准開銷。又，馬瑗名下除有抵銀六百七十九兩三錢零，止實在虧空銀六百九十兩八錢零。又，沈項年名下除不應議賠、認賠與應領及已交銀四百六十八兩四錢零外，實止虧空銀九百二十五兩四錢零，黴爛雜色糧四千九百八十石零。查該員尚有那墊各項應領銀兩，應候核實造銷後，如不足數，另行追補。其餘各項除虛開、虛抵之外，本身并無虧空，但各員僉供虛開糧一萬六千八百九十五石零，與虛抵銀一萬四千八百二十四兩零，與元前撫商同示諭，遵辦爲辭，是否實情，先後呈請諮詢。經臣兩次移諮直督，轉飭詢取元展成確供去後。嗣准直督臣高斌諮覆，取具供單，内開：乾隆三年十一月間，寧夏地方遭罹震灾之際，房屋盡皆倒壞，人民大半死傷，灾民嗷嗷待哺。隨據寧夏道鈕廷彩通詳示諭，無論大小灾民，每人先給一斗口糧以資糊口。等因。准行在案。後查署督到寧夏時，該道并各縣禀稱出示之後，正在分散間，無奈灾民啼號擁集，至倉盈千累萬，書役、斗級多皆死傷，又乏升斗。灾民急欲度命，勢難待散，隨各用衣褲、包袱自行取去，以延殘喘。我同查署督細訪屬實，及欽差大人到寧訪亦無异。因此我三人商酌，百姓于顛沛之際，遵示領糧糊口，實因分散不及，饑不能待，故而自取，苟延待賑。雖約略一斗之數，然確訪所取實有多無少，若不准各縣造銷，亦屬冤抑，是以令其確查造銷。此中毫無欺飾，此是我三人會商奏過的，實非各員揑冒。并將煮粥、夫工、柴價與客民回籍，各裒多益寡，通融辦理在案。

至顧守虧空庫項，查寧夏道鈕廷彩與該府同城，且甫經盤查出結。如果顧守生前實有如許之虧空，該道豈肯代爲出結。况顧守闔家俱死，卷案全無，明係被灾遺失，或乘間竊取。原擬參出引海洋失風之例，仰邀皇恩豁免。彼時我與總督、欽差相商，一府五縣庫項正多，若再有缺少，一概照例請免，恐不肖官吏乘勢滋弊，反爲多事。且聖主因此奇灾賑恤已不下百萬，豈可再瀆天聽。不料我離任後，蒙尹總督查參，今各員供稱奉各大人面諭。等語。這原係我三人見寧夏百姓慘遭奇灾，顧守原無虧空，又全家被難，是以商酌如此辦理的。理合據實供明。等情。到臣。隨將原供轉飭審擬去後。復據布政使徐杞、按察使鄂昌呈稱，查虛開、虛抵糧一萬六千八百九十五石零，與虛開、虛抵銀一萬四千八百二十四兩零，雖元前撫自認諭辦不諱，但稱與欽差、總督商同諭辦。即各員僉供，亦有實係遵奉各大人示諭之語，則又未便止據元前撫一人之供爲定議。應請將當日果否商同諭辦之處，諮詢明確，方可核定。但班欽差、查前督係現任中堂尚書，外省不便諮詢。可否將現審供情奏明請旨，飭令回奏之處，統候核奪等情。具詳到臣。

該臣查得，前督臣尹繼善所參府、縣各官虧空銀糧一案，現據布按兩司審明，各犯供吐，雖俱歷歷如繪，但從前兵部侍郎臣班第、署督臣查郎阿曾否與前撫臣元展成商同示諭，各員通融、彌補、虛開、虛抵之處，既不確切，以致前案難于定擬。相應據情，奏請皇上飭令大學士臣查郎阿、兵部尚書臣班第回奏之日，飭發部臣行知到日，以便定擬具題者也。抑臣更有請者，查大學士臣查郎阿與部臣尚書班第回奏情節，或有不符之處，尚須質訊前撫臣元展成，方可定案。而元展成現在直省，可否容臣將現審供情備諮刑部，以便就近質訊，核議定案之處。臣未敢擅陳，伏祈皇上訓示遵行。等因。具奏前來。

查律載，凡倉庫及積聚財物若卒遇雨水冲激、失火延燒、盗賊劫奪，事出不測而有損失者，委官保勘覆實，顯迹明白，免罪不賠。其監臨主守官吏，若將侵欺、借貸、那移之數，乘其水火盗賊，虛揑文案，及扣换交單籍册，申報瞞官，希圖幸免本罪者并計贜，以監守自盗論。等語。今據該撫黄廷桂奏稱，乾隆三年十一月間，寧夏地方陡遭地震，府庫縣倉皆塌陷，耗失銀兩甚多。除經奏明外，尚有耗失銀一萬四千八百二十四兩零。不特裂陷情

實，且當日拿獲竊賊追出原銀，竊去亦有確據。又耗失糧一萬六千八百九十五石零。彼時災民每人先給口糧一斗充飢。時因斗級、書役多皆死傷，災民急欲度命，勢難待散，各用衣褲、包袱約略自行取去。行據前撫元展成供稱，災民啼號擁集，至倉盈千累萬，顛沛之際，遵示領糧。饑不能待，自取苟延待賑，實有多一斗之數，若不准各縣造銷，亦屬冤抑。知府顧爾昌闔家俱死，原無虧空。等語。是當日寧夏震災原屬事出不測，耗失各項銀糧正與律載卒遇水火盗賊，事出不測而有損失者，保勘明白，免罪不賠之例相符。乃前撫元展成不即奏明諭，入于賑濟項下牽混掩飾。既已自認不諱，則元展成自有應奏不奏之罪。該撫若遵例委官保勘覆實，何難照律辦理，妥議具題改正，并將上司各官辦理未協之處，附疏聲請議處。

又，該撫奏稱，元展成雖自認諭令通融辦理，但稱與欽差、總督商同諭辦，即各員僉供，亦有實係遵奉各大人示諭之語，各犯供吐如繪。但從前侍郎臣班第、署督臣查郎阿曾否與元展成商同示諭各員通融、彌補、虚開、虚抵之處，相應奏請，飭令大學士臣查郎阿、兵部尚書臣班第回奏之日，飭發部臣行知，以便定擬具題。等語。

查震災之後，該府、縣倘有乘災侵冒，則應照乘水火盗賊，虚捏文案，申報瞞官，希圖免罪者計贜，以監守自盗論之律治罪嚴追。若係因事出不測損失，府縣實無虧空，又無上下通同侵隱入己情弊，更未便均坐爲虚開、虚抵以故勘無辜。再，藩司爲通省錢穀總匯，當時之府縣有無虧空，督撫如何諭辦，斷無不周知之理。自乾隆三年震災之時，以至于今，甘省藩司皆係徐杞一人，并無更换，一問便可詳悉。又何必輾轉諮詢，徒延案牘。止欽差、署督彼時目擊被災情形，顛連無告，迫不及待之狀，即有商同論辦情由。亦惟該撫、該藩方能查有確據，豈得以事隔數年之久，及復諮詢，成何信讞。如果欽差、督撫有通同徇庇確情，該撫自應據實參奏，非事後詢問二人便可了事者也。若無此等情節，該撫應就現在確實情形，詳晰審明結案，又何待二人之空言方可定擬。且元展成已經病故，該撫所請查郎阿、班第如果所言不符，將元展成交臣部就近質訊之處，毋庸議。至該撫所稱元展成供稱，此是我三人會商奏過的，實非各員揑冒。等語。應俟命下之日，臣部行文大學士臣查郎阿、尚書臣班第，將原奏稿移送臣部，一并行文該撫查照辦理。爲此謹奏請旨。等因。

乾隆十年二月初二日。

尚書臣來保、尚書臣汪由敦、左侍郎臣盛安、左侍郎臣錢陳群、右侍郎臣兆惠。

乾隆十年二月初二日奏，本日奉硃批："依議。欽此。"

【《明清宫藏地震檔案》（下卷壹）第234頁】

刑部議覆甘肅巡撫黄廷桂奏寧夏震灾耗失銀糧虚開虚抵事請敕令查郎阿等移送原奏稿①

乾隆十年二月初二日

乾隆十年二月分□。

刑部：爲請旨事。

陝西清吏司案呈。内閣抄出甘肅巡撫黄奏前事。等因。乾隆九年十二月十二日，奉硃批："該部議奏。欽此欽遵。"抄出到部。

該本部議得，甘肅巡撫黄廷桂奏稱，竊臣查得，寧夏地方于乾隆三年十一月間陡遭地震，蒙皇上軫念灾黎，欽命兵部侍郎臣班第與前督臣查郎阿、前撫元展成加意撫恤，經理妥協，具摺入奏。惟因府庫縣倉盡皆塌陷，耗失銀兩甚多，除已經奏明夏、朔、平、新、寶五縣耗失糧石外，尚有耗失糧一

①臺灣歷史語言研究所藏内閣大庫檔。

萬六千八百九十五石有零，耗失銀一萬四千八百二十四兩有零。經元展成等商諭，擅于賑恤各行内，將前項耗失銀兩虚開、虚抵。經前督臣尹繼善據布政使徐杞詳情，于東省委員清查。等情。

隨諭令張廷枚署理寧夏府知府，并新任知府牟瀜查出，已故知府顧爾昌任内虧缺銀二萬四千四百二十二兩零，并寧夏縣已故知縣沈項年、寧朔縣已故知縣辛禹籍、平羅縣參革知縣馬瑗名下共虧空銀六千六十五兩零。又寧夏縣丁憂知縣武梓，又署縣事平羅縣知縣何世寵，并沈項年、辛禹籍、馬瑗名下，共虧空糧二萬一千八百七十三石零。經尹繼善參奏，以寧夏遭罹震灾，倉庫耗失，原所不免，自應于耗失案内一并奏報，何得入于賑濟項下牽混掩飾，會疏題參，并將不行揭報之參革寧夏府知府臧珊、參革寧夏道阿炳安、原任撫臣元展成列入附參，奉旨飭審。臣隨欽遵轉行審擬去後。

嗣據布政使徐杞、按察使鄂昌率同寧夏府知府楊灝會審得，奉參已故寧夏府顧爾昌，并寧夏、寧朔、平羅三縣正署各令武梓、何世寵、辛禹籍、沈項年、馬瑗虧空銀兩，以及原參無名之前任，寧夏府臧珊，同原任新、寶二令任達德、朱元裕虚開抵一案。如原參顧爾昌虧空銀二萬四千四百二十二兩零。又續經該府、縣查出靈州、平羅二處解府耗糧變價銀三百一十四兩一錢零。據顧爾昌嗣子顧芝供稱，伊父錢糧并未經手，一切借欠，悉係接任之臧守清查。等情。訊據前守臧珊供稱，參奏顧爾昌之虧空及續查銀兩，内除伊河州任内應賠牛、驢變價銀二千五百二十五兩八錢零，并非存貯府庫之項，自應追補。又，開欠項内，有前任查督院捐賞被灾小民房價，諭令先于府庫借動銀二千二百六兩，已經歸還外，尚有府庫應存武職俸工各項銀二千一百六十五兩零。又，應存靈、中二州縣解交耗糧變價銀三百一十四兩零。又，借欠項内，有查明無著銀二千七百五十一兩。以上共銀九千九百六十一兩八錢零。原係查明虧空有據之項，自應分晰追賠。其餘銀一萬四千八百二十四兩零，并漏揭銀五十兩，共銀一萬四千八百二十四兩零。不特裂陷情真，且經當日拿獲竊銀之鄭先伏等追出原銀二千四百餘兩，是竊去亦有確據。是以各憲諭令于賑恤各案内虛開銀一萬四千八百二十四兩零，抵補府庫是實。

如奉參武梓、何世寵、辛禹籍、馬瑗等名下，共虧空糧一萬六千八百九十餘石。又，辛禹籍、馬瑗、沈項年同未經奉參之任達德、朱元裕等名下，共虧空銀一萬四千八百二十四兩零。僉供彼時災切，餘生盡皆啼號，經寧夏道鈕廷彩詳明示諭，每人先給口糧一斗充飢。時因斗級、書役多皆死傷，災民急欲度命，勢難待散，隨各用衣褲、包袱約略自行取去。蒙前元巡撫諭令，即照每人一斗口糧造報，以補各縣耗失倉糧之數。又諭令于煮粥項下、夫工柴價項下、客民回籍盤費項下，虛開各項銀糧，以抵府庫耗失之銀。等情。再三究詰，堅稱實係前元巡撫與各大人商定示諭，稟阻不允，祇得遵奉虛開、虛抵、通融、彌補是實。

此外，又審得辛禹籍、馬瑗、沈項年各名下經故道阿炳安硬删去實用銀三千三百一兩零，查無假捏，應准開銷。又，馬瑗名下除有抵銀六百七十九兩三錢零，止實在虧空銀六百九十兩八錢零。又，沈項年名下，除不應議賠認賠與應領及已交銀四百六十八兩四錢零外，實止虧空銀九百二十五兩四錢零，黴爛雜色糧四千九百八十石零。查該員尚有那塾各項應領銀兩，應候核實造銷後，如不足數，另行追補。其餘各項除虛開、虛抵之外，本身并無虧空，但各員僉供虛開糧一萬六千八百九十五石零，與虛抵銀一萬四千八百二十四兩零，與元前撫商同示諭，遵辦爲辭。是否實情，先後呈請諮詢。經臣兩次移諮直督，轉飭詢取元展成確供去後。嗣准直督臣高斌諮覆，取具供單。内開：乾隆三年十一月間，寧夏地方遭罹震災之際，房屋盡皆倒壞，人民大半死傷，災民嗷嗷待哺，隨據寧夏道鈕廷彩通詳示諭，無論大小災民，每人先給一斗口糧以資糊口。等因。准行在案。後查署督到寧夏時，該道并各縣稟稱出示之後，正在分散間，無奈災民啼號擁集至倉盈千累萬，書役、斗級多皆死傷，又乏升斗，災民急欲度命，勢難待散，隨各用衣褲、包袱自行取去，以延殘喘。我同查署督細訪屬實，及欽差大人到寧訪亦無异。因此我三人商酌，百姓于顛沛之際遵示領糧糊口，實因分散不及，飢不能待，故而自取，苟延待賑。雖約略一斗之數，然確訪所取實有多無少，若不准各縣造銷，亦屬冤抑，是以令其確查造銷。此中毫無欺飾，此是我三人會商奏過的，實非各員揑冒。并將煮粥、夫工、柴價與客民回籍，各裒多益寡，通融辦理在案。

至顧守虧空庫項，查寧夏道鈕廷彩與該府同城，且甫經盤查出結。如果顧守生前實有如許之虧空，該道豈肯代結。况顧守闔家俱死，卷案全無，明係被灾遺失，或乘間竊取。原擬參出引海洋失風之例，仰邀皇恩豁免，彼時我與總督欽差相商，一府五縣庫項正多，若再有缺少，一概照例請免，恐不肖官吏乘勢滋弊，反爲多事。且聖主因此奇灾賑恤已不下百萬，豈可再瀆天聽。不料我離任後，蒙尹總督查參，今各員供稱係奉各大人商諭。等語。這原係我三人見寧夏百姓慘遭奇灾，顧守原無虧空，又全家被難，是以商酌如此辦理的。理合據實供明。等情。到臣。將原供轉飭審擬去後。復據布政使徐杞、按察使鄂昌呈稱，查虛開、虛抵糧一萬六千八百九十五石零，與虛開、虛抵銀一萬四千八百二十四兩零，雖元前撫自認諭辦不諱，但稱與欽差、總督商同諭辦，即各員僉供，亦有實係遵奉各大人示諭之語，則又未便止據元前撫一人之供爲定議，應請將當日果否商同諭辯之處，諮詢明確，方可核定。但班欽差、查前督係現任中堂尚書，外省不便諮詢，可否將現審供情，奏明請旨，飭令回奏之處，統候核奪。等情。具詳到臣。該臣查得，前督臣尹繼善所參府、縣各官虧空銀糧一案，現據布按兩司審明，各犯供吐雖歷歷如繪，但從前兵部侍郎臣班第、署督臣查郎阿曾否與前撫臣元展成商同示諭各員通融、彌補、虛開、虛抵之處，既未確切，以致前案難于定擬。相應據情，奏請皇上飭令大學士臣查郎阿、兵部尚書臣班第回奏之日，飭發部臣行知到日，以便定擬具題者也。抑臣更有請者，查大學士臣查郎阿與部臣尚書班第回奏情節，或有不符之處，尚須質訊前撫臣元展成，方可定案。而元展成現在直省，可否容臣將現審供情備諮刑部，以便就近質訊。核議定案之處，臣未敢擅陳，伏祈皇上訓示遵行。等因。具奏前來。

查律載，凡倉庫及積聚財物若卒遇雨水冲激、失火延燒、盜賊劫奪，事出不測而有損失者，委官保勘覆實，顯迹明白，免罪不賠。其監臨主守官吏，若將侵欺、借貸、那移之數，乘其水火盜賊，虛捏文案，及扣換交單籍册，申報瞞官，希圖幸免本罪者并計贓，以監守自盜論。等語。今據該撫黄廷桂奏稱，乾隆三年十一月間，寧夏地方陡遭地震，府庫縣倉盡皆塌陷，耗失銀兩甚多。除經奏明外，尚有耗失銀一萬四千八百二十四兩零，不特裂陷情實，且當日拿獲竊賊，追出原銀，竊去亦有確據。又，耗失糧一萬六千八百九十五石零，彼時灾民每人先給口糧一斗充飢。時因斗級、書役多皆死傷，灾民急欲度命，勢難待散，各用衣褲、包袱約略自行取去。行據前撫元展成供稱，灾民啼號，擁集至倉，盈千累萬，顛沛之際，遵示領糧，饑不能待，自取苟延待賑，實有多一斗之數。若不准各縣造銷，亦屬冤抑。知府顧爾昌闔家俱死，原無虧空。等語。是當日寧夏震灾，原屬事出不測，耗失各項銀糧，正與律載卒遇水火盜賊，事出不測而有損失者，保勘明白，免罪不賠之例相符。乃前撫元展成不即奏明論，入于賑濟項下牽混掩飾。既已自認不諱，則元展成自有應奏不奏之罪。該撫若遵例委官保勘覆實，何難照律辦理，妥議具題改正，并將上司各官辦理未協之處，附疏聲請議處。又，該撫奏稱，元展成雖自認諭令通融辦理，但稱與欽差、總督商同諭辦，即各員僉供，亦有實係遵奉各大人示諭之語，各犯供吐如繪，但從前侍郎臣班第、署督臣查郎阿曾否與元展成商同示諭各員通融、彌補、虛開、虛抵之處，相應奏請飭令大學士臣查郎阿、兵部尚書臣班第回奏之日，飭發部臣行知，以便定擬具題。等語。

查震灾之後，該府、縣倘有乘灾侵冒，則應照乘水火盜賊，虛捏文案，申報瞞官，希圖免罪者計贓，以監守自盜論之律治罪嚴追。若係因事出不測損

失，府縣實無虧空，又無上下通同侵隱入己情弊，更未便均坐爲虚開、虚抵，以故勘無辜。再，藩司爲通省錢穀總彙，當時之府縣有無虧空，督撫如何諭辦，斷無不周知之理。自乾隆三年震災之時，以至于今，甘省藩司皆係徐杞一人，并無更换，一問便可詳悉。又何必輾轉諮詢，徒延案牘。至欽差、署督彼時目擊被灾情形，顛連無告，迫不及待之狀，即有商同諭辦情由。亦惟該撫、該藩方能查有確據，豈得以事隔數年之久，反復諮詢，成何信讞。如果欽差督撫有通同徇庇確情，該撫自應據實參奏，非事後詢問二人便可了事者也。若無此等情節，該撫應就現在確實情形詳晰審明結案，又何待二人之空言方可定擬。且元展成已經病故，該撫所請查郎阿、班第如果所言不符，將元展成交臣部就近質訊之處，毋庸議。至該撫所稱元展成供稱，此是我三人會商奏過的，實非各員揑冒。等語。應俟命下之日，臣部行文大學士臣查郎阿、尚書臣班第，將原奏稿移送臣部，一并行文該撫查照辦理。等因。

乾隆十年二月初二日奏，本日奉硃批："依議。欽此。"相應移會典籍廳，煩爲轉呈大學士查郎阿欽遵查照施行。須至移會者。

右移會内閣典籍廳。

乾隆十年二月初二日。

【《明清宫藏地震檔案》（下卷壹）第256頁】

川陜總督慶復揭報寶豐縣建修衙署兵房等項用過工料銀照依部駁更造請銷

乾隆十年二月二日

揭帖。

太子少保、一等承恩公、領侍衛内大臣、兵部尚書兼都察院右都御史、總督四川陜西等處地方軍務兼理糧餉、加三級紀録二次慶：【注】爲遵旨商辦事。

據蘭州布政使司布政使徐杞詳，蒙前任川陝總督尹部院案驗，乾隆伍年陸月初柒日，准工部咨，營繕司案呈，工科抄出本部題前事。内開：該臣等議得，川陝總督鄂疏稱，寶豐、柔遠并石嘴子添設衙署、兵房等項，所需物料、匠夫、工價銀兩，經前督臣查，題請在司庫收貯安西大灣修築城工下剩銀内動給，工竣，造册報銷。等因。部覆，奉旨："依議。欽此欽遵。"在案。兹據蘭州布政使徐杞詳稱：寶豐縣參將衙署、兵房工已完竣，用過各項工料銀肆千貳百玖拾柒兩柒錢捌分零，製備公所需用器具銀壹拾捌兩貳錢陸分零。至石嘴子新築市堡、建蓋兵房及軍器房、税房、官廳、耳房、城樓，并市口應建千總衙署、兵房，尚未興工，已辦就磚瓦木植，用過銀貳百柒拾兩陸錢壹分零。以上共用過銀肆千伍百捌拾陸兩陸錢陸分零，應請在于詳明原動收貯修築城工下剩銀内開銷，尚不敷銀陸拾壹兩壹錢玖分零，應俟大部允銷之日，在于原請款内找發。至辦就未竣之衙署、兵房存貯木植、磚瓦，因乾隆三年十一月二十四日叠遭震水灾傷，黎民凍餒難堪，搬取木植，作火禦寒。除散失外，現存柱木、梁木、桁條、通椽、長枋、厚枋，該縣已經運交平羅縣照數查收。其磚瓦，除地震損壞外，尚堪應用條磚、筒瓦、板瓦現存窑廠收貯，俟有修造之處，呈請應用。等情。分晰造册，請銷前來，臣覆核無异。除册送部外，謹會同合詞具題。等因。前來。

查寶豐、柔遠、石嘴子等處添設衙署、兵房等項，先據該督共估需銀四千五百二十五兩四錢零，造册具題。經臣部會同户部，覆准在案。今據該督鄂將建造寶豐縣參將衙署、兵房用過工料銀四千二百九十七兩七錢八分零，并製備器俱銀一十八兩二錢六分零，以及石嘴子等處應建千總衙署、兵房辦就磚瓦、木植，用過銀二百七十兩六錢一分零，造册題銷前來。臣部查，寶豐、柔遠、石嘴子等處應建參將、千總衙署、兵房，先經該督通共估需銀四千五百餘兩。今石嘴子等處千總衙署、兵房尚未興工，僅辦買兵房先經該督通共估需銀四千五百餘兩。今石嘴子等處千總衙署、兵房尚未興工，僅辦買

磚瓦、木植用過銀二百七十兩零。而寶豐縣參將衙署、兵房，何至竟用銀四千二百九十餘兩之多？且查册開成砌墻垣、墀頭、碼磉等項，所有見方丈尺，俱係籠統開造，并不將各高、寬、厚丈尺逐一開載。鋪墁地面并包砌臺基、踏垛、磋礤、階條等項，亦不將各長、寬、高厘尺寸造報。立柱、檻楞、栅欄、門扇并筒瓦、板瓦、勾滴、脊獸、方磚等項，俱不開明各長、寬、高厚尺寸。席片亦無每領寬窄尺寸。所用一切木植據開長徑尺寸，皆以"不等"字樣朦混造報。其總數内各項物料亦不將各長徑寬厚丈尺逐款分晰，均難查核。事關錢糧，不便遽准。應令該督將參將衙署、兵房因何用銀四千二百九十餘兩之處，委員詳查。并將用過物料、匠工等項逐一分晰，另造妥册，取具確實印結，具題到日再議。其存貯木植、磚瓦，該督雖經聲明，除灾民搬取木植作火禦寒，并磚瓦地震損壞外，現存木料、磚瓦，俟有修造之處，呈請應用。等語。但查木植一項，既未興工，該地方官理應加謹收貯，何得任民搬取？應將前項散失木植，令該督著落該地方官照數賠補。其磚瓦既稱地震之後内有損壞，但其中有無借端捏飾情弊，無憑查察，應令該督取具并無捏飾印結送部。所有現存木料、磚瓦飭令加謹收貯，俟有别工應用之處，報部動用可也。乾隆五年五月十二日題，本月十四日奉旨："依議。欽此。"相應移咨前去，遵照施行。等因。到前部院，案行到司。

蒙此，遵即備行寧夏府飭令將寶豐縣新添參將衙署、兵房因何用銀四千貳百玖拾餘兩之多，就近委員詳查。并將用過物料、匠工等項，逐一分晰造册，取具確實印結。至散失木植，著落該地方官賠補。其磚瓦地震後内有損壞，有無借端捏飾，取具印結及屢催去後。嗣據寧夏府知府楊灝詳，據寶豐縣知縣朱元裕申稱：蒙此，遵查建修寶豐營參將衙署、兵房一案，前經造册送部。嗣奉大部駁飭，令確查具結，并將散失木植，著落地方官賠補。等因。查參將衙署大門、大堂、二堂、書房、厢房、住房、箭廳内裏俱應填鑲素土，鋪磚墁砌。旗墩、鼓廳、臺基以及二門并前後厢房，亦應填鑲素土。

而衙署周圍應築墻垣。其衙署、兵房竪立大木砌墻，抹飾頭停，鋪席苫背，俱應搭脚手架子，共該銀捌百肆拾伍兩肆錢玖分壹厘壹毫壹絲九，原估册内漏未估入。迨後奉文建造，照依新定工程做法製辦，共實用過銀四千貳百玖拾柒兩七錢八分零，俱係確實，并無浮冒。又，預辦石嘴子應需木植、磚瓦，共用過銀二百七十兩六錢一分七厘三毫。又，製辦公所應用器具，共銀一十八兩二錢六分四厘。以上三項，通共用過銀四千五百八十六兩六錢六分八厘三絲二忽九微三纖七塵五渺。内除已領落庫銀四千五百二十伍兩四錢六分九厘一毫六絲四忽九微外，尚該不敷墊用銀六十一兩一錢九分八厘八毫六絲八忽三纖七塵五渺。應請將前項被震散失木植柱木二十八根、土梁一十七根、桁條一十二根、長枋五十一根、厚枋二十根、通椽三十六根，原價銀一十三兩二錢九分九厘九毫，照數在于卑職墊用銀内賠補外，止該不敷墊用銀肆拾柒兩捌錢玖分捌厘玖毫陸絲捌忽叁纖柒塵五渺，統俟部覆，另請找發。至現存柱木陸百肆拾叁根、土梁貳百貳拾根、桁條伍百叁拾柒根、長枋貳百柒拾柒根、厚枋壹百肆拾陸根、通椽壹千玖百捌拾根，俱未動斧鑿，業已照數運交前任平羅縣馬令收貯，取有收管在案。又，預備磚瓦内，損壞條磚壹萬貳千捌百個，筒瓦貳千玖百片，板瓦叁千玖百伍拾片，實係被震損壞，并無借端捏飾情弊。尚有堪用條磚壹萬柒千貳百個，筒瓦貳千壹百片，板瓦叁千伍十片，現存寶豐縣窑廠。相應遵照部駁款項，另造清册具結。同委員查勘無浮印結，并將漏估各項，造具簡明清册，以及被震損壞磚瓦出具并無借端捏飾印結，具文申賫，俯賜加結轉請。再，石嘴子未築新堡兵房、軍房等項，查卑縣地方久經奉裁，寶豐營官兵業已移駐平羅，似無庸建築，合并聲明。等情。到府。據此，相應加具印結，同賫到各册結，一并申賫核轉。等情。到司。

據此，該布政使徐杞查得，寶豐縣建修參將衙署、兵房，并存貯石嘴子木植、磚瓦等項用過銀兩，前據造册請銷。呈蒙前任鄂督院核題，接奉大部駁查，參將衙署、兵房因何用銀肆千貳百玖拾餘兩。又，令委員詳查，并將用過物料、匠工逐一分晰造册，取具切實印結。至散失木植，著落該地方官賠補。其磚瓦地震後内有損壞，并無借端捏飾，取具印結呈賫。等因。行據寧夏府知府楊灝詳，據寶豐縣知縣朱元裕查報，前項建修參將衙署大堂、二堂、住房、厢房、書房、箭廳等處，内裏俱應填鑲素土，鋪磚墁砌，而衙署周圍亦應築砌墻垣，共該銀捌百肆拾伍兩肆錢玖分壹厘壹毫壹絲玖忽，原估册内漏未估入。迨後奉文建造，照依新定工程做法製辦，共用過銀肆千貳百玖拾柒兩零，俱係確實，并無浮冒。等情。遵照部駁款項，逐一更造妥册。及委員平羅縣知縣羅緒查勘無浮印結，并將散失木植照數賠補，其現存磚瓦出具并無借端捏飾印結，一并呈賫前來。

本司伏查，册造建修縣城内完竣參將衙署、兵房，用過各項工料銀肆千貳百玖拾柒兩柒錢捌分陸厘柒毫叁絲貳忽玖微叁纖柒塵伍渺。又，製辦工所器具銀壹拾捌兩貳錢陸分肆厘。又，原估石嘴子等處兵房等項辦就木植、磚瓦用過銀貳百柒拾兩陸錢壹分柒厘叁毫，以上叁項共實用過銀肆千伍百捌拾陸兩陸錢陸分捌厘叁絲貳忽玖微叁纖柒塵伍渺。前經在于請明准動收貯安西大灣修補城工下剩銀内，照依原估發給銀肆千伍百貳拾伍兩肆錢陸分玖厘壹毫陸絲肆忽玖微外，尚該不敷墊用銀陸拾壹兩壹錢玖分捌厘捌毫陸絲捌忽叁纖柒塵伍渺。内除被震散失該縣賠補柱木貳拾捌根、土梁壹拾柒根、桁條壹拾貳根、長枋伍拾壹根、厚枋貳拾根、通椽叁拾陸根，共賠原價銀壹拾叁兩貳錢玖分玖厘玖毫外，止實該不敷墊用銀肆拾柒兩捌錢玖分捌厘玖毫陸絲捌忽叁纖柒塵伍渺，應俟大部允准之日，在于原請款内照數找給，一例准銷。至縣存柱木陸百肆拾叁根、梁木貳百貳拾根、桁條伍百叁拾柒根、長枋貳百柒拾柒根、厚枋壹百肆拾陸根、通椽壹千玖百捌拾根，已經照數收貯平羅縣城。其磚瓦震後損壞，并無借端捏飾，查尚有動用磚瓦壹萬柒千貳百個、筒瓦貳千壹百片、板瓦叁千伍拾片。查點明晰，現存窑廠，應令接管之員加謹收貯，無致損壞，俟有别案動用之處，另請應用。至于石嘴子未建新堡兵房、軍房，查寶豐官兵業已移駐平羅，似無庸建築。所有造到清册，并委員查勘無浮印結，以及損壞磚瓦并無借端揑飾各結，相應壹并詳請，合候核題。等情。到臣。

據此，該臣看得，寧夏府屬寶豐縣建修參將衙署、兵房，并存貯木植、磚瓦等項用過工料銀兩，經前任督臣鄂查明造册題銷，准部咨，查寶豐縣參將衙署、兵房何至用銀肆千貳百玖拾餘兩之多。且册開城砌墻垣、墀頭、碼磉等項，俱係籠統造報，難以查核，不便遽准。應令將參將衙署、兵房因何用銀肆千貳百玖拾餘兩之處委員詳查，并將用過物料、匠工等項逐一分晰，另造妥册，取具確實印結具題。至散失木植，應著落地方官照數賠補。其磚瓦既稱地震之後内有損壞，但其中有無借端揑飾情弊，無憑查察，應令取具印結送部。等因。當經轉飭遵照去後。兹據蘭州布政使徐杞詳稱，遵即行據寶豐縣知縣朱元裕查報，前項建修參將衙署大堂、二堂、住房、廂房、書房、箭廳等處，填鑲素土，鋪磚墁砌，衙署周圍亦應築砌墻垣，共該銀捌百肆拾伍兩肆錢玖分零，原估册内漏未估入。迨後建造，照依新定工程做法製辦，共用過銀肆千貳百玖拾柒兩零，俱係確實，并無浮冒。等情。遵照部駁款項，更造妥册。及委員平羅縣知縣羅緒查勘無浮印結，并將散失木植照數賠補。其現存磚瓦出具并無借端揑飾印結，一并呈賫前來，查册造完竣。參將衙署、兵房用過各項工料銀肆千貳百玖拾柒兩柒錢捌分零，製辦工所器具銀壹拾捌兩貳錢陸分零。又，原估石嘴子等處兵房等項辦就木植、磚瓦用過銀貳百柒拾兩陸錢壹分零。以上共實用銀肆千伍百捌拾陸兩陸錢陸分零。前在于請明准動收貯安西大灣修補城工下剩銀内，照依原估，發給銀肆千伍百貳拾伍兩肆錢陸分零外，尚該不敷墊用銀陸拾壹兩壹錢玖分零。内除被震散失木植，該縣賠補原價銀壹拾叁兩貳錢玖分零外，止實該不敷墊用銀肆拾柒兩捌錢玖分零，應俟部准之日，在于原請款内找給。至現存木植，已經照數

收貯平羅縣城。其磚瓦震後損壞并無借端捏飾。查尚有勘用磚瓦，已查點明晰，現存窑廠，應令接官之員加謹收貯，無致損壞，俟有別案動用之處，另請應用。等情。造册并委員查勘無浮印結，以及損壞磚瓦并無借端捏飾各結，一并呈賫前來，臣覆核無异。至此案造册遲延職名，現在飭查，俟開報到日，另行咨部核議，合并聲明。除册結送部外，臣謹會同蘭州撫臣黃合詞具題，伏祈皇上睿鑒，敕部核覆施行。爲此除具題外，理合具揭。須至揭帖者。

乾隆拾年貳月初貳日。

【注】銜名："太子少保一等承恩公領侍衛內大臣兵部尚書兼都察院右都御史總督四川陝西等處地方軍務兼理糧餉加三級紀録二次慶。"

【《明清檔案》A135—97，B75991—B76000】

署陜西固原提督段起賢揭報乾隆九年冬初委員互相巡營情形

乾隆十年二月二日

揭帖。

署陜西固原提督段揭：爲欽奉上諭事。

竊臣卷查部議內開：陜提所攝固原壹鎮，應仍照前署陜提李原奏，每年于肆協副、參、游擊內飭令互相稽查。至承查之副、參、游擊俱遵照議定之例，務須輕騎减從，不得擾累兵民。其互相稽查之後，令據實報明該提督具題可也。等因。奉旨："依議。欽此欽遵。"在案。查乾隆捌年，委副、參、游擊互相稽查過營汛情形，經前任陜提臣李題報在案。計乾隆玖年冬初，例應選員互相巡查。經臣酌委西安州營游擊崔林玉巡查慶陽協，及所屬之紅德城、平涼、長武、邠州、涇州陸營路。委臣標後營游擊王正巡查靖遠協，及所屬之固原城守、下馬關、西安州、蘆塘八營，蘆溝、永安捌營堡。委商州營游擊萬岱巡查西鳳協，及所屬之關山、盩厔、富平、鳳翔、城守伍營路，并西安城守壹營。委關山營游擊鎖振業巡查潼關協，及所屬之神道嶺、商州、金鎖關肆營路。臣再三飭令，務各據實點驗兵丁技藝，稽查各項軍裝，核實馬匹額數，并驗勘膘格高下，勿得少有瞻徇去後。嗣據該將等結稱：職等奉委巡查，遵即矢公矢慎，詳加點驗得，各營兵丁技藝純熟，馬匹膘壯，額數俱各不缺，軍裝、器械均屬齊全，營伍整肅，地方寧謐，并無廢弛之處。職等不敢少有瞻徇容隱情弊，理合出具印結呈賫。等情。各具結到臣。臣早已密加體察，詳慎訪查，與該將等所報無异。除結送部外，理合恭疏具題，伏祈皇上睿鑒，敕部施行。爲此除具題外，理合具揭。須至揭帖者。

右具揭帖。

乾隆拾年貳月初貳日。

【《明清檔案》A135—99，B76003—B76004】

刑部尚書來保奏覆乾隆三年寧夏地方震灾府縣官員虚開虚抵耗失銀糧查參事

乾隆十年二月二日

副摺。

二月初四日到。

議政大臣、内大臣、刑部尚書兼内務府總管、加一級紀録四次、革職留任臣來保等謹奏：爲請旨事。

内閣抄出甘肅巡撫黄廷桂奏前事。等因。乾隆九年十二月十二日，奉硃批："該部議奏。欽此欽遵。"抄出到部。

該臣等議得，甘肅巡撫黄廷桂奏稱：竊臣查得，寧夏地方于乾隆三年十一月間陡遭地震，蒙皇上軫念灾黎，欽命兵部侍郎臣班第于前督臣查郎阿、前撫元展成加意撫恤，經理妥協，具摺入奏。惟因府庫、縣倉盡皆塌陷，耗失銀兩甚多，除已經奏明夏、朔、平、新、寶五縣耗失糧石外，尚有耗失糧一萬六千八百九十五石有零，耗失銀一萬四千八百二十四兩有零。經元展成商論，擅于賑恤各行内將前項耗失銀兩虛開、虛抵，經前督臣尹繼善據布政使徐杞詳，請于東省委員清查，等情。隨諭令張廷枚署理寧夏府知，知并新任知府牟灿，查出已故知府顧爾昌任内虧缺銀二萬四千四百二十二兩零。并寧夏縣已故知縣沈項年、寧朔縣已故知縣辛禹籍、平羅縣參革知縣馬瑗名下共虧空銀六千六十五兩零。又寧夏縣丁憂知縣武梓，又署縣事平羅縣知縣何世寵，并沈項年、辛禹籍、馬瑗名下，共虧空糧二萬一千八百七十三石零。經尹繼善參奏，以寧夏遭罹難震灾，倉庫耗失原所不免，自應于耗失案内一并奏報，何得入于賑濟項下牽混掩飾，會疏題參，并將不行揭報之參革寧夏府臧珊、參革寧夏道阿炳安、原任撫臣元展成列入附參。奉旨飭審，臣隨欽遵，轉行審擬去後。

嗣據布政使徐杞、按察使鄂昌率同寧夏府知府楊灝會審得，奉参已故寧夏府顧爾昌并寧夏、寧朔、平羅三縣正署各令武梓、何世寵、辛禹籍、沈項年、馬瑗虧空銀兩，以及原参無名之前任寧夏府臧珊同原任新、寶二令任達德、朱元裕虛開、虛抵一案，如原参顧爾昌虧空銀二萬四千四百二十二兩零，又續經該府縣查出靈州、平羅二處解府耗糧變價銀三百一十四兩一錢零。據顧爾昌嗣子顧芝供稱：伊父錢糧并未經手，一切借欠悉係接任之臧守清查。等情。訊據前守臧珊供稱：參奏顧爾昌之虧空及續查銀兩，内除伊河州任内應賠牛、驢變價銀二千五百二十五兩八錢零，并非存貯府庫之項，自應追補。又開：欠項内有前任查督院捐賞被灾小民房價，諭令先于府庫借動銀二千二百六兩已經歸還外，尚有府庫應存武職俸工各項銀二千一百六十五兩零。又，應存靈、中二州縣解交耗糧變價銀三百一十四兩零。又，借欠項内有查明無著銀二千七百五十一兩。以上共銀九千九百六十一兩八錢零，原係查明虧空有據之項，自應分晰追賠。其餘銀一萬四千七百七十四兩零，并漏揭銀五十兩，共銀一萬四千八百二十四兩零，不特裂陷情真，且經當日拿獲竊銀之鄭先伏等追出原銀二千四百餘兩，是竊去亦有確據，是以各憲諭令于賑恤各案内虚開銀一萬四千八百二十四兩零，抵補府庫是實。

如奉參武梓、何世寵、辛禹籍、馬瑗等名下，共虧空糧一萬六千八百九十餘石。又，辛禹籍、馬瑗、沈項年同未經奉參之任達德、朱元裕等名下共虧空銀一萬四千八百二十四兩零，僉供彼時灾切，餘生盡皆啼號。經寧夏道鈕廷彩詳明示諭，每人先給口糧一斗充飢。時因斗級、書役多皆死傷，灾民急欲度命，勢難待散，隨各用衣褲、包袱約略自行取去。蒙前元巡撫諭令，即照每人一斗口糧造報，以補各縣耗失倉糧之數。又諭令于煮粥項下、夫工柴價項下、客民回籍盤費項下虚開各項銀糧，以抵府庫耗失之銀。等情。再三究詰，堅稱實係前元巡撫與各大人商定示諭，禀阻不允，衹得遵奉虚開、虚抵，通融、彌補是實。

此外，又審得辛禹籍、馬瑗、沈項年各名下，經故道阿炳安硬删去實用銀三千三百一兩零，查無假捏，應准開銷。又，馬瑗名下除有抵銀六百七十九兩三錢零，止實在虧空銀六百九十兩八錢零。又，沈項年名下除不應議賠、認賠與應領及已交銀四百六十八兩四錢零外，實止虧空銀九百二十五兩四錢零，黴爛雜色糧四千九百八十石零。查該員尚有那墊各項應領銀兩，應候核實造銷後，如不足數，另行追補。其餘各項除虚開、虚抵之外，本身并無虧空。但各員僉供虚開糧一萬六千八百九十五石零，與虚抵銀一萬四千八百二十四兩零，與元前撫商同示諭遵辦爲辭，是否實情，先後呈請咨詢。經臣兩次移咨直督，轉飭詢取元展成確供去後。嗣准直督臣高斌咨覆，取具供單，内開：乾隆三年十一月間，寧夏地方遭罹震灾之際，房屋盡皆倒壞，人民大半死傷，灾民嗷嗷待哺。隨據寧夏道鈕廷彩通詳示諭，無論大小灾民，每人先給一斗口糧，以資糊口。等因。准行在案。後查署督到寧夏時，該道并各縣禀稱，出示之後，正在分散間，無奈灾民啼號，擁集至倉，盈千累萬，書役、斗級多皆死傷，又乏升斗，災民急欲度命，勢難待散，隨各用衣褲包袱自行取去，以延殘喘。我同查署督細訪屬實，及欽差大人到寧訪亦無异。因此我三人商酌：百姓于顛沛之際，遵示領糧糊口，實因分散不及，飢不能待，故而自取，苟延待賑。雖約略一斗之數，然確訪所取實有多無少，若不准各縣造銷，亦屬冤抑。是以令其確查造銷，此中毫無欺飾。此是我三人會商奏過的，實非各員揑冒，并將煮粥、夫工柴價與客民回籍，各裒多益寡，通融辦理在案。

至顧守虧空庫項，查寧夏道鈕廷彩與該府同城，且甫經盤查出結，如果顧守生前實有如許之虧空，該道豈肯代爲出結。況顧守合家俱死，卷案全無，明係被災遺失，或乘間竊取，原擬參出，引海洋失風之例，仰邀皇恩豁免。彼時我與總督、欽差相商，一府五縣庫項正多，若再有缺少，一概照例請免，恐不肖官吏乘勢滋弊，反爲多事。且聖主因此奇災賑恤已不下百萬，豈可再瀆天聽。不料我離任後，蒙尹總督查參今各員供稱，奉各大人面諭。等語。這原係我三人見寧夏百姓慘遭奇災，顧守原無虧空，又全家被難，是以商酌如此辦理的，理合據實供明。等情。到臣。隨將原供轉飭審擬去後。

復據布政使徐杞、按察使鄂昌呈稱：查虛開、虛抵糧一萬六千八百九十五石零，與虛開、虛抵銀一萬四千八百二十四兩零。雖元前撫自認諭辦不諱，但稱與欽差、總督商同諭辦。即各員僉供，亦有實係遵奉各大人示諭之語，則又未便止據元前撫一人之供爲定議。應請將當日果否商同諭辦之處咨詢明確，方可核定。但班欽差查前督係現任中堂尚書，外省不便咨詢，可否將現審供情奏明請旨，敕令回奏之處，統候□奪。等情。具詳到臣。該臣查得，前督臣尹繼善所參府縣各官虧空銀糧一案，現據布按兩司審明，各犯供吐雖俱歷歷如繪，但從前兵部侍郎臣班第、署督臣查郎阿曾否與前撫臣元展成商同示諭各員通融、彌補、虛開、虛抵之處，既□維切，以致前案難于定擬。相應據情，奏請皇上敕令大學士臣查郎阿、兵部尚書臣班第回奏之日，敕發部臣，行知到日，以便定擬具題者也。

抑臣更有請者。查大學士臣查郎阿與部臣尚書班第回奏情節，或有不符之處，尚須質訊前撫臣元展成，方可定案。而元展成現在直省，可否容臣將現審供情備咨刑部，以便就近質訊，核議定案之處。臣未敢擅陳，伏祈皇上訓示遵行。等因。具奏前來。查律載：凡倉庫及積聚財物，若卒遇雨水冲激、失火延燒、盗賊劫奪，事出不測而有損失者，委官保勘覆實，顯迹明白，免罪不賠。其監臨主守官吏若將侵欺、借貸、那移之數，乘其水火盗賊虚捏文案，及扣换交單籍册，申報瞞官，希圖幸免本罪者，并計贜以監守自盗論。等語。今據該撫黄廷桂奏稱，乾隆三年十一月間，寧夏地方陡遭地震，府庫、縣倉盡皆塌陷，耗失銀兩甚多，除經奏明外，尚有耗失銀一萬四千八百二十四兩零。不特裂陷情實，且當日拿獲竊賊，追出原銀竊去，亦有確據。又，耗失糧一萬六千八百九十五石零，彼時灾民每人先給口糧一斗充飢，時因斗級、書役多皆死傷，灾民急欲度命，勢難待散，各用衣褲包袱約略自行取去。行據前撫元展成供稱：灾民啼號，擁集至倉，盈千累萬，顛沛之際，遵示領糧，飢不能待，自取苟延待賑，實有多一斗之數，若不准各縣造銷，亦屬冤抑。知府顧爾昌合家俱死，原無虧空。等語。是當日寧夏震灾，原屬事出不測，耗失各項銀糧，正與律載卒遇水火盗賊，事出不測，而有損失者保勘明白，免不賠之例相符。乃前撫元展成不即奏明，諭入于賑濟項下，牽混掩飾，既已自認不諱，則元展成自有應奏不奏之罪。該撫若遵例委官保勘覆實，何難照律辦理，委議具題改正，并將上司各官辦理未協之處，附疏聲請議處。又，該撫奏稱：元展雖自認諭令通融辦理，但稱與欽差、總督商同諭辦，即各員僉供，亦有實係遵奉各大人示諭之語。各犯供吐如繪，但從前侍郎臣班第、署督臣查郎阿曾否與元展成商同示諭各員通融、彌補、虚開、虚抵之處，相應奏請，敕令大學士臣查郎阿、兵部尚書臣班第回奏之日，敕發部臣行知，以便定擬具題。等語。

查震灾之後，該府縣倘有乘灾侵冒，則應照乘水火盗賊虚捏文案、申報瞞官、希圖免罪者計贜，以監守自盗論之律治罪嚴追。若係因事出不測損失，府縣實無虧空，又無上下通同侵隱入己情弊，更未便均坐爲虚開、虚抵，以故勘無辜。再，藩司馬通省錢穀總匯當時之府縣有無虧空，督撫如何論辦，斷無不周知之理。自乾隆三年震灾之時，以至于今，甘省藩司皆係徐杞一人，并無更换，一問便可詳悉，又何必輾轉咨詢，徒延案牘□欽差署督，彼時目擊被灾情形，顛連無告、迫不及待之狀，即有商同論辦情由，亦惟該撫藩方能查有確據，豈得以事隔數年之久，及復諮詢，成何信讞。如果欽差、督撫有通同徇庇確情，該撫自應據實參奏，非事後詢問二人便可了事者也。若無此等情節，該撫應就現在確實情形，評晰審明結案，又何待二人之空言方可定擬。且元展成已經病故，該撫所請查郎阿、班第如果所言不符，將元展成交臣部就近質訊之處，毋庸議。至該撫所稱，元展成供稱，此是我三人會商奏過的，實非各員捏冒。等語。應俟命下之日，臣部行文大學士臣查郎阿、尚書臣班第將原奏稿移送臣部，一并行文該撫，查照辦理。爲此謹奏請旨。等因。乾隆十年二月初二日奏，本日奉硃批："依議。欽此。"

乾隆拾年貳月初貳日。

尚書臣來保、尚書臣汪由敦、左侍郎臣盛安、左侍郎臣錢陳群、右侍郎臣兆惠。

【《明清檔案》A135—101，B76009—B76018】

川陝總督慶復揭報署任都司身故

乾隆十年二月十八日

揭帖。

太子少保、一等承恩公、領侍衛内大臣、兵部尚書兼都察院右都御史、總督四川陜西等處地方軍務兼理糧餉、加三級紀録二次慶：爲報明署員身故事。

准署陜西固原提督段咨，准河州鎮咨，據洮岷協副將何榮呈，據署洮岷營中軍都司事、河州鎮標右營守備李顯龍之子李良柱報稱：小的親父李顯龍，于乾隆九年十二月初十日，在教場操演騎射馬箭，不意失馬跌傷，醫藥罔效，于本月十一日丑時身故，理合報明。等情。轉報到鎮。據此，隨飭委舊洮營都司劉得前往署事，并飭查驗取結去後。兹據該部司劉得呈稱：卑職遵將中軍都司事務于乾隆九年十二月十八日到營接管署理，隨查得署都司李顯龍，實係失馬跌傷身故，并無别情。取具嫡親、醫生甘結，卑職出具承查印結，及該員原領守備札付，擬合一并呈賫。至該署都司任内有無經手未清錢糧等項，俟查明，另文呈報。等情。到鎮，咨移到提督。準此，相應咨送，查照具題。等因。到臣。

準此，該臣看得，河州鎮屬署洮岷營中軍都司事、鎮標右營守備李顯龍因操演失馬跌傷，醫藥罔效，于乾隆九年十二月十一日身故。兹準署陜提臣段咨，稱委員查驗情實，取具嫡親、醫生甘結，并承查官印結，及該員原領守備札付，咨移前來。除結札送部外，所有河州鎮標右營守備李顯龍在署都司任内身故緣由，臣謹會同蘭州撫臣黄、署陜提臣段合詞具題，伏祈皇上睿鑒，敕部施行。爲此除具題外，理合具揭。須至揭帖者。

乾隆拾年貳月拾捌日。

【《明清檔案》A135—141，B76157—B76158】

甘肅巡撫黄廷桂揭報起程前赴花馬池查勘日期

乾隆十年三月二十八日

揭帖。

巡撫甘肅等處地方贊理軍務兼理茶馬、兵部右侍郎兼都察院右副都御史、世襲雲騎尉、紀録十八次、又軍功紀録二次黄：爲恭報起程日期事。

乾隆拾年貳月初玖日，准部咨，内開：抄出軍機處議覆甘肅巡撫黄奏請查勘甘肅一帶城堡邊墻一摺，奉旨："著派户部侍郎三和馳驛去，巡撫黄廷桂□看前赴應行查勘處所，等候會同查勘，估計具奏。餘依議。欽此。"移咨到臣。臣正在遣員分途探候間，又准户部咨，侍郎三和現有辦理事件，不能即時前往。奉旨于叁月間起程，并令臣將何處等候會同查勘之處，急速詳細備文預報，以便前赴會勘。等因。

準此，臣查沿邊應修一帶邊墻城堡，應先由甘省寧夏府屬之花馬池查勘起，次及凉、甘、肅等處順道挨查，實屬便捷。并聲明臣于叁月盡間起程，于肆月拾貳叁日可抵花馬池查勘處所，等候欽差侍郎。臣三和會同勘估緣由，咨部在案。至一切邊墻城堡工程，容臣等會查明確，另行會奏外，所有臣于叁月貳拾捌日自蘭起程前赴花馬池日期，理合恭疏題報，伏祈皇上睿鑒，敕部施行。再，臣衙門地方事件，除酌量沿途辦理外，所有欽部案件，應請俟臣回署之日，扣限完結，合并陳明。爲此除具題外，理合具揭。須至揭帖者。

乾隆拾年叁月貳拾捌日。

【《明清檔案》A136—108，B76709—B76710】

陝西寧夏總兵官施廷專揭報領受坐名敕諭日期

乾隆十年四月十三日

揭帖。

鎮守陝西寧夏等處地方總兵官、署都督僉事、世襲一等輕車都尉、加二級施廷專：爲恭報微臣領受敕諭日期事。

據陝西提塘官張綉聯領出欽頒臣坐名敕諭壹道，于乾隆拾年肆月拾壹日賫捧到寧。臣即躬率所屬標下各官，出郊跪迎至署，恭設香案，望闕叩頭謝恩，跪聽宣讀祇受訖。伏念臣才識疏庸，重荷隆恩，簡任岩疆，自當殫竭志慮，實恐報稱維難。今蒙我皇上特頒敕諭，跪讀之下，仰見聖訓精微，儼若天威咫尺。臣惟有恪遵敕内事宜，一一恭慎辦理，以冀少盡職守于萬一耳。敬將敕諭謄黄，頒發臣屬營路各官一體欽遵外，所有微臣領受敕諭日期，理合恭疏題報，伏乞皇上睿鑒施行。除具題外，理合具揭。須至揭帖者。

乾隆拾年肆月拾叁日。

【《明清檔案》A137—22，B76841—B76842】

△甘肅巡撫黄廷桂奏請豁免平羅縣歸并原新渠寶豐二縣窮民籽種口糧

乾隆十年四月十七日

户部議覆：甘肅巡撫黄廷桂疏稱，乾降五年，平羅縣借給歸并新、寶窮民籽種、口糧，前經臣題請豁免。嗣准部覆，口糧數目，各户因何多寡生异，有無已徵在官，捏作民欠。等因。臣查借過口糧共四千七十四石，該縣誤將籽種項下二十石訛入户口，其借給籽種共五千六百九十七石二斗，係按所耕田地之多寡酌借，該縣又誤遺二十石，是以不符原議。至前項借給籽種、口糧，原議三年帶徵，因黄河冲决，居民半回原籍，其無籍可歸者，廖寥數户，謀食維艱，并無完納。請仍照前奏豁免。應如所請。從之。

【《清實録》第12册，第71頁《高宗純皇帝實録》卷二三九“乾隆十年四月己未”條】

川陝總督慶復揭報揀補守備

乾隆十年五月十八日

揭帖。

太子少保、一等承恩公、領侍衛内大臣、兵部尚書兼都察院右都御史、總督四川陝西等處地方軍務兼理糧餉、加三級紀録二次慶：【注】爲請補邊營守備，以收實效事。

乾隆十年二月二十二日，准兵部咨，職方清吏司案呈，乾隆九年十一月分，本部出有廣東肇慶協中軍都司員缺，將陝西古水井堡守備張大朋推升。等因。于乾隆九年十二月初十日題，本月十三日奉旨："王敬簡等，依擬用，餘依議。欽此。"除另行發給札票令其赴任外，查張大朋所遺古水井堡守備員缺，係第九次所出，應行題補守備第四缺，輪用緑旗候補人員，應令該督揀選題補可也。等因。隨移咨揀選去後。兹準甘州提督李咨稱：查古水井堡設處衝汛，而專營守備係屬邊疆要缺，本提督在于候補人員内揀選得分發甘提標候補守備、現署肅州鎮屬甘州城守營守備米進祥，人材、弓馬，俱屬可觀，辦事勤慎。前曾出征西藏，至哈喇烏素，遇賊打仗，面帶刀傷一處，項中槍傷一處，右手中指被槍打傷。又在義木多駐防，與番夷打仗。又出征巴爾庫爾，應援魯古慶，襲擊烏魯木齊，至阿岔納鄰河與賊打仗，著有功苦，堪以請補寧夏鎮屬古水井堡守備員缺。相應造具履歷，連人咨送驗試，會題請補。等因。到臣。

準此，該臣看得，寧夏鎮屬古水井堡守備張大朋推升遺缺，前准部咨，令于緑旗候補人員内揀選題補。等因。隨移准甘提臣李揀選得分發甘提標候補守備米進祥，人材、弓馬，俱屬可觀，著有功苦，堪以請補。并移履歷，連人送驗前來。臣隨考驗得，米進祥，人材、弓馬，俱屬可觀，屢經出征，著有勞績，堪以請補寧夏鎮屬古水井堡守備。查該員係凉州府武威縣籍，今請補寧夏鎮屬古水井堡守備，係在五百里以外，與隔府别營之例相符。再，查該員係奉旨發回本省，以守備題補之員，今請補守備，毋庸送部引見，亦毋庸出具保結。除移到履歷送部外，臣謹會同甘撫臣黄、甘提臣李合詞具題，伏祈皇上睿鑒，敕部議覆施行。爲此除具題外，理合具揭。須至揭帖者。

乾隆拾年伍月拾捌日。

檔案彙編

【注】銜名："太子少保一等承恩公領侍衛内大臣兵部尚書兼都察院右都御史總督四川陝西等處地方軍務兼理糧餉加三級紀録二次慶。"

【《明清檔案》A137—106，B77219—B77220】

川陝總督慶復揭請恩准推升外省武員留陝補用

乾隆十年五月十八日

揭帖。

太子少保、一等承恩公、領侍衛内大臣、兵部尚書兼都察院右都御史、總督四川陝西等處地方軍務兼理糧餉、加三級紀録二次慶：【注】爲請留幹員，以重邊營，以收實效事。

乾隆十年三月十五日，准兵部咨，職方清吏司案呈，兵科抄出本部題前事。内開：乾隆十年正月分，出有廣東提標中軍參將員缺，掣著應升參將郎建業。查郎建業，甘肅人，由行伍。乾隆七年三月題以署游擊，留甘肅瓜州營參將任。今應照例加銜一等，升以游擊，管廣東提標中軍參將事。等因。于乾隆十年二月十五日題，本月十六日奉旨："馬元等，依擬用，餘依議。欽此。"相應給與札付限票，轉給該員，令其赴任，并知照該督可也。等因。又于乾隆十年四月二十七日，節准兵部咨，職方清吏司案呈，兵科抄出本部題前事。内開：乾隆十年二月分，出有江西南昌鎮標前營游擊兼管中軍員缺，掣著卓异應升游擊朱濂。查朱濂，陝西人，由武進士，三等侍衛。乾隆二年九月，題以都司僉書，管陝西蘭州營游擊事。今應銷去卓异，以本銜應升之缺即用，照例加銜一等，升以署游擊，管江西南昌鎮標前營游擊，兼管中軍事。又出有直隸正定鎮標中軍游擊兼管左營員缺，掣著卓异應升游擊王愷。查王愷，甘肅人，由行伍。乾隆五年十二月，題以署守備，管甘肅凉州鎮標中軍游擊事。今應銷去卓异，以本銜應升之缺即用，照例加銜一等，升以守備，管直隸正定鎮標中軍游擊，兼管左營事。等因。于乾隆十年三月十六日題，本月十八日奉旨："朱濂等，依擬用，餘依議。欽此。"相應給與札付限票，令其赴任，知照該督可也。等因。俱移咨到臣。

準此，除移行遵照外，該臣看得，定例内開：嗣後雲、貴、川、廣、陝西武職俸滿推升外省各員内，有人地相宜，不便即令升去者，亦令該督提保題留任，即以本省缺出題補。等因。兹準部咨，有瓜州營參將郎建業推升廣東提標中軍參將，蘭州營游擊朱濂推升江西南昌鎮標前營游擊，凉州鎮標中軍游擊王愷推升直隸正定鎮標中軍游擊，自應即令速赴新任。但陝甘二省俱屬邊疆，在在險要，防範稽察，操演兵馬，非熟悉諳練之員，弗克勝任。臣查該員等俱久任陝甘，于邊情營伍事務，整頓訓練，頗著成效，是以上年補行軍政，與預行保舉，經臣薦舉卓异，并給咨朱濂、王愷赴部引見，俱蒙恩准注册，仍准卓异，欽遵在案。而郎建業先于乾隆六年奉部推升廣東督標前營參將，經前督臣尹題請仍留瓜州營參將之任。上年薦舉卓异，因料理夷使回巢事務，尚未送部引見。經臣咨明内部，俟夷使回巢後，再行給咨赴部。今俱以升銜，遠赴他省，不特用違其長，且現在陝甘預保人員將次用完，而續行保舉，其人地相宜者不能多得。兹準署陝提臣段、甘提臣李、安提臣永各咨請題留原任前來。臣查瓜州營參將員缺，已准部咨，將先經題請留陝補用之固原城守營參將袁士杰補授。而蘭州營并凉州鎮標中軍游擊各缺，此時諒已各補有人，未便仍請各留本任。應請即照袁士杰升銜留陝補用之例，仰懇聖恩，將該員等俱留陝甘，遇缺補用。而郎建業仍准于預保等案内，給咨赴部引見。可否准其注册，恭候欽定，則該員等俱益加感激思奮，力圖報效，于邊疆營伍，實有裨益。臣謹會同甘撫臣黄、署陝提臣段、甘提臣李、安提臣永合詞具題，伏祈皇上睿鑒，敕部議覆施行。爲此除具題外，理合具揭。須至揭帖者。

乾隆拾年伍月拾捌日。

【注】銜名："太子少保一等承恩公領侍衛内大臣兵部尚書兼都察院右都御史總督

四川陝西等處地方軍務兼理糧餉加三級紀録二次慶。”

【《明清檔案》A137—107，B77221—B77224】

陝西寧夏總兵官施廷專揭報奉到《大清律續纂條例》日期

乾隆十年五月十九日

揭帖。

鎮守陝西寧夏等處地方總兵官、署都督僉事、世襲一等輕車都尉、加二級施廷專，爲恭報微臣奉到《大清律續纂條例》日期，叩謝天恩事。

竊臣于乾隆拾年肆月貳拾伍日，蒙刑部律例館札開：查得《大清律續纂條例》應行頒發之處，先經本館擬定數目，繕寫清單，于乾隆玖年拾貳月初貳日具奏，本日奉旨："知道了。欽此欽遵。"相應抄録原奏，一體頒發，欽遵奉行可也。計粘單壹紙。等因。札行到臣。

蒙此，今于乾隆拾年伍月初陸日，據陝甘提塘官張承烈交臣標右營守備楊崑從京賫捧《大清律續纂條例》壹部到寧，臣隨出郊跪迎至署，恭設香案，望闕叩頭，謝恩祗領訖。所有微臣奉到《續纂條例》日期，理合恭疏題報，伏乞皇上睿鑒施行。除具題外，理合具揭。須至揭帖者。

乾隆拾年伍月拾玖日。

【《明清檔案》A137—108，B77225—B77226】

川陝總督慶復揭報署任參將病故

乾隆十年五月二十二日

揭帖。

太子少保、一等承恩公、領侍衛内大臣、兵部尚書兼都察院右都御史、總督四川陝西等處地方軍務兼理糧餉、加三級紀録二次慶，【注】爲報明署將病故事。

准署陝西固原提督段咨，准河州鎮總兵官周儀咨，據署洮岷營中軍都司、試用武進士李培福呈，據署洮岷協副將事、漢鳳營參將閻魁家人趙民玉稟稱：小的家主身患傷寒病症，醫藥罔效，于乾隆十年三月二十四日病故，理合稟明。等情。轉報到鎮。據此，除飭委舊洮營都司劉得暫行護理，仍先查明該將果患何症病故，取具嫡親、醫生及承查印甘各結，并原領漢鳳營參將札付，至日一并賫報外，相應咨請轉咨。等因。到提督，移咨到臣。

準此，該臣看得，河州鎮屬洮岷營副將何榮，與延綏鎮屬定邊協副將史弘蘊，經臣奏請對調，蒙恩允准，隨檄飭何榮赴定邊協新任，所遺洮岷協副將印務，飭委興漢鎮屬漢鳳營參將閻魁署理在案。兹準署陝提臣段咨稱：該將閻魁于乾隆十年三月二十四日，因患傷寒病故。等因。前來。除查取親屬及醫生等各結，并該將原領漢鳳營參將札付至日另行送部外，臣謹會同陝撫臣陳、甘撫臣黄、署陝提臣段合詞具題，伏祈皇上睿鑒，敕部施行。爲此除具題外，理合具揭。須至揭帖者。

乾隆拾年伍月貳拾貳日。

【注】銜名："太子少保一等承恩公領侍衛内大臣兵部尚書兼都察院右都御史總督四川陝西等處地方軍務兼理糧餉加三級紀録二次慶。"

【《明清檔案》A137—112，B77241—B77242】

甘肅巡撫黄廷桂揭報乾隆八年花馬池并臨鞏等處額徵鹽課錢糧數目

乾隆十年六月十三日

揭帖。

巡撫甘肅等處地方贊理軍務兼理茶馬、兵部右侍郎兼都察院右副都御史、世襲雲騎尉、紀録二十二次、又軍功紀録二次黄:【注】爲請就近責成,以便行催事。

乾隆拾年陸月初拾日,據甘肅布政使司布政使阿思哈呈,蒙前任甘肅巡撫石部院牌開:案照雍正叁年拾月貳拾日,准户部咨,令將花馬小池并臨、鞏貳府鹽課錢糧仍歸甘肅巡撫奏銷。等因。到司。蒙此,除乾隆柒年鹽課奏銷册籍業已造賫奏報外,兹準署臨兆道張廷牧移稱:蘭州府屬并新歸靖遠縣乾隆捌年鹽課土鹽税銀,并按丁加引及加增課銀,共銀柒百貳拾叁兩柒錢叁分伍厘貳毫肆絲捌忽叁微叁纖叁塵叁渺叁漠,俱已通完。又,鞏昌府屬并直隸秦、階貳州屬乾隆捌年鹽課并按丁加引及加增課銀,共銀伍千陸百貳兩陸分壹厘玖毫伍絲貳纖陸塵陸渺玖漠,俱已通完。又准寧夏道馬靈阿移稱:乾隆捌年花馬小池鹽課并加增及續新增,共銀壹萬肆千伍百叁拾叁兩叁錢貳分,俱已通完。内存留祭祀等項銀叁拾貳兩玖錢玖分玖厘,實止解交司庫銀壹萬肆千伍百兩叁錢貳分壹厘。等因。開具已完册籍前來。本司覆加查核,照例匯造清册,同實收一并呈賫,合候核題。等情。呈詳到臣。

該臣看得,鹽課錢糧例應按年題報,除乾隆柒年額徵鹽課經臣奏報外,兹據布政使阿思哈詳,准署臨洮道張廷牧移稱:蘭州府屬并新歸靖遠縣乾隆捌年鹽課土鹽税銀,并按丁加引及加增課銀,共銀柒百貳拾叁兩柒錢叁分伍厘貳毫肆絲捌忽叁微叁纖叁塵叁渺叁漠,俱已通完。又,鞏昌府屬并直隸秦、階貳州屬乾隆捌年鹽課,并按丁加引及加增課銀,共銀伍千陸百貳兩陸分壹厘玖毫伍絲貳纖陸塵陸渺玖漠,俱已通完。又准寧夏道馬靈阿移稱:乾隆捌年花馬小池鹽課并加增及續新增,共銀壹萬肆千伍百叁拾叁兩叁錢貳分,俱已通完。内存留祭祀等項銀叁拾貳兩玖錢玖分玖厘,實止解交司庫銀壹萬肆千伍百兩叁錢貳分壹厘。等情。造具清册、實收,詳賫前來,臣覆核無异。相應備造清册,同實收送部外,理合繕造黄册,進呈御覽,伏祈皇上睿鑒施行。爲此除具題外,理合具揭。須至揭帖者。

乾隆拾年陸月拾叁日。

【注】銜名："巡撫甘肅等處地方贊理軍務兼理茶馬兵部右侍郎兼都察院右副都御史世襲雲騎尉紀録二十二次又軍功紀録二次黄。"

【《明清檔案》A138—57，B77545—B77546】

△甘肅巡撫黄廷桂奏請動支茶蓖摺銀于靈州添建三十六間倉廒

乾隆十年六月十五日

户部議覆：甘肅巡撫黄廷桂疏請，于靈州舊有古倉廒九十餘間外，再添建三十六間。查該州于乾隆七年十月以後，采買糧一萬一千餘石，以每間貯穀五百石計算，衹應添建二十餘間。所需工料銀兩，應准于茶蓖折銀項下動支。從之。

【《清實録》第12册，第130頁《高宗純皇帝實録》卷二四二"乾隆十年六月丙辰"條】

△甘肅巡撫黄廷桂奏請修浚惠農等渠以招民墾殖

乾隆十年六月十五日

甘肅巡撫黄廷桂……又奏：寧夏府屬惠農一渠，上引黄流，下通六墩、昌潤二渠。昌潤渠下梢，即係埂外閑田，原隸寶豐縣屬，因河决縣廢，而地亦荒。除安插民人墾熟旱地二十三萬五千三百餘畝外，尚有未墾荒土二十七八萬畝。欲使地無憂旱，必須接引惠農渠水下注，方爲有益。當即委員分工辦理，上下修浚，俾渠水流通到梢，處處均敷引灌。廢地得此水源，招墾更易，豐收可望。得旨："所奏若能詳酌妥辦，則有益之嘉舉也。"

【《清實録》第12册，第145頁《高宗純皇帝實録》卷二四三"乾隆十年六月丙辰"條】

△諭内閣著加恩豁免寧夏寧朔平羅三縣于乾隆三年地震之後借給牛價銀兩

乾隆十年七月初一日

乾隆十年七月初一日，内閣奉上諭："甘省寧夏、寧朔、平羅三縣，于乾隆三年地震之後，借給牛價銀兩，以資耕種，分作四年帶徵。久經展限，其力能完納者，已如數還項，尚有未完萬餘，皆係無力貧民。若與本年額賦及帶徵之項一并輸納，未免拮据。著該部查明，加恩豁免，以紓民力。該部即遵諭行。欽此。"

【《乾隆朝上諭檔》第2册，第52頁第224條。亦見《清實録》第12册，第148頁《高宗純皇帝實録》卷二四四"乾隆十年七月辛未"條】

甘肅巡撫黄廷桂奏請蠲免寧夏災民所借未完牛價銀兩摺[①]

乾隆十年七月初一日

奏。

黄廷桂：請蠲免牛價銀兩。

七月初一日。

甘肅巡撫臣黄廷桂謹奏：爲密奏事。

竊查寧夏府屬寧夏、寧朔，平羅三縣，乾隆三年冬間，陡遭地震，牛復壓傷甚多。經欽差侍郎臣班第等奏請，查明無牛貧户，每户借給牛價銀八兩，以資耕種，所借銀兩分作四年帶徵還項。仰蒙皇恩允准，寧夏縣共借過牛價銀一萬七千一百七十六兩，寧朔縣共借過牛價銀一萬五千七百二十八兩，平羅縣共借過牛價銀一萬二千六百八十四兩。以上銀兩，寧夏、寧朔二

①軍機處録副奏摺。

縣于乾隆五年起，按限分徵，平羅縣因乾隆五年夏禾被旱，諮准部覆，展至六年夏收後，仍照原奏，分作四年徵還。等因。在案。

臣到任之後，據各該有司屢次禀稱，限于民力，難以完全。臣惟叠飭嚴催，未敢冒昧上請。兹復據寧夏府知府楊灝禀稱，寧夏前遭地震，又值歉收，民間衣食率多艱窘，自乾隆七年以來，雖幸獲屢豐，然災歉之餘，衆鮮積蓄，百姓每歲收穫所得，一切仰事俯育，正供私逋，無不取辦于此，已有入不敷出之慮。是以夏、朔、平三邑，除本年額賦外，尚有乾隆六、七、八三年未完地丁銀兩及乾隆四、五、六、七、八等年未完籽種糧石，均應帶徵還項。若再加此牛價借銀一并交納，民力實有不能。且查前項原借牛價，寧夏縣已完銀一萬三千五百七十六兩二分五錢，尚未完銀三千五百九十九兩七分五錢。寧朔縣已完銀一萬二千七百三十四兩二分，尚未完銀二千九百九十三兩八分。平羅縣已完銀六千六百五十八兩三分八錢三厘，尚未完銀六千二十五兩六分一錢七厘。在小民感戴天恩，其牛價力能完者，即已如數辦交，而此下剩尾欠，實屬災後窮黎養贍拮据，不能全還之户，縱雖盡力督責，而徒事追呼，無益帑項。等情。由布政司徐杞奏請豁免。到臣。

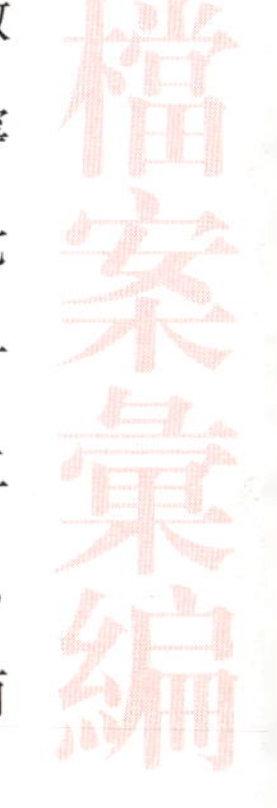

伏查寧郡地震，荷蒙聖主深仁憫念，特命大臣多方賑救，動費帑金不下百萬，固已出災黎于水火之中而登之衽席矣。猶以次年牛具購措艱難，恐誤春耕，當借牛價，俾使盡力南畝。于貸給之中，寓撫恤之洪慈，原與尋常借項不同。今自催徵以來，已歷五六載之久，而原借之數，仍有拖欠。細察民隱，實因震後元氣未能驟復，一歲所入，即有一歲所出，兼之節年額徵舊欠籽種積逋，合算纍纍，勢難并輸，是以寧夏、寧朔、平羅三縣百姓原借牛價，其能力還者，感戴天恩，即已竭蹶辦交，共完銀三萬二千九百六十八兩八分有奇。爲此下剩尾欠，共未完銀壹萬二千六百一十九兩一分零，實係災後窮民日用艱辛，不能全完之户。可否恭懇慈鑒，將此下剩未完牛價，加沛恩綸，准予蠲豁，以紓民力。隆恩出自上裁，非臣所敢擅便。相應恭摺密奏，伏祈皇上睿鑒施行。謹奏。

乾隆十年七月初一日，奉硃批："有旨諭部。欽此。"

【《明清宫藏地震檔案》（上卷壹）第367頁】

川陝總督慶復揭報補授守備

乾隆十年七月十二日

揭帖。

□……恩公、領侍衛内大臣、兵部尚書兼都察院右都御史、總督四川陝西等處地方軍務兼理糧餉、加三級紀録二次慶：【注】爲請補守備事。

乾隆拾年叁月初拾日，准兵部咨，爲兼銜事。職方清吏司案呈，近經本部出有甘肅西安城守營都司員缺，將保舉注册之陝西延綏鎮標左營守備王君福掣補，開列職名具題，恭候命下之日，照例兼銜給札，令其赴任。等因。于乾隆拾年貳月拾貳日題，本日奉旨："王君福依擬用。欽此。"查守備王君福，係署守備管事，任内有紀録一次。今補授都司，應仍兼以署備，管甘肅西寧鎮屬西寧城守營都司僉書，□紀録一次，給與札付，令其赴任。其所遺延綏鎮標左營守備員缺，係疏通滿員一案第九次所出，應行題補守備第五缺，應用緑旗候補人員，行文該督揀選題補可也。等因。準此，隨轉移揀選去後。兹準署陝西固原提督段咨，准延綏鎮總兵官周起鳳咨稱：考選得候補守備之年滿千總何梁，才力精强，騎射嫻熟，留心營伍，辦事勤謹，堪以請補延綏鎮標左營中軍守備員缺。相應造具履歷，連人移送驗試轉咨。等因。準此，隨考驗得何梁，材技優長，諳練營伍，堪以請補前項守備員缺。今將送到履歷，相應連人一并咨送驗試會題。等因。到臣。

準此，該臣看得，延綏鎮標左營守備王君福，掣升員缺，前准部咨，令于緑旗候補人員内揀選題補，隨移准署陝提臣段咨稱，選得候補守備何梁，材技優長，諳練營伍，堪以請補。并移履歷，連人送驗前來。臣隨考驗得，何梁，年力壯健，弓馬嫻熟，歷經委署守備都司事務辦理，俱屬妥協，以之請補延綏鎮標左營守備，似克勝任。再，查鎮標守備乃屬極邊要缺，何梁係陝西西安府長安縣人，請補延綏鎮標左營守備，在本籍五百里以外，與隔府別營之例相符。再，何梁係奉旨發陝題補守備之員，毋庸送部引見，亦毋庸出具保結。除履歷送部外，臣謹會同陝撫臣陳、署陝提臣段合詞具題，伏祈皇上睿鑒，敕部議覆施行。爲此除具題外，理合具揭。須至揭帖者。

乾隆拾年柒月拾貳日。

【注】衔名："□……恩公領侍衛内大臣兵部尚書兼都察院右都御史總督四川陝西等處地方軍務兼理糧餉加三級紀録二次慶。"

【《明清檔案》A138—120，B77843—B77844】

甘肅巡撫黄廷桂揭請核銷賞給雍正七八九等年出征軍營效力兵丁銀兩

乾隆十年七月二十七日

揭帖。

巡撫甘肅等處地方贊理軍務兼理茶馬、兵部右侍郎兼都察院右副都御史、世襲雲騎尉、紀録二十二次、又軍功紀録二次黄：爲遵旨議叙事。

乾隆拾年柒月初伍日，據甘肅布政使司布政使阿思哈呈：乾隆貳年叁月貳拾玖日，蒙太子少保、仍管川陝總督印務查閣院案驗，乾隆貳年叁月初柒日，准兵部咨，職方清吏司案呈，兵科抄出本部題前事。等因。于乾隆元年拾貳月拾柒日題，本月拾玖日奉旨："依議。欽此。"除北路壹等官陸拾肆員、兵伍百肆拾玖名，貳等官伍拾捌員、兵貳千伍百陸拾叁名，抄録粘單，行文四川督撫外，相應抄録粘單知照該督可也。等因。并粘單到本閣。準此，除移行各提鎮將應領賞銀兵丁分别等第，造具册領，呈送核挂外，擬合

行知。爲此，仰司官吏查照部文奉旨及粘單内事理欽遵知照。俟挂發前項印領到日，核明給發。俟給發完日，造册通詳，呈賫送部，毋違。

計粘單壹紙，内開：雍正拾貳年柒月貳拾日，奉上諭："策靈、查郎阿，爾等回至軍營，酌量足數防守邊境之用。其餘剩兵丁，揀撥發回，將無弟兄子嗣獨丁，并從前出征過，或此次多效力帶傷人等揀撥，并將報效之官兵分爲叁等，造册送部。其效力超越者列爲壹等，壹切應升之處即用。平常效力者，列爲貳等，酌量加恩。將未曾效力者，列爲叁等。此次考察，該管大臣官員必當秉公開列，倘不從公辦理，或事瞻徇，將毫無功績者，列爲優等，抑或挾私，將實在效力者，隱匿遺漏，日後發覺，加倍治罪。可明白曉諭。欽此欽遵。"在案。今准署寧遠大將軍查郎阿、定邊大將軍多羅平郡王福彭將西、北兩路出征之直隸、山東、山西、河南、陝西、四川等省官兵分别等第造册，咨送前來。

查先經臣部議叙，西、北兩路、滿洲、京城右衛、寧夏、查哈爾等處效力壹等官兵，遵照壹切應升即用之旨，交與各大臣，遇壹切應升之處，照伊等本身職銜，即行升用，兵丁再賞銀伍兩。貳等官各准其紀録貳次，兵丁每名賞銀壹兩。其未曾效力之叁等官兵，將伊等行走之處注册。等因。具題奉旨："依議。"欽遵在案。今直隸等省緑旗官兵亦照此例議叙，除貳等之休致副將張汝林革職，游擊蘇隆、都司馬瑞隆、千總張君選、把總王倫均毋庸議。應將西、北兩路大將軍册開壹等效力官韓良榔等壹百拾壹員，兵共陸百伍拾陸名，應請遵照列爲壹等應升即用之旨，遇有壹切應升之缺，照伊等本身職銜即行升用。内副將高攀桂補放河北總兵官參將，袁士弼補放山東文登副將，李才題補陝西花馬池副將游擊，李仲秀補放山西新平路參將守備，張廷題補山東東昌營都司把總，馬克廣拔補山東曹州營千總，王忠義拔補高唐營千總，王國用拔補河南南陽鎮標右營千總，王朝輔拔補河南鄧新營千總，張弘杰拔補靖安營千總，仍照伊本身職銜即行升用。以上總兵、副將、參將等官，臣部遇有伊等應升之缺應開列者，將伊等議叙之處聲明候旨。其游擊以至千把如應歸臣部升轉者，臣部即行升轉，應歸各該督撫、提鎮題補、拔補者，令各該督撫、提鎮即行題補、拔補。兵丁每名再賞銀伍兩。册開：貳等官李質粹等肆百陸拾肆員，各准其紀録二次，兵共壹萬捌千玖百拾壹名，每名各賞銀壹兩。未曾效力叁等官張玉文等玖拾員、兵共壹萬壹千叁拾名，將伊等行走之處注册。

再，查雍正元年柒月内奉上諭："諭兵部進藏及克復臺灣有功人員，其現任者，俱已邀恩議叙，惟已經身故者，未得議叙。同爲國家立功之人，乃以身故之後，不得均沾恩恤，朕心深爲憫惻。爾部著即加議叙，著爲定例，以副朕褒録有功之至意。特諭。欽此欽遵。"臣部議叙，進藏及克復臺灣案内身故人員，給予壹子監生。等因。奏准在案。今西、北兩路效力超越、列爲壹等之病故把總李大用，平常效力、列爲貳等之病故參將于得禄、游擊柳汁甲、都司李增毓、千總馬顯、把總曹國鼎、聶寬、王林應各給予壹子監生，俟命下之日，臣部行文，各省遵奉施行。仍將賞過兵丁銀兩造册，咨送户部查核。臣部未敢擅便，謹題請旨。蒙此，又于乾隆貳年肆月初伍日，蒙護理甘肅巡撫印務、前任徐布政使案驗，乾隆貳年叁月貳拾玖日，准川陝總督查閣院咨，乾隆貳年叁月初柒日，准兵部咨同前事。等因。俱行到司。

蒙此，隨即移行，準據甘撫標，安、甘貳提標，寧、凉、肅、西、河伍鎮標中營，并大通、慶陽、靖遠各營，及凉、寧、西、鞏四府各將領散過賞銀，造具花名細數册到司。準據此，理合造具司總簡明清册。查司總册造：壹，于本案内奉文，將雍正柒捌玖等年出征軍營效力兵丁列爲壹等者，每名賞銀伍兩，貳等者，每名賞銀壹兩。舊管無。新收：壹，收司庫存貯續辦軍需銀玖千肆百貳拾肆兩。開除：銀共玖千肆百貳拾肆兩。壹，除甘撫標、甘提標，寧、凉、西、肅肆鎮標中營，并大通、靖遠貳營册造給散效力頭等兵丁陸拾壹名，每名賞銀伍兩，共銀叁百伍兩；壹，除甘撫標，甘、安貳提標，寧、凉、肅、西、河伍鎮標中營，慶陽、靖遠、大通叁營册造給散貳等效力兵丁玖千捌拾壹名，每名賞銀壹兩，共銀玖千捌拾壹兩；壹，除本司册造支給甘撫標、甘提標，寧夏、河州貳鎮標中營及固原鎮屬慶、靖貳營，凉、寧、西、鞏四府勇健營效力貳等兵丁叁拾捌名，每名賞銀壹兩，共銀叁拾捌兩。實在：無查前項給散效力頭、貳等兵丁賞銀，據各營册稱，俱各照數給散，各該本兵收領訖，取有領結在卷。至册造較原報少兵捌拾叁名，緣該兵等于未領賞銀之先，俱經脱逃事故，并未領散銀兩。等情。據此，再查前奉本部令，將銷算册籍結總及挖補之處用印鈐蓋。等因。遵奉在案。此案銷算册籍，若駁令鈐印，往返必致遲延。今本司遵將撒册結總及挖補之處鈐蓋司印，合并聲明。相應同各標營細數册結，并司庫收支銀兩滚總册，壹并呈賫，合候核題。等情。呈詳到臣。

該臣看得，雍正柒捌玖等年出征軍營效力頭等、貳等兵丁賞給銀兩，例應奏銷。兹據布政使阿思哈詳稱：查甘撫標，及安、甘貳提標，寧、凉、肅、西、河伍鎮標營，并大通、慶陽、靖遠各營，及凉、寧、西、鞏肆府賞給過雍正柒捌玖等年出征軍管效力壹等、貳等兵丁銀兩壹案，共收司庫存貯續辦軍需銀玖千肆百貳拾肆兩，給散過頭等兵丁陸拾壹名，每名賞銀伍兩，共銀叁百伍兩。貳等兵丁玖千捌拾壹名，每名賞銀壹兩，共銀玖千捌拾壹兩。又，勇健營貳等兵丁叁拾捌兩，每名賞銀壹兩，共銀叁拾捌兩。俱各照數給散各該兵丁收領訖。應請將賞過各兵銀玖千肆百貳拾肆兩，在于續辦軍需銀内作正開銷。至册造較原報少兵捌拾叁名，緣該兵等于未領賞銀之先，俱經脱逃事故，并未領散銀兩。等情。造□總册及細數各册結，壹并呈賫前來，臣覆核無异。除加具保結□原賫册結分送部科外，謹會同督臣慶合詞具題，伏祈皇上睿鑒，敕部核覆施行。爲此除具題外，理合具揭。須至揭帖者。

乾隆拾年柒月二十七日。

【《明清檔案》A139—32，B77973—B77978】

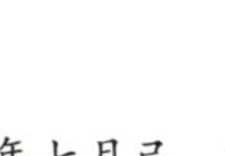

△甘肅巡撫黄廷桂奏請確勘中衛等被雹被水州縣災情停徵并撫恤等事

乾隆十年七月二十九日

甘肅巡撫黄廷桂奏：甘省階州、固原、鎮番、肅州、靈臺、山丹、碾伯、中衛、河州、秦州、清水等州縣，被雹、被水，夏禾損傷。現在委員確勘，酌借籽種、口糧，暫行停徵。其淹斃人口，照例賑恤。地畝坍壓者，查明題豁。得旨："所奏俱悉。其成災之處，加意撫恤，毋致失所，斯慰朕志矣。"

【《清實録》第12册，第172頁《高宗純皇帝實録》卷二四五"乾隆十年七月己亥"條】

川陜總督慶復揭報游擊老病情實請准休致

乾隆十年十月十一日

揭帖。

太子少保、一等承恩公、領侍衛内大臣、兵部尚書兼都察院右都御史、總督四川陜西等處地方軍務兼理糧餉加三級紀録二次慶：【注】爲游擊患病告休事。

准署固原提督段咨，准興漢鎮咨，據舊縣關游擊趙賓呈稱：竊卑職于雍正六年補授今職，歷任一十八載，勉供職守，未敢稍懈。緣自去冬，以及今春，因受濕寒，膀背疼痛，腿足麻木，醫治罔效。况卑職年已六十，血氣就衰，騎射維艱，實難供職，仰懇轉請休致。等情。據此，隨檄飭七里關都司聶朝舉查驗去後。兹據該都司呈稱：遵即前赴舊縣關查驗得，游擊趙賓，實係膀背疼痛，腿足麻木，不能騎射，并無捏飾。今將取獲嫡親、醫生甘結，卑職加具承查印結，理合呈賫。等情。到鎮。據此，覆查無异。隨飭委該營守備雷動暫行接署，查明該游擊任内并無未完錢糧、盜案，并繳原領札付前來。所有賫到札付各結，擬合移送轉咨請休。等因。到本署提督。準此，查游擊趙賓年老患病，既經查驗情實，取具結札前來，相應咨會，查照具題請休。等因。到臣。

準此，該臣看得，興漢鎮屬舊縣關游擊趙賓，得患濕寒病症，膀背疼痛，腿足麻木，且年已六旬，血氣就衰，騎射維艱，具呈請休。玆準署陝提臣段咨，據委員查驗情實，任内并無未完錢糧、盜案，取具承查官印結，并親屬、醫生各甘結，及該將原領札付，移送前來。除結札送部外，所有游擊趙賓告休緣由，臣謹會同陜撫臣陳、署陝提臣段合詞具題，伏祈皇上睿鑒，敕部議覆施行。爲此除具題外，理合具揭。須至揭帖者。

乾隆拾年拾月拾壹日。

【注】銜名："太子少保一等承恩公領侍衛内大臣兵部尚書兼都察院右都御史總督四川陝西等處地方軍務兼理糧餉加三級紀録二次慶。"

【《明清檔案》A140—10，B78457—B78458】

△諭户部著豁免寧夏寧朔平羅新渠寶豐等五縣乾隆三年地震前民欠籽種糧銀

乾隆十年十月二十一日

豁免甘肅寧夏、寧朔、平羅并已裁之新渠、寶豐等五縣，乾隆三年地震前，民欠籽種糧共一萬一千九百三十石有奇，平羅、新渠、寶豐三縣未完牛種蓋房銀八萬六千一百九十九兩有奇。

【《清實録》第12册，第239頁《高宗純皇帝實録》卷二五一“乾隆十年十月己未”條】

△諭甘肅布政使阿思哈不可忽視寧朔等被灾地方撫恤事

乾隆十年十月二十九日

甘肅布政使阿思哈奏報，各屬收成分數，并陳明被灾之靖遠、安定、會寧、隴西、華亭、秦州、伏羌、静寧、秦安、莊浪、金縣、皋蘭、涇州、平凉、西寧、碾伯、寧朔、肅州等州縣，分别賑貸蠲緩情形。得旨："撫恤灾黎，地方第一要務，不可忽視也。慎之勉之。"

【《清實録》第12册，第247頁《高宗純皇帝實録》卷二五一"乾隆十年十月丁卯"條】

△諭軍機大臣等著西安將軍博第等嚴查阿炳安辦理寧夏城工一案

乾隆十年十一月初一日

諭軍機大臣等：從前阿炳安辦理寧夏城工一案，恣意扣減侵蝕，經督撫等先後查出贓私五六萬兩，現在著落追賠。今又據巡撫黄廷桂奏稱，該員當日剋減土方、磚灰等項銀一萬三千餘兩。又，舊基土牛，并未遵估刨運，冒銷銀一萬二千餘兩。以及經修之城墻、倉廒，均有閃裂損壞，應令勒限重修。等語。阿炳安，當寧夏被震之後，乘此灾傷，肆其侵噬，貪狡百出，情殊可惡。可寄信西安將軍博第、巡撫陳宏謀，委原將伊家産嚴查，不得稍容隱匿，以備將來賠修公項之用。

【《清實録》第12册，第250頁《高宗純皇帝實録》二五二"乾隆十年十一月戊辰"條】

△甘肅巡撫黄廷桂奏請將向無額設孤貧之平羅縣照中衛縣孤貧理并建養濟院房六間

乾隆十年十一月初十日

又，議准甘肅巡撫黄廷桂疏請，將向無額設孤貧之平羅縣，照中衛縣孤貧例，額設二十名，每名月支口糧三斗，并建養濟院房六間。從之。

【《清實録》第12册，第263頁《高宗純皇帝實録》二五二“乾隆十年十一月丁丑”條】

△甘肅巡撫黄廷桂奏請給付寧朔縣建城圈占田畝銀兩并豁除額賦俟地形填平招民墾種

乾隆十年十二月二十日

又，議准黄廷桂疏稱，寧朔縣建城，占用民田二千一百四十二畝有奇。内因燒磚占用，共二百八十五畝有奇。地形低窪，又經取土，遇雨水，即成汪洋，難以墾復。應分别上、中、下則，與建城圈占田畝，一體給銀，額賦豁除。俟地形填平，招民墾種，另題升科。從之。

又，議准甘肅巡撫黄廷桂奏稱，寧夏四堆子一帶埂外閑田，曾招民墾種。查四堆子地方，雖有月堤三道，距黄河大溜甚近，恐水大泛溢，冲刷傷田，請于月堤後，自馮家廟，至五堆子，再築遥堤一道，并將六堆子以下，殘缺舊堤，加培高厚。至昌潤以西，惠農尾梢出水小渠，淤墊淺窄，夏秋宣泄不及，恐致黄水倒漾，請一體展挖寬深。從之。

【《清實録》第12册，第304頁《高宗純皇帝實録》二五五“乾隆十年十二月丁巳”條】

乾隆十一年（1746）

△甘肅巡撫黄廷桂奏請于中衛縣添建倉廒五十間

乾隆十一年二月二十六日

户部……又議覆：甘肅巡撫黄廷桂疏稱，中衛縣舊倉，除通融滿貯各糧外，統計無廒存貯之糧，共六萬餘石，内乾隆九年采買糧二萬石，應于通省需建廒座案内，另請估建。尚有無廒收貯糧四萬餘石，請添建倉廒五十間。應如所議。從之。

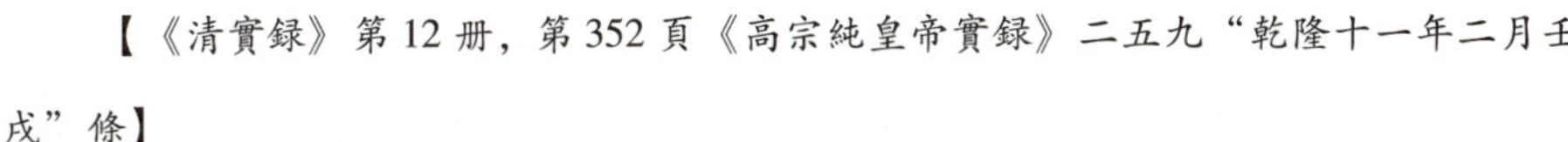

【《清實録》第 12 册，第 352 頁《高宗純皇帝實録》二五九“乾隆十一年二月壬戌”條】

川陝總督慶復題報守備患病情實請准休致

乾隆十一年二月二十七日

題。

三。

三月二十日。

十一年三月廿八日下兵。

兵部議奏。

太子少保、一等承恩公、領侍衛内大臣、兵部尚書兼都察院右都御史、總督四川陝西等處地方軍務兼理糧餉、加三級紀録六次臣慶復謹題：爲守備患病，雖以供職，懇請休致事。

准署陝西固原提督段起賢咨，准興漢鎮總兵官改光宗咨，據署本標左營游擊王三元詳，據本營守備楊遠呈稱，竊遠見年肆拾壹歲，由武舉補授，今職于乾隆玖年叁月初拾日到任，正犬馬報效之時，不意抵任之後，兩膀染患風寒，疼痛非常。彼時延醫調治，雖未痊愈，猶可勉强騎射。今日加况重，不能舉弓。自揣久病，實難供職，懇祈轉請休致。等情。轉報到鎮。據此，隨飭委查驗取結去後。今據興安城守營都司蔡之斌呈稱：遵即查驗得，鎮標左營守備楊遠，果係染患風寒，兩膀疼痛，不能舉弓，任内并無未完錢糧事件。今取獲嫡親、醫生甘結，卑職加具承查印結，同該備原領札付，理合一并賫報。等情。轉移到本署，提督相應咨送查照具題。等因。到臣。

準此，該臣看得，陝西興漢鎮標左營守備楊遠，得患風寒，兩膀疼痛，延醫調治罔效，懇請休致。准署陝提臣段起賢委員查驗情實，任内并無未完錢糧事件，取具嫡親、醫生承查官印甘各結，暨該備楊遠原領札付一并咨移前來。除結札送部外，臣謹會同陝撫臣陳弘謀、署陝提臣段起賢合詞具題，伏祈皇上睿鑒敕部議覆施行。爲此具本，謹題請旨。

乾隆拾壹年貳月貳拾柒日。

太子少保、一等承恩公、領侍衛内大臣、兵部尚書兼都察院右都御史、總督四川陝西等處地方軍務兼理糧餉、加三級紀録六次臣慶復。

【貼黄】

太子少保、一等承恩公、領侍衛内大臣、兵部尚書兼都察院右都御史、總督四川陝西等處地方軍務兼理糧餉、加三級紀録六次臣慶復謹題：爲守備患病，難以供職等事。

該臣看得，陝西興漢鎮標左營守備楊遠，得患風寒，兩膀疼痛，延醫調治罔效，懇請休致。准署陝提臣段起賢委員查驗情實，任内并無未完錢糧事件。取具印甘各結暨該備楊遠原領札付一并咨移前來。除結扎送部外，臣謹合詞具題，伏祈皇上睿鑒敕部議覆施行。謹題請旨。

【《明清檔案》A141—26，B79071—B79072】

△甘肅巡撫黄廷桂奏稱寧夏鹽務事

乾隆十一年二月二十七日

户部議覆：甘肅巡撫黄廷桂疏稱，平、慶、寧各府承辦花馬池鹽斤，向係商給脚販圖記，令其行銷，恐難爲據。請嗣後令鹽捕通判按引給發印票。等語。查通判給票作引，將來各處行鹽，俱可給票，無需部頒引目，于定制有違，應毋庸議。

又稱，寧夏有口外夷鹽，以及各池土鹽，請于平、慶，寧三府屬要地，設四廠抽收夷鹽、土鹽税課，以抵補官課之不足。查設廠收税，于官鹽舊制，并未更張，似屬可行。惟商辦官鹽，向係按引完課，積年無缺。今增收夷鹽、土鹽之税，自宜另報充餉，應令該撫將官課仍照舊辦理。其新收之税，儘數造報，另款具題。至徵收之數，即照官鹽例，俟試辦一年，再定章程。

【《清實録》第 12 册，第 352 頁《高宗純皇帝實録》二五九“乾隆十一年二月癸亥”條】

川陝總督慶復題報乾隆九年陝甘安各標營病故告退功加員名

乾隆十一年三月六日

題。

十一年三月初八日下兵。

知道。

太子少保、一等承恩公、領侍衛内大臣、兵部尚書兼都察院右都御史、總督四川陝西等處地方軍務兼理糧餉、加三級紀録六次臣慶復謹題：爲遵例匯題事。

該臣看得，定例内開：功加效用各官及功加職銜之見任千把總病故者，既係年底匯題。今老病告辭者，先行報部銷札，相應停其逐名具題，俱于年

底一并匯題。等因。遵照在案。兹查乾隆玖年，分陜、甘、安各屬，除興漢、肅州貳鎮并無病故告退、功加效用各官兵外，查寧夏鎮屬花馬池營功加署守備白文寅，因患腿疾告辭，于乾隆玖年正月貳拾日繳札。又，河州鎮屬蘭州營功加千總杜茂、甘提標右營功加署副將傅洪敬更本姓名徐得印，于孝更本姓名張應伏，張雲江更本姓名傅立；前營功加署副將葛文奇更本姓名王士德，楊青更本姓名金自連，劉洪俊更本姓名袁國相；後營功加署副將王應道更本姓名潘朋，龔政更本姓名張勣；右營功加署守備王之伏，王君亨更本姓名秦洪印，王天奉更本姓名李芝金；前營功加署守備寧登榜更本姓名張進耀，張伏貴更本姓名朵大年；後營功加署守備劉一鳳更本姓名高凱；右營功加把總劉海更本姓名鄭洪角；寧夏鎮標前營功加署守備馬進才更本名馬士蘭。俱因年老告辭，于乾隆玖年正月貳拾伍日繳札。

又，延綏鎮標功加署副將候補守備張宗道因老病告辭，于乾隆玖年貳月初玖日繳札。又，督標後營功加署守備蘇玉于乾隆玖年貳月拾玖日病故。又，安提屬赤金營功加守備馬斌于乾隆玖年貳月貳拾叁日病故。又，陜提標右營功加署守備張拄于乾隆玖年肆月貳拾捌肆日病故。又，陜提標後營功加署副將鄧國俊，功加署守備王喜朝，俱因年老告辭，于乾隆玖年伍月拾陸日繳札。

又，陜提屬蘆塘營功加署守備郝秀，寧夏鎮屬平羅營功加署守備劉彦，俱因老疾告辭。西寧鎮標中營功加署守備馬全、徐起虎，右營功加署守備金汝成、史繼儒，功加千總杜邦正，河州鎮標右營功加千總許之美，俱因年老告辭，于乾隆玖年陸月拾貳日繳札。又，西寧鎮屬北川營功加署守備李士洪，于乾隆玖年陸月拾陸日病故。又，陜提標右營功加署副將楊仕賢、李繼望，功加署都司鄧玉强，□義左營功加署都司高世明，功加署守備陳友正、宣仁芳，功加千總趙天海，中營功加千總郭禄，西寧鎮標後營功加署守備孫萬良，俱因年老告辭，于乾隆玖年陸月貳拾陸日繳札。

又，甘提標左營功加署守備馮良輔，更本姓名陸剛，于乾隆玖年柒月拾貳日病故。又，凉州鎮標中營功加署副將唐漢，更本姓名聶文都，于乾隆玖年柒月貳拾柒日病故。又，西寧鎮標後營功加署都司□印貴，功加署守備熊良、梁貴魁，延綏鎮標左營功加千總黄自受，俱因年老告辭，于乾隆玖年捌月拾貳日繳札。又，陝提標前營功加署副將曹有仁于乾隆玖年捌月貳拾陸日病故。又，甘提標前營功加署守備劉奉章，因年老告辭，于乾隆玖年捌月貳拾柒日繳札。又，甘提標後營功加署守備鄒大本，因年老告辭，于乾隆玖年玖月初玖日繳札。

又，督標火器營功加千總楊哈喇歹更本姓名高福才，劉伯通更本姓名馮際泰，俱因患病告辭，于乾隆玖年玖月拾伍日繳札。又，陝提標右營功加守備何顯斌，于乾隆玖年拾月貳拾叁日病故。又，督標中營功加署副將李信、吴秉正，功加署守備任貴許，左營功加署副將康自英，功加署守備吴奉林、王益、孫治，功加千總李國良、陳漢興、張吉，右營功加署守備李世英，功加千總張揀鳳，前營功加署副將秦國明，功加署守備曹品建、蔣希聖，後營功加署副將王國秉，功加署守備張朋舉、劉弘德、郭振岳、文鄭良，功加千總陳加修，安提屬卜隆吉營功加署都司鄒文麟，俱因年老告辭。督標中營功加署守備辛正義，左營功加千總崔景太，右營功加署守備馬其明，俱因年老，騎射生疏，斥革。督標火器營功加署副將樊進更本名樊欽，因年老告辭。寧夏鎮屬紅山堡功加署守備馬進玉，廣武營功加千總趙自鑒，俱因患病告辭，俱于乾隆玖年拾月貳拾肆日繳札。

又，寧夏鎮標中營功加署守備劉士奉，因年老告辭，于乾隆玖年拾月貳拾柒日繳札。又，督標火器營功加千總王阿力更本姓名張焕瞻，因患病告辭，于乾隆玖年拾壹月初柒日繳札。又，西寧鎮標中營功加署守備任現珠于乾隆玖年拾壹月拾壹日病故。又，陝提標中營功加署副將王錫景，西寧鎮標後營功加署守備王國棟，督標前營功加署守備王桂，火器營功加署副將張誨，俱因年老告辭，于乾隆玖年拾壹月貳拾肆日繳札。又，督標前營功加署守備何進，因年老告辭，于乾隆玖年拾壹月貳拾玖日繳札。又，陝提標前營功加署副將巴大全，功加署守備朱起龍，凉州鎮標前營功加署副將李朝印更本姓名王卿，俱因年老告辭，于乾隆玖年拾貳月貳拾日繳札。

以上各標營病故、告退、功加白文寅等共玖拾伍員名，俱經隨時咨部繳札在案，相應照例匯題，伏祈皇上睿鑒敕部施行。爲此具本，謹具題聞。

乾隆拾壹年柒月拾陸日。

太子少保、一等承恩公、領侍衛内大臣、兵部尚書兼都察院右都御史、總督四川陝西等處地方軍務兼理糧餉、加三級紀録六次臣慶復。

【貼黄】

太子少保、一等承恩公、領侍衛内大臣、兵部尚書兼都察院右都御史、總督四川陝西等處地方軍務兼理糧餉、加三級紀録六次臣慶復謹題：爲遵例匯題事。

該臣看得，定例内開：功加效用各官及功加職銜之見任千把總病故者，既係年底匯題。今老病告辭者先行報部銷札，俱于年底一并匯題。等因。兹查乾隆玖年分陝、甘、安各標營病故、告退、功加白文寅等共玖拾伍員名，俱經隨時咨部繳札在案，相應照例匯題，伏祈皇上睿鑒敕部施行。謹具題聞。

【《明清檔案》A141—47，B79193—B79197】

△諭内閣著肅州鎮總兵許仕盛署理固原提督等官員任免事

乾隆十一年五月十四日

乾隆十一年五月十四日，内閣奉上諭："固原提督段起賢丁憂，其員缺，著肅州鎮總兵官許仕盛署理。肅州鎮總兵官員缺，著洮岷協副將史弘蘊補授。雲南開化鎮總兵官鄭文焕病故，其員缺，著鶴麗鎮總兵官康世顯調補。鶴麗鎮總兵官員缺，著貴州銅仁協副將温朝宰補授。欽此。"

【《乾隆朝上諭檔》第2册，第104頁第443條】

△諭内閣寧夏道馬靈阿著調取來京引見等官員任免事

乾隆十一年十二月十二日

乾隆十一年十二月十二日，内閣奉上諭："據甘肅巡撫黄廷桂奏稱，寧夏道馬靈阿年老抱病，精力不加。馬靈阿，著調取來京引見，其寧夏道員缺，著寧夏府知府楊灝署理。寧夏府知府員缺，著凉州府知府朱佐湯調補。凉州府知府員缺，著内閣侍讀文綬補授。欽此。"

【《乾隆朝上諭檔》第 2 册，第 147 頁第 616 條】

乾隆十二年（1747）

△諭内閣著游擊任舉補授固原提標中營參將

乾隆十二年正月二十四日

乾隆十二年正月二十四日，内閣奉上諭："固原提標不法兵丁糾衆搶劫，事起倉猝，游擊任舉單騎直前，奮勇救護，擒獲多人，方得解散。任舉甚屬可嘉。中營參將馮天禄現經糾參解任，所遺參將員缺，即著任舉補授，以旌勤勞。欽此。"

【《乾隆朝上諭檔》第 2 册，第 152 頁第 641 條】

△諭内閣著大同總兵官瑚寶補授固原提督等官員任免事

乾隆十二年二月初八日

乾隆十二年二月初八日，内閣奉上諭："固原提督許仕盛，著來京候旨，其員缺，著大同總兵官瑚寶補授。大同總兵官員缺，著吕瀚補授。去冬固原兵丁不法一事，任舉係一游擊，尚能聞信即出，往來拒敵，擒拿數十人。許仕盛身爲提督，乃臨事畏葸，不能親行彈壓，其柔懦無能如此，豈堪勝提督之任。大學士慶復審明之日，按律自有處分，斷無仍令許仕盛復任之理，是以令其來京，并非因悍兵肆横，遂得操專閫之去留，以長刁風。此處著大學士慶復曉諭彼處兵民，將來審出不法，各兵自當明正其罪，速行正法，斷無寬縱也。欽此。”

【《乾隆朝上諭檔》第 2 册，第 155 頁第 655 條】

△川陜總督慶復奏報審訊故寧夏道阿炳安侵帑案

乾隆十二年二月三十日

慶復又奏審訊故道阿炳安侵帑一案。

嚴鞫協領德明，寄頓銀兩已據招認，惟銀數不符，現在審究查追。又據阿炳安家人蘇勒供稱，乾隆四年正月，曾將銀四千兩，用木匣盛送大將軍查郎阿，交伊家人安七轉呈收受。等語。但一面之詞，未便指爲確實。安七又在京城，難以查辦。謹據實奏聞。得旨：“查郎阿係皇考所用之舊大臣，朕不忍置之于法。此事不必跟究，朕自有處。”

【《清實録》第 12 册，第 724 頁《高宗純皇帝實録》卷二八六“乾隆十二年二月庚寅”條】

大學士管吏部張廷玉詳開履歷題請選授教職官員

乾隆十二年七月四日

題。

一十二年七月初六日下吏。

曉等依擬用。

總提官、太保和大學士、三等伯、兼管吏部尚書事、加拾伍級紀録叁次

臣張廷玉等謹題：爲急選教職官員事。

乾隆拾貳年伍月貳拾伍日，臣部在天安門外公同掣簽，應急選教職直隸江南、山東、山西、河南、陝西、浙江、江西、湖北、湖南等省共二十二員。查康熙伍拾伍年拾月内，原任雲南巡撫甘國璧題請教官懇給火牌事一疏，奉旨："教職官員，朕調來閲看已經一二年，并無賢能之員，著免其來京，交與該督撫考試，可用者補授，年老不及者革退。將原本發回，會同九卿議奏。欽此。"臣部會同九卿議得，嗣後教職官員相應停其來京考試引見，仍照舊例，行令各該撫考試分别等第，如文理平通可用者，按年匯題，如有文理不通并年老不及者，即行革退，咨部開缺。等因。奉旨："依議。欽此。"

又定例："各省教官考試三等者，仍照例給憑赴任。考試四等、五等者，俱令解任，學習三年再行考試。六等者革職。"又定例："在外捐升道府以下雜職等官以上，俱令其于現任内試俸三年，果能稱職者，令各該督撫具題到日，准其實授雜職。教官免其具題，止令報部注册，准其實授。"等語。今乾隆拾貳年伍月分急選教職閻曉等二十二員，相應詳開履歷，列名具題，恭候命下臣部，遵奉施行。臣等未敢擅便，謹題請旨。計開：

直隸

閻曉，宣化府舉人，今授正定府晋州學正。

張純，順德府舉人，原任武清縣教諭，服滿候補。今補廣平府曲周縣教諭，原任内有恩詔加一級，照例帶于新任。

郝起龍，順天府舉人，今授宣化府懷來縣教諭。

王潛，冀州廪貢，新江捐復諭，不論雙單月即用，今授順德府唐山縣復設試教諭。

孫方升，大名府拔貢，今授天津府天津縣復設訓導。

謝大生，順德府拔貢，今授大名府東明縣復設訓導。

江南

吴以誠，江寧府拔貢，今授鳳陽府靈璧縣復設教諭。

山東

牟若鈖，沂州府舉人，今授東昌府莘縣復設教諭。

山西

郭偉，路安府拔貢，今授汾州府復設訓導。

河南

陳大賢，陳州府舉人，乾隆拾壹年貳月分簽掣廣東靈山縣知縣引見，以教職用，今授開封府杞縣教諭。

董顯，河南府舉人，乾隆拾壹年陸月分備擬月官引見，以教職用，今授南陽府新野縣教諭。

陶正峰，開封府廩貢，新江捐復訓，不論雙單月即用，今授衛輝府滑縣復設試訓導。

楚奎光，河南府拔貢，今授開封府復設訓導。

陝西

董達，西安府舉人，今授寧夏府寧朔縣復設教諭。

浙江

王嘉機，處州府拔貢，今授衢州府復設訓導。

江西

汪岱，饒州府拔貢，原選永寧縣訓導，服滿候補，令補建昌府廣昌縣訓導。

賴梯雲，贛州府廩貢，原任廬陵縣訓導，服滿候補，今補撫州府臨川縣復設訓導。

湖北

龔佐龍，漢陽府舉人，今授黄州府廣濟縣教諭。

陳本立，武昌府副榜，原任當陽縣教諭，降調候補，今補鄖陽府保康縣訓導。

湖南

張九鍵，長沙府舉人，今授辰州府瀘溪縣復設教諭。

向濤，辰州府拔貢，原任長沙府訓導，回避另補，今補長沙府益陽縣復設訓導。原任内有恩詔加一級，照例帶于新任。

劉世顯，衡州府拔貢，今授長沙府復設訓導。

乾隆拾貳年柒月初肆日。

經筵講官、太子太保、□□□□三等伯、兼管吏部尚書事、加拾伍級紀録三級臣張廷玉，經筵講官、太子太保、議政大臣領侍衛内大臣、保和殿大學士、仍管吏部尚書事兼管户部三庫事務、御前大臣、果毅公、加壹級臣訥親，太子太保、議政大臣、領侍衛内大臣、協辦大學士事務、吏部尚書兼管内務府總管事務、加壹級臣來保，【注】太子少保、協辦大學士、吏部尚書兼□加尚書事務□臣劉於義，署理户部左侍郎事、世襲二等輕車都尉、加紀録貳次臣蔣溥，□請官右侍郎、世襲騎都尉、加肆級紀録拾壹次臣德齡，右侍郎、紀録貳次臣歸宣光，文選司掌印郎中、紀録貳次臣廣成，郎中臣五寧，郎中臣博寬，郎中臣福寧，郎中、加壹級臣常雲，郎中、加壹級紀録壹次臣伍起，員外郎、革職留任臣阿桂，員外郎臣彭端淑，員外郎、紀録壹次臣羅源浩，主事、加壹級臣邁拉遜，稽勛司主事協辦司事、紀録肆次臣綽克托，驗封司主事協辦司事臣亢保，主事加壹級紀録貳次臣何曰熙，驗封司主事協辦司事臣馮成修，額外主事臣覺羅雅河圖，額外主事臣姚成烈，額外主事臣鄧錫禮，額外主事臣高玉駒。

【注】銜名："經筵講官太子太保議政大臣領侍衛内大臣保和殿大學士仍管吏部尚書事兼管户部三庫事務御前大臣果毅公加壹級臣訥親""太子太保議政大臣領侍衛内大臣協辦大學士事務吏部尚書兼管内務府總管事務加壹級臣來保"。

【《明清檔案》A148—102，B83363—B83368】

△諭內閣固原提標中軍參將任舉著聽總督張廣泗調遣委用

乾隆十二年十月十八日

乾隆十二年十月十八日，內閣奉上諭："陝西固原提標中軍參將任舉，著即速馳驛前往大金川軍營，聽總督張廣泗調遣委用。欽此。"

【《乾隆朝上諭檔》第2冊，第203頁第855條】

△諭內閣著兵部帶領引見斥革千總傅德把總晁宗志

乾隆十二年十月十九日

乾隆十二年十月十九日，內閣奉上諭："固原提標鈐束兵丁不嚴案內斥革千總傅德、把總晁宗志，著兵部帶領引見。欽此。"

【《乾隆朝上諭檔》第2冊，第204頁第859條】

甘肅巡撫黃廷桂奏新渠寶豐二縣廢城經地震坍圮請改堡以利民居[①]

乾隆十二年十一月二十四日

□九十七號。

奏。

黃廷桂：請改新渠、寶豐廢城爲堡。

十二月十七日。

辦。

甘肅巡撫臣黃廷桂謹奏：爲請改新、寶廢城爲堡，以益民居事。

①臺北故宮博物院軍機處檔。

竊臣據布政司阿里哈、署寧夏道楊灝詳稱，查新渠、寶豐二縣廢城，自地震之後，城池坍裂，人民流移，縣治裁廢，遂將二城封閉，無人居住。近年以來，修浚渠道，招民墾種，寶豐地方陸續招集至三千餘户，計口萬餘，地闢民稠，不异昔日。生聚既衆，商賈工作之人，亦皆接踵而至。衹因廢城封閉，俱在城外蓋房居住，頗覺不便。若將寶豐廢城改爲民堡，聽民居住，不唯户民糧草、牲畜有所關攔防衛，而一切商賈工作得以聚集，城市百貨有所貯藏，設立市集，亦復便易。且改設之縣丞，奉文移駐寶豐，現在請建衙署，若于城内駐札，體制更爲相宜。至新渠廢城在寶豐西南夏、平二縣之中，若聽民蓋房移居，則户口聚集，貿易之人必趨赴，地方可有起色。

今查明寶豐城周圍四里四分，新渠城周圍四里，城内各有坍廢。鼓樓基址爲界，中分大街二道，四隅各分小街，以通往來。每隅丈地九分，除原設文武衙署及廟宇、倉廒等官基仍留備用外，其餘俾爲民基。以每丈爲鋪面一間，大街市面每户不過三間，小街住房每户不過五間。該地回漢雜處，從前以鼓樓南界令回民居住，鼓樓北界令漢民居住，今應仍循其舊。凡願移居蓋房者，先行稟呈地方官，分别回漢，挨次丈給。但此項地基若仍作官地，聽民居住，恐致日後争占之端，應請每基一間連進，須酌令出資三錢。該管有司給與印照，開明四至，登記印册，准其蓋房，永遠爲業。所收地資，留備本處修補城池、渠道等項公事之用。如有以震前原住房基藉端争控者，概不准理。即以新渠廢城名爲新渠堡，寶豐廢城名爲寶豐堡。等情。到臣。

查新、寶二城，前因地震縣裁，無人居住，封閉日久。近年以來，修渠築埂，陸續墾復，已共招墾三千餘户，計口萬餘。自應將二縣廢城，仍令户民居住，以資防衛。今據該司、道等查明，新、寶廢城原以坍廢鼓樓爲界，循照舊制，樓南令回民居住，樓北令漢民居住，以免雜處。酌量人户，丈給間數，每基一間，議令出資三錢，給與印照，永遠爲業。所收地資，留備本處修補城池、渠道之需。并請將改設之縣丞應需衙署，即于寶豐城内建造駐札，以資彈壓。等情。前來，臣覆核無异。事關改城爲堡，相應繕摺恭奏，伏祈皇上聖訓遵行。謹奏。

十一月二十四日。

乾隆十二年十一月十七日，奉硃批："軍機大臣議奏。欽此。"

【《明清宫藏地震檔案》（下卷壹）第274頁】

乾隆十三年（1748）

工部尚書哈達哈題覆寧夏寧朔二縣墊建倉廒用銀造册籠統應令該撫再查

乾隆十三年五月十日

題。

二。

十三年五月十二日下工。

依議。

議政大臣、署領侍衛内大臣、官職留仕工部尚書、鑲紅旗滿洲都統、署理工部尚書、□軍務□加□級臣哈達哈等謹題：爲查議修築城垣，以重邊鎮事。

工科抄出甘肅巡撫黄廷桂題前事。内開：乾隆拾貳年拾貳月拾壹日，據甘肅布政使司布政使阿思哈呈，乾隆陸年柒月拾柒日，蒙前任甘肅巡撫元都院案驗，乾隆陸年柒月拾叁日，准工部咨，營繕司案呈，工科抄出本部題前事。内開：該臣等議得，甘肅巡撫元展成疏稱，寧夏府城垣、衙署、倉廒、監獄以及廟宇、牌樓等項，前因地震倒塌，經臣等公同奏明修建，又因鎮標都司守備等官向係賃居民房，嗣經地震坍毁，無可賃租，飭令一體確估去後。兹據布政使徐杞詳稱，查建築寧夏府城壹座，周圍計長貳千柒百伍拾肆丈，照舊址分設陸門水簸箕陸拾貳道，大城樓陸座，瓮城樓陸座，角樓肆

座，鋪樓貳拾肆座，城外河橋陸座。寧夏道衙署壹所，寧夏府衙署壹所，理事同知衙署壹所，水利同知衙署壹所，夏、朔貳縣衙署各壹所，寧夏府教授訓導并夏、朔貳縣教諭、衙署各壹所。寧夏府經歷并夏、朔貳縣典史衙署各壹所，寧夏鎮衙署壹所，左營游擊、後營游擊、城守營都司衙署各壹所，前營游擊衙署壹所，右營游擊衙署壹所，守備衙署計肆所，夷漢衙署壹所，試院壹所。文廟壹座，關帝廟壹座，城隍廟壹座，鼓樓壹座，魁星閣壹座，什子牌樓壹座，演武廳壹座。陸城門軍房，夏、朔貳縣倉廒各壹所，監獄各壹所，并所用各項器具。通共估需銀叁拾捌萬玖千捌百捌兩柒錢零，應請在于部撥寧夏工程銀内照數動支，作正報銷。至此案工程浩大，頭緒繁多，或再有增減更正之處，統俟工竣之日，逐款分晰，于奏銷册内登明。等情。造具估册，呈賫前來，臣覆核無异。除册送部外，相應會同督臣尹繼善合詞具題。等因。前來。

查寧夏府城垣、衙署等項，先經前任兵部右侍郎班第等奏稱，寧夏陡遭地震，官民房舍傾圮，城垣亦俱倒塌，僅存基址，應請照舊建造。等因。經臣部會同大學士等議覆，一面料估造册具題，一面酌量動項興修在案。今該撫元展成既稱，建築寧夏府城、河橋、衙署、試院、廟宇、監倉等項，共估需銀叁拾捌萬玖千捌百捌兩柒錢零，請于部撥寧夏工程銀内動支。等語。應如所題，將所估工料銀兩在于部撥寧夏工程銀内動用建造，仍令甘撫轉飭，據實節省辦理，俟工竣之日，將用過工料銀兩，照例備造册，并將需用一切物料價值委員查勘，取具并無浮冒揑飾印結題銷，并知照户部可也。乾隆陸年陸月初肆日題，本月初陸日奉旨："依議。欽此。"相應移咨前去，遵照施行。等因。準此，行司。

蒙此，又于乾隆拾壹年閏叁月貳拾壹日，巡撫甘肅黄部院案驗爲題參事。乾隆拾壹年閏叁月拾陸日，准刑部咨，陝西清吏司案呈，刑科抄出蘭撫黄廷桂題前事。乾隆拾年拾月初貳日題，貳拾捌日奉旨："該部議奏。欽此。"該本部

會同吏部、户部會議得，寧夏府已故知府顧爾昌，與夏、朔、平三縣正署各令武梓、何世寵、沈項年、辛禹籍、馬瑗，并原參無名之故府臧珊，同裁缺新渠縣任達德、寶豐縣朱元裕等，在于賑恤案内虚開、虚抵一案，據州巡撫黄廷桂疏稱，研訊據各參令武梓、何世寵、任達德供稱，當日地震，廒傾倉糧陷失，與災民搶失情由，原係當時禀蒙督撫面諭，先以安撫災民爲第一要務。而巡撫元展成又諭示，統俟盤糧之後，商酌辦理。後來前府臧珊傳奉憲示，令武梓、何世寵虚開壹斗，并煮粥糧石抵補災民搶食數内，令任達德虚開采買，抵補前府顧爾昌庫項虧缺數内。兹奉大學士查郎阿、尚書班第咨覆，從前通融抵補各情由，并未與元展成會商諭辦飭行，到案查當日，開抵數目，與會奏原款數目毫忽不爽。今巡撫元展成已經親供自認，冤抑已明，無庸再辯。質訊夏、朔、平三縣故令沈項年、辛禹籍、馬瑗嗣子、書役人等，并現在張掖縣朱元裕供情，俱各吻合。臣查虚開、虚抵情由，節經前撫臣元展成親供直認，且與原奏數目相符，自非該員等揑冒，可知至府庫開欠項下，前督臣查郎阿借支捐賞災民房價銀貳千貳百陸兩。訊據顧爾昌之嗣子顧芝供稱，乾隆叁年拾月内盤查出結，并無虧空。後貳拾餘日即遭地震，當日缺少的庫項，實係陷竊耗失。至開欠的賬，原係臧珊訊據被震將死之家人徐四約略開出，如何作的實數，所以人家都不承認。據臧珊之子臧廷徵供稱，當日伊父清查府庫之時，年歲尚幼，實不知情。等情。查臧珊、徐四俱已物故，此項開欠無憑質訊。查寧夏故府顧爾昌原參虧空銀貳萬肆千肆百貳拾貳兩柒錢零，又參後續查出靈州、平羅二州縣雍正陸年解過耗糧變價銀叁百壹拾肆兩壹錢零。又，牟瀜漏揭補立馬價銀伍拾兩。又，新奉著追臬司吕守曾公捐無著銀貳百兩。以上共虧空銀貳萬肆千玖百捌拾陸兩玖錢零。内河州牛、驢變價，武職俸工，并靈、平二州縣耗糧變價，以及借欠項内阿爾泰等無著銀兩，并虚開督臣查郎阿捐賞災民房價，共銀壹萬壹百陸拾貳兩肆錢零。内除應追前在河州任内牛、驢變價銀貳千伍百貳拾伍兩捌錢零，原非實貯府庫之項外，止實虧缺銀柒千陸百叁拾陸兩伍錢零。又，虚

開抵補陷竊耗失府庫銀壹萬肆千捌百貳拾肆兩肆錢零。前據顧爾昌之嗣子顧芝供，係堂侄震後承繼難蔭伊繼父在日，并未經手錢糧，所開欠項係接任臧珊詢據家人徐四未死之前約略開出之項。查從前訊據臧珊供稱，地震奇灾，庫藏傾裂，陷失不免，且有曾經拿獲竊銀贜據之。鄭光伏等追出原銀貳千肆百餘兩，詳奉各憲。念係灾，仰體皇仁從寬枷責。其餘府庫虧缺，地震開裂，不能保必無陷失，故爾各憲憫念灾員，諭令于各縣賑恤項下遷就通融、虛開抵補。等情。

查原續參顧爾昌虧空等項，均係地震以前實應貯庫之銀。乾隆叁年拾月內正值大計，通省倉庫甫經盤查，顧爾昌從前如有虧空，前任寧夏道鈕廷彩豈有不行揭報之理。況地陷失，確鑿有憑，被竊有據，其原參續查各項，均有陷失之内甚明，且家人徐四于未死之前開欠各項，亦係重罹震灾于奄奄一息、神思恍忽之中約略開記，且并未開有出借年月，亦未指明動借庫項。其是否顧爾昌生前已資，實難問諸九原。況以情理揆度，同城現有不時盤查之上司，豈有以庫項數千私行出借之理，恐顧爾昌亦愚不至此。即有私借，必係已資，亦又甚明。今顧爾昌全家俱死，誠未便懸揣遽議著追也。再，查上年具奏時，將顧爾昌名下續查開欠無著等項銀柒肆百餘兩，同應賠未完河州任内牛、驢變價銀貳千伍百貳拾餘兩，均議追賠，似未允協。今既訊明確，實應照部行依律分晰改正。

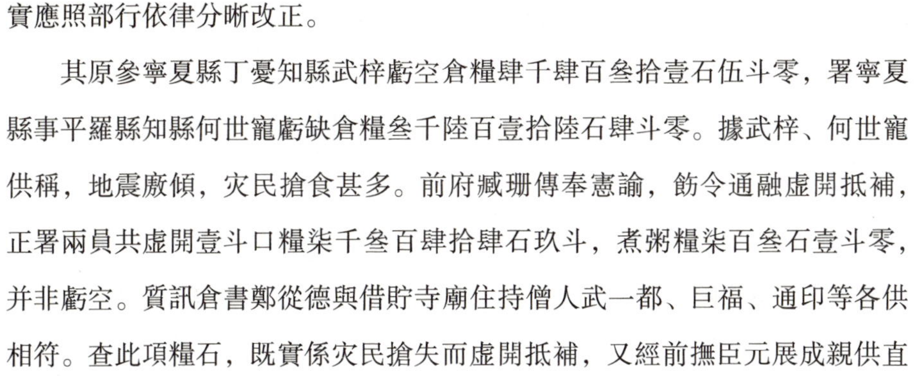

其原參寧夏縣丁憂知縣武梓虧空倉糧肆千肆百叁拾壹石伍斗零，署寧夏縣事平羅縣知縣何世寵虧缺倉糧叁千陸百壹拾陸石肆斗零。據武梓、何世寵供稱，地震廒傾，灾民搶食甚多。前府臧珊傳奉憲諭，飭令通融虛開抵補，正署兩員共虛開壹斗口糧柒千叁百肆拾肆石玖斗，煮粥糧柒百叁石壹斗零，并非虧空。質訊倉書鄭從德與借貯寺廟住持僧人武一都、巨福、通印等各供相符。查此項糧石，既實係灾民搶失而虛開抵補，又經前撫臣元展成親供直認，自非該員等虧空可知。

其原參已故寧朔縣知縣辛禹籍虧空銀壹千叁百玖拾柒兩貳錢零，糧伍千捌百陸拾柒石柒斗零。據辛禹籍之子辛洵可前審供稱，伊父并無虧空，係前任道阿炳安于賑恤有主無主棺葬抬埋案内底册，有委員遺漏過硃之處硬删銀捌百肆拾肆兩。又，苫蓋倉糧物料實用銀内，照依後來平減時價硬删銀伍百伍拾叁兩貳錢零。二共删減銀壹千叁百玖拾柒兩貳錢零。所參糧石實，係灾民搶失，後奉各憲商諭抵補，于壹斗、煮粥兩項内虚開糧伍千捌百陸拾柒石柒斗零。質訊經承史詳、李鍾秀各供符合。查棺葬抬埋銀兩底册，現在未便因委員遺漏過硃遽行删減。苫蓋倉糧物料，震灾之後，價值無不昂貴，亦未便以後來平減時價比較核減。至廒座傾塌，灾民搶食，既屬情正通融抵補之處，前撫臣元展成親供自認，其所參虧空，似屬冤抑。

其原參平羅調任伏羌另案參革病故知縣馬瑗虧空賑恤案内，銀貳千貳百壹拾兩伍分零，糧貳千玖百柒拾玖石伍斗。據經承王亮前審供稱，奉參銀兩，因當日地震，廒傾倉糧露積，于賑恤下剩銀壹千叁百柒拾兩伍分零内那動銀陸百柒拾玖貳錢零，建蓋倉廒貳拾貳間。現在造册報銷下剩銀陸百玖拾兩捌錢零，因衙署摇塌，本官係一縣之主，不便露處，權蓋板房，并搭蓋散賑官員公館那墊用去。當日辦灾忙促，原未詳明。其餘銀捌百肆拾兩，係前任道阿炳安于實用棺葬抬埋簿内，因委員遺漏過硃硬行删減。奉參糧石，因廒傾搶失，前府臧珊遵奉憲諭，飭令通融、彌補，于壹斗口糧内虚開糧貳千玖百柒拾玖石伍斗，以抵補灾民搶失之數。查馬瓊于賑恤下剩銀内那用陸百柒拾玖兩貳錢零，建倉貳拾貳間，現在請銷，并非無著之項。其搭蓋板房、公館那用銀陸百玖拾兩捌錢零，從前既未詳明，則那移之咎，亦屬難辭。至實散棺葬抬埋銀兩，既有底册可憑，自未便因委員遺漏過硃，遽行删減銀捌百肆拾兩。至倉糧，既係灾民搶食，而諭令虚開、虚抵，又經前撫臣元展成親供自認，并非馬瑗虧空可知。

其原參已故寧夏縣沈項年虧空銀貳千肆百伍拾捌兩伍錢零，糧肆千玖百捌拾石捌斗零。據家人朱榮前審，從稱參銀兩，係前任道阿炳安于棺葬抬埋案内删減銀伍百貳兩，搭蓋板房案内删減銀壹百伍拾陸兩貳錢零，苫蓋倉糧案内删減銀伍百陸拾貳兩陸錢零，初賑加賑案内删減銀肆百陸拾陸兩肆錢零。四項共删銀壹千陸百捌拾柒兩叁錢零。搭蓋板房一項删減銀壹百伍拾陸兩貳錢零，係前任道阿炳安核減認賠，亦屬冤抑。又，虧空賑恤下剩銀伍百柒拾兩肆錢零，内除原存未散牛具銀壹百肆兩，于參後交存庫外下剩銀肆百陸拾陸兩肆錢零，係前任道阿炳安查明初賑加賑，内後來有死亡逃故不應散給之項，事隔年遠，無憑追繳。除已完銀玖拾陸兩，下剩銀叁百柒拾兩肆錢零，著賠已屬委曲。其原參應存地丁銀肆百肆兩柒錢零，與耤田、穀石、羚羊角、緑葡萄變價，并未置牛具，以及采買粟米，核減渠工物料，下剩共銀貳百陸拾貳兩叁錢零，二共銀陸百陸拾柒兩壹錢零。因故主任内墊支廪給倒馬外備那用銀貳百陸拾壹兩壹錢零，應請在于藩庫領還。歸項下剩銀肆百陸兩叁分零，係前任道阿炳安勒令墊賠城工、逃夫、長支工食，與逃走磨户虧欠麥石銀貳百陸拾兩零。又，替散賑官員雇備輛墊用銀壹百肆拾伍兩捌錢零，并非虧空，但城工、磨户早經逃亡，辦賑官員久已星散，二項銀肆百陸兩參分零，亦係無著。除上年將應存未置牛具銀伍兩叁錢零已經措交縣庫外，下剩銀肆百兩陸錢零，亦應故主名下追賠。奉參糧石，實因廒陷露囤，上蒸下濕，致有黴爛。但是故主任内尚有墊建倉廒陸拾間，那用銀壹千叁百餘兩，墊給辦賑書役紙張、飯食銀壹千陸百餘兩，係准銷有案，應俟此案審定，同墊建倉廒銀兩造銷發領，買補完倉。質訊經承鄭從、包思能供各相符。

查沈項年名下虧空銀兩，除棺葬抬埋底册可憑，苫蓋倉糧原係實用，銀壹千陸拾肆兩陸錢零實非虧空。其賑恤下剩銀伍百柒拾兩肆錢零，除參後已交銀壹百肆兩餘銀肆百陸拾陸兩肆錢零，係前道阿炳安于初賑加賑案内查明死亡、逃故不應給領删除之項，除已完銀玖拾陸兩，尚應追賠銀叁百拾兩肆錢零，具應存地丁。又，采買下剩等銀共陸百陸拾柒兩壹錢零。因墊應廪給倒馬外備銀

貳百陸拾壹兩壹錢零，墊賠建蓋板房與墊賠城工、逃夫、長支工食，并逃走磨户下欠麥麵及墊雇辦賑官員車輛全數那用，除廩給倒馬外備藩庫應領有抵，并已完未置牛具銀伍兩叁錢零外，下剩尚應追銀肆百兩陸錢零，連前應賠賑恤項内銀叁百柒拾兩肆錢零，并應賠板房價銀壹百伍拾陸兩貳錢零，統共應追銀玖百貳拾柒兩肆錢零，應在于伊子沈光宇名下著追還項。

查顧爾昌原參續查漏揭并開欠無著等項，共銀貳萬肆千玖百捌拾陸兩玖錢零。内除應追前在河州任内牛、驢變價銀貳千伍百貳拾伍兩捌錢零，原非府庫實貯之項，仍應著落蔭嗣顧芝名下著賠，止該虧缺府庫銀貳萬貳千肆百陸拾壹兩參分零。若謂顧爾昌生前虧空，但係甫經盤查出結之後，即遭震灾，現有拿獲鄭先伏等，竊已確鑿有據。且震裂异灾，自難保其必無陷失。又，各縣倉糧，經地震，倉廒倒塌，水淹土壓，并灾民争取度命，耗失亦屬實情，則從前删除壹斗口糧，并煮粥共糧壹萬陸千捌百玖拾伍石貳斗零，係前撫臣元展成諭示通融抵補搶失之數，屢經自認不諱，并各該員捏冒可知。

今查寧夏乾隆叁年地震，城垣、倉庫、官民房舍盡皆塌陷，以及水涌火焚，庫藏倉糧自多耗失。且銀兩被竊搶失有據，從各上司親臨目擊，委官盤驗，實屬顯迹明白，正與猝遇水火盗賊，事出不測，而有損失者，保勘明白，免罪不賠之律相符。所有已故知府顧爾昌名下陷失銀貳萬貳千肆百陸拾壹兩叁分零，原任寧夏縣丁憂知縣武梓名下搶失糧肆千肆百叁拾壹石伍斗零，原署寧夏縣何世寵名下耗失糧叁千陸百壹拾陸石肆斗零，原任病故寧朔縣知縣辛禹籍名下搶失糧伍千百陸拾柒石柒斗零，原任平羅調任伏羌另案參革病故知縣馬瑗名下搶失糧貳千玖百柒拾玖石伍斗，均應照律免賠。其夏、朔、平、新、寶五縣虚開煮粥夫工柴價，客民回籍盤費，并新、寶、平虚開壹斗、煮粥糧石折算價值，共銀壹萬肆千捌百貳拾肆兩肆錢零，既經删除參入顧爾昌虧空項内，應無庸議。平羅縣知縣馬瑗名下，實在那移虧缺銀壹千叁百柒拾兩伍分零，寧夏縣知縣沈項年名下實在那移虧缺銀壹千叁百玖拾叁兩玖錢零，黴爛倉糧青豆肆千玖百捌拾石捌斗零，本應同馬瑗均依那移律，擬流准徒，但俱係遭罹震灾，事非得已，與尋常那移者有間，况俱病故，均請免議不行。稟明之經承鄭從德擬杖。等因。具題前來。

查律載："凡倉庫及積聚財物，若猝遇雨冲激，失火延燒，盗賊劫奪，事出不測，而有損失者，委官保勘覆實，顯迹明白，免罪不賠。"等語。今該撫疏稱，寧夏府已故知府顧爾昌虧缺府庫銀貳萬貳千肆百陸拾壹兩零，若謂顧爾昌生前虧空，但甫經盤查出結之後，即遭震灾。現有拿獲鄭先伏等竊，已確鑿有據。且震裂异灾，自難保其必無陷失。又，各州縣倉糧經地震，倉廒倒塌，水淹土壓，并灾民争取度命耗失，亦屬實情，則從前删除壹斗口糧并煮粥共糧壹萬陸千捌百玖拾伍石貳斗零，係前撫元展成諭示通融抵補搶失之數，自認不諱，并非各該員揑冒可知。查乾隆叁年地震，城垣、倉庫、官民房舍盡皆塌陷，以及水涌火焚，庫藏倉糧自多耗失，銀兩被竊，搶失有據，從前各上司親臨目擊，委官盤驗，實屬顯迹明白，正與猝遇水火盗賊，事出不測，而有損失，保勘明白，免罪不賠之律相符。所有已故寧夏府知府顧爾昌名下陷失銀貳萬貳千肆百陸拾壹兩零，原任寧夏縣丁憂知縣武梓名下搶失糧肆千肆百叁拾壹石伍斗零，原署寧夏縣知縣何世寵名下耗失糧叁千陸百壹拾陸石肆斗零，寧朔縣病故知縣辛禹籍名下搶失糧伍千捌百陸拾柒石柒斗零，平羅縣病故知縣馬瑗名下搶失糧貳千玖百柒拾玖石伍斗，均照律免賠。其夏、朔、平、新、寶五縣虚開煮粥、夫工柴價，客民回籍盤費，并新、寶、平虚開壹斗煮粥糧石，折算價銀共壹萬肆千捌百貳拾肆兩肆錢零，既經删除參入顧爾昌虧空項内，應無庸議。等語。均應如該撫所題。顧爾昌等各名下陷失銀兩，及搶耗失糧石，均應無律免賠。其虚開煮粥、夫工柴價等項銀兩，既經算入顧爾昌虧空項内，應無庸再議。

該撫既稱，馬瑗名下實在那移虧缺銀壹千叁百柒拾兩伍分零，沈項年名下實那移虧空銀壹千叁百玖拾叁兩玖錢零，黴爛倉糧青豆肆千玖百捌拾石捌

斗零，均照依那移庫銀伍千兩以下，擬流准徒，但係遭罹震災，事非得已，與尋常那移有間，况俱經病故，均請免議。馬瑗名下那移銀兩，除建蓋倉廒墊用銀陸百柒拾玖兩貳錢零，現在造銷抵補還項外，尚該銀陸百玖拾兩捌錢零，應于伊妻翁氏名下著追。沈項年名下那移銀兩，除已完及應領，共銀肆百陸拾陸兩肆錢零，抵補還項外，尚該銀玖百貳拾柒兩肆錢零。又，應賠黴爛青豆肆千玖百捌拾石捌斗零。該員尚有墊蓋倉廒銀壹千叁百餘兩，墊給辦賑書役飯食、紙張銀壹千陸百餘兩，應俟審定後，請領買補還倉，如有不足，在于伊子沈光宇名下同虧空銀兩，一并著追。不行稟明如法，苫蓋之經承鄭從德照不應重律，杖捌拾，時逢熱審減等折責發落，仍革役。寧夏縣經承包思能，平羅縣經承王亮，因本官遵奉示諭，虚開、虚抵不能稟阻，應無庸議。顧爾昌之嗣子顧芝，與辛禹籍之子辛洵可，及沈項年之代質家人朱榮，并寧朔縣經承李鍾秀、史詳，及無于僧人武一都等，均無庸議。

鄭先伏等貳拾餘人原係被難灾餘，因見銀兩拋散，乘便竊匿，與平時有心盗竊者有間。既經仰體皇仁，從寬枷責，事隔遠年，應免追問。再，虚開、虚抵各情由，既經前撫元展成親供自認，自有應奏不奏之咎，應否議處，統聽部議。至前司徐杞此案欽差會奏各條，俱不由司詳議，迨後臧珊造報賑册，錯雜牽混，當經駁飭，并詳明督臣尹繼善委員清查，于護撫印篆即行會參，則從前各上司如何諭辦，始終實無知情。等語。均應如該撫所完結。至前撫元展成已于别案革職，又經病故，應無庸議。調任布政使徐杞，既不知各上司諭辦情事，亦應無庸議。

再，該撫疏稱，顧爾昌名下應追河州任内牛、驢變價銀貳千伍百貳拾伍兩捌錢零，應于嗣子顧芝名下追賠，但顧爾昌一門貳拾柒口全家遭劫，重蒙皇仁，加增賜祭，蔭子入監，今家口全無，顧芝現在孑然一身，即衣食尚且難周，若欲將數千虧空著落追賠，粉身銼骨，無裨于事。應請仰邀皇仁，一并附請豁免，以昭優恤。等語。應如該撫所題，顧爾昌嗣子顧芝名下所有著追銀兩，准其邀恩，一并豁免。

再，該撫疏稱，辛禹籍名下原删有主無主棺葬抬埋銀捌百肆拾肆兩，馬瑗名下原删棺葬抬埋銀捌百肆拾兩，沈項年名下原删有主無主棺葬抬埋銀伍百貳兩，當日俱係委官實散，各參員并未經手，其未經過硃之處，自是委員散賑匆忙，一時遺漏，若藉此指爲各參員浮冒，則各參員從前何難于賑簿内盡行補硃，其理甚明，無庸置辯。況事隔年遠，散賑委員升遷事故，無從查問。其辛禹籍名下原删苫蓋倉糧工料銀伍百伍拾參兩貳錢零，沈項年名下原删苫蓋倉糧工料銀伍百陸拾貳兩陸錢零，原係按照時價采買，并未過部定叁分之例，前道阿炳安概行删除，未免冤抑。此二項銀兩非虧空，應仍請准其造入賑恤案内，聽候核銷。其公捐未完銀兩，仍應于各家屬名下照數追賠。等語。查辛禹籍、馬瑗、沈項年等各名下原棺葬抬埋銀兩，該撫既稱俱係委官實散，各參員并未經手，係非虧空，請造入賑恤案内核銷，應如該撫所題，轉飭准共在于賑恤案内，分晰造册報銷。至辛禹籍、沈項年等各名下原删苫蓋倉糧工料銀兩，該撫查明，係按照時價采買，并未過部定叁分之例，亦請准其造入賑恤案内，聽候核銷。第查采買苫蓋倉糧工料，例應造報工部，應令該撫將此項用過工料銀兩，飭令另行造册咨送工部，查例核銷。

其公捐未完銀兩，該撫題銷，仍于各家屬名下追賠之處。查捐補寧夏府故守顧爾昌虧缺銀伍千柒百餘兩，係原任甘撫元展成議令，與藩臬、道府各將養廉代爲分扣完補，并奏明飭遵在案。嗣據該撫陸續咨報，藩司徐杞、肅州道鈕廷彩、寧夏道阿炳安、寧夏府知府臧珊等各名下認捐銀兩俱已陸續捐完。臬司吕守曾名下認捐銀兩，據河撫查明，該員實係無力完繳，取具印甘各結送部，業經户部行文甘撫查照辦理。今吕守曾未完認捐銀兩，已據該撫入于顧爾昌虧空項下請免。經刑部照律免賠，應無庸議。至前撫元展成名下認捐銀兩，内除捐過銀貳百伍拾兩，未捐銀壹千叁百伍拾兩。先據甘撫黄廷桂咨報，現在移咨，直督查催，迄今曾否咨覆，未據聲明，無憑查核，應仍

令該撫查明報部。再，該撫既稱前府臧珊將不應虛開、虛抵情由，屢經稟阻，而前撫臣元展成始終不允，事不由己，則府縣無虧空，又無上下通同侵隱入己情弊。誠如部議，更未便均坐爲虛開、虛抵，以故勘無辜。所有原參前任寧夏縣丁憂知縣武梓，原署寧夏縣事平羅縣知縣何世寵，接任寧夏縣參革已故知縣沈頊年，原任寧朔縣另案參革病故知縣辛禹籍，原任平羅調任伏羌參革已故知縣馬瑗，并原參無名之前任寧夏府另案參革病故知府臧珊，原任新渠調任通渭另案參革知縣任達德，原任寶豐現任張掖縣知縣宋元裕，皆係無辜，均無庸議。等語。均應無庸議。

再，該撫疏稱，府縣既無虧空，又無上下通同侵隱入己情弊，未便均坐爲虛開、虛抵，以故勘無辜。查定例内開：凡被參革職訊問之員，審係無辜，即以"開復"定議。除原參之辛禹籍、馬瑗另案革職，馬瑗本案尚有虧空，并沈頊年本案原有虧空，且俱經病故，無庸議外，所有原參之原任寧夏縣丁憂知縣武梓，原任平羅縣署寧夏縣知縣何世寵，應請照例開復。等語。查定例：官員被參革職發審者，審係全虛，准其開復。等語。今寧夏縣丁憂知縣武梓，原署寧夏縣事平羅縣知縣何世寵，先經前任川陝總督尹繼善以該員等虧空倉糧題參革職發審在案。今既據該撫黄廷桂審明，武梓等虧空倉糧之處，因地震廒傾，此項糧石實係灾民搶失，并非該員等虧空。今刑部已將此項糧石照猝遇雨水冲激，失火延燒，盗賊劫奪，事出不測律，免其追賠，與開復之例相符，應將原任寧夏縣丁憂知縣武梓、原任平羅縣署寧夏縣知縣何世寵原參革職之案，均照例准其開復。等因。乾隆拾壹年叁月拾貳日題，本日奉旨："依議。欽此。"爲此合咨前去，欽遵查照施行。等因。準此，俱行到司。

蒙此，遵即備行寧夏府轉飭遵辦，并令將沈、辛二令墊建倉廒用過工料銀兩造册請銷去後。今據寧夏府知府朱佐湯詳，據寧夏縣知縣張嗣炳、寧朔縣知縣董淑英造報前任病故知縣沈頊年、辛禹籍在于前道阿炳安估報建築城垣、倉廒案内，墊建倉廒用過工料銀兩奏銷册結，并委員查勘印結，由府加結，申賫到司。據此，該布政使阿思哈查得，被參已故寧夏道阿炳安前于查議修築城垣等事案估報夏、朔二縣建蓋倉廒貳百間内，前道阿炳安止建蓋倉廒壹百壹拾捌間，其餘倉廒捌貳間係夏、朔二縣先行墊建，内寧夏縣墊建廒拾貳座，共計陸拾間。除選用舊倉物料不開外，所有需用木料、匠工俱照時價采買，共實用銀壹千壹百柒拾捌兩捌錢壹分捌厘伍亳。寧朔縣墊建倉廒伍座，共計貳拾貳間，除挑選舊倉物料不開外，所需木料、匠工俱照時價采買，共實用銀叁百伍拾兩陸錢壹厘壹亳。以上夏、朔二縣，共墊建倉廒銀壹千伍百貳拾玖兩肆錢壹分玖厘陸亳，自應統隨寧夏城工案内造册報銷。但查寧夏道阿炳安建蓋城樓等項，現在另行賠修造銷，尚需時日，沈項年、辛禹籍墊建倉廒用過工料銀兩，現奉大部行令造銷完補，談令虧空銀兩，所有前項建倉墊用銀壹千伍百貳拾玖兩肆錢壹分玖厘陸亳，應俟奉文准銷後，在于該員等應追虧空銀内照數扣除。今既據該縣等造具册結，取具委員印結，由府加結，轉請前來，相應轉賫，合候具題詳示。再，查此案原係應隨城工案内造銷之件，因奉文令其完補沈、辛二令虧空，是以先行造册請銷，無庸聲限，合并聲明。等情。呈詳到臣。

該臣查得，寧夏府屬之夏、朔二縣，前值地震之後，于查議修築城垣等事案内估建倉廒貳百間，内參革已故寧夏道阿炳安止建蓋倉廒壹百壹拾捌間，其餘倉廒捌拾貳間，因糧多露積，係夏、朔二縣先行那用庫項墊建。其用過物料、匠工銀兩，准部咨，令造册請銷，以抵虧那之項。等因。行司飭造去後。兹據布政使阿思哈詳稱，查病故寧夏縣知縣沈項年墊建倉廒壹拾貳座，共計陸拾間，除選用舊倉物料不開外，所有需用工料，俱照時價采辦，共實用銀壹千壹百柒拾捌兩捌錢零。病故寧朔縣知縣辛禹籍墊建倉廒伍座，共計貳拾貳間，除選用舊倉物料不開外，所有需用工料俱照時價采辦，共實用銀叁百伍拾兩陸錢零。以上夏、朔二縣墊建倉廒共用過工料銀壹千伍百貳拾玖兩肆錢零，應就隨寧夏城工案内報銷。但查已故寧夏道阿炳安建蓋城樓等項，現在另案賠修造

報，尚需時日，其故令沈項年、辛禹籍二員墊建倉廒用過工料銀兩，現奉大部行令造銷完補，該令等虧空銀兩所有前項建倉墊用銀壹千伍百貳拾玖兩肆錢零，應俟奉文准銷後，在于該員等應追虧空銀内照數扣除。等情。取具册結，及委員查勘無浮印結，由府加結，一并呈賫，請題前來，臣覆核無异。除册結分送部科外，相應同暫理陝甘二省事務臣黄廷桂合詞具題，伏祈皇上睿鑒，敕部核覆施行。謹題請旨。乾隆拾叁年貳月初陸日題，叁月初陸日奉旨："該部察核具奏。欽此欽遵。"于本月柒日，抄出到部。

該臣等查得，甘肅巡撫黄廷桂疏稱，寧夏府屬之夏、朔二縣，前值地震之後，于查議修築城垣等事案内估建倉廒貳百間内，參革已故寧夏道阿炳安止建蓋倉廒壹百壹拾捌間，其餘倉廒捌拾貳間，因糧多露積，係夏、朔二縣先行那用庫項墊建。其用過物料、匠工銀兩，准部咨，令造册請銷，以抵虧那之項。等因。飭造去後。兹據布政使阿思哈詳稱，查病故寧夏縣知縣沈項年墊建倉廒壹拾貳座，共計陸拾間，除選用舊倉物料不開外，所有需用工料共實用銀壹千壹百柒拾捌兩捌錢零。病故寧朔縣知縣辛禹籍墊建倉廒伍座，共計貳拾貳間，除選用舊倉物料不開外，所有需用工料共實用銀叁百伍拾兩陸錢零。

以上夏、朔二縣墊建倉廒，共用過工料銀壹千伍百貳拾玖兩肆錢零，自應統隨寧夏城工案内報銷。但查已故寧夏道阿炳安建蓋城樓等項現在另案賠修，造報尚需時日，其故令沈項年、辛禹籍二員墊建倉廒用過工料銀兩，現奉部行造銷完補。該令等虧空銀兩所有前項建倉墊用銀壹千伍百貳拾玖兩肆錢零，應俟奉文准銷後，在于該員等應追虧空銀内照數扣除。等情。取具册結及委員查勘無浮印結，由府加結，一并呈賫，請題前來，臣覆核無异。除册結分送部科外，相應會同暫理陝甘二省事務臣黄廷桂合詞具題。等因。前來。

查寧夏、寧朔二縣倉廒，先經該撫于乾隆陸年陸月内匯入寧夏城工案内，題請建造倉廒貳百間，經臣部覆准在案。今據該撫黄廷桂疏稱，夏、朔二縣前估倉廒貳百間内，參革已故夏道阿炳安止建倉壹百壹拾捌間，其餘倉廒捌拾貳間，因糧多露積，係夏、朔二縣先行墊建，共用過工料銀壹千伍百貳拾玖兩肆錢零，自應統隨寧夏城工案内報銷。但阿炳安建蓋城樓等項現在另案賠修，造報尚需時日。所有故令沈項年、辛禹籍二員墊建倉廒銀兩，先行取具册結題銷。等語。查册開所用物料，多係籠統造報，難以查核。其册内粘補字迹，并未照例鈐蓋印信。再，所用匠夫價值，較之該處定例，又屬浮多，事關錢糧，不便遽准。相應將所用物料并未分晰各處所以，及價值浮多之處，逐一開單，行令該撫轉飭詳細查明，逐一分晰，據實核減，另造妥册題銷，仍將用過前項建倉工料銀壹千伍百貳拾玖兩零，在于寧夏城工建倉案内刪除可也。臣等未敢擅便，謹題請旨。

乾隆十三年五月初十日。

臣哈達哈，尚書兼管正紅旗漢軍都統、紀録肆次臣趙弘思，經筵□侍□禮部侍郎□、加叁級紀録玖次臣索柱，左侍郎臣塗逢震，右侍郎、總管内務府大臣管理奉宸苑、加肆級紀録玖次臣三和，右侍郎兼管欽天監監正事務、紀録貳次臣何國宗，營繕清吏司郎中臣永安，郎中臣色楞查式，員外郎臣星德，員外郎臣胡泰，主事臣閻循琦，主事臣金廉。

【《明清檔案》A153—34，B85835—B85857】

△諭内閣李繩武著調補固原提督等官員任免事

乾隆十三年九月十九日

乾隆十三年九月十九日，内閣奉上諭："李繩武，著調補固原提督。海亮，著補授甘肅提督。欽此。"

【《乾隆朝上諭檔》第 2 册，第 239 頁第 1008 條】

甘肅巡撫黄廷桂等奏報平凉府屬固原等處地震房倒人亡已飭文武官員賑恤摺①

乾隆十三年十月初十日

奏。

甘肅巡撫臣黄廷桂、固原提督署甘肅巡撫臣瑚寶謹奏：爲奏聞事。

竊臣等據平凉府屬固原州知州賈聖檜禀稱，本年十月初一、初二兩日地微震動，塌損南關外土城一處。又據八營堡守備楊國勛禀稱，十月初一日子時，初二日丑刻，本營汛地白嘴子、黑城子一帶，二十餘村莊地震。共查得坍塌民房土窑一百三十餘間，因黑夜壓死男婦大小共四十餘名口，壓死牛、驢二十餘隻。各等情。查時届冬寒昏夜，陡遭地震，小民趨避不及，以致塌損房屋，壓斃人口、牲畜，殊堪矜憫。隨飛飭該管文武各官，立即前往地震各村莊，携帶銀兩，逐一查勘。將坍塌房間照例給銀，速令補葺，以便栖止。其壓斃人口，賞給棺銀，以資斂埋。如被傷之户果有貧難缺乏口糧者，即量加賑借，毋致失所。至壓斃牲口，亦照例撫賞。所有據報固原各村莊地震，及臣等飭委文武星往撫恤緣由，相應恭摺奏聞。

再，查平凉府屬之靈臺、静寧、平凉、涇州等四處，據各該有司禀報，俱于同日地微動即止，民間房舍墻壁并無損壞，安堵如舊。合并奏明，伏祈皇上睿鑒。謹奏。

乾隆十三年十月初十日。

知道了。

【《明清宫藏地震檔案》（上卷壹）第397页】

①軍機處録副奏摺。

甘肅巡撫黄廷桂奏報寶豐縣震後招墾户數及開墾地畝數目摺[①]

乾隆十三年十月二十四日

奏。

甘肅巡撫臣黄廷桂謹奏：爲寶豐續招户數及屢豐情形，仰慰宸衷事。

竊查寶豐廢縣，值地震河决之後，人民移徙，田土拋荒，弃置埂外。臣到任以來，督飭有司招徠墾闢。更因渠流不至，田多苦旱，飭委署寧夏道楊灦修浚昌潤、六墩等渠，遠近田地悉沾水利。自乾隆七年起，至乾隆十一年止，共安插三千五百二十八户，墾地三千一百六十六頃餘畝。照水田六年升科之例，于乾隆癸酉年[②]一體起科，俱經節次題諮部覆，准行在案。是寶豐一帶，除安插以上墾户之外，尚有餘地未便曠廢。臣于乾隆十二、十三兩年之中，又飭令有司陸續招民一百六十四户，墾地九十五頃餘畝。此項墾户俱係情願，自備牛力，前來認墾，無須代爲籌措。所墾地畝，照例六年入額徵輸。現在行司，另册報部。存案。

再，查該處渠水既已修浚，兼之連歲以來雨澤時降，足敷輪澆，叠獲有秋。今歲更屬豐稔，墾民樂業，新堡相接，人烟日密，地方實有起色。合并繕摺恭奏，仰慰聖懷，伏祈皇上睿鑒。謹奏。

乾隆十三年十月二十四日。

知道了。

【《明清宫藏地震檔案》（上卷壹）第401頁】

---

①軍機處録副奏摺。

②乾隆癸酉年：乾隆十八年（1753）。按，此干支紀年存疑。

署甘肅巡撫瑚寶題請動項補修徽縣舊有倉廒

乾隆十三年十一月二十四日

題。

卅八。

十二月十一日。

十三年十二月十九日下工、户。

該部議奏。

署理甘肅巡撫印務、紀録貳次臣瑚寶謹題：爲預籌積貯，敬陳管見事。

乾隆拾叁年拾壹月初貳日，據甘肅布政使司布政使阿思哈呈，乾隆肆年捌月初伍日，蒙前任巡撫甘肅元都院案驗，乾隆肆年柒月叁拾日，准户部咨，陝西司案呈，户科抄出甘肅巡撫元展成題前事。案因乾隆肆年肆月初捌日題，伍月初貳日奉旨："該部議奏。欽此欽遵。"于本年伍月初叁日，抄出到部。

該臣等查得，甘肅巡撫元展成統稱，倉廒應否一例添整板片，行令各省安議具題，壹參前准部文，當即轉飭，查議去後。嗣因甘省幅幀遼闊，往返移查，勢難依限議覆，經臣咨明，准有部覆在案。

兹據布政司徐杞詳稱，查甘省所屬之各廳、州、縣、衛、所倉廒内，除地氣高燥，并舊在地板，及見在建修各倉應需板片各隨本案造占，均毋庸置議外，惟慶陽府屬之安化、寧州、真寧、合水、環縣伍州縣，直隸肅州并所屬之高臺縣，安西廳屬之柳溝衙舊有倉廒，俱無板片。又，直隸秦州屬之徽縣倉廒内有未經墊板者。以上各州縣，均係地氣卑濕，應請一例添整板片。其所需木植價值并購買搬運脚價銀兩，各按産木之遠近，量購買之難易，照例確估其應需銀兩，請在各設州縣地丁雜税盈餘銀内動支。如無前項銀兩可動者，即在司庫存貯銀内撥款給發請咨。等情。臣覆核無异。除估册見在飭催，俟至日另行送部，所有查明應修倉廒地方，稱動用銀兩款項，應會同督臣鄂彌達合詞具題。再，查寧夏府屬倉廒，前因地震坍塌，見隨彼案另議請修。又，安、靖貳廳屬之安、靖、赤叁衛所倉廒應否鋪板，未據聲明，見在飭查。俟查覆至日，如有需用板片，另估咨部，合并陳明。等因。前來。

查乾隆貳年柒月内，據直隸按察使多綸條奏，貯穀之倉底面必須板鋪，板下空高尺餘，留爲氣洞，俾其有風透入，始免潮濕上蒸，穀石始可久貯。近見直隸各州縣之倉底倉面并無板片，盡係就地墊草，即行委穀于上，交脊以後，地氣發動，濕熱上升，近底之穀黴變，勢所不免，似應改易修整。等因。經總理事務王大臣會同九卿議覆，以倉廒設板鋪墊多留氣洞，不致有濕熱黴變之虞，甚爲有益，但各省地方有燥濕之不同，産木有遠近之不一，以及購買之難易，臣等難以晝一定議，應令各該督撫各按地方情形，應否一例添整，并工料價值應動何項錢糧之處，詳查妥議具題，到日再議。等因。奉旨："依議。欽此。"通行欽遵在案。

今據甘肅巡撫元展成疏稱，甘省所屬之各廳、州、縣、衛、所倉廒内，除地氣高燥，并舊有底板，及見在見修各倉，應需板片，各隨本案造估，均毋庸置議外，惟慶陽府屬之安化、寧州、真寧、合水、環縣伍州縣，直隸肅州稱所屬之高臺縣，安西廳屬之柳溝衛，舊有倉廒俱無板片。又，直隸秦州屬之徽縣倉廒内，有未經墊板者。以上各州縣，均係地氣卑濕，應請例添整板片。其所需木植價值，并購買搬運脚價銀兩，各按産木之遠近，量購買之難易，照例確估。其應需銀兩，請在各該州縣地丁雜税盈餘銀内動支。如無前項銀兩可動者，即在司庫存貯銀内撥款給發。至安、靖貳廳屬之安、靖、赤叁衛所倉廒應否鋪板，未據聲明，見在飭查。俟查覆至日，如有需用板片，另估咨部。等語。均應如該撫元展成所請，將慶陽府屬之安化、寧州、真寧、合水、環縣等伍州縣，并直隸肅州及所屬之高臺縣，安西廳屬之柳溝衛，直隸秦州屬之徽縣等州、縣、衛倉廒，俱准其一例添整板片，其所需銀兩亦准其在于各該州縣地丁雜税盈餘銀内動支。如無前項銀兩可動者，即在司庫存貯銀内撥款給發，報部查核。仍將所需木植價值并購買搬運脚價銀兩，務照産木之遠近，酌量購買之難易，并安、靖貳廳屬之安、靖、赤叁衛所倉廒，速飭查明，如有需用板片，一并確估核實，造報工部核銷可也。等因。于乾隆肆年陸月貳拾叁日題，本月貳拾伍日奉旨："依議。欽此。"爲此合咨前去，欽遵查照施行。等因。準此，行司。

蒙此，當經徐前司遵即備行慶陽府、安、靖貳廳，并秦、肅貳州轉飭所屬各州、縣、衛查明，需用板片，一并確估核實，造報去後。今據直隸秦州申，據徽縣知縣杜蔭詳稱，查徽邑地方僻處萬山之中，地勢窪下，氣甚潮濕，一切倉廒多有損壞。查卑縣上明倉廒肆拾捌間内，縣城東倉陸座，計壹拾捌間，係康熙拾伍年建造。又貳座，計壹拾貳間，係康熙肆拾貳年建造。北倉貳座，計陸間，亦係康熙肆拾貳年建造。大門鎮倉廒肆座，計壹拾貳間，係康熙叁拾柒年建造。歷年久遠，多致損壞，廒座俱皆崩裂滲漏，應請補修，抽换柱木，添補板片，以裨積貯，免致黴變。其估需添補物料、匠工價值銀兩，卑縣并無存貯雜税盈餘銀兩可以動支，相應分晰，造具估册，同委員兩當縣知縣三格會勘印結，一并申賫，核轉撥款領建。等情。由州轉賫到司。據此，除直隸肅州柳溝衛，并慶陽府屬之安、環貳縣，應賫估册，及安、靖貳廳屬倉廒應否補設底板之處，俟覆到另爲詳請，并高臺、寧州、合水、真寧肆州縣估册，前經詳蒙咨題外，該布政使阿思哈查得，慶陽府并安、靖貳廳，秦、肅貳州屬各州、縣、衛舊有倉廒，向無底板，存貯糧石，黴蕪堪虞。前于乾隆肆年，經前任撫憲元都院題明，一例添整板片，奉部議准在案。嗣因各屬估明造報不齊，勢難匯案呈請。經徐前司詳請，隨到隨賫，于乾隆伍年伍月内，奉部覆准，飭遵亦在案。

今據直隸秦州詳，據徽縣知縣杜蔭查明，舊有倉廒補修板片，需用柱木，墻垣造具，估計册籍前來。本司覆查，倉廒關係積貯，年久損塌，自應照例修整鋪墊，以免黴變。今查徽縣册造舊有倉廒肆拾捌間，據稱供係康熙拾伍年并拾柒年以及肆拾貳年建造，歷年久遠，多致損壞，存貯糧石，難免潮濕蒸變。經該州核明，委員兩當縣知縣三格查勘，并無揑飾，出具印結，造具估計册結，呈請補修前來。相應如其所請，照例修補，以資積貯。至所需物料、工價等項銀陸百柒拾兩玖錢壹分捌厘貳毫，該縣既無存貯盈餘雜税銀兩可以動支，司庫亦無閑款可動，應請在于司庫存貯寧夏城工下剩銀内照數作正動支給發，俟補修完竣，有餘不足，據實造具册結報銷。所有賫到估計册結，相應詳賫，合候核題。等情。呈詳到臣。

該臣查得，慶陽府并安、靖貳廳，秦、肅貳州屬州縣舊有倉廒，向無底板，存貯糧石，黴蒸堪虞。經前撫臣元展成題明，一例添整板片。嗣因各屬估册造報不齊，勢難匯案，復經請明，隨到隨賫，奉部覆准，行司轉飭，遵照在案。兹據布政使阿思哈詳稱，查徽縣舊有倉廒肆拾捌間，俱係康熙拾伍年并拾柒年以及肆拾貳年建造，歷年久遠，多致損壞，存貯糧石，難免潮濕蒸變。照倒確估補修板片，以資積貯。其所需物料、工價，共應需銀陸百柒拾兩玖錢零，該縣并無存貯盈餘雜税銀兩可以動支，應請在于司庫存貯寧夏城工下剩銀内照數動支，俟補修完日，據實造銷。等情。取具確估册結，同委員查勘浮印結，一并呈賫，請題前來，臣覆核無异。除原册結分送部科外，相應會同兼辦陝甘總督事務臣瑚寶合詞具題，伏祈上睿覽，敕部核覆施行。謹題請旨。

乾隆拾叁年拾壹月貳拾肆日。

署理甘肅巡撫印務、紀録貳次臣瑚寶。

【貼黄】

署理甘肅巡撫印務、紀録貳次臣瑚寶謹題：爲預籌積貯等事。

該臣查得，慶陽府并安、靖貳廳，秦、肅貳州屬州縣舊有倉廒向無底板，存貯糧石，黴蒸堪虞。經前撫臣元展成題明，一例添整板片。嗣因各屬估册造報不齊，勢難匯案，復經請明，隨到隨賫，奉部覆准，行司轉飭，遵照在案。兹據布政使阿思哈詳稱，查數縣舊有倉廒肆拾捌間，俱係康熙拾伍年并拾柒年以及肆拾貳年建造，歷年久遠，多致損壞，存貯糧石，難免潮濕蒸變。照例確估補修板片，以資積貯。其所需物料、工價共應需銀陸百柒拾兩玖錢零。該縣并無存貯盈餘雜稅銀兩可以動支，應請在于司庫存貯寧夏城工下剩銀内照數動支，俟補修完日，據實造。等情。收具確估册結，同委員查勘無浮印結，一并呈賫，請題前來，臣覆核無异。除原册結分送部科外，相應會同兼辦陝甘總督事務臣瑚寶謹題請旨。

【《明清檔案》A157—18，B87771—B87777】

乾隆十四年（1749）

△諭内閣固原提督李繩武著調補古北口提督等官員任免事

乾隆十四年二月十二日

乾隆十四年二月十二日，内閣奉上諭："固原提督李繩武，著調補古北口提督。其固原提督員缺，著傅清調補。固原地方甚屬緊要，傅清即馳驛速赴新任。欽此。"

【《乾隆朝上諭檔》第2册，第291頁第1175條】

△諭軍機大臣等著陝甘總督尹繼善等查明原寧夏道阿炳安侵冒城工案并奏報寧夏城工現在情形

乾隆十四年五月初七日

諭軍機大臣等原參革寧夏道阿炳安侵冒城工一案。

查原估寧夏等三城工費，共一百二十餘萬，而阿炳安開銷僅及其半，即云出于撙節，亦斷無節省過半之理。如係他人估計，而阿炳安承辦，則節省實多。如即係阿炳安所估，則是有意浮開。轉借節省之名，以爲冒銷之地。

其居心狡詐，殆不可問。況該省官員甚多，委辦自不乏人。何以三處城工，皆委阿炳安一人辦理，其中不無情弊。著傳諭總督尹繼善、巡撫鄂昌，令其查明原案，并將寧夏等城工原估何人，及該撫等疏内所稱多有損裂之處，現在情形若何，是否堅固，逐一具摺奏聞。至阿炳安業經身故，其應賠之項，亦已交清。朕不過欲悉其顛末，以見外省工員藐法營私之弊。且陝省現有應辦城工，該督撫等亦當以是爲鑒，留心稽察。

【《清實録》第13册，第705頁《高宗純皇帝實録》卷三四〇“乾隆十四年五月甲寅”條】

陝甘總督尹繼善題報乾隆十二年督標及延綏等鎮存營軍械盤查無缺出結保題

乾隆十四年五月十三日

題。

十四年六月初□日下工、兵。

該部知道。

太子太保、兵部尚書兼都察院右都御吏、總督陝甘等處地方軍務兼理糧餉、加貳級紀録叁拾捌次臣尹繼善謹題：爲敬獻芻言等事。

案查雍正拾壹年正月貳拾壹日，准兵部咨開，會覆雲南提督蔡成貴題前事。等因。于雍正拾年拾壹月拾貳日題，本月拾伍日奉旨：“依議。欽此。”抄出到部。相應通行直隸各省將軍、督撫、提鎮，一體欽遵可也。計黏單壹紙，内開：查督撫、提鎮係封疆大吏，各營器械，自宜留心考察。嗣後副、參、游、都、守等營專屬提轄者提督委員盤查，分隸鎮轄者總兵委員盤查，如屬督撫所轄而不屬提鎮所轄者，亦令督撫委員盤查，皆取本營并無缺少印結，及委員并無提節甘結存案。應令各省督撫、提鎮將標鎮協營軍器俱于年底保題壹次，仍將各省軍火器械等項數目分晰，各標營造册并保結送部查

核。如委盤保題之後，仍有發覺缺少者，委員照徇情例議處，督撫、提鎮照失察例議處。等因。

又于雍正拾叁年陸月初拾日，准兵部咨，爲外任武員請飭照例備箭事。内開：議覆江南提督補熙題前事，于雍正拾叁年閏肆月拾肆日題，本月拾陸日奉旨："依議。欽此欽遵。"抄出到部。相應行文該督轉行各該提鎮一體遵行可也。計黏單壹紙，内開：查弓箭壹項，攻守兼資，實爲各營軍器要需。查《會典》開旗下官兵箭數，壹品官肆百枝，貳品官叁百伍拾枝，叁品官貳百伍拾枝，肆品官貳百枝，伍品官至捌品官壹百伍拾枝，護軍校、驍騎校等官壹百枝，前鋒、護軍、領催等柒拾枝，披甲人等伍拾枝，久經遵行在衆。直省督撫、提鎮俱照壹品例，副將照貳品例，參游照叁品例，守備照伍品例，千把總照護軍校例，外委照領催例，令備造箭枝。至《會典》内開披甲箭伍拾枝，今馬兵箭肆拾枝，步兵箭叁拾枝，一體令其備造，年底造入軍械册内，一體盤查，照例保題。等因。

又于雍正拾叁年捌月拾捌日，准兵部咨，爲請更鎮臣等事。内開：本部題前事，于雍正拾叁年陸月拾玖日題，本月貳拾壹日奉旨："依議。欽此。"相應抄録黏單，知照該將軍、督撫、提鎮欽遵可也。計黏單内開：各省各營，除隸督撫提所轄者毋庸更議外，其專隸鎮轄各營之軍火器械，令該總兵差員盤查，取具印甘各結，該總兵加具保結，送督提察核匯題。等因。

又于乾隆拾貳年玖月貳拾叁日，准兵部咨，爲通行事。黏單内開：查先經本部等部議覆雲南提督蔡成貴條奏，内開：查督撫、提鎮係封疆大吏，各營器械自宜留心考察，方爲無忝厥職。嗣後副、參、游、都、守等營專屬提轄者提督差員盤查，分隸鎮轄者總兵差員盤查。如屬督撫所轄而下屬提鎮所轄者，亦令督撫委員盤查。皆取本營并無缺少印結，及委員并無提飾甘結存案。應行各省督撫、提鎮，將各飭標營軍器俱于年底保題壹次，仍將該省軍火甲械等項分晰，各標營造册并保結送部查核。如委盤保題之後，仍有發覺缺少者，委員照徇情例議處，督撫、提鎮照失察例議處。等因。題准通行在案。

是年底保題之例，惟恐各省督撫、提鎮協、營軍火、甲械等項經年纍月混雜難稽考，所以每年保題造册，送部查核，原係慎重軍器，以實營伍之意。今本部檢閲各省保題軍器册内，并未將額設馬兵若干名、盔甲若干副，步兵若干名、盔甲若干副，分晰開載。又不將額設旗纛器械各若干件，係何項兵丁佩執操演，詳細聲明。至各項盈餘灰甲、旗纛、器械，亦不注明“銷”“存”字樣。每遇各省請製、請銷軍裝等案，殊難按册查考。事關軍器，未便任其籠統造報，以致頭緒不清、章程不一。相應通行直省將軍、督撫、提鎮轉飭各營，逐款查明，詳細開注分晰馬步兵丁額數，并馬步各兵所用盔甲器械，以及盈餘各項甲仗器械。係督撫轄者，督撫各匯總造具四柱簡明清册，係提鎮轄者，提鎮各匯總造具四柱簡明清册，仍于册呈，開明各項總數，作速送部，以憑查考。并取具該承辦官并無遺漏舛錯等弊印甘各結，報部備查，毋得仍前籠統開造，不行分晰詳細，致于駁查可也。等因。俱經移行，遵照各在案。

查前准前任陝西固原提督瑚寶咨開：提標伍營，并固原各協營路乾隆拾貳年軍火器械等項，暨官兵儲備箭枝，業經委員盤查，并無虧缺，造具册結，保題在案。續准延綏、興漢、河州參鎮各移稱，所屬軍火器械等項，并官兵儲備箭枝，俱各委員，查無缺，造具册結，移送前來，覆查無异。所有送到册結，相應咨送，查照匯題。等因。又據臣標署中軍副將圖爾禪并火器營參將許仕榮等各呈稱，標下各營，見在存營兵軍火器械暨儲備箭枝逐一查明無虧，造具册結，理合呈賫。等情。又准前任甘州提督李繩武咨稱，查甘標伍營乾隆拾貳年軍火器械等項，并官兵儲備箭枝委員盤查，并無虧缺，造具册結，業經保題在案。所有凉州、寧夏、西寧、肅州肆鎮軍火器械等項，并官兵儲備箭枝，經各該鎮委員盤查無虧，分晰造具册結，該鎮加具保結，移送前來。相應咨移，查照保題。等因。到臣。

準據此，該臣看得，督撫、提鎮各標協營一應軍火器械，并官兵儲備箭枝，例應年底匯題，并嗣准部咨，令逐款查明，分晰開注，等因。俱經移行，遵照在案。除陝甘貳提所轄標協營路乾隆拾貳年分軍械箭枝等項業經各提臣自行保題外，所有延綏、興漢、河州、凉州、寧夏、西寧、肅州柒鎮，并臣標各營一切軍火器械，前准前任陝提臣瑚寶、前任甘提臣李繩武，并據臣標署中軍副將圖爾禪、火器營參將許仕榮各將委員盤查，并無虧缺捏飾緣由，出具印甘各結，造具清册暨該鎮等保結，賫送請題前來，臣覆查無异。除臣出具督標保結同賫到各册結分送部科外，理合恭疏保題，伏祈皇上睿鑒，敕部查核施行。爲此具本，謹具題聞。

乾隆拾肆年伍月拾叁日。

太子太保、兵部尚書兼都察院右都御史、總督陝甘等處地方軍務兼理糧餉、加貳級紀録叁拾捌次臣尹繼善。

【貼黄】

太子太保、兵部尚書兼都察院右都御史、總督陝甘等處地方軍務兼理糧餉、加貳級紀録叁拾捌次臣尹繼善謹題：爲敬獻芻言等事。

該臣看得，督撫、提鎮各標協營一應軍火器械，并官兵儲備箭枝，例應年底匯題，并嗣准部咨，令逐款查明、分晰開注。等因。俱經移行，遵照在案。除陝甘貳提所轄標協營路乾隆拾貳年分軍械箭枝等項，業經各提臣自行保題外，所有延綏、興漢、河州、凉州、寧夏、西寧、肅州柒鎮，并臣標各營一切軍火器械，前准前任陝提臣瑚寶、前任甘提臣李繩武，并據臣標署中軍副將圖爾禪、火器營參將許仕榮各將委員盤查，并無虧缺捏飾緣由，出具印甘各結，造具清册暨該鎮等保結，賫送前來，臣覆查無异。除臣出具督標保結同賫到各册結分送部科外，理合恭疏保題，伏祈皇上睿鑒，敕部查核施行。謹具題聞。

【《明清檔案》A159—25，B88927—B88932】

陝西寧夏總兵官施廷專題報奉到加上皇太后徽號恩詔日期

乾隆十四年六月十九日

題。

八。

十四年七月二十二日下禮、兵。

該部知道。

鎮守陝西寧夏等處地方總兵官、署都督僉事、世襲一等輕車都尉臣施廷專謹題：爲欽奉恩詔事。

乾隆拾肆年陸月拾伍日，准署甘肅布政司臣顏濟美差員捧賫，聞皇貴妃統攝六宫事，平定金川，加上皇太后徽號，恩詔臨寧，臣即會同在城文武官員出郊，跪迎至公所，恭設香案，跪聽宣讀，隨謄黄分頒所屬各官，一體欽遵外，所有奉恩詔日期，理合恭疏題報，伏祈皇上睿鑒施行。爲此具本，謹具奏聞。

乾隆拾肆年陸月十九日。

鎮守陝西寧夏等處地方總兵、官署都督僉事、世襲一等輕車御尉臣施廷專。

【貼黄】

鎮守陝西寧夏等處地方總兵官、署都督僉事、世襲一等輕車御尉臣施廷專請題：爲欽奉恩詔事。

乾隆拾肆年陸月拾伍日，准署甘肅布政司臣顧濟美差員捧賫，册命皇貴妃統攝六宫事，平定金川，加上皇太后徽號，恩詔臨寧，臣即會同在城文武官員出郊，跪迎至公所，恭設香案，跪聽宣讀，隨謄黄分頒所屬各官一體欽遵外，所有奉到恩詔日期，理合恭疏題報，伏祈皇上睿鑒施行。謹具奏聞。

【《明清檔案》A159—93，B89261—B89262】

大學士來保等題請平羅縣震後城工燒造磚瓦占用民田未完地價銀按年催完本①

乾隆十四年七月初十日

題。

依議。

經筵講官、太子太傅、議政大臣、侍衛内大臣、武英殿大學士、暫行兼管吏部户部事務、内務府總管、教習庶起士臣來保等謹奏：爲查議修築城垣，以重邊鎮事。

户科抄出甘肅巡撫鄂昌題前事。内開：乾隆十四年三月初八日，據甘肅布政使司布政使阿思哈呈，乾隆十二年十二月初四日，蒙前任甘肅黄部院案驗，乾隆十二年十二月初一日，准户部諮，陝西司案呈。本年九月三十日，准甘撫黄廷桂諮。據布政司呈稱，查得平羅縣于乾隆三年遭被震灾，城垣、衙署盡皆倒塌，蒙辦理賑務各憲奏明照舊建築。奉硃批："依議。欽此欽遵。"轉飭遵辦在案。兹據署平羅縣知縣董淑英詳報，平邑建築城垣、衙署等項，燒造磚瓦，築打窑場，因附近地方并無空閑官地，經前署縣何世寵在于户民彭朝棟額田内開用取土，兼因平邑土性多沙，深即見水，不堪取用。以致占用民間完糧上田一百九十二畝五分，下田一十九畝，二共占用民地二百一十一畝五分。上田每畝照現行時價，議給地價銀三兩，共銀五百七十七兩五錢。下田每畝照現行時價，議給地價銀二兩，共銀三十八兩。二共應給地價銀六百一十五兩五錢。隨經前任寧夏道蔣嘉年批飭，在于道庫城工項下，請領給散在案。

查所占民田内，已經户民自備工本，陸續平治地一百七畝，内上田八十

①内閣户科題本。

八畝，下田一十九畝，該原領地價銀三百二兩，請照中衛縣占用民田復經平治繳還之例，自乾隆十二年起，分作五年帶徵還項。尚該實在廢弃，不能平治上田一百四畝五分，該原領地價銀三百一十三兩五錢。雖係因公占用，但從前原辦之署縣何世寵，既于城工册内漏估，而工竣造銷，又未登明，應照例在于何令名下追賠。至于占用地畝應徵錢糧，除乾隆四五等年已經通行蠲免外，所有已經平治地一百七畝，自應于乾隆七年起按數徵收。但先因官用之後，盡成廢地，續經原户自備工本，陸續平治，民力已艱，應請于乾隆十二年起再行徵收。其十二年以前未完民欠，亦請照中衛縣平治地畝所懸錢糧著落原辦官補完之例，令何令賠補。至實在廢弃地一百四畝五分，查地既因公廢弃，錢糧自應豁除，但此案占用地畝因歷年沙淤水積，兼有平治地一百餘畝，難以查丈土方，應請免其造報，先行諮明，以便造册請免。等情。

覆查平羅建築城垣、築打窑場占用民地，從前該縣既未于城工册内造入，又不于發價之時詳請諮明，而工竣造銷亦未聲登。應將實在廢弃地一百四畝五分給發地價銀三百一十三兩五錢，在于原辦知縣何世寵名下追賠。又平治地一百七畝，查係户民自費工本，陸續平治，民力已艱。應請將原領地價銀三百二兩，照依中衛縣繳還地價之例，自乾隆十二年起，分作五年帶徵還項。其應徵錢糧，自乾隆十二年起，再行徵收。其十二年以前未完錢糧，概于原辦官名下著落完補。至于實在廢弃地一百四畝五分，查民田關係國賦，地既廢弃，則錢糧無出，自應照例請除。今將應追應免緣由，先行諮明。等因。前來。

查平羅縣建築城垣，燒造磚瓦，築打窑場，開用取土民地二百一十一畝五分，内除民户自備工本平復地一百七畝，原領地價銀三百二兩，應如該撫所請，照依中衛縣繳還地價之例，自乾隆十二年起，分作五年帶徵還項，仍俟徵完之日，報部查核。其應徵錢糧，亦准其自十二年起，照數徵收，造入該年地丁奏銷案内聲明，具題查核。至實在廢弃地一百四畝五分，原領地價銀三百一十三兩五錢，該撫既稱從前原辦之署縣何世寵既未于城工册内造入，又不于發價之時詳請諮明，而工竣造銷亦未聲登，應將前項給過地價銀兩，在于何世寵名下追賠。其十二年以前未完錢糧，亦于原辦官名下著落完補。等語。應如該撫所諮，轉飭作速著落完報。仍將前項廢弃地畝内，有無尚堪墾復之處，轉飭再行確勘，同實在應除額糧地畝數目，一并分晰，造具册結，具題可也。等因。準此，行司。

蒙此，又于乾隆十三年十一月初七日，蒙前署甘肅巡撫瑚部堂案驗。乾隆十三年十一月初一日，准户部諮，陝西司案呈。本年九月初八日，准甘撫黄廷桂諮稱，查得平羅縣乾隆四年建築城垣、衙署等項，燒造磚瓦窑場，占用民田，奉部令將廢弃地一百四畝五分，原領地價銀三百一十三兩五錢，在于原辦官名下追賠。其平治地一百七畝，未完乾隆十二年以前錢糧，亦于原辦官名下著落完補。并將廢弃地内有無尚堪墾復之處，再行確勘。同應除額糧地畝數目，一并分晰，造具册結請題。等因。行據該縣將廢弃地畝應賠原領地價銀三百一十三兩五錢，先行批解。隨于本年閏七月十三日，照數查收貯庫。除平治地畝應完補乾隆十二年以前民欠錢糧，并應免廢弃地畝銀、糧、草束册結，以及有無尚堪墾復之處，現在行催，俟至日另題外。所有收過該縣解交廢弃地價銀數、日期，相應諮明。等因。前來。應令該撫將前項追貯地價銀兩，造入撥册，報部撥用。仍將應補十二年以前民欠錢糧，并應免廢弃地畝錢糧、草束，以及有無尚堪墾復之處，一并查明，具題可也。等因。準此，俱行到司。

蒙此，遵即備移寧夏道，轉飭遵辦去後。兹準署寧夏道楊灝移，據寧夏府知府朱佐湯詳，據平羅縣知縣何世寵詳稱，查卑縣乾隆四年修築城垣、衙署，需用燒造磚瓦，共占用民田二百一十一畝五分。内復經户民平治地一百七畝，内上則全田八十八畝，每畝科糧一斗二升，地畝銀一厘，七斤穀草四分六厘三毫。下則易田一十九畝，每畝科糧六升，地畝銀一厘。自乾隆七年起至十一年止，共應徵糧五十八石五斗。内除乾隆十一年三分免一糧三石九斗外，止該民欠未完糧五十四石六斗。應徵銀五錢三分五厘，内除十一年蠲免銀一錢七厘外，止該民欠未完銀四錢二分八厘。應徵草二百三束七分二厘，内除十一年三分免一草一十三束五分八厘一毫三絲外，止該民欠未完草一百九十束一分三厘八毫七絲。以上平治地畝額徵銀、糧、草束，除奉文已于乾隆十二年入額徵收外，所有未完十二年以前錢糧，卑職俱已照數賠補訖。

至實在廢弃上田一百四畝五分，委係沙淤、水浸、鹽碱不毛，并無再堪墾復之地。每畝科糧一斗二升，地畝銀一厘，七斤穀草四分六厘三毫。自乾隆七年起至十二年止，共應免本色糧七十五石二斗四升，内除乾隆十一年三分免一糧四石一斗八升外，止該應免糧七十一石六升。應免銀六錢二分七厘，内除十一年蠲免銀一錢四厘五毫外，止該應免銀五錢二分二厘五毫，應免七斤穀草二百九十束三分一毫，内除十一年三分免一草一十六束一分二厘七毫八絲三忽三微三纖外，止該應免草二百七十四束一分七厘九毫一絲六忽六微七纖。以上廢弃地畝應免額徵錢糧，并歷年民欠未完銀、糧、草束，相應造具細數册結，同卑職完補過平治地畝民欠錢糧倉庫各收，一并申賫，至十二年以後應徵錢糧，應請一并豁除。再，查平治地一百七畝，原領地價銀三百二兩，現在遵奉部示，分作五年帶徵。廢弃地一百四畝五分，原領地價銀三百一十三兩五錢，業經卑職照數賠補解司訖。合并聲明。等情。由府道加結，移送到司。

準此，該布政使阿思哈查得，平羅縣乾隆四年建築城垣、衙署，燒造磚瓦，築打窑場，共占用民田二百一十一畝五分。内復經户民平治地一百七畝，原領地價銀三百二兩。實在廢弃地一百四畝五分，原領地價銀三百一十三兩五錢。前奉部行，令將平治地畝領過地價，照依中衛縣占用民田之例，自乾隆十二年起，分作五年帶徵還項。應徵錢糧，亦自乾隆十二年起入額徵收。其十二年以前未完民欠，并廢弃地畝原領地價銀兩，俱于原辦官名下著

落追賠。仍將廢弃地内有無尚堪墾復之處，再加確勘，同實在應除額糧地畝數目，一并分晰，造具册結。具題。等因。嗣據該縣何世寵將廢弃地畝原領地價銀三百一十三兩五錢，照數賠補解司，業經詳請諮部在案。

兹移准寧夏道楊灝移，據寧夏府知府朱佐湯詳，據平羅縣知縣何世寵查明，前項平治地一百七畝，除乾隆四五六等年應徵銀、糧、草束已奉通行蠲免外，自乾隆七年起至十一年止，共該額徵糧五十八石五斗，地畝銀五錢三分五厘，七斤穀草二百三束七分二厘。内除乾隆十一年三分免一糧三石九斗，全免銀一錢七厘三分，免一草一十三束五分八厘一毫三絲外，實該民欠未完糧五十四石六斗，地畝銀四錢二分八厘，七斤重草一百九十束一分三厘八毫七絲。俱經該縣何世寵照數完補訖。至實在廢弃地一百四畝五分，經該縣何世寵復加確勘，委係沙淤、水浸、鹽碱不毛，難以墾復。自乾隆七年起至十二年止，共該額徵糧七十五石二斗四升，地畝銀六錢二分七厘，七斤穀草二百九十束三分一毫。内除乾隆十一年三分免一糧四石一斗八升，全免銀一錢四厘五毫三分，免一草一十六束一分二厘七毫八絲三忽三微三纖外，實該應免民欠未完糧七十一石六升，地畝銀五錢二分二厘五毫，七斤草二百七十四束一分七厘三毫一絲六忽六微七纖。至十二年以後應徵銀、糧、草束，并請一例豁除。等情。分晰造具册結，并完補過平治地畝民欠錢糧倉庫各收，由府道加結，移送前來，本司覆查無异，相應詳賫，合候具題。

再，查前項平治地畝，原領地價銀三百二兩，現在分作五年帶徵還項。俟徵完日，另詳報部。其解交廢弃地價銀三百一十三兩五錢，已于乾隆十四年春撥册内造報在案。至移送道結内印信，因署寧夏道楊灝派往西安辦理軍需，該府朱佐湯代移，是以俱用府印。再，此案以乾隆十三年十一月初一日准諮起，扣限四月造報。除去年節封印日期，應扣至本年四月初一日爲滿。今于限内造報，并未遲逾，合并聲明。等情。呈詳到臣。

該臣查得，平羅縣乾隆四年建築城垣、衙署，燒造磚瓦，築打窑場，共占用民田二百一十一畝五分。内復經户民平治地一百七畝，原領地價銀三百二兩。實在廢弃地一百四畝五分，原領地價銀三百一十三兩五錢。前准部諮，令將平治地畝領過地價，照依中衛縣占用民田之例，自乾隆十二年起，分作五年帶徵還項。應徵錢糧，亦自十二年起入額徵收。其十二年以前未完民欠并廢弃地畝原領地價銀兩，俱于原辦官名下著落追賠。仍將廢弃地畝有無尚堪墾復之處，再加確勘，同實在應除額糧地畝數目，一并分晰，造具册結具題。等因。當即行司，轉飭遵照去後。兹據布政使阿思哈詳稱，查平羅縣磚瓦窑場共占用民田内平治地一百七畝，除乾隆四五六等年應徵銀、糧、草束已奉通行蠲免外，自乾隆七年起至十一年止，共該額徵本色糧五十八石五斗，地畝銀五錢三分零，七斤重穀草二百三束零。内除乾隆十一年三分免一糧三石九斗，全免銀一錢零，免一草一十三束零外。實該民欠未完糧五十四石六斗，銀四錢二分零，草一百九十束零。俱經平羅縣知縣何世寵照數完補訖。

至實在廢弃地一百四畝五分，經該知縣何世寵復加確勘，委係沙淤、水浸、鹽碱不毛之地，難以墾復。自乾隆七年起至十二年止，共該額徵本色糧七十五石二斗四升，地畝銀六錢二分零，七斤重穀草二百九十束零。内除乾隆十一年三分免一糧四石一斗八升，全免銀一錢零，免一草一十六束零外，實該應免民欠未完糧七十一石六升，銀五錢二分零，草二百七十四束零。至十二年以後應徵銀、糧、草束，并請一例豁除。等情。取具册結，由該管道府加具印結，同完補過平治地畝民欠錢糧倉收庫收，一并呈賫，請題前來，臣覆核無异。除平治地畝原領地價現在分年帶徵，俟徵收完日另報，并現賫地畝册，同各結收分送部科外，相應會同陝甘督臣尹繼善合詞具題，伏祈皇上睿鑒，敕部核覆施行。

再，查該縣賠完廢弃地價銀三百一十三兩五錢，已于乾隆十四年春撥册内造報在案。至寧夏道楊灝差赴西安協辦軍需，飭委該府朱佐湯代拆代行，是以道結内代鈐府印，合并陳明，謹題請旨。乾隆十四年四月初九日題，五

月初九日，奉旨："該部議奏。欽此欽遵。"于本日抄出到部。

該臣等查得，甘肅巡撫鄂昌疏稱，平羅縣乾隆四年建築城垣、衙署，燒造磚瓦，築打窑場，共占用民田二百一十一畝五分，内復經平治地一百七畝，原領地價銀三百二兩。實在廢弃地一百四畝五分，原領地價銀三百一十三兩五錢。前准部諮，令將平治地畝領過地價，照依中衛縣占用民田之例，自乾隆十二年起，分作五年帶徵還項。應徵錢糧，亦自乾隆十二年起入額徵收。其十二年以前未完民欠，并廢弃地畝原領地價銀兩，俱于原辦官名下著落追賠。仍將廢弃地内有無尚堪墾復之處，再加確勘，同實在應除額糧地畝數目，一并分晰，造具册結具題。等因。當即行司，轉飭遵照去後。兹據布政使阿思哈詳稱，查平羅縣磚瓦窑場共占用民田内平治地一百七畝，除乾隆四五六等年應徵銀、糧、草束已奉通行蠲免外，其自乾隆七年起至十一年止，共該額徵本色糧五十八石五斗，地畝銀五錢三分零，七斤重穀草二百三束零。内除乾隆十一年三分免一糧三石九斗，全免銀一錢零，免一草一十三束零外，實該民欠未完糧五十四石六斗，銀四錢二分零，草一百九十束零。俱經平羅縣知縣何世寵照數完補訖。至實在廢弃地一百四畝五分，經該知縣何世寵復加確勘，委係沙淤、水浸、鹽碱不毛之地，難以墾復。自乾隆七年起至十二年止，共該額徵本色糧七十五石二斗四升，地畝銀六錢二分零，七斤穀草二百九十束零。内除乾隆十一年三分免一糧四石一斗八升，全免銀一錢零，免一草一十六束零外，實該應免民欠未完糧七十一石六升，銀五錢二分零，草二百七十四束零。至十二年以後應徵銀、糧、草束，并請一例豁除。等情。取具册結，由該管道府加具印結，同完補過平治地畝民欠錢糧倉收庫收，一并請題。臣覆核無异。除平治地畝原領地價現在分年帶徵，俟徵收完日另報，并册結倉收分送部科外，再，該縣賠完廢弃地價銀三百一十三兩五錢，已于乾隆十四年春撥册内造報在案。合并聲明。相應會同陝甘督臣尹繼善合詞具題。等因前來。

查平羅縣乾隆三年遭被震灾，城垣、衙署倒塌。先于乾隆四年正月内，經大學士等奏明，准其照舊建築在案。今該撫鄂昌疏稱，平羅縣占用民田，内平治地一百七畝，除乾隆四五六等年應徵銀、糧、草束通行蠲免外，其乾隆七年起至十一年止，共該本色糧五十八石五斗，銀五錢三分零，七斤重穀草二百三束零。内除乾隆十一年三分免一糧三石九斗，全免銀一錢零，免一草一十三束零，實該民欠未完糧五十四石六斗，銀四錢二分零，草一百九十束零。經平羅縣知縣何世寵照數完補。實在廢弃地一百四畝五分，復加確勘，委係難以墾復。自乾隆七年起至十二年止，共該額徵本色糧七十五石二斗四升，銀六錢二分零，七斤重穀草二百九十束零。内除乾隆十一年三分免一糧四石一斗八升，全免銀一錢零，免一草一十六束零。實該應免民欠未完糧七十一石六升，銀五錢二分零，草二百七十四束零。至十二年以後，應徵銀、糧、草束，并請一例豁除。并聲明該縣賠完廢弃地價銀兩，造入乾隆十四年春撥在案。等語。查平羅縣建築城垣、衙署，燒造磚瓦，占用民田共二百一十一畝五分，共用地價銀六百一十五兩五錢。據該撫題報，内有户民平治田地，議令于乾隆十二年爲始，照例起課。原給田價，分作五年，令户民完納。各年應徵未完錢糧，并原給廢弃地田畝價銀，已經承辦之員賠補，何獨廢弃田畝并未完錢糧即應豁免。且同一占用民田，自應一體平治，因何尚有不能墾復之處。其中顯有揑飾，未便遽議豁免。至已完地價銀兩，查于十四年春撥册造銀數相符，應毋庸議。仍令該撫鄂昌，將前項占用民田，仍照舊額徵收。其節年未完錢糧，統于各該年地丁奏銷駁款登答案内分晰。已未完數目，造報查核。未完地價銀兩，轉飭按年催追，完報可也。臣等未敢擅便，謹題請旨。

乾隆十四年七月初十日。

……臣來保……臣李元亮，兵部右侍郎兼正紅旗滿洲副都統……臣雅爾圖，工部右侍郎兼管户部右侍郎事務、紀録四次臣嵇璜，陝西清吏司郎中臣

常瑛，陝西清吏司郎中臣蕭誠，山東清吏司郎中兼辦陝西清吏司事臣良卿，陝西清吏司郎中臣高霔，福建省清吏司員外郎兼辦陝西清吏司事臣傅澤布，陝西清吏司員外郎臣傅爾敏，陝西清吏司員外郎臣瑚世泰，陝西清吏司員外郎臣威赫，陝西清吏司員外郎臣李城，陝西清吏司額外主事上學習行走臣劉湘。

【《明清宫藏地震檔案》（上卷壹）第411頁】

甘肅巡撫鄂昌題請核銷固原州震後所用賑恤銀兩本①

乾隆十四年十月初七日

題。

該部察核具奏。

巡撫甘肅等處地方贊理軍務兼理茶馬、都察院右副都御史臣鄂昌謹題：爲行知事。

據甘肅布政使司布政使張若震呈，乾隆十四年正月十二日，蒙升任署甘肅巡撫瑚部院憲牌案照。固原州乾隆十三年十月初一、初二兩日地震一案情形，業經前任甘肅巡撫黄部院主稿，會同本署院聯銜具奏。今于十三年十二月初五日接前院來札，内開：此案奏摺，奉硃批："知道了。欽此欽遵。"札移前來。準此，擬合抄録原奏行知。爲此仰司官吏查照奏摺，奉硃批内事理，欽遵知照施行。計粘抄原奏一紙，爲奏聞事。

竊臣等據平凉府屬固原州知州賈聖檜禀稱，本年十月初一、初二兩日，地微震動，塌損南關外土城一處。又據八營堡守備楊國勛禀稱，十月初一日子時，初二日丑刻，本營汛地白嘴子、黑城子一帶二十餘村莊地震，共查得

①内閣户科題本。

坍塌民房土窑一百三十餘間，因黑夜壓死男婦大小共四十餘名，壓死牛、驢二十餘隻。各等情。查時屆冬寒黄夜，陡遭地震，小民趨避不及，以致塌損房屋，壓斃人口、牲畜，殊堪矜憫。隨飛飭該管文武各官立即前往地震各村莊，携帶銀兩，逐一查勘。將坍塌房間照例給銀，速令補葺，以便栖止。其壓斃人口，賞給棺銀，以資斂埋。如被傷之户果有貧難缺乏口糧者，即量加賑借，毋致失所。壓斃牲口，亦照例撫賞。所有據報固原各村莊地震及臣等飭委文武星往撫恤緣由，相應恭摺奏聞。再，查平凉府屬之靈臺、静寧、平凉、涇州等四處，據各該有司禀報，俱于同日地微動即止，民間房舍墻壁并無損壞，安堵如舊。合并奏明，伏祈皇上睿鑒。謹奏。奉硃批："知道了。欽此。"等因。到司。蒙此，遵經前司備移平慶道轉飭欽遵知照，并令將賑恤過地震民人棺木等項銀糧，造具册結，呈賫請銷，及屢催去後。今准平慶道章元佐移，據平凉府知府程永言詳，據固原州知州賈聖檜將該州乾隆十三年地震案内散賑過壓斃民人牲畜及震塌房屋窑間、棺木各項銀糧，造具花名細數册結，并委員隆德縣知縣鄒本立監賑印結，由道府各加具印結，賫報到司。準此，該布政使張若震查得，固原州地方于乾隆十三年十月初一二兩日地微震動，壓斃人畜房廬。前經固原州知州賈聖檜、八營守備楊國勛禀，蒙前黄撫憲會摺具奏。恭奉硃批行司，欽遵辦理在案。先據該州將賑過銀糧造册具結請銷，因册内并未遵照部式開造，且賑過灾民户口銀糧數目每多舛錯，節經駁查更正。今據該州將賑過灾民户口銀糧更正，造具結册，由該道府各加具印結，請銷前來。

查册開：地震之白嘴子等一十八處被震民人八十七户，共壓斃男婦大小四十五名口，内大口二十九口，每口給棺木銀二兩，共銀五十八兩。小口一十六口，每口給棺木銀七錢五分，共銀一十二兩。壓斃牲畜之家二十五户，每户給銀五錢，共銀一十二兩五錢。摇塌房屋八十間，每間給銀一兩，共銀八十兩。土窑五十四間，每間給銀一兩，共銀五十四兩。以上共賑過銀二百

一十六兩五錢，在于司庫領回散給。又，見存民人共大小二百九十八口，每口無論大小各給糧三斗，共賑過倉斗糧八十九石四斗，在于該州倉貯乾隆七年采買小麥糧内支給。本司覆查，該州册造賑過地震壓斃民人棺木、摇塌房窑座及見存大小人口各項銀糧，均與乾隆三年寧夏地震賑恤之例相符。至該州賑過牲畜銀兩，亦與甘屬歷年偏灾案内，蒙前劉撫憲奏准每户賑恤銀五錢之例相符。所有賑過銀二百一十六兩五錢，應請在于司庫備貯銀三十萬兩内，作正開銷。糧八十九石四斗，亦請在于該州倉貯乾隆七年采買糧内，作正准銷。相應同賫到册結，理合呈賫，合候具題。再，查該州塌損城垣，除另案請修外。至此案例，應以該州于乾隆十三年十一月二十五日散竣之日，扣限四個月造報。除去年節封印日期，應扣至乾隆十四年四月二十五日爲滿。該州于正限内賫到，因册造舛錯，節經駁令更正，遲延實屬有因，合并聲明。等情。呈詳到臣。

該臣查得，固原州地方于乾隆十三年十月初一、初二兩日地微震動，壓斃人畜，倒損房窑，及照例撫恤各緣由，經前撫臣黄廷桂會摺具奏，恭奉硃批："知道了。"欽遵在案，當即行司辦理去後。兹據布政使張若震詳稱，查固原州知州賈聖檜册開，地震之白嘴子等一十八處被震民人八十七户，共壓斃男婦大小四十五名口，内大口二十九口，每口給棺木銀二兩，共銀五十八兩。小口一十六口，每口給棺木銀七錢五分，共銀一十二兩。壓斃牲畜之家計二十五户，每户給銀五錢，共銀一十二兩五錢。摇塌房屋八十間，每間給銀一兩，共銀八十兩。土窑五十四間，每間給銀一兩，共銀五十四兩，以上共賑過銀二百一十六兩五錢。在于司庫領回散給。又，見存民人共大小二百九十八口，每口無論大小各給糧三斗，共賑過倉斗糧八十九石四斗，在于該州倉貯乾隆七年采買小麥糧内支給訖。覆查賑過壓斃民人棺木、摇塌房窑及見存大小人口各項銀糧，均與乾隆三年寧夏地震賑恤之例相符。至該州賑過牲畜銀兩，亦與甘屬歷年偏灾案内奏准每户賑恤銀五錢之例相符。所有賑過銀二百一十六兩五錢，應請在于司庫備貯銀三十萬兩内作正開銷。糧八十九石四斗，亦請在于該州倉貯乾隆七年采買糧内准銷。并聲明固原州塌損城垣，另案請修。等情。取具細數册結，同監賑官印結，一并呈送，詳請題銷前來，臣覆核無异。除册結分送部科外，相應會同陝甘督臣尹繼善合詞具題，伏祈皇上睿鑒，敕部核覆施行。謹題請旨。

乾隆十四年十月初七日。

巡撫甘肅等處地方贊理軍務兼理茶馬、都察院右副都御史臣鄂昌。

【貼黄】

巡撫甘肅等處地方贊理軍務兼理茶馬、都察院右副都御史臣鄂昌謹題：爲行知事。

該臣查得，固原州地方于乾隆十三年十月初一、初二兩日地震，壓斃人畜，倒損房窑，及照例撫恤各緣由，經前撫臣黄廷桂會摺具奏，恭奉硃批："知道了。"欽遵在案。兹據布政使張若震詳稱，查固原州知州賈聖檜册開，地震之白嘴子等一十八處被震民人八十七户，共壓斃男婦大小四十五名口，内大口二十九口，每口給棺木銀二兩，共銀五十八兩。小口一十六口，每口給棺木銀七錢五分，共銀一十二兩。壓斃牲畜之家計二十五户，每户給銀五錢，共銀一十二兩五錢。摇塌房屋八十間，每間給銀一兩，共銀八十兩。土窑五十四間，每間給銀一兩，共銀五十四兩。以上共賑過銀二百一十六兩五錢。又，見存民人共大小二百九十八口，每口給糧三斗，共賑過倉斗糧八十九石四斗。覆查各項賑過銀糧，均與乾隆三年寧夏地震并歷年偏灾案内賑恤之例相符。所有賑過銀二百一十六兩五錢，應請在于司庫備貯銀内作正開銷。糧八十九石四斗，亦即在于該州倉貯糧内准銷。等情。取具册結呈送，詳請題銷前來，臣覆核無异。除册結分送部科外，相應會同陝甘督臣尹繼善謹題請旨。

【《明清宫藏地震檔案》（上卷壹）第426頁】

△諭内閣著浙江提督李繩武調補固原提督等官員任免事

乾隆十四年十月二十五日

乾隆十四年十月二十五日，内閣奉上諭："固原提督員缺，著浙江提督李繩武調補。李繩武員缺，著譚行義調補。譚行義員缺，著武進升補授。武進升前在福建，與總督不合，每事齟齬，是以降補總兵。今念其久歷戎行，加恩復用爲提督，當益加奮勉，不可仍蹈前習。欽此。"

【《乾隆朝上諭檔》第2册，第383頁第1505條】

△陝甘總督尹繼善等奏報查明寧夏道阿炳安侵冒城工案

乾隆十四年十月三十日

又奏：遵查參革寧夏道阿炳安侵冒城工一案。緣寧夏、凉州、莊浪三處城工，共原估、續估銀一百二十六萬五千五百餘兩。除未經動用銀二十五萬六千四百餘兩外，實在節省銀四十萬六千餘兩。雖三處城工俱非阿炳安原估，而一切工程勒令匠夫并日趕辦，又剋扣脚價，科派里民，巧取節省之名，陰爲自私之計，皆出之阿炳安一人。内莊浪城工，雖係榆葭道王凝分辦，亦係阿炳安主持。今阿炳安業經參革病故，所有三處城工損裂之處，一并著落伊弟納英阿修補。其工價即在阿炳安家産變價餘剩銀内支給。得旨："覽奏，俱悉。"又批："此節不無所謂并案罪歸一人之意乎。"

【《清實録》第13册，第857頁《高宗純皇帝實録》卷三五一"乾隆十四年十月乙巳"條】